6학년 수학 수업

협동학습으로 디자인하다

이상우 지음

Σ 시그마프레스

살아 있는 협동학습 4

6학년 수학 수업
협동학습으로 디자인하다

이상우 지음

6학년 수학 수업 협동학습으로 디자인하다

발행일 | 2018년 2월 5일 1쇄 발행

지은이 | 이상우
발행인 | 강학경
발행처 | (주)시그마프레스
디자인 | 이상화
편   집 | 김성남

등록번호 | 제10-2642호
주소 | 서울시 영등포구 양평로 22길 21 선유도코오롱디지털타워 A401~403호
전자우편 | sigma@spress.co.kr
홈페이지 | http://www.sigmapress.co.kr
전화 | (02)323-4845, (02)2062-5184~8
팩스 | (02)323-4197

ISBN | 979-11-6226-026-5

이 도서의 국립중앙도서관 출판예정도서목록(CIP)은 서지정보유통지원시스템 홈페이지(http://seoji.nl.go.kr)와 국가자료공동목록시스템(http://www.nl.go.kr/kolisnet)에서 이용하실 수 있습니다. (CIP제어번호: CIP2018002400)

수학 수업, 문제 풀이 방법에 대한 설명?
NO! 아이들 스스로 하는 수학 개념과 원리에 대한 탐구, 이해 및 설명하기 활동

협동학습을 알고 시작한 지도 15년이 다 되었다. 그동안 많은 시행착오를 겪었고 다양한 교과, 다양한 내용을 협동학습 수업에 담아 보고자 했지만 제일 힘들고 어려웠던 교과목은 역시 수학이었다. 나만 그런 것은 아닐 것이다. 여기저기에서 공유되고 있는 협동학습 수업 사례를 보면 제일 찾기 힘든 사례가 바로 수학이기 때문이다. 반면 협동학습 수업 사례로 제일 많이 나타나고 있는 사례를 보면 사회, 국어 정도다. 왜 수학 수업 사례가 제일 부족한가에 대한 핵심이유를 살펴보면 우리나라 수학 교육에 대한 관점의 문제에서 비롯되었다는 것을 알 수 있다.

우리나라 수학 교육은 과거부터 지금까지 문제 풀이 방법을 설명하는 교사와 그것을 배워 다양한 문제를 풀고 좋은 점수를 맞을 수 있도록 끊임없는 훈련과정을 반복하는 아이들, 왜 그렇게 되는지 몰라도 답만 맞으면 된다는 식의 생각을 바탕으로 아이들을 점수 따는 기계로 생각하게 만든 학원교육과 학부모, 그것에 암묵적으로 동조한 교육계가 만들어 낸 비극적 상황이 전부였다. 그래서일까 여전히 수학이라는 과목에 대하여 과거나 현재나 아이들은 쉽게 접근하지 못하는 성스러운 영역처럼 인식하고 있다. 참으로 많은 아이들이 수학 때문에 '학습부진아'라는 불명예스러운 꼬리표를 달고 부진아 수업반, 방과후 보충 활동반, 사교육시장을 전전긍긍하고 있다.

시대가 변했지만 여전히 변화를 거부하고 있는 오늘의 우리나라 수학 교육을 성찰적으로 바라보면 참으로 암담할 수밖에 없다. 하지만 늦었다고 생각할 때가 가장 빠른 시기라고 했던가. 이제부터라도 변해야 한다. 수학 교육은 문제 풀이 방식을 설명해 주고 그것을 배워 수많은 문제를 반복적으로 풀이하는 것이 아니라 아이들의 실생활과 관련된 많은 영역에 대하여 공부해 나가는 과정 속에서 자신들이 무엇을 하고 있고, 그것이 자신들의 삶과 어떤 관련을 맺고 있는지를 알아 가는 것이어야 한다. 또한 개념을 정확하게 이해하는 과정에서 왜 그렇게 되는지를 협동적으로 탐구해 나가고 왜 그렇게 되는지를 설명할 수 있는 방향으로 바뀌어야 한다. 이런 관점으로 수학 교육을 바라본다면 협동학습을 적용하기 가장 좋은 교과가 바로 수학이라는 것을 알게 된다. 왜냐하면 개념을 이해하는 과정에서 각자 배움의 속도와 수준, 폭과 깊이가 다른 아이들이 한 모둠을 구성하여 과제를 해결해 나가면서 도움을 주고받고 사고력 및 문제 해결력을 자연스럽게 키워 나갈 수 있도록 수업을 디자인할 수 있는 대표적인 과목이 바로 수학이기 때문이다.

한편 수학은 개념부터 명확히 이해하여 자신의 것으로 만드는 것이 매우 중요하다. 왜냐하면 개념과 개념 사이의 체계성이 매우 강한 학문이기 때문이다. 따라서 아이가 어떤 단계에서 수학적 개념을 명확히 이해하고 설명할 수 없다면 그 개념과 연관된 이후의 수학적 개념을 학습하는 데 매우 어려워할 수밖에 없게 된다.(학습이 발달을 선도한다는 비고츠키의 근접발달영역 개념을 확실히 따르고 있는 학문이 바로 수학이다. 때문에 자신의 교실 상황과 아이들 수준에 맞게 비계를 설정하고 아이들 간의 적절한 상호작용이 일어날 수 있도록 하는 일은 수학 교육의 기본이자 핵심이라 할 수 있다. 이런 측면에서 볼 때 협동학습은 수학 교육에 잘 맞는 활동이 아닐 수 없다.)

예를 들어 분수의 개념을 명확히 이해하고 설명하지 못하는 아이가 분수나 소수의 덧셈 원리를 이해한다는 것은 거의 불가능한 일이다.(물론 이해는 하지 못하더라도 나름대로 문제만은 풀 수 있다. 그러나 문제를 풀었다고 해서 그것을 이해하고 있다고 말할 수는 없는 일이다.) 또한 원주와 원의 지름 간의 관계를 제대로 이해하지 못한 아이가 원 둘레의 길이나 원 넓이 구하는 원리를 확실히 이해한다는 것도 있을 수 없는 일이다.(물론 기계적으로 공식을 외워서 그와 관련된 문제를 해결할 수는 있을 것이다. 하지만 왜 그런 공식이 만들어졌는지는 설명할 수 없을뿐더러 얼마 시간이 지나지 않아 "그 공식이 기억이 나지 않아요."라고 말할 수밖에 없게 된다.)

결국 이렇게 단순한 암기, 반복, 훈련에 의존하여 자란 아이들은 자신들의 삶 속에서 맞이하게 될 여러 가지 수학적 문제 상황에 대한 대처 능력이 현저히 떨어질 수밖에 없다. 이런 문제점을 극복하기 위해서는 아이들이 각 단계별로 수학적 개념을 명확히 하고 충분히 설명할 수 있는 수준에 도달할 수 있도록 교사가 나름의 교육과정, 나다움이 물씬 풍겨나는 교육과정을 설계하고 차근차근 펼쳐 나갈 수 있어야 한다. 특히 수학 교육에 있어서 교사 자신은 살아 있는 협동학습, 살아 있는 교육과정 그 자체여야만 한다. 그렇다면 어떻게 자신의 교실에서 살아 있는 협동학습, 살아 있는 수학 교육과정의 실현을 경험할 수 있을까? 아직도 학원 강사, 적지 않은 교사, 대부분의 학부모들은 아이들이 수학적 개념을 바르게 이해하고 있는지 여부와 상관없이 공식 또는 알고리즘의 암기, 다양한 유형의 문제를 반복적으로 풀기만 하면 충분히 성적을 올릴 수 있다고 믿고 있다. 하지만 이런 방식의 수업 속에서는 고학년으로 갈수록 수학 부진아가 점점 늘어날 수밖에 없다.

자신의 교실에서 살아 있는 협동학습, 살아 있는 수학 교육과정을 실현하려면 아이들이 그 개념이나 원리를 충분히 이해할 수 있을 때까지 아이들끼리 상호작용하면서 사고한 것을 자신의 언어로 다른 아이들과 나누고 공유할 수 있도록 해야 하며 그 과정을 교사가 차근히 지켜보며 기다려 줄 필요가 있다. 또한 교사는 아이들이 정답만을 이야기하는 것보다 오답을 이야기하는 것에 더 관심을 가지고 수업의 중요한 재료로 삼을 줄 알아야 한다. 왜냐하면 아이들이 오답을 말한다는 것은 그들이 사고하고 있다는 증거, 배움을 위한 자기 나름의 노력을 하고 있다는 증거이기 때문이다. 아이들의 사고력 및 집중력은 우리 교사들이 생각하는 것 이상으로 뛰어날 뿐만 아니라 아이들 스스로는 사고 과정을 통해 알아낸 것들에 대하여 말하고 검증받고자 하는 욕구가 매우 강하다. 하지만 짧은 시간에 너무 많은 것을 가르쳐 주려는 욕심 또는 의무감 때문에 아이들이 수학적 원리나 개념을 충분히 탐구하거나 사고하지 못한 채 암기를 해 버리고 마는 식의 수학 수업, 문제 풀이만을 반복하게 하는 수학 수업, 정답만을 강요하며 오답에 대하여 그렇게 생각한 이유를 말할 기회 및 스스로 생각하여 배울 수 있는 기회를 주지 않은 채 "땡, 틀렸어!"라고 말하며 경쟁적으로 정답을 말할 수 있는 또 다른 아이를 찾아 눈을 돌리면서 아이들의 자존감에 상처를 내고 마는 수업, 아이들의 사고력 및 집중력을 향상시켜 주지 못하는 일방적인 설명 및 문제 풀이 위주의 지루하고 재미없는 수업, 오직 점수와 결과만을 중시 여기는 수업, 아이들 간의 상호작용은 고려하지 않은 채 교사와 아이들 간의 일방적인 상호작용만을 고집하면서 아이들끼리 교실 속에서 지적인 이방인으로 살아가게 만들고 있는 수업, 아이들의 상상력과 창의성을 오히려 말살시키고 있는 수학 수업이 학교 현장을 지배하고 있는 것 같아서 안타깝기만 하다. 이제부터라도 이런 것들에 대한 심각한 반성과 고민이 필요하다. 그리고 그 고민에 대한 해결책으로 '살아 있는 협동학습 수학 수업'은 충분히 대안이 될 수 있다고 믿는다. 이 책은 앞의 생각들을 바탕으로 다음과 같이 구성되어 있다.

제1장 '협동학습으로 생각이 살아 있는 수학 수업 만들기'에서는 수업에 대한 질적인 고민을 바탕으로 수업혁신이란 무엇인지를 살펴보고 현재 수학 교육에 가장 큰 영향을 준 RME 수학과 협동학습의 연결 짓기를 시도해 보고자 하였다. 아울러 수학 수업에 대한 고민을 꾸준히 해 오면서 그동안 정리해 두었던 수학 수업에 대한 비결 몇 가지를 정리해 보았다.

제2장 '협동학습으로 만드는 6학년 수학 수업'에서는 현행 교육과정에 따른 수학 교과서를 나름대로 심층 분석하고 재구성하여 협동학습으로 디자인한 수업 계획 및 실제 활동 결과를 있는 그대로 담아 보았다. 내 고민의 결과가 여러분의 교실에서 수학 시간에 똑같이 펼쳐지는 것을 나는 반대한다. 분명히 부족한 것이 많음에도 불구하고 내 고민의 과정과 결과를 있는 그대로 드러내 보이는 이유는 이것을 발판 삼아 여러분의 교실에서 협동학습이 생기가 살아 넘치는 수학 수업을 만들어 가는 데 도움이 되었으면 하는 마음이 간절하기 때문이다. 부디 이 내용을 바탕으로 여러분의 교실에서 자신만의 고민이 잘 드러나는 '나다운 협동학습 수업, 살아 있는 협동학습 수학 수업'을 만들어 가기를 바란다.

이제 10년 넘게 간직해 왔던 협동학습으로 교과 수업하기의 두 번째 작품(첫 번째 작품은 5학년 수학 수업 협동학습으로 디자인하다)인 6학년 수학 수업 협동학습으로 디자인하다가 세상의 빛을 보려고 한다. 이를 위해 수년간 관심을 갖고 관련 서적도 살펴보고 논문도 참고하면서 준비해 왔다. 그리고 이제 2017년 1년 동안 나의 교실에서 아이들과 나다운 협동학습 수학 수업을 펼쳐 나가기 위해 6학년 수학 교육과정을 재구성하고 단원별, 차시별로 수업을 설계 및 디자인하고 실천하고 반성하고 정리한 것들에 대하여 마침표를 찍으려 한다. 늘 그렇듯이 부족한 점들이 보인다. 또 다시 아쉬움이 밀려온다. 하지만 부족한 점들은 이 책을 읽는 분들 스스로가 보완해 나갈 것으로 생각하고 믿어 의심치 않는다.

이것으로 나의 여섯 번째 작품이자 버킷리스트가 실현되었다. 그 힘든 과정에서 역시 가장 큰 힘이 되었던 것은 역시 나의 아버지 이정식 님, 이제는 하늘나라에서 흐뭇한 표정으로 지켜보고 계실 어머니 故 이선덕 님, 나의 사랑하는 아내 정해영 님과 두 보물 동현과 성경이었다. 아울러 내가 고민한 수학 수업에 대한 내용들이 실현되는 과정에서 적극적으로 수업에 참여하여 생각을 나누고 배움을 만들어 가며 수학적 사고력을 키워 나가기 위해 애써 준 나의 사랑스러운 제자들에게도 정말 고맙고 감사하다는 말을 전한다. 이들이 있었기에 긴 시간 동안의 고민이 또 한 번 세상의 빛을 보게 되었던 것 같다. 아울러 이번에도 나의 부족한 고민들이 세상 속으로 던져질 수 있도록 도움을 주신 (주)시그마프레스 강학경 대표님을 비롯한 많은 분들께 진심으로 감사의 마음을 전한다.

늘 살아 있는 협동학습, 살아 있는 수학 교육과정, 살아 있는 수학 수업을 고민하고
나 스스로가 살아 있는 협동학습이자 수학 교육과정 그 자체이기를 꿈꾸며 살고 있는

2017년 12월 끝자락의 어느 날
이 상 우

차 례

협동학습으로 생각이 살아 있는

수학 수업 만들기

수업의 코페르니쿠스적 전환

근래에 들어 혁신교육이라는 교육운동이 꽤 활발히 진행되면서 수업에 대한 변화를 추구하는 목소리와 움직임 그리고 질적인 차원에서의 접근을 주장하는 목소리가 점차로 확산되기 시작하였다. 혁신학교에서는 수업혁신을 최고의 꽃이라 한다. 그래서 무엇보다 중요한 과제로 삼고 있다. 이를 위해 학교 조직을 정비하고 불필요한 활동이나 행사를 줄이거나 없애고 교사들의 문화를 바꾸고 교사들의 잡무를 없애거나 줄이는 방향으로 혁신학교의 방향을 설정하고 있다. 그리고 그 방향은 주효했다. 제대로 된 방향으로 가고 있는 혁신학교들은 그 효과를 톡톡히 누리고 있다. 그 과정에서 교사들은 소통 또한 얼마나 소중한 것인지를 절실히 느끼게 되었다. 그러나 아직 갈 길은 멀다. 이 모든 것은 결국 수업혁신을 위한 과정이었으니까 말이다.

수업혁신을 이루지 못하면 이 모든 과정은 "무엇을 위한 것이었나?"에 대한 답을 스스로 부정하는 꼴이 된다. 그렇기 때문에 수업혁신이 혁신학교의 가장 정점에 있다는 것은 누구도 부정할 수 없는 일이다. 하지만 현재 혁신학교에서 이루어지고 있는 수업혁신의 사례나 방향을 살펴보면 "과연 이것이 수업혁신이라 말할 수 있는가?" 하고 의구심을 갖게 만든다.

많은 혁신학교 교사들이 수업혁신을 말하지만 그 상황이나 내용을 살펴보면 주제통합 수업, 프로젝트 수업, 협동학습, 발도르프 교육, 프레네 교육, 배움의 공동체, 아이 눈으로 수업 보기 등으로 범위가 한정되어 있고 각각의 내용들이 서로 다른 주장을 하면서 서로를 배척하거나 부정하고 폄하하려고 한다. 각자 자신이 최고라고만 한다. 하지만 이런 모든 주장을 살펴보면 결국 수업혁신이라는 개념에 대한 그릇된 인식에서 출발하였기 때문이라는 것을 알 수 있다. 아니 어쩌면 앞의 다양한 학문은 잘못되지 않았지만 그것을 받아들이고 이용하는 교사들의 왜곡된 인식에서 비롯된 결과라고 말해야 더 정확한 지적이 될 수 있지 않을까 생각한다.

그런 탓인지 현재 학교에서의 수업혁신은 '수업방법 개선' 차원[1]에서 접근되고 있는 경향이 매우 강하다. 그렇게 생각한다면 어찌 보면 혁신학교 및 수업혁신은 이미 실패한 것이나 다름없다고 볼 수 있다. 이미 혁신학교 이전에 많은 교사들이 수업방법 개선을 위해 많은 노력을 해 왔고 수업방법적인 차원에서 우리나라 교사들의 수준은 전 세계 어디에 내놓아도 손색이 없을 만큼의 실력들을 갖추고 있으니까 말이다. 그런데도 우리나라의 교육을 혁신하자고 목청 높여 외치고 있다면 분명 이는 다른 차원에서 고민

---

1 본문 내용에서 제시했던 현재 우리나라 혁신학교의 수업 사례는 수업방법이라는 차원에서 주로 접근하고 있다고 해도 과언이 아니다. 우리의 현실에서 "왜?"에 대한 명확한 이해와 공감, 그리고 공유 및 합의는 제대로 이루어지지 않았기 때문이다. 교사들 각자 현재의 위치에서 받아들이고 싶은 것만 받아들여 각개전투 방식으로 한 학교에서조차도 다양한 이론과 방법이 난무하면서 서로 "내가 맞아. 내가 옳아!" 하면서 싸움을 벌이고 있는 것과 같은 양상을 꽤 많이 접하게 된다. 마치 작자·연대 미상의 가전체(假傳體) 작품인 "규중칠우쟁론기"라는 고전소설을 보고 있는 것 같다고 해야 할까?

하고 바라볼 필요가 있다는 것을 깨닫지 않으면 안 된다. 그 내용을 구체적으로 살펴보면 다음과 같다.

기본적으로 혁신학교는 '배움과 돌봄의 공동체'라는 교육철학에 합의한 교사들에 의하여 만들어졌다고 볼 수 있다. 그리고 그에 공감하고 합의한 교사들이 혁신학교에 유입되었을 때 보다 완성도 높은 혁신학교와 수업혁신이 이루어질 수 있을 것이라는 것은 자명한 사실이다. 하지만 지금의 혁신학교는 대부분 그런 상황이 아니다. 교장 주도의 혁신학교가 대부분이고, 그렇지 않은 학교들도 특정 몇몇 교사들의 주도에 의하여 이루어지고 있는 상황이어서 어려움을 겪고 있다.[2] 그러다 보니 수업혁신은커녕 학교문화 혁신과 소통에 더 많은 어려움을 겪고 있는 상황에 머물러 있다고 해야 할까. 아직도 대부분의 혁신학교 교사들은 혁신학교가 왜 시작되었는지, 혁신교육의 철학과 방향성이 무엇인지, 왜 수업혁신을 해야만 하는지에 대한 이해가 많이 부족하다. 그래서 어려움을 겪고 있다. 어떤 일이든 제대로 알고 열심히 한다면 최상이다. 그리고 제대로 알려고도 하지 않고 열심히 노력도 하지 않는다면 최악일 것이다. 하지만 현실은 다음의 두 가지 경우일 때가 참으로 많다. (1) 제대로 이해는 하지만 열심히 하지 않고 대충 할 때, (2) 제대로 된 이해는 부족하지만 굉장히 무조건 열심히 할 때가 바로 그 경우이다. 이 두 가지 경우 중 어떤 상황이 더 위험하다고 여겨지는가? 그렇다. 두 번째 경우가 더 위험하다. 잘못된 길로 들어선다면 돌이킬 수 없는 상황으로 가게 될 터이니까 말이다. 현재 혁신학교의 상황과 수업혁신은 바로 두 번째 경우에서와 같은 상황이 아닐까 나는 생각한다.

둘째로 교사의 자율권 보장을 통한 교육과정의 특성화 및 다양화라는 혁신학교 방향성을 어느 정도 깊이까지 이해하고 받아들일 수 있느냐의 차원에서 생각해 볼 필요가 있다. 교육과정의 다양화 및 특성화를 교육과정 재구성이라는 의미로 이해하고 있는 경우가 대부분인데 그것은 지엽적인 의미일 뿐이다. 학교별로 특색 사업은 다 다르다. 특성화고등학교를 예로 들면 이해가 빠를 것이다. 그 혁신학교 나름의 특색 활동들이 교육과정 및 실제 수업 속에 잘 녹아 들어갈 수 있도록 해야만 특성화 및 다양화라는 방향성이 잘 실현되고 있다고 볼 수 있다. 그러나 현재의 혁신학교들을 살펴보면 과연 그 학교 교육과정의 특성화 및 다양화는 무엇을 핵심(중점)으로 하여 체계를 마련하고 진행되고 있는지 잘 알 수 없다. 그냥

---

2 이런 이유 때문에 혁신학교를 싫어하는 교사들도 많다. 특히 교장 주도하에 이루어지는 혁신학교는 혁신학교를 시범학교 수준 정도로 생각하거나 혁신학교에 지원되는 예산 때문에 운영되고 있는 경우가 많다. 그런 학교들은 혁신학교를 행사 중심으로, 실적 중심으로 운영할 수밖에 없다. 그런 학교에서 교사들은 늘 행사와 잡무 등에 시달려 수업혁신에 집중할 겨를조차 없게 된다. 그런 학교에서 수업혁신은 그림의 떡일 뿐이다. 또한 일부 사람들이 주도하는 혁신학교의 경우 소통의 부재로 인하여 불통을 느끼면서 같은 학교 내에서 두세 집단으로 나뉘어 서로 힘 싸움을 벌이거나 아니면 각 집단이나 개인별로 혁신학교의 본질이나 방향성과 다른 길을 걷게 되는 경우도 꽤 있다. 그런 학교에서도 수업혁신은 그림의 떡일 뿐이고 일부 사람들만 하려고 노력하거나 수업방법 개선 정도 차원에서 소극적으로 이루어지고 있는 수준이라 해도 과언이 아닐 것이다. 이에 대한 대안 마련은 매우 시급한 상황이다. 예를 들자면 혁신학교가 싫은 교사들은 혁신학교에서 떠날 수 있는 보완책이 필요하고, 거꾸로 혁신학교에 가고 싶어 하는 교사들은 지원할 수 있는 제도 개선이 필요한 상황이다. 또한 모든 학교를 혁신학교로 바꾸려고 하거나 학교 숫자만 늘려 갈 것이 아니라 작은 수의 혁신학교라도 제대로 만들어 가려는 노력이 현재는 더 필요한 시점이다.

많은 활동과 프로그램들을 종합선물세트식으로 마련해 놓았을 뿐이다.

셋째로 혁신교육이 왜 시작되었나에 대한 시대적 필요성을 어느 정도까지 이해하고 받아들일 수 있느냐의 차원에서 생각해 볼 필요가 있다. 현재 교육부 차원에서도 '핵심역량'[3]이라는 것을 공식적으로 문서에 사용하며 변화를 꾀하고 있다. 지금까지의 교육으로는 앞으로 다가올 미래 사회의 변화에 제대로 대처할 수 없다는 인식에서 출발하였다고 보면 무리가 없을 것이다. 이미 세계 여러 나라 교육자들은 암기 중심 교육의 종말을 오래전부터 예고해 왔고, 이미 그런 시대가 되었다고 해도 무리가 없을 것이다. 지금은 적시지식, 적시학습의 시대다. 암기학습은 2020년에는 그 중요성이 매우 감소할 것이며, 평생학습을 위한 유비쿼터스 컴퓨팅과 교육으로 인해 '적시지식'은 이미 일상적인 것이 되었다고 유엔미래포럼 회장 제롬 글렌 박사가 2007년 3월 발표한 바 있다. 암기학습(지식 중심, 성적 중심, 점수 중심)의 교육목표 달성 실패, 개인화 학습에 대한 욕구, 인공지능 분야에서의 지속적인 진보, 모든 분야에서 급속하게 변화하고 있는 지식을 따라잡기 위한 유일한 방법은 이 적시학습뿐이라는 자각 등이 적시학습을 위한 집단지성의 대형 포털 사이트의 실현을 촉진할 요소이며, 이미 세상은 그렇게 변화와 진보를 거듭해 나가고 있다. 인생은 너무도 복잡해서 알 필요가 있는 대상과 시점을 미리 아는 것은 거의 불가능하므로 적시학습이 필요하며, 이를 위한 집단지성이 필연적으로 실현될 수밖에 없다는 시대적 요구와 변화의 흐름은 거스를 수 없는 일이다. 가령 내년에 비행기를 타러 공항에 가야 하는데 공항에 가는 길을 지금부터 알 필요는 없다. 내년에 비행기를 타야 할 즈음에 '공항 가는 길'이라는 검색어를 치면 공항에 가는 방법을 집단지성에서 가르쳐 준다. 지금 알아 두어도 길과 방법과 요금이 다 바뀔 수 있기 때문에 그럴 필요가 없다는 것이다. 이처럼 생활에서 아니면 지적인 능력을 시와 때에 맞춰 가장 적당한 시기에 가장 최신의 정보를 무료로 꺼내 와서 배우면 되는 것이며, 미리부터 배울 필요가 없는 것들이 일상 사회과학에 관한 내용들이다. 언어나 수리 과목은 지금처럼 지능 향상, 지적 발달을 위해 가르쳐야 하지만, 매일 변하는 사회과학에 관한 내용은 가장 최신 정보나 지식을 꺼내 오는 데 교사와 학생들이 언제나 활용 가능한 인프라를 마련하는 데 전 세계가 노력하면 된다.

한편 현재도 그렇지만 앞으로 다가올 미래 사회는 집단 구성원들 간의 소통과 협동적 사고 및 행동 능력, 문제 해결력, 정보 수집 및 분석력, 이를 바탕으로 한 새로운 콘텐츠를 창출해 낼 줄 아는 힘(창의성 및 상상력)이 더욱더 필요한 시대가 될 것이라는 것을 우리는 예상하고 있다. 이미 많은 분야에서 그

---

3 이 용어는 유로 교육위원회가 미래 사회를 대비하기 위한 차원에서 마련한 보고서에 처음 등장한 용어로 2007년 우리나라 서울시교육청이 이 내용을 그대로 번역하면서 "핵심역량"이라는 말을 선택하였고, 그 이후부터 우리나라 또한 핵심역량을 중심으로 한 교육과정 연구에 집중하게 된다. 현재 가장 많이 이야기되고 있는 핵심역량은 도구 사용 능력(말과 글), 의사소통능력, 문제 해결력, 창의성, 대인관계능력, 협동적 사고 및 활동능력, 자기주도 학습능력, 민주시민성 등을 들고 있다. 그러나 이런 용어들은 대체로 어른들 수준의 용어라 할 수 있다. 이런 용어들이 초등교육 수준의 단계에서는 어떤 용어로 대체되어야 하고 그런 것들의 밑바탕에는 어떤 역량들이 갖추어져야 하는지를 정확하게 이해하여 학년(군) 수준에 맞게 뽑아 낼 수 있어야 한다. 그렇지 않으면 뜬구름 잡기식(피상적)으로 핵심역량 중심의 교육과정과 수업이 이루어질 수밖에 없다.

렇게 진행되었다. 때문에 최근 우리 사회에서는 이런 능력을 갖춘 사람들을 더 많이 원하고 있으며 학교 교육에 그런 능력을 갖출 수 있도록 요구하고 있다.

　프로젝트 수업이나 주제통합 수업도 바로 이런 차원에서 바라본다면 그 필요성에 대하여 더 공감하게 될 것이다. 특히 주제통합 수업 및 프로젝트 수업은 우리 삶이 교과목처럼 분절적으로 나뉘어 있지 않음을 인식하고, 하나의 주제 속에 다양한 교과의 내용을 넣어 수업을 진행해 보면서 실제 삶의 상황을 수업 속 다양한 소재로 삼아 아이들의 사고와 살아가는 힘(핵심역량)을 길러 주고자 하는 차원에서 실행해야만 제대로 실천할 수 있다. 왜 해야 하는지를 제대로 이해하지 못한 채 그냥 좋아 보여서 무조건적으로 너무 무리하게 주제통합이나 프로젝트 수업을 해 나가거나, 교과서 내용을 전달하는 수업방법적인 측면에서 진행하는 것은 차라리 하지 않는 것보다 못할 수 있다. 현재 적지 않은 학교에서 마치 프로젝트 수업이나 주제통합 수업이 대세인 양 왜 해야 하는지에 대한 명확한 이해가 없거나 부족한 상태에서 너무 과도한 수준과 범위로 이루어지고 있는 듯하여 안타까운 마음을 금할 길이 없다.

　넷째로 혁신교육 및 수업혁신이 태동하게 된 계기가 무엇이었는가에 대해 고민하는 차원에서 생각해 볼 필요가 있다. 공교육이 그동안 어떤 일을 해 왔는지 생각해 보자. 아이들을 점수 따는 기계로 만들고, 아이들에게 지식이라는 것을 그냥 전달하고 암기하게 하고, 또 그것을 평가하고 서열화하고 경쟁을 조장하면서 교육이라는 것이 지향해야 할 가치를 놓쳤고 그 역할을 제대로 수행해 오지 못했다. 이런 반성에서 혁신교육은 출발했다고 해도 과언이 아니다. 그렇다면 공교육의 제1역할은 무엇인가? 바로 한 인간의 발달을 다루는 일이다. 인간의 전면적 발달을 꾀한다는 것이 교육의 제1역할이자 소임이라 한다면 혁신교육 및 수업혁신도 바로 이런 철학적 바탕 위에서 생각하고 고민하는 것이 당연한 것 아닐까? 전면적 발달이라는 것은 완성된 결과로서의 한 인간이 아니라 거기까지 가는 과정으로서 끊임없이 변화하고 발달을 거듭하는 과정으로서의 발달을 의미한다. 그리고 거기에는 지덕체(인지, 정의, 신체 3영역)의 고른 발달이 내포되어 있다. 그렇기 때문에 다양한 교육활동을 통해 균형 있는 경험을 아이들에게 제공해야 한다. 그러나 이렇게만 이해한다면 아직 부족하다. 여기에도 "왜 전면적 발달인가?"에 대한 좀 더 의미 있는 이해가 필요하다.

　사람들은 왜 교육을 받고 공부를 해야만 하는가?[4] 왜 인간만이 누릴 수 있는 최고의 특권을 마치 하기

4　어찌 보면 이런 질문 자체가 잘못된 것일 수도 있다. 공부는 해야 하는 것이 아니라 하게 되는 것이기 때문이다. 살아가면서 만나게 되는 다양한 상황에서 그것을 이해하고 내 앞에 놓인 상황을 극복하다 보면 자연스럽게 세상의 모든 것에 대하여 알아 가게 되기 때문이다. 처음 세상에 태어난 아기는 온갖 신기한 것들로 가득한 세상을 만나게 된다. 나를 안아 주는 사람은 누굴까. 저 앞에 반짝이는 것들은 무얼까. 이 모든 것을 하나씩 알아 가게 되면서 아기는 엄마라는 말도 하게 되고 장난감도 갖고 놀 수 있게 되는 것이다. 이렇게 배우고 익혀 나가는 과정이 바로 공부인 것이다. 공부는 교과서에만 있는 것도 아니다. 공부는 시험을 치기 위해서만 있는 것도 아니다. 모든 인간이 가진 세상에 대한 순수한 호기심과 그 호기심을 풀어 나가는 과정이 공부인 것이다. 그러니 좋은 대학, 직장이 공부의 목적일 수는 없다. 시험과 성적이 공부의 모든 결과일 수 없다. 많은 사람들이 공부는 하기 싫은 의무쯤으로 생각하지만 공부는 인간만이 누릴 수 있는 최고의 특권이다.

싫은 의무처럼 여기게 되었을까? 그것은 경쟁을 조장하는 사회 속에서 살아남기 위한 수단으로서 교육을 이용했기 때문이 아닐까? 그리고 교육이라는 것이 사회적 지위와 권력, 부의 승계 수단으로 이용되었기 때문이 아닐까? 사람들은 왜 사는가? 각자 답은 다를지 모르겠지만 결론은 하나다. 행복하기 위해서이다. 그럼 행복이란 무엇일까? 돈일까? 명예일까? 권력일까? 아니다. 행복은 서로 다른 말을 사용하여 설명할 수는 있겠지만 그 밑바탕에는 다 바로 이런 의미들이 포함되어 있다. '자아실현—내가 좋아하고 잘하는 것을 하면서 느끼는 감정'이 바로 그것이다. 그렇다면 아이들이 공부하는 이유도 바로 이런 것이어야 하고 아이들에게도 이런 것을 알게 해 주어야 하지 않을까? 그렇기 위해서는 전면적 발달이라는 의미 속에 '아이들이 자신의 재능과 적성을 파악하고 개발해 나가는 과정'이라는 의미 또한 들어 있는 것이라고 봐야 할 것이며 수업혁신이라는 것 또한 이런 의미를 담고 있어야 한다. 이런 생각으로 현재 혁신학교에서 이루어지고 있는 수업혁신이라는 상황을 살펴보면 아직 갈 길은 멀었다는 생각이 들 수밖에 없다.

다섯째로 수업혁신을 위한 교육과정 재구성이라는 차원에서 생각해 볼 필요가 있다. 교육과정 재구성은 왜 해야만 하는지에 대한 개념과 이해가 아직은 매우 부족하다. 그래서인지 수업혁신의 방향을 '성취기준 중심'으로 돌려놓으려고 한다. 이렇게 되면 결국 수업은 평가를 중심으로 바라볼 수밖에 없고 결국 지식 중심, 암기 중심, 결과 중심으로 흐를 수밖에 없다. 결국 이런 현상은 수업혁신을 수업방법 개선의 수준으로 되돌려놓고 만다. 그렇게 되면 혁신교육, 혁신학교는 물거품이 되어 버리고 만다.

교육과정 재구성은 왜 필요한가? 우선은 시대적 흐름에 의한 필요성이 있다. 세상은 교과목처럼 분절되어 있지 않다는 것이 교육과정과 수업을 이전과 다른 시각으로 바라보지 않으면 안 된다는 위기의식을 심어 주기에 충분했다. 그래서 주제통합이라는 자원의 교육과정 및 교과서 편찬과 수업이 필요했던 것이다. 우리나라 교육과정도 현재 그런 차원에서 개정 및 개편되고 있는 것이 그 증거라 할 수 있다.

다음으로 현장에서의 수업이 교과서를 별 고민 없이 그대로 가르치고 있다는 것에 대한 문제의식에서 출발했다고 보면 무리가 없을 것이다. 우리나라 교육은 교과서를 성경책처럼 여기고 있다. 그러나 교과서는 교육과정을 실현하는 데 주어진 하나의 자료라는 것 또한 교사들은 잘 알고 있다. 교과서 내용대로 가르치지 않아도 된다, 교육과정을 무시하지만 않는다면. 하지만 (학부모들은 말할 필요도 없고) 교사들은 '교육과정＝교과서'라고 인식하는 경향이 매우 강하다. 그래서 이런 문제점들을 극복하기 위해 교육과정 재구성이라는 것이 꼭 필요했고, 혁신학교에서도 수업혁신이라는 관점에서 이런 점을 굉장히 강조했던 것이다.[5] 하지만 혁신학교 교사들조차도 그 이해가 부족하여 이런 의미를 주제통합 수업이나 프로젝트 수업, 발도르프 수업 등에 제대로 반영시키지 못했기 때문에 어려움을 겪고 있는 것이다. 정확히 이야

---

5 심지어 어떤 혁신학교에서는 교육과정의 재구성을 위해 교과서 없이 수업을 하라고 강요(?)하였다가 교사들의 반발에 막혀 하는 수 없이 교과서를 나누어 주는 해프닝도 벌어졌었다. 하지만 우리는 교과서 없이도 수업을 할 수 있어야 하고 진정한 교육과정의 재구성은 교과서 없이 진행될 때 가장 잘 이루어진다고 볼 수 있지 않을까? 그리고 수업혁신이라는 것도 바로 그런 과정이 연계될 때 좀 더 바람직한 방향으로 흘러갈 수 있지 않을까?

기하자면 실제 교실에서 이루어지고 있는 상황은 교육과정의 재구성이라기보다는 교육과정에 근거한 '교육 내용 및 수업 과정의 재구성'이라고 해야 마땅할 것이며, 그냥 특정 주제를 중심으로 관련 있는 것들을 억지스럽게 꿰맞춘 것과 같은 수준의 것들이 상당히 많다고 볼 수 있다. 왜 이런 상황이 벌어지는 것일까? 단적으로 말하여 수업혁신이라는 것을 너무 어렵게만 생각하기 때문이거나 그냥 교육과정의 재구성 혹은 수업방법의 변화 정도의 수준으로 여기고 있기 때문이다. 수업혁신이라는 것, 좀 더 쉽게 말해서 교과서 중심으로 한 차시 한 차시 수업을 하더라도 "왜 이것을 아이들이 배워야 하는가?"를 제대로 이해하고 그것을 바탕으로 아이들이 지적 호기심과 탐구심을 가지고 차근차근 배움이라는 것을 경험해 나갈 수 있도록 하여 아이들의 전면적 발달을 돕는 일이라고 여긴다면 너무 거창하지 않으면서도 부담스럽지 않게 다가오지 않을까? 그리고 이런 수업이 실제로 이루어진다면 그보다 더 좋은 수업혁신이 어디 있겠는가? 좀 더 구체적인 예로 수학 교과 수업 사례를 들어 살펴보도록 하겠다.[6]

혁신학교 교사들도 예외가 아닌 것이 대부분의 교사들은 수학 수업을 아이들이 문제를 잘 풀 수 있는 방법 설명과 안내, 교과서 문제 풀이, 학습지 활동 등으로 여기고 진행하고 있다. 여기에는 선생님이 하는 방식으로 잘만 따라 하면 수학을 잘 할 수 있다는 전제가 깔려 있다고 봐도 무리는 아닐 것이다. 하지만 아이들은 문제 푸는 기계가 아니라는 인식은 못하고 있다.[7] 수학 교과 차원에서 수업혁신을 생각한다면 그동안 우리가 가져왔던 오해와 편견, 억압에서 벗어나 수학의 참모습을 되살리고 우리 아이들이 원래부터 갖고 있는 지적 호기심을 회복하면서 교사로서 교직의 전문성을 되찾고자 하는 차원이라 볼 필요가 있다. 이를 위해서는 이 글의 제목에서처럼 근본적인 패러다임의 변화가 필요했던 것이다. 그것이 바로 수업혁신이라는 개념이었다. 단지 교과서 내용만을 수정한다거나 외국의 교육이론을 접목한다거나 좋은 수업방법을 끌어들인다거나 하는 겉모습의 변화 차원을 넘어서서 교육을 바라보는 관점, 수학이라는 과목에 대한 관점, 아이들에 대한 관점의 변화라는 전면적인 변화를 꾀하는 것이 바로 수업혁신 이야기의 본질이자 핵심인 것이다.

좀 더 이해를 돕기 위해 세부적으로 들어가 보겠다. 먼저 수학 교육에 대한 오해와 편견부터 살펴보면 다음과 같다. 혁신학교 교사들조차도 수업혁신이라는 관점에서 수학 교과에 대한 사례를 그리 많이 내놓고 있지 못하다. 왜냐하면 수학이라는 과목은 답이 명쾌하게 떨어지고, 교과서에 나와 있는 문제나 과정을 있는 그대로 하나하나 설명하면서 진행하면 큰 무리 없이 수업이 이루어진다는 생각과 함께 중·고등 수학에 비하여 내용이 비교적 쉽기 때문이라는 생각이 밑바탕에 깔려 있기 때문일 것이다. 그러나 초등

---

6 나는 수업혁신이라는 척도로 특정 과목을 예를 들어 많이 생각한다. 그리고 그 대표 교과로서 주로 수학 수업을 생각한다. 왜냐하면 집필된 교과서 가운데 가장 문제가 많다고 여기기 때문이다. 교육과정을 재구성하여 지도해야 할 대표 교과목이 바로 수학인데, 현장에서의 교육과정 재구성 사례를 보면 주로 사회와 국어 교과 중심의 프로젝트, 주제통합 사례가 대부분이어서 아쉽기만 하다.
7 수업혁신이라는 차원에서 다른 교과목에 대한 고민도 이런 맥락에서 생각해 보기를 바란다.

수학을 안다는 것과 잘 가르칠 수 있다는 것은 별개의 문제다. 수업이 그리 쉽지만은 않다. 다른 과목도 마찬가지다. 특히 저·중·고학년을 모두 지도해 본 교사라면 고학년 수학 수업을 하는 것보다 저학년 수학 수업(내용은 훨씬 단순하지만 가르치기는 더 어렵다.)을 하는 것이 더 어렵다는 것을 알 수 있다는 면만 봐도 이해할 수 있는 일이다. 하지만 이보다 더 큰 문제는 수학 수업의 쉽고 어려움이 아니라 수학 수업에 대한 잘못된 인식이다. 수학 수업을 '교과서에 제시된 문제를 풀이하여 정답을 구하는 방법이나 길을 알려 주는 것(문제 풀이와 동일시하는 일. 중·고등 수학 수업도 마찬가지)'이라고 인식하는 점에서 그렇다. 그렇게 본다면 음악 수업을 할 때 교사가 악기 연주만 하고 노래만 들려주면 될 일이다. 미술 시간에는 교사가 직접 그림을 그려 주고 잘 그리는 방법만 알려 주면 될 일이다. 문학 수업 시간에는 교사가 직접 시나 소설을 창작하고 그것을 보여 주면 될 일이다. 그런데도 불구하고 수학 수업을 수학 문제 풀이와 같이 인식하는 이유는 무엇일까? 그것은 우리의 수학 수업이(단지 수학뿐만이 아니라 대개의 교과목 수업이 그러하다.) 시험에서 중요하다고 여겨지는 것들만을 잘 정리하여 떠먹여 주는 식(이는 어떤 면에서 보면 진도 나가기에 급급한 수업과도 동일한 맥락으로 여겨질 수 있다.)으로 이루어져 왔기 때문이다.[8] 그리고 이러한 상황은 수학 수업을 인터넷 특강을 통해 수업을 듣는 것과 별반 차이가 없게 만들고 있다.(문제 제시 후 특별한 해법 – 자신만이 알고 있는 비법을 통해 능숙하게 문제를 풀이하는 과정 설명하기 및 익히게 하기)

하지만 수업혁신이라는 차원에서 이런 행위는 진정한 수학 수업이라 말할 수 없다. 왜냐하면 수학 수업은 '길 찾기'와 비슷하기 때문이다. 어딘가를 찾아갈 때 갈 수 있는 길은 한 가지만 있는 것이 아니다. 그러나 문제 풀이식의 수학 수업은 한 가지 길만을 가르쳐 주고 가르쳐 주는 대로만 길을 찾아가라고 지시하는 것과 다르지 않다. 아이들 스스로가 생각하고 고민하여 풀이를 어떻게 시작하고 어떤 과정을 거쳐야 하는지 결정해야 함에도 불구하고 아이들에게 그런 여지를 주지 않고 다른 사람이 풀어 주는 방식이나 모범 과정이라 하는 것을 별 생각 없이 따라 하게만 하여 정답이 나오도록 하기 때문에 문제가 되는 것이다. 이럴 경우 학습은 끊임없이 같은 과정과 비슷한 문제 풀이만을 반복하게 될 수밖에 없다. 그런 과정은 수업이 아니라 기능이 몸에 밸 수 있도록 반복만 하는 훈련일 수밖에 없다. 이럴 경우 학습자는 서커스에서 볼 수 있는 동물들과 다르지 않다고 봐도 과언이 아니다.

이런 모습은 학교 밖의 학원, 인터넷 강의 등에서 많이 볼 수 있다. 하지만 학교에서의 수업마저도 이런 모습을 보인다면 학교 교육은 더 이상 필요 없지 않을까? 이런 모습을 극복하고 수학의 본질을 찾

---

8 여기에는 수동적 존재라는 학습자관이 존재하고, 지식의 결과에 주목하고 이미 누군가가 만들어 놓은 지식의 집합체라는 교과관(시험에 나오지 않는 지식은 필요 없고 수업은 시험에 대비하기 위한 것이며 지적인 사고활동이 아니라 그 결과에만 주목한다는 것)이 존재하며, 지식의 결과물들을 아이들에게 가르치는 행위가 수업이라고 여기는 교수관(여기에는 교사와 아동, 아동들 간의 상호작용에 의한 지적인 사고 과정을 통해 아이들의 배움이 형성되고 인지 발달과 성장이 이루어진다는 의미가 결여되어 있다.)이 자리하고 있기 때문이다.

기 위한 진정한 수학 수업을 만들기 위해서 수업혁신이라는 개념이 필요했던 것이라 생각한다면 무리일까?(다른 교과목도 이런 맥락에서 생각해 봐야 한다.) 기존의 그런 수학 교육의 개념은 아이들 차원에서는 억압과 폭력의 기제로 사용되었다는 차원에서도 굉장히 심각한 문제의식을 갖게 된다. 예를 들어 수 연산 영역에서 아이들에게 학습지 반복 훈련을 강요(대표적인 사례가 바로 기적의 계산법 책, 그리고 혁신학교에서 이루어지고 있는 기초학습 영역 학습지라고 하여 만들어지는 반복 훈련 개념의 것들이 다 같은 맥락이라 봐도 무리가 없을 듯하다. 심지어는 시간까지 재어 가면서 아이들을 심리적으로 억압하고 실수가 없어야 한다는 강박관념까지 심어 주고 있으며 누가 더 빨리 풀이하는가 하는 경쟁심리까지 조장하고 있는 현실이다. 이게 교육이라 말할 수 있는 것인가?)하고 있는 것이 바로 그런 사례 가운데 하나라고 할 수 있다. 내가 볼 때 이런 현상은 거의 고문에 가까운 수준이라 해도 지나치지 않을 것이다.

이런 아이들은 수학을 과연 어떤 과목이라 생각할까? 수학이라는 과목이 과연 사고력을 키워 주기 위한 것이라 여길 수 있을까? 오히려 수학이라는 것을 지겹고 하기 싫고 어렵게만 느껴지는 과목으로 여기게 만들고 있지는 않은가? 이런 수업에 익숙해졌기 때문에 아이들이 본래부터 갖고 있는 바람직한 지적 호기심은 사라지고 결국은 생각하기 싫어하고 조금 어려운 질문을 만나면 쉽게 포기해 버리는 사람으로 바뀌어 가고 있는 것은 아닐까?[9]

이런 여러 가지 문제점을 극복하기 위해서 수업혁신과 교육과정의 재구성이라는 과업과 패러다임의 변화가 필요했던 것이라 여겨 본다면 수업혁신이라는 것이 그렇게 큰 부담으로 다가올까 하는 생각이 든다. 하지만 현실은 그리 만만하지 않다. 학원에서의 선행학습, 그런 아이들과 학부모들을 대상으로 힘겨운 싸움을 해야 한다는 현실적 어려움이 산적해 있다. 혁신학교에서의 수업조차 앞에서 언급했던 일들을 반복한다면 당연히 아이들은 수업에 관심을 보이지 않을 것이고 아이들은 학교에서 행복하지 않을 것이며 교사 또한 행복하지 않을 것이다. 혁신학교의 구호 가운데 하나가 아이들과 학부모와 교사 모두가 행복한 학교를 만들어 나가는 것이라고 한다면 지금까지의 수업에 대한 문제점들을 극복해 나가는 일이라는 단순한 차원에서 접근하는 일만으로도 수업혁신에 대한 이해는 그리 어렵지 않을 것이다. 수학의 본질에 다가가도록 하는 수학 수업, 지극히 본질적이고도 상식적이며 평범한 주장(수학이라는 과목을 통해 아이들이 자신의 머릿속에 인지 지도를 그릴 수 있도록 돕는 일). 그게 그렇게 힘들고 어려운 것일까? 다른 교과목도 마찬가지다. 수업혁신과 교육과정 재구성의 핵심은 바로 이 지점에 있다.[10]

---

9 이런 식의 수학 수업은 아이들 스스로 수학을 만들어 갈 수 있는 활동을 포기하게 만들었고, 의미 없이 지식과 기능을 기계적으로 익혀 분절된 사고를 하게 만들었고, 스스로 문제를 해결하기보다는 다른 사람에게 의존하게 만드는 수동적인 아이들을 만들어 왔던 것이라 나는 생각한다. 교육은 결코 훈련이어서는 안 된다.

10 그 출발점은 쉽게 표현하여 기존의 교육과 교과서에 대하여 "과연 그러한가?"라는 근본적인 의문을 제기하고 비판적 검토를 통해 이루어진다. 물론 이때의 기준은 아이들의 눈높이이고 아이들의 사고 수준이며 아이들의 발달과정이다(아이들이 어떻게 받아들일 수 있는가에 초점). 비판 없이 혁신은 없다.

끝으로 수업혁신이라는 것을 동학년 혹은 같은 학교 교사들 여럿이 모여서 교재 연구를 하고 그대로 수업을 진행하고 피드백하는 정도의 수준으로 여기고 있다는 점에 대한 고민이 필요하다. 물론 수업혁신의 첫 출발점은 이런 활동으로 시작된다는 것을 부정할 수는 없다. 하지만 거기에 머문다면 수업혁신을 제대로 이루기 어렵다. 이렇게 모여서 협의를 하되 앞에서 강조한 다양한 이야기를 바탕으로 "왜, 무엇을, 어떻게"라는 고민과 함께 녹여내려는 연구 및 실천과 공유가 필요한 것이 바로 수업혁신의 이야기다. 그래서 함께 수업을 고민하고 공동연구하고 그 내용이 실연되는 모습을 함께 살피고(수시 공개수업) 피드백하고 다시 투입하는 과정이 끊임없이 반복되면서 아이들과 교사 모두 함께 성장해 나갈 수 있도록 노력하자는 이야기를 많은 사람들이 하고 있는 것이다. 하지만 혁신학교 현장은 수시로 수업 공유를 꺼리는 모습과 분위기가 아직도 사라지지 않고 있다. 교사의 입장에서 수업혁신이라는 것은 전문성 신장이라는 차원에서 다가설 수 있다. 교사의 전문성은 수업에서 나온다. 그것은 단순히 수업 기술이나 방법을 이야기하는 것이 아니다. 또한 그 전문성은 다른 교사들과 함께 사전에 수업에 대한 고민을 나누고 실천하고 피드백하는 과정 속에서 신장될 수 있다. 단지 남의 수업을 많이 본다고만 해서 되는 것이 아니다. 공개수업 자체보다 수업 전 공동 협의 및 연구가 더 중요하다. 그렇다고 한다면 의무방어전과도 같은 공개수업방식을 버리고 교실의 문을 열어 동료교사들과 자신의 수업에 대한 고민과 생각을 수시로 나누고 수업의 실재를 공유하고 사후 협의하는 과정을 꾸준히 반복하면서 교사로서의 성장을 경험해 나가는 일이 필요하다. 이럴 때 도움이 되는 것이 바로 수업 비평의 눈으로 읽기, 아이 눈으로 수업 보기, 성찰의 눈으로 수업 보기다. 수업 비평 또는 아이 눈으로 수업 보기, 성찰의 눈으로 수업 보기 자체만으로 수업혁신을 이루어 낸다는 것은 말도 안 되는 일이다. 좋은 수업이란 다양한 요소가 시너지를 발휘하여 조화롭게 이루어졌을 때 만들어지는 예술적인 활동이라 말할 수 있다면 어떤 한 가지만으로 수업혁신을 이루겠다는 욕심과 편견은 버려야만 한다.

마무리하면서 우리는 남한산초등학교의 한 졸업생이 한 말을 돌이켜 볼 필요가 있다.

"학교를 다니며 점수로 환산할 수 없는 삶에 대한 내면의 힘을 가지게 되었어요."

아이들은 학교에서 스스로 익힌 삶의 길을 찾아가는 경험을 평생 기억하고 그것을 기반으로 자신만의 세상을 만들어 살아가는 법이며, 수업혁신은 교사가 그것을 도와 가며 아이들과 함께 배우고 성장하는 기나긴 여행과도 같은 과정인 것이다.

02 RME 수학 교육과 협동학습

1) RME의 의미

RME(Realistic Mathematics Education)는 네덜란드의 수학자 프로이덴탈의 수학 교육에 대한 이론을 말하며 우리나라에는 현재 '현실적 수학 교육'이라는 이름으로 소개되어 있다.

RME는 수학이란 무엇인가에 대한 과거의 관점을 뛰어넘어 교과를 바라보는 새로운 패러다임과 가르쳐 주는 것을 받아 넣기만 하는 수동적 존재가 아닌 실존적 자아를 지닌 능동적 존재로서의 아동관을 토대로 '바람직한 수학 교육이란 무엇인가?'에 대하여 새로운 시각과 관점에서 생각해 볼 수 있게 해 주는 철학적 차원의 수학 교육 이론이라 말할 수 있겠다.

프로이덴탈은 우리의 삶과 동떨어진 전통적인 수학 교육을 극복하자는 차원에서 Reality라는 단어를 사용하였다.[11] 전통적 수학 교육은 이미 정해진 학문적 지식이 아이들에게 일방적으로 전해지는 방식을 취하였지만 프로이덴탈의 RME는 아이들 각자가 처한 현재 상황에서 스스로 탐구하여 학문적 지식을 성취해 내는 방식을 매우 중요하게 여기고 있다. 일종의 자기주도 학습과도 같은 것으로 아이들 각자가 꼬마 수학자가 되어 스스로 수학적 성취를 이룰 수 있도록 해야 한다는 것을 매우 강조하고 있다고 볼 수 있다.

그러나 여기에서 주의해야 할 점 한 가지가 있다. Realistic을 Real로 인식해서는 안 된다는 점이다. 결코 Realistic은 Real 그 자체라 말할 수 없다. 그런데 우리나라에서는 RME를 '실생활 속의 수학'이라는 차원에서 인식하여 실생활 속에서 접할 수 있는 상황들을 교과서에 제시하고(어떤 부분은 억지스러운 느낌마저 들게 한다. 최근 들어서는 여기에 스토리텔링까지 더해져 수학 수업을 한층 더 혼란스럽고 어렵게 만들고 있다.) RME 수학 교육을 지향하고 있다고 말하고 있다.

RME에서 말하는 Realistic은 실제로 일어나는 현실세계를 가리키는 것이 아니라 아이들의 생각을 통해 상상이 가능한 모든 상황(아이들이 상상할 수 있는 모든 세계 그 자체)을 가리키는 것이며, 아이들이 그것을 Reality라고 인식하는 순간 모든 상황은 Reality에 포함된다는 것을 가리킨다.[12] 이는 프로이덴탈의 수학이 바로 아이들 개개인의 주체적 삶, 아이들 스스로가 만들어 가는 삶을 존중하는 것에서 출발하였다는 것을 알 수 있게 해 주는 대목이라 말할 수 있다. 이는 구성주의적 사고와도 일맥상통한다고

---

11 프로이덴탈이 말한 Reality는 완성된 지식을 단편적, 일방적으로 던져 주고 받아 넣으라는 식의 전통적인 수학 교육의 문제점, 즉 아이들의 Reality를 고려하지 않는 근대적 수학 교육에 대한 비판에서 출발한 것으로 아이들이 처한 현재 상황이라는 맥락 속에서 개별적 특수성을 고려한 것이라 말할 수 있다. 아이들 개개인의 Reality를 고려해야만 비로소 아이들의 상식 선에서 수학 학습이 제대로 이루어질 수 있음을 강조한 것이라 말할 수 있다.

12 양의 정수와 음의 정수를 이해하지 못하는 아이들에게 '4−9＝−5다'라는 문제는 도저히 이해할 수 없고 실제로 있을 수도 없는 상황으로 여겨지겠지만 정수론을 공부한 사람들에게는 이해할 수 있는 상황임과 동시에 실제 삶에서 경험할 수 있는 문제로 다가설 수 있게 된다. 왜냐하면 음의 정수는 그것을 이해하고 있는 사람들의 Reality 범주에 포함되어 있기 때문이다.

볼 수 있으며 수학 교육에 협동학습이 매우 큰 도움이 된다는 것을 증명해 주는 것이기도 하다.[13] 결론적으로 RME는 수학을 통해 세상을 바라보고 이해할 수 있도록 돕는 차원에서 접근한 철학이었다고 말할 수 있겠다.

2) RME의 기본 원리

최근의 수학 교육은 RME의 영향을 받아 학습자의 활동, 구체적 조작물 활용, 수학의 실용성, 수학적 사고력 및 문제 해결력 신장을 강조하고 있다. 이러한 RME 수학 교육의 핵심 원리는 아래의 네 가지다.

① **점진적인 수학화** : 현실을 적절히 재구성하여 새로운 것으로 조직해 내는 활동을 의미한다. 현실에 대한 인식은 개인마다 다른데 각 개인이 지속적으로 변화하는 현실을 받아들이는 한 수학화는 지속되며 점진적으로 심화된다는 것이다.[14]

② **안내된 재발명** : 수학자들이 발명했던 수학적 성과들을 아이들이 발명자의 입장에서 다시 한 번 발명해 낸다는 것으로 아이들을 꼬마 수학자로 만들어 보자는 것이다. '안내된' 재발명이라고 한 것은 아이들이 교사의 안내를 받기 때문이다.[15]

③ **수준 이론** : 수학 학습을 수준의 상승으로 설명하는 이론으로 반 힐 부부가 주장한 수준 이론이 이에 해당된다.[16]

---

13 구성주의적 사고에 기반을 둔 협동학습은 아이들에 대한 세 가지 믿음을 기반으로 한다. 첫째, 아이들의 배움의 과정을 중시한다. 둘째, 아이들의 무한한 가능성을 믿는다. 셋째, 아이들 스스로 자신들의 세계를 만들어 나갈 수 있다는 것을 믿는다. 이런 믿음을 기초로 아이들 간의 상호작용을 통해 자신의 지식을 스스로 만들어 나갈 수 있는 상황을 만드는 일이 바로 협동학습이 중요하게 여기는 점이다. 그리고 그 상황 속에서 아이들이 다루는 모든 상황과 맥락이 바로 Reality라고 말할 수 있으며 그 상황과 맥락 속에서 오고 가는 이야기를 통해 아이들은 세상을 이해하게 된다. 아이들이 놓인 협동적 상황과 맥락 속에서 오고 가는 내용이나 주제가 수학적 주제라면 수학이라는 과목은 아이들이 세상을 들여다보고 이해하는 하나의 창이 되는 것이며, 음악적 주제라면 음악이라는 과목은 아이들이 세상을 들여다보고 이해하는 또 다른 창이 되는 것이다.
14 (1) 아이들의 현실 상황을 수학적으로 재구성해 보는 경험으로부터 출발, (2) 수학은 과거에도 지금도 현실의 삶과 분리되어 있지 않다는 생각이 중요, (3) 전문가가 아닌 아이들은 자신의 삶에서부터 수학 교육을 시작해야 함, (4) 수학과 과정을 경험시키기 위해 아이들에게 풍부한 맥락적 상황(이야기, 신문, 게임, 각종 그래프, 프로젝트 활동 등)을 제공할 필요가 있음.
15 (1) 아이들이 교사의 안내에 따라 수학화 경험을 통해 수학이 발명된 과정을 경험하게 함, (2) 교사의 주도 아래 수학의 역사적 발달 과정을 단축된 형태로 재구성하여 경험하게 함, (3) 과거의 발명 과정 그대로가 아니라 현재 아이들의 상황에 맞게 재해석하여 제시함(아이들의 현실을 바탕으로 이미 발명된 수학을 아이들 스스로 재창조해 냄)
16 네덜란드의 반 힐 부부(Dina van Hiele-Geldof, Pierre Marie van Hiele)에 의해 제시된 수학 학습 이론으로 이 이론에 따르면 수학 학습의 과정에서 아이들의 수준을 시각적 수준, 기술적 수준(도형 분석적 수준 : 초등 단계의 아이들이 여기에 해당됨), 국소적인 논리적 관계를 파악하는 이론적 수준(비형식적 추론 수준), 형식적인 연역적 체계를 파악하는 수준, 논리적 법칙의 본질을 파악하는 수준(기하학의 엄밀화 수준)의 5개 사고 수준으로 구별할 수 있다. 반 힐은 본래 기하 영역의 학습을 염두에 두고 자신의 수준 이론을 개발해 왔으나 후에 이러한 생각을 일반화하여 자신의 이론이 모든 수학 학습에 적용될 수 있다고 주장하였다.

수준	제1수준(영상)	제2수준(분석)	제3수준(정리)	제4수준(연역)	제5수준(엄밀)
대상	주변 사물	도형	성질	명제	논리
수단	도형	성질	명제	논리	
사례	도형의 명칭 사용 (상자 모양, 공 모양)	마름모의 네 변의 길이는 같다. 직사각형 대각선의 길이는 같다.	정사각형은 직사각형이다. 정사각형은 마름모다.	증명을 구성(삼각형의 내각의 합은 180°)	공리체계를 이해 (수학 학자 수준)

🍎 **맥락적 상황 활용**: 일상생활에서 아이들이 충분히 경험할 수 있는 소재들로 구성된 상황을 통해 자기 나름대로의 다양한 전략을 사용함으로써 각각의 문제를 설명하고 해결하는 활동을 시도할 수 있도록 한다.[17]

RME에서 중요한 것은 단순히 아이들의 현실세계에서 시작한다는 것뿐만 아니라 수업 상황 자체가 아이들의 체험의 일부, 즉 현실화되도록 하는 것이다. 안내된 재발명은 바로 이를 반영시킨 것으로 아이들의 현실로부터 시작된 수학화 경험을 제공함으로써 현상을 수학적으로 바라보고 이를 해결하는 과정에서 수학적 사고력 및 문제 해결력을 향상시키고자 했던 것이라 말할 수 있다.

3) RME 학습 지도 원리와 협동학습

(1) 구체적 현상 탐구-맥락 문제 활용

수학적인 개념뿐만 아니라 다른 학문과의 연결 고리를 갖고 있으면서 아이들이 자신의 상상력을 발휘하여 실제(reality)로 느낄 수 있는 현실을 '풍부한 맥락이 있는 상황'이라고 한다. 우리나라 수학책이나 문제 등에서 볼 수 있는 문장제 문제보다 훨씬 폭이 넓은 개념이라 할 수 있다. 예를 들어 시속 20km로 달리는 자전거가 120km 거리를 가는 데 걸리는 시간은 얼마인지 탐구하는 문제 상황은 시간, 거리, 속력이라는 세 요소의 관계 이외에는 다른 것과 연결되지 않는 빈약한 문제 상황이다. 그러나 자전거, 자동차, 걸어가기, 오토바이, 달리기, 기차 등 여러 대상이 똑같은 120km 거리를 가는 상황을 그래프로 그려 놓고 이를 탐구하는 것은 시간, 거리, 속력의 관계뿐만 아니라 그래프와 시간, 속력, 거리 사이의 관련성, 여러 대상 사이의 운동의 차이와 그래프와의 관계 등 여러 요소가 결합된 풍부한 맥락을 가진 상황이라는 것이다. 이를 위해 이야기, 게임, 프로젝트, 각종 도표 자료, 신문이나 방송, 잡지 등의 스크랩 자료 등이 많이 활용

---

17 이미 완성된 채로 주어진 수학을 전달하기 위해 수학 속에서 맥락을 찾는 CIM(Context in Mathematics)이 아니라 주어진 문제 상황이 문제 해결의 주체인 학습자의 심상으로 이어질 뿐만 아니라 이후에 전개될 학습 상황에 그대로 이어진다는 뜻에서 MIC(Mathematics in Context)로서의 맥락적 상황을 말한다.

된다. RME 수학 학습의 과정을 내 나름대로 재해석하여 아래와 같이 정리해 보았다.

1단계 : 수학적 탐구	2단계 : 수학적 개념 추출	3단계 : 수학적 정의	4단계 : 수학적 전이
호기심을 가지고 맥락 문제를 직관적으로 탐구하여 수학적 측면을 알아내고 규칙성을 발견해 낸다.	아이들 간의 상호작용을 통해 수학적 개념을 뽑아낸다. 형식화, 추상화 능력이 크게 활용된다.	추상화, 형식화를 통해 탐구해 낸 수학적 개념 및 결과를 정의하고 문장으로 기술한다.	탐구해 낸 개념을 다른 상황에 응용함으로써 개념을 강화하고 전이시켜 일반화하게 된다.

(2) 수학적 도구에 의한 수준 상승-수학적 모델의 전략적 활용

초등 수학에서는 구체적인 활동물을 활용한 수업을 매우 중요하게 여긴다. 구체물의 활용을 통해 교사는 아이들이 수학적 성과를 재발명하도록 도와야 한다. 이를 위해 수학적 성과가 역사적으로 어떤 과정을 거쳐 발생했는지를 생각하며 더 개선되고 더 잘 인도된 과정을 만들어 내지 않으면 안 된다. 수학적 성과가 이루어졌던 과정을 아이들의 현실에 와 닿으면서도 보다 더 풍부한 맥락을 가진 상황으로 재구성하여 제시한다면, 분명히 아이들은 이를 통해 활발히 상호작용하면서 재발명에 이를 수 있게 된다. 여기에 가장 많이 활용되는 수학적 모델은 시각적 모델, 도식화, 벤 다이어그램, 상황 모델, 기호화하기, 공식화하기 등이다.

(3) 활동을 통한 반성적 사고 촉진-아이들 스스로 구성

수학적 발명이 이루어졌던 과정과 비슷하게 재구성된 다양한 맥락적 상황을 경험하면서 아이들은 지식을 스스로 재구성해 나간다. 그 과정에서 반성적 사고가 길러지게 된다.(활동에 의한 구성, 반성을 통한 산물) 여기에서 가장 중요한 점은 아이들이 어떤 수학적 개념을 모르더라도 그것과 관련된 낱말이나 용어를 사용하고 그 의미를 포함하고 있는 다양한 현상을 지속적으로 경험하게 됨으로써 자연스럽게 개념을 형성하고 관련된 아이디어를 갖게 된다는 점이다.(예를 들어 아이들에게 분수 개념을 형식적으로 제시하기 전에 분수가 활용된 다양한 실제적 상황을 경험해 보도록 하는 과정에서 분수 개념을 아이들 스스로 반성적으로 구성해 나가도록 하는 것이 매우 중요하다는 것이다.) 결국 가장 중요한 핵심은 개념을 형성하고 다양한 생각을 가질 수 있는 경험을 아이들에게 많이 제공하고, 아이들 간의 상호작용이 활발하게 이루어질 수 있도록 해야 한다는 것이다. 바로 이 지점에서 구성주의를 바탕으로 한 협동학습이 왜 수학 교육에 큰 도움을 주는지가 잘 드러난다고 볼 수 있다. 이를 위해서는 개방형 문제 다루기, 불완전한 문제 다루기, 문제 상황 만들기, 기존에 알고 있던 것 뒤흔들기, 공식을 직접 만들어 보기, 수학적 상황이 가미된 이야기나 도표 만들어 보기 등의 활동이 필요하다.

(4) 활발한 상호작용-수학적 의사소통

구성주의 기반 협동학습이 왜 필요한지를 그대로 드러내 주는 원리이다. 아이들 스스로는 다른 사람들과의 상호작용이 긍정적일 경우 그 과정을 통해 자신의 생각과 타인의 생각을 비교·대조·분석하면서 정보를 공유하고 반성하면서 지식을 재구성해 나간다. 수학적 활동 속에서 아이들끼리 다양한 문제 해결 전략을 공유, 토의·토론(자신의 생각을 설명하고 검증받기, 다른 사람의 생각을 이해하고 동의하거나 반론 제시하기, 다른 해결 방안 찾기 등을 통해 자신의 학습 과정을 단축하거나 다른 사람의 구성과 산물을 보고 스스로 해 보기도 하면서 자신의 구성과 산물의 장단점을 인식하게 되어 반성적 사고를 경험하게 된다.)해 봄으로써 수학적 의사소통능력 및 협업능력이 향상되고 개념 및 원리 이해의 폭과 깊이도 더 깊어질 수 있다. 이때 교사는 안내자로서의 역할만 담당하는 것이 좋다.

(5) 학습 영역의 연결-학습 내용의 혼합을 통한 구조화

어떤 수학적 개념을 완전히 이해한다는 것은 단편적인 지식의 편린들을 기억하고 있는 것이 아니라 그와 관련된 내용들을 구조화시켜 하나의 전체로 구성·조직하는 것을 말한다. 이를 위해 여러 가지 내용을 포함하고 있는 맥락적 문제 상황 및 관련된 이전의 기억들을 떠올려 보고 재고해 보는 반성적 사고 과정이 꼭 필요하다. 학습이 발달을 선도한다는 구성주의의 근접발달영역 이론과 접목되는 지점이 바로 이 부분이다. 잠재적 발달 수준으로의 향상을 위해서는 현재의 발달 수준을 바탕으로 근접발달영역 내에서 다양한 비계 설정을 통해 반성적 사고 과정을 거쳐야만 한다.(새로운 하나의 수학적 지식을 습득하기 위한 출발점이 되는 예견학습과 새로운 수학적 지식을 알았을 때 기존의 지식체계를 새로운 안목에서 바라보는 회고학습이 동시에 이루어져야 한다. 예견학습과 회고학습이 씨줄과 날줄 역할을 하면서 서로 연결되어

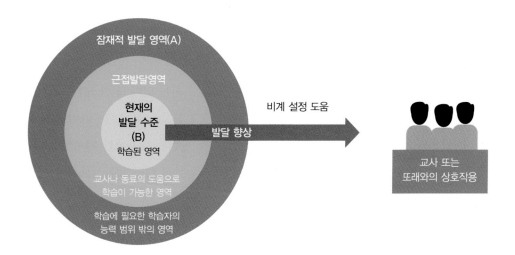

하나의 전체 학습 과정을 구성한다. 그리고 이렇게 구조화된 수학적 지식은 다양한 상황에 응용된다.)[18]

03 수학 협동학습 수업 레시피

협동학습으로 수업을 진행하다 보면 교과 나름대로의 특성이 협동학습과 어떻게 연결되는지를 고민하게 된다. 그리고 그 결과로 그 교과와 관련된 협동학습 수업 레시피가 만들어진다. 교사들마다 바라보는 시각과 관점은 분명히 다르겠지만 그동안 나름대로 수학 교과를 고민해 오면서 정리한 수학 협동학습 수업에 대한 비결 몇 가지를 정리해 보고자 한다.[19]

1) 가능한 교과서를 버려라! - 재구성을 통한 내용 줄이기 및 핵심에 집중하기

초등학교 1학년 과정부터 수학 교과서를 보면 내용이 너무 많아 미처 소화하지 못하고 학년을 올라가게 되어 결국 '수학'을 힘들어하고 싫어하는 아이들이 양산되고 있다. 아이들이 수학을 좋아하고 잘하게 하려면 교과서 내용부터 확 줄여야 한다. 교육과정이 바뀔 때마다 교과서 내용을 줄이겠다고 하였지만 제대로 실행된 적은 거의 없었을 뿐만 아니라 계산 및 문제 풀이, 알고리즘 익히기(기능) 중심으로 구성되어 있어서 '학습부진아'라는 꼬리표를 달게 되는 아이들이 늘어날 수밖에 없는 현실이다. 어디까지나 수업 설계의 주체는 교사인 만큼 교사 스스로가 직접 줄이려는 노력 또한 가능한 일이라고 본다면 가능한 교과서를 버리고 각 단원, 차시마다 핵심이 무엇인가에 집중하여 꼭 지도해야 할 내용만 뽑아 아이들이 확실하게 이해하고 넘어갈 수 있도록 교과서 내용을 재구성하는 것이 좋다.(아이들이 이것저것 다 두드려 보게 하지 말고 핵심 그 한 놈만 죽어라 두드려 패게 하라. 실제 사례는 제2장 수업의 실제 부분에서 단원 재구성을 참고하기 바란다.)

2) 수학을 통한 창의인성교육

현행 교육과정을 보면 모든 교과목을 통해 창의인성교육을 하라고 되어 있다. 수학 또한 교과서를 통해 공부하면 창의인성교육이 그럴듯하게 되는 것처럼 환상을 심어 주고 있지만 실제로는 아이들이 '어떻게 하면 계산을 잘할 수 있을까?(문제를 잘 풀어 답을 낼 수 있을까?)'와 관련된 내용에만 치우쳐 있다. 현재 교과서 어디에도 창의인성교육 관련 내용이 없다. 주입식, 기능 중심으로 구성된 교과서라서 아이들이 느끼고

---

18 RME와 관련하여 학교수학으로서의 수학과 개념(박영훈, 나온교육연구소), 프로이덴탈의 수학화 학습-지도론(조현공, 서울상계고), RME를 활용한 수학 수업 방법(김성여, 서울교대부설초등학교), RME 이론을 적용한 수학과 교수·학습 지도안(성지경, 대구이현초등학교)을 참고하였음을 밝힌다.

19 협동학습, 교사를 바꾸다. 이상우. 2012. 시그마프레스. pp. 61~72, pp. 261~277 참고.

깨닫고 행동하고 반성적으로 사고하는 일은 쉽지 않다. 더군다나 내용도 너무 많아서 머리로만 생각하고 받아들이게 할 뿐 가슴으로까지 생각하고 받아들이게 하지는 못하고 있다. 그래서 현장의 교사들이 무척 곤혹스러워한다. 무엇으로 어떻게 창의인성교육을 하라는 말인지 알 수가 없다.

 🌳 수학 교육에서 생각해 볼 수 있는 창의인성교육의 예 🌳

♣ 상대방의 수학적 사고에 대한 존중(다른 사람들의 수학적 사고, 아이디어, 생각 등을 존중하고 경청하며 이해하려는 마음)

♣ 유연하고도 개방적인 수학적 사고(경직되지 않으면서도 모든 가능성을 열어 놓고 주어진 문제 상황에 알맞게 대처하려는 마음)

♣ 수학을 하려는 의지(수학적 지식을 습득하는 것보다 수학적 지식을 습득하려는 의지가 더 중요. 그 의지가 나중에 아이들의 삶에 중요한 역할을 할 것임)

♣ 자유로운 수학적 대화와 소통(아이들의 생각에 대한 발언, 대화, 소통이 자유로워야 아이들 중심 수업이 가능. 틀려도 괜찮은 교실을 만들어 소통능력 기르기)

위와 같은 내용들은 협동학습에서의 듣기 교육, 긍정적인 상호의존, 사회적 기술과 크게 연관되어 있다.[20]

단계별 사회적 기술[21]

기초 단계	기본 단계	발전 단계
• 자리에 머물러 있기	• 점검하기	• 사람이 아니라 의견 비판하기
• 발표지 쳐다보기	• 질문하기	• 사람이 아니라 행동 묘사하기
• 모둠 과제 완성 돕기	• 타인을 인정하기	• 관점 채택하기
• 자료 공유하기	• 의사소통 기능 사용하기	• 바꾸어 말하기
• 아이디어 공유하기	• "내 생각에는" 용어 사용하기	• 문제 해결하기
• 차례 지키기	• 적극적으로 듣기	• 합의하기
• 이름 불러 주기	• 재진술하기	• 요약하기
• 작은 목소리로 말하기	• 칭찬하기	• 의견 구별하기
• 과제에 집중하기		• 정당하게 반대하기

20 이와 관련해서는 살아 있는 협동학습:협동적 학급운영의 이해(이상우. 2009. 시그마프레스), 협동학습으로 토의·토론 달인 되기(이상우. 2011. 시그마프레스)를 참고하기 바란다.

주요 사회적 기술[22]

사회적 기술	사회적 기술의 부족으로 인한 문제 상황
감정적 대응 억제하기	말다툼, 폭력, 싸움 등
토의하기(합리적 의사결정)	언쟁과 불화, 의견 충돌, 말다툼, 싸움 등
역할 분담하기	책임 회피 및 의사 독점, 무임승차, 봉 효과, 일벌레 등
서로 도움 주고받기	무관심, 불신, 의욕 상실, 갈등, 열등과 우월감 등
적극적 듣기(경청)	무시하기, 무관심, 이해 부족, 오해 등
수용적 자세 견지하기(상대방 의견 존중)	무시하기, 싸움, 갈등, 폭력, 말다툼, 의견 충돌 등
의견만 비판하기	사람 비판으로 인한 갈등과 다툼, 감정 악화 등
칭찬과 격려 아끼지 않기	무관심, 경쟁, 열등감과 우월감, 의욕 상실 등
차이점 존중하기	우월감과 열등감, 부정적인 인식, 무시하기 등
문제 및 해결 방안 공유하기	방해하기, 무관심, 도움 주고받기 거부 등

3) 침묵으로 가르치기 – 교사의 말을 줄이고 아이들이 생각하고 말하고 행동하게 하기

들은 것은 잊어버리고 본 것은 기억되나 직접 해 본 것은 이해된다. (공자)

흔히 수학 수업을 보면 아이들이 처음 배우는 것들에 대하여 교사들이 친절하게 처음부터 끝까지 먼저 설명을 해 주고 아이들이 그것을 따라 하도록 하는 방식을 택하고 있다. 이 방식이 좋은 내용도 있지만 모든 과정과 내용이 다 그런 것은 아니다. 때로는 아이들이 처음부터 직접 탐구하고 생각하고 질문도 하고 또래들과 상호작용하면서 스스로 찾아내는 방식이 좋은 내용도 꽤 많다.

예를 들어 평면도형의 넓이를 공부하면서 공식이 만들어지는 과정을 교사가 직접 설명하는 것이 아니라 아이들이 직접 조작활동을 통해 탐구하여 공식을 만들어 나가는 수업을 할 수도 있다.

직육면체 겨냥도 그리기–스스로 겨냥도 그리는 방법, 그리는 순서, 주의할 점을 찾는 모둠활동 사례

---

21 협동학습의 이해와 실천. 정문성. 2002. 교육과학사. p. 105.
22 공동체를 세우는 협동학습. 밴스톤 쇼 저. 박영주 역. 2007. 디모데. p. 360.

겨냥도를 그릴 때에도 그리는 방법을 직접 설명해 주는 것이 아니라 어떤 순서와 방법으로 그려야 정확하게 제대로 그릴 수 있는지를 아이들이 스스로 찾아내도록 하는 수업을 할 수도 있다.

많은 경우 교사가 열강을 한다고 하지만 아이들이 정말 무엇인가를 배우기는 한 것일까 하고 의구심을 갖게 만든다. 교사가 지적인 언어로 무엇인가를 마구 쏟아 내고 아이들이 교사의 생각대로 쫓아간다고 하더라도 '배움'이 일어났다고 말할 수 없는 경우도 많다. 좋은 수학 수업이란 아이들에게 경험을 통해 중요한 수학적 지식을 습득할 수 있는 배움의 상황(아이들이 수학적 지식을 배우고자 하는 마음을 갖게 만드는 모든 교실 환경)을 만들어 주는 일이다. 특히 수학이라는 교과는 '말로 가르치기'를 포기할 때 다양한 형태의 수업이 떠오른다는 것, 그리고 그 지점에 협동학습이 있다는 것을 잊지 말아야 한다.(사고하기 ⇨ 행동, 상호작용하기 ⇨ 배움의 과정을 경험하도록 하기)

4) 공부한 내용을 스스로 기록하고 정리하게 하기

수업 중 무엇인가를 스스로 기록한다는 것은 수업에 주인이 되어 있다는 것이다. 그리고 공부한 기억을 떠올려 스스로 정리한다는 것은 그것을 완전히 자기 것으로 만들기 위한 자기주도적 노력이라 할 수 있다. 이를 위해 학년 초에 노트 및 스스로 배움공책 두 가지를 준비할 수 있게 하고 노트 기록 방법(특히 코넬식, 마인드 맵) 및 스스로 배움공책 쓰는 방법을 적극적으로 알려 주고 지도하는 것이 좋다. 노트 정리든 스스로 배움공책이든 제일 중요한 것은 교사가 판서하는 것을 그대로 적는 것보다 자신이 들은 것을 바탕으로 알게 된 사실, 이해한 내용, 생각과 느낌이 고스란히 드러나도록 하는 일이다. 이것을 지속적으로 실천해 나가다 보면 아이들의 수업집중력과 이해력이 높아지고 질문하는 아이들의 수도 점점 늘어나게 된다.

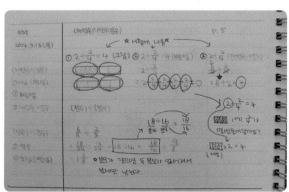

코넬식 노트 기록법에 의한 노트 필기   스스로 배움공책

협동학습 수업 속에서는 교사가 질문을 던진 이후에 바로 아이들이 답을 말하게 하는 것이 아니라 자신의 생각을 정리할 시간을 주는 것을 매우 중요하게 다루고 있다. 아이가 자기 생각을 갖고 있느냐 그렇지 못하느냐 하는 점은 아이가 수업에 주인이 되느냐 그렇지 못하느냐를 결정짓는 중요한 요소가 된다. 따라서 교사가 질문을 던진 후에 아이들 스스로 질문에 대한 자신의 생각을 가질 수 있는 시간(필요시 노트에 기록하는 시간을 포함)을 충분히 주는 것을 잊지 말아야 한다. 아이들이 자신의 생각을 갖고 노트 어딘가에 그것을 기록한다는 것 자체가 발표인 셈이다. 아이들이 자신의 생각을 갖고 기록하는 순간 사고는 보다 정교해지고 폭과 깊이는 넓고 깊어진다. 그리고 자신이 생각한 것에 부족함이 발생하였을 때 바로 아래에 새롭게 알게 된 사실이나 내용 또는 잘못 생각한 것에 대한 수정 사항을 덧붙여 기록(절대로 지우지 않게 하기-자신의 반성적 사고 과정을 소중하게 여기도록 하기)해 나가면 아이들은 틀렸다는 것에 대하여 부담을 줄여 나갈 수 있다. 수학 시간에 아이들이 오답을 말하거나 기록한다는 것은 그들이 분명히 '사고하고 있다'는 증거라는 사실을 잊지 말자.

5) 모두 일어서게 하기

자기 사고를 바탕으로 다른 사람들과 생각을 공유하며 협동적 배움을 실천해 나가는 일은 협동학습 수업의 핵심이다. 특히 협동학습의 최대 적은 무임승차(아무것도 하지 않은 채 일벌레 또는 발표하는 아이들 뒤에 숨어 지내는 현상)와 일벌레(어떤 아이가 모둠활동에서 모든 일을 다 떠맡아 하는 현상), 봉 현상(일벌레 현상이 반복되면 그 아이가 '왜 힘들게 나만 해야 하지?' 하고 생각하면서 어느 순간 자신도 일을 놓아 버려 모둠이 목표 달성에 이르지 못하는 현상)이라고 할 때 이를 어떻게 최소화시키느냐가 곧 협동학습 수업의 성패를 좌우한다고 볼 수 있다. 이를 극복하기 위해 아이들 모두를 일어서게 하는 방법은 특히 수학 시간에 매우 유용한 활동이라 할 수 있다.

모두 일어서서 나누기 활동-분수의 뺄셈을 띠 모델로 해결하기

6) 오답은 살아 있는 수학 수업 재료-고민의 결과는 즉시 말하기, 오답은 살리기

우리나라 아이들은 틀리는 것을 매우 두려워하고 창피스러워한다. 물론 이는 학습된 것이고 그 뒤에 그런 상황을 만든 교사의 잘못이 있다. 천재 발명가 에디슨이 전구를 개발할 때 99번의 실패를 부끄러워했을까? 오히려 99번의 안 되는 이유를 알아낸 것에서 희망을 찾았을 것이고 그것이 결국 전구를 발명하게 만들었던 것 아닐까?

[상황 1] 먼저 모두 일어서게 한 뒤 생각이 나면 앉아서 기록하고 그 내용을 바탕으로 모둠원들과 소통하게 하기(① 모두 일어서서 생각하기 ② 생각이 나면 앉아서 노트에 기록하기 ③ 모든 모둠원이 기록을 마치면 생각과 정보 서로 공유하기 ④ 모둠 의견 정리하기 ☞ 생각이 떠오르지 않아 계속 서 있게 되는 아이들은 적당한 시간이 지나면 스스로 앉아 모둠원들과 정보를 공유하되 자신의 차례가 되면 일단 "패스"를 외치고, 다른 사람이 자신의 생각을 모두 말한 뒤에는 다시 차례를 넘겨받아 "생각이 잘 떠오르지 않아 정리하지 못했습니다."라고 솔직하게 말하되 다른 사람의 말을 경청해서 들은 내용을 바탕으로 "그런데 잘 들어 보니 ○○○의 말처럼 ~~라는 생각이 들었습니다."라고 이야기한다. 상황에 따라서는 교사가 그 아이들에게 힌트를 줄 수도 있다.)

[상황 2] 먼저 생각을 정리하게 한 뒤 적당한 시간이 지나면 모두 일어서게 하여 모둠원들과 소통하게 하고 모둠원들이 생각이 정리되면 자리에 앉게 하기(① 혼자 생각 정리하고 기록하기 ② 모두 일어서서 자신의 생각과 정보 공유하기 ③ 모둠 의견 정리하기 ④ 모둠 의견 정리 후 자리에 앉기☞ ①번 단계에서 생각이 떠오르지 않는 아이의 경우 위의 [상황 1]처럼 지도한다.)

[상황 3] 모둠활동이 아니라 개인 생각을 갖는 것을 전제로 할 때는 ① 혼자 생각하기 ② 생각이 끝나면 자리에 앉아 노트에 기록하기 ③ 자신의 생각 발표하기-이때 교사는 아무나 지목하는 것이 좋다. 대부분 손을 드는 아이들은 발표시킬 필요가 없는 아이들일 가능성이 높다. ☞서 있는 시간이 긴 아이들은 교사가

다가가 힌트를 주는 것도 필요하다. 서 있는 시간이 길어질수록 생각의 정리를 마친 아이들의 수업 공백이 길어져 불필요한 상황이 만들어질 가능성이 있기 때문이다.

- 모두 일어서서 나누기 활동이 끝나면 교사는 활동 결과에 대하여 무작위로 지목하여 발표를 하게 할 수 있다. 모둠활동에 적극 참여하여 일벌레, 무임승차, 봉 현상이 최소화되었다면 어떤 아이들이 지목되어도 충분히 발표할 수 있다. 왜냐하면 모두가 적당히 긴장된 상태로 수업의 주인이 되어 적극적으로 생각하고 들었고, 아이들 각자가 단순히 자신의 생각을 말하는 것이 아니라 모둠원들과 나누었던 이야기를 정리하여 말하는 것이기 때문에 부담감이 줄어들고, 오답을 말했을 때 다가오는 불안감과 수치심도 훨씬 낮아져 아이들 자존감에 상처를 남길 우려가 적거나 없기 때문이다.

- 정리된 모둠 의견을 발표할 때 교사는 그들의 생각을 칠판에 잘 정리해 준다. 이것은 아이들의 다양한 사고 과정(비교, 분석, 공통점, 차이점, 생각의 다름 등)을 그대로 보여 줌과 동시에 그들의 생각과 사고가 수업을 얼마나 의미 있게 만들어 주는지를 알 수 있게 하는 좋은 자료가 되기 때문이다.

- 아이들이 생각과 정보를 나누는 과정을 살피면서 필요할 경우 전체 활동을 멈추고 힌트를 주거나 각 모둠에 한 명씩만 나오게 하여 중요한 힌트를 준 뒤 모둠으로 돌아가 자신이 알아 온 힌트를 다른 사람들에게 알려 주고 다시 활동을 시작하게 할 수도 있다.

자신의 생각 발표하기-분수의 곱셈

마찬가지로 수학 수업 시간에도 아이들 스스로가 고민 끝에 생각해 낸 산물들을 과감하게 교실 전체로 던져 보거나 실행시켜 볼 필요가 있다. 물론 그 과정에서 어떤 지점에서 생각이 부족했는지, 어떤 부분을 고려하지 못했는지, 자신의 생각에 어떤 장점과 단점이 있었는지, 자신의 생각을 어떻게 보완해야 될지 등의 반성적인 사고 과정은 반드시 필요할 것이다. 이러한 과정을 통해 아이들은 수학적 개념의 이해 및 수학적 사고력을 보다 심화, 발전시키고 수학적 문제 해결력을 향상시킬 수 있게 된다.

이를 위해서는 무엇보다도 틀려도 괜찮은 교실 환경을 만드는 일이 중요하다. 아이들이 오답을 말한다는 것은 그들이 사고하고 있다는 증거이기도 한 만큼 왜 그렇게 생각했는지를 묻고 어떤 지점에서 좀 더 생각해 볼 필요가 있는지를 스스로 찾아낼 수 있도록 해야 한다. 여기에는 오답을 말한 아이들을 더욱더 칭찬하고 격려하는 교사의 사고 및 태도 전환이 선행되어야 한다. 교사가 바뀌면 아이들은 수학적 개념을 이해하기 위해 고민은 하되 생각난 아이디어는 망설이지 않고 발표로 연결 짓거나 실행에 옮긴다.(오답이 나올 경우 그대로 적어 두고 아이들 간의 연결 짓기를 통해 수학적 의사소통을 돕고 비슷한 문제 상황에 봉착한 다른 아이들 또는 완전히 이해하고 있지 못한 아이들의 이해를 돕거나 오류가 발생한 지점을 찾을 수 있도록 돕는다. 이 과정은 말 그대로 살아 있는 협동학습 수업을 만든다.)

7) 심진 일으키기 – 핵심 질문 뽑아내기

심진(心震)을 일으킨다는 것은 어떤 상황이나 주제와 관련하여 지적인 불완전함을 이용하여 장애물을 설치해 둔다는 것(아이들이 갖고 있었던 기존의 생각이나 신념을 무너뜨리는 일)을 의미한다. 실제로는 잘못된 상황을 제시하고 그것이 정답인 것처럼 포장하여 아이들의 사고에 혼란을 가져다주는 활동이라 말할 수 있다. 그림과 같은 상황이 바로 그 예이다.

보통 이런 상황은 부족하지만 아이들 자신이 현재 상황에 만족하거나 어렴풋하게 알고 있는 것을 좀 더 확실하게 이해할 수 있도록 돕고자 할 때, 아이들 자신이 어떤 주제나 상황에 대하여 잘 알고 있다는 착각에 빠져 있을 때 그들의 생각과 믿음에 지각변동을 일으키거나 부정하게끔 만들어 자신들의 기존 지식과 사고체계를 재구성해 나갈 수 있도록 돕고자 할 때 만들어진다.(나의 경우 주로 답 내기 중심의 학

생각해 봅시다.

이렇게 하면 안 될까?

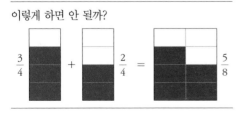

$$\frac{3}{4} + \frac{2}{4} = \frac{5}{8}$$

설명해 봅시다.

원 선행학습을 한 아이들이 많을 때, 지난 학년에서 완전히 개념을 이해하지 못하고 넘어온 영역에 대하여 출발점 행동을 점검하고자 할 때 많이 활용한다.)

이러한 발문을 위해서는 교과서를 버리고 핵심에 집중한 교육과정 및 교과서 내용의 재구성을 하지 않으면 안 된다. 왜냐하면 그 수업에서 굉장히 중요한 핵심 질문일 경우에 주로 사용하는데 이 경우 시간이 꽤 많이 필요하기 때문이다. 이의 밑바탕에는 법정 스님의 '무소유' 사고가 있다.(법정 스님의 말에 의하면 '무소유'란 아무것도 갖지 않는 것이 아니라 불필요한 것을 갖지 않는다는 뜻이다.) 이처럼 불필요한 것 또는 덜 중요한 것에 아이들이 집중하지 않게, 시간을 보내지 않게 하는 일은 반드시 선행되어야 한다.(교과서를 보고 덜 중요하거나 핵심에서 벗어나는 것들, 이것저것 묶어서 해도 큰 무리가 없는 활동들, 생략해도 좋은 활동들은 과감히 덜어 낸다는 판단과 의지가 필요하다. 굳이 교과서를 빠짐없이 다 가르쳐야 한다는 생각은 버리도록 하자.) 그래야 아이들은 현재 발달 수준을 바탕으로 근접발달영역 내에서 협동적 상호작용을 통해 잠재적 발달 영역으로 넘어가게 된다. 아이들이 모든 것을 알게 하겠다는 것은 단지 교사의 욕심일 뿐이다.

8) 충분히 생각할 시간을 주고 기다리기

생각할 시간을 주고 기다린다는 것은 인성교육 차원에서 그 아이에 대한 배려일 뿐만 아니라 아이가 수업 속으로 들어올 수 있는 기회를 제공하는 일이다. 교사들이 아이들을 수업 속으로 끌어들여 수업의 주인이 될 수 있는 많은 방편을 찾고 있지만 '아이들 스스로 자기 생각 갖기'만큼 쉬운 방법은 없다. 수업에 참여하는 아이와 그렇지 않은 아이의 가장 큰 차이점은 바로 자기 생각을 갖고 있느냐 없느냐 하는 점이다. 자기 생각을 갖고 있는 아이들치고 참여하지 않는 아이는 찾아보기 힘들다. 반대로 자기 생각을 갖고 있지 못한 아이들치고 제대로 참여하는 아이 또한 찾아보기 힘들다. 이를 위해 교사는 미리 교재 연구를 통해 준비한 중요한 질문들에 대하여 충분히 생각할 시간을 주고 기다리는 자세가 필요하다. 그러면서 아이들을 세밀하게 관찰하고 생각이 잘 떠오르지 않는 아이들에게는 먼저 모둠원들에게 도움을 구하게 하고 그래도 안 될 때에는 교사에게 도움을 요청하도록 안내하는 것이 필요하다. 무조건 교사에게만 도움을 요청한다면 아이들은 협동학습에 대한 필요성을 느끼지 못하게 된다. 아이들에게 있어 가장 좋은 조력자는 교사가 아니라 팀 동료라는 사실을 늘 일깨워 주어야 협동학습이 잘 이루어질 수 있다.

9) 생활 속에서 수학적 개념 및 원리를 학습하게 하기 - 수학적 도구 및 스토리텔링

살아 있는 수학 수업을 만들어 나가기 위해서 생활 속에서 그 수학적 개념이나 원리를 학습할 수 있도록 재구성하라는 것이다. 아이들이 수학을 싫어하는 이유 중 하나는 "재미가 없다"는 것이다. 왜냐하면 자신의 피부에 와 닿지 않을 뿐만 아니라 배움과 자신의 삶과의 연결 고리를 찾지 못해 왜 배워야 하는지 깨닫지 못하기 때문이다. 하지만 생활 속에서 수학적 개념을 탐색하는 활동은 아이들에게 무한한 흥미와 재미를 제공해 준다. 예를 들어 길이를 학습할 때 줄자로 나의 키뿐만 아니라 팔 길이, 다리 길이를 실제로 측정해 보고 냉장고, 모니터 등 집 안에 있는 여러 가지 가전제품의 길이 관계를 탐색해 본다면 학생들이 얼마나 재미있어할까.

또한 신문이나 잡지 등을 이용해서도 수학 공부를 할 수 있다. 그 속에는 다양한 수학적 도구가 들어 있다. 실제 이야기, 실제 상황을 시각화한 다양한 도표와 이미지(시각 모델 및 상황 모델) 등의 자료를 통해 학습한 아이들은 단지 수학으로서 추상적인 학문을 접한 것이 아니라 자신을 둘러싼 실제 현실을 간접적으로 경험하면서 수학이 실제 현실과 어떻게 접목되고 우리가 왜 수학을 공부해야 하는지뿐만 아니라 실생활 속에서 관련된 주제나 단원의 개념이 어떻게 녹아 들어가는지를 잘 이해할 수 있고 응용능력도 높아지게 된다.

한편 학년에 따라서는 억지로 만들어진 이야기보다 이미 있는 이야기를 통해 수학적 상황을 제시하고 배우는 즐거움을 경험하게 할 수 있다. 특히 저학년에서는 매우 유용한 방법이 될 수 있다.(예를 들어 1학년 수학 교육과정을 보면 아이들의 호기심을 끌기 위해 수를 모르고 있다는 외계인을 등장시켜 스토리텔링 수학을 전개해 나가고 있는 상황이 있는데 좀 생뚱맞다는 생각이 든다. 여러분은 어떻게 생각하는가? 이미 많은 아이들이 숫자를 알고 학교에 입학하지만 이들이 숫자를 전혀 모른다는 전제하에 그들 수준에 맞는 우리 전래 동화 "해와 달이 된 오누이 이야기 – 떡 하나 주면 안 잡아먹지!"와 같은 이야기를 읽어 주면서 재미있게 접근할 수 있도록 유도하는 것이 더 좋지 않을까 생각한다. 물론 이 단계에서 숫자를 단순히 추상적이거나 개수로 접근해서는 안 될 일이다. 숫자는 나름대로의 고유성을 갖고 있다. 이것을 아이들이 온몸으로 느낄 수 있도록 해야 한다. 예를 들어 1은 1개, 오직 하나밖에 없는 소중한 것, 추상적인 의미의 1, 기호로서의 1, 나 자신 등의 의미가 담겨 있다고 볼 수 있다.)

스토리텔링의 예 : 5학년 1학기 배수와 약수의 단원 학습 – 우리 전래동화 "3년 고개 이야기"로 시작하기

아주 오랜 옛날 어느 산골 마을에 3년 고개라는 이름을 가진 고개가 있었습니다. 이 고개에서 넘어지면 3년밖에 살지 못한다는 전설이 있었기 때문에 붙여진 이름입니다. 그런데 어느 날 할머니 한 분이 장에 갔다 돌아오는 길에 그만 3년 고개에서 넘어지고 말았습니다. 할머니는 '이젠 3년밖에 살지 못하는구나.' 하고 깊은 시름에 빠져 집에 돌아오자마자 자리에 눕게 되었습니다. 건강하시던 할머니께서 3년 고개에서 넘어져 깊은 시름에 빠졌다는 소문은 금세 온 마을에 퍼졌지요. 마을 사람들은 모두 할머니의 건강이 몹시 걱정되었습니다. 그러던 어느 날 동네에 살고 있던 영리한 소년이 찾아와 이렇게 말했습니다.

10) 개념이나 원리가 가진 구성 요소들 사이의 관계를 논리적으로 탐색하게 하기

이는 그 개념이나 원리가 가진 구성 요소들 사이의 논리적인 관계를 탐색하게 하는 것이다. 이런 논리적 관계의 탐색 과정에서 아이들은 수학적인 구조를 더 명확히 해 그 개념이나 원리를 보다 확실하게 이해할 수 있게 된다.

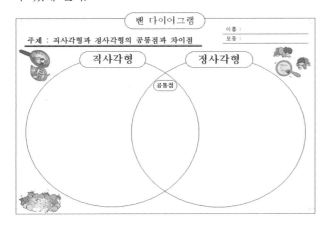

예를 들어 직사각형과 정사각형을 서로 비교할 때 두 도형을 구성하고 있는 구성 요소인 변, 꼭짓점, 각을 논리적으로 탐색하도록 한다는 것이다. 이때도 그냥 알아서 비교해 보라고 하는 것보다 아래와 같이 아이들 수준에 맞게 사고할 수 있는 다양한 형태의 틀(벤 다이어그램 또는 비교 분석표)을 주는 것이 필요하다.

		정사각형	직사각형
공통점	꼭짓점		
	변		
	각		
차이점	변		

11) 구체물 직접 조작하게 하기

초등학교 아이들은 아직 추상적 사고를 매우 힘들어하는 연령대이다. 이런 시기에 수학 공부를 단지 문제 풀이 또는 답 찾기식처럼 추상적으로 진행한다면 아이들은 매우 힘들어하고 수학 포기자가 양산될 수밖에 없다. 저학년부터 고학년까지 필요에 따라 모든 아이들에게 구체적인 조작물을 나누어 주고 알맞은 활동을 하여 그들의 이해를 도울 수 있는 방법 또는 자료를 고민해 봐야 한다.(외국의 사례를 보면 교실마다 수학 관련 교구들이 정말로 많이 갖추어져 있는 모습을 볼 수 있다. 그러나 우리나라는 아직 교실마다 교구들이 아직도 충분히

종이를 직접 자르고 회전, 이동시키면서 등적변형을 통해 도형의 넓이를 구하는 공식 만들기 활동

갖추어져 있지 않다. 가뜩이나 잡무 및 여러 여건으로 인하여 수업 연구할 시간도 부족한데 교사들이 교구까지 직접 고민하여 만들어 사용하고 있는 현실이라서 매우 안타깝다.)

12) 협동적으로 함께 문제를 해결하는 즐거움 선사하기 – 미션 과제

똑같은 활동이라도 그냥 활동지 형식으로 제시하면 아이들은 힘들어한다. 그러나 미션활동이라고 포장하여 도전의식을 갖게 하면 아이들 눈빛이 반짝거린다. 게다가 혼자 하는 것보다 모둠원들이 함께 해결하고

모둠별 미션 과제 해결

한 사람도 빠짐없이 다 설명할 수 있어야 한다는 조건을 내걸면 아이들은 더 활동적으로 움직인다. 개별학습지 형식으로 나누어 주면 아이들은 마치 시험을 보는 듯 착각을 경험하며 부담을 느끼게 된다. 하지만 모둠 미션 과제나 협동학습 구조인 짝 점검 활동 등을 하게 되면 이 활동을 게임이나 놀이처럼 인식하여 도전의식을 갖게 된다. 아울러 모둠 미션 과제 및 짝 점검 등의 협동적 활동은 혼자라는 부담감이 줄어들고 개인적인 책임 또한 감

소하며 또래 동료들과 서로 도움 및 칭찬을 주고받고, 정보 및 아이디어를 공유하기 때문에 자연스럽게 상호작용을 통해 목표에 도달할 수 있다는 장점 및 아이들의 자존감을 살려 줄 수 있는 효과도 얻을 수 있다. 여기에서 주의해야 할 점 한 가지가 있다면 무임승차, 일벌레, 봉 현상, 경쟁 현상을 어떻게 극복할 것인가 하는 것이다. 나의 경우 미션 과제나 협동적 활동이 끝나면 모둠원 가운데 아무나 대표설명을 하게 될 것이라고 미리 안내를 한다. 그러면 아이들은 한 명도 빠짐없이 완전학습을 하기 위해 노력하는 모습을 보이게 된다. 아울러 미션 과제를 잘 해결하면 상점을 준다거나 플러스 알파라도 무엇인가 걸려 있다면 아이들은 이해가 부족하거나 도움이 부족한 아이들과 부정적 상호작용을 하게 되어 협동학습의 중요한 기반을 뒤흔들 우려가 있어 주의가 필요하다.

13) 몸으로 배우게 하기

반 힐에 의하면 초등학교 시기의 아이들은 제2수준(기술적 수준)에 해당된다. 이 수준의 아이들은 사물을 직관적으로 관찰하고 귀납적으로 판단하며 정의한다.(피아제의 구체적 조작기에 해당되기도 하는데 피아제도 이 단계의 아이들은 구체적인 대상 없이 언어적 명제만을 다루는 형식적 수준에는 이르지 못한다고 하였다.) 따라서 도구나 구체물을 이용하여 수학적 활동을 하는 것과 함께 몸으로 수학적 개념을 이해하고 몸이 수학적 개념을 기억하도록 하는 일은 매우 중요한 일이 아닐 수 없다.

몸으로 배운다는 것은 이런 것이다. 예를 들어 아이들이 처음 수를 익힐 때 아이마다 그 개념 및 의미를 쉽게 받아들이는 방법이 다르다. 어떤 아이들은 예를 들어 설명하는 것만으로도 이해를 하는가 하면, 어떤 아이들은 바둑돌, 공기, 수 모형, 구슬 등을 이용하여 설명해야 이해를 하기도 하며, 또 다른 아이들은 몸으로 뛰거나 걸음을 걷거나 하면서 수에 대한 개념을 몸으로 경험하고 몸으로 받아들이기도 한다. 또한 순서의 의미를 배울 때는 아이들 모두 몸으로 익히는 것을 더 빨리 쉽게 받아들이기도 한다. 이처럼 몸이 수학적 개념을 받아들이고 이해

신문지로 1m² 단위넓이를 만들어 실제로 여러 종류의 넓이 측정해 보기

할 수 있도록 하는 일은 특히 초등학교 단계의 아이들에게 매우 적합한 활동이라 할 수 있다.(이 외에도 길이 개념, 거리 개념, 넓이 개념, 도형의 특성을 활용한 역할극 하기 등에도 얼마든지 적용될 수 있다.)

14) 놀이와 접목시키기 – 즐거움과 배움 연결 짓기

아이들은 놀면서 공부할 때 가장 즐겁게 배운다. 기는 놈 위에 뛰는 놈 있고 뛰는 놈 위에 나는 놈 있다고 하지만 나는 놈도 당해 내지 못하는 놈이 바로 노는 놈이다. 여기서 말하는 논다는 것은 그것을 즐긴다는 뜻이다. 수학 수업을 아이들이 가장 즐길 때는 바로 놀이 자체가 자연스럽게 배움과 연결될 때라고 말할 수 있다.

예를 들어 1학년 아이들이 짝수와 홀수를 공부할 때 바둑돌이나 죠리퐁 과자 또는 콩알로 홀짝 알아맞히기 게임을 하거나 수 세기 놀이를 할 수 있다.(물론 하면서 먹기도 한다.) 5학년 배수와 약수를 공부할 때도 3-6-9게임을 하면 아이들은 매우 즐거워하며 배수 개념을 익힐 수 있다. 어떤 수학적 개념이나 상

분수의 곱셈 단원–돌아가며 문제 내기 게임 활동

황을 안내할 때 스무고개 형식으로 제시할 수도 있다. 큰 수의 덧셈과 뺄셈을 익히기 위해 시장 놀이 또는 알뜰시장 활동을 하거나 실제 화폐를 들고 아이들 각자가 사고 싶은 물건을 사고 계산하게 할 수 있다. 곱셈 구구 활동을 하면서 소위 말하는 '구구단을 외자. 구구단을 외자' 하는 활동을 하는 것도 아이들이 굉장히 즐기는 활동 중 하나다.

15) 수업 연구를 게을리하지 않기 – 수업의 기록(경영록)

교사의 가장 1순위 업무는 무엇보다도 수업 연구 및 수업 활동이다. 특히 수학 수업은 제대로 준비하지 않으면 문제 풀이 방법이나 알고리즘을 익혀 반복 학습하는 정도의 수준을 넘어서기 힘들다. 따라서 살아 있는 수학 수업을 하기 위해서는 수업 전, 수업의 실제, 수업 후의 성찰까지 잘 연계된 수업 연구가 반드시 수반되어야 한다. 이렇게 꾸준히 지속된 기록은 분명히 교사의 전문성 신장을 가져다줄 것이다.(그러나 단순히 어떤 내용을 지도하고 어떤 순서로 하였다는 식의 기록은 별 의미가 없다. 여기서 말하는 기록은 살아 있는 수학 수업을 위한 고민의 흔적, 나다운 수업을 고민한 흔적, 특별한 것이 아닌 일상의 흔적이 잘 드러나게 하라는 말이다. 무슨 행사 치르듯이 하는 공개수업처럼 화려하게 계획하고 고민하라는 말은 아니다. 공개수업은 특별한 수업이기에 일상의 수업 모습은 아니다. 그런 활동에서 교사의 수업 성찰과 성장은 결코 이루어지지 않는다.)

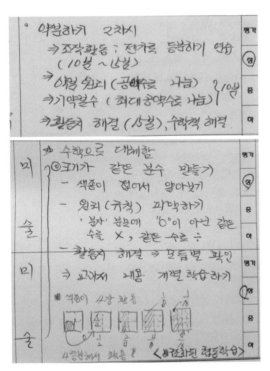

2015년 나의 학급 경영록 수업 기록

쉽지만은 않다. 초등학교 교사는 여러 과목을 매일 동시에 지도하기 때문에 모두 확실하게 연구한다는 것은 어려운 일이다. 나의 경우 몇 년을 주기로 중심 연구 교과를 선정하여 꾸준히 연구하는 습관을 들였다. 그리고 혁신학교에 와서는 동학년 선생님들과 각자 자신 있는 교과에 대하여 공동 연구를 하고 정보 및 자료를 공유하면서 좋은 수업을 위하여 꾸준히 동학년 수업 회의를 지속해 오고 있다.

　기록하는 방법은 자기에게 맞는 틀을 만들되 핵심 내용, 핵심 질문, 중심 활동에 대한 고민, 수업의 흐름, 중요한 교구나 자료 등을 간략히 적어 두면 된다. 굳이 세세하게 기록할 필요는 없다.

> 성장하는 교사치고 기록과 자기성찰을 하지 않는 교사 없고
> 기록과 자기성찰을 하는 교사치고 성장하지 않는 교사 없다.

16) 칠판은 아직도 가장 유용한 도구

멀티미디어가 들어오고 난 뒤부터 칠판의 활용은 현저히 줄어들었다. 게다가 교과서 내용을 그대로 옮겨서 온라인 서비스를 하고 있는 업체들도 늘어나면서 이를 이용하는 교사 수가 증가하여 칠판은 마치 장식물처럼 되어 버린 것 같아서 아쉽다.

과거 칠판은 교사 중심 수업, 일방적인 전달 및 설명 위주의 수업, 암기 중심 수업을 대표하는 교구였다. 빈틈없이 가득 채워진 판서와 받아 적기 바쁜 아이들의 모습 그리고 "다 썼니? 지운다?" 하고 외치던 선생님의 모습. 그러나 아직도 칠판은 유용한 수학 교수 학습 도구이다. 특히 수학 수업에서는 더 그러하다. 칠판은 아이들 간 소통의 장이기도 하고 교사와 아이들의 소통 도구이기도 하다. 게다가 칠판 판서는 수업의 흐름을 고스란히 담을 수 있는 매우 중요한 공간이다. 나는 협동학습을 하면서 멀티미디어를 거의 쓰지 않는다. 오히려 수업 연구를 하면서 칠판을 이용하여 어떻게 수업 흐름을 나타내고 아이들의 배움의 과정을 고스란히 담아낼 것인지를 고민하고 실제 수업에서 그것을 실천한다. 아이들에게 자신의 배움을 담는 노트가 있다면 교사에게는 아이들의 배움을 안내하는 칠판이 있다.

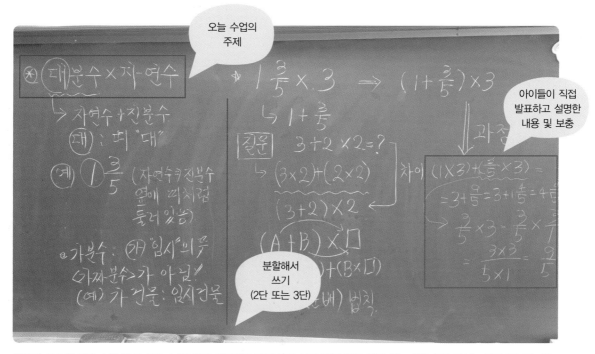

2015년 분수의 곱셈 수업 판서 사례 : 나의 경우 과거처럼 단원 제목 쓰고 단원 목표 쓰고 하는 식의 칠판 판서는 하지 않는다. 오늘 수업 목표는 짧게 주제 제시 방식으로 첫머리에 반드시 기록한다.

17) 모둠칠판을 적극 활용하기

모둠칠판은 협동학습 교구 가운데 아이들이 가장 좋아하는 것이다. 아이들은 이것만 손에 쥐면 골든벨 퀴즈 활동을 하는 것처럼 여긴다. 수학 시간에 모둠칠판은 개별 활동 차원에서 각자의 생각을 적어 들어 보게 하는 데 활용되기도 하고, 모둠 의견을 정리하여 제시하는 데 쓰이기도 하며, 모둠원들끼리 돌아가며 문제 내기 활동을 하거나 5단계 OX퀴즈 활동을 할 때도 사용된다.(뒷면에는 5단계 OX퀴즈 활동판이 있다.) 보드마카는 사용한 뒤 마개를 꼭 막아두기만 하면 오래 사용할 수 있고, 모둠별 보드마카 및 지우개를 담는 바구니, 모둠칠판을

모둠별 돌아가며 문제 내기 활동

보관하는 수납장을 마련하기만 하면 굉장히 깨끗하게 영구히 활용할 수 있는 훌륭한 교구라 할 수 있다. 시중에 매우 비싼 가격으로 판매되기도 하지만 나의 경우 오래전 수업 개선 연구교사를 할 때 연구 지원비를 활용하여 장판으로 직접 만들어 10년 넘게 잘 쓰고 있다.

18) 적재적소에 알맞은 협동학습 구조 활용하기

협동학습 구조는 협동학습을 거드는 활동일 뿐이다. 그러나 적재적소에 잘 활동만 한다면 협동학습의 효과를 배가시킬 수 있는 훌륭한 사고의 틀이다. 따라서 각 사고의 틀이 갖고 있는 특성과 장점 및 주의해야 할 점들을 교사가 잘 파악하고 있다면 협동학습을 통해 생기가 넘치는 살아 있는 수학 수업을 만들 수 있다.(나의 경우 벤 다이어그램, 돌아가며 말하기, 돌아가며 문제 내기, 부채 모양 뽑기, 생각 내놓기, 모두 일어서서 나누기, 모둠별 문제 내기, 짝 점검, 모둠 토론, 칠판 나누기 등의 활동을 자주 활용하는 편이다.)

모둠별 부채 모양 뽑기 활동

19) PCK-교사 자신이 살아 있는 수학 교육과정 그 자체

교육과정 및 교과서 내용의 재구성도 그 교과·단원·차시에 대한 핵심, 무엇을, 왜, 어떻게 가르쳐야 하는가 등에 대한 종합적인 전문지식을 갖추었을 때 비로소 가능한 이야기다. 그것이 없다면 무분별하면서도 일관성 없는 재구성밖에 이루어지지 않는다. 그런 수업은 절대로 좋은 수업일 수 없다. 교사가 수학은 왜

배워야 하고 왜 가르치려고 하는가에 대한 생각을 바탕으로, 지도하고자 하는 단원에 대한 수학적 전문지식을 아이들 눈높이에 맞게 교수학적 변형을 할 줄 알아야 재구성이 제대로 이루어질 수 있다. 그것이 없다면 단지 교과서 속 문제를 잘 풀 수 있는 방법이나 알고리즘만 가르치는 수업이 될 수밖에 없다.(내가 생각해 볼 때 학교 현장은 이런 상황을 그리 많이 벗어나지 못하고 있다는 생각이 든다. 특히 수학과 관련하여 그런 현상이 두드러지는 영역은 바로 분수와 도형 영역이다.) 그런 수업은 학교 밖의 학원에서 많이 볼 수 있다. 그런 학교 교육은 학원 교육과 다를 것이 없다. 분명히 학교 교육은 학원 교육과 달라야 한다. 그래야 학부모가 학원보다 학교 교육을 신뢰할 수 있고 무너진 공교육을 다시 일으켜 세울 수 있다. 이에 대한 사례는 제2장 수업의 실제 부분에서 단원 재구성을 참고하기 바란다.

> 살아 있는 협동학습 수학 수업에서 가장 중요한 것은 교사 자신이다.
> 살아 있는 협동학습 수업을 위해 교사 자신이 곧 살아 있는 교육과정이어야 한다.

협동학습으로 만드는

6학년 수학 수업

각기둥과 각뿔

01 단원 소개 및 문제의식 갖기

교사용 지도서를 보면 이 단원에서는 우리 생활과 깊은 관련이 있는 입체도형 중 각기둥과 각뿔(직육면체와 정육면체도 각기둥에 해당)을 알고 여러 구성 요소와 성질 이해하기, 각기둥의 전개도 이해하기, 각기둥의 전개도 그리기 등을 목적으로 하고 있으며, 특히 전개도는 다양하게 그릴 수 있기 때문에 학생들의 사고력 신장에 도움이 된다고 소개하고 있다. 학습 목표 및 단원 발전 계통을 살펴보면 아래와 같다.[1]

영역	단원 학습 목표
내용	1. 각기둥과 각뿔을 이해할 수 있다. 2. 각기둥과 각뿔의 여러 가지 구성 요소와 성질을 이해할 수 있다. 3. 각기둥의 전개도를 이해하고 전개도를 여러 가지 방법으로 그릴 수 있다.
과정	1. 각기둥의 전개도를 이해하고 전개도를 여러 가지 방법으로 그려 보는 활동을 통해 수학적 표현 능력을 기를 수 있다. 2. 각기둥과 각뿔의 특징을 친구들과 이야기하며 수학적 의사소통 능력을 기를 수 있다.
태도	1. 실생활에 필요한 여러 가지 물건들을 만들기 위해서는 각기둥과 각뿔이 필요하다는 수학의 필요성을 느낄 수 있다. 2. 각기둥과 각뿔을 활용하여 건물 모형을 만들어 보는 활동을 통하여 수학에 재미와 흥미를 가질 수 있다.

위의 내용에 근거를 두고 교사용 지도서는 본 단원의 전개 계획을 아래와 같이 제시[2]하였으나 현장에서 그대로 따라서 지도하기에는 무리가 있다는 생각이 든다.

단원의 발전 계통		
선수 학습	본 학습	후속 학습
3학년 평면도형, 4학년 수직과 평행, 다각형, 5학년 직육면체	• 각기둥, 각기둥의 여러 가지 구성 요소 • 각뿔, 각뿔의 여러 가지 구성 요소 • 각기둥의 전개도	6학년 2학기 원기둥, 원뿔, 구

---

1 2009 개정 교육과정에 따른 수학과 교사용 지도서 6학년 1학기. 2015. pp. 100~101.
2 2009 개정 교육과정에 따른 수학과 교사용 지도서 6학년 1학기. 2015. p. 103.

차시	재구성 이전	수업 내용 및 활동
1	단원 도입	스토리텔링을 통해 입체도형 이해하기
2	각기둥을 알 수 있어요(1)	각기둥 이해하기
3	각기둥을 알 수 있어요(2)	각기둥의 밑면과 옆면 이해하기
4	각기둥을 알 수 있어요(3)	각기둥의 이름 이해하기, 여러 가지 각기둥을 만들어 보고 각기둥의 모서리와 꼭짓점, 높이 이해하기
5	각뿔을 알 수 있어요(1)	각뿔, 각뿔의 밑면과 옆면 이해하기
6	각뿔을 알 수 있어요(2)	각뿔의 이름 이해하기, 여러 가지 각뿔을 만들어 보고 각뿔의 모서리와 꼭짓점, 높이 이해하기
7	각기둥의 전개도를 알 수 있어요	각기둥의 전개도 이해하기
8	각기둥의 전개도를 그릴 수 있어요	각기둥의 전개도를 여러 가지 방법으로 그리기
9	공부를 잘했는지 알아보기	이 단원에서 배운 내용을 문제를 풀며 정리하기
10	문제 해결(각기둥과 각뿔에 담긴 규칙)	입체도형 문제를 해결하고 과정을 설명하기
11	체험마당(도시 건축가가 되어 보기)	각기둥과 각뿔을 이용하여 도시를 만들어 보기

문제의식을 갖게 만드는 점 몇 가지를 살펴보면 아래와 같다.

단원 지도를 위한 수업 시 수 분배의 문제

총 11차시 가운데 도입을 위한 스토리텔링, 단원 정리 및 문제 해결과 체험마당을 제외하면 7차시에 걸쳐서 각기둥과 각뿔에 대한 학습을 하도록 되어 있다.

단원 내용을 살펴볼 때 각기둥의 전개도를 그리는 것에 중점이 있다고 볼 수 있다. 그런데 여기에 단지 2시간만 배정해 놓고 있다. 그와 달리 각기둥과 각뿔 및 구성 요소의 이해에는 너무나 많은 시간을 배정해놓고 있다. 지금까지의 수학 교육 경험으로 비추어 볼 때 각기둥과 각뿔 및 구성 요소의 이해는 각각 1시간 정도면 충분하다. 여기에서 감축된 시간들은 각기둥의 전개도를 다양한 방법으로 직접 그려 보는 활동에 배정한다면 학생들은 각기둥과 각뿔의 전개도 그리기를 보다 확실하게 할 수 있을 것이라 판단된다.

스토리텔링 수학에 대한 문제의식

RME 수학 교육의 영향에 따라 매 단원 1차시, 매 차시 도입 부분의 생각 열기에 실제 상황을 제시하고 있다. 학습할 내용을 실생활의 맥락 속에서 생각할 수 있도록 도와 수학적 유용성과 가치를 느낄 수 있도록 한 의도는 충분히 이해가 된다. 그러나 제시된 상황이나 이야기가 건조하고 재미도 없어 아이들의 흥미와 호기심을 자극하기에는 너무 억지스러운 점이 있고, 굳이 1시간이라는 긴 시간을 할애할 만큼 그렇게 중

요하고 가치 있는 활동인가, 모든 아이들이 그런 활동을 꼭 해 나가야만 하는가에 대한 문제의식을 가져 볼 필요가 있다. 지도교사의 재량에 따라 과감히 생략할 필요도 있다고 판단된다.

문제 해결, 체험마당에 대한 문제의식

매 단원마다 끝부분에 학생들이 창의적인 문제 해결력을 기를 수 있도록 문제 해결 및 체험마당 활동 등을 제시하고 있다. 그 의도는 충분히 공감이 되지만 굳이 따로 시간을 배당하여 학습할 만큼 중요한 활동인가에 대해서는 지도교사가 신중히 판단하여야 한다. 활동에 따라서는 본시 활동과 연계하여 동시에 지도를 하거나 본시 활동 과정에서 좀 더 중요한 활동에 시간을 배정하고 과감히 생략하는 등의 단원 교육과정 재구성이 필요하다. 이를 통해 학생들은 충분히 생각, 탐구, 조작, 관찰, 의사소통하며 관련된 지식을 스스로 자신의 것으로 구성하고 내면화할 수 있게 될 것이다.

'입체도형'이라는 개념 정의가 과연 필요한 것인가?

실제로 입체도형은 5학년에서부터 공식적으로 다루지만 그 용어의 사용은 6학년에서부터 시작된다. 하지만 그에 대한 개념 정의가 제시되지 않았을 뿐만 아니라 이미 개념을 알고 있는 것처럼 사용되고 있어서

 입체도형(solid figure)이란?[3]

평면이 아닌 3차원, 즉 공간에 부피를 가지는 도형. 여러 개의 평면이나 곡면으로 둘러싸여 3차원의 공간에 존재하는 물체 또는 그 물체가 차지하는 공간을 추상화한 기하학적 도형을 뜻한다. 보통 후자의 뜻으로 쓰이며 원기둥·각기둥·원뿔·각뿔·구 등이 이에 속한다. 입체의 경계는 면인데 이 면은 평면과 곡면이 모두 될 수 있다. 모두가 평면인 경우 입체는 다면체가 된다. 또 입체라는 말에는 공간의 의미가 있어서 입체도형은 공간도형을, 입체기하학은 공간도형을 연구하는 기하학을 각각 가리킨다. 또 입체를 평면의 그림으로 나타낼 때는 겨냥도나 여러 가지 투영도법이 이용된다.

- ♣ solid : 입체, 3차원을 의미
- ♣ 공간도형이라는 의미
- ♣ 현대 수학에서의 공간 : 1차원, 2차원, 3차원, 4차원 등 다양하게 논의됨
- ♣ 특별히 3차원 공간도형을 의미할 때 '공간도형'이라는 말보다 '입체도형'이라는 말이 의미를 더 정확하게 전달할 수 있음.(평면도형 : 2차원 공간도형을 의미)

3　다음 백과사전, 2009 개정 교육과정에 따른 수학과 교사용 지도서 6학년 1학기. 2015. p. 105.

지도하는 교사 입장에서는 개념을 확실히 짚고 넘어가야 할 것인가에 대한 고민이 앞서게 된다. 우선 입체도형에 대한 개념 정의부터 살펴보면 다음과 같다.

그러나 평면도형이든 입체도형이든 실재하는 것이 아닌 추상적인 개념으로서 실생활 속에서 직접 만나게 되는 다양한 사물들은 엄밀하게 따지자면 입체도형이라 말하는 것은 잘못된 일이라 보는 것이 옳다. 왜냐하면 학생들이 추상적 개념인 입체도형에 대한 오개념을 형성할 수 있기 때문이다.

(예) 구 : 하나의 중심으로부터 일정한 거리에 있는 점들의 집합. 오직 상상 속에서만 가능하다.(추상적) ⇨ 아무리 둥근 구슬이나 당구공 등도 정밀하게 들여다보면 표면이 울퉁불퉁하다.

위와 같이 입체도형의 개념을 정리하고 그 정의를 학생들에게 제시할 수 있겠지만 아래와 같은 이유로 개념 정의 없이 사용한다고 보면 된다.

1. 이미 이전 학년 단계에서부터 평면도형이라는 용어를 사용하였지만 그때에도 개념 정의 없이 사용하였다.
2. 구체적 조작 단계에 있는 초등학교 학생들에게 평면도형, 입체도형이라는 용어를 구분하여 사용할 필요는 있다. 그러나 이때에도 특별한 정의 없이 직관적 의미에서 구분하여 사용하도록 지도하는 것이 좋다.
3. 초등학교 학생들에게 수학적으로 엄밀하게 정의하여 지도하기 어려운 이유는 반 힐의 기하학적 사고 수준 이론[4]에 비추어 볼 때 적합하지 않기 때문이다.
4. 단원의 중점 지도 내용이 다양한 입체도형 가운데 극히 일부분인 각기둥, 각뿔이라는 특수한 상황에

---

4   학생들의 기하학적 사고 수준 차이가 어떻게 드러나는지에 관한 연구로, 초등학생 단계는 주로 1수준과 2수준에 해당된다.

- 1수준 : 시각적 인식 수준. 수학적 수준이라 말하기에도 다소 무리가 있음. 학생들은 사물의 모양이나 전체 겉모습만을 보고 인식. 전체로서의 시각적 외관에 의해 인식. 도형의 성질이나 구성 요소를 고려하지 못함. (예 : 둥글게 생긴 것 또는 네모나게 생긴 것을 보고 "동전 모양이다. 창문 모양이다." 등으로 표현. 삼각형, 원, 사각형 등과 같이 기본적인 기하학적 도형의 원형들은 구분 가능 ⇨ 이렇게 시각적으로 표현된 원형들은 다른 모양을 구분하는 데 활용된다. "동전과 비슷하니까 원이다." "창문과 비슷하니까 사각형이다.")
- 2수준 : 도형 분석적 수준. 각 도형의 공통적인 성질이나 관계를 기술하는 표현이 가능. 이 단계에 이르러서야 비로소 구체물에 대한 관찰과 실험을 통해 "삼각형은 3개의 변으로 구성되어 있다. 사각형은 4개의 변으로 구성되어 있다." 등의 식으로 도형의 구성 요소나 성질을 이해할 수 있게 됨. 하지만 도형의 성질들 간의 관계 인식 및 명확한 수학적 정의를 내리기에는 어려움이 있음.
- 3수준(비형식적 추론 수준), 4수준(연역적 추론 수준), 5수준(기하학의 엄밀화 수준)은 초등 단계를 넘어서기 때문에 여기에서는 안내를 생략함.

만 국한되기 때문에 굳이 입체도형의 정의를 내리지 않고 용어를 사용해도 무방하다.(중요한 것은 단원의 목표이지 용어 및 개념 정의가 핵심은 아님)

교과서 속에 제시된 질문이나 내용 전개 방식에 대한 고민

교과서 속에 제시된 질문을 보면 아래와 같이 왜 이런 질문이 수록되었는지, 질문의 의도는 무엇인지, 이런 활동을 왜 해야 하는지, 그런 활동이 단원·차시의 핵심 내용과 어떤 관련을 맺고 있는지 등에 대하여 명확하지 않거나 의구심을 갖게 되는 것들이 종종 있다. 따라서 단원 및 차시 분석을 통해 필요 없는 질문은 빼 버리거나 좀 더 의미 있는 질문 및 상황으로 재구성하여 아이들에게 제시한다면 보다 밀도 높은 수업이 교실에서 펼쳐질 것이라 확신한다.

1. 아무런 기준도 제시하지 않고 무작정 다양한 도형을 제시한 뒤 나누어 보라고 하는 식의 질문에 아이들은 매우 난감해한다. 먼저 뚜렷한 기준을 제시하고 그에 따라 나누어 보라고 하면 안 될까? 제시한 기준이 의미하는 것은 무엇인지 생각해 보라고 하면 안 될까?

2. 개념 정의를 분석적 방법(위아래의 면이 평행하고 합동인 다각형으로 이루어진 기둥 모양의 입체도형을 각기둥이라고 한다.) 또는 예시적 방법(각기둥의 다양한 사례를 그림으로 제시 📦 🛢 📦 📦 ⇨ 이러한 도형을 각기둥이라고 한다.)으로 제시하거나 두 가지 모두를 절충하여 제시하는 식의 방법은 큰 도움이 되지 않는다. 초등 기하학에서 문장으로 서술된 정의를 기억하거나 외우는 일이 핵심은 아니다. 중요한 것은 공간 감각이다. 각기둥, 각뿔 등의 실제 사물들을 다양하게 제시하고 시각적으로 관찰 및 조작·구분할 수 있도록 하며 2차원적인 평면 그림과 3차원 공간 도형을 연결 짓도록 하는 것이 더 좋다고 할 수 있다. 이를 위해서는 충분한 사례와 관찰 및 탐구 시간, 의사소통 과정이 필요하다. 수업을 디자인하는 단계에서 이것을 어떻게 반영시킬 것인지 고민해 보도록 하자.

3. 지시하는 부분(각기둥에서 밑면이나 옆면)을 찾아 색칠하거나 표시하게 하는 일이 6학년 학생들에게 적절한 것인지 고민이 된다. 차라리 실제 모형을 관찰하거나 부록에 있는 입체도형을 만져 보면서 표시하는 등의 방식을 통해 직관적으로 깨달을 수 있도록 하는 것이 더 좋지 않을까?

4. 가장 중점을 두어야 할 부분에 대한 시간적 배분이 제대로 되지 않았다. 본 단원에서 가장 중요한 부분은 각기둥의 전개도를 그리는 부분이라 할 수 있다. 이미 5학년에서 직육면체의 전개도에 대한 학습이 이루어졌다고는 하지만 직육면체는 사각기둥에만 한정되어 있을 뿐이며 다양한 종류의 각기둥 가운데 특히 학생들이 어려워하는 삼각기둥의 전개도 그리기에 있어서는 시간적으로 매우 부족함을 느낄 수밖에 없는 실정이다. 왜냐하면 삼각기둥의 전개도 그리기에서 컴퍼스를 사용해야 하기 때문이다.(교과서 속 모눈종이에는 0.5cm 길이를 1cm로 제시하여 실제 자의 길이와 다름으로 인하여 생기는 혼란스러움도 학생들의 어려움을 한층 더 높이고 있다.) 따라서 이 부분의 학습을 위해 충분한 시간을

확보하고 다양한 전개도를 제시하여 3차원 공간도형을 상상할 수 있도록 하거나 만들어 보기, 2차원 평면 위에 제시된 각기둥 그림을 보고 전개도를 직접 그려 보는 활동이 충분히 이루어질 수 있도록 수업을 디자인해야만 한다.

5. 주의할 점 한 가지가 있다면 밑면이나 옆면을 약속하는 사례로서 사각기둥이나 정사면체는 적절하지 않다는 점을 감안해야 한다. 사각기둥의 경우 밑면이 될 수 있는 것이 3쌍이 있고(5학년 단계에서 직육면체를 공부할 때 밑면, 옆면을 구분하지 않고 그냥 '면'이라고만 지도한 것도 바로 이런 이유 때문이다.), 각뿔에

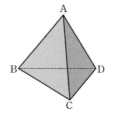 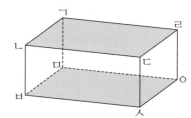

서 정사면체의 경우 밑면에 따라 옆면이 정해지기 때문이다.

본 단원의 핵심은 아래와 같다.

1 각기둥과 각뿔의 특징 이해하기
2 각기둥의 전개도 이해하기 및 전개도 그리기
3 공간감각 기르기(2차원 평면 위에 제시된 겨냥도, 전개도를 보고 3차원 입체도형 상상하기, 3차원 입체도형을 보고 2차원 평면 위에 나타내거나 상상하기)

1. 각기둥에 대한 이해 1시간, 각뿔에 대한 이해 1시간, 각기둥과 각뿔의 비교를 통한 이해 1시간을 할애하고 남은 시간은 모두 각기둥의 전개도 이해 및 그리기에 집중할 수 있도록 하였다.

2. 각기둥의 전개도에 중심을 두고 주어진 전개도를 통해 3차원 공간도형을 상상할 수 있도록 하거나 만들어 보기, 2차원 평면 위에 제시된 각기둥 그림을 보고 전개도를 직접 그려 보는 활동이 충분히 이루어질 수 있도록 하였다.

3. 모든 과정에서 다양한 사례 제시를 통해 충분한 관찰과 조작 및 탐구, 의사소통이 이루어질 수 있도록 하였다.

4. 충분한 활동이 이루어진 이후에 1시간을 할애하여 체험활동으로 정사면체를 활용한 시어핀스키 피라미드 만들기 체험 또는 창의적인 입체도형을 만들어 볼 수 있도록 하였다.

03 단원 지도를 위한 재구성의 실제

차시	재구성 이후	수업의 목적
1	각기둥과 각뿔 비교하기	각기둥과 각뿔을 서로 비교하며 공통점과 차이점 이해하고 특성 파악하기
2	각기둥을 설명할 수 있어요	각기둥에 대한 이해, 각기둥의 이름 및 구성 요소 이해하기
3	각뿔을 설명할 수 있어요	각뿔에 대한 이해, 각뿔의 이름 및 구성 요소 이해하기
4	각기둥의 전개도 이해하기	각기둥의 전개도 이해하기(각기둥 모양의 상자 모서리를 잘라 펼쳐 가며 전개도 이해하기)
5		전개도를 보고 어떤 모양의 각기둥인지 이해하기 및 각기둥을 만들 수 없는 전개도 찾기
6	각기둥의 전개도 그리기	삼각기둥의 전개도 그리기(컴퍼스 활용)
7		
8		밑면이 사다리꼴인 사각기둥의 전개도 그리기
9		
10	규칙 찾기 및 문제 해결 삼각뿔을 이용한 체험마당	꼭짓점·모서리·면의 수 사이에 있는 규칙 찾기, 정사면체를 이용한 체험마당 (시어핀스키 피라미드 만들기 체험) - 필요시 미술 시간과 연계
11	단원 정리(문제 풀기) - 평가	단원 평가

위와 같이 크게 세 부분으로 나누어 재구성한 이유는 다음과 같다.

첫째, 1차시에서 각뿔과 각기둥을 동시에 먼저 다룬 이유는 이미 5학년 직육면체에서 입체도형의 구성 요소인 면, 모서리, 꼭짓점을 다루었기 때문에 각기둥과 각뿔에서 구성 요소를 이해하는데 별 무리가 없을 것이라 판단하였기 때문이다. 또한 각기둥과 각뿔을 처음으로 다루는 각 차시에서 교과서 구성을 보면 두 입체도형을 섞어 놓고 나름의 기준을 세워 분류해 보라는 활동이 제일 먼저 제시되었다는 점에 착안하여 시작부터 두 도형을 동시에 다루면서 각뿔과 각기둥이 어떻게 다른지 비교·대조 활동을 통해 공통점과 차이점을 협동적으로 정리해 볼 수 있도록 수업을 디자인해 보았다. 이 과정에서 벤 다이어그램 구조 활동을 활용해 보았다. 이후에 각기둥과 각뿔을 각각 1시간씩 다루면서 좀 더 세부적인 내용까지 이해할 수 있도록 설계하였다.

둘째, 교과서 내용 구성을 살펴볼 때 본래는 각기둥 3차시, 각뿔 2차시로 되어 있지만 그리 많은 시간을 필요로 하지 않는다고 판단하여 스토리텔링 도입 차시 포함 총 6차시를 3차시로 축소하여 설계하였다. 그 이유는 여기에서 확보된 시간을 이어지는 전개도 관련 차시에 할애하여 학생들의 이해를 좀 더 확실히 할 수 있도록 하기 위함이다.

셋째, 4~5차시는 5학년에서 학습한 내용을 바탕으로 종이상자 또는 부록에 제시된 입체도형 모형을

활용, 전개도를 이해하고 살피면서 3차원 입체도형을 2차원 평면도형으로 나타내기 위한 기초 작업 및 2차원 평면도형을 3차원 입체도형으로 상상해 보기 활동을 경험할 수 있도록 디자인하였다.

넷째, 6~9차시에는 학생들이 그리기 어려워하는 삼각기둥의 전개도와 밑면이 사다리꼴인 전개도를 그려 보는 활동에 집중하고자 하였다. 특히 삼각기둥의 경우 컴퍼스가 활용되기 때문에(5학년 2학기 교육과정에서 합동인 삼각형 그리기 활동을 통해 이미 경험한 바 있음) 도구 조작 활동에도 주의를 기울일 수 있도록 해 보았다.

다섯째, 마무리 활동으로 다양한 입체도형의 활용보다는 정사면체만을 활용한 시어핀스키 피라미드 만들기 활동이나 창의적이면서도 독특한 입체도형 만들기 활동을 협동적으로 해 나갈 수 있도록 설계하였다. 필요시 미술 시간과 연계하여 충분히 시간 확보를 하는 것이 좋겠다.

- 시어핀스키 피라미드 : 폴란드 수학자 바츨라프 시어핀스키의 이름이 붙은 프랙탈(자기복제 : 작은 구조가 전체 구조와 비슷한 형태로 끝없이 되풀이되는 구조를 가진 것으로 프랑스 수학자 만델브로트가 '쪼개다'라는 뜻을 가진 그리스어 '프락투스'에서 따와 처음 만들었다. 프랙탈의 속성은 자기 유사성과 순환성이다.) 도형으로 시어핀스키 삼각형을 공간으로 확장시킨 피라미드 모양의 입체모형이다.
- 본래 이 과정은 규칙성과 함수 영역에 관련된 내용이지만 삼각뿔이라는 독특한 정사면체를 규칙적으로 배열하여 아름다운 3차원 공간도형을 만들어 보는 경험을 제공하고자 시도해 보았다. 이 밖에도 정사면체를 창의적으로 연결하여 독특한 입체도형을 만들어 볼 수도 있다.

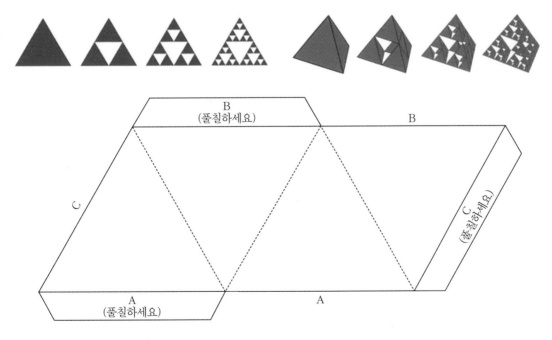

정사면체 전개도를 활용하여 만들기

● 색종이 접기를 활용한 정사면체 만들기

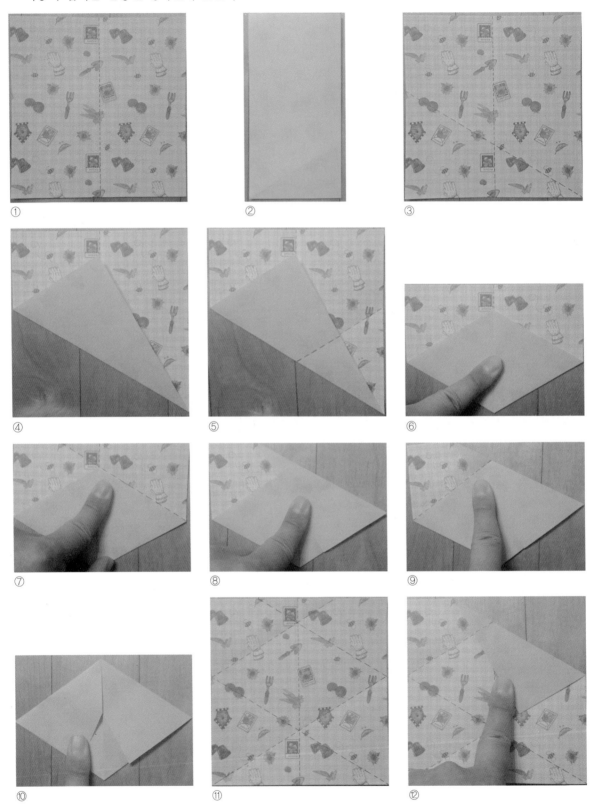

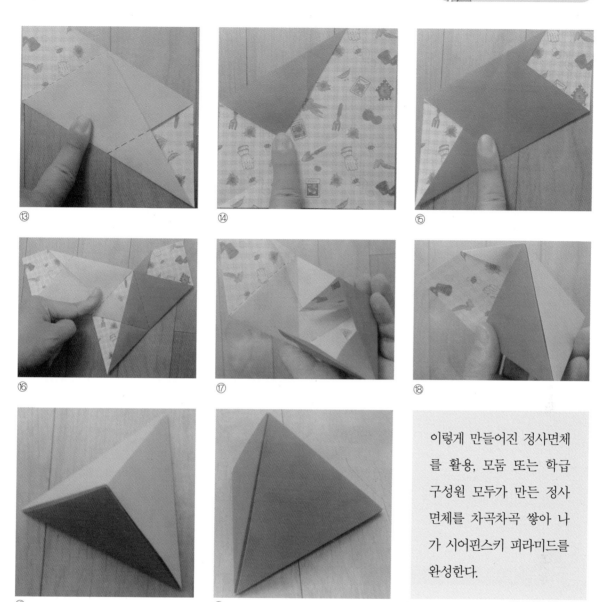

⑬

⑭

⑮

⑯

⑰

⑱

⑲

⑳

이렇게 만들어진 정사면체를 활용, 모둠 또는 학급 구성원 모두가 만든 정사면체를 차곡차곡 쌓아 나가 시어핀스키 피라미드를 완성한다.

🌱1차시 각기둥과 각뿔 비교하기 – 벤 다이어그램 활용

♣ 준비물 : 다양한 각뿔 및 각기둥 입체도형 모형(2인 또는 4인 1세트)

수업 흐름	교사의 발문
도입	교사가 먼저 미리 분류해 둔 두 그룹의 입체도형을 제시하면서 학생들도 자신들이 갖고 있는 입체도형을 똑같이 분류하도록 한다.
전개	• 발문 (입체도형을 각뿔과 각기둥으로 나누어 놓은 뒤) 보는 바와 같이 A그룹과 B그룹으로 나누어 보았다. 지금부터 분류된 입체도형을 관찰하면서 A, B 각 그룹만의 고유한 특징(두 그룹 간의 차이점) 및 두 그룹의 공통점을 찾아 정리해 보도록 하자.(아직 명칭은 이야기하지 않는다. 특징을 찾은 후 자연스럽게 명칭과 연결 지을 수 있도록 함) • 벤 다이어그램 활동지 제시(10분 동안 개인 생각 ⇨ 15분 동안 짝 또는 모둠원들과 자신의 생각을 공유하며 공통점과 차이점 정리하기)
정리	각 모둠에서 나온 의견들을 모둠 순서대로 발표하고 교사는 학생들에게서 나온 의견에 대하여 수용 여부를 물어 가면서 칠판에 정리한다.(칠판에도 커다란 벤 다이어그램을 그려 놓고 함께 정리)

시간적으로 여유가 있다면 원기둥과 원뿔도 제시하면서 위 그룹에 낄 수 없는 이유를 생각해 보도록 하는 것도 고민해 본다.

1차시 수업 소감

수업 시작과 동시에 2명당 1세트씩 입체도형 교구를 나누어주고 미리 안내하는 대로 두 그룹으로 나누어 보라고 하였다. 1분 정도 시간이 흘렀다. 이어서 칠판에 벤 다이어그램을 그린 뒤 A그룹만의 특징과 B그룹만의 특징, A, B 두 그룹의 공통점을 먼저 각각 찾아보고 찾은 것을 함께 공유하며 1장의 활동지에 정리하는 데 약 15분 정도의 시간을 주겠다고 하였다. 말이 끝나기 무섭게 아이들은 두 그룹의 입체도형을 집어 들고 관찰하고 만져 보고 쌓아 보기도 하였다.

3월 14일 1차시 – 짝과 함께 입체도형 관찰 및 공통점과 차이점 찾기 수업

 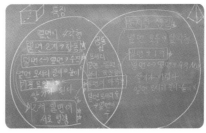

짝끼리 관찰하고 발견한 내용을 정리해 나가는 과정의 활동지 및 함께 정리한 칠판 판서 내용

나름 충분하다고 생각한 시간을 주었지만 예상보다 5분 정도 더 사용하였다. 20분 조금 넘게 시간이 흘렀다. 이어서 각자 정리한 내용을 바탕으로 여러 사람을 무작위로 지명하면서 차이점, 공통점을 차근차근 칠판에 함께 정리해 나갔다. 지명을 받은 아이 한 명마다 1개씩 의견을 이야기하며 전체와 공유하고 수정해 나갔다. 발표 과정에서 오답도 나왔지만 그에 대한 생각들을 다른 아이들과 연결 지어 주면서 스스로 오답을 수정할 수 있도록 안내하였다.(예 : "공통점에서 모든 면이 다 각형이다."라는 의견이 있었다. 이것을 함께 생각하면서 아이들 스스로 "모든 면은 다각형이 아니라 밑면만 다각형이고 A그룹은 옆면이 직사각형, B그룹은 옆면이 삼각형이다."라고 정리하였다.) 물론 발표하는 과정에서 중요한 용어 및 그 개념에 대한 질문 및 개념 정리도 함께 이루어졌다.(예 : 합동 ⇨ 모양

과 크기가 같다.) 그렇게 정리하고 나니 대체로 나올 의견들은 다 나왔다. 그런데 관찰 및 탐구 과정에서 어떤 아이들은 각기둥 모형을 가지고 블록 쌓듯 쌓아 가며 조작 활동을 해 놓고도 각기둥 모양은 쌓을 수 있지만 각뿔 모양은 쌓아 가기가 어렵다는 것을 발견해 내는 모둠은 하나도 없었다. 그래서 마무리 정리 과정에서 내가 "A그룹(각기둥)은 차곡차곡 쌓아 갈 수 있지만 B그룹(각뿔)은 그렇게 할 수가 없단다. 여러분은 그렇게 조작활동을 해 놓고도 이런 사실을 깨달은 사람이 한 명도 없어서 아쉬운 마음이 들었다."라고 말을 하였다. 그랬더니 여기저기에서 "아하, 정말 그렇군요." 하는 식의 탄식이 터져 나왔다. "다음부터는 자신이 한 행위에 대한 어떤 것이든 있는 그대로, 빠짐없이 관찰하고 기록하려는 노력을 해 줄 것을 당부합니다."라고 말한 뒤 A그룹의 필수 조건(특징), B그룹의 필수 조건(특징)을 찾아보면서 1차시 활동을 마무리하였다. "칠판에 함께 정리한 내용은 각자의 노트, 활동지에 잘 기록해 두기 바랍니다."라는 말로 1시간을 마무리하였는데 시간은 40분을 약간 초과하였다. 그래도 의도된 바대로 수업은 잘 흘러 갔다.

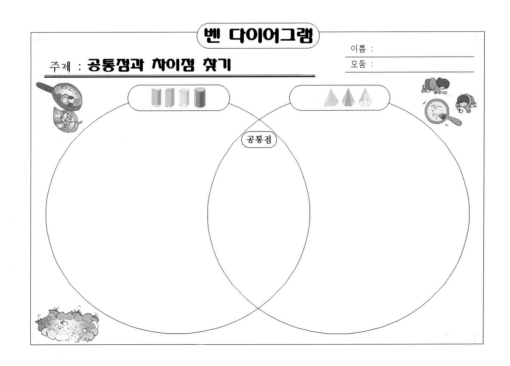

🌱 2차시 각기둥을 설명할 수 있어요.

♣ 준비물 : 다양한 각기둥 입체도형 모형(2인 또는 4인 1세트)

수업 흐름	교사의 발문
도입	• 기둥 모양 입체도형의 특징을 다시 한 번 생각해 보기(협동학습 : 5단계 ○×퀴즈) • **발문** 이런 모양의 입체도형이 갖추어야 할 필수 조건 2가지를 다시 한 번 생각해 봅시다. ▷ (1) 위와 아래에 있는 2개의 면이 서로 평행 (2) 2개의 밑면이 합동 : 모두 일어서서 나누기 • 이렇게 생긴 입체도형을 무엇이라고 부르는가? ▷ 각기둥, 왜 각기둥이라 이름을 붙였을까? ▷ 밑면이 다각형이며 기둥 모양으로 생겼기 때문이다.
전개	• **발문** 다양한 모양의 각기둥을 관찰해 보고 각각의 각기둥에 이름을 붙이려고 한다. 무엇에 따라 이름을 붙이면 좋을지 생각해 보자. 왜 그렇게 생각하는지 이유도 함께 생각한다. ▷ 모두 일어서서 나누기 ▷ 번호순으로 구조 활용하여 발표(구두발표 또는 모둠칠판에) • 각기둥의 각 부분을 살펴보며 명칭 익히기(실제 모형을 손으로 만져 가면서 확인하기) 밑면, 옆면, 모서리, 높이, 꼭짓점 등 • **활동 안내** 여러 각기둥을 살피면서 밑면의 모양, 옆면의 수, 모서리의 수, 꼭짓점의 수를 확인하고, 그 속에서 규칙을 발견해 보도록 하자.(교과서 29쪽 표에 정리 : ㉮, ㉯, ㉰)
정리	• 발견한 규칙을 함께 공유하기 • **정리 발문(모둠토론)** 책상 위에 놓인 어떤 각기둥을 정면보다 약간 아래 각도에서 바라보았더니 오른쪽 같은 모양이었다. 이 각기둥의 이름은 무엇일까? 그렇게 생각하는 이유는 무엇인가? (답 : 삼각기둥, 사각기둥) • 교과서 속 문제 해결하기

2차시 수업 소감

지난 시간에 활동한 기억을 떠올리며 5단계 ○×퀴즈 활동으로 시작을 열었다. 퀴즈 문제는 PPT로 만들어 제시하였다.

역시 퀴즈식 활동은 아이들이 무척 흥미를 갖고 참여하며 적극적이다. 거의 대부분 아이들이 잘 이해하고 있었다. 이어서 각기둥이란 입체도형이 갖추어야 할 핵심 요소 2가지를 묻는 질문을 제시하고 모두 일어서서 나누기 활동을 해 보았다. 일단 모두 자리에서 일어서게 한 뒤 자신의 생각을 노트에 먼저 기록하고 2가지 요소를 모두 생각한 사람은 우선 자리에 앉도록 하였다. 생각보다 많은 아이들이 자리에 앉았다. 물론 자리에 앉았다고 하여 정확한 답을 썼다고 볼 수는 없는 일이다. 시간이 지나면서 지극히 일부 아이만 남고 모두 자리에 앉았다. 서 있는 아이도 일단 자리에 앉게 하고 무작위로 이름을 호명하며 자신이 기록한 노트의 내용을 한 가지씩 발표하도록 하였다. 그 과정에서 일부는 오답을 이야기하기도 하였다. 그

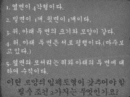

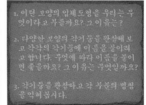

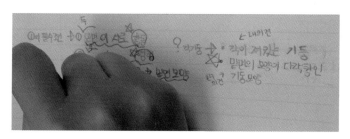

노트 기록 : 1차적으로 자신의 생각 기록하기 ➪ 다른 사람의 의견을 듣고 자신의 생각을 수정해야 할 곳은 다른 색깔 펜으로 다시 기록하며 생각의 변화 과정이 그대로 드러날 수 있도록 한다.

러나 그것에 대한 다른 사람들의 생각과 연결 지어 주면서 어떤 부분에서 오류가 있었는지를 찾아 나가도록 도와주는 활동으로 이어 나갔다.(예 : 어떤 아동은 이렇게 자신의 생각을 말하였다. "옆면이 다각형이어야 한다." 이에 대하여 다른 아동이 그 생각에 "옆면은 모두 직사각형이고, 밑면의 모양이 다각형이어야 한다는 것으로 수정되어야 합니다."라고 이견을 제시해 주었다. 그러자 자신의 생각을 말한 아동이 "아하!"라고 하며 자신의 생각의 오류를 발견하였다는 반응신호를 보였다. 그러나 이에 대하여서도 또 다른 아동이 "지난 시간에 알아보았던 다른 입체도형에서도 밑면은 다각형이었으니 밑면이 다각형이어야 한다는 것은 필수조건이라 말하기 어렵습니다."라고 자신의 생각을 이어 나갔다.) 결국 몇 명의 생각을 거치면서 (1) 위와 아래에 있는 2개의 밑면이 서로 평행이고 (2) 2개의 밑면은 서로 합동이어야 한다는 조건을 공유하게 되었다.

이어진 "이렇게 생긴 입체도형을 무엇이라 하는가? 그렇게 생각하는 이유는 무엇인가? 각기 다른 각기둥을 보며 그 이름을 어떻게 붙여야 하는가? 왜 그렇게 생각하는가?"라는 질문에 대하여 많은 아이들이 정확하게 답을 노트에 기록하여 주었다. 이후에는 실제 각기둥 모형을 눈으로, 피부로 직접 관찰하고 느껴 가면서 각 부위별 명칭을 함께 익혀 나갔다. 비교적 수월하게 빨리 진행되었다.

다음에는 밑면의 모양, 옆면의 수, 모서리의 수, 꼭짓점의 수를 확인하고, 그 속에서 규칙을 발견해 보도록 하였는데 그 과정에서 일부 아이들은 오개념을 갖고 있기도 하였다.(예 : 모서리 개수를 헤아릴 때 두 밑면에 해당되는 모서리만 헤아리고 옆면에 있는 모서리는 헤아리지 않는 아동도 있었다. 그 아동은 사각 기둥의 모서리 개수를 8개로 대답하였다. 그래서 각 모서리를 직접 손으로 가리키면서 헤아려 보라고 하였다. 그리고 오개념을 수정하기 위해 다른 아이들과 연결 짓기를 해 주었다. "어떻게 보충이 이루어져야 할까?"라고 질문하자 한 아동이 "옆면에 있는 모서리를 헤아리지 않았습니다."라고 말해 주었다. 그러자 오개념을 갖고 있던 아동은 "아!" 하고 이제야 알겠다는 듯한 표정을 지었다.)

이런 과정을 거치면서 30분이 조금 넘는 시간이 흘렀다. 이윽고 마지막 질문을 제시하였다. 그러자 아이들은 각기둥 모양을 손바닥 위에 올려놓고 자신의 눈높이보다 높게 두어 관찰하거나 책상 위에 올려놓고 바닥에 앉아 올려다보며 여러 각도에서 관찰하기도 하였다. 관찰 끝에 여러 의견이 나왔다. 1가지 도형만 답을 하는 아동도 있었고, 2가지 도형을 말하는 아동도 있었고, 그 이상을 말하는 아동도 있었다. 그래서 나는 이렇게 힌트를 주었다. "수학에서 도형 단원의 학습을 위해 꼭 필요한 배움의 조건은 날카로운 관찰력이란. 여러분 가운데 상당히 많은 사람들은 제시된 장면을 제대로 관찰하지 않았을 가능성이 높고, 그로 인하여 어떤 각도에서 어떤 도형을 바라보아야 저런 모습이 관찰될지 연결 지어 생각하지 못하였을 가능성이 높다."라고 말해 주었다. 그러자 아이들은 다시 관찰 및 짝과의 생각 공유 모드에 들어갔다. 그러다가 결국에 가서 많은 아이들이 삼각기둥, 사각기둥이라는 답을 찾기에 이르렀다. 제시된 그림에서 위쪽의 왼편 모서리와 오른편 모서리 길이가 다르다는 것을 바탕으로 각기둥을 어떤 각도에서 바라보

3월 16일 수학 시간 활동 장면 : 각기둥 모양 관찰 및 규칙 발견하기 활동 모습, 노트 기록

마지막 질문에 대한 답을 찾기 위해 입체도형을 관찰하는 모습

의도한 바대로 잘 진행되었던 시간이었다. 아직은 학년 초이고 연산 영역에 비하여 비교적 부담이 덜해서진지 아이들이 수학 시간에 즐겁게 참여하고 있어서 다행이라는 생각이 든다.

【참고】 규칙을 찾는 과정에서 이런 것을 발표하는 아동도 있었다. "(면의 수+꼭짓점의 수)−모서리 수=항상 2가 나옵니다." 오일러의 정리를 말하는 것이다. 이 짧은 시간에 정말로 이를 발현한 것인지는 모르겠지만 아마

아야 하는지를 깨닫게 되었던 것이다. 그렇게 40분이라는 수학 시간은 훌쩍 흘러가 버렸다. 오늘 수학 시간도 나름대로

도 선행학습, 학원 효과가 아닐까 생각되는 씁쓸한 이야기다. 그래도 "좋았어!"라고 칭찬해 주었다.

🌱 3차시 각뿔을 설명할 수 있어요

♣ 준비물 : 다양한 각뿔 입체도형 모형(2인 또는 4인 1세트)

수업 흐름	교사의 발문
도입	• 뿔 모양 입체도형의 특징을 다시 한 번 생각해 보기(협동학습:5단계 O×퀴즈) • 이렇게 생긴 입체도형을 무엇이라고 부르는가? ⇨ 각뿔, 왜 각뿔이라 이름을 붙였을까? ⇨ 밑면이 다각형이며 뾰족한 뿔 모양으로 생겼기 때문이다.
전개	• **발문** 다양한 모양의 각뿔을 관찰해 보고 각각의 각뿔에 이름을 붙여 보자. 왜 그렇게 이름을 붙였는가?(각기둥의 이름을 어떻게 붙이는지 학습하였기 때문에 각뿔에 이름을 붙이는 것은 큰 어려움이 없을 것으로 예상됨) • **각뿔의 각 부분을 살펴보며 명칭 익히기**(실제 모형을 손으로 만져 가면서 확인하기) 밑면, 옆면, 모서리, 높이, 꼭짓점, 각뿔의 꼭짓점 등 ⇨ '각뿔의 꼭짓점'의 특징에 대하여 살펴보기(옆면을 이루는 모든 삼각형이 공통으로 만나는 꼭짓점) • **발문** 정삼각뿔은 어디가 밑면인지 구분이 되는가? 그 이유는 무엇인가?(모두 일어서서 나누기 ⇨ 번호 순으로 발표 : 모둠칠판) • **활동 안내** 여러 각뿔을 살펴면서 밑면의 모양, 옆면의 수, 모서리의 수, 꼭짓점의 수를 확인하고, 그 속에서 규칙을 발견해 보도록 하자.(교과서 29쪽 표에 정리 : ㉮, ㉯, ㉰)
정리	• 발견한 규칙을 함께 공유하기 • **정리 발문(모둠토론)** 각뿔의 높이는 어떤 방법으로 측정하는지 생각해 봅시다.(산의 높이는 어떻게 측정할까:산꼭대기까지의 거리와 산의 높이 구분하기) • 교과서 속 문제 해결하기

3차시 수업 소감

각기둥에 대한 핵심 조건 두 가지를 살펴보면서 시간을 열었다. 이어서 5단계 ○×퀴즈로 각뿔에 대한 특징을 점검하였다.

이렇게 생긴 입체도형을 무엇이라고 부르며, 각각의 각뿔에 대하여 명칭을 어떻게 부여할 것인가에 대한 질문은 쉽게 답변을 이끌어 내었다. 지난 시간에 공부한 덕분이다. 뒤를 이어서 여러 종류의 각뿔을 직접 만져 보고 관찰하면서 각 부위별 명칭을 익혀 나갔다. 특히 '각뿔의 꼭짓점'이 다른 꼭짓점과 다른 점 한 가지를 찾는 데 있어서 아이들은 적극적으로 각뿔 모형을 뚫어져라 관찰하고 서로의 생각을 짝이나 모둠원과 공유하는 모습을 보였다. 이 과정에서 자신이 관찰한 것을 바탕으로 오개념 및 부족한 점들을 수정해 나갔다.(마지막에 제시된 개인별 노트 기록 및 정리 사례 참고)

각뿔 모형을 관찰하며 '각뿔의 꼭짓점'이 갖고 있는 특징에 대하여 의견 공유하기

뒤를 이어 "정삼각뿔은 밑면이 어디라고 정확히 짚어 말할 수 있는가?" 하는 질문에서 자신의 생각을 노트에 기록하고 발표로 이어 갔다. 역시나 별로 어렵지 않게 답을 찾았다. 비교적 활동 과정의 진행이 빨랐다. 여기까지 20분이 조금 넘게 시간이 소요되었다. 다음 활동은 각뿔의 밑면의 모양, 옆면의 수, 모서리의 수, 꼭짓점의 수를 확인하고, 그 속에서 규칙을 발견해 보도록 하는 것이었는데 지난 시간 활동 경험이 큰 도움이 되었다. 역시나 잘 찾아 나갔다.(역시 오일러의 정리를 발표하는 아동도 있었지만 판서에 기록하지 않았다. 그것이 현 단계의 학습 과정에서 그리 중요한 것은 아니라 여겼기 때문이다.)

마지막 질문 "각뿔의 높이는 어떻게 측정할까?"에서 아이들은 약간 주춤하는 모습을 보였다. 발표 과정에서 한 아동은 이렇게 자신의 생각을 발표하였다. "밑면에서 각뿔의 꼭짓점까지 수직으로 선을 그었을 때의 거리를 높이라고 합니다." 이 의견을 다른 아동과 연결 지어 줌으로써 함께 각뿔의 높이 측정에 대한 개념을 정리해 나갔다. 이어서 발표한 아동은 "각뿔의 꼭짓점에서 밑면에 수직으로 선을 내려 그었을 때의 거리를 높이라고 합니다."라고 발표하였고 모든 아이들은 더 이상 보충

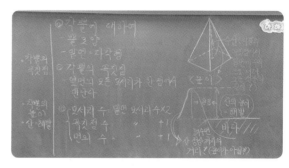

3차시 활동을 정리한 판서-코넬식 노트 기록법 활용

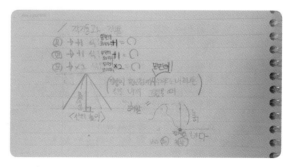

개인별 노트 정리

할 내용이 없다고 하였다. 정리하는 차원에서 실제 산의 높이를 측정하는 것과 연결 지어 보았다. 산의 높이와 산 아래에서 정상까지의 거리는 분명히 구별된다는 점을 그림으로 이해할 수 있도록 도와주었다. 그 과정에서 산의 높이는 '해발'이라는 용어를 사용한다는 점, 이 용어는 한자로 풀어서 이해하면 쉽다는 점을 강조하였다. 그러자 한 아동이 "'해'는 '바다 해'고 '발'은 '출발'한다는 뜻인가요?"라고 질문하였다. "그래, 그렇단다. 바다와 육지가 만나는 그 점을 해수면이라고 할 때 해수면으로부터 산 꼭대기까지의 수직거리를 우리는 산의 높이, 즉 해발이라고 부른단다." 그러자 다른 아이들이 "우와!" 하고 새로운 것을 알게 되었다는 듯 탄성과 함께 만족스러운 표정을 지어 보였다.

여기서 잠깐, 나의 교실 노트 정리 방법을 소개하고 넘어가고자 한다. 매우 중요한 질문을 교사가 던질 때 학생들은 먼저 충분히 생각할 시간을 가지고 자신의 생각을 노트에 있는 그대로 기록을 한다. 그 이후에 발표를 통해 여러 사람들의 생각과 자신의 생각을 연결 지어 가는 과정에서 최종적으로 정리된 내용과 자신의 생각이 달라졌을 때는 먼저 기록한 내용은 그대로 두고 변화된 자신의 생각에 밑줄을 긋거나 나름의 표시를 한 뒤 그 밑이나 옆에 변화된 생각을 기록하여 생각의 변화 과정이 있는 그대로 나타날 수 있게 하였다. 그것이 바로 배움의 과정이기 때문이다. 몇 차례 지도하고 수업 시간마다 꾸준히 강조한 지 1주일 정도 지났는데 아이들은 금방 자신의 것으로 받아들여 활용하고 있는 모습을 보면서 뿌듯함 그리고 앞으로 활동에 대한 믿음과 신뢰가 내 마음속에 자리하였다.

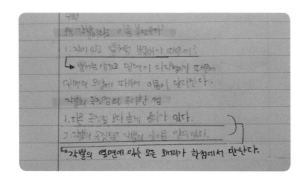
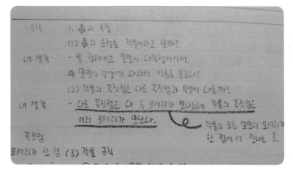

🌱 4~5차시 각기둥의 전개도 이해하기

♣ 준비물 : 다양한 각기둥 모양의 작은 상자, 투명 테이프(각 개인별로 준비)

수업 흐름	교사의 발문
도입 (선개념 확인)	• **발문 1** 각자 준비한 각기둥을 잘라서 펼쳐 놓은 그림을 무엇이라고 하는가? ➪ 전개도 • **발문 2** 각기둥을 잘라서 전개도를 만들고자 한다면 각기둥의 어떤 부분을 잘라야 하는가? ➪ 모서리
전개	• **활동 안내 1** 각자 준비한 각기둥 모양의 상자 모서리를 잘라서 전개도를 만들어 본다.(잘못 자른 부분은 투명 테이프로 다시 붙인 뒤 다른 부분을 자르도록 한다.) ➪ 5학년 과정에서 학습했던 경험을 되살려 출발점 행동으로 삼기 • **활동 안내 2** 나누어 준 모눈종이에 주어진 조건(밑면의 가로 8cm, 세로 5cm, 높이 3cm인 각기둥)을 만족시키는 사각기둥 모양의 전개도를 그린 뒤 직접 잘라서 입체도형을 만들어 본다. ➪ 입체도형이 만들어지는지 확인, 만들어지지 않았다면 어떤 부분이 잘못된 것인지 확인 후 다시 수정하여 전개도 그리기

- **활동 안내 3** 나누어 준 인쇄물(사각기둥, 오각기둥의 전개도)을 활용하여 각자 서로 다른 사각기둥 전개도, 오각기둥 전개도(나누어 준 전개도와 다른 것)를 3가지씩 만들어 보도록 합니다.(만들어 본 뒤 접었을 때 각기둥이 완성되는지 꼭 확인해 보도록 합니다.) ⇨ 완성된 전개도는 검은 도화지에 붙이기
- 다 된 사람들은 모두 활동이 마무리될 때까지 교과서 속 문제 해결하기
- **발문** 다음 제시된 전개도(PPT)를 보고 어디가 잘못되었는지 찾아 바르게 고쳐 보세요.
  (개인 생각 ⇨ 모둠원과 확인 ⇨ 전체 공유 ⇨ 발표)

정리

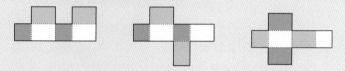

4~5차시 수업 소감

기본 발문은 쉽게 넘어갔다. 활동 1에서는 몇몇 아이들이 "지난해에 했던 기억이 나요."라고 말하면서 손쉽게 전개도 모양으로 펼치는 활동을 해 나갔다. 소수의 아이들은 모서리를 잘라 가는 과정에서 잘못 잘라서 다시 투명 테이프로 붙이기도 하였다. 대체로 잘 잘라서 전개도 모양을 만들었다. 그리 오래 걸리지 않았다.

뒤를 이어 모눈종이에 주어진 조건에 맞는 사각기둥 전개도를 그리고 오린 뒤 사각기둥을 조립하여 만들어 보는 활동을 하였다. 거의 모든 아이들이 주어진 조건에 맞는 각기둥의 전개도를 잘 그려 나갔다. 딱 한 명만

사각기둥 전개도를 그린 후 조립하기

이 수치에 맞지 않게 가로 8cm, 세로 6cm로 전개도를 그려서 자신의 작도가 어디서 잘못되었는지 스스로 찾아내고 다시 작도하여 제대로 만들어 볼 수 있도록 하였다. 여기까지도 비교적 빠른 시간 내에 이루어졌다.

활동 3에 접어들었다. 제시된 삼각기둥과 오각기둥 전개도를 오려 낸 뒤 각 면을 조각 내어 또 다른 모양의 전개도를 3가지 정도 만들어 보고 조립해 보는 활동을 안내하였다. 이 작업에서 어떤 아이들은 별 어려움 없이 과정을 완수하였지만 몇 명의 아이들은 2차원 평면을 3차원적 사고로 이어 가는 데 어려움을 보이기도 하였다. "잘 상상이 안 된다면 직접 투명 테이프로 붙인 뒤 조립을 해 보거라." 하고 안내해 주었다. 어떤 아동은 옆이나 앞, 뒤의 또래 친구에게 도움을 받기도 하였다. 역시 아이들은 손에 무엇인가 들려 주기만 하면 시간 가는 줄 모르고 활동하며 재잘재잘 떠들어 대는 데 선수인 것 같다. 약간 교실 속 소음이 올라가기는 하였으나 활동을 안 하거나 넋 놓고 바라보기만 하는 아동은 한 명도 없었다. 그냥 관찰만 하

주어진 삼각기둥, 오각기둥의 전개도를 오려 내어 또 다른 모양의 전개도를 만들어 가는 과정

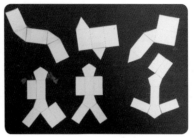

아이들이 만들어 본 각기 다른 삼각기둥, 오각기둥 전개도 : 여러 모양이 떠오르는지 생각해 보자.

였다. 그러다가 어려운 표정이 관찰되면 옆으로 다가가 바라보다가 필요한 점만 간략히 짚어 주고 다시 그 자리를 벗어났다.

활동을 하는 과정에서 한 아동이 느닷없이 이런 질문을 하였다. "선생님, 왜 여러 가지 모양의 전개도를 만들어 보아야 하나요? 한 가지만 만들면 안 되나요?" 그래서 이렇게 반문하였다. "그 질문에 대하여 너는 어떻게 생각하니?" 그랬더니 "저는 1가지만 만들어 보아도 문제가 없을 것 같아요."라는 답변이 나왔다. "혹시 다른 친구들은 이에 대하여 어떻게 생각을 하는지 말해 보기 바란다."라고 아이들 간 연결 짓기를 시도해 보았다. 그랬더니 이런 답변이 한 아동으로부터 나왔다. "여러 가지 전개도 모양을 생각해 보면서 상상하는 힘을 기를 수 있어요. 그래서 여러 가지 전개도를 만들어 보는 것이 좋은 것 같습니다." 이런 이야기를 바탕으로 질문을 한 아동에게 다가가 이렇게 말했다. "○○아, 방금 △△이가 말한 '상상력'을 기를 수 있다는 말에 대하여 이해가 되니?" 그 아동은 이해가 된다고 대답하였다. "그렇단다. 이런 과정을 통해서 우리는 입체도형이라는 것에 대하여 다양한 생각을 하고 그것을 바탕으로 공간에 대한 이해능력을 키울 수 있는 것이란다. 이제 여러 가지 모양의 전개도를 만들어 보는 데 어려움은 없겠지?"라고 말을 이어 갔다. 아마도 그 아동은 여러 모양의 전개도를 생각해 보면서 약간의 어려움을 느꼈거나 아니면 조금 귀찮다고 여겼을지도 모를 일이다. 그 아동이 마무리한 삼각기둥, 오각기둥 전개도 3가지씩 만들기 활동 결과물을 살펴보니 아주 쉽고 기본적인 전개도만 만들어 본 흔적이 역력하다. 각각의 밑면만 이곳저곳 옮겨 가면서 만든 전개도 결과물을 제출하였다. 이 역시 훌륭한 결과물이나 사고의 과정이나 그대로 받아들이면 된다고 생각하였다. 그런데 어떤 아이들은 아래에서 보는 바와 같이 복잡하면서도 재미있는 모양의 전개도를 만들어 다른 아이들로부터 칭찬과 격려를 받기도 하였다. 그 가운데 어떤 특정 모양을 관찰하면서 아이들은 "꽃 모양처럼 생겼어요.

사람처럼 생겼어요. 미사일 모양입니다. 우주선 모양입니다. 로봇 모양도 있어요. 인공위성 모양도 있습니다."와 같은 생각들을 던졌다. 듣고 보니 그럴듯한 생각이 들었다. 여기까지 마무리하는 데 아이들마다 약간의 시간 편차가 발생하여 모두 마무리할 때까지 교과서 속 문제를 해결하라고 안내하였다.

여기까지 블록 수업에 70분을 썼다. 나머지 10분 동안 PPT를 통해 잘못된 사각기둥 전개도를 보여 주고 어디가 잘못되었는지 찾아보는 활동을 하였다.

특히 두 번째 슬라이드에서 적지 않은 아이들이 노란색(1, 2번)에만 주로 집중하여 잘못된 점을 찾아냈다. 5, 6번에도 잘못된 점이 있다는 것을 쉽게 찾아내는 아이들은 많지 않았다. 비슷한 계통의 색 가운데 보다 진한 색만 눈에 더 많이 들어왔던 것은 아닐까 하는 생각이 들었다. 마지막 슬라이드에서는 대부분 아이들이 정확하게 잘못된 점을 짚어 냈다. 이렇게 활동을 하고 나니 거의 마무리 시간이 다 되었다. 끝으로 다음 시간에 할 활동을 안내하면서 정리하였다. 활동은 이렇게 끝이 났다. 아이들은 오늘도 수학 시간에 매우 밝은 표정으로 조작 활동을 통해 입체도형 학습을 이어 갔다. 이번 수업도 고민하고 계획한 만큼 잘 이루어진 수업이라는 생각이 들었다.

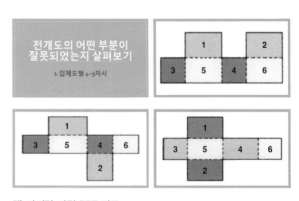

맨 마지막 과정 PPT 자료

수학	**1. 각기둥과 각뿔**	서울 초등학교
6-1	**각기둥의 전개도 그리기**	6학년 반 번
		이름 :

수학	**1. 각기둥과 각뿔**	서울	초등학교
6-1	**다양한 삼각기둥의 전개도 찾기**	6학년 반 번	
		이름 :	

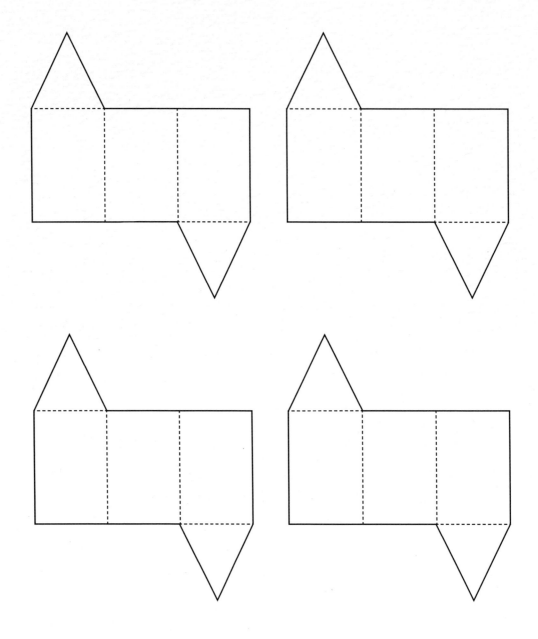

각기둥과 각뿔

01

수학 6-1	1. 각기둥과 각뿔 다양한 오각기둥의 전개도 찾기	서울　　　　초등학교 6학년　반　번 이름 :

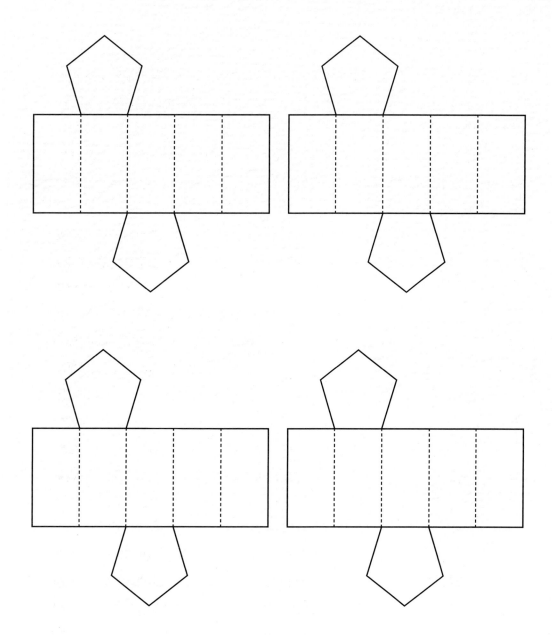

🌱 6~7차시 컴퍼스를 활용하여 삼각기둥의 전개도 그리기

♣ **준비물 : A4 크기의 모눈종이, 자, 컴퍼스**

수업 흐름	교사의 발문
도입 (선개념)	• 5학년 교육과정에서의 합동인 삼각형 그리기 활동 가운데 세 변의 길이를 알 때 삼각형 그리는 방법 떠올리기 ⇨ 주어진 조건에 맞는 삼각형 그려 보기(컴퍼스, 자 활용하기)
전개	• 주어진 조건에 맞는 삼각기둥을 그리는 방법에 대하여 함께 고민해 보기(교사는 아이들과 함께 삼각기둥의 전개도를 다양하게 그리기 위한 핵심 포인트를 짚어 나간다.) • **활동 1** 아이들 스스로 교과서 24쪽에 주어진 겨냥도를 보면서 모눈종이에 삼각기둥의 전개도 그려보기 (가능한 복잡하지 않은 전개도 그려 보기) : 2개 정도 서로 다른 전개도 그려 보기 • **활동 2 : 미션활동** 색종이를 우물 정(井) 자 모양으로 접은 뒤 그 위에 삼각기둥 전개도를 그리고 조립하기 **(조건 1)** 컴퍼스만 활용하여 전개도 그리기(선을 그을 때는 자를 사용해도 좋음)

색종이 9분할하기

모서리와 높이 정하기

밑면 그리기 1

밑면 그리기 2

밑면 그리기 3

밑면 그리기 4

밑면 그리기 5

밑면 그리기 6

전개도 오리기

오려 낸 전개도 1

오려 낸 전개도 2

삼각기둥 조립하기 1

삼각기둥 조립하기 2   완성된 삼각기둥 1   완성된 삼각기둥 2

정리

- **형성평가** 교사가 제시한 조건에 맞는 삼각기둥의 전개도 1가지를 그려서 제출하기
  (조건 1) 밑면은 각각 세 모서리의 길이가 2cm, 3cm, 4cm이다.
  (조건 2) 각기둥의 높이는 5cm이다.
  (조건 3) 옆면 모서리의 길이가 3cm인 곳에 삼각형 모양의 두 밑면을 위, 아래 마주 보도록 그린다.
  (조건 4) 전개도에 각 모서리의 길이를 반드시 표시한다.

6~7차시 수업 소감

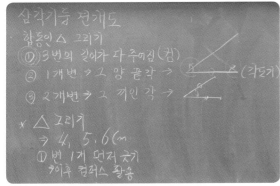

삼각기둥 전개도 그리기 판서 내용

5학년 교육과정에서 합동인 삼각형 그리는 방법을 기억하고 있는지부터 점검하는 것으로 수업을 시작하였다. 합동인 삼각형을 그렸던 3가지 상황, 그 가운데 세 변의 길이가 주어졌을 때 자와 컴퍼스를 이용하여 삼각형을 그려 보는 것을 먼저 각

자의 공책에 해 보게 하였다. 꽤 많은 아이들이 잘 기억하고 있었지만 적지 않은 아이들은 기억에서 지워져 있었다. 그러나 짝 또는 주변 친구들의 도움을 받아 기억을 조금씩 되찾아 나가는 데 많은 시간이 걸리지 않았다.

이어서 교과서 속에 주어진 삼각기둥 겨냥도를 보고 나누어 준 모눈종이에 실제 크기의 삼각기둥 전개도를 여러 가지 모양으로 그려 보는 활동에 들어갔다. 시작 전 어떤 부분을 먼저 그릴까 하는 질문을 던져 보았다. 어떤 아동은 밑면부터 그리는 것이 좋다고 하였고 어떤 아동은 옆면부터 그리는 것이 좋다고 하였다. 그 답변에 대하여 이렇게 보충을 해 주었다. "어떤 면을 먼저 그리든 그 면이 기준면이 된다. 기준면을 그리고 난 뒤에 옆에 있는 면 또는 위, 아래 있는 면(밑면)을 그려 나가면 된다. 어떤 면을 먼저 그리든 자신에게 맞는 방법을 선택하여 그리도록 한다. 기준면을 어디로 정하느냐에 따라 전개도 모양은 달라진다. 이때 주의할 점은 다음의 두 가지다. (1) 밑

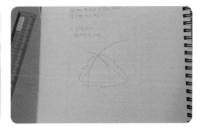

세 변의 길이가 주어졌을 때 각자의 노트에 삼각형을 그려 보는 활동

교과서에 주어진 겨냥도를 보고 전개도를 그리는 활동

면과 옆면이 서로 만나는 모서리의 길이가 같아야하기 때문에 어떤 모서리들이 서로 만나며 길이가 같은지 반드시 확인하기, (2) 밑면이 어느 옆면에 붙여서 그려지는지 확인하기. 안내가 끝나자마자 아이들은 전개도를 그리기 시작하였다. 역시 아이들마다 배움의 속도와 수준이 다르다는 것을 또 한 번 느꼈다. 불과 몇 분이 안 되어 전개도 1개를 완성하는 아이가 있는가 하면, 아직도 어디부터 그려야 할지 손도 못 대고 있는 아이, 몇 개의 선분을 긋고 겨냥도를 관찰하고 있는 아이 등 여러 부류의 아이들이 눈에 띄었다. 그래서 다시 한 번 도움이 필요하면 짝, 주변 친구들에게 먼저 도움을 요청하라는 안내도 빠뜨리지 않았다.

1가지 전개도를 완성하였으면 모눈종이 남는 여백에 또 다른 모양의 전개도를 1가지 더 그려 보라고 하였다. 빠르게 그린 아동은 주변 친구들에게 도움을 줄 수 있도록 안내하였고 시간적 여유가 되면 교과서 문제도 해결해 보라고 하였다. 여기까지 진행하는 데 약 40분 정도의 시간이 사용되었다.(교사의 생각에 따라서 학생들 활동의 시간 편차에 따른 여유 시간은 전개도를 직접 잘라서 삼각기둥을 조립해 보는 시간으로 가져도 좋다는 생각이 든다.) 금주 시간표를 짜는 과정에서 블록 수업을 할 수 없는 상황이 생겨 나머지 활동은 다음 시간

으로 넘겼다.

다음 날 남은 활동을 시작하기 전에 삼각기둥 전개도 그리기 활동 정리 및 복습 활동 시간을 가졌다. 그 과정에서 삼각기둥 전개도를 쉽고 빠르게 그릴 수 있는 요령, 컴퍼스의 기능 등도 함께 정리하였다. 여기까지 약 10분 정도 시간이 소요되었다. 이어서 각자의 노트에 밑면 삼각형은 각 모서리의 길이가 3cm, 각기둥의 높이도 3cm인 삼각기둥의 전개도를 그려 보는 것으로 정리 활동을 마쳤다. 대부분의 아이들은 여기까지 어렵지 않게 활동을 하였다. 조금 늦는 아이들도 있어서 20분 정도 시간이 사용되었다.

남은 20분 동안 활동 2 미션도 해결하고 형성평가도 해야 하는데 약간 시간이 부족할 것 같았다. 지난 시간에 했던 활동과 이어서 했다면 부족하지 않았을 것이라는 생각이 들었다. 어찌 되었든 남은 시간에 최선을 다해 보기로 하였다. 아이들에게 색종이 1장씩 나누어 주고 우물 정(井) 자 모양으로 접어 보게 한 뒤 가운데 줄은 삼각기둥의 옆면으로 그대로 활용하고 남은 위, 아래 줄에 삼각기둥의 밑면을 그려서 전개도를 완성해 보라고 하였다. 주어진 조건에 컴퍼스만 이용해서 전개도를 그려야 한다는 내용이 있기 때문에 미리 컴퍼스 기능을 살펴본 것이기도 하다. 아이들은 색종이를 받아들고 쉽게 할 수

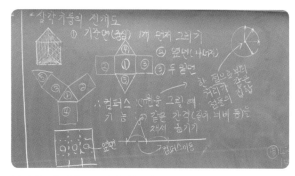

삼각기둥의 전개도 그리기 활동 정리 및 컴퍼스 기능 살피기 판서, 아이들의 노트 정리 내용

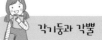

있다고 생각했던 것이 갑자기 어떤 문제 상황에 놓이게 되자 심각한 얼굴로 고민하기 시작하였다. 아이들이 어려워했던 점은 삼각기둥의 밑면 크기를 어떻게 알 수 있는가 하는 점이었다. 일단 아무 힌트도 주지 않았다.

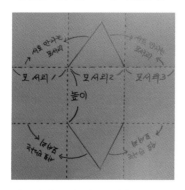

아이들이 왼쪽에서 보는 바와 같이, 가운데 줄의 모서리 1과 모서리 3의 길이만큼 컴퍼스로 측정하여 그대로 밑면을 그리는 활동에 이용하여야 한다는 것을 알아내는 것이 가장 핵심인 활동이었다. 그런데 얼마 시간이 지나지 않아 1명, 2명 해결의 실마리를 찾기 시작하였다. 이제 컴퍼스의 기능이 무엇인지 경험을 통해 알게 되었다는 표정도 함께 지어 보였다. 그러면서 문제를 해결한 아이들이 주위의 아이들에게 자신이 찾은 문제 해결 방법을 알려 주기 시작하였다. 그렇게 이번 미션 해결의 실마리는 풀려 나갔다. 그러나 몇 명의 아이들은 끝까지 자신의 힘으로 해 보겠다고 '끙끙'거리며 탐구를 하기도

하였다. 아주 일부 아이들은 앞의 그림에서 모서리 1, 모서리 2, 모서리 3의 길이와 상관없이 자기 마음대로 밑면 삼각형의 남은 두 변의 길이를 정하여 그려 놓고 다 되었다고 뿌듯하게 앉아 있기도 하였다. 그래서 직접 가위로 오려서 삼각기둥을 조립해 보라고 하였다. 당연히 제대로 삼각기둥이 만들어질 리가 없었다. 다시 색종이를 가져가더니 결국 혼자 힘으로 하는 것을 포기하고 도움을 받기로 마음먹은 뒤 주위 친구들을 찾았다.

대부분의 아이들이 삼각기둥을 끝까지 완성하였다. 그런데 이 활동이 15분 정도면 끝날 것이라 예상했었는데 생각보다 더 많이 걸렸다. 모두 마무리하는 데 25분 정도의 시간이 사용되었다. 그래서 본래 수업 설계를 할 때 넣었던 형성평가 활동은 진행하지 못하였다. 블록 수업을 했더라면 어떠하였을까 하고 생각해 보았다.

끝나고 과정을 돌이켜 생각해 보니 그 정도 걸리는 것이 당연하다는 결론에 도달하였다. 모든 학생들이 전개도를 그리기만 하는 것이 아니라 직접 오리고 조립하고 다시 펼쳐서 노트에 붙이는 작업까지 하게 되었으니 그 정도 시간이 걸릴 수밖에 없다는 생각이 들었다. 학생들의 역량에 따른 시간 편차도 충분히 고려했어야 한다는 점도 다시 한 번 되새겨 보았다. 끝

색종이로 삼각기둥 전개도 만들기 및 조립 활동 장면

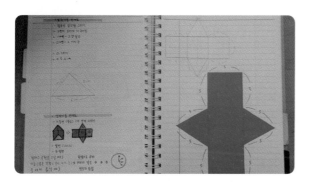

삼각기둥 전개도 그리기 활동에 대한 노트 정리 사례

나고 한 아동이 이런 말을 하였다. "아, 색종이를 이용하여 이렇게 삼각기둥을 만들 수도 있구나. 신기하다." 우리 반 아이들은 벌써 수학 시간을 나름 기대하는 눈치다. 조금씩 수학에 대한 부담이 줄어 가고 있는 것 같아 좀 더 신중하게 생각하고 수업을 디자인해야겠다는 각오를 다져 본다.

🌱 8~9차시 밑면이 사다리꼴인 사각기둥의 전개도 그리기

♣ 준비물 : A4 크기의 모눈종이, 자

수업 흐름	교사의 발문
도입 (선개념)	• 전개도 그리는 방법을 단계별로 다시 한 번 되짚어 보기 ⇨ 특히 어떤 면을 중심면(기준면)으로 정할 것인지 먼저 생각하기 • 사다리꼴 모양의 밑면을 모눈종이에 어떻게 그릴 것인지 생각해 본 뒤 모눈종이에 전개도 그리기
전개	• 교과서 25쪽 밑면이 사다리꼴 모양인 사각기둥 그리기(나누어 준 모눈종이에 각각 같은 사각기둥 전개도를 2가지 다른 방법으로 그려 본다.) ⇨ 전개도 모양대로 오린 뒤 사각기둥으로 조립해 보기 • 익힘책 19쪽 사각기둥 전개도 2가지 다른 방법으로 그려 보기 • 빨리 마무리된 사람은 교과서 속 문제 해결하기
정리	• **형성 평가** 교사가 제시한 조건에 맞는 삼각기둥, 밑면이 사다리꼴의 사각기둥 전개도 각각 1가지씩 그려서 제출하기

8~9차시 수업 소감

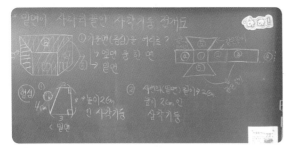

밑면이 사다리꼴인 사각기둥 전개도 그리기 판서

밑면이 사다리꼴인 사각기둥 전개도를 그리는 방법부터 함께 살펴보는 활동으로 수업 첫머리를 열어 나갔다. 역시 가장 핵심은 기준면(중심면)을 어떤 면으로 정하느냐에 따라 다양한 모양의 전개도가 만들어진다는 것을 아이들이 깨닫는 것이다. 일단 가장 일반적인 전개도를 사례로 하여 함께 전개도 그리는 순서를 알아 나갔다. 이후에 교과서 속에 있는 직육면체 전개도를 나누어 준 모눈종이에 서로 다른 모양의 전개도를 2가지 그려 보라고 하였다.

개인 또는 짝, 모둠원과 함께 밑면이 사다리꼴인 사각기둥 전개도 그리기 및 오려서 조립하기 활동

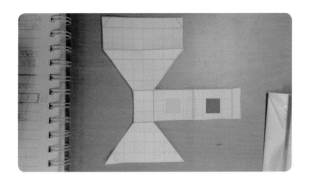

활동 과정에서 한 아동이 뒤의 사진에서 보는 바와 같은 전개도를 그려 와서는 제대로 그렸는지 봐 달라고 하였다. "선생님이 맞는지 잘못되었는지 살펴봐 줄 수도 있지만 한번 직접 오린 후 조립해 보면서 스스로 깨달아 가는 것이 더 좋을 것 같은데."라고 말해 주었다. "알겠습니다." 하고 돌아가더니 사진과 같이 잘라 와서는 "조립이 안 됩니다. 잘못 그렸는데요."라고 말하였다. 나는 "어떤 부분이 잘못되었는지 알아냈니?"라고 되물었다. "네, 찾았습니다. 이 부분(위의 사진에서 ■ 표시된 부분)이 2개 모두 같은 쪽에 있어서 잘못되었습니다. 한쪽은 이쪽으로 옮겨 그렸어야 했습니다. 그리고 이 부분(위

의 사진에서 ■ 표시된 부분)의 위쪽 모서리 길이가 5cm인데 4cm로 그려서 잘못되었어요."라고 대답했다. 그래서 나는 "그래, 잘 찾았구나. 그러면 다시 모눈종이 1장을 가져가서 다시 그려 보고 오려서 확인해 보기 바란다."라고 말했다. 결국 그 아동은 다시 전개도를 제대로 그린 뒤 오려서 조립해 보고 확인도 하였다. 교과서 속 사각기둥 전개도를 2가지씩 그려 본 뒤 수학 익힘책 속에 있는 사각기둥 전개도도 2가지 다른 방법으로 그려 보는 시간도 가졌다. 비교적 대부분의 아이들이 그리 어렵지 않게 해결하였다. 몇 명의 아이들만 어렵다는 표정을 지으며 주변의 친구들에게 도움을 요청하였고 결국은 친구들의 도움을 받아 완성하였다. 그렇게 약 60분 정도의 시간이 흘렀다. 남은 시간은 삼각기둥과 사각기둥 그리기 활동에 대한 형성평가를 해 보기로 마음먹고 칠판에 어떤 각기둥의 전개도를 그릴 것인지 조건을 제시하였다.(맨 처음 칠판 판서 사진 참고) 겨냥도로 제시하지 않고 최소한의 조건만 제시하였더니 어떤 아동은 "선생님, 저렇게 하면 각기둥이 안 만들어지지 않나요?"라고 질문하였다. 그러자 다른 아동이 "아니야. 만들어져. 잘 생각해 봐."라고 의견을 냈다. 나도 한마디 보탰다. "안 만들어지면 선생님이 문제를 낼 이유가 없지 않을까?" 그러나 이내 수긍을 하고 고민하기 시작하였다. "각자 나누어 준 모눈종이에 각기둥의 전개도를 각각 1가지씩 그려서 제출하도록 합니다."라고 말한 뒤 아이들 활동을 아무 말 없이 지켜보기만 하였다. 역시 빠른 아이들은 5분도 안 되어 그려서 바로 제출하는가 하면, 늦은 아이들은 남은 수업 시간을 다 쓰기도 하였다. 그래도 거의 수업 끝날 시간에 맞추어 마무리하였다. 대체적으로 잘 그려 내었다. 제출하는 형성평가지를 바로바로 받아 확인하였는데 거의 틀림이 없었다. 내심 만족스러웠다. 이제 단원 마무리가 1시간 남았다. 다음 주에 단원평가가 있을 것이라는 것을 미리 공지하고 다음 시간에는 퀴즈식 수업으로 긴장도를 조금 높여 가면서 활동하겠다는 것도 안내하며 활동을 정리하였다.

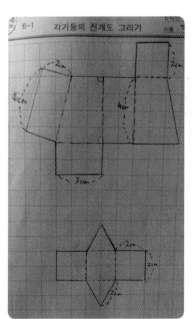
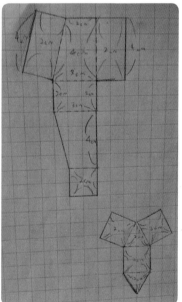

8~9차시 형성평가 결과 예시

10~12차시　창의적 체험 활동 –시어핀스키 피라미드 만들기(미술 시간 연계) 및 종합 정리 활동(미션활동 수학 1시간+조작 활동 미술 2시간)

10~11차시 수업 소감

미술 시간에 아이들에게 색종이 접기를 하겠다고 하였다. 그랬더니 몇 명의 아이들이 시큰둥한 반응을 보인다. "에이, 재미가 없어요. 다른 것 하면 안 되나요?" "무얼 하는지 구체적으로 들어 보지 않고 무조건 싫다고 하면 곤란한데?"라고 말하며 뒷이야기를 이어 갔다. "수학 시간과 연관 지어 각뿔을 이용한 예술적 활동을 해 볼 생각이다. 시어핀스키 피라미드 만들기를 할 것이다." 그랬더니 "그게 뭐지?"라는 표정으로 흥미와 호기심을 보이기 시작하였다. "시어핀스키 피라미드는~~." 하고 간략히 설명해 주었다. "와, 멋있겠는데요!"라고 벌써 의욕을 보이는 아이도 생겼다. 색을 통해서도 정삼각뿔을 활용한 입체도형의 예술성을 엿볼 수 있도록 하기 위해 빨강, 녹색 2종류의 색으로 통일하여 색종이를 나누어 주었다. 1인당 녹색 2장, 빨강 2장을 나누어 주었다. 1인당 녹색 1장, 빨강 1장이면 1개의 정삼각뿔을 접을 수 있고, 1인당 2개의 정삼각뿔을 만든 뒤 4명의 모둠원들이 8개의 정삼각뿔로 가장 기초 단계의 피

라미드를 만들 수 있도록 하였다. 그런 뒤 모든 모둠에서 만든 기초 단계의 피라미드를 수합하여 보다 큰 단계의 피라미드로 점차 크기를 확장시켜 나가고자 하였다.

색종이 접기를 한 단계씩 차근차근 밟아 나갔다. 약간의 시간은 더 걸렸지만 속도를 맞추기에는 그게 가장 효율적이었다. 중간중간에 접는 방법이 잘 이해가 안 가는 아이들은 주변의 친구들에게 도움을 요청하라고 하였더니 큰 어려움 없이 마무리되었다. 드디어 각 개인이 만든 정삼각뿔을 모아 기초적인 피라미드를 완성하였고 그것들을 모아 보다 큰 피라미드를 만들었다. 여기까지 약 65분 정도의 시간이 사용되었다.

일단 의도한 바는 이루었다. 그런데 갑자기 이런 반응이 나왔다. "여기서 끝내요? 더 만들면 안 되나요? 더 큰 것 만들면 좋겠는데요." 그러자 여기저기에서 "더 해요. 더 큰 것 만들어요. 멋있을 것 같아요." 등의 반응이 터져 나왔다. "시간이 얼마 남지 않았는데 더 큰 것 만들려면 아주 많은 시간이 필

각 개인별, 모둠별 시어핀스키 피라미드 만들기 활동 장면

2단계 시어핀스키 피라미드 만들기–색의 통일성이 제대로 이루어지지 않은 사례

3단계 시어핀스키 피라미드 만들기 과정–색의 통일성까지 제대로 이루어 완성해 나가는 모습

요하단다. 오늘 다 할 수가 없을뿐더러 이것을 만드는 데 다른 수업 시간을 더 쓰기에는 무리가 있을 것 같은데 어쩌지?"라고 했더니 "쉬는 시간, 점심 시간에 만들면 됩니다. 색종이만 더 주세요. 오늘 못하면 집에서도 더 만들어 오고 내일도 만들 것입니다."라며 이렇게까지 의욕을 보이며 말하는데 막을 길이 없었다. 내심 속으로는 무척 잘된 일이라 여기기도 하였다. 물론 모든 아이들이 쉬는 시간, 점심 시간까지 이 활동에 참여한 것은 아니다. 수업 시간이 끝나고 나니 많은 아이들은 자기 활동 시간을 가졌다. 1/3 정도의 아이들만이 여기에 동참하여 보다 큰 피라미드를 보고 싶은 마음을 실행에 옮겼다. 만들어 가는 과정에서 요령도 생겨서 나름 역할을 분담하여 협동적으로 분업을 하였다. 색종이 접는 과정도 단계별로 분업을 이루

어 만들었고, 누군가는 삼각뿔을 만들면 다른 쪽에서는 그것을 모아 1차 피라미드를 만들고, 이렇게 나누어 일하면서 속도도 더 빨라졌다. 자기들도 그것이 자랑스럽고 대단한 듯 수다도 떨면서 활동을 계속 이어 갔다. 5교시 시작 전까지 만들기 활동을 이어 가면서 3단계 피라미드 2개를 만들고 1개를 더 만들다가 내일로 미루고 작업을 멈추었다. 몇 명 아이들은 집에서 더 만들어 오겠다고 약속하기도 하였다. 오늘 활동이 참으로 재미가 있었다는 말도 함께 늘어놓았다. 매번 수학 교육 활동이 이런 모습을 보인다면 정말 좋겠다는 생각을 뒤로하며 앞으로도 좀 더 열심히 연구하고 노력하여 아이들이 힘들지 않게 수학 수업을 디자인해 나가야겠다고 다시 한 번 다짐해 본다.

쉬는 시간, 점심 시간까지 보다 큰 피라미드 만들기 활동에 참여하고 있는 아이들 모습. 오른쪽 사진에서 보는 크기의 피라미드(3단계)가 4개 있어야 보다 큰 피라미드(4단계)가 완성된다.

이틀 동안 놀이 시간, 점심 시간을 이용하여 완성시킨 4단계 피라미드-여러 각도에서 본 모습

자신들이 더 노력하여 완성시킨 4단계 피라미드를 보며 자랑스러운 마음에 찍은 기념사진 한 컷

본 미션활동은 활동지 형식으로 만들어 모두에게 나누어 주고 개별 활동을 하게 해도 좋고, PPT로 제작한 뒤 퀴즈 게임 형식을 빌려 모둠별로 협동적으로 협의하여 답을 모둠칠판에 쓰게 하는 것도 좋은 방법일 수 있다.

	수학 6-1	1. 각기둥과 각뿔 종합 정리 미션활동지	서울		초등학교
			6학년	반	번
			이름 :		

나는 누구일까?(활동 제목)

☞ 나는 모서리가 8개인 입체도형이다. 나는 어떤 도형일까요?(사각뿔)

☞ 나는 면의 개수가 가장 작은 입체도형이다. 나는 면이 몇 개이고 나의 이름은 무엇일까요?(4개, 삼각뿔)

☞ 나는 꼭짓점과 면의 개수가 같은 입체도형이다. 나는 무엇일까요?(각뿔)

☞ 나는 모서리의 수가 옆면 개수의 3배이다. 나는 무엇일까요?(각기둥)

☞ 모서리의 수가 짝수인 각기둥 3개 빨리 말하기(사각기둥, 육각기둥, 팔각기둥)

☞ 모서리의 수가 홀수인 각뿔은?(없음)

☞ 다음의 조건으로 각기둥 또는 각뿔을 만들어 보려 한다. 가능한가?(남김없이 사용)

꼭짓점	모서리	가능한가?	도형 이름
6	9		
5	8		
8	5		
6	10		
7	12		
8	12		
10	15		
12	18		
8	14		
6	12		
5	9		

☞ 나는 모서리 18개와 꼭짓점 12개로 만들어진 입체도형입니다. 나의 이름은 무엇일까요?(육각기둥)

☞ 나는 모서리 16개와 꼭짓점 9개로 만들어진 입체도형입니다. 나의 이름은 무엇일까요?(팔각뿔)

☞ 눈이 많이 오는 지역의 집 지붕을 보면 모두 삼각기둥을 옆으로 누인 모양을 하고 있다. 그 이유는 무엇인가?(눈이 많이 오면 지붕에 쌓여 그 무게가 집을 무너뜨릴 수 있기 때문에 삼각기둥을 옆으로 누인 모양으로 지붕을 만들어 눈이 흘러내리도록 하기 위함이다.)

[참고 활동 1] 신문지를 말아서 연결 ⇨ 사각기둥, 삼각뿔을 만들어 어떤 것이 더 안정감이 있는지 실험해 본다.

[참고 활동 2] 삼각뿔 모양을 실생활 속에 적용한 사례 ⇨ 카메라 삼각대, 가로수 나무 버팀대, 보면대 다리, 송전탑, 독서대, 종이 박스 안쪽 등)

12차시 수업 퀴즈 활동을 위한 PPT 자료 예시

12차시 수업 소감

단원을 마무리하는 차원에서 퀴즈식 활동으로 정리를 함께 해 보았다. PPT로 문제를 제시하고 협동학습 구조 '모두 일어서서 나누기 활동'을 이용하여 진행해 보았다.

[모두 일어서서 나누기 활동]
(1) 질문 제시
(2) 개인적인 생각 갖기

(3) 모두 일어서서 생각 공유하기

(4) 모둠원 모두가 하나의 생각으로 합의를 본 후 제자리에 앉기

(5) 교사가 모둠 내 자리 번호 하나를 지목하면 그 번호에 해당되는 아동이 구두 혹은 모둠칠판에 자신의 답을 기록하기

(6) 각 모둠에서 기록한 답을 함께 확인하고 정리하기

모두 일어서서 나누기 활동 진행 모습

위와 같은 활동으로 진행하였지만 어떤 문항은 바로 모둠 토의를 한 후 특정 아동을 지목하여 발표를 할 수 있게 하기도 했다. 이 활동의 특성 덕분에 아이들은 퀴즈 활동에 대하여 심리적 부담을 많이 내려놓았다. 그럴 수 있었던 것은 자신의 생각을 바탕으로 모둠원들과 협의하여 답을 다듬을 수 있는 시간이 주어졌기 때문이다. 답을 말할 때 왜 그렇게 답이 나왔는지에 대한 설명도 함께 이루어졌다. 비교적 잘 해내었다. 문항이 그리 많지 않아 25분 정도 지나서 활동이 마무리되었다. 이제 남은 시간은 교과서 및 수학 익힘책 속 문제를 개별적으로 풀이하고 정리하는 시간으로 갖도록 안내하고 내일 수학 시간에 단원 평가를 한다고 공지하였다. 1단원 학습은 그렇게 막을 내렸다.

🌱 11차시　단원 정리 - 단원 평가

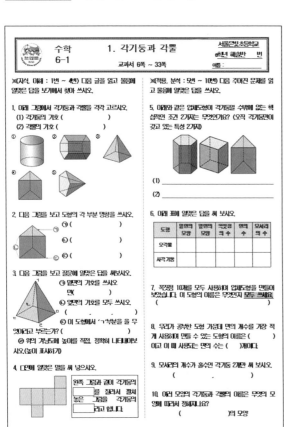

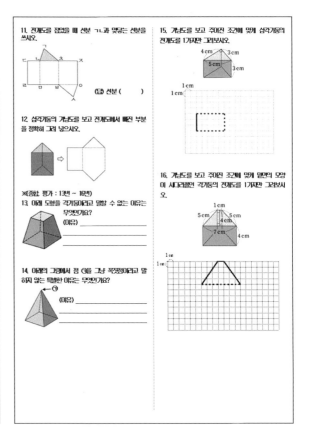

1단원 각기둥과 각뿔 평가 안내

서울은빛초등학교 6학년 해솔반 담임교사 이상우

1. 지식의 위계성에 대하여

지식단계	정보의 기억을 의미한다.
이해단계	정보 속에 담긴 의미를 파악하고 이해하는 것을 의미한다. 배운 것을 자신의 언어로 다시 해석하여 말하는 것을 말한다.
적용단계	알고 이해한 것을 다른 것에 응용하는 것을 의미한다. 규칙, 개념, 원리, 법칙 등을 적용하는 것을 말한다.
분석단계	정보의 옳고 그름 혹은 정확성을 판단하는 것을 의미한다. 어떤 사실을 요소로 분해하는 힘으로, 구성 부분을 확인하고 그 요소들 간의 관계를 분석하여 구성 원리를 알아나가는 힘을 말한다.
종합단계	평가를 바탕으로 적절한 대안이나 결론을 제시하는 것을 의미한다. 새로운 것을 만들기 위해 부분을 모으는 힘으로 창의적 사고력 및 문제해결력을 필요로 한다.
평가단계	글이나 말 속에 담긴 의도가 어떤 가치가 있는 것인가를 판단하는 것을 의미한다. 주어진 목표를 달성하기 위해 사실을 판단하는 능력으로 앞서 설명한 모든 지식기능을 포함한다.

- 지식, 이해 단계까지를 기본사고라고 한다.
- 적용, 분석, 종합, 평가 단계를 고급사고라고 한다.
- 기본사고가 부족하면 고급사고로 올라가기가 어렵다.
- 분석, 종합, 평가 단계의 능력이 높은 지적 능력 단계 수준이라 할 수 있다.

2. 본 단원 소개

각기둥과 각뿔 단원을 공부하는 목적은 아래와 같습니다.
(1) 각기둥과 각뿔의 특징 이해하기
(2) 각기둥의 전개도를 이해하고 전개도를 그리기
(3) 공간감각 기르기(2차원 평면 위에 제시된 겨냥도, 전개도를 보고 3차원 입체도형 상상하기, 3차원 입체도형을 보고 2차원 평면 위에 나타내거나 상상하기)
(4) 실생활 속에서 각기둥과 각뿔이 어떻게 활용되고 있는지 이해하기
　이런 내용들을 바탕으로 수업을 진행한 이후에 어느 정도 학습이 이루어졌는지를 알아보기 위해 평가를 해 보았습니다. 평가 문항에 대한 내용은 다음과 같습니다.
　(1) 1~4번: 지식, 이해영역으로 본 단원을 이해하는데 가장 필요한 용어 및 개념들을 묻는 질문들입니다.(수학은 독기 용어 및 그 개념에 대한 이해가 기본 성취도를 향상시킬 수가 없는 과목임)
　(2) 5~12번: 적용, 분석영역으로 본 단원과 관련하여 기본 지식(1~4번)을 바탕으로 각기둥, 각뿔과 관련된 실제 개념이 잘 형성되었는지를 묻는 질문들로 구성되어 있습니다. 각 문항에 있어서는 지식, 이해를 바탕으로 적용, 분석하는 단계의 질문이 포함되어 있다고 보아도 무리는 없습니다.
　(3) 13~16번: 종합, 평가영역으로 지식의 각 단계까지의 내용을 바탕으로 각기둥과 각뿔과 관련된 주어진 문제를 해결해나가는 질문들로 구성되어 있습니다. 여기에는 각기둥과 각뿔 관련하여 종합적이고도 평가적인 사고가 관련된 질문이 포함됩니다.

3. 평가지 해석에 대하여

　본 평가지는 기본적으로 Pass와 Fail을 가리고, 각 아동이 어떤 부분에서 막혀있는지 판단하기 위한 근거자료 및 아이들의 발전을 위한 자료로 활용하기 위해 만든 것입니다. 따라서 **이 평가지를 보실 때는 아래와 같은 생각은 없어야 할 것입니다. 부탁드립니다.**
　(1) 평가 결과가 몇 점인지 알려고 하는 일(점수 계산은 안 됩니다. 그렇게 안 되도록 만들었습니다.)
　(2) 다른 아이들은 몇 점 받았는지 관심을 갖지 마세요. 다른 아이들과 비교는 금물입니다.
　(3) 기본적으로 Pass한 아이들은 본 단원 학습을 통과했다고 보시면 됩니다.(본 단원의 경우에는 전체 문항 가운데 문항에서 약 60% 정도 풀었으면 통과된 것으로 간주해도 좋습니다.)

본 단원의 Pass/Fail 구분(3단계로 구분)		
노력 바람(Fail) 60%미만	보통(Pass) 60~80%미만	잘함(Pass) 80~100%
10개 이하	11개~13개	14개 이상

　(4) Fail을 기록한 아동들에게는 약 2~3일 후에 재평가 기회를 반드시 1회 더 제공합니다. 더 이상은 없습니다. 그리고 2차 평가에서 Pass를 하면 그 결과를 생활기록부에 반영합니다. 그 때에도 Fail을 하게 되면 그 결과를 그대로 반영시킬 수밖에 없음을 꼭 알아주시기 바랍니다.
　(5) 아이들 혹은 학부모님에 따라서 단순히 Pass에 만족하지 않는 분들은 댁의 자녀가 어떤 부분(단계·영역)에서 부족한지, 어떤 개념이 덜 형성되어있는지를 신경 쓰시면 될 것입니다. 그러나 모든 아이들이 수학을 100점 받아야만 한다는 욕심과 생각은 금물입니다.
　(6) 대체로 보면 지식, 이해 단계에서 부족한 아이들은 그 다음 단계의 문항들을 제대로 풀이하지 못합니다. 풀이를 하더라도 단순 기억에 의지하거나 직관적으로 '그냥 그랬어요'와 같은 식의 답을 쓰는 수준에 머물고 있을 가능성이 높습니다. 이 경우에는 실제 입체도형을 손으로 만져보고 눈으로 확인해가면서 해당 단원의 기본 원리나 지식에 대한 확실한 이해를 먼저 할 수 있도록 보완하는 것이 최선책입니다. 적용, 분석 단계에서 부족한 아이들은 주어진 상황이나 도형에 대한 정확한 개념 이해를 바탕으로 다른 상황에 연결지어 생각하는 힘 및 자신의 생각을 자신만의 언어로 표현하는 힘이 부족하거나 공간감각(특히 2차원적인 평면위에 나타난 입체도형을 3차원적으로 사고를 하거나 그 반대의 상황에 대한 사고)이 다소 부족하거나 그 분야가 약점으로 드러나 머릿속으로 도형에 대한 공간적 상상을 하기에 어려움을 겪는 경우가 많습니다.
　지식-분석 단계까지의 문항은 잘 해결하나 종합-평가 단계에서 어려워하는 아이들은 해당 단원에 대한 기본 원리나 지식에 대한 확실한 이해는 어느 정도 갖추어져 있지만 이를 바탕으로 한 그 단원의 종합적 이해 및 문제해결력, 이전 단계까지의 세밀한 부분에 대한 이해력, 수학적 사고력 등에서 조금 부족한 면을 볼 수 있습니다. 이 경우에는 본인이 무엇이고 있는 것이 무엇인지 세밀한 부분까지 보완하고 보다 다양한 문제 풀이 경험을 많이 갖게 하여 수학적 사고력 및 생각하는 힘, 문제해결력을 키워나가는 것이 최선책이라 사료됩니다.

4. 평가 문항 설명(해답 안내)

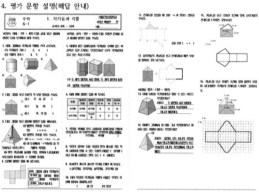

직육면체의 겉넓이와 부피

01 단원 소개 및 문제의식 갖기

교사용 지도서를 보면 이 단원은 측정의 한 분야로서 후속되는 원기둥의 겉넓이와 부피 관련 문제 해결에 매주 중요한 과정으로 소개되고 있다. 또한 겉넓이와 부피 관련 문제 해결 능력을 기르고 여러 가지 물건의 부피와 관련하여 양감을 길러 줄 수 있다고 안내하고 있다. 그 과정에서 의사소통을 통해 겉넓이와 부피 구하는 방법을 찾아내고 공식의 필요성과 편리함 등을 깨달을 수 있도록 지도해야 함을 강조하였다. 학습 목표 및 단원 발전 계통을 살펴보면 아래와 같다.[1]

영역	단원 학습 목표
내용	1. 직육면체의 겉넓이를 구하는 방법을 알고 겉넓이를 구할 수 있다. 2. 여러 가지 물건을 단위부피로 하여 직육면체의 부피를 수로 나타내어 비교할 수 있다. 3. 보편 단위의 필요성을 인식하고 $1cm^3$를 이해할 수 있다. 4. 직육면체의 부피를 구하는 방법을 이해하고 부피를 구할 수 있다. 5. $1m^3$를 이해하고 $1cm^3$와 $1m^3$의 관계를 알 수 있다.
과정	1. 직육면체의 겉넓이를 구하는 편리한 방법을 토론하는 과정에서 겉넓이 구하는 공식을 추론하고 의사소통할 수 있다. 2. 임의 단위에 의한 측정으로 야기되는 문제점을 토론하는 과정에서 보편 단위의 필요성을 찾아 말할 수 있다. 3. 자신이 선택한 겉넓이와 부피에 관련된 문제 해결 방법을 수학적 원리에 바탕을 두어 설명할 수 있다.
태도	1. 임의 단위를 이용한 수학적 측정 활동에 흥미를 가지고 참여한다. 2. 일상생활에서 직육면체의 겉넓이와 부피를 측정하는 활동을 통하여 수학의 유용성을 깨닫고 수학에 흥미를 가질 수 있다.

---

1 2009 개정 교육과정에 따른 수학과 교사용 지도서 6학년 1학기. 2015. pp. 314~315.

단원의 발전 계통		
선수 학습	본 학습	후속 학습
1학년 구체물의 길이·들이·무게·넓이 비교하기, 2학년 길이의 직접 및 간접 비교, 보편 단위의 필요성 이해하기 및 1cm와 자 도입하기, 물건의 길이나 거리 어림하기, 1m의 이해 및 길이의 덧셈과 뺄셈, 3학년 1mm, 1km를 알고 길이를 단명수와 복명수로 나타내기, 5학년 직육면체의 면 사이의 관계 이해 및 전개도 그리기, 1cm²와 1m²를 이해하고 평면도형의 넓이 구하기, 6학년 각기둥의 구성 요소 및 전개도 이해하기	• 직육면체의 겉넓이 구하는 방법을 이해하고 여러 가지 방법으로 구하기 • 임의 단위로 부피 비교하기 • 보편 단위의 필요성을 이해하고 1cm³ 도입하기 • 부피의 큰 단위로 1m³를 도입하고 1cm³와의 관계 이해하기	원기둥의 겉넓이와 부피

후속 학습으로 6학년 2학기 쌓기나무 단원도 안내하고 있으나 엄밀히 따지면 6학년 2학기 쌓기나무 단원은 사용된 쌓기나무의 개수를 헤아리는 것이 중요한 것이 아니라 바라보는 각도에 따라 사물이 다르게 보임을 이해하고 그것을 2차원 평면에 잘 나타내기 위한 방법(평면도, 정면도, 측면도 3방향에서 나타내기:건축 설계도면의 기초)을 알아보는 단원이라 할 수 있다. 여기에서 쌓기나무의 개수는 중요한 것이 아니기 때문에 여기에 큰 의미를 부여할 필요는 없다.

위의 내용에 근거를 두고 교사용 지도서는 본 단원의 전개 계획을 아래와 같이 제시[2]하였으나 현장에서 그대로 따라서 지도하기에는 무리가 있다는 생각이 든다.

차시	재구성 이전	수업 내용 및 활동
1	단원 도입	스토리텔링을 통해 직육면체의 겉넓이와 부피 측정이 필요한 상황 이해하기
2	직육면체의 겉넓이 알기	각 면의 넓이의 합을 이용하여 직육면체의 겉넓이 구하기, 합동인 세 면의 넓이를 이용하여 직육면체의 겉넓이 구하기
3	전개도를 이용하여 직육면체의 겉넓이 구하기	직육면체의 겉넓이를 전개도를 이용하여 구하게 하기
4	직육면체의 부피 비교하기	직접 비교와 간접 비교의 방법으로 부피 비교하기, 임의 단위를 이용하여 수학적 측정 활동하기(쌓기나무 등을 활용)
5	부피의 단위 알기(1)	쌓기나무를 통해 부피의 단위 알기, 보편 단위의 필요성 알기, 1cm³ 이해하기, 표준 단위를 사용하여 부피 나타내기
6~7	직육면체의 부피 구하기	쌓기나무를 사용하여 직육면체의 부피 구하기, 직육면체의 부피 구하는 방법 알기
8	부피의 단위 알기(2)	1m³ 이해하기, 1cm³와 1m³ 사이의 관계 알기

---

2 2009 개정 교육과정에 따른 수학과 교사용 지도서 6학년 1학기. 2015. p. 317.

9	공부를 잘했는지 알아보기	이 단원에서 배운 내용을 문제를 풀며 정리하기
10	문제 해결	직육면체 겉넓이와 부피에 관련된 문제 해결하기
11	이야기 마당	직육면체의 겉넓이와 부피에 관련된 문제 해결하기

문제 의식을 갖게 만드는 점 몇 가지를 살펴보면 아래와 같다.

단원 지도를 위한 수업 시수 분배의 문제

1. 단원 도입을 위한 스토리텔링:여전히 불필요한 이야기로 1시간을 소비하고 있다는 생각이 든다.

2. 겉넓이를 구하는 방법 알기에 2시간씩 필요한가 하는 점에 의문이 든다. 다양한 방법이 있다는 것을 이해하고 실제로 직육면체의 겉넓이를 구할 수 있게 되기까지 1시간이면 충분하지 않을까 생각된다. 겉넓이 구하는 방법 탐구만으로는 1시간이면 충분하다. 하지만 이와 관련하여 다양한 문제 상황을 제시하고 여러 전략을 세워 이를 해결해 나갈 수 있는 시간을 갖고자 한다면 1~2시간 정도를 더 배정하는 것도 고려해 볼만 하다.

3. 부피의 표준 단위가 필요함을 깨닫는 데 1시간이라는 긴 시간을 할애할 필요가 있는지에 대한 의구심이 든다. 이전까지의 교육과정을 통해 무게, 길이, 넓이 등을 측정하는 데 있어서 임의 단위 사용의 불편한 점들을 충분히 경험해 왔다. 부피도 그와 같은 맥락에서 고민한다면 불필요한 과정은 생략하고 바로 표준 단위를 도입해도 큰 무리가 없다고 여겨진다.

4. 다양한 상황에서 직육면체의 부피와 관련된 문제를 해결해 보는 경험의 기회나 시간이 너무나 부족하다. 간단하게 직육면체의 부피를 구할 수 있는 경험을 몇 차례 가진 뒤 토의나 토론 등의 의사소통 과정 및 조작, 관찰, 탐구 등이 포함된 창의적 문제 해결 과정을 경험할 수 있는 기회를 충분히 주는 것이 본 단원에서 제일 중요하다고 생각된다. 이와 같은 맥락에서 따로 시간이 할애된 문제 해결 또는 이야기 마당 차시와 연결 지어 함께 다루어 보는 것도 고민해 볼 필요가 있다. 이런 시간들이 충분히 주어진다면 학생들은 관련된 지식을 스스로 자신의 것으로 구성하고 내면화할 수 있게 될 것이다.

여전히 존재하는 불필요한 질문이나 과정

예를 들어 직육면체의 겉넓이를 구하기 위해 주어진 조건이 입체도형이 아니라 그것의 전개도라면 어쩔 수 없이 그 조건 내에서 해결할 수밖에 없겠지만 입체도형이 제시되어 있는데(그것도 정육면체) 굳이 전개도를 그려 가면서 겉넓이를 구해야만 하는 까닭은 무엇인지, 그리고 그것의 넓이를 어떻게 구할 수 있는지 이야기해 보라는 식의 의도는 무엇인지 잘 모르겠다. (1) 입체도형만 제시되어 있는 상황에서 겉넓이를 구하기, (2) 전개도만 제시되어 있는 상황에서 겉넓이를 구하기로 나누어 각 상황별로 다양한 방법으로 넓이를 구할 수 있는 경험을 할 수 있게 수업을 설계하면 되지 않을까 생각한다. 또한 표준 단위의 도입을 위

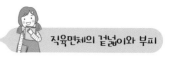

하여 임의의 두 상자를 비교하게 하거나, 임의 단위를 사용하여 비교하여 어떤 물건을 더 많이 담을 수 있는 상자가 어떤 것인지 찾아보는 활동들로 1시간 이상의 시간 투자를 하도록 제시되어 있는 교과서 구성은 무엇인가 아쉬움이 남는다. 이런 내용들은 표준 단위가 없음으로 인하여 불필요한 점이 무엇인가(그래서 표준 단위가 필요한 것이라는 점)에 대해서만 간략히 다루고 바로 표준 단위를 도입하고 나머지 시간들은 중요한 내용을 다루는 차시에 시간을 더 할애한다는 생각과 수업 설계가 필요하다.

　　결론적으로 교과서를 차근차근 살펴보면서 제시된 질문과 똑같이 수업을 진행하기보다는 (1) 불필요한 질문은 생략하기, (2) 필자가 제시한 질문의 의도가 충분히 와 닿지 않거나 다른 질문 속에 포함되어 있어 굳이 따로 다룰 필요가 없다고 생각되는 부분은 통합하기, (3) 필자가 요구하는 정답만을 찾도록 강요하는 식의 질문들은 재구성하여 제시하기 등의 방법을 통해 수업 속에 잘 녹여낼 수 있어야 한다.

직육면체의 부피를 구하는 과정에서의 올바른 개념 정립이 필요

교과서에서는 직육면체의 부피 구하는 방법을 아래와 같이 제시하고 있다.

1. 표준 단위 부피를 활용한다.
2. 가로의 길이, 세로의 길이, 높이의 길이를 활용한다.

	가로(cm)	세로(cm)	높이(cm)	부피(cm³)
도형 가				
도형 나				

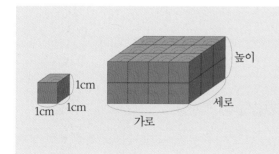

① 밑면에 놓인 쌓기나무는 가로로 4줄, 세로로 3줄이므로 $4 \times 3 = 12$(개)입니다.
② 12개씩 2층으로 쌓았으므로 쌓기나무는 모두 $12 \times 2 = 24$(개)입니다.
③ 쌓기나무 한 개의 부피가 1cm³이므로 직육면체의 부피는 24cm³입니다.

　　그런데 여기에서 한 가지 명확히 짚고 넘어갈 것이 있다. 부피의 표준 단위를 사용하여 부피를 측정할 때 그 개념을 엄밀히 따지자면 가로의 길이가 아니라 가로의 '칸', 세로의 길이가 아니라 세로의 '줄', 높이의 길이가 아니라 높이의 '층'이라 할 수 있다. 그래서 위의 표도 다음과 같이 제시되어야 마땅하지 않을까 생각한다.

	가로(칸)	세로(줄)	높이(층)	부피(cm³)
도형 가				
도형 나				

그래서 위에 제시된 입체도형의 넓이를 구하자면 아래와 같다.

- 1cm³ 표준 단위부피가 가로 4칸, 세로 3줄, 높이 2층
- $4 \times 3 \times 2 = 24$개, 1cm³가 24개 있으므로 넓이는 24cm³이다.

이런 개념이 정확히 학생들에게 전해져야만 마땅한 일이라 여겨진다.

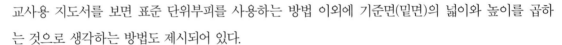

직육면체의 부피를 구하는 방법에 대한 보충

교사용 지도서를 보면 표준 단위부피를 사용하는 방법 이외에 기준면(밑면)의 넓이와 높이를 곱하는 것으로 생각하는 방법도 제시되어 있다.
- 밑면의 넓이가 높이만큼 쌓여 있다는 의미
- 기준면의 넓이가 A이고 높이가 c라고 할 때 부피 V는 아래와 같다.

$$V = Ac^3$$

그러나 엄밀히 따지자면 이 경우 표준 단위부피가 사용된 것이 아니라 직육면체의 밑넓이가 기준면이 되고 그것이 쌓인 만큼의 높이를 곱하여 부피를 계산한 결과라 할 수 있다. 이는 표준 단위를 활용하여 넓이를 측정하는 것과 분명히 다른 방식이라 할 수 있다. 따라서 표준 단위부피를 활용하여 직육면체의 부피를 계산한다는 것의 정확한 개념과 의미, 그러나 결국은 그것이 가로의 길이, 세로의 길이, 높이의 길이와 어떻게 연결되는지를 학생들에게 명확히 안내하는 것이 옳은 것이라 사료된다.

표준 단위부피 개념을 쌓기나무로 설명한 점은 좋은 아이디어

표준 단위부피를 설명하기 위해 1cm³를 쌓기나무 1개로 설명하고 이후에 제시되는 직육면체는 모두 쌓기나무를 쌓아 올린 그림으로 제시하였다. 이것은 표준 단위부피를 활용한 직육면체 부피 측정을 이해하는 데 매우 큰 도움이 된다고 할 수 있다. 이것이 충분히 익숙해질 때 즈음하여 쌓기나무 그림이 아닌 직육면체 겨냥도 또는 실물 사진이나 그림 등을 제시하여 학생들이 자연스럽게 부피를 구할 수 있도록 그림이나 삽화가 제시되어 있어서 이 점은 참으로 다행이라 할 수 있다.

---

3   2009 개정 교육과정에 따른 수학과 교사용 지도서 6학년 1학기. 2015. p. 320.

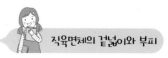
부피에 대한 실제적인 양감을 체험할 수 있는 활동 경험 제공의 부족

단원 개관에는 분명히 여러 가지 물건의 겉넓이와 부피를 어림해 보고 실제로 확인하는 경험을 통해 부피에 대한 양감을 기르도록 단원을 구성하였다고 되어 있다. 하지만 교과서를 살펴보면 그와 관련된 질문이 아래와 같이 딱 한 번만 제시되어 있다.

"우리 주변에서 부피를 m³로 표현하는 것을 찾아보시오."

이런 질문 한 가지만으로도 실제적인 양감을 기르기 위해 상당히 많은 시간을 할애하여야 할 터인데 한 차시를 다루는 교과서 속 다양한 질문 중 한 부분으로 다루고 있어서 충분한 시간 확보가 될는지 의심스럽기만 하다. 부피와 관련된 양적인 감각을 실제로 경험하고 체화할 수 있을 만큼 시간을 확보하여 다양한 사물의 부피를 어림하고 실제로 측정할 수 있도록 수업을 디자인할 필요가 있다고 판단된다.

02 단원 재구성을 위한 방안

본 단원의 핵심은 아래와 같다.

① 직육면체의 겉넓이를 구하는 다양한 방법을 설명하기
② 직육면체의 부피를 구하기 위해서 왜 가로×세로×높이를 하는지 설명하기
③ 부피의 측정과 관련하여 실제적인 양감 기르기

● 1차시에서 아래와 같이 다양한 방법으로 직육면체의 겉넓이를 구할 수 있다는 것을 이해할 수 있도록 한다.

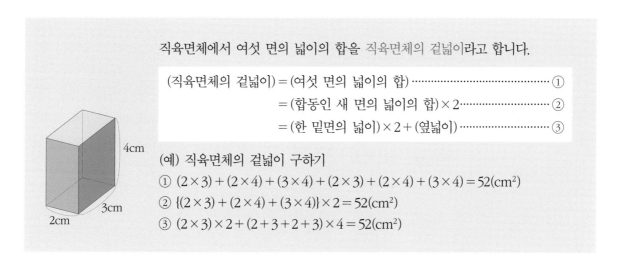

직육면체에서 여섯 면의 넓이의 합을 직육면체의 겉넓이라고 합니다.

(직육면체의 겉넓이) = (여섯 면의 넓이의 합) ·· ①
　　　　　　　　　= (합동인 세 면의 넓이의 합)×2 ························· ②
　　　　　　　　　= (한 밑면의 넓이)×2 + (옆넓이) ························· ③

(예) 직육면체의 겉넓이 구하기
① $(2×3) + (2×4) + (3×4) + (2×3) + (2×4) + (3×4) = 52(\text{cm}^2)$
② $\{(2×3) + (2×4) + (3×4)\}×2 = 52(\text{cm}^2)$
③ $(2×3)×2 + (2+3+2+3)×4 = 52(\text{cm}^2)$

4cm
3cm
2cm

정육면체에서 여섯 면의 넓이의 합을 정육면체의 겉넓이라고 합니다.

(정육면체의 겉넓이) = (여섯 면의 넓이의 합) ·································· ①
　　　　　　　　　 = (한 면의 넓이) × 6 ·································· ②

(예) 정육면체의 겉넓이 구하기
① $(3 \times 3) + (3 \times 3) + (3 \times 3) + (3 \times 3) + (3 \times 3) + (3 \times 3) = 54(cm^2)$
② $(3 \times 3) \times 6 = 54(cm^2)$

- 2시간에 걸쳐 직육면체의 겉넓이와 관련된 다양한 문제 상황을 제시하고 이를 해결할 수 있도록 한다. 이 과정에서 협동적 문제 해결, 다양한 전략 세우기, 효과적인 의사소통이 이루어질 수 있도록 한다.

- 1시간을 할애하여 부피와 관련하여 개념 및 부피 측정이 필요한 상황의 이해를 통해 생활 속에서 부피의 필요성을 깨닫고 이를 측정하기 위한 표준 단위부피인 $1cm^3$가 무엇인지를 이해할 수 있도록 한다.

- 실제 $1cm^3$ 크기의 쌓기나무 조작 활동 및 관찰 활동을 통해 부피를 구하는 원리를 체험적으로 이해하며 그 과정에서 실제 크기에 대한 양감을 익힐 수 있도록 한다.

- 부피의 측정과 관련된 다양한 문제 상황을 제시하고 이를 해결할 수 있도록 한다. 이 과정에서 협동적 문제 해결, 다양한 전략 세우기, 효과적인 의사소통이 이루어질 수 있도록 한다.

03 단원 지도를 위한 재구성의 실제

차시	재구성 이후	수업의 목적
1	직육면체의 겉넓이 구하기	직육면체의 겉넓이를 구하는 다양한 방법 탐구하기
2	직육면체 겉넓이 관련 문제 해결	다양한 전략을 세워 직육면체의 겉넓이와 관련된 문제를 해결하기
3		
4	부피와 $1cm^3$	부피란 무엇이고 부피의 측정이 필요한 상황은 어떤 것이며 이를 측정하기 위한 표준 단위부피 $1cm^3$ 이해하기
5	직육면체의 부피를 구하는 원리 이해하기	실제 $1cm^3$ 크기의 쌓기나무를 표준 단위로 활용하여 다양한 모양의 직육면체 부피를 구하는 원리 이해하기 및 실제 부피에 대한 양감 익히기
6	길이 변화에 따른 부피의 변화 이해하기 및 직육면체의 부피 구하기	직육면체 가로, 세로, 높이의 길이가 2배, 3배…로 변함에 따른 부피의 변화 이해하기, 다양한 모양의 직육면체 부피 구하기

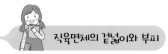
7	같은 부피 다른 모양 같은 부피 다른 겉넓이	부피가 같지만 모양과 겉넓이가 서로 다른 직육면체 이해하기
8	같은 옆넓이 다른 부피	옆넓이가 같은 직육면체도 모양에 따라 부피가 어떻게 다른지 이해하기
9	1cm^{3}와 1,000cm^{3}와 1m^3	1cm^{3}와 1,000cm^{3}와 1m^{3}와의 관계 이해하기, 실제 크기에 대한 양감 익히기
10	부피에 대한 양감 기르기	크기가 충분히 큰 주변의 다양한 직육면체 모양 사물에 대한 부피를 어림한 후 실제 측정해 보는 경험을 통해 양감 기르기
11	단원 정리(문제 풀기)-평가	단원 평가

위와 같이 크게 세 부분으로 나누어 재구성한 이유는 다음과 같다.

첫째, 5학년 및 6학년 이전 단원에서 학습한 바 있는 겨냥도 및 전개도를 바탕으로 직육면체의 겉넓이 구하는 방법을 탐구하고, 그와 관련된 다양한 상황 속에서 전략을 세워 수학적으로 문제를 해결해 나가는 경험을 충분히 제공해 보고자 하였다. 그 과정에서 협동적 문제 해결, 다양한 전략 세우기, 효과적인 의사소통이 이루어질 수 있도록 하였다.

둘째, 실제 생활과 연계하여 부피가 필요한 상황을 이해하고 이를 바탕으로 표준 단위부피의 도입, 부피와 관련된 다양한 문제 상황 이해 및 해결하기 등을 경험할 수 있도록 수업을 디자인하였다. 그 과정에서 협동적 문제 해결, 다양한 전략 세우기, 효과적인 의사소통이 이루어질 수 있도록 하였다.

셋째, 부피에 대한 실제적 양감을 익힐 수 있도록 따로 1시간을 할애하여 어림하기 및 실제 측정 경험을 가질 수 있도록 하였다.

넷째, 특히 겉넓이 구하기 및 부피 구하기와 관련하여 다양한 전략을 세워 협동적으로 문제를 해결해 나갈 수 있는 상황을 제시하고 이와 관련하여 수학적 의사소통 경험이 충분히 이루어질 수 있도록 하였다. 그 과정에서 학생들은 수학 활동의 재미를 느낄 수 있을 것이다.

🌱 1차시 다양한 방법으로 직육면체의 겉넓이 구하기

수업 흐름	교사의 발문
도입	• **선개념 확인 1** 직사각형의 넓이란? ⇨ 주어진 직사각형을 단위넓이로 빈틈이 없이 채우려고 할 때 필요한 단위넓이의 개수 • **선개념 확인 2** 직사각형의 넓이를 구하는 방법 ⇨ (가로로 1줄에 들어 있는 단위넓이의 칸 수)×(세로의 줄 수) 왼쪽의 직사각형은 1cm² 단위넓이가 가로로 5칸이 있고, 세로로 3줄이 있다. 따라서 이 직사각형의 넓이는 5칸×3줄＝15cm² • **직육면체의 특성 확인하기** ① 면이 모두 6개 ② 서로 마주 보는 면이 3쌍 ⇨ 서로 마주 보는 면끼리 평행 ③ 서로 마주 보는 면끼리는 합동 ④ 각 모서리에서 만나는 2개의 면은 수직 관계 ⑤ 각각의 면은 모두 직사각형
전개	• 직육면체의 겉넓이란 무엇을 말하는가? ⇨ 직육면체의 여섯 면의 넓이를 모두 합한 것 • **미션활동** 직육면체의 겉넓이를 구하는 방법을 모두 알아봅시다.(모둠 탐구) 6cm 교과서 176쪽 직육면체 8cm 4cm • 겉넓이를 구하는 방법은 여러 가지 ⇨ 모두 찾아봅시다.
정리	• 겉넓이 구하는 방법 공유하기 : 발표 • **보충 발문** 그렇다면 보통의 경우 직육면체의 겉넓이는 어떻게 구하는 것이 가장 쉽고 빠를까?

참고하기 직육면체의 겉넓이 구하는 여러 가지 방법 : 생각하기에 따라서 아래의 방법 이외에 다양한 방법이 더 있을 수 있다.

1

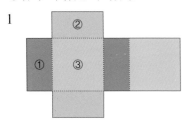

(①의 넓이×2)+(②의 넓이×2)+(③의 넓이×2) 또는 (①의 넓이+②의 넓이+③의 넓이)×2

2

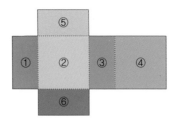

①의 넓이+②의 넓이+③의 넓이+④의 넓이+⑤의 넓이+⑥의 넓이

3

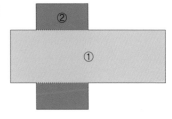

(옆면의 넓이 전체 ①)+(한 밑면의 넓이 ②)×2)

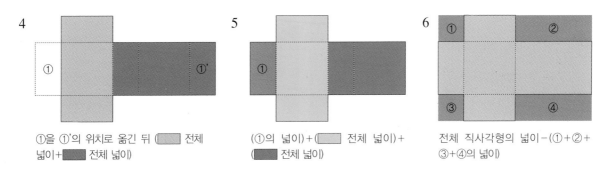

4

①을 ①'의 위치로 옮긴 뒤 (▢ 전체 넓이+ ▨ 전체 넓이)

5

(①의 넓이)+(▢ 전체 넓이)+ (▨ 전체 넓이)

6

전체 직사각형의 넓이−(①+②+ ③+④의 넓이)

● 위의 방법 가운데 1번, 3번의 방법이 가장 보편적으로 쓰인다고 볼 수 있다.

● 6번과 같은 사고를 하는 학생들도 소수가 있을 것이라 생각된다.

 1차시 수업 소감

1차시 수업을 시작하면서 5학년에서 공부했던 직사각형의 넓이에 대한 선개념을 간단히 짚어 보고 넘어가기로 하였다. 단위넓이를 이용한 직사각형의 넓이를 정확히 이해하고 있을까 하는 의구심을 가지고 질문을 던져 보았다. 역시 정확히 이해하고 있는 학생들은 한 명도 없었다. 그보다 먼저 도형의 넓이라는 것은 단위넓이로 주어진 도형을 빈틈이 없이 채우고자 할 때 필요한 단위넓이의 개수라는 개념부터 흐트러져 있었다. 그렇기 때문에 직사각형의 넓이는 그냥 (가로의 길이)×(세로의 길이)로 기억하고 있는 아이들이 대부분이었다. 그래서 예상했던 수업 설계 시간보다 도입 활동에 시간을 더 많이 사용하였다.

♣ [선개념 확인 1] 직사각형의 넓이란? ⇨ 주어진 직사각형을 단위넓이로 빈틈이 없이 채우려고 할 때 필요한 단위넓이의 개수

♣ [선개념 확인 2] 직사각형의 넓이를 구하는 방법 ⇨ (가로로 1줄에 들어 있는 단위넓이의 칸 수)×(세로의 줄 수)

이에 대한 이해를 돕기 위해 칠판에 직사각형 1개를 그려 놓고 가로의 칸 수, 세로의 줄 수에 대한 이해를 도왔다. 그렇게 설명한 뒤에야 아이들이 비로소 정확히 이해를 하였다는 표정이었다. '단위넓이가 이렇게 이용된 것이었구나!' 하고 말이다. 역시 아쉬움이 남는 대목이었다. '5학년에서 보다 개념을 정확히 넣어 주었다면 좋았을 것…'이라는 생각이 들었다. 그렇게 정리를 하고 나서 직육면체 모양의 상자를 1개 제시하면서 직육

직육면체의 겉넓이와 부피 1차시 활동－직육면체의 6개 면을 모두 분리한 뒤 6개의 면을 전개도 모양으로 배치하는 장면

면체의 겉넓이란 무엇을 말하는지에 대한 실제적인 이해를 도왔다.

우선은 직육면체의 겉넓이를 구하기 위해 직육면체의 특성부터 살펴보았다. 마주 보는 면이 3쌍이고, 서로 마주 보는 면은 합동이며 …. 이것이 직육면체의 겉넓이를 구하는 방법에 대한 기본 요소가 되기 때문이었다. 그런 뒤에 직육면체 모양의 상자 1개를 칠판에 붙여서 제시한 뒤 각각의 면과 같은 크기로 미리 잘라 놓은 색도화지를 흩어 놓고 이 6개의 면을 이용하여 전개도 모양으로 만들어 보라고 하였다. 한 명의 아동이 칠판 앞에 나와 잘 배치하였다. 그런 뒤에 "직육면체의 겉넓이란 무엇을 말하는가?" 하고 질문하였더니 아이들은 "직육면체에 있는 6개의 면의 넓이를 모두 구하여 더한 것입니다."라고 대답해 주었다. "좋습니다. 그렇다면 직육면체의 겉넓이를 구하는 방법을 한번 알아보도록 하겠습니다. 지금부터 나누어 주는 활동지를 이용하여 직육면체의 겉넓이를 구하는 다양

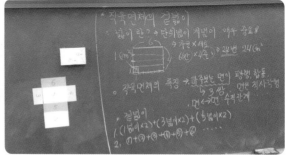

직육면체의 겉넓이를 구하는 다양한 방법 찾기 협동학습 장면 및 발표에 따른 칠판 판서 내용

직육면체의 겉넓이를 구하는 다양한 방법 찾기 중 특이한 사례 및 발표 장면

한 방법을 탐구해 보기 바랍니다. 각자 개인적으로 먼저 생각해 본 뒤에 자신이 찾은 방법을 모둠원과 서로 공유해 나가기 바랍니다." 질문을 던지자마자 아이들은 각자 생각에 잠겼다. 잠시 후에는 자신이 찾은 방법에 대하여 모둠원들과 서로 공유하는 활동도 이어졌다. 충분한 시간이 흐른 뒤에 각 모둠에서 찾은 다양한 방법에 대하여 발표를 통해 공유해 보았다.

보통은 아래와 같은 방법으로 구하는 것이 가장 빠르고 편리하다고 생각하면서 이 방법을 기억하라고 하는 경우가 많다. 그러나 바로 위의 사진처럼 전개도를 이용하되 전개도 전체가 꽉 들어차게 그려진 직사각형 전체의 넓이에서 전개도 부분을 제외한 나머지 사각형들의 넓이의 합을 빼면 직육면체의 겉넓이를 구할 수 있다고 생각하는 사례는 흔치 않다. 우리 반에서 이런 사고를 하는 아이가 몇 명이나 나올까 하고 기대하였는

데 생각보다 많았다. 3개의 모둠에서 이런 생각이 나왔다. 기대 이상이었다. 나름 흐뭇했다. 그 밖에도 앞에서 살펴보았던 다양한 사례들이 아이들이 생각해 낸 방법 속에 있었다. 찾은 방법들을 모두 공유한 뒤에 마지막으로 질문을 던졌다. "이렇게 다양한 방법들 가운데 보통은 어떤 방법을 가장 많이 이용할까?" 잠시 생각할 시간도 주었다. 그런 뒤에 발표를 시켜 보았다. "서로 다른 모양의 면 3개의 넓이를 각각 구한 뒤에 곱하기 2를 하는 방법을 많이 사용합니다." "전개도에서 옆면의 넓이를 한 번에 구한 뒤에 두 밑면의 넓이를 구하여 더하는 방법을 많이 사용합니다."와 같은 답변이 이어졌다. "그래요. 일반적으로 그렇게 2가지 방법을 많이 활용한답니다. 어떤 방법이 더 좋은지는 주어진 상황에 따라서 다르니 상황에 따라 적절한 방법을 사용하여 겉넓이를 구해 보도록 합니다." 이렇게 1차시는 마무리되었다. 선개념을 함께 짚어 보는 과정에서 시간이 예상보다 10분 정도 더 사용되었다. 그래도 디자인한 바대로 수업이 잘 흘러갔다는 생각이 든다. 1차시가 깔끔하게 마무리되었다. 2~3차시는 블록 수업으로 설계하여 다양한 문제 상황 제시 및 해결하기 활동으로 이어 갈 생각이다.

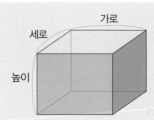

* 밑넓이=밑면의 가로×밑면의 세로
* 옆넓이=밑면의 둘레×높이
* 직육면체의 겉넓이
  =(밑넓이×2)+(옆넓이)

수학 6-1	2. 직육면체의 겉넓이와 부피 직유면체의 겉넓이 - 활동지	서울　　　　초등학교 6학년　　반　　번 이름 :

□ 1칸은 가로, 세로의 길이가 2cm인 정사각형

교과서 176쪽 직육면체 겨냥도에 대한 전개도

2~3차시 다양한 상황 속에서 전략을 세워 직육면체의 겉넓이 구하기

			서울	초등학교
수학 6-1	**2. 직육면체의 겉넓이** **미션활동지**		6학년 반 번	
			이름 :	

[미션활동 1] 아래와 같은 떡 상자 4개를 1열, 4층으로 쌓아 올린 뒤 그대로 박스에 담아 포장하려고 한다. 이 박스의 겉넓이는 얼마나 되겠는가?

밑면 가로 30cm
밑면 세로 15cm
상자 높이 10cm
냉동떡

[미션활동 2] 정육면체 모양의 치즈 6개를 직육면체 모양으로 포장하려고 한다. 어떻게 쌓아 포장을 해야 포장지를 가장 적게 사용할 수 있는지 알아보시오.

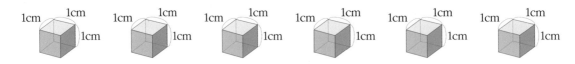

- 가장 적게 사용하여 포장하는 경우의 직육면체 모양을 그림으로 나타내 보시오.

- 해결 과정을 표로 정리해 보시오.

[미션활동 3] 우리 교실 1칸의 안쪽만 벽면과 천장을 백색 페인트로 칠하려고 합니다. 1m²당 0.3kg의 페인트가 사용된다면 우리 교실을 칠하는 데에는 얼마만큼의 페인트가 필요하겠는지 계산하여 보시오. (단, 창문, 교실문, 바닥만 페인트를 칠하지 않습니다.)

- 계산 과정이 잘 나타나게 정리하여 보시오.(천장, 앞면, 뒷면, 옆면 등으로 구분)

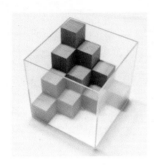

[선택 활동 1] 사진과 같이 가로, 세로, 높이가 각각 1cm인 쌓기나무를 쌓아 올렸습니다. 이렇게 생긴 입체도형의 겉넓이는 얼마인가요?

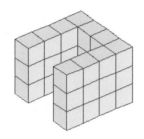

[선택 활동 2] 그림과 같이 가로, 세로, 높이가 각각 1cm인 쌓기나무를 쌓아 올렸습니다. 이렇게 생긴 입체도형의 겉넓이는 얼마인가요?

[선택 활동 3] 사진과 같이 생긴 큐브의 겉넓이는 얼마인가요?(단, 큐브에서 작은 □ 모양의 크기는 가로, 세로가 각각 1cm인 정사각형이다.)

2~3차시 수업 소감

수업 시작과 동시에 지난 시간에 알아보았던 직육면체 겉넓이 구하는 방법을 다시 한 번 되짚어 보고 간단한 사례를 제시 후 직접 구해 보는 활동을 해 보았다. 잠시 동안 해결할 시간을 준 뒤 주어진 직육면체의 겉넓이를 구한 아동 가운데 한 명에게 어떤 방법을 써서 구하였는지 설명해 달라고 하였다. 그랬더니 오른쪽에서 보는 바와 같이 겉넓이를 구했다고 발표하였다. 오개념이 형성된 것이었다. 직육면체는 3쌍의 면(총 6개의 면)이 있는데 각 면의 넓이는 (가로의 길이)×(세로의 길이)이고, 똑같은 면이 2개씩 있기 때문에 (5×10×2) + (10×3×2) + (3×

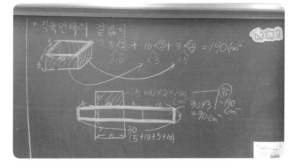

도입 부분에 이루어진 선수 학습 활동 점검 사례

미션 1을 각자 해결한 뒤 모둠원들과 과정 및 결과를 서로 비교해 보면서 수정해 나가는 장면

$5 \times 2) = 190cm^2$라고 해야 하는데 $(5 \times 2) + (10 \times 2) + (3 \times 2)$ $= 36cm^2$이라고 설명을 하였다. 주어진 길이만 가지고 문제를 해결하려고 했던 것이다. 어떤 부분을 수정해야 정확히 해결한 것인지에 대하여 또 다른 아동의 생각과 연결 짓기를 통해 해결해 보았다. 그제야 처음 발표한 아동은 고개를 끄덕였다. 옆면의 전체 넓이를 구하는 방법으로 해결한 아동의 사례 발표도 이어졌다. 이렇게 다시 한 번 겉넓이 구하기 활동을 점검해 보고 이어서 미션활동지를 제시하고 개인별 해결 및 모둠원들과 공유를 통해 미션 완수를 하도록 안내하였다.

나의 예상과는 달리 첫 질문에서부터 3차원적인 사고에 어려움을 느끼는 아이들이 상당수 있었다. 그 아동들은 대체로 (상자 1개의 겉넓이)×4란 방법을 이용하여 문제를 해결하였다. 상자를 위-아래로 포개었을 때 위에 있는 상자의 아랫면과 아래에 있는 상자의 윗면은 겉넓이에서 제외된다는 점을 미처 생각하지 못했던 것이었다. 그러나 모둠원들과 해결 과정 및 결과를 공유해 나가는 과정에서 자연스럽게 수정이 이루어졌다. 그러다 보니 이 문제 해결에 생각보다 많은 시간이 사용되었다.

이어서 2차 미션 해결 과정도 살펴보았다. 모둠별로 약간의 시간 편차는 있었지만 나름대로 미션 2 과제도 잘 해결하였다.

이 또한 10분이 넘는 시간을 사용하였다. 주어진 과제에 맞는 경우의 수를 그림으로 그리기까지 해결하다 보니 시간이 오래 걸렸다고 하소연을 한다. 역시 연산 영역 못지않게 3차원 사고 또한 어려움을 호소하는 아이들이 많다는 것을 다시 한 번 느끼게 되는 대목이다.

여기까지 약 50분 정도 시간이 사용되었다.(단순한 과제 해결이 목적이 아니라 해결한 과제에 대하여 각 모둠원 누구라도 해결한 과정에 대하여 설명할 수 있어야 한다는 것에 목적을 두다 보니 모둠원들끼리 서로 설명하는 활동까지 점검해 주었기 때문에 시간이 더 걸렸다고 여겨진다.) 나름은 의미 있는 활동이었다고 여겨진다. 그러나 가장 큰 문제는 미션 3번이었다. 이런 식의 문제는 아마도 지금까지 처음 경험해 보았을 것이라 사료된다. 결과적으로도 그랬다. 아이들은 미션지를 받자마자 어떤 과정을 거쳐 체계적으로 풀어 나가야 하는지 함께 의논하지도 않고 무조건 줄자를 들고 사방을 돌아다니면서 측정 활동에만 몰두하였다. 그러다 보니 문제 해결 과정에 대한 체계도 부족하고, 역할 분담도 제대로 이루어지지 않아 어떤 아동은 활동에 집중하지 못하고 방황하는 모습도 보였고, 어떤 아동은 도전정신을 발휘하여 제대로 해결하려는 의지를 보여 주면서 열정적으로 측정 및 계산 활동을 이어 갔다. 경험

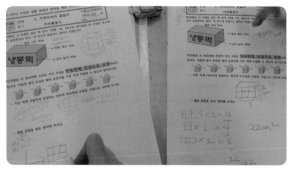 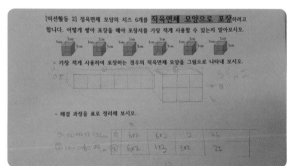

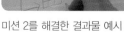

미션 2를 해결한 결과물 예시

미션 활동 3번을 해결하기 위해 교실 각 부분의 길이를 측정하고 있는 활동 장면

부족이었다는 결론을 나 스스로는 내렸다. 그리고 이것이 바로 진정한 배움일 것이라 생각하고 그냥 지켜보기로 하였다. 그렇게 30분 정도의 시간이 흘렀지만 결국 어떤 모둠도 제대로 해결하지는 못하였다. 이어서 놀이 시간이 있었는데 많은 아이들은 과제 해결을 포기하고 놀이에 전념하는가 하면, 어떤 아이들은 제대로 해결해 보겠다고 줄자를 들고 측정도 하고 계산 활동도 하며 시간을 보냈다. 이왕 활동이 이렇게 되었으니 1시간을 더 할애하여 왜 이런 결과, 이런 상황을 맞이하게 되었는지 짚어 주기로 마음을 먹었다.

이어진 시간에 문제를 직접 풀어 주면서 내가 문제를 해결하기 위해 어떻게 체계적으로 고민하고 해결하였는지에 대한 설명(실제로 건물을 짓고 페인트를 칠할 때 이런 과정을 거쳐 필요한 페인트의 양을 계산하고 그만큼의 페인트를 구매하여 칠한다. 때문에 페인트마다 단위면적당 필요한 페인트의 양이 용기의 겉면 또는 설명서에 제시되어 있다는 것도 알려 주었다.)과 함께 아이들 활동에 대하여 관찰한 것들을 가감 없이 있는 그대로 말해 주었다. 1차적으로는 문제를 함께 고민해 보면서 어떤 방법으로, 어떤 과정을 통해 해결하고 정리하는 것이 좋은지를 의논하지 못했다는 점, 2차적으로는 의논한 바에 따라 문제를 해결하고자 할 때 명확한 역할 분담이 이루어지지 못했다는 점을 가장 핵심으로 꼽았다. 그러다 보니 일벌레가 생기고 무임승차자도 생기고 훼방꾼(심지어는 자기 모둠 활동도 방해하는 아동까지 있었다.)도 생길 수밖에 없음을 아주 구체적으로 이야기해 주었다. 그랬더니 아이들은 꽤 심각한 표정으로 내 설명을 듣고 있었다. 이렇게 이야기하다 보니 어느덧 35분이 흘렀다. 이런 말로 마무리를 하며 오늘 활동의 종지부를 찍었다. "오늘 여러분은 아주 중요한 것을 배웠다고 생각하기 바랍니다. 교과서에 있는 지식이나 정보 하나보다도 오늘 더 중요한 경험을 하였다고 느꼈으면 좋습니다. 앞으로도 이런 활동이 자주 있을 텐데 다음에는 오늘보다 더 나은 모습을 보여 주기 바랍니다. 그렇다면 여러분의 역량은 한 걸음 더 성장한 것이 되는 것입니다. 오늘의 실패를 이어질 성공적인 활동의 밑거름으로 사용하기를 선생님은 간절히 바랍니다. 실패나 실수는 오늘 한 번이면 충분하다는 생각 잊지 말기 바랍니다. 실수가 반복된다면 그것은 습관으로 이어질 수 있다는 사실을 기억하기 바랍니다. 선생님은 앞으로도 바로 이런 역량을 길러나갈 수 있도록 하는 것에 더 많은 노력을 기울이도록 할 것입니다. 그리고 그런 역량 가운데 협동하는 능력, 팀을 위해 자신의 최선을 다하는 능력 향상을 가장 최우선으로 둘 것입니다. 오늘 활동 이것으로 마무리합니다. 모두 수고하였습니다." 아이들은 조금 무거운 표정으로 오늘 활동의 끝을 맞이하였다. 내심 어떤 생각을 하였을까 궁금해진다. 아이들을 보내고 나 스스로 오늘의 활동을 한번 돌아보았다. 오늘이 4월 초. 3월 첫 만남의 날부터 지금까지 협동적 학급운영을 위한 기초적인 활동과 이야기들, 학급 세우기 및 모둠 세우기 등을 해 왔지만 부족함 또한 많이 느낀다. 갈 길도 멀고. 그러나 믿는다. 아이들은 조금씩 변해 간다는 것을 지금까지의 충분한 경험으로 이미 알고 있는 '나'이니까. 한편으로는 '내가 너무 무리한 과제를 제시하였던 것은 아닐까?' 하고 내 생각을 되짚어 보기도 하였다. 하지만 해결하지 못할 만큼의 어려운 과제는 분명 아닐 것이라고 스스로 결론을 내리면서 다음 활동에 좀 더 세밀하게 접근해야겠다는 생각에 도달하였다.

🌱4차시 부피 및 1cm³에 대한 이해

수업 흐름	교사의 발문
도입 (PPT 제시)	• 부피란 무엇인가? ⇨ 부피는 물체가 차지하고 있는 공간의 크기 • 공간을 차지하고 있다는 것은 어떤 의미인지 생각해 보기 ⇨ 사례를 통한 이해(풍선 또는 비닐봉지에 공기를 담았다 뺐다 하면서 이해를 돕는다.) ⇨ 모든 물체는 저마다 나름의 부피를 갖고 있음. 그리고 그 크기에는 분명히 차이가 있음.
전개	**발문 1** (서로 다른 크기의 상자 2개를 제시하면서) 이 두 상자의 크기를 비교하여 말할 때 □ 안에 들어갈 말은 무엇인가요? • A, B 두 상자 가운데 A상자의 □가 더 크다. 왜냐하면 A상자가 더 많은 □을 차지하고 있기 때문이다. 　⇨ 부피, 공간. **발문 2** 그런데 이 상자들처럼 크기를 비교하기 쉬운 것들은 금방 알아차릴 수 있지만 비슷한 것들의 크기는 쉽게 비교하기 어렵습니다. 이럴 때 부피를 비교하기 위해 우리는 무엇을 사용할까요? ⇨ 단위부피. **발문 3** 왜 단위부피를 사용할까요? ⇨ 모두가 똑같은 기준을 사용하게 되면 물체의 부피를 측정할 때 같은 결과가 나와서 비교하기가 쉽기 때문. **발문 4** 서로 다른 기준을 사용하면 어떤 일이 벌어질까요? ? 측정한 결과가 서로 다르기 때문에 물체의 크기를 비교하거나 정확히 알고 이해하기가 어려움. **발문 5** 그렇다면 가장 기본적으로 사용하는 단위부피에는 어떤 것이 있나요? ⇨ 1cm³(일 세제곱센티미터). **발문 6** 1cm³란 어떻게 정의할 수 있나요? ⇨ 한 모서리의 길이가 1cm인 정육면체의 부피를 1cm³라고 말함.(가로, 세로, 높이가 모두 1cm인 정육면체) **발문 7** 그렇다면 1cm³ 실제 크기는 어느 정도 되는지 한번 생각해 볼까요? ⇨ 손가락 끝 손톱이 있는 부분의 크기만큼 됨.(실제로 1cm³ 크기의 쌓기나무를 나누어 주고 그 부피를 느낄 수 있도록 함.)
정리 (복사하여 읽기 자료로 나누어 줌)	**정리 활동** 우리 생활에서는 부피를 나타내면서 이와 비슷한 의미로 또 다른 용어를 사용하기도 합니다. 그것은 바로 '들이'(엄밀히 말해서 들이와 부피는 분명히 다름. 하지만 같은 뜻으로 사용할 때도 있음) • 부피 : 물체가 공간을 차지하고 있는 크기 • 들이 : 어떤 그릇이나 통의 안쪽이 차지하고 있는 공간의 크기. 주로 곡식, 가루 형태의 물질, 액체의 양을 나타낼 때 많이 사용. 기본 단위는 mL(밀리리터), L(리터)를 사용 **예시를 통한 이해 1** 200mL가 표시된 우유갑은 들이가 200mL인가요? 부피가 200mL인가요? • 우유갑에 들어 있는 우유의 부피는 200mL • 우유갑의 들이는 200mL보다 더 크다. **예시를 통한 이해 2** 쓰레기 종량제 봉투를 보면 20L라고 쓰여 있습니다. 이곳에 쓰레기를 가득 담으면 과연 20L가 담겨 있다고 말할 수 있을까요? ⇨ 답은 '아니요.'이다. 왜냐하면 쓰레기를 담다 보면 빈 공간이 생기기 때문이다. 만약 물만 담는다고 한다면 빈 공간이 사라지기 때문에 20L가 담긴다고 볼 수 있다. 따라서 어떤 그릇의 부피나 들이를 재는 가장 좋은 방법은 물을 채워 보는 것이다. • 1cm³ = 1mL = 1cc이다. • 1,000mL = 1L이다. 1,000mL = 1L = 1,000cm³인 정육면체

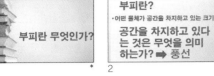

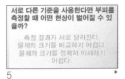

수학 6-1	2. 직육면체의 겉넓이와 부피 부피와 1cm³에 대한 이해	서울	초등학교
		6학년 반 번	
		이름 :	

우리 생활에서는 부피를 나타내면서 이와 비슷한 의미로 또 다른 용어를 사용하기도 합니다. 그것은 바로 '들이'입니다. (엄밀히 말해서 들이와 부피는 분명히 다릅니다. 하지만 같은 뜻으로 사용할 때도 있습니다.)

- 부피 : 물체가 공간을 차지하고 있는 크기
- 들이 : 어떤 그릇이나 통의 안쪽이 차지하고 있는 공간의 크기. 주로 곡식, 가루 형태의 물질, 액체의 양을 나타낼 때 많이 사용. 기본 단위는 mL(밀리리터), L(리터)을 사용합니다.

[예시를 통한 이해 1] 200mL가 표시된 우유갑은 들이가 200mL인가요? 부피가 200mL인가요?

- 우유갑에 들어 있는 우유의 부피는 200mL입니다.
- 우유갑의 들이는 200mL보다 더 큽니다.

[예시를 통한 이해 2] 쓰레기 종량제 봉투를 보면 20L라고 쓰여 있습니다. 이곳에 쓰레기를 가득 담으면 과연 20L가 담겨 있다고 말할 수 있을까요?

⇨ 답은 '아니요.'입니다. 왜냐하면 쓰레기를 담다 보면 빈 공간이 생기기 때문입니다. 만약 물만 담는다고 한다면 빈 공간이 사라지기 때문에 20L가 담긴다고 볼 수 있습니다. 따라서 어떤 그릇의 부피나 들이를 재는 가장 좋은 방법은 바로 물을 채워 보는 것이라 할 수 있습니다.

- 1cm³ = 1mL = 1cc이다.
- 1,000mL = 1L이다. 1,000mL = 1L = 1,000cm³인 정육면체입니다.(나중에 직접 이 크기의 정육면체를 만들어 보고 그 양감을 익힐 수 있도록 할 계획입니다.)

4차시 수업 소감

4차시 칠판 판서 내용

4차시 활동은 협동학습보다 전체학습을 중심으로 진행되었다. PPT를 통해 발문을 던지고 그에 대한 생각들을 하나둘씩 공유하면서 아이들의 생각을 연결 지으면서 그리 어렵지 않게 시간을 보냈다. 그동안 단위무게, 단위길이, 단위넓이의 필요성을 통해 충분히 이해한 만큼 단위부피의 필요성에 대해서도 그리 어렵지 않게 생각을 끌어낼 수 있었다. 도입 과정에서 공간을 차지하고 있다는 것에 대한 이해를 돕기 위해 풍선을 불어 공간을 차지하고 있는 정도(크기, 부피)가 변하는 것을 직접 보여 주고 풍선 2개의 비교를 통해 부피를 많이 차지하고 있는 풍선이 어느 것인지도 이해할 수 있도록 해 주었다.

한편 1cm³ 크기에 대한 양감을 느낄 수 있도록 돕기 위해 실제 크기의 쌓기나무를 모두 1개씩 나누어 주고 손가락 끝에서 굴려 보게도 하고 손바닥 중앙에 놓고 주먹을 꼭 쥐어 보게도 하였다. 아이들은 1cm³가 생각보다 굉장히 작다고 말하기도 하였다. 여기까지 28분 정도의 시간이 사용되었다. 나머

지 12분 동안 활동지를 나누어 주고 실생활 속에서 비슷한 의미로 사용하고 있는 들이와 부피에 대한 이해를 도왔다. 특히 처음에는 '우유갑에 들어 있는 우유의 부피는 200mL입니다.'와 '우유갑의 들이는 200mL보다 더 큽니다.'의 차이를 이해하는 데 어려움이 있었지만 계속되는 예시를 통해 차츰 이해를 넓혀 나갔다. 또한 실생활 속에서 mL가 사용되는 실제 사례, cc(자동차나 오토바이의 배기량 등)가 사용되는 실제 사례를 이야기해 주었더니 생각보다 많은 아이들이 그런 말들을 많이 들어 보았다고 하였다.

특히 "1cm³는 1mL와 같은 양이고 우리가 먹는 우유 200mL는 여러분이 현재 손에 쥐고 있는 1cm³ 쌓기나무 200개를 모아 놓은 크기와 똑같은 것입니다. 여러분이 200mL 우유를 마신다면 1cm³ 쌓기나무 200개만큼의 액체(우유)를 마시는 것과 같아지는 것이랍니다. 콜라 1.5L 페트병에는 1cm³ 쌓기나무가 1,500개 들어 있는 것과 같은 부피의 콜라가 들어 있는 것이고요."라고 말해 주자 "정말이요? 잘 믿기지 않아요."라는 반응을 보였다.

생각 같아서는 쌓기나무 1cm³ 크기 200개를 적당한 크기로 쌓아 보고 싶었지만 미처 그런 생각을 하지 못하여 미리 준비를 하지 못했고 시간도 많이 걸릴 것 같아서 실행에 옮기지는 못하였다. 투명한 비닐 필름 같은 것을 이용하여 적당한 크기의 직육면체를 만들어 그곳에 우유를 1팩 따른 뒤 실제로 쌓기나무 200개와 부피가 동일한지 비교해 보는 대표 실험 결과를 보여 주는 것도 나쁘지 않겠다는 생각이 들었다. 오늘은 그렇게 한 차시 수업이 나름 잘 정리되었다.

🌱 5차시 직육면체의 부피를 구하는 원리 이해하기

수업 흐름	교사의 발문
도입	• 단위넓이를 이용하여 직사각형의 넓이를 구하는 방법 되짚어 보기 ⇨ 단위넓이가 가로로 몇 칸, 세로로 몇 줄 ⇨ 칸 수×줄 수 ⇨ 가로의 길이×세로의 길이가 되었음을 이해하기 • 단위부피를 이용하여 직육면체의 부피를 측정하고자 한다면 어떻게 하면 될까요? ⇨ 단위부피를 직육면체에 빈틈이 없이 채웠을 때 사용된 단위부피의 개수가 곧 부피라 말할 수 있다.
전개	• 단위부피를 이용하여 여러 모양의 직육면체 부피를 측정하여 봅시다. ⇨ 모둠별로 실제 1cm³ 크기의 쌓기나무를 충분히 나누어 주고 아래 그림과 같은 모양으로 만들어 보라고 한다.

⇨ 각각 만들어 본 쌓기나무의 개수를 알아보기 위해 어떤 방법을 사용했는지 이야기 나누어 보기 ⇨ 그 과정을 식으로 나타내 보기 ⇨ (가로의 쌓기나무 칸 수)×(세로의 쌓기나무 줄 수)×(높이의 쌓기나무 층 수)로 표현 ⇨ 가로의 길이×세로의 길이×높이가 되었음을 이해

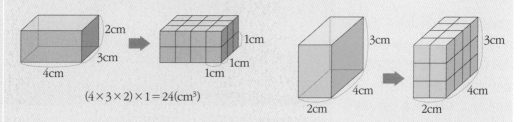

$$(4 \times 3 \times 2) \times 1 = 24 (cm^3)$$

- **조작 활동을 통한 실제 부피 이해하기** ① 밑면의 가로 5cm, 세로 4cm, 높이 3cm인 직육면체의 부피를 계산하기 ② 실제 크기의 직육면체 전개도를 도화지에 그린 후 조립하기(미리 전개도를 그려 오라고 해도 좋고, 전개도를 복사하여 나누어 주고 조립해 보라고 해도 좋음 : 시간적 여유가 얼마나 되는지에 따라 적절히 판단하여 실시하기) ③ 직육면체 안에 실제 1cm³ 크기의 쌓기나무를 채워 넣어 보기 ④ 계산만으로 구한 부피의 값과 실제로 단위부피를 이용하여 측정한 값이 동일한지 확인하기

실제 크기의 전개도를 오려서 조립한 후 그 안에 1cm³ 크기 쌓기나무를 채운 모습

밖에서 안쪽이 들여다보이도록 OHP필름을 이용하여 만든 사례

정리 • 다양한 크기의 직육면체 부피 구하기(교과서 문제 해결 : 182쪽, 183쪽, 186쪽, 187쪽)

단위넓이를 도입하여 직사각형의 넓이를 구하는 방법에 대하여 먼저 짚고 넘어가는 시간을 도입부에서 가졌다. 그 원리는 부피를 구하는 과정에서도 똑같이 적용된다는 것을 아이들이 느낄 수 있도록 도움을 주기 위함이었다.

이어서 직육면체의 부피란 무엇인지 설명하는 활동으로 이어졌다. 앞서서 단위넓이를 이용한 직사각형의 넓이 개념이 그대로 적용된다는 것을 이해하고 각자 정의를 먼저 내려 보라고 하였다. 처음 발표한 아동은 "단위부피로 직육면체를 꽉 채울 때

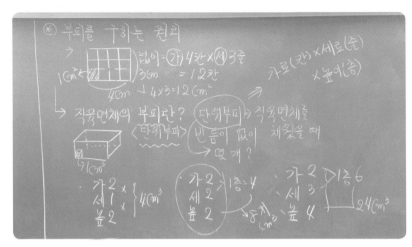

직육면체의 부피를 구하는 원리 탐구 활동에 대한 칠판 판서

사용된 개수"라고 말해 주었고, 이를 2명의 아동이 더 보완을 하여 개념이 완성되었다. "직육면체의 부피란 단위부피를 이용하여 직육면체를 빈틈이 없이 채웠을 때 사용된 단위부피의 개수를 말한다." 아이들은 직육면체의 부피에 대해서 한 걸음 더 깊이 들어갔다.

다음 활동으로 아이들에게 $1cm^3$ 쌓기나무를 충분히 나누어 주고 내가 제시하는 조건에 맞는 크기로 쌓기나무를 쌓아 보게 한 뒤 그 쌓기나무의 개수를 헤아리기 위해 어떤 규칙을 적용했는지 생각해 보라고 하였다. 우선 가로 2cm, 세로 1cm, 높이 2cm가 되는 직육면체를 쌓기나무로 만들어 보라고 하였다. 잠시 뒤에 쌓기나무의 개수를 헤아리기 위해 적용한 식을 발표해 보라고 하였다. 그리 어렵지 않은 아이들은 쉽게 발표를 하였다. "2×1×2입니다." 가로 2cm, 세로 2cm, 높이 2cm인 직육면체, 가로 2cm, 세로 3cm, 높이 4cm인 직육면체의 부피를 구하기 위해 쌓기나무의 개수를 헤아리면서 적용한 식도 발표가 잘 이루어졌다.

"이 과정을 통해 직육면체의 부피를 구할 때 적용될 수 있는 식은 무엇인지 한번 말해 봅시다. 누가 이야기해 볼까요?"라고 하자 여러 명이 손을 들었다. 손을 들지 않은 아이 한 명을 먼저 지목해 보았다. "가로의 길이×세로의 길이×높이입니다."라고 발표를 하였다. "엄밀히 따지면 가로의 길이, 세로의 길이, 높이가 아닐 것입니다. 어떻게 말해야 좀 더 정확한 설명이 될까요?"라고 말하자 금방 여러 명의 아이들이 손을 들었다. 그중 한 명을 지목하였다. "가로의 칸 수, 세로의 줄 수, 높이의 층 수라고 해야 맞습니다." 사전에 앞에서 나름대로 충분히 짚어 준 덕분이라 여겼다. "맞습니다. 그런데 우리는 흔히 가로의 길이, 세로의 길이, 높이라고 말합니다. 그 이유는 무엇일까요?"라고 질문을 이어 가자 "가로, 세로, 높이의 길이와 칸, 줄, 층 수가 같기 때문입니다."라고 말해 주었다. 이제 대부분 아이들이 핵심은 짚었다는 생각이 들었다. 그래서 직접 실제 크기의 전개도를 오린 후 조립하여 그 속에 쌓기나무를 넣어 확인해 보라고 안내해 주면서 활동지를 복사하여 나누어

주어진 조건에 맞게 쌓기나무를 직육면체 모양으로 쌓고 개수를 헤아리는 식을 만들어 보는 장면

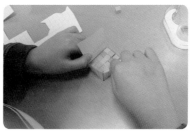

실제 크기의 전개도를 오린 후 조립하고 나서 그 속에 쌓기나무를 넣어 보는 장면

아이들에게 보여 주려고 만든 예시 자료

주었다. 아이들은 집중하여 전개도를 오리고 조립하고 그 안에 쌓기나무를 쌓아 나가기 시작하였다.

실제로 쌓기나무를 넣어 보고는 "어. 정말 똑같네"라고 말하는 아이들도 있었다. 그냥 숫자와 기호를 통해 추상적으로 이해하는 것보다 이렇게 직접적인 조작 활동을 통해 배우는 것이 훨씬 더 실감이 난다는 표정이었다. 그래서일까 아이들은 이제 수학 시간을 부정적으로 생각하는 경향이 꽤 많이 줄어들었다는 느낌이 상당히 실감 나게 내게 다가왔다. 끝으로 아이들에게 혹시나 하여 예시 자료로 보여 주려고 만든 사례를 보여 주었다. 그랬더니 "귀여워요. 큐브처럼 생겼어요. 투명해서 잘 보입니다."와 같은 반응을 보여 주었다. "오늘 수업을 통해 여러분은 이제 직육면체의 부피를 구할 수 있게 되었습니다. 앞으로 직육면체의 부피를 구할 때는 밑면의 가로에 쌓기나무가 몇 칸이 있고, 세로에 몇 줄이 있으며, 그런 층이 몇 개 있는지를 머릿속으로 떠올리면서 그 개수를 헤아리기 위한 식을 세우면 될 것입니다. 오늘 수학 시간에도 수고 많았습니다."라고 말하며 1시간 활동을 깔끔하게 마무리하였다. 이번 시간 수업 설계도 나름 잘되었던 것 같다.

수학 6-1	2. 직육면체의 겉넓이와 부피 직육면체의 부피를 구하는 원리	서울　　　　초등학교
		6학년　　반　　번
		이름 :

□ 1칸은 가로, 세로의 길이가 1cm인 정사각형

가로 5cm, 세로 4cm, 높이 3cm인 직육면체의 전개도

밑
면

밑
면

🌿 6차시 길이 변화에 따른 부피의 변화 이해 및 다양한 직육면체의 부피 구하기

수업 흐름	교사의 발문
도입	**발문 1** 왼쪽과 같이 생긴 떡의 가로, 세로, 높이의 길이를 각각 2배로 늘리려고 합니다. 그렇다면 떡을 만드는 재료는 현재의 양보다 몇 배가 더 필요할까요? • 여러 대답이 나올 수 있음(8배가 정답) • 정말로 그런지 한번 쌓기나무를 이용하여 그 변화를 살펴보도록 합시다.
전개	개인별로 1cm³ 쌓기나무를 이용하여 선생님이 주문하는 내용에 맞게 쌓을 수 있도록 한다.(모둠별로 충분한 쌓기나무 제공하기) **발문 2** 쌓기나무 1개를 먼저 놓습니다. 여기에서 가로의 길이만 2배로 늘린다면 부피는 어떻게 변할까요? ⇨ 2배로 변합니다. 2cm³ **발문 3** 쌓기나무 1개를 먼저 놓습니다. 여기에서 세로의 길이만 2배로 늘린다면 부피는 어떻게 변할까요? ⇨ 2배로 변합니다. 2cm³ **발문 4** 쌓기나무 1개를 먼저 놓습니다. 여기에서 가로의 길이와 세로의 길이를 각각 2배로 늘린다면 부피는 어떻게 변할까요? ⇨ 4배로 변합니다. 4cm³ **발문 5** 쌓기나무 1개를 먼저 놓습니다. 여기에서 높이만 2배로 늘린다면 부피는 어떻게 변할까요? ⇨ 2배로 변합니다. 2cm³ **발문 6** 쌓기나무 1개를 먼저 놓습니다. 여기에서 가로의 길이, 세로의 길이, 높이를 각각 2배로 늘린다면 부피는 어떻게 변할까요? ? 8배로 변합니다. 8cm³ **발문 7** • 제일 처음 질문으로 돌아가 떡을 가로의 길이만 2배 늘리면 재료는 몇 배가 늘어나나요? ⇨ 2배입니다. • 떡을 가로와 세로의 길이만 2배씩 늘리면 재료는 몇 배가 늘어나나요? ⇨ 4배입니다. • 떡을 가로, 세로, 높이 각각 2배씩 늘리면 재료는 몇 배가 늘어나나요? ⇨ 8배입니다. 처음 떡　　가로만 2배　　가로, 세로 2배　　가로, 세로, 높이 2배 • 교과서 184~185쪽까지 질문에 답을 써 보세요. **발문 8** 지금까지 활동을 통해서 우리가 알 수 있는 사실은 무엇인가요? ⇨ 부피는 변화는 (처음의 크기×가로 길이의 변화×세로 길이의 변화×높이의 변화)임을 알 수 있다.
정리 (정리 문제)	(1) 왼쪽의 쌓기나무를 가로의 길이는 2배, 높이는 3배를 늘리려고 합니다. 그렇다면 쌓기나무는 몇 개 필요할까요? ⇨ 24개입니다.[처음 4개×2(배)×3(배)] (2) 왼쪽의 쌓기나무를 가로의 길이는 2배, 세로의 길이는 3배, 높이는 3배를 늘리려고 합니다. 그렇다면 쌓기나무는 몇 개 필요할까요? ⇨ 144개입니다.[처음 8개×2(배)×3(배)×3(배)] (3) 왼쪽의 직육면체에서 가로의 길이를 2배, 세로의 길이는 2배, 높이는 2배를 늘렸습니다. 늘어난 직육면체의 부피는 얼마인가요? (4cm, 2cm, 3cm) ⇨ 처음 부피 24cm³×2×2×2＝192cm³

오늘 수업 분량은 내용 자체적으로 볼 때 그리 많은 것은 아니다. 하지만 실제 조작 활동을 통해 부피의 변화를 감각적으로 느낄 수 있도록 돕고자 최선을 다하였다. 아울러 하나하나 직접 쌓기나무를 쌓아 가면서 그 원리를 이해하고 부피가 어떻게 변화하였는지 알아내기 위한 식을 세울 수 있도록 의도하였다. 수업 계획안대로 쌓기나무 1개로 시작하여 다양한 경우의 길이 변화를 조건으로 두고 그에 맞게 쌓기나무를 조작해 보도록 하였다. 그러다가 쌓기나무 2개로 시작하여 길이 변화에 대한 조건을 다양하게 제시하기도 하였다. 아이들은 모둠원들과 함께 자신의 이해가 맞는지 혹은 오류가 어디에서 발생하였는지를 확인하면서 쌓기나무의 변화를 관찰해 나갔다. 그 과정에서 결국 아이들은 부피의 변화에 대한 식을 발견하기에 이르렀다.

이렇게 직접 조작 활동을 하다 보니 어느새 25분 정도가 훌쩍 지나가 버렸다. 그래서 정리 문제를 제시하고 식으로 나타내보라고 하였더니 별로 어렵지 않게 잘 해결하였다. 약 8분 정도의 시간이 남아 교과서 문제 해결로 아이들의 활동을 돌렸다. 교과서 내용은 한 차시도 안 되게 다루도록 되어 있지만 나름은 중요하다고 판단되어 1시간을 충분히 활동하여 다룰 수 있도록 재구성해 보았다. 잘했다고 판단된다. 이제 단원 활동도 거의 마무리되어 간다. 미션활동 2가지만 잘 마무리된다면 본 단원 재구성 및 수업 설계도 충분히 의미 있는 활동이었다고 스스로 미리 결론을 내려 본다. 본 단원 활동에서 제일 잘한 것 한 가지만 꼽아 보라고 한다면 학교에 1cm^3 크기의 쌓기나무가 없어서 교구사에 직접 들러서 내가 평생 갖고 사용하려고 직접 1cm^3 크기 쌓기나무 모형을 구입한 것이라고 생각한다. 그것이 없었다면 그냥 추상적으로 2차원적인 그림만 보고 이해하며 숫자로만 활동하였을 것이다. 앞으로도 아이들의 교육 활동에 필요한 교구를 구입하는 데 비용을 충분히 투자해야겠다는 생각이 다시 한 번 드는 대목이었다.

 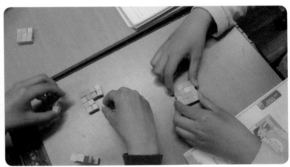

가로, 세로, 높이의 길이 변화에 따른 부피의 변화를 쌓기나무로 확인해 보는 활동 장면

🌱7차시 같은 부피 다른 모양, 같은 부피 다른 겉넓이

♣ 준비물 : 쌓기나무

수업 흐름	교사의 발문
도입	**실제 조작 활동 1** 쌓기나무 1개는 부피가 1cm^{3}이다. 쌓기나무 4개를 이용하여 부피가 4cm^{3}인 상자 모양을 만들어 봅시다. 몇 가지 모양이 만들어질까요?(단, 세우거나 눕혔을 때 같은 모양이면 서로 다른 것이 아니라고 약속함) 그때의 겉넓이는 각각 어떻게 될까요? **발문** 이를 통해 알 수 있는 사실 한 가지는 무엇일까요? ⇨ 부피는 같지만 모양, 겉넓이는 다를 수 있다는 것을 알 수 있다.

전개

미션활동 수학 교구를 만드는 회사에서 1cm³ 크기의 쌓기나무 24개를 담을 수 있는 상자를 만들려고 한다. 상자를 만들 때 가능하면 종이를 적게 사용하려고 한다면 가로, 세로, 높이를 각각 얼마로 하여야 하는가? 이때 종이의 넓이는 얼마인가?

(조건 1) 상자를 연결하는 부분은 생각하지 말고 계산한다.

(조건 2) 부피는 모두 24cm³로 동일하다.

(조건 3) 가로, 세로, 높이는 반드시 자연수여야 한다.

(조건 4) 상자를 세우거나 눕혔을 때 같은 모양이 나오면 그것은 다른 종류가 아니라 같은 모양으로 간주한다.

(조건 5) 미션 해결 과정을 가로, 세로, 높이, 부피가 잘 나타나도록 표로 정리한다.

가로(cm)	세로(cm)	높이(cm)	부피(cm³)	겉넓이(cm²)
			24	

정리

발문 부피와 모양은 똑같은 직육면체 모양의 상자(정육면체는 제외함)이지만 상자 안에 담을 내용물에 따라 상자의 쓰임새를 달리하려면(내용물에 따라 상자를 구분하여 쓰려면) 어떤 방법이 필요할지 생각하여 봅시다. ⇨ (답) 상자 뚜껑(입구)의 위치를 달리한다.

[미션활동에 대한 답안 예시] 다양한 답이 가능하다.

가로(cm)	세로(cm)	높이(cm)	부피(cm³)	겉넓이(cm²)
12	2	1		76
6	4	1		68
4	3	2	24	52
6	2	2		56
24	1	1		98
8	3	1		70

7차시 수업 소감

이번 시간은 수학적 문제 해결이 중심인 활동이다. 도입부에서 미션 해결에 필요한 실마리를 주기 위해 간략한 활동을 제시하면서 표로 해결해 나가는 모습을 보여 주면서 함께 해결해 나갔다.

방향을 돌리거나 눕혔을 때 모양이 같다면 결국 같은 직육

가로	세로	높이	부피	겉넓이
1	1	4	4	18
2	2	1		16

면체라는 점을 조건으로 둘 때 쌓기나무 4개로는 위와 같이 2가지 사례밖에 없다는 것을 함께 알아보면서 표로 문제 해결하는 방법을 함께 탐색하였다.(결국 '가로 1, 세로 1, 높이 4= 가로 1, 세로 4, 높이 1=가로 4, 세로 1, 높이 1'이라는 것을 이해함으로써 문제 해결을 위한 경우의 수를 줄이기 위한 하나의 과정임을 깨닫도록 도와주기 위한 활동이었다.) 수업을 진행하기 전에 이 지점을 난개념으로 보고 미리 짚어 주었다. 물론 아직도 소수의 아동은 겉넓이를 구하는 것에 대하여 힘들어하는 모습을 보이기도 하였다. 그렇기는 하지만 오늘 활동

미션 해결을 위한 모둠 토론 장면

을 통해서도 또 다른 맥락에서 겉넓이 구하는 경험을 하게 될 것이라 생각하고 이런 문제를 제시하였다.

본격적으로 미션활동을 제시하면서 활동지에 제시된 조건 외에 한 가지 조건을 더 제시하였다. 미션 완성 후에 모둠원 가운데 누구에게 질문을 하더라도 겉넓이를 제대로 구하거나 문제 해결 과정 및 결과에 대하여 설명할 수 있어야 한다는 조건이었다. 아이들은 보다 긴장하는 눈치였다. 활동지를 나누어 주고 혹시나 하여 조작 활동을 통해 경우의 수를 알아보거나 겉넓이 구하는 데 도움을 받을 사람은 쌓기나무를 활용할 수 있도록 안내해 주었다. 여러 모둠에서 쌓기나무를 가져다가 문제 해결을 위한 모둠 토론에 돌입하였다. 그런데 활동을 가만히 지켜보니 가로의 길이를 1cm부터 시작하여, 2cm일 경우, 3cm일 경우 등으로 구분하여 체계적으로 접근할 수 있을 것이라 생각하였던 나의 판단이 오판이었다는 것이 그대로 드러났다. 딱 1개의 모둠만 빼고는 무작정 덤벼들었다.

한편 부피가 24cm^{3}인 직육면체를 만들기 위해서 3개의 수(가로, 세로, 높이)를 곱하였을 때 24가 나오는 경우의 수를 찾으면 된다는 것을 발견하지 못할 가능성이 높다는 점 또한 난개념으로 자리하고 있을 것이라는 점을 예상했었는데 그 예상은 적중하였다. 그래서 5분 정도 지켜보다가 각 모둠에서 한 명씩 불러들였다. 그리고 (직육면체의 부피=가로×세로×높이)이고 주어진 부피 24cm^{3}가 되도록 하는 다양한 경우의 세 수의 곱을 구하면 된다는 점, 그리고 3개의 수를 구하기 위해 가로가 1일 경우, 2일 경우, 3일 경우 등으로 구분하여 체계적으로 접근하면 보다 쉽게 문제를 해결할 수 있다는 점을 문

제 해결의 실마리로 제공하였다. 그랬더니 아이들은 "아, 그렇구나!" 하면서 각자의 모둠으로 돌아가 자신들 앞에 놓인 문제 해결을 위한 열쇠를 공유하기 시작하였다. 그러자 문제 해결이 급물살을 타기 시작하였다. 초반에 짚어 준 난개념과 이번에 짚어 준 난개념이 해결되면서 모든 모둠에서 만들 수 있는 경우의 수를 완벽히 찾아내었다. 그런데 이후부터가 약간 아쉬움이 남았다. 경우의 수를 만들고 나서 겉넓이를 구하는 과정에서 역시 계산 능력이 부족한 아이들, 겉넓이 계산을 아직도 어려워하는 소수의 아동들은 소외되었고 다른 아이들이 계산한 결과를 멀뚱히 지켜보거나 나누어 준 쌓기나무를 가지고 조작 활동을 하고 있었다. 그래서 적어도 1개 사례 정도는 겉넓이를 구할 수 있도록 해 보라고 안내하기도 하였다.

일찍 끝난 모둠은 직접 찾아가 결과를 확인하고 "왜 부피는 같은데 겉넓이는 줄어들까?" 하고 질문을 던졌다. 그리고 그 질문에 대한 답변도 모든 모둠에서 정확히 얻었다. "서로 다른 쌓기나무와 맞닿는 면이 많을수록 그 면은 보이지 않게 되어 그 넓이만큼 겉넓이가 줄어들기 때문이다."라고 아이들은 잘 대답해 주었다. 그래서 빨리 끝난 모둠은 다른 모둠이 마무리할 때까지 교과서 문제를 풀이할 수 있도록 하였다.

그렇게 모든 모둠이 미션을 해결하고 나니 딱 40분이 흘렀다. 그래서 한 번 더 중요한 점을 짚어 주기 위해서 5분 정도를 더 할애하여 오늘 수업의 핵심을 정리해 주고, 부피와 모양은 똑같은 직육면체 모양의 상자(정육면체는 제외함)이지만 상자 안에 담을 내용물에 따라 상자의 쓰임새를 달리하려면(내용물에 따라 상자를 구분하여 쓰려면) 어떤 방법이 필요할지에 대해서도 생각해 보는 시간을 가졌다. 다양한 모양의 과자 상자를 예로 들어 생각해 보게 하였다. 이 또한 잠시 시간이 흐른 뒤에 아이들에게서 바라는 답변을 얻을 수 있었다.

계획한 시간을 약간 초과하였고 해결해야 할 약간의 숙제(특히 아직도 겉넓이를 구하는 것에 어려움을 느끼는 아이들이 이런 활동에서 스스로 할 수 있는 것을 찾아 협동적으로 과제를 잘 해결할 수 있도록 세밀하게 수업을 설계하고 안내하는 일)를 머릿속에 담아 두며 오늘 수업을 정리해 보았다. 내일 이어질 활동에 피드백할 수 있도록 해야겠다는 생각도 함께 하면서.

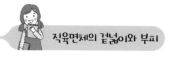

8차시 같은 옆넓이 다른 부피

♣ 준비물 : 개인별 색종이 1장 및 모둠별 같은 크기의 도화지 1장, 마카로니 과자

수업 흐름	교사의 발문
도입	**실제 조작 활동 1** 색종이 1장으로 밑면이 없는 기둥 모양의 직육면체를 만들어 봅시다. **발문 1** 몇 가지 모양이 만들어집니까? ⇨ 무수히 많다. **발문 2** 여러 가지 기둥 모양의 부피는 서로 어떠합니까? 또한 옆넓이는 서로 어떠합니까? ⇨ 부피는 서로 다르다. 하지만 옆넓이는 변화가 없다.(같은 넓이의 색종이로 만들었기 때문이다.)
전개	**미션활동** 가로 ○cm, 세로 ○cm 길이의 도화지가 있다. 이 도화지로 만든 기둥 모양의 직육면체는 옆넓이가 모두 똑같다. 이 도화지를 직육면체 기둥 모양으로 접은 뒤 그 안에 어떤 내용물을 담으려고 한다.(접을 수 있는 경우의 수는 여러 가지다.) 내용물을 가장 많이 담으려면 가로, 세로, 높이를 각각 얼마로 해야 하는가? **(조건 1)** 가로, 세로, 높이는 각각 자연수여야 한다. **(조건 2)** 도화지를 접어 연결하는 부분은 생각하지 말고 계산한다.(접은 뒤에 투명 테이프로 고정시킨다고 생각) **(조건 3)** 미션 해결 과정을 가로, 세로, 높이, 부피가 잘 나타나도록 표로 정리한다. **미션해결에 따른 보상** 각 모둠에서 내놓은 결과에 따라 만든 직육면체 상자에 마카로니 과자를 가득 담아 나누어 준다. 표: 가로(cm) / 세로(cm) / 높이(cm) / 옆넓이(cm²) / 부피(cm³)
정리	**발문 : 미션활동을 통해 알게 된 사실** 옆넓이는 같지만(똑같은 재료를 사용하여) 부피가 가장 큰 직육면체 기둥을 만들고자 한다면 어떻게 하는 것이 좋겠는가? ⇨ **(답)** 밑면의 모양이 정사각형에 가까우며 밑넓이가 넓을수록 부피는 커진다. ⇨ 똑같은 재료를 사용하여 최대한 많은 부피를 가진 직육면체를 만들 수 있는 지혜. ⇨ 시중에서 판매하는 액체를 담은 직육면체 모양의 포장용기를 보면 많은 경우 밑면의 모양이 정사각형에 가깝다는 사실을 알 수 있다. 학교에서 먹는 우유팩도 밑면은 정사각형 모양에 가깝다고 할 수 있다.

가로(cm)	세로(cm)	높이(cm)	옆넓이(cm²)	부피(cm³)
			○○○	

시간적으로 여유가 있다면 마카로니 과자를 먹으면서 교과서 문제 해결을 한다.

8차시 수업 소감

단원 학습 마무리 단계에 접어들었다. 옆넓이는 같지만 부피는 다른 경우를 살펴봄으로써 같은 재료로 부피가 큰 직육면체를 만들 수 있는 조건을 알아보기 위한 활동을 주목적으로 설계하였다.

우선 색종이를 활용하여 다양한 모양의 직육면체 모양 기둥(밑면이 없는 기둥)을 만들어 보게 하고 그 부피도 구해 봄으로써 색종이의 넓이(옆넓이가 됨)는 같지만 어떻게 접느냐에 따라 부피가 달라짐을 1차적으로 이해할 수 있게 도왔다.

한편 본 활동에서도 미리 예상되는 난개념이 한 가지 있음을 예상하고 이를 해결하기 위해 미션활동지를 나누어 주자마

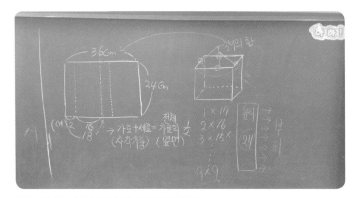

같은 옆넓이 다른 부피 수업 칠판 판서 내용

자 힌트를 주기로 마음을 먹었다. 위에서 보는 바와 같이 실제로 주어질 도화지 그림을 그리고 이 도화지를 접어서 직육면체 모양을 만들 때 펼쳐진 '도화지의 가로 길이'는 직육면체 모양으로 접었을 때 '밑면의 둘레 길이'와 같다는 점을 이해하는 것이 중요했고, 아울러 부피는 '가로×세로×높이'를 통해 구하는데 여기에서 '가로의 길이+세로의 길이'는 펼쳐진 도화지 가로 길이의 반(1/2)에 해당된다는 것(밑면의 둘레=가로가 2개 있고, 세로가 2개 있음) ⇨ 이것을 이용하여 펼쳐진 도화지의 36cm에 해당되는 부분을 밑면으로 할 때 직육면체의 '가로+세로'는 1+17, 2+16, 3+15 … 등과 같이 다양하게 나올 수 있다는 점을 먼저 이해하는 것이 이 활동 해결의 실마리이자 난개념이었다.

우선 활동지를 나누어 주고 미션 내용을 살펴보게 한 뒤 잠시 뒤에 각 모둠에서 힌트를 잘 듣고 모둠원들에게 설명을 잘 해 줄 수 있는 모둠원을 한 명씩 나오게 하여 난개념 해결을 위한 힌트를 주기 시작하였다. 한 번 설명을 해 주었지만 쉽게 이해가 되지 않는다는 눈치였다. 역시 한 번 더 설명해 달라는 요구가 들어왔다. 그래서 차근차근 다시 한 번 설명을 해 주었다. 그랬더니 이해가 된다는 말들이 터져 나왔다. 그러자 얼른

자리로 들어가 모둠원들과 문제를 해결하기 위한 협의를 시작하였다.

미션 해결을 시작하자마자 표를 작성해 나가는 것부터 지켜보았다. 지난 시간에 가졌던 문제 해결 경험이 이번 시간의 활동에 큰 도움이 되었던 것 같았다. 가로의 길이 및 세로의 길이와 관련된 다양한 경우의 수를 구하는 데 있어서 '가로가 1일 때, 2일 때 …'와 같이 체계를 잡아 바로 문제 해결을 해 나가기 시작하였다. 다행이라는 생각이 들었다. 그런데 애초의 예상으로는 최초로 문제를 해결한 모둠이 적어도 10분 이상의 시간이 걸릴 것이라 생각하였다. 그런데 예상 외의 속도로 문제를 해결한 모둠이 있었다. 5분도 채 걸리지 않았다. 문제이 속성을 빨리 알아자린 것이었다. 그 모둠에서 문제를 해결하기 위한 아이디어는 바로 이러했다.

높이가 36일 때		높이가 24일 때	
가로	세로	가로	세로
1	11	1	17
6	6	9	9
…	…	…	…

바로 위의 표에서 보는 바와 같이 그 모둠은 여러 가지 경우의 부피를 구하지도 않았다. 부피는 '가로×세로×높이' 어차피 높이는 36, 24로 고정되어 있으니 높이가 36일 때 '가로×세로'의 값이 가장 큰 경우는 6×6이고, 높이가 24일 때 '가로×세로'의 값이 가장 큰 경우는 9×9이니 이 두 가지 경우의 수만 부피를 구하면 된다고 하여 두 경우만 부피를 구하여 문제를 해결하였다고 내게 와서 설명해 주었다. 이 문제를 제시하기 전 수업 설계를 하면서 '과연 이렇게 풀 줄 아는 모둠

미션 해결을 위한 모둠 협의 및 실제 도화지를 접어 부피가 제일 큰 직육면체를 만들어 보는 장면

미션을 완성한 모둠은 순차적으로 점검을 받고 마카로니를 받아 갔다.

이 나올까?' 하고 예상해 보았지만 아마 없을 것이라 생각했다. 그런데 내 예상은 빗나갔다. 그래서 더 기뻤다. 하지만 이런 모둠도 있는 반면에 경우의 수를 모두 구해 놓고 휴대전화 계산기를 꺼내어 일일이 부피를 구하여 해결하는 모둠도 있었다. 그렇게 문제를 해결한 모둠은 문제 해결까지 거의 20분

넘게 시간을 사용하였다. 모든 모둠이 미션을 완성한 뒤에 마카로니 과자를 먹으면서 가장 빨리 완성한 모둠원에게 풀이했던 방법을 다른 친구들에게 설명해 주라고 하였다. 그리고 그 설명을 내가 칠판에 받아 쓰면서 아이들의 이해를 도왔다.(앞의 판서 내용 참고) 그랬더니 제일 늦게 문제를 해결한 모둠원들은 "아, 그랬구나. 이제 알았다." 하고 환한 미소를 지었다. 그래도 자신들도 스스로의 힘으로 해결하여 과자를 맛있게 먹게 되었다는 기쁨 때문인지 그렇게 부러워하는 눈치는 아니었다. 이렇게 활동을 마무리하고 나니 원래 계획했던 시간보다 10분 정도가 더 흘러버렸다. 다행히 오늘은 다음 시간이 장애 이해교육 차원에서 동영상을 시청하고 감상문을 쓰는 시간이라서 큰 부담이 없었다. 아이들은 과자도 먹고 동영상도 보면서 시간을 보냈다. 나름 의미 있는 시간이었다. 난개념 해결을 위한 실마리를 던져주지 않았다면 2시간은 족히 걸릴 수 있는 활동이었다는 생각이 들었다.

🌱 9~10차시 1cm³와 1,000cm³(1L)와 1m³와의 관계

9차시 수업 소감

9차시는 애초에 1m³ 크기의 정육면체 만들기를 1시간으로 계획했었다. 하지만 나도 직접 종이를 말아서 어느 정도 만들어 보니 아이들이 1시간에 완성하기에는 조금 어려울 것 같다는 생각이 들어서 미술 시간과 연계하여 2시간 동안 만들었다. 역시 2시간이 충분히 사용되었다. 뼈대를 세우고 힘이 없는 뼈대를 지탱해 주는 작업까지 해 주느라 시간이 더 걸렸다. 우드락으로 해 볼 생각도 했지만 만들고 나서 뒤처리가 까다롭고 생각보다 낭비가 심할 것 같다는 생각도 들어서 다른 재료를 선택하였다. 종이 박스로 만들어 볼까 했지만 1m² 크기의 종이 박스 6장을 구하는 것도 쉽지 않았다. 그 외에 빨대도 고민했지만 종이 뼈대보다 더 힘이 없어서 선택하지 않았다. 수수깡도 고민했지만 연결 부위가 너무 많아 그것도 쉽지 않았다. 1m 길이의 나무 막대를 6개 구해서 할까 생각도 했지만 굳이 금전적인 지출을 할 필요가 있나 하는 생각에 결국 학교에 배달되는 무료 신문(타블로이드 판형의 소식지 "내 친구 서울")

을 모두 모아서 만들어 보기로 마음먹고 꾸준히 모아 둔 것을 사용하였다. 생각보다 나쁘지 않았다. 소수의 남자 아이들은 만들다 말고 그것을 이용하여 칼싸움도 하고 창던지기도 하였다. 그런 모습을 볼 때마다 웃으며 "활동에 집중하자!"라고 말해 주었다.

활동 과정에서 예상치 못한 일도 있었다. 본래 뼈대만 세워 정육면체를 만들어 보려고 했는데 종이를 말아서 만든 종이 기둥이 생각보다 힘이 없어서 충분히 버티지를 못했다. 그래서 아이들에게 쓰러지지 않게 할 수 있는 방법을 생각해 보라고 하였다. 그랬더니 한 모둠에서 "이렇게 하면 될 것 같아요." 라고 하면서 아이디어를 제시하였다. 그게 바로 뒤의 사진에서 보는 모습이었다. 대견하다는 생각이 들었다. "정말 좋은 생각이구나. 그래. 이것이 바로 삼각형, 삼각뿔의 응용일 수 있겠구나. 선생님도 깜짝 놀랐다. ○○이가 이런 아이디어를 제시해 주어서 말이다." 그랬더니 아이들도 그 친구에 대하여 적극적

종이를 말아서 1m³ 뼈대를 세우는 장면

힘이 약한 종이 기둥을 받쳐 주기 위한 아이디어

으로 호응해 주었다.

　모든 팀이 만들기 활동에 성공한 것은 아니었다. 일부 모둠은 만들다가 자꾸만 종이 뼈대가 구부러지는 바람에 중간에 방향을 선회하여 사각뿔 만들기 활동으로 전환할 수 있도록 안내해 주었다. 잘되었다는 생각이 들었다. 삼각형 모양의 뼈대나 기둥이 사각형 모양의 뼈대나 기둥보다 훨씬 더 튼튼하

종이를 말아서 만들어 본 실제 크기의 1m³ 정육면체와 밑면의 넓이가 1m²인 사각뿔. 아이들이 두 입체도형의 비교를 통해 각뿔 모양의 안정성(튼튼함)이 더 크다는 것을 실감하였다.

고 안정감이 있다는 것을 경험적으로 느낄 수 있는 기회라고 생각하였기 때문이다. 실제로 만들고 나서도 아이들은 "이것이 훨씬 더 튼튼해요. 잘 쓰러지지도 않아요. 버팀목을 대 주지 않아도 무너지지 않네요."라고 여기저기에서 관찰한 결과를 말해 주기도 하였다.

　이렇게 활동을 하고 나니 훌쩍 2시간이 지나 버렸다. 그래서 1L=1,000cm³ 크기(1,000mL)의 정육면체를 만드는 활동은 다음 수학 시간 1시간을 더 투입하여 작업을 할 것이라 안내하고 마무리하였다. 아이들을 모두 보낸 뒤 오늘 수학 수업을 돌아보고 다음 시간 수업 준비를 하며 고민되는 점이 생겼다. 본래 계획은 이번 시간에 1cm³와 1,000cm³와 1m³와의 관계 이해까지 마무리하려고 했던 것인데 오늘 활동을 너무 쉽게 생각한 탓에 수업 시간 확보에 차질이 생겼기 때문이다. 수업 시간 1시간을 더 확보하여 다음 시간에 1cm³와 1,000cm³=1L와 1m³와의 관계 이해하기를 하고 그다음 시간에는 본래의 계획처럼 실제 양감 익히기 활동(교실 및 건물의 실제 부피 측정해 보기 등)으로 이어 갈 것인지 아니면 마지막 활동을 생략할 것인지 좀 더 고민해 보고 결정해야겠다.

10차시 수업 소감

애초의 수업 계획과 약간 달라진 점이 있었다. 애초의 계획은 10차시에 부피 관련 양감 기르기 활동으로 교실 및 학교 곳곳의 건물에 대한 실제 부피를 측정해 보는 활동을 해 보려고 마음을 먹었었다. 하지만 지난 시간에 1m³를 실제 크기로 만들어 보는 활동에서 예상보다 더 많은 시간을 사용하게 되면서 현실적인 문제를 고려할 수밖에 없는 입장이 되었다. 그래서 더 이상 시간을 할애하여 부피 관련 양감을 기르기 위한 실제 측량 활동을 생략하고 지난 시간에 하지 못했던 1cm³와 1,000cm³와 1m³ 간의 관계를 정리해 보면서 단원 활동을 마무리해 보기로 결정하였다. 이를 위해 우선 1,000cm³ 크기의 정육면체를 직접 만들어 보는 것으로 수업을 열었다. 모둠별로 1개씩만 만들어 보도록 하였다. 그리고 만든 정육면체 모

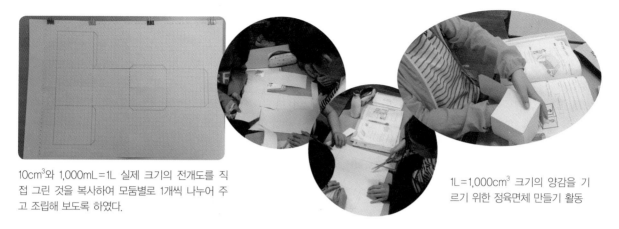

10cm³와 1,000mL=1L 실제 크기의 전개도를 직접 그린 것을 복사하여 모둠별로 1개씩 나누어 주고 조립해 보도록 하였다.

1L=1,000cm³ 크기의 양감을 기르기 위한 정육면체 만들기 활동

양의 1L=1,000cm³ 크기에 대하여 감각적으로 이해할 수 있도록 관찰도 하고 직접 손으로 만져도 보면서 양감을 익힐 수 있도록 하였다. 완성된 정육면체를 보더니 "생각보다 크기가 크네요."라고 말하는 아이들도 있었고 "크기가 별로 크지 않네요.", "이것이 2개면 2L 크기 콜라의 양과 똑같네요."라고 말하는 아이들도 있었다. 생활 속에서의 경험과 연결 짓기가 이루어졌다는 말이다. 어떤 아이는 "선생님, 여기에 우유 200mL 5개가 어떻게 들어갈까요? 우유팩 5개를 합한 것보다 크기가 작게 보이는데요?"라고 질문도 하였다. 이 질문을 다른 아이들과 연결 지어 주었다. "이 질문에 대해 다른 사람들은 어떻게 생각하지?" 그러자 한 명이 바로 이렇게 대답해 주었다. "우유팩 1개는 실제로 200mL보다 더 많은 양을 담을 수 있습니다. 그 팩 안에 들어 있는 우유의 양이 200mL라는 것이니까 우유팩 5개에 있는 우유를 이곳에 따르면 1L=1,000mL=1,000cm³가 된다는 것입니다." 그 답변을 듣고 질문한 아이는 잘 이해하였다는 눈치였다.

이 활동을 마무리하고 1cm³와 1,000cm³와 1m³ 간의 관계를 따져 보는 활동으로 들어갔다. 아이들은 1cm³ 크기의 쌓기

1cm³와 1,000cm³=1L와 1m³와의 관계 이해하기 판서

나무를 이용한 단위부피의 도입 및 이를 활용한 부피 구하기 활동을 먼저 경험해 보았던 이유 때문인지 1cm³와 1,000cm³와 1m³ 간의 관계를 이해하는 데 그리 어려움이 없었다. 실제 1cm³ 크기의 쌓기나무를 자주 손에 쥐어 보고 조작 활동을 했던 탓일까 1m³에 1cm³ 크기 쌓기나무가 100만 개 들어갈 수 있다는 사실을 이해하고 나더니 "선생님, 1m³가 그러면 꽤 큰 것이네요."라고 말하기도 하였다. 아마도 그 아이에게는 직접 만들어 눈으로 확인한 1m³ 크기의 정육면체 모양보다 100만 이라는 숫자가 가져다주는 느낌이 더 컸을 것이라 짐작되었다.

이어서 지난 시간에 만들어 보았던 실제 크기의 1m³ 정육면체 모양에 대한 양감을 바탕으로 우리 교실 1칸의 부피는 어느 정도 될 것인가를 감으로 측정해 보라고 말해 주었다. 그랬더니 나름의 감으로 교실의 가로에 1m³ 정육면체가 몇 개 놓일 수 있고, 세로에는 몇 개가 놓일 것 같으며 몇 층을 쌓을 수 있을 것이라 예산한 뒤에 부피를 계산하기 시작하였고 나름의 결과를 내놓았다. "분명히 교실의 부피는 측정 도구를 이용하여 정확히 구할 수 있지요. 하지만 그런 도구들이 없다면 우리는 감각적으로 측정을 할 수밖에 없답니다. 예를 들어 여러분이 바라보고 있는 칠판 가로의 길이는 대략 몇 미터 정도 되는지 말해 볼까요?" 그랬더니 아이들은 잠시 뒤에 "4미터 정도요. 4.5미터요. …" 와 같이 나름의 감각적 측정 결과를 내놓았다. "실제 길이는 분명히 측정할 수 있습니다. 하지만 여러분은 지금 자가 없기 때문에 지금까지 여러분이 익혀 왔던 길이에 대한 양감(감각적 경험)을 바탕으로 지금과 같이 나름의 측정 후에 예상 결과를 내놓았던 것입니다. 부피에 대한 양감도 이와 같은 차원에서 익혀 갈 필요가 있답니다." 그랬더니 상당히 많은 아이들이 고개를 끄덕이는가 하면 '아, 그런 것이

었구나. 그래서 선생님께서는 수학 수업 시간에 이렇게 많은 활동을 직접 해 보라고 안내해 주셨던 것이구나.' 하는 눈치였다. 많은 아이들의 얼굴 표정에서 부피에 대해 새로운 사실을 알게 되었다는 것, 부피에 대하여 실제 크기와 똑같은 정육면체를 만들어 보면서 감각적으로 수업을 한 것이 다행이었다는 생각을 읽을 수 있었다.

이제 단원은 마무리되었다. 끝으로 다음 주에 있을 평가 예고를 하고 수업을 정리하였다. 평가 준비를 위해 특히 겉넓이, 부피 구하는 활동을 스스로 배움공책에 반복하여 복습할 수

있도록 안내하는 것도 잊지 않았다. 이번 단원도 이전의 활동들을 모두 돌아보면 수업 디자인은 잘되었다고 생각된다. 다만 '학(學 : 새로운 사실을 알게 된 것, 그러나 단기기억의 한계가 늘 따른다.)'은 잘된 것 같은데 '습(習 : 새롭게 알게 된 것을 자신의 것으로 완전히 만들어 가는 것, 장기기억의 문제－복습이 반드시 필요하다.)'은 아이들 개인적인 차원에서 스스로 이루어지는 것이라서 장담할 수가 없다는 점이 아쉬움으로 늘 남는다.

🌱 11차시 　단원 정리 – 단원 평가

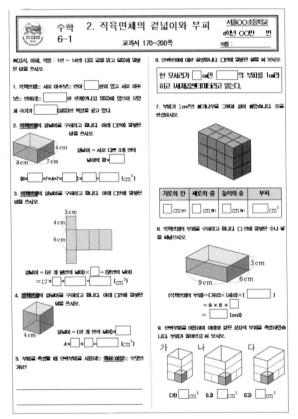

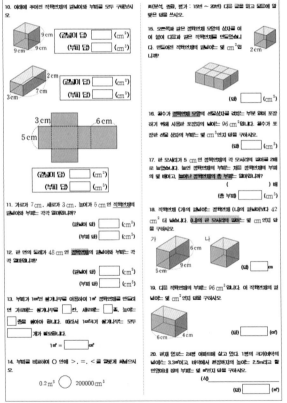

분수의 나눗셈

01 단원 소개 및 문제의식 갖기

교사용 지도서를 보면 이 단원은 알고리즘의 유의미한 이해는 수학의 활용과 문제 해결에 있어서 매우 중요한 부분이라 강조하면서 분수 나눗셈의 맥락 이해를 바탕으로 알고리즘을 이용한 기능 숙달에 초점을 맞추고 있다고 안내하고 있다. 특히 제수가 분수인 경우에 있어서 포함제로 접근, 동수누감의 원리를 이용하여 분수 나눗셈의 원리를 터득할 수 있도록 활동을 구성하였다는 점이 눈길을 끈다. 학습 목표 및 단원 발전 계통을 살펴보면 아래와 같다.[1]

영역	단원 학습 목표
내용	1. 자연수÷단위분수를 계산할 수 있다. 2. 분모가 같은 진분수÷단위분수를 계산할 수 있다. 3. 분모가 같은 진분수끼리 나눗셈을 할 수 있다. 4. 분모가 다른 진분수끼리 나눗셈을 할 수 있다. 5. 자연수÷분수를 계산할 수 있다. 6. 대분수의 나눗셈을 할 수 있다.
과정	1. 분수의 나눗셈이 필요한 상황을 알고 문제를 해결할 수 있다. 2. 분수의 나눗셈 원리를 알고 추론을 통해 형식화에 이르는 과정을 설명할 수 있다.
태도	1. 생활 속에서 분수의 나눗셈 필요한 상황을 알고 적용하는 활동을 통해 수학의 유용성을 느낄 수 있다. 2. 실제 자신의 생활 장면 속에서 수학을 활용하는 활동을 통해 수학에 대한 흥미와 자신감을 가질 수 있다.

단원의 발전 계통		
선수 학습	본 학습	후속 학습
5학년 약분과 통분, 분수의 덧셈과 뺄셈, 분수의 곱셈, 소수의 나눗셈	• 자연수÷단위분수 • 동분모 진분수의 나눗셈 • 이분모 진분수의 나눗셈 • 자연수÷분수 • 대분수의 나눗셈	소수의 나눗셈, 분수와 소수의 혼합 계산

1　2009 개정 교육과정에 따른 수학과 교사용 지도서 6학년 1학기. 2015. pp. 142~143.

위의 내용에 근거를 두고 교사용 지도서는 본 단원의 전개 계획을 아래와 같이 제시[2]하였으나 현장에서 그대로 따라서 지도하기에는 무리가 있다는 생각이 든다.

차시	재구성 이전	수업 내용 및 활동
1	단원 도입	스토리텔링을 통해 분수의 나눗셈이 필요한 상황 이해하기
2	자연수÷단위분수 계산하기	자연수÷단위분수의 계산 원리 이해하기, 계산 방법을 발견하고 계산하기
3	분모가 같은 진분수끼리 나눗셈 해결하기(1)	분모가 같은 진분수÷단위분수의 계산 원리 이해하기, 계산 방법을 발견하고 계산하기
4	분모가 같은 진분수끼리 나눗셈 해결하기(2)	분모가 같은 진분수끼리의 나눗셈 계산 원리 이해하기, 계산 방법을 발견하고 계산하기
5	분모가 다른 진분수끼리의 나눗셈 해결하기	분모가 다른 진분수끼리의 나눗셈 계산 원리 이해하기, 계산 방법을 발견하고 계산하기
6	자연수÷분수 계산하기	자연수÷분수의 계산 원리 이해하기, 계산 방법을 발견하고 계산하기
7	대분수의 나눗셈 해결하기	대분수의 나눗셈을 이해하고 여러 가지 방법으로 계산하기
8	공부를 잘했는지 알아보기	이 단원에서 배운 내용을 문제를 풀며 정리하기
9	문제 해결	분수의 나눗셈을 이용하여 실생활 문제 해결하기
10	놀이마당	분수의 나눗셈을 이용한 놀이를 통해 계산 기능과 수학적 의사소통 능력 기르기

문제의식을 갖게 만드는 점 몇 가지를 살펴보면 아래와 같다.

단원 지도를 위한 수업 시수 분배의 문제

1. 단원 도입을 위한 스토리텔링:여전히 불필요한 이야기로 1시간을 소비하고 있다는 생각이 든다.

2. 학습 내용을 지나치게 세세하게 나눔으로써 집중해야 할 핵심 부분에 충분한 시간을 할애하지 못한 점이 아쉽다. 본 단원의 핵심은 분수의 나눗셈 문제를 풀 수 있다가 아니다. 중심은 아래와 같은 부분에 맞추어져야 한다.

> **단원 학습의 핵심**
> 분수의 나눗셈 과정에서 왜 나눗셈이 곱셈으로 바뀌는지 설명할 줄 아는 것
> 분수의 나눗셈 과정에서 제수(나누는 수)의 분자와 분모의 위치가 왜 바뀌는지 설명할 줄 아는 것
> 분수 나눗셈 알고리즘 원리 이해 및 설명

....

2 2009 개정 교육과정에 따른 수학과 교사용 지도서 6학년 1학기. 2015. p. 145.

그러나 교과서 어느 곳을 살펴보아도 분수 나눗셈 알고리즘의 원리를 이해할 수 있도록 안내된 곳이 없다. 자연수÷단위분수, 분모가 같은 진분수끼리의 나눗셈, 분모가 다른 진분수끼리의 나눗셈, 자연수 ÷분수, 대분수끼리의 나눗셈 등으로 구분하고 상황에 따라 두 가지 방식으로 해결 방법을 안내하고 있다. 피제수가 제수보다 클 경우에는 포함제 상황(덜어 내기 방식, 동수누감 방식)으로, 피제수가 제수 보다 작을 경우에는 분모를 통분한 후 분자끼리의 나눗셈 상황으로 이해하여 해결할 수 있도록 하였 는데 두 가지 방식 가운데 어떤 것에서도 지도서 단원 개관에서 중요하다고 밝힌 제수의 역수를 곱한 다는 알고리즘 원리를 이해할 수 없다는 점에서 매우 큰 아쉬움이 남는다.

3. 문제 해결, 놀이마당 등에서 다루는 내용이 단위 차시에서 다루는 내용과 관련이 있는데 뒤로 따로 떼 어서 제시된 이유가 늘 궁금하다. 다른 단원도 거의 마찬가지다. 본 차시와 관련 있는 부분에서 함께 다루면서 시간 안배를 보다 효율적으로 할 수 있도록 재구성할 필요가 있다고 판단된다.

분수 나눗셈 해결에 포함제가 웬 말인가?

지도서에는 분수 나눗셈 해결을 위해 포함제 방식이 알맞다고 제시되어 있다. 이는 제수에 피제수가 몇 번 들어 있는가와 같은 맥락으로 제수에서 피제수를 몇 번 덜어 낼 수 있는가 하는 원리로 해결한다는 것이라 할 수 있다. 그런데 이 대목은 조금만 생각해 보면 누구나 아래와 같은 의구심을 갖게 만든다.

> "덜어 내기 방식의 해결이 제수의 역수를 곱한다는 분수 나눗셈 알고리즘을 어떻게 증명해 주는 가? 그리고 이 방식이 모든 분수 나눗셈 해결에 적용될 수 있는가?"

예를 들면 아래와 같다.

1) 자연수÷진분수: $2 \div \frac{1}{4}$

$\frac{1}{4}$			1				2

2에는 $\frac{1}{4}$이 8번 들어 있다(4번 덜어 낼 수 있다). 그러므로 $2 \div \frac{1}{4} = 2 \times 4$와 같다. 그러나 이런 방식에 는 제수의 역수를 곱한다는 원리 설명이 들어 있지 않다.

    ① 1 안에는 이 4번 들어 있다. ⇨ 1×4

    ② 그런 1이 2개 있다. ⇨ 2×4

2) 분모가 같거나 다른 경우 통분을 통해 분자끼리의 나눗셈으로 해결하기

    ① 분모가 같은 경우: $\frac{6}{7} \div \frac{2}{7}$

$\dfrac{6}{7}$에는 $\dfrac{2}{7}$가 3번 들어 있다(3번 덜어 낼 수 있다). 그러니 분자끼리의 나눗셈으로 바꾸어 $6 \div 2$로 바꾸어 생각해도 된다는 식이다. $6 \div 2$도 결과상으로만 3일 뿐 여기에도 제수의 역수를 곱한다는 원리 설명은 들어 있지 않다. 또한 제수가 $2 \div 6$과 같이 피제수보다 작은 경우도 제대로 설명되지 않는다. 그러나 (자연수)÷(자연수) 상황은 5학년 과정에서 이미 공부한 바가 있기 때문에 조금만 짬을 내어 5학년 과정을 돌이켜 보면 쉽게 이해할 수 있는 부분이라 할 수 있다. 예를 들면 아래와 같다. (물론 5학년 교과서에는 아래에 제시된 바와 같이 설명과 안내가 되어 있지 못하다. 아래 내용은 2016년에 필자가 집필한 5학년 수학 수업 협동학습으로 디자인하다에 자세히 소개해 놓았으니 참고하기 바란다.)

$2 \div 3$의 사례(자연수÷자연수)

$\dfrac{1}{3}$짜리가 2개 있다는 의미 ⇨ 이렇게 해야 제수의 역수로 곱한다는 의미가 드러난다. 나누는 수 3을 분모로 하는 단위분수의 곱으로 전환된다는 것이 과정 속에 고스란히 드러나야 한다는 것이다.

$$2 \div 3 = 2 \times \dfrac{1}{3} = \dfrac{2}{3}$$

② 분모가 다른 경우 1: $\dfrac{4}{5} \div \dfrac{4}{15}$ (피제수가 제수보다 큰 경우)

위의 상황은 $\dfrac{4}{5}$에서 $\dfrac{4}{15}$를 몇 번 덜어 낼 수 있느냐 하는 것으로 설명하고 있다. 이를 위해 분모가 달라 바로 덜어 내기 어려우니 분모를 통분하는 과정을 먼저 안내하고 있다.

이렇게 통분하면 $\frac{4}{5}$가 $\frac{12}{15}$로 바뀐다. 그 결과로 $\frac{4}{5} \div \frac{4}{15} = \frac{12}{15} \div \frac{4}{15} = 12 \div 4$로 바꾸어 계산해도 된다는 식으로 설명하고 있다. 역시 여기에도 제수의 역수를 곱한다는 원리 설명이 들어 있지 않다.

③ 분모가 다른 경우 2: $\frac{2}{3} \div \frac{5}{7}$(피제수가 제수보다 작은 경우)

이 경우에는 바로 위의 피제수가 제수보다 큰 경우처럼 분수 모델(띠 모델 등의 그림)을 이용하여 덜어 내기 방식으로 설명하기에는 어려움이 있어 현재 교과서는 아래와 같이 통분하는 과정을 통해 수식으로 안내하고 있는 것처럼 보인다.[3]

$$\frac{2}{3} \div \frac{5}{7} = \frac{2 \times 7}{3 \times 7} \div \frac{5 \times 3}{7 \times 3} = (2 \times 7) \div (5 \times 3) = \frac{2 \times 7}{5 \times 3} = \frac{2 \times 7}{3 \times 5} = \frac{2}{3} \times \frac{7}{5}$$

따라서 $\frac{2}{3} \div \frac{5}{7} = \frac{2}{3} \times \frac{7}{5}$과 같다는 것이다. 그런데 이런 방식 또한 통분하여 분자끼리의 나눗셈으로 바꾸어 계산하다 보니 결과적으로 제수의 역수가 만들어졌다는 식의 설명일 뿐 왜 제수의 역수를 곱하게 되는지에 대한 논리적인 설명은 될 수 없다.

알고리즘 적용으로 답을 구하기만 하면 된다는 식 사고의 위험성

많은 학생, 학부모, 교사들이 수학이라는 교과에 대하여 문제 풀이 방법이나 알고리즘만 익혀서 주어진 문제를 해결하고 답을 구하면 되는 과목이라고 이해하고 있기 때문에 알고리즘의 이해와 탐구 과정이 없이 그것의 적용 중심으로 수학 교육 활동이 전개되어 왔다는 것은 어느 정도 부정할 수 없는 사실이다. 물론 알고리즘이라는 것이 나름의 장점을 갖고 있는 것 또한 사실이다.[4] 하지만 알고리즘만 익혀서 문제를 풀어 정답만 얻으면 된다는 식의 수학 활동은 아래와 같이 매우 큰 문제점을 드러내고 있다.

따라서 교사는 학생들에게 알고리즘을 익히도록 안내하기 전에 다음과 같은 점에 대하여 철저히 주의를 기울여야 한다.

1. 주어진 상황이나 맥락에 대한 이해가 우선 ⇨ 주어진 숫자만 가져다가 공식에 대입하여 따라 답을 구

---

3 제수가 피제수보다 클 경우 피제수에서 제수만큼 덜어 낼 수가 없기 때문에 덜어 내기(포함제) 방식으로는 설명이 불가능하여 분수 모델 제시도 없이 오직 통분하는 과정으로만 설명할 수밖에 없게 된다.

4 알고리즘의 적용을 통한 문제 해결이 갖고 있는 장점

① 알고리즘:문제를 해결하기 위해 마련해 놓은 절차나 방법, 절차에 따르기만 하면 쉽게 답을 얻을 수 있도록 만들어 놓은 형식화된 틀, 소위 공식이라고 말하는 것들이 이에 해당된다. 대표적으로 많이 알려진 것에는 근의 공식이 있다.

② 쉽고 빠르게 답을 구할 수 있다.

③ 복잡한 과정을 거치지 않고도 효율적으로 답을 구할 수 있다.

④ 답에 이르는 과정에서 시행착오를 줄여 준다.

하기만 하면 된다는 식의 생각을 하지 않게 하기

2. 학생들은 알고리즘이 만들어지는 과정과 원리를 탐구해 나가는 능동적 주체 ⇨ 알고리즘을 배우고 익혀 적용하기만 하는 수동적 존재가 아님을 인식하게 하기

3. 학생들이 스스로 알고리즘을 발견하고 만들어 나가도록 도와주기 ⇨ 알고리즘은 배우는 것이 아니라 탐구하고 발견해 내야 한다는 것을 깨닫게 하기

알고리즘 적용 중심 수학교육의 문제점

1. 과정에 대한 이해 부족	2. 문제에 대한 형식적 접근	3. 문제 해결 능력 저하	4. 수학교육에 부정적
과정 이해 없이 방법만 익혀 따라 하려고만 한다.	주어진 문제 상황이나 맥락 등에 대한 이해 없이 숫자만 뽑아 공식에 대입하려 한다.	시행착오의 경험을 통해 목표에 도달하면서 얻게 되는 다양한 전략 수립 능력 향상, 탐구 능력 향상 가능성이 모두 사라진다.	학습 초반부터 섣불리 도입된 알고리즘의 적용 및 활용은 학생들의 원리 이해에 부정적 영향을 미쳐 성취 수준 저하 및 수학교육에 대한 부정적 인식을 갖도록 한다.

4. 수학 수업의 목적은 쉽고 빠르게 정답에 이르는 길을 교사가 먼저 가르치고 학생들은 그것을 배워 문제를 잘 풀기만 하면 되는 것이 아니라는 점을 깨닫게 하기

5. 학생 스스로가 주어진 수학적 문제 상황을 자신의 문제로 받아들일 수 있도록 도와야 한다는 점

6. 자신의 문제로 받아들인 상황에 대하여 학생 스스로 다양한 전략을 수립하여 문제를 해결할 수 있도록 도와야 한다는 점

바람직한 수학 수업을 위해 지양해야 할 점과 지향해야 할 점은 다음과 같다.

지양해야 할 것	지향해야 할 것
• 처음부터 알고리즘을 바로 알려 주고 그에 따라 주어진 문제를 해결하라고 하는 일[5] • 위와 같은 일로 인하여 학생 스스로 생각할 수 있는 기회를 빼앗는 일 • 일방적인 교사의 설명과 전달에 의해 학생들이 알고리즘을 배우고 익혀서 사용하도록 하는 일 • 알고리즘만 배워 익혀 반복적으로 비슷한 유형의 문제를 풀게 함(훈련)으로써 학생들로 하여금 수학적 활동의 가치를 깨닫지 못하도록 하는 일	• 주어진 수학적 문제 상황 속에서 자신만의 전략을 세워 해결해 나가는 과정에서 발견하거나 알게 된 것을 자신만의 언어로 표현할 수 있도록 하는 일 • 이러한 과정이 충분히 반복적으로 이루어졌을 때 경험을 통해 알게 된 원리나 전략을 형식화하여 (알고리즘으로 정리) 문제를 해결할 수 있도록 하는 일 • 그 과정 속에서 발견, 탐구, 수학하는 즐거움을 깨달을 수 있도록 하는 일

---

5 알고리즘만 배워 익혀 문제를 해결하려는 학생들에게 나타나는 일반적인 현상은 다음과 같다.

결론적으로 교사들은 위와 같은 것들을 잘 고려하여 치밀하게 수업을 디자인하고 그에 따른 전략적이면서도 의미 있는 발문을 전개해 나가야 한다.

02 단원 재구성을 위한 방안

본 단원의 핵심은 아래와 같다.

1. 나눗셈이 무엇을 의미하는지 알기
2. 분수의 나눗셈에서 제수의 역수는 무엇을 의미하는지 알기
3. 제수의 역수를 곱한다는 것을 적절히 설명하기
4. 알고리즘의 원리를 이해하고 이를 적용하여 문제를 해결하기

1. **출발점 행동에 대한 점검**: 5학년 2학기 분수의 나눗셈 과정 이해도를 점검하는 것으로 단원 학습을 시작하도록 설계하였다.[6] 왜냐하면 수학이라는 교과는 그 어떤 교과보다도 개념과 개념 사이의 체계성이 매우 강하여 이전 단계의 내용을 제대로 이해하고 있지 못하면 현재 학습하게 될 내용도 정확히 이해할 가능성이 떨어지기 때문이다.

2. **진분수끼리의 나눗셈**(진분수÷진분수)을 통해 분수 나눗셈의 원리(알고리즘: 제수의 역수를 곱한다)를 확실히 이해하는 활동에 최대한 시수를 확보하여 수업을 진행하도록 설계하였다.

3. 분수의 형태(단위분수, 진분수, 대분수 등)에 따라 원리 적용이 달라지지 않기 때문에 세세하게 차시를 나누어 지도하기보다는 원리 이해를 바탕으로 교과서 내용을 스스로 해결할 수 있도록 단원 전체를 재구성하여 수업을 설계하였다. 왜냐하면 본 단원에서 꼭 알아야 할 핵심 사항은 딱 하나이기 때문이다. 진분수÷진분수의 원

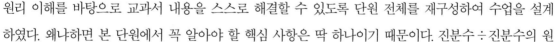

① 기능만 익힘으로써 수학적 문제 상황에 대한 맥락적인 이해가 부족함
② 알고리즘이 만들어진 원리나 과정을 제대로 이해하지 못함
③ 스스로의 힘으로 수학교과를 공부하려는 의지와 노력이 부족하거나 미약함
④ 문제 해결 과정에서 쉽게 어려움에 봉착하게 되고, 그럴 때마다 정답 해설지에 의존함
⑤ 수학 교과 또는 수학 공부 자체를 싫어하거나 관심이 부족함
⑥ 능동적인 태도를 보이지 못하고 수동적 학습자로 전락함
6　5학년 2학기 분수의 나눗셈 단원 학습 내용: 자연수끼리의 나눗셈, 진분수÷자연수, 가분수÷자연수, 대분수÷자연수

리 이해가 충분히 이루어졌다면 다른 형태의 분수가 포함된 나눗셈도 충분히 해결할 수 있을 것이다.

4. 분수의 나눗셈에 앞서 나눗셈의 의미를 보다 명확히 할 수 있도록 하였다.

나눗셈의 의미

1. 제수에 대한 피제수의 비율(비의 값)을 가리킨다.

2. 몫(나눗셈 결과)이란 제수가 단위량 1일 때의 값을 말한다.

   (예 1) <u>12개의 빵</u>이 있다. <u>3명</u>이 나누어 먹는다면 1명은 몇 개를 먹을 수 있는가?

　　　피제수　　　　　제수　　　　　　　　　제수의 단위량

   ⇨ 12(피제수) ÷ 3(제수) ÷ 4(몫 : 1명이 먹을 수 있는 빵의 양)

   ⇨ 이 나눗셈의 의미는 제수가 1일 때의 값을 묻는 질문이다. 즉 1명은 4개의 빵을 먹을
      수 있다는 뜻이다.

   (예 2) 2 ÷ 10 = 0.2 ⇨ 제수가 1일 때의 값은 0.2라는 의미

3. 나눗셈의 결과(몫)는 세수를 1로 만들었을 때 피제수의 양을 가리킨다는 것을 명확히 이해하여
   야 한다.

4. 나눗셈을 해결하는 과정은 주어진 제수를 단위량(1)으로 만들어 나가는 과정이라고 말할 수 있다.

---

5. 분수의 나눗셈 원리 이해 및 그와 관련된 다양한 문제 상황을 제시하고 이를 해결할 수 있도록 수업을
설계하였다. 이 과정에서 협동적 문제 해결, 다양한 전략 세우기, 효과적인 의사소통이 이루어질 수 있
도록 한다.

6. 5학년 분수의 나눗셈 과정에 대한 간략한 이해는 다음과 같다. 5학년 분수의 나눗셈 과정은 제수가
모두 자연수인 경우에 해당된다. 이 경우 피제수에 어떤 형태의 분수가 오더라도 그 원리는 모두 똑
같이 적용된다.

 예 $\frac{3}{4} \div 2$(진분수 ÷ 자연수)

| $\frac{1}{4}$ | $\frac{1}{4}$ | $\frac{1}{4}$ | 1 | ÷2 = |

| (| $\frac{1}{4}$ | $\frac{1}{4}$ | $\frac{1}{4}$ |) ÷2 = |

| $\frac{1}{4}$의 반 | $\frac{1}{4}$의 반 | $\frac{1}{4}$의 반 | = |

| $\frac{1}{8}$ | $\frac{1}{8}$ | $\frac{1}{8}$ | 1 | = |

| $\frac{1}{8}$ | $\frac{1}{8}$ | $\frac{1}{8}$ | 1 | = $\frac{3}{8}$ |

⇨ $\frac{3}{4}$은 $\frac{1}{4}$이 3개 있는 것

⇨ $\frac{3}{4} \div 2$는 각각의 $\frac{1}{4}$조각을 2등분한 것 $= \frac{3}{4}$의 $\frac{1}{2} = \frac{3}{4} \times \frac{1}{2} = \frac{1}{8}$이 3개 있는 것

⇨ $\frac{1}{8} \times 3 = \frac{3}{8}$

⇨ $\frac{3}{4} \div 2$(2를 분모로 하는 단위분수의 곱으로 전환) $= \frac{3}{4} \times \frac{1}{2}$이 되는 과정의 이해 및 설명이 가능해 야 함(왜 '÷2'가 '$\times \frac{1}{2}$'이 되는지를 설명할 수 있어야 한다.)

 원리 $\square \div 3 = \square$를 3등분한 것 가운데 1개 $= \square \times \frac{1}{3}$이라는 사실을 이해하기

7. 제수의 역수를 곱하면 된다는 분수 나눗셈의 원리는 다음과 같다.

{ 이 원리를 이해하기에 앞서 '나눗셈 = 제수를 1로 만들어 나가는 과정'이라는 것의 선제적 이해가 모든 과정에 꼭 필요하다. }

 예 1 $1 \div \frac{1}{4}$ (자연수 ÷ 단위분수)

⇨ 피제수 1은 제수가 $\frac{1}{4}$일 때의 값이다. 제수가 1일 때의 값을 구하려면 1의 4배가 필요하다. 왜냐하 면 1은 $\frac{1}{4}$의 4배($\frac{1}{4}$이 4개)이기 때문이다.

⇨ 1×4($\frac{1}{4}$의 역수)로 과정이 만들어진다.

⇨ $\boxed{ 1 } \div \frac{1}{4} = 1 \times 4 \quad \boxed{1} \quad \boxed{1} \quad \boxed{1} \quad \boxed{1} = 4$

 예 2 $\frac{2}{3} \div \frac{1}{3}$ (분모가 같은 진분수 ÷ 단위분수)

⇨ 피제수 $\frac{2}{3}$는 제수가 $\frac{1}{3}$일 때의 값이다. 제수가 1일 때의 값을 구하려면 $\frac{2}{3}$의 3배가 필요하다. 왜냐 하면 1은 $\frac{1}{3}$의 3배($\frac{1}{3}$이 3개)이기 때문이다.

⇨ $\frac{2}{3} \div \frac{1}{3} = \frac{2}{3} \times 3$($\frac{1}{3}$의 역수)으로 과정이 만들어진다.

⇨ $\div \frac{1}{3} = \frac{2}{3} \times 3$

$= 2$

 예 3 $\frac{3}{4} \div \frac{2}{4}$ (분모가 같은 진분수 ÷ 진분수)

⇨ 제수가 1이 되려면 먼저 $\frac{2}{4}$가 $\frac{1}{4}$일 때의 값(단위분수일 때의 값)이 필요하다. 제수를 단위분수로 만든 후 분모의 크기만큼 곱해 주는 과정이 바로 분수의 나눗셈 과정이다. $\frac{3}{4} \div 2$($\frac{2}{4}$가 $\frac{1}{4}$일 때의

값을 알려면 피제수 $\frac{3}{4}$을 2로 나누어야 한다. 왜냐하면 $\frac{2}{4}$는 $\frac{1}{4}$이 2개이기 때문이다.) $= \frac{3}{4} \times \frac{1}{2}$ ('÷2'가 '$\times \frac{1}{2}$'로 바뀌는 것은 5학년 과정에서 학습한 내용)

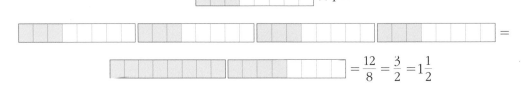

⇨ $\frac{3}{4} \times \frac{1}{2}$은 제수가 $\frac{1}{4}$일 때의 값이다. 여기에 4배를 하면 제수가 1일 때의 값을 구할 수 있게 된다.

$$\left(\frac{3}{4} \times \frac{1}{2}\right) \times 4 = \frac{3}{4} \times \frac{1}{2} \times 4 = \frac{3}{4} \times \frac{4}{2} = \frac{12}{8} = \frac{3}{2} = 1\frac{1}{2}$$

분수 나눗셈의 알고리즘 원리(제수의 역수)가 나타난 과정

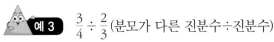

⇨ $\frac{3}{4} \div \frac{2}{4} = \left(\frac{3}{4} \div 2\right) \times 4 = \left(\frac{3}{4} \times \frac{1}{2}\right) \times 4 = \frac{3}{4} \times \frac{1}{2} \times 4 = \frac{3}{4} \times \frac{4}{2} = \frac{3}{2}$

예 3 $\frac{3}{4} \div \frac{2}{3}$ (분모가 다른 진분수÷진분수)

⇨ 제수가 1이 되려면 먼저 $\frac{2}{3}$가 $\frac{1}{3}$일 때의 값(단위분수일 때의 값)이 필요하다. 제수를 단위분수로 만든 후 분모의 크기만큼 곱해 주는 과정이 바로 분수의 나눗셈 과정이다. $\frac{3}{4} \div 2$($\frac{2}{3}$가 $\frac{1}{3}$일 때의 값을 알려면 피제수 $\frac{3}{4}$을 2로 나누어야 한다. 왜냐하면 $\frac{2}{3}$는 $\frac{1}{3}$이 2개이기 때문이다.) $= \frac{3}{4} \times \frac{1}{2}$ ('÷2'가 '$\times \frac{1}{2}$'로 바뀌는 것은 5학년 과정에서 학습한 내용)

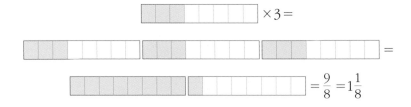

⇨ $\frac{3}{4} \times \frac{1}{2}$은 제수가 $\frac{1}{3}$일 때의 값이다. 여기에 3배를 하면 제수가 1일 때의 값을 구할 수 있게 된다.

$$\left(\frac{3}{4} \times \frac{1}{2}\right) \times 3 = \frac{3}{4} \times \frac{1}{2} \times 3 = \frac{3}{4} \times \frac{3}{2} = \frac{9}{8}$$

분수 나눗셈의 알고리즘 원리(제수의 역수)가 나타난 과정

$$= \frac{9}{8} = 1\frac{1}{8}$$

⇨ $\frac{3}{4} \div \frac{2}{3} = \left(\frac{3}{4} \div 2\right) \times 3 = \left(\frac{3}{4} \times \frac{1}{2}\right) \times 3 = \frac{3}{4} \times \frac{1}{2} \times 3 = \frac{3}{4} \times \frac{3}{2} = \frac{9}{8} = 1\frac{1}{8}$

자연수÷분수, 대분수의 나눗셈 예시 과정은 생략한다. 이 경우도 원리는 위의 과정과 동일하기 때문이다.

위의 과정을 알기 쉽게 순서대로 나타내기 위해 아래와 같이 표에 정리하면 좋을 것이다.

최초의 식	제수를 단위분수로 만들었을 때 피제수의 값	제수를 단위량 1로 만들었을 때 피제수의 값	최종 정리
$\frac{3}{4} \div \frac{2}{3}$	$\frac{3}{4} \div 2 = \frac{3}{4} \times \frac{1}{2}$	$\left(\frac{3}{4} \times \frac{1}{2}\right) \times 3 = \frac{3}{4} \times \frac{3}{2}$	$\frac{3}{4} \times \frac{3}{2} = \frac{9}{8} = 1\frac{1}{8}$

03 단원 지도를 위한 재구성의 실제

차시	재구성 이후	수업의 목적
1	출발점 상황 점검	5학년 과정 중 '○÷자연수'='○×$\frac{1}{자연수}$'가 됨을 이해하기(띠 모델 활용)
2~6	분수 나눗셈의 이해(1)	나눗셈 개념 이해를 바탕으로 한 분수 나눗셈의 원리 탐구(자연수÷단위분수, 분모가 같은 진분수÷단위분수, 분모가 같은 진분수끼리의 나눗셈, 분모가 다른 진분수끼리의 나눗셈)
7	중간 정리 – 발견한 원리의 적용 1(교과서 문제 해결)	
8~9	분수 나눗셈의 이해(2)	나눗셈 개념 이해를 바탕으로 한 분수 나눗셈의 원리 탐구(자연수÷분수, 대분수 나눗셈)
10	마무리 정리 – 발견한 원리의 적용 2(교과서 문제 해결)	
11	문제 해결	미션 과제 해결하기 – 덜어 내기 방식으로 이해하기
12	단원 정리(문제 풀기) – 평가	단원 평가

위와 같이 크게 세 부분으로 나누어 재구성한 이유는 다음과 같다.

첫째, 분수의 나눗셈이 곱셈으로 바뀌는 과정의 이해를 돕기 위해 5학년 과정의 일부를 다시 학습해 보면서 선행했던 과정에 대한 출발점 행동을 점검해 보는 시간을 갖도록 단원 설계를 하였다. 수학 교과는 체계성이 매우 강하기 때문이다.

둘째, 본 단원의 핵심은 분수 나눗셈의 알고리즘이 어떻게 만들어졌는지 그 원리를 이해하고 발견하는 것에 있다. 따라서 이것을 집중적으로 탐구하는 활동에 1차로 5시간, 2차로 2시간 정도 할애하였다. 특히 분모가 같은 진분수끼리의 나눗셈에서 '×역수'가 되는 원리 이해에 난개념 현상이 발생할 가능성이 높아 이에 대한 내용 진행에만 2시간 정도 할애하고자 하였다. 아울러 원리 이해가 마무리되었다면 '자연수÷분수, 대분수 나눗셈'은 따로 1시간씩 다룰 수 있도록 계획하였다. 이 과정에서 특히 덜어 내기

방식에 대한 개념, '×역수'로 변환되는 과정을 그림으로 이해할 수 있도록 신경 써서 디자인해 보았다.

한편 각각의 1차, 2차 활동 후에 알게 된 사실을 바탕으로 알고리즘의 적용이 가능한지 점검해 보는 차원에서 교과서 문제 풀이 시간을 1시간씩 배정하였다. 교과서 속 마무리 문제만을 뽑아 협동학습 짝 점검 구조를 적용하여 진행한다면 충분히 효과적인 활동이 이루어질 것이라 예상된다. 전체적인 활동 과정에서 협동적 문제 해결, 효과적인 의사소통이 이루어질 수 있도록 최선을 다하였다.

셋째, 단원 학습의 최종 마무리 단계에서 포함제(덜어 내기 방식) 개념으로 분수의 나눗셈 문제를 해결하는 것에 대한 이해를 돕고자 하였다. 이와 관련하여 분수 나눗셈 상황에 대한 맥락적 사고를 묻는 질문(근접발달영역 범위 내의 발문)을 제시하고 이를 통해 분수 나눗셈 상황의 실제적 이해를 도울 수 있도록 해 보았다. 그 과정에서 학생들의 수학적 의사소통 능력 및 협동적 문제 해결 능력, 현재 발달 수준에서 잠재적 발달 수준으로의 수학적 사고 능력이 한 단계 더 향상될 수 있을 것이라 기대한다. 아울러 수학이 실제 삶과 어떤 관련성이 있는지를 깨닫고 수학하는 기쁨과 즐거움 또한 느낄 수 있을 것이라 판단된다.

넷째, 전 차시에 걸쳐 문제 상황을 제시할 때 반드시 분수 나눗셈을 위한 수식만 제시하지 말고 그림과 함께 맥락 속에서 개념적으로 이해할 수 있도록 한다. 왜냐하면 나눗셈은 주어진 상황이 어떤 맥락인지를 이해하는 것부터 시작되기 때문이다. 이를 통해 학생들은 나눈다는 것이 어떤 의미인지를 정확하게 인지하고 비로소 문제 해결을 위한 전략을 수립할 수 있게 된다.

포함제(덜어 내기) 개념으로 분수 나눗셈 문제 해결하기

(분수 나눗셈 상황) 4m 길이의 막대가 있다. 이 막대를 $\frac{2}{3}$m씩 자르려고 한다. 몇 개를 만들 수 있는가?

▷ 띠 모델로 이해하기

1m	2m	3m	4m

4m 길이의 막대를 왼쪽에 보는 바와 같이 $\frac{2}{3}$m 길이로 자르려고 한다. 이때 $\frac{2}{3}$m 길이의 나무 막대 몇 개를 만들 수 있는가에 대하여 알아보려는 것이다. 이를 위해서 $\frac{2}{3}$m를 기준 단위량으로 하여 4m 길이의 나무 막대를 계속 잘라 나가면 된다는 것이다(4m에서 $\frac{2}{3}$m씩 계속 덜어 내면 몇 번 덜어 낼 수 있는지 알아보는 것).

1m	2m	3m	4m

결과는 위에서 보는 바와 같이 6번 덜어 낼 수 있다. 다시 말해서 $\frac{2}{3}$m 길이의 나무 막대 6개를 만들 수 있다는 이야기다.

(문제 해결을 위한 식) $4m \div \frac{2}{3}m = 4m - \frac{2}{3}m - \frac{2}{3}m - \frac{2}{3}m - \frac{2}{3}m - \frac{2}{3}m - \frac{2}{3}m = 0$

($\frac{2}{3}$m를 1단위로 바꾸어 생각하기) ▷ 4m 안에 $\frac{2}{3}$m 단위가 6번 들어 있다.

($\frac{1}{3}$m 단위분수를 기준으로 생각하기) ▷ 4m 안에 $\frac{1}{3}$m 단위분수가 12번 들어 있다.

그런데 주어진 상황은 $\frac{1}{3}$m의 2배인 $\frac{2}{3}$m가 기준이므로 12÷1이 아니라 12÷2라는 상황이 만들어진다. 이 과정이 바로 통분 과정이라 말할 수 있다. 자연수 4를 제수와 같이 분모가 3인 분수로 만든 후 분자끼리만의 상황으로 생각한 것이다.

$$4 \div \frac{2}{3} = \frac{12}{3} \div \frac{2}{3} = 12 \div 2 = 6$$

심진(心震)을 일으킬 수 있는 문제(근접발달영역에 해당되는 질문)

(분수 나눗셈 상황) 철수는 5m 길이의 막대가 $\frac{3}{4}$m 길이 막대의 몇 배가 되는지 측정해 보려고 한다.

▷ (철수의 해결) 철수는 아래와 같이 5m 길이의 막대를 $\frac{3}{4}$m씩 계속 잘라 나갔다.

	1		2		3		4		5m

$\frac{3}{4}$		$\frac{3}{4}$		$\frac{3}{4}$		$\frac{3}{4}$		$\frac{3}{4}$		$\frac{3}{4}$		$\frac{1}{4}$	$\frac{1}{4}$

그 결과 위와 같이 $\frac{3}{4}$m 길이의 막대 6개를 얻었고 $\frac{2}{4}$m가 남게 되었다.

▷ (철수가 얻은 답) $6\frac{2}{4}$ 배

(질문) 철수가 얻은 결과가 옳다고 할 수 있는가?

▷ 옳다면 덜어 내기 과정을 수식으로 나타내 보시오.

▷ 잘못되었다면 무엇이 왜 잘못되었는지를 설명하여 보시오.

(해답) 철수가 얻은 결과는 잘못되었다. 측정을 위해 전체 5m를 $\frac{1}{4}$m씩 등분을 한 후 $\frac{3}{4}$m씩 덜어 내고 남은 것이 $\frac{2}{4}$m라는 것을 알았다. 하지만 실제 측정 과정에서 5m 길이의 막대를 측정하기 위해 단위량(기준) 1로 사용한 것은 $\frac{1}{4}$m가 아니라 $\frac{3}{4}$m $\boxed{\frac{3}{4}}$ 였던 것이다. 이렇게 $\frac{3}{4}$m를 단위량 1로 본다면 실제로 남아 있는 $\frac{2}{4}$m $\boxed{\frac{1}{4}\ \frac{1}{4}}$ 는 $\frac{3}{4}$m의 $\frac{2}{3}$에 해당된다. 따라서 철수가 얻은 답은 $6\frac{2}{4}$ 배가 아니라 $6\frac{2}{3}$ 배여야 한다는 것이다. $5 \div \frac{3}{4} = 5 \times \frac{4}{3} = \frac{20}{3} = 6\frac{2}{3}$ (6번 덜어 내고 남은 나머지가 왜 $\frac{2}{4}$가 아니라 $\frac{2}{3}$가 되어야 하는지를 정확히 설명할 수 있어야 제대로 이해하였다고 말할 수 있다.)

※ 위에서 보는 바와 같이 포함제(덜어 내기) 방식으로 분수 나눗셈 문제를 해결할 수는 있겠지만 그 해결 과정에서 제수의 역수를 곱한다는 알고리즘을 발견하기에는 어려움이 따른다. 이에 따라 단원 재구성을 위한 방안에서 포함제 방식이 아닌 다른 방법으로 대안을 제시하였던 것임을 꼭 알아 두기 바란다.

🌱 1차시 출발점 상황 점검 : 'O÷자연수'에 대한 이해

수업 흐름	교사의 발문
도입	**출발점 상황 설명** 5학년 과정에서 공부했던 분수의 나눗셈 내용을 종합적으로 정리해 보고 6학년 과정을 공부해 보도록 하겠습니다. 무엇보다 중요한 것은 그림(띠 모델)을 통한 원리(개념) 이해라는 점을 잊지 말기 바랍니다.

발문 1 $1 \div 3$을 그림(띠 모델)으로 함께 이해하기(교사가 먼저 전체를 대상으로 설명해 주면서 이해를 돕기) ⇨ 쉽게 생각하기 : 빵 1개를 3명이 나누어 먹을 때 각각의 1개를 3등분씩 하여 나누어 먹는다는 상황을 떠올려 해결

해결 │ 1 │ ÷3= ▨ │ 1 │ $=1 \times \frac{1}{3} = \frac{1}{3}$ ⇨ 제수가 1일 때의 값

발문 2 $2 \div 3 = 2 \times \frac{1}{3}$이 됨을 그림(띠 모델)으로 설명해 보기(모두 일어서서 나누기) ⇨ 쉽게 생각하기 : 빵 2개를 3명이 나누어 먹을 때 각각의 1개를 3등분씩 하여 나누어 먹는다는 상황을 떠올려 해결

해결 │ 1 │ 2 │ ÷3 = (│ 1 │ │ 1 │) ÷3

$= ($ ▨ │ 1 │ ▨ │ 1 │ $) = 2 \times \frac{1}{3} = \frac{2}{3}$

발문 3 $\frac{3}{4} \div 2 = \frac{3}{4} \times \frac{1}{2}$이 됨을 그림(띠 모델)으로 해결해 보기(모두 일어서서 나누기)

해결 │ $\frac{1}{4}$ │ $\frac{1}{4}$ │ $\frac{1}{4}$ │ 1 │ ÷2

$= ($ │ $\frac{1}{4}$ │ │ $\frac{1}{4}$ │ │ $\frac{1}{4}$ │ $) \div 2$

$= $ │ $\frac{1}{4}$의 반 │ │ $\frac{1}{4}$의 반 │ │ $\frac{1}{4}$의 반 │ ⇨ $3 \times (\frac{1}{4} \times \frac{1}{2})$

$= $ │ $\frac{1}{8}$ │ $\frac{1}{8}$ │ $\frac{1}{8}$ │ 1 │ ⇨ $\frac{3}{4} \times \frac{1}{2}$

$= $ │ $\frac{1}{8}$ │ $\frac{1}{8}$ │ $\frac{1}{8}$ │ 1 │ ⇨ $\frac{3}{8}$

발문 4 $\frac{2}{3} \div 2 = \frac{2}{3} \times \frac{1}{2}$이 됨을 그림(띠 모델)으로 해결해 보기(모두 일어서서 나누기)

심진을 일으키는 발문 아래 철수의 설명에 대하여 각 모둠별로 토론하여 보자. (모든 구성원이 설명할 수 있어야 함)

※ 철수는 주스 1L들이 3개(3L)를 4명이 나누어 먹는 상황에 대하여 아래와 같이 해결하였다.

정리

(주스 ① 1L: A, B, C, D / 각 $\frac{1}{4}$)
(주스 ② 1L: A, B, C, D / 각 $\frac{1}{4}$)
(주스 ③ 1L: A, B, C, D / 각 $\frac{1}{4}$)
⇒
(3L: A A A / B B B / C C C / D D D / 각 $\frac{1}{4}$)
1명이 먹을 수 있는 주스의 양

$$\Rightarrow \frac{3}{12} = \frac{1}{4}\text{L}$$

⇨ 철수의 설명

(1) 주스 ①과 주스 ②, 주스 ③을 합하여 오른쪽 그림과 같이 붙여놓고 보면 전제 3L를 4등분한 것과 같이 된다.

(2) 전체 3L를 4등분한 후 하나의 덩어리가 1명이 먹을 수 있는 주스의 양이 된다.

(3) 그러므로 결론은 $\frac{3}{12} = \frac{1}{4}$L가 답이 되어야 한다.

정리) 분수 나눗셈의 기본 원리: □÷3 ⇨ □를 3등분한 것 가운데 1개 = □ × $\frac{1}{3}$이라는 사실을 이해하기

1차시 수업 소감

6학년 분수의 나눗셈 단원을 시작하기 위한 출발점 진단 활동으로 5학년 과정 분수의 나눗셈 내용을 핵심만 다시 한 번 짚어 보면서 6학년 과정에 꼭 필요한 내용만 간추려 정리해 보았다. 지금까지 아이들이 3~5학년까지 3년 동안 학습해 왔던 많은 내용을 짧은 시간 안에 간추려야 하는 문제, 문제 풀이 중심의 수업 방식과 전혀 다른 방향으로 분수에 대한 공부를 해야만 하였기에 시간이 많이 걸리는 협동학습보

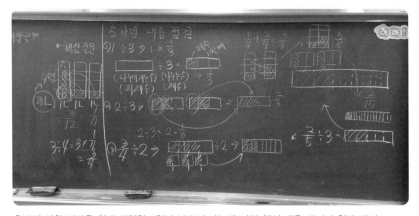
출발점 상황 진단을 위해 진행한 5학년 분수의 나눗셈 과정 핵심 내용 살피기 칠판 판서

다는 핵심만 간추려 짧은 시간 안에 의도하는 바를 전하기 위한 강의식 수업을 선택하였다.

첫 질문은 $1 \div 3 = 1 \times \frac{1}{3}$이 된다는 것을 그림으로 이해하는 것이었다. 역시 예상했던 대로 정확히 그림으로 표현하고 설명하는 아이들이 거의 없었다. 그래서 먼저 한번 칠판에 그림으로 그려 안내를 하면서 $1 \div 3 = 1 \times \frac{1}{3}$이 된다는 것에 대한 이해를 도왔다. 그랬더니 "아, 이제 기억이 났다"는 아이도 있었고 "새롭게 알게 되었어요."라고 말하는 아이도 있었다. 아마도 이런 식으로 학습한 기억이 있어도 중요하게 다루지 않아 기억 저편으로 멀어졌을 수도 있고 수식으로만 공부하는 우리나라 수학교육의 특성 때문에 이렇게 해결하려는 노력이 부족했었을 수도 있으며 학습은 제대로 하였지만 너무 오래되어서 잠시 기억 속에서 희미해졌던 것일 수도 있다는 생각이 들었

다. 어찌 되었든 아이들은 지금 이 순간 '신개념'의 세계로 처음 접어든 것처럼 눈을 부릅뜨고 출발점 진단 활동 속으로 풍덩 빠져 들어가기 시작하였다.

그렇게 한번 짚어 준 덕분인지 다음 질문에 대해서는 그림으로 잘 표현하기 시작하였다. 다음에 이어진 $2 \div 3 = 2 \times \frac{1}{3}$이 된다는 것을 띠 모델로 그리는 데 있어서 처음 지목한 아동은 ▭▭▭▭▭▭ 1 ▭▭▭▭▭▭ 1 로 표현하고 3을 2로 나눈 것이니 각각의 1을 3등분한 것 가운데 2칸을 색칠하였다고 설명하였다. 그러자 적지 않은 아이들이 그림이 잘못되었다고 하였고 몇 명의 아이들은 이것이 맞다고 말하기도 하였다. 그래서 "맞다고 생각하는 사람과 틀렸다고 생각하는 사람으로 나뉘었네. 그러면 먼저 맞다고 생각하는 사람의 의견부터 들어 보도록 하자. 누가 설명해 볼까?" 했더니 한 아이가

설명해 보겠다고 하면서 앞에서 1÷3은  와 같이 한 칸이 색칠되었으니 2÷3은 두 칸이 색칠되어야 하는 것이라 말하였다. 그러자 틀렸다고 생각하는 아동들이 "그게 아닌 것 같아요. 제가 설명해 보겠습니다."라고 말하기 시작하였다. "그러면 ○○이가 설명해 볼까?" 하고 연결 짓기를 해 주었다. 그랬더니 "2÷3은 1이 2개 있는 것인데 앞에 있는 1도 3등분한 것 중 한 조각, 뒤에 있는 1도 3등분한 것 중 한 조각을 색칠하면 이렇게 되는데, 색칠한 것을 한곳에 모으면 이렇게 되어서 답은 $\frac{2}{3}$가 되는 것입니다. $2÷3 = 2 × \frac{1}{3} = \frac{2}{3}$가 됩니다."라고 정확히 설명해 주었다. 아이들은 "아, 이제 알겠다. 그런 것이었구나." 하고 반응을 보였다. 이어서 다음 단계 질문으로 넘어갔다.

"$\frac{3}{4}÷2$는 그림으로 어떻게 설명할까?"라고 질문하고 잠시 생각할 시간을 주었다. 잠시 뒤에 한 명의 아동이 칠판 앞으로 나와 아래와 같이 표현하였다.

대부분의 아이들은 이것이 맞다고 하였다. 그래서 이렇게 질문하였다. "지금은 2로 나눈 것을 표현한 것인데 만약 3으로 나누었거나 5로 나누었다면 어떻게 할까?" 그랬더니 아이들은 "어? 그것은 잘 안 되는데요? 어려워요!" 하는 반응을 보였다. "그렇다면 결과적으로 답은 맞을 수 있겠지만 이렇게 표현하면 안 되겠지요? 그렇다면 어떻게 해야 할까요?" 하고 질문을 이어 가자 잠시 침묵이 흘렀다. 그래서 해결의 실마리를 찾을 수 있는 질문으로 이어 갔다. "$\frac{3}{4}$은 어떤 의미일까?" 했더니 "1을 4등분한 것 가운데 3개입니다."라고 말하였다. "음, 그렇구나. 그런데 중요한 설명 한 가지를 보충하지 않으면 정확한 설명이 될 수 없단다. 그게 무엇일까?" 이 질문에 아무도 답을 하지 못하였다. 그래서 "1을 4등분한 것 가운데 1칸을 $\frac{1}{4}$이라고 할 때 $\frac{1}{4}$이 3개 있는 것을 $\frac{3}{4}$이라고 한다."와 같이 설명해야만 정확한 것이 된다고 말해 주었다. 그랬더니 한 아이가 "아, 단위분수요.!"라고 외쳤다. "맞았어. 단위분수. 단위분수가 모여 진분수, 가분수가 된단다. 이제 이해할 수 있겠지?"라고 했더니 아이들은 고개를 끄덕이면서 마치 분수를 처음 공부하는 아이들처럼 표정을 지어 보였다. "그렇다면 이런 생각을 바탕으로 다시 $\frac{3}{4}÷2$를 해결해 보도록 하자. 잠시 생각한 뒤에 해결해 볼 사람은 손을 들기 바란다." 했더니 잠시 침묵이 흐른 뒤에 한 명이 해 보겠다고 하였다. 그 아이는 칠판 앞으로 나와 아래와 같이 해결해 보았다. 바로 결과만

표현한 것이었다.

"음, 맞기는 한데 이것은 결과만 표현한 것이고 이렇게 되는 과정이 생략되었단다. 여기에서 중요한 힌트가 바로 단위분수 개념이란다. 그렇다면 어떻게 표현해야 과정이 잘 나타나게 될까?"라고 질문하자 한 명의 아동이 잠시 뒤에 손을 들어 설명해 보겠다고 말하였다.

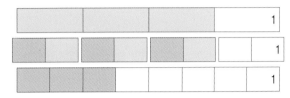

그 아동은 위에서 보는 바와 같이 과정까지 잘 표현하고 설명하였다. 그러자 아이들이 박수를 보내 주었다. 나의 질문은 이어졌다. "단위분수가 왜 중요한지 이제 알겠지? 분수에서 단위분수를 중요하게 생각하지 않으면 제대로 이해하고 설명할 수가 없단다. 앞으로 단위분수가 6학년 분수의 나눗셈 문제해결에 핵심이 될 것이니 반드시 이해하여 두기 바란다. 그러면 비슷한 문제를 한 번 더 풀어 볼까?" 하고 칠판에 문제를 제시한 뒤 그림으로 그려 해결해 볼 사람은 나와서 해 보라고 하였다. 잠시 뒤 한 명이 나와 표현하였는데 역시 결과만 표현하였고 또 한 명의 아이가 나와 수정한 끝에 정확한 그림으로 마무리되었다. 여기까지 약 30분의 시간이 흘렀다.

이제 마지막 질문으로 이어질 차례였다. 심진을 일으키는 문제를 제시하면서 이것을 잘 설명할 아동이 있을까 하는 의구심을 가지고 있었다. 칠판에 그림을 그리면서 상황 설명을 하였다. 그러자 많은 아이들이 그렇게 표현하는 것이 맞다고 하였다. 아주 소수의 아이들은 의심의 눈초리로 바라보면서 '분명히 틀렸는데 어떻게 설명해야 할까?' 하고 고민하는 눈치였다. 그래서 "정말 맞아요? 그렇다면 그림으로 말고 식으로 해결해 볼까요? $3÷4 = 3 × \frac{1}{4} = \frac{3}{4}$이 나오는데? 그림으로 알아본 결과와 식으로 알아본 결과가 다른데? 어떻게 된 것일까?" 아이들은 열심히 고민하기 시작하였다. 얼마쯤 시간이 흘렀을까, 한 아이가 "아, 알겠다!"고 하길래 "○○이가 알겠다고 했으니 설명을 한번 해 볼까?" 하고 설명을 부탁하였다. 그 아동은 이렇게 대답하였다. "3L 주스가 있는데 각각의 1L를 4명이 나누어 먹었으니 1명은 단위분수인 $\frac{1}{4}$을 3개 먹었다고 할 수 있습니다. 그런데 이 그림 속에서는 1명이 $\frac{1}{12}$을 3개 먹었다고 되어 있으니 이것이 잘못된 것입니다."라고 말해 주었다.

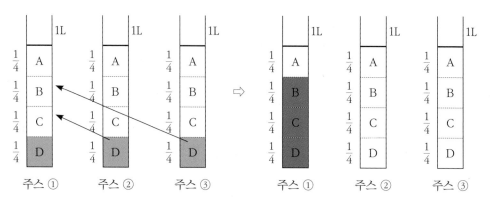

나는 내심 흐뭇하였다. 아주 정확한 설명은 아니었지만 분명히 문제 해결의 단초가 될 수 있는 설명이기 때문이었다. "아주 훌륭한 설명이었습니다. 나름 답은 될 수 있습니다. 그런데 한 가지 더 생각해야 할 점이 있습니다. 그것을 질문으로 다시 바꾸어 보겠습니다. 왜 $\frac{1}{12}$L 3개를 먹었다고 한 것이 잘못된 것일까요? 이것에 대한 정확한 설명이 필요하답니다. 누가 말해 볼까요?" 그러자 한 명의 아이가 바로 손을 들고 발표를 하겠다고 하였고 아래와 같이 정확히 설명을 해 보았다.

"$\frac{1}{4}$L 3개를 먹었으니 이렇게 되어야 하고, 그래서 한 사람이 먹은 양은 $\frac{3}{4}$L가 되는 것입니다." 기뻤다. 내가 원하는 답이 생각보다 빨리 나왔기 때문이다. 그래서 바로 보충 설명으로 이어 갔다. "이 질문에서 철수는 바로 1L가 기준이 된다는 것을 정확히 이해하지 못하였기 때문에 잘못 해결할 수밖에 없었던 것입니다. 이는 단위분수가 모여 1이 되는데 절대로 기준의 크기 1을 마음대로 바꾸면 안 된다는 것을 알지 못하였기 때문입니다. 이제 중요한 것 두 가지를 모두 짚었습니다. 분수에서 단위분수와 1이라는 것의 정확한 이해를 해 두지 않으면 분수를 제대로 이해하였다고 말할 수 없다는 점이 바로 그것입니다." 아이들의 표정은 매우 진지해 보였다. 자신들이 이미 분수에 대하여 많이 공부하여 알고 있었다고 생각해 왔는데 그것이 한 순간에 무너졌다는 듯, 그리고 이제야 정확히 제대로 알게 되었다는 것에 감사한다는 듯한 표정이었다. 여기까지 정확히 40분이 흘렀다. 이왕 종합적으로 분수 개념을 정리하는 김에 마지막으로 한 가지 더 설명을 덧붙이기로 하고 4학년 내용은 분수의 덧셈에 대한 질문을 한 가지 더 추가하였다.

다음의 칠판 판서 내용에서 보는 바와 같이 $\frac{1}{4}+\frac{2}{4}=\frac{3}{4}$이 되어야 하는데 그림으로 보는 것처럼 $\frac{3}{8}$으로 1이라는 기준을 흔들어 버리는 질문으로 변형시킨 뒤 무엇이 잘못되었는지를 찾아보게 하였다. 오늘 심진을 일으키는 질문을 통해 1이라는 기준을 왜 정확히 이해하고 있어야 하는지를 알게 되었기 때문일까 마지막 질문에 대한 답을 금방 찾았다. 이로써 6학년 과정을 본격적으로 공부하기 위한 출발점 진단 활동을 모두 마무리하였다. 아이들을 보내고 오늘 수학 시간을 돌아보면서 생각 같아서는 1시간을 더 추가하여 좀 더 확실히 해 두고 싶었지만 다른 교과목 시간을 더 빼는 것도 어려움이 있어서 6학년 과정을 진행해 나가면서 보완해 나가야겠다는 생각을 하면서 정리하였다. 다음 시간부터는 모둠칠판을 적극적으로 활용하여 아이들의 생각이 어디에서 막히는지 파악하고 모둠 내에서 아이들 간의 도움 주고받기를 잘 연결 지어 주어야겠다고 다짐하였다.

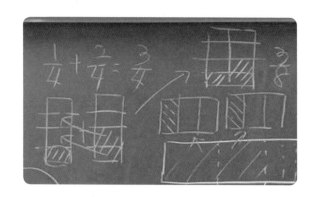

🌱 2~3차시 분수 나눗셈의 이해 1 : 나눗셈의 개념 끌어들이기

♣ 나눗셈의 개념 : 제수가 1일 때 피제수의 값을 구하는 것(몫)

수업 흐름	교사의 발문
도입	• (식) 8÷4를 통한 나눗셈의 개념 이해하기 - 8개의 사과를 4명에게 나누어 주면 1명은 몇 개의 사과를 갖게 되는가? 8개(피제수) = 4명(제수)에게 나누어 줄 수 있는 양 2개(피제수) = 1명(제수)이 가질 수 있는 양 - 8m 길이 막대는 4m 길이 막대의 몇 배인가? 4m 길이 막대를 (기준)단위 1로 봄 4m 길이 막대(제수)를 1로 볼 때 8m 길이 막대(피제수)는 2가 됨 ⇨ (기준)단위 1m(제수)는 비교 대상(피제수)의 2m에 해당된다는 뜻

주어진 상황 읽기 : 제수가 4일 때 피제수의 값은 8	
8(피제수)	4(제수)
제수를 4로 나누었으므로 피제수도 똑같이 4로 나눔	1로 만들기 위해 4로 나누었음
2	1

수업 흐름	교사의 발문
전개	• 나눗셈의 원리(제수가 1일 때의 값을 구하기) ⇨ (자연수)÷(단위분수)에 적용하기(교사가 먼저 전체를 대상으로 설명해 주면서 이해를 돕기) **발문 1** $1÷\frac{1}{4}$과 같은 상황

주어진 상황 읽기 : 제수가 $\frac{1}{4}$일 때 피제수의 값은 1		
(식) $1÷\frac{1}{4}$	제수를 1로 만들려면 '×4'를 한다.	⇨
	제수에 4배를 하였으므로	

⇨ $1 = \frac{4}{4} = \frac{1}{4}$이 4개이기 때문이다.
⇨ 피제수도 4배=$1×4=4$

⇨ $1÷\frac{1}{4}$(제수를 1로 만들기 위해 피제수에 4를 곱함)=$1×4$

⇨ '$÷\frac{1}{4}$'이 '×4'로 바뀜($\frac{1}{4}$의 역수=$\frac{4}{1}$=4)

1				

$÷\frac{1}{4}=1×4$ = 4

발문 2 $2÷\frac{1}{3}$을 위와 같이 해결해 보시오.

주어진 상황 읽기 : 제수가 $\frac{1}{3}$일 때 피제수의 값은 2		
(식) $2÷\frac{1}{3}$	제수를 1로 만들려면 '×3'을 한다.	⇨
	제수에 3배를 하였으므로	

⇨ $1 = \frac{3}{3} = \frac{1}{3}$이 3개이기 때문이다.
⇨ 피제수도 3배=$2×3=6$

⇨ $2÷\frac{1}{3}$(제수를 1로 만들기 위해 피제수에 3을 곱함)=$2×3$

⇨ '$÷\frac{1}{3}$'이 '×3'으로 바뀜($\frac{1}{3}$의 역수=$\frac{3}{1}$=3)

- 나눗셈의 원리(제수가 1일 때의 값을 구하기) ⇨ (분모가 같은 진분수)÷(분모가 같은 단위분수)에 적용하기
- 2차와 3차 수업을 분리하여 지도할 경우 3차 수업 도입 단계에서 지난 시간에 했던 활동들을 떠올려 보는 시간을 갖는다. (5분 정도 시간 할애 ⇨ 모둠원들과 전시 학습 활동 공유하기 ⇨ '번호순으로'구조 활동을 통해 칠판 앞에 각 모둠별 1명씩 나와 정확히 기억하고 있는지 확인하기)

발문 1 $\frac{5}{6} \div \frac{1}{6}$과 같은 상황을 덜어 내기 방식으로 풀이하며 분수 나눗셈 원리가 설명되지 않음을 확인하기(전체를 대상으로 설명) ⇨ 같은 문제를 먼저 모둠원들끼리 그림으로 해결하기(모둠토론:지난 시간에 공부했던 내용이 문제 해결의 핵심 열쇠임을 강조) ⇨ 모둠별 문제 해결 과정을 꼼꼼히 관찰하고 필요시 교사가 도움을 준다. ⇨ 모든 모둠이 해결한 것을 확인하고 전체 학생들에게 정확한 설명과 안내로 활동 마무리하기

주어진 상황 읽기: 제수가 $\frac{1}{6}$일 때 피제수의 값은 $\frac{5}{6}$		
(식) $\frac{5}{6} \div \frac{1}{6}$	제수를 1로 만들려면 '×6'을 한다. ⇨	$1 = \frac{6}{6} = \frac{1}{6}$이 6개이기 때문이다.
	제수에 6배를 하였으므로 ⇨	피제수도 6배 $= \frac{5}{6} \times 6 = \frac{30}{6} = 5$

⇨ $\frac{5}{6} \div \frac{1}{6}$(제수를 1로 만들기 위해 피제수에 6을 곱함) $= \frac{5}{6} \times 6$

⇨ '$\div \frac{1}{6}$'이 '×6'으로 바뀜($\frac{1}{6}$의 역수 $= \frac{6}{1} = 3$)

$\square \div \frac{1}{6} = \frac{5}{6} \times 6$ ⇨ 제수가 1일 때의 값을 구하기 위해서 6을 곱하였다. 그림으로 표현하면 아래와 같다.

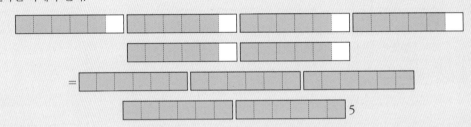

발문 2 $\frac{7}{9} \div \frac{1}{9}$을 위와 같이 해결해 보시오.

주어진 상황 읽기: 제수가 $\frac{1}{9}$일 때 피제수의 값은 $\frac{7}{9}$		
(식) $\frac{7}{9} \div \frac{1}{9}$	제수를 1로 만들려면 '×9'를 한다. ⇨	$1 = \frac{9}{9} = \frac{1}{9}$이 9개이기 때문이다.
	제수에 9배를 하였으므로 ⇨	피제수도 9배 $= \frac{7}{9} \times 9 = \frac{63}{9} = 7$

⇨ $\frac{7}{9} \div \frac{1}{9}$(제수를 1로 만들기 위해 피제수에 9를 곱함) $= \frac{7}{9} \times 9$

⇨ '$\div \frac{1}{9}$'이 '×9'로 바뀜($\frac{1}{9}$의 역수 $= \frac{9}{1} = 9$)

※ [발문 1] 활동 마무리 후 [발문 2]로 이어져도 좋고 각 모둠별로 충분한 시간을 주고 같은 유형의 문제를 교과서 속에서 가져오거나 직접 출제하고 그림으로 해결해 보게 하는 시간을 갖도록 한 뒤에 '번호순으로' 구조 및 '칠판 나누기' 구조를 활용하여 '학(學)'과 '습(習)'이 잘 연결된 협동학습으로 이어 나가도 좋다.

정리	• (시간 여유가 된다면) 교과서 43쪽, 45쪽 마무리 문제를 앞에서 살펴본 바와 같이 해결해 보기

2차시 수업 소감–2차시 수업은 설명 중심의 전체학습을 선택!!!

분수 나눗셈의 알고리즘을 이해하는 데 있어서 내가 의도하는 방향에 맞게 수학을 공부해 본 적이 없는 아이들을 데리고 시간을 많이 투입해야만 하는 협동학습 수업을 한다는 것이 불가능할 것이라는 예상을 하고 적어도 1차시 수업만큼은 협동학습보다는 강의식 수업을 통해 충분한 이해를 돕는 설명 및 반복학습이 필요하다고 판단되어 2시간 블록 수업을 하지 않고 1시간씩 따로 분리하여 수업을 하기로 마음먹고 1차시만 설명 중심의 전체학습을 선택하였다.

우선 8÷4의 상황을 통해 나눗셈 개념(제수가 1일 때 피제수의 값을 구하는 것)의 이해를 돕는 것이 최우선 과제였다.

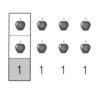

8개(피제수) = 4명(제수)에게 나누어 줄 수 있는 양

2개(피제수) = 1명(제수)이 가질 수 있는 양

| 1 | 2 | 3 | 4 | 4m 길이 막대(기준)–제수

| 1 | 2 | 3 | 4 | 5 | 6 | 7 | 8 | 8m 길이 막대–피제수

상황이나 숫자만 주고 답을 구하는 것은 이미 잘 알고 있는 상태였지만 4m 길이 막대 1m에 해당되는 8m 길이 막대의 값이 2m라는 것(이것이 바로 제수 1일 때 피제수의 값–결국 이것이 나눗셈의 몫이 된다는 것)을 이해하는 것이 아이들에게는 이해하기 힘든 것 같았다. 그런 탓일까 위에서와 같이 8÷4를 그림으로 설명하고 이해를 돕는 과정에서 한 명이 이런 질문을 하였다. "선생님, 그냥 나누면 되는데 왜 제수가 1일 때의 값을 구해야 하는 것일까요?" 이런 질문이 나올 것이라 예상을 하였던 터라서 '옳지, 이제 진짜 배움의 세계로 빠져들기 시작하였구나.' 하고 생각하며 이에 대한 궁금증을 해결할 수 있는 설명으로 이어 나갔다. 그것은 바로 제수와 피제수에 같은 수를 동시에 곱하거나 나누어도 결과인 몫은 같아진다는 것이 이해를 위한 중요한 요소라는 것 ⇨ 이를 이용해 제수를 1로 만들었을 때 피제수의 값을 구하는 이유 알기 ⇨ 어떤 수이든 1로 나누면 몫은 그 자신 수가 되기 때문이라는 것을 이해하는 것이었다. 모든 아이들은 이런 법칙 또는 성질을 오늘 처음 접하는 것 같았다. 그럴 수밖에 없었을 것이라 생각되었다. 여러 가지 경우의 나눗셈 상황을 이용하여 제수와 피제수에 같은 수를 동시에 곱하거나 나누어도 답은 같아진다는 것을 3번 정도 예를 들어 설명해 주었다.

(1) 20÷4 = 5

⇨ 제수와 피제수를 동시에 2로 나누면 (20÷2)÷(4÷2) = 10÷2 = 5(몫은 같음)

⇨ 제수와 피제수를 동시에 4로 나누면 (20÷4)÷(4÷4) = 5÷1 = 5(몫은 같음) : 제수가 1인 상황으로 연결 지음

(2) 15÷3 = 5

⇨ 제수와 피제수에 동시에 2를 곱하면 (15×2)÷(3×2) = 30÷6 = 5(몫은 같음)

⇨ 제수와 피제수를 동시에 3으로 나누면 (15÷3)÷(3÷3) = 5÷1 = 5(몫은 같음) : 제수가 1인 상황으로 연결 지음

(3) 2÷10 = 0.2

⇨ 제수와 피제수를 동시에 5로 나누면 (2÷5)÷(10÷5) = 0.4÷2 = 0.2(몫은 같음)

⇨ 제수와 피제수를 동시에 10으로 나누면 (2÷10)÷(10÷10) = 0.2÷1 = 0.2(몫은 같음) : 제수가 1인 상황으로 연결 지음

이런 과정을 거치자 아이들에게서 "우와, 정말이네요. 신기하네요."와 같은 탄성이 흘러나왔다. 그래서 "이제 제수가 1일 때 피제수의 값을 구하는 것이 어떤 의미인지, 나눗셈이 무엇인지 잘 이해하였지요?"라고 말을 이어 갔다. 아이들은 이제야 나눗셈에 대하여 처음으로 제대로 이해하였다는 눈치였다. 이제 본격적으로 분수의 나눗셈 과정으로 들어갈 때가 된 것 같아서 첫 단계인 (자연수÷단위분수) 상황을 제시하면서 본격적으로 6학년 과정 학습에 돌입하였다.

첫 질문은 $1 \div \frac{1}{4}$이었다. 이 질문을 제시하고 3학년 과정에서 공부했던 나눗셈 원리를 다시 한 번 떠올려 보도록 안내하였다. 바로 덜어 내기 방식이었다. 그리고 여기에도 적용해 보라고 하였다. 이것을 아이들은 쉽게 이해하였다. "1에서 $\frac{1}{4}$은 4번 덜어 낼 수 있습니다. 그래서 몫은 4입니다."라고 금방 답변이 돌아왔다. "그렇구나. 우리 교과서를 보면 지금의 상황과 똑같이 모든 차시 수업에서 나뉘는 수가 나누는 수보다 큰 상황만 주어져 있어서 덜어 내기 방식으로 해결하면 답을 구할 수가 있단다.(아이들은 교과서를 들추어 보면서 모든 내용이 그렇게 구성되어 있다는 것을 직접 눈으로 확인하였다.) 그런데 이런 상황(제수가 피제수보다 더 큰 상황)은 덜어 내기가 가능할까? $\frac{1}{4} \div 1 = ?$" 그랬더니 아이들은 갑자기 말문이 막혔다. 당연히 덜어 낼 수 없었기 때문이다. "덜어 내기가 불가능

합니다."라는 답변만 돌아왔다. 나는 설명을 이어 갔다. "우리는 이런 상황의 분수 나눗셈도 해결할 수 있어야 합니다. 그런데 이런 상황에는 다른 해결 방법을 쓰고 상황이 달라지면 또 다른 해결 방법을 쓴다면 그것은 바람직한 문제 해결 방법이나 원리라고 말할 수는 없겠지요? 문제 해결 원리는 어떤 상황에도 예외가 없이 적용될 수 있는 것이어야만 합니다. 그리고 선생님은 여러분에게 바로 그런 원리를 알아낼 수 있도록 도와주려고 하는 것입니다." 그랬더니 한 아이가 "선생님, 이미 5학년 때 역수를 곱하면 된다는 것을 공부했어요. 그렇게 하면 되는 것 아닌가요?"라고 질문을 던져 주었다. 예상 밖의 질문은 아니었다. "아주 좋은 질문입니다. 수학은 답만 구하면 되는 교과목, 학문이 아니랍니다. 왜 그렇게 답이 나오는지, 왜 그런 원리나 방법을 적용해야만 하는지를 정확히 이해하고 설명할 수 있어야만 수학을 제대로 공부하였다고 말할 수 있답니다. 그렇다면 선생님이 이렇게 질문을 해 보지요. 왜 역수를 곱하면 답이 나오는지 설명할 수 있나요? 어떻게 해서 역수를 곱하면 답이 나온다는 것을 알게 되었지요? 그 과정을 설명할 수 있나요?" 했더니 아이들은 눈만 깜박이며 말문을 닫아버렸다. '흐흐, 그럴 거야. 이런 질문은 처음 받아 보았을 테니까.' 나는 속으로 쾌재를 불렀다. '이제야말로 진짜 수학 공부의 세계로 나와 함께 여행을 떠날 준비가 되었겠지?' 이런 생각을 하며 "지금부터 방금 선생님이 던진 질문에 대한 답을 찾으러 떠날 것입니다."라고 말하고 다시 처음으로 돌아가 $1 \div \frac{1}{4}$을 함께 해결해 나갔다.

우선 교과서와 같이 덜어 내기 방식이 아니라 제수가 1일 때 피제수의 값을 알아보는 방식으로 접근을 시도하였다. 앞서서 1차시 수업 도입부에 이에 대한 내용을 여러 번 반복했기 때문에 아주 쉽게 해결되었다. $\frac{1}{4}$을 1로 만들기 위해서는 4배를 하여야 한다는 것을 아이들은 잘 이해하였다. 4배라는 것은 '×4'라는 것 또한 잘 알고 있었다. 제수에 4를 곱해서 1을 만들었으니 피제수 1에도 4를 곱하면 $1 \times 4 = 4$가 되어 답을 구할 수 있다는 것을 아이들은 처음으로 경험해 보는 순간이었다. 여기에서 나는 '÷'가 '×'로 바뀌었다는 점, $\frac{1}{4}$이 역수인 4로 바뀌었다는 점을 정확히 짚어 주었다. 그랬더니 아이들이 "아, 그런 것이었구나. 이제 알겠어요, 선생님. 이렇게 배운 것이 처음이에요. 신기해요."라고 말해 주었다.

여기에 만족하지 않고 그림으로 이 과정을 증명해 보일 줄도 알아야 한다고 강조하면서 그림으로는 이 과정이 어떻게 설명되는지 함께 고민하는 과정에 접어들었다. 바로 아래와 같은 그림을 통해 이해를 도왔다.

$$\boxed{1} \div \frac{1}{4} = 1 \times 4 \ \boxed{1}\ \boxed{1}\ \boxed{1}\ \boxed{1} = 4$$

제수를 1로 만들면 '×4'를 해야 하기 때문에 피제수인 1에 '×4'를 한 과정이 그림 속에 있는 그대로 잘 표현되어 있다는 것을 아이들은 처음으로 이해하기 시작하였다. 그리고 이 속에 '역수를 곱한다'는 원리가 그대로 들어 있음을 한 번 더 강조해주었다. 아울러 덜어 내기 방식에서는 '역수를 곱한다'는 것을 설명할 수 없다는 것도 알게 해 주었다. 예를 들자면 아래와 같은 것이다.(위의 그림과 전혀 상황이 다름을 알 수 있을 것이다.)

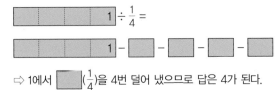

⇨ 1에서 ☐($\frac{1}{4}$)을 4번 덜어 냈으므로 답은 4가 된다.

이와 같은 그림 속에서 어떻게 '역수를 곱한다'는 설명이 가능할지 생각해 보자고 했던 것이다. 설명이 가능할 리가 없었다. 그러자 아이들은 내가 왜 이렇게 수학 공부를 할 수 있도록 도와주려는지 그 의도를 한층 더 정확히 이해하기 시작하였다. 이제 되었다 싶어서 같은 유형의 질문을 하나 더 제시하고 같은 방식으로 해결해 보라고 하였다. $2 \div \frac{1}{3}$을 아이들은 금방 해결하였다. $\frac{1}{3}$이 1이 되려면 '×3'을 해야 한다는 것, 그래서 나누는 수인 2에도 '×3'을 하면 된다는 것, 그래서 몫은 6이 된다는 것, '$\div \frac{1}{3}$'이 역수인 '×3'으로 바뀌었다는 것을 많은 아이들이 이해하고 설명할 수 있게 되었던 것이다. 그리고 그림으로도 해결해 보라고 하였다. 칠판에 그림으로 설명할 수 있도록 발표로 이어 가기도 하였다. 자신 있게 해 볼 아동을 지목하였더니 무리 없이 잘 해결하고 설명해 주었다. 물론 아직 몇 명의 아이들은 이 역시 이해가 잘 안 된다는 표정이었다. 아동 개개인의 배움 속도 차이, 수학 학습 수준에 대한 차이, 현재 그 아이의 이해력 등을 감안한다면 100% 모든 아이들을 완전학습으로 이끌어 간다는 것은 무리라는 점을 나 스스로 인정하고 좀 더 기다려 주기로 마음먹고 오늘의 활동을 마무리하였다. 이렇게 40분이 거의 다 흘러갔다. 그런데 끝날 때 한 명이 손을 들고 이런 질문을 하였다. "선생님, 그러면 ÷와 같은 나눗셈은 어떻게 하나요? 이것도 오늘처럼 할 수 있나요?" 바로 답변을 해 주었다. "그럼, 그렇고말고. 그런데 그와 같은 상황은 분수의 나눗셈 원리를 완성하는 마지막 단계에 해당되는 것이라서 앞으로 몇 차시 정도 더 지나야 그 상황까지 갈 수 있지요. 그때까지 차근차근 함께 공부해 보도록

해요, 우리 모두. 오늘은 처음이라 조금 어렵게 느껴졌을 수도 있지만 몇 번 해 보니까 처음보다 조금씩 쉬워지는 느낌, 별로 어렵지 않다는 느낌, 조금씩 이해가 되고 있다는 느낌을 받았지요?" 그러자 아이들은 별로 고민하지 않고 "네!"라고 답변을 해 주었다. 그렇게 1차시 수업은 마무리되었다. 비록 설명식, 강의식 수업이었지만 나름 성공적이라고 생각하였다. 이것이 강의식, 설명식 수업의 또 다른 묘미가 아닐까 하는 생각이

들었다. 강의식, 설명식 수업을 나쁘게만 볼 필요가 없음을 다시 한 번 확인한 시간이었다. 이 과정을 협동학습으로 한다면 좀 더 다른 상황이 펼쳐졌을 수도 있겠지만 너무나 많은 시간을 필요로 하였기에 지금의 상황에 만족하였다. 다음 차시 수업부터 모둠 중심 협동학습으로 이어 간다면 오늘 수업도 충분히 의미가 있을 것이라 생각하며 정리하였다.

3차시 수업 소감-3차시 수업은 다시 모둠 중심 협동학습으로!!!

어제 활동(자연수÷단위분수)에 이어서 분모가 같은 (진분수÷단위분수)를 해 나가는 활동이 계획되어 있었다. 바로 시작하기 전에 어제 공부했던 내용을 바탕으로 해야 하기 때문에 도입 단계에서 전시 학습 활동을 떠올려 보면서 $1÷\frac{1}{3}$을 그림으로 해결하고 '×제수의 역수'가 되는 과정을 설명할 수 있도록 하는 시간을 약 5분 정도 주었다. 이를 위하여 각 모둠에 모둠칠판 세트 1개씩을 나누어 주었다. 그리고 5분 후에 '번호순으로' 구조 활동을 통해 아무나 나와 칠판에 그림으로 해결하게 한다고 미리 공지를 하였다. 그랬더니 아이들은 나름 열심히 기억을 떠올려 해결 과정을 공유하기 시작하였다. 그러나 조금은 아쉽게도 많은 아이들이 어제 공부할 당시에는 잘 이해하고 있었던 것들을 하루 만에 잊어버리고 말았다. 소수의 아이들만 정확히 기억하고 있었다. 여기저기에서 "여기까지는 기억나는데 그다음이 잘 안 되는데? 이렇게 하는 것이 맞나? 아닌 것 같은데? 이렇게 했던 것 같은데?" 하며 토론하는 모습들이 나타났다. 학(學)은 있었지만 습(習)의 과정이 없었기 때문이었다. 물론 이것도 나름은 의미가 있는 활동이었지만 이런 과정에 더 많은 시간을 할애하기에 무리가 따른다는 판단을 하여 다시 한 번 더 안내를 하고자 마음먹었다. (수업이 끝나고 과정을 돌아보면서 '지난 시간에 공부했던 내용은 나름

잘 기억하고 있는 그 소수의 아동을 통해 전체 아이들에게 안내할 수 있도록 맡겼다면 더 좋았을 터인데 아쉽네!' 하는 생각을 하였다.) 그래서 칠판에 그림으로 해결하는 과정을 한 번더 설명해 주고 다시 3분 정도 시간을 더 주었다. 그런 뒤에 '번호순으로' 구조 활동을 통해 각 모둠별로 한 명씩 칠판 앞에 나와 제시한 문제를 해결해 보게 하였다. 그랬더니 잊었던 기억이 되살아났는지 대체로 잘 해결하였다.

이제 본시 학습 활동으로 접어들었다. 오늘은 분모가 같은 (진분수÷단위분수) 활동을 역시 그림으로 해결해 나가면서 '×제수의 역수'가 되는 과정을 이해하고 설명할 수 있도록 탐구할 것이라 안내하였다. $\frac{2}{3}÷\frac{1}{3}$을 칠판에 쓰고 교과서 내용대로 해결할 경우 어떤 문제가 발생하는지 함께 생각해 보는 시간을 가졌다.

위에서 보는 바와 같이 덜어 내기 방식으로 해결해도 답은

차시 도입 활동으로 지난 시간에 공부했던 (자연수÷단위분수)를 다시 떠올려 보는 활동 장면

모둠원들끼리 분모가 같은 (진분수÷단위분수) 과정을 그림으로 해결해 나가는 장면

구할 수 있지만 그 방법으로는 '÷$\frac{1}{3}$'이 '×3(역수의 곱)'으로 변하는 과정(분수 나눗셈의 원리)을 설명할 수 없다는 한계에 봉착하게 된다는 점을 함께 공유하였다. 그리고 지금 선생님과 함께 그것을 설명할 수 있는 방법을 차근차근 찾아 나가는 것이라고 한 번 더 강조하였다. 이어서 지난 시간에 공부했던 내용(특히 제수가 1일 때 피제수의 값을 알아보는 것이 나눗셈의 개념이라는 점)이 오늘의 문제 해결에 매우 중요한 열쇠 역할을 한다는 점을 매우 강하게 어필하고 아무 설명도 없이 모둠원끼리 $\frac{2}{3} \div \frac{1}{3}$을 그림으로 해결해 보라고 하였다. 그리고 나는 각 모둠을 돌아다니며 관찰하기 시작하였다. 설명 없이도 충분히 해결할 수 있다는 믿음을 갖고 있었기 때문이었다. 역시 그 믿음은 깨지지 않았다. 5분 정도 안에 모든 모둠원들이 정확히 그림으로 해결해 보였다.

모든 모둠을 돌아다니면서 정확히 해결하였음을 확인한 뒤에 보다 정확한 설명 및 확인을 위해 칠판에 한 번 더 설명을 해 주었다. 그런 뒤에 10분 정도 시간을 주고 "(진분수÷단위분수) 상황에 대하여 어떤 문제를 제시해도 모둠원 가운데 그림으로 해결하지 못하는 사람은 한 명도 없어야 합니다. 10분 뒤에 각 모둠별로 한 명씩 칠판 앞에 나와 그림으로 해결하게 할 것입니다. 이번에는 '번호순으로' 구조 활동이 아니라 제일

힘들어할 것 같은 사람에게 맡길 것입니다. 만일 그 사람이 정확히 문제 해결을 하지 못하면 그 모둠원들은 협동 과제 해결을 완수하지 못한 책임을 물어 놀이시간을 갖지 않고 그 시간에 오늘 수학 시간 공부한 내용을 복습하게 될 것입니다."라고 엄포를 놓았다. 그랬더니 아이들은 진지한 표정으로 자신의 모둠원들 가운데 제일 힘들어하는 친구에게 적극적으로 모둠칠판 세트를 넘겨주고 여러 문제를 직접 제시하고 해결해 보게 하면서 안 되는 부분에 대하여 설명하고 이해를 도왔다. 드디어 10분이 흘렀다. 활동을 멈추게 하고 진짜로 각 모둠에서 제일 힘들어하는 친구들을 불러냈다.(10분간 각 모둠원들의 활동을 돌아다니며 관찰해 보니 그렇게 해도 충분히 해결할 수 있다는 믿음이 섰기 때문이었다. 그럴 가능성이 높지 않았다고 판단하였다면 불러내지 않았다. 이런 방식의 활동은 충분히 의도된 것이었다. 그 아이들이 모두 앞에서 잘 해결하였을 때 각 모둠원들에게 당당한 표정으로 돌아가 "나, 잘 해결했어!"라고 말하며 자신감을 조금씩 회복하고, 다른 모둠원들은 "잘했어!"라고 칭찬하며 자신들이 준 도움에 자부심을 갖게 될 것이라는 것을 오랜 경험을 통해 알고 있었기 때문이다.) 역시 나의 예상과 믿음은 깨지지 않았다.

각 모둠에서 호명된 아이들이 1명씩 칠판 앞에 나와 제시된

각 모둠별로 1명씩 나와 칠판 앞에서 활동 결과를 공유하는 장면 - '칠판 나누기' 구조 활동

문제를 거뜬히 풀어내고 들어갔다. 들어가면서 "나, 잘했지!"라고 외치는 아이들도 있었다. 아이들은 그 말을 잘 받아서 "아주 잘했어! 우리 이제 놀이시간 가질 수 있어!"라고 말하기도 하였다. 모든 아이들이 자리로 돌아가고 칠판에 풀이된 문제 하나하나를 같이 살펴보면서 부족한 것이 있는지 확인도 하였다. 여기까지 정확히 40분이 사용되었다. 끝으로 오늘 활동을 정리하고 다음 시간에는 분모가 같은 (진분수÷진분수) 활동을 할 것이라고 안내하였다. 그랬더니 아이들 가운데 몇 명이 "선생님, 재미있어요. 1시간 더 하면 안 되나요?", "맞아요. 아주 신기하고 재미있어요."라고 현재의 느낌을 말하기도 하였

다. "우와, 그렇다면 아주 다행이구나. 선생님도 뿌듯한데!!!! 그런데 다음 시간이 교과 시간이라서 오늘은 여기에서 멈추어야 할 것 같구나. 다음 시간까지 오늘 공부한 내용을 스스로 배움 공책에 복습해 오거나 자기 스스로 공부하여 충분히 자신의 것으로 만들어 보기 바란다." 하고 끝을 알렸다. 아이들이 이런 표정과 이런 말로 배움의 즐거움을 표현할 때 우리 교사들은 제일 힘이 나고 기쁘다. 그리고 이런 가르침의 즐거움은 역시 깊이 있는 연구 활동을 통해 얻을 수 있다는 것을 나는 누구보다 잘 알고 있다. 앞으로도 꾸준한 연구 활동을 한 번 더 다짐하며 오늘 하루를 정리한다.

🌱 4~6차시 분수 나눗셈의 이해 1: 분수 나눗셈의 원리 발견하기

수업 흐름	교사의 발문
도입 (4~5차시 2시간)	• 지난 시간에 $\frac{3}{4} \div \frac{1}{4} \Rightarrow \frac{3}{4}$은 제수가 $\frac{1}{4}$일 때의 값이므로 제수가 1일 때의 값을 구하기 위해 $\frac{3}{4}$에 4를 곱하여 문제를 해결하였다. $$\frac{3}{4} \times 4 \left(\frac{1}{4}\text{의 역수}\right) = 3$$ • 그런데 이런 경우에는 어떻게 해야 할까? $$\frac{3}{4} \div \frac{2}{4} = ?$$

전개	• 나눗셈의 원리(제수가 1일 때의 값을 구하기) ⇨ (분모가 같은 진분수)÷(분모가 같은 진분수)에 적용하기 **발문 1** $\frac{3}{4} \div \frac{2}{4}$와 같은 상황(교사가 먼저 전체를 대상으로 설명해 주면서 이해를 돕기) (1) 지난 시간에 알게 된 원칙을 그대로 적용하려면 무엇부터 해결해야 하는가? ⇨ 제수를 1로 만들기 ⇨ 제수가 단위분수가 아니라 1로 만들기가 쉽지 않다. 어떻게 해야 하는가? ⇨ 모둠토론(문제 해결의 실마리 제시하기) ⇨ 분자의 크기로 피제수를 나누기 (2) $\frac{3}{4}$은 $\frac{1}{4}$이 2개($\frac{2}{4}$)일 때의 값 ⇨ 제수가 단위분수($\frac{1}{4}$이 1개)일 때의 값을 먼저 알기 위해 $\frac{3}{4}$을 2로 나누어 주어야 함을 정확히 이해

최초의 식	제수를 단위분수로 만들었을 때 피제수의 값	제수를 1로 만들었을 때 피제수의 값
$\frac{3}{4} \div \frac{2}{4}$	$\frac{3}{4} \div 2 = \frac{3}{4} \times \frac{1}{2}$ (지난 시간 학습 내용)	$\left(\frac{3}{4} \times \frac{1}{2}\right) \times 4$ (제수가 1이 되려면 단위분수일 때의 값에 4배를 해야 한다.)

최종 정리
$\left(\frac{3}{4} \times \frac{1}{2}\right) \times 4 = \frac{3}{4} \times \frac{4}{2}$(역수가 되었음을 확인) $= \frac{12}{8} = \frac{3}{2} = 1\frac{1}{2}$

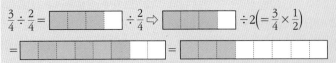

$\Rightarrow \dfrac{3}{4} \div 2 = \dfrac{3}{4} \times \dfrac{1}{2}$은 제수가 $\dfrac{1}{4}$일 때의 값이다. 여기에 4배를 하면 제수가 1일 때의 값을 구할 수 있게 된다.

$$\left(\dfrac{3}{4} \times \dfrac{1}{2}\right) \times 4 = \dfrac{3}{4} \times \dfrac{1}{2} \times 4 = \dfrac{3}{4} \times \dfrac{4}{2} = \dfrac{12}{8} = \dfrac{3}{2} = 1\dfrac{1}{2}$$

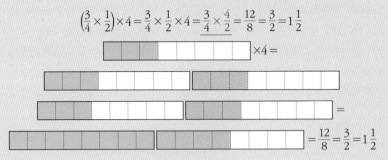

$\Rightarrow \dfrac{3}{4} \div \dfrac{2}{4} = \left(\dfrac{3}{4} \div 2\right) \times 4 = \left(\dfrac{3}{4} \times \dfrac{1}{2}\right) \times 4 = \dfrac{3}{4} \times \dfrac{1}{2} \times 4 = \dfrac{3}{4} \times \dfrac{4}{2} = \dfrac{12}{8} = 1\dfrac{4}{8} = 1\dfrac{1}{2}$

발문 2 $\dfrac{4}{5} \div \dfrac{3}{5}$을 위와 같이 해결해 보시오.(모둠 내 도움 주고받기)

최초의 식	제수를 단위분수로 만들었을 때 피제수의 값	제수를 1로 만들었을 때 피제수의 값
$\dfrac{4}{5} \div \dfrac{3}{5}$	$\dfrac{4}{5} \div 3 = \dfrac{4}{5} \times \dfrac{1}{3}$ $\left(\dfrac{3}{5} \Rightarrow \dfrac{1}{5}일 \text{ 때의 값}\right)$	$\left(\dfrac{4}{5} \times \dfrac{1}{3}\right) \times 5$ (제수가 1이 되려면 단위분수일 때의 값에 5배를 해야 한다.)
최종 정리		
$\left(\dfrac{4}{5} \times \dfrac{1}{3}\right) \times 5 = \dfrac{4}{5} \times \dfrac{5}{3}$(역수가 되었음을 확인)$= \dfrac{20}{15} = \dfrac{4}{3} = 1\dfrac{1}{3}$		

• 나눗셈의 원리(제수가 1일 때의 값을 구하기) ⇨ 분모가 다른 진분수끼리의 나눗셈에 적용하기(분수 나눗셈의 원리 완성하기)

발문 1 $\dfrac{3}{4} \div \dfrac{2}{3}$와 같은 상황(교사가 먼저 전체를 대상으로 설명해 주면서 이해를 돕기) ⇨ 분모가 다르더라도 원리는 똑같이 적용되어야 한다는 점에서 문제 해결의 실마리 찾기

최초의 식	제수를 단위분수로 만들었을 때 피제수의 값	제수를 1로 만들었을 때 피제수의 값
$\dfrac{3}{4} \div \dfrac{2}{3}$	$\dfrac{3}{4} \div 2 = \dfrac{3}{4} \times \dfrac{1}{2}$ $\left(\dfrac{2}{3} \Rightarrow \dfrac{1}{3}일 \text{ 때의 값}\right)$	$\left(\dfrac{3}{4} \times \dfrac{1}{2}\right) \times 3$ (제수가 1이 되려면 단위분수일 때의 값에 3배를 해야 한다.)
최종 정리		
$\left(\dfrac{3}{4} \times \dfrac{1}{2}\right) \times 3 = \dfrac{3}{4} \times \dfrac{3}{2}$(역수가 되었음을 확인)$= \dfrac{9}{8} = 1\dfrac{1}{8}$		

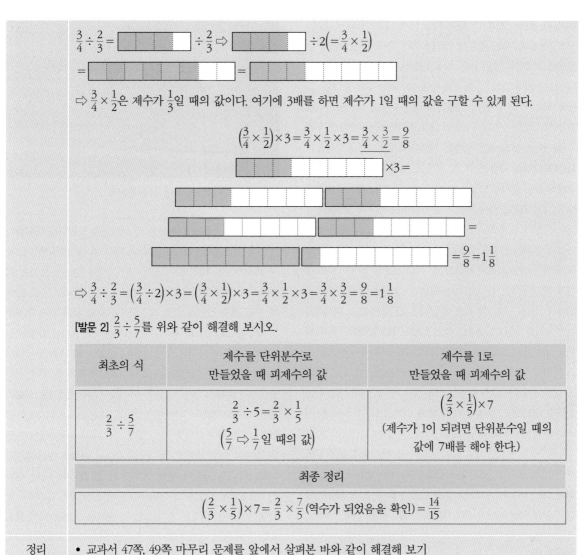

$$\frac{3}{4} \div \frac{2}{3} = \boxed{} \div \frac{2}{3} \Rightarrow \boxed{} \div 2 \left(= \frac{3}{4} \times \frac{1}{2} \right)$$

$$= \boxed{} = \boxed{}$$

⇨ $\frac{3}{4} \times \frac{1}{2}$은 제수가 $\frac{1}{3}$일 때의 값이다. 여기에 3배를 하면 제수가 1일 때의 값을 구할 수 있게 된다.

$$\left(\frac{3}{4} \times \frac{1}{2} \right) \times 3 = \frac{3}{4} \times \frac{1}{2} \times 3 = \frac{3}{4} \times \frac{3}{2} = \frac{9}{8}$$

$$\boxed{} \times 3 =$$

$$\boxed{} \quad \boxed{}$$

$$\boxed{} \quad \boxed{} =$$

$$\boxed{} \quad \boxed{} = \frac{9}{8} = 1\frac{1}{8}$$

⇨ $\frac{3}{4} \div \frac{2}{3} = \left(\frac{3}{4} \div 2 \right) \times 3 = \left(\frac{3}{4} \times \frac{1}{2} \right) \times 3 = \frac{3}{4} \times \frac{1}{2} \times 3 = \frac{3}{4} \times \frac{3}{2} = \frac{9}{8} = 1\frac{1}{8}$

[발문 2] $\frac{2}{3} \div \frac{5}{7}$를 위와 같이 해결해 보시오.

최초의 식	제수를 단위분수로 만들었을 때 피제수의 값	제수를 1로 만들었을 때 피제수의 값
$\frac{2}{3} \div \frac{5}{7}$	$\frac{2}{3} \div 5 = \frac{2}{3} \times \frac{1}{5}$ ($\frac{5}{7} \Rightarrow \frac{1}{7}$일 때의 값)	$\left(\frac{2}{3} \times \frac{1}{5} \right) \times 7$ (제수가 1이 되려면 단위분수일 때의 값에 7배를 해야 한다.)
최종 정리		
$\left(\frac{2}{3} \times \frac{1}{5} \right) \times 7 = \frac{2}{3} \times \frac{7}{5}$ (역수가 되었음을 확인) $= \frac{14}{15}$		

정리	• 교과서 47쪽, 49쪽 마무리 문제를 앞에서 살펴본 바와 같이 해결해 보기

 4~5차시 수업 소감

지난 시간 내용까지의 이해에는 큰 어려움이 없었다. 그러나 이번 시간은 분명히 다를 것이라 예상하였다. 아이들은 특히 제수가 진분수인 경우 그것을 1차적으로 단위분수로 바꾸는 과정 및 왜 그렇게 해야 하는지를 이해하는 데 매우 많은 시간이 필요하였던 경험 때문이었다. 올해 아이들도 예외는 아니었다.

일단 1차적으로 도입 단계에서 $\frac{3}{4} \div \frac{1}{4}$을 제시하고 지난 시간에 공부했던 내용을 다시 한 번 짚어 보는 시간을 가졌다. 이어서 $\frac{3}{4} \div \frac{2}{4}$(제수가 진분수인 경우)를 제시하고 이럴 때는

어떻게 해야 하는지에 대하여 차근차근 살펴보기로 하였다. 먼저 지난 시간에 공부했던 내용과 다른 점이 무엇인지 확인부터 하였다. 아이들은 잘 찾아냈다. 제수가 단위분수가 아니라는 것이었다. 이어서 나눗셈의 개념(제수가 1일 때 피제수의 값을 구하는 것)에 대해서도 다시 한 번 짚어 두었다. 다음으로 이런 질문이 제시되었다. "$\frac{3}{4} \div \frac{2}{4}$에서 제수가 1일 때의 값을 구하기 위해서 먼저 어떤 작업이 이루어져야 할까?" 그리고 곧바로 모둠토론에 들어갔다. 잠시 토론이 이어진 뒤에 어떤 답에 도달하게 되었는지 발표로 이어 갔다. 먼저 발표한 모

추가로 제시한 질문 및 해결 과정 판서

둠에서는 답을 찾았다는 듯이 자신 있게 대답하였다. "제수인 $\frac{2}{4}$에 2배를 해 주면 제수가 1이 됩니다." 역시 그런 답변이 나올 것이라 예상하였던 터라 별로 당황하지 않았다. 나는 이런 질문으로 이어 갔다. "$\frac{2}{4}$를 2배 하면 1이 되는 것은 맞아요. 그런데 제수가 $\frac{2}{5}$, $\frac{5}{6}$ 등과 같을 경우에는 어떻게 하지요? 이런 경우에도 똑같은 원리가 적용되어야 한다면 방금 '제수인 $\frac{2}{4}$에 2배를 하는 것'과 같은 방법은 적절하지 않은 것 같은데요?" 했더니 갑자기 교실 안이 쥐 죽은 듯이 고요해졌다. 아마 다른 모둠도 같은 생각을 했었을 것이라 생각되었다. 과거의 경험으로도 그러했다. 그래서 지난 시간에 우리는 제수가 단위분수인 경우의 문제 해결 원리를 살펴보았고 그것이 오늘 활동 문제 해결의 열쇠라는 것을 강조한 뒤 "제수인 $\frac{2}{4}$가 단위분수인 $\frac{1}{4}$로 되려면 어떤 과정이 필요할까?"라고 질문을 바꾸어 아이들에게 제시하였다. 잠시 침묵이 흘렀다. 그러나 아무런 발표가 없어서 "$\frac{2}{4}$는 $\frac{1}{4}$이 2개 있는 것입니다. 단위분수는 $\frac{1}{4}$이 1개입니다. 2개를 1개로 만들려면 어떤 작업이 필요할까요?"라고 질문을 바꾸었다. 그랬더니 1명이 바로 "2로 나누면 됩니다."라고 하였다. 바로 이 점이었다. 그러나 이 점을 나머지 아이들도 이해하기에는 쉽지 않았다. "왜 2로 나누어야 하나요?"라는 질문이 이어졌다. 그래서 부연설명을 이어 갔다. 그 내용을 아래와 같이 정리하여 제시하였다.

$\frac{3}{4}$은 제수가 $\frac{2}{4}$일 때의 값이다. 제수가 1일 때의 값을 구하려면 먼저 제수가 $\frac{1}{4}$일 때의 값을 먼저 알아보아야 한다. 그렇게 하면 제수가 1일 때의 값을 쉽게 구할 수 있기 때문이다. 그 과정은 지난 시간에 이미 여러분이 잘 이해한 바와 같다.

최초의 식	제수를 단위분수로 만들었을 때 피제수의 값	제수를 1로 만들었을 때 피제수의 값
$\frac{3}{4} \div \frac{2}{4}$	$\frac{3}{4} \div 2 = \frac{3}{4} \times \frac{1}{2}$ (지난 시간 학습 내용)	$\left(\frac{3}{4} \times \frac{1}{2}\right) \times 4$ (제수가 1이 되려면 단위분수일 때의 값에 4배를 해야 한다.)
최종 정리		
$\left(\frac{3}{4} \times \frac{1}{2}\right) \times 4 = \frac{3}{4} \times \frac{4}{2}$ (역수가 되었음을 확인) $= \frac{12}{8} = \frac{3}{2} = 1\frac{1}{2}$		

이렇게 설명하자 소수의 아이들은 이제 알겠다는 듯이 고개를 끄덕였다. 그러나 좀 더 반복된 설명과 이해의 시간이 필요하여 다른 문제를 제시하고 다시 한 번 더 안내를 해 주었다. 특히 $\frac{4}{5} \div \frac{3}{5}$에서도 $\frac{4}{5}$는 제수가 $\frac{3}{5}$일 때의 값이고, 제수 1을 만들기 위해서는 먼저 현재의 제수 $\frac{3}{5}$을 $\frac{1}{5}$(단위분수)로 만

들어야 한다는 점을 이해하는 데 어려움을 표현하는 아이들이 많다. 그래서 8÷2를 이용하여 다시 한 번 설명하였다. "8은 제수가 2일 때의 값이다. 8÷2＝4라는 것에서 몫 4는 제수가 1일 때의 값을 나타내는 것이나. 같은 원리로 $\frac{4}{5}$는 제수가 $\frac{3}{5}$일 때의 값인데 바로 제수가 1일 때의 값을 알기 어려우니 제수를 1로 만들어 주기 쉬운 단위분수로 고치는 과정이 필요하다. $\frac{3}{5}$은 $\frac{1}{5}$이 3개 있는 것이니 $\frac{3}{5}$을 $\frac{1}{5}$로 만들기 위해서는 3으로 나누는 과정이 필요하다." 이렇게 다시 한 번 천천히 설명하자 이제는 훨씬 더 많은 아이들이 이해하였다는 표정이었다. 여기저기에서 "이젠 알겠다. 아, 그거였구나. 나, 이제 알았어." 하는 목소리가 터져 나왔다. '여기까지 이해하였으면 다 된 것이다.'라고 속으로 생각하고 나머지 과정을 설명하였다. 그랬더니 "아, 그렇게 해서 '×역수'가 된 것이구나. 와, 정말 신기해요."라고 몇 명의 아이들이 반응을 보였다. 100%다 이해할 것이라는 생각은 갖지 않았다. 분명히 그것은 나의 욕심이다. 70~80% 정도까지 이해한다면 정말 만족스러운 결과라 생각하고 칠판에 숫자를 바꾸어 문제를 다시 제시하고 모둠원들끼리 해결해 보라는 안내와 함께 "각 모둠별로 1명씩 무작위로 칠판 앞에 나와 풀게 할 것이니 모둠원들끼리 완전하게 이해하고 누구든지 설명할 수 있도록 하세요. 지난 시간처럼 풀지 못하는 모둠은 놀이시간까지 복습할 것입니다."라고 하였다. 그랬더니 아이들은 '큰일 났다.'는 표정과 반응으로 모둠 내에서 어려워하는 친구를 둘러싸고 적극적으로 안내와 설명에 집중하기 시작하였다.

충분한 시간을 주고 완전학습이 이루어질 수 있도록 하였다. 아이들은 몹시 집중하여 이해하려고 노력하였다. 중간중간에 한 번 더 설명해 달라고 모둠질문을 하는 모둠이 있어서 해당 모둠에 가서 반복하여 설명해 주었다. 약 10분 정도를 남겨두고 활동을 정리하고 칠판 나누기 구조 활동에 들어갔다. 각 모둠별로 1명씩 불러내었다. 어떤 아이는 자기를 시켜 달라고

모둠별 협동학습으로 도움 주고받기 활동 과정

애원(?)하기도 하였다.

현재 나의 학급은 7개의 모둠을 운영하고 있어서 7명이 앞에 나와 각각 주어진 문제를 해결하였다. 7명 중 6명이 잘 해결하였고 1명은 어려움을 호소하였다. 해당 모둠에서 대신 풀이할 수 있는 아동이 나와 해결하였다. 7명이 해결하는 동안 나머지 아동들은 각자의 노트에 문제를 해결해 보도록 하였다. 칠판 나누기 활동 후에 전체적으로 다시 설명 및 반복 안내까지 잊지 않았다. 이렇게 하고 나니 2분 정도밖에 시간이 남지 않았다. "다음 시간에 있을 활동은 분수 나눗셈 활동 원리 이해의 마지막 완성 단계에 해당되는 활동으로서 오늘 활동이 밑거름으로 작용하게 될 것입니다. 그러니 오늘은 반드시 스스로 배움공책에 복습하여 자신의 것으로 만드는 것 잊지 않도록 합니다."라고 강조하고 마무리하였다. 수업 후 오늘 과정을 되돌아보았다. 아쉬움이 남았다. 왜냐하면 그림으로 이해하는 과정은 진행하지 못하였기 때문이다. '이 활동까지 진행하기에는 2시간이 무리였던가?' 하는 생각에 빠져들었다. 이전 해에도 그러했던 경험이 있었다. 올해는 좀 다를까 싶었다. 그러나

다르지 않았다. 그렇다고 하여 1시간 더 시간을 확보하여 진행하기에는 무리가 따를 것이라는 생각이 들어 이 부분은 생략하기로 마음먹었다. 핵심은 그림으로 이해하기가 아니라 판단하였기 때문이다. 다음 시간 내용도 아이들의 이해 속도가 빠르면 그림으로 이해하는 부분까지 진행하고, 그렇지 않으면 그림으로 이해하는 과정은 생략해야겠다고 생각을 정리하며 오늘을 마무리하였다.

칠판 나누기 구조 활동을 통한 완전학습 결과 확인 장면

6차시 수업 소감

오늘은 분수 나눗셈의 원리를 완성하는 날이라고 시작 단계에서 매우 강하게 어필하였다. 그랬더니 아이들은 매우 진지한 모습으로 수업의 시작을 맞이하였다. 일단 지난 시간에 2시간 동안 제수가 단위분수가 아닐 때 먼저 제수를 단위분수로 왜 만들어야 하며 어떻게 단위분수로 만들 수 있는지에 대하여 알아보았던 것이 이번 시간에 큰 도움이 되었던 것 같았다. 그에 대한 이해가 바탕이 되자 분모가 다른 진분수끼리의 나눗셈 문제를 해결하는 게 매우 수월하였다. 분모가 다르다는

것은 큰 문제가 되지 않았다. 무엇보다도 제수를 단위분수로 만드는 것에 우선하여 제수를 1로 만들기 위해 분자로 나누어 준 뒤 분모를 곱한 것처럼 피제수도 제수의 분자로 나누고 제수의 분모를 곱하면 된다는 기본 원리는 변함이 없다는 것쯤은 쉽게 이해할 정도의 수준이었다.

먼저 지난 시간에 공부했던 것을 함께 칠판에 정리해 보면서 원리를 확인해 보았다. 그런 뒤에 이번 시간에 공부할 문제로 $\frac{3}{4} \div \frac{2}{3}$ 를 제시하였다. 분모가 다르더라도 해결 원리는 똑

같다는 안내를 한 뒤 각자 먼저 모둠칠판에 해결해 보라고 하였다. 충분한 시간이 지나서 확인해 보았더니 대부분의 아이들이 제대로 해결하였다. 물론 아직 극히 일부의 아이는 풀이는 되는데 설명이 잘 안 된다고 하였다. 그 정도만으로도 매우 다행이라 여겨졌다. 이 문제 풀이를 어느 한 명에게 맡겼다. 한 명이 칠판 앞에 나와 문제를 해결하였고 그것을 이용하여 정확히 안내를 해 주었다. 아이들은 이로써 자신들이 분수 나눗셈의 원리를 완전히 터득했다는 기쁨에 "와, 드디어 분수 나눗셈을 완성하였다. 기뻐요." 하고 반응하였다. "그래요, 그것이 바로 배움의 기쁨이고 공부하는 즐거움이지요. 또한 수학이라는 것은 오랜 시간 동안 우리 조상들이 이룩해놓은 위대한 업적이자 문화유산이라는 점, 그리고 선생님은 그렇게 오랜 시간 동안 인류가 걸어온 길을 짧은 시간에 핵심만 간추려 그들이 걸어온 길과 비슷한 과정으로 여러분에게 안내하고 여러분이 직접 탐구하여 알아낼 수 있노록 수업을 진행하고 있는 것이랍니다. 그러니 수학이라는 것이 재미가 없고 어렵고 힘든 교과목이 아니라는 점을 조금은 알아주기 바랍니다. 자, 그러면 다른 문제 하나 더 직접 해결해 보기 바랍니다."라고 말한 뒤 $\frac{2}{3} \div \frac{5}{7}$를 칠판에 제시하고 해결할 시간을 주었다. 역시 잘 해결해 나갔다.

여기까지 약 20분 정도의 시간이 흘렀다. 남은 시간 가운데 약 15분 정도는 교과서 속 마무리 문제만 지금처럼 해결해 보고 모둠 내에서 서로 도움을 주고받으면서 완전학습이 이루어질 수 있도록 안내하였다. 남은 5분 동안 아무나 지목하여 칠판 나누기 활동으로 직접 문제 풀이를 할 수 있게 한다고 미리 공지도 해 두었다. 어떤 아이는 자신이 칠판에 나와 풀고 싶어서 자신을 꼭 시켜 달라고 하였다. 자신이 잘 이해하고 있다는 것을 다른 사람들 앞에서 확인하고 싶었나 보다. 아무튼 그렇게 약속된 시간이 흘렀고 각 모둠에서 1명씩 칠판 앞에 나와 서로 다른 문제를 제시하고 풀어 보게 하였다. 아직 약간의 어려움이 있는 아동이 1명 있었다. 그 아동에게는 모둠으로 돌아가 다시 배우고 선생님에게 확인받도록 안내하였고 그 문제는 같은 모둠의 다른 아동이 풀 수 있도록 기회를 주었다.

그렇게 1시간이 마무리되었고 오늘로써 분수 나눗셈 원리가 모두 완성되었다. 6차시까지의 수업이 무척 길게 느껴졌던 시간이기도 하였지만 아이들은 지금까지의 수학 시간 가운데 가장 큰 배움의 기쁨과 희열을 느꼈던 시간이기도 하였을 것이라는 생각이 문득 내 머리를 스치고 지나갔다. 이 기분과 감정은 나만의 사치스러운 욕심이 아닐 것이라 생각한다. 오늘 과정도 스스로 배움공책을 통해 반드시 복습할 것을 부탁하고 마무리하였다.

🌱 7차시 중간 정리 : 발견된 원리의 적용 I - 교과서 문제 해결

수업 흐름	교사의 발문
도입	• 지난 시간까지 공부한 내용 점검 : '번호순으로 + 칠판 나누기' 구조 　- 각 모둠별로 1명씩 칠판 앞에 나와 문제 해결하기
전개	• 교과서 42~49쪽까지 관련 '짝 점검' 활동지 제시 　- 모둠 내 2명씩 짝을 지어 1문제씩 번갈아 해결하고 점검해 주기 　- 수식과 함께 그림으로도 해결하기 　- 홀수번은 홀수 문제(짝이 해결 과정을 점검), 짝수번은 짝수 문제(짝이 해결 과정을 점검) 해결하기 　- '짝 점검' 활동이 끝나면 자기 활동지에 풀지 않은 문제를 개별학습으로 해결하기
정리	• 교과서 42~49쪽까지 마무리 문제만 수식으로 해결하기

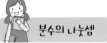

분수의 나눗셈

수학 6-1	3. 분수의 나눗셈 분수의 나눗셈 원리 이해-짝 점검	서울　　　　　　　초등학교 6학년　　　반　　　번 모둠이름 :

그림 및 수식으로 역수 과정 설명하기	
(1) $2 \div \dfrac{1}{3}$	(2) $3 \div \dfrac{1}{4}$
(3) $\dfrac{4}{5} \div \dfrac{1}{5}$	(4) $\dfrac{3}{4} \div \dfrac{1}{4}$
(5) $\dfrac{4}{6} \div \dfrac{2}{6}$	(6) $\dfrac{4}{5} \div \dfrac{2}{5}$
(7) $\dfrac{2}{3} \div \dfrac{3}{4}$	(8) $\dfrac{4}{5} \div \dfrac{2}{3}$

오늘 수업은 지난 시간에 완성한 분수 나눗셈의 원리를 한 번 더 돌이켜 보는 것으로 도입 활동을 시작하였다. 칠판에 예시 문항 하나를 제시하고 한 단계 한 단계 과정을 진행할 때마다 왜 그렇게 해야 하는지, 그다음은 어떤 과정을 진행해야 하는지 등에 대하여 무작위로 여러 아이들을 직접 지명하여 그 답을 이야기해 보도록 하였다. 대체로 잘 답변해 주었다. 물론 아직도 이해가 부족한 아이들도 소수 있었다. 그러나 그 아이들에게서 이런 답변이 나왔다. "풀 수는 있겠는데 설명은 아직 어려워요."라고 말이다. 이것만으로도 큰 소득이라 생각된다. 이후에 활동지를 나누어 주고 짝 점검 활동을 어떻게 진행하는지 안내한 뒤 바로 활동에 들어갔다. 지금까지 공부했던 6차시 동안의 내용을 이번 1시간 안에 다시 돌아보며 쉽게 해결해 나갈 것이라고는 생각하지 않았다. 분명히 상당한 시간이 지난 것들은 다시 기억이 희미해져 약간 난개념이 생겼을 것이라 생각하고 그때마다 도움을 요청할 것을 미리 안내하였다.

실제로 소수의 아이들이 특히 그림으로 해결하는 방법에 대해서 도움을 요청하였다. 다시 한 번 짚어 주자 기억을 다시 되찾았다는 듯이 기뻐하였다. 이렇게 8개의 문제를 해결하는데 30분 정도가 충분히 지나갔다. 그도 그럴 것이 옆 사람에게 설명하듯이 짝 점검 활동을 하는 것이 아니라 옆 사람에게 질문하듯이 진행해 나갔기 때문에 시간이 더 걸렸다.(다음은 어떻게 해야 할까? 그렇게 하면 얼마가 되지? 그러면 어떤 과정이 필요할까? 등과 같이 질문을 통해 옆 짝과 함께 풀이를 해 나갈 수 있도록 해야만 짝 점검 활동이 제대로 효과를 보이기 때문이다.) 그래도 아이들은 이 방법이 무척 좋았다고 이야기한다. 옆 사람과 함께 풀어 나가면서 자신이 좀 더 정확히 이해할 수 있어서 좋았다고 말해 주었다. 앞으로 짝 점검 활동을 좀 더 자주 진행해 나갈 수 있도록 할 생각이다. 특히 연산 활동에서!!!

짝 점검 활동 장면

🌱 8~9차시 분수 나눗셈의 이해 2: 분수 나눗셈 원리의 완성 및 적용

수업 흐름	교사의 발문
도입	• $2 \div \dfrac{2}{3}$를 덜어 내기 방식으로, 그림을 이용하여 먼저 해결해 봅시다. ⇨ 개인칠판에 해결 및 모둠원들끼리 점검하기
	• 나눗셈의 원리(제수가 1일 때의 값을 구하기) ⇨ (자연수÷분수)에 적용하기 **발문 1** $2 \div \dfrac{2}{3}$가 $2 \times \dfrac{3}{2}$으로 바뀌는 과정(×제수의 역수) 설명하기: 모둠토론 　- 지난 시간까지 공부했던 내용을 바탕으로 모둠원들끼리 토의 　- 그림 및 수식으로 함께 해결하여 제시하기 ⇨ 모둠칠판

최초의 식	제수를 단위분수로 만들었을 때 피제수의 값	제수를 1로 만들었을 때 피제수의 값
$2 \div \dfrac{2}{3}$	$2 \div 2 = 2 \times \dfrac{1}{2}$ $\left(\dfrac{2}{3} \Rightarrow \dfrac{1}{3}\text{일 때의 값}\right)$	$\left(2 \times \dfrac{1}{2}\right) \times 3$ (제수가 1이 되려면 단위분수일 때의 값에 3배를 해야 한다.)

최종 정리
$\left(2 \times \dfrac{1}{2}\right) \times 3 = 2 \times \dfrac{3}{2}$ (역수가 되었음을 확인) $= \dfrac{6}{2} = 3$

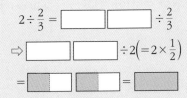

$2 \times \dfrac{1}{2}$ ($2 \div 2$)은 제수가 $\dfrac{1}{3}$일 때의 값이다. 여기에 3배를 하면 제수가 1일 때의 값을 구할 수 있게 된다.

$$\left(2 \times \dfrac{1}{2}\right) \times 3 = \underline{2 \times \dfrac{3}{2}} = \dfrac{6}{2} = 3$$

$$\boxed{} \times 3 = \boxed{}\boxed{}\boxed{} = 3$$

발문 2 $3 \div \dfrac{2}{4}$를 위와 같이 해결해 보시오.

최초의 식	제수를 단위분수로 만들었을 때 피제수의 값	제수를 1로 만들었을 때 피제수의 값
$3 \div \dfrac{2}{4}$	$3 \div 2 = 3 \times \dfrac{1}{2}$ $\left(\dfrac{2}{4} \Rightarrow \dfrac{1}{4}\text{일 때의 값}\right)$	$\left(3 \times \dfrac{1}{2}\right) \times 4$ (제수가 1이 되려면 단위분수일 때의 값에 3배를 해야 한다.)

최종 정리
$\left(3 \times \dfrac{1}{2}\right) \times 4 = 3 \times \dfrac{4}{2}$ (역수가 되었음을 확인) $= \dfrac{12}{2} = 6$

발문 1 5학년까지 분수의 덧셈, 뺄셈, 곱셈, 나눗셈을 공부하면서 대분수가 나올 때는 그 대분수를 어떻게 하고 문제를 해결하였나요?

⇨ 가분수로 고친 후에 해결하였습니다.

• 분수의 나눗셈에서도 대분수가 나오면 가분수로 고친 후에 해결하면 됩니다. 나머지 과정은 지금까지 공부했던 내용이 그대로 적용됩니다. 그러면 다음 문제를 한번 해결해 볼까요? 앞으로는 그림은 생략하고 수식으로 과정이 잘 나타나게 해결해 보도록 합니다.

발문 2 $1\dfrac{2}{3} \div \dfrac{2}{4}$를 해결해 보시오. ⇨ '$\div \dfrac{2}{4}$'가 '$\times \dfrac{4}{2}$'로 바뀌는 과정 수식으로 정리해 보시오. ⇨ 개인별로 모둠칠판에 해결 ⇨ 모둠원들과 해결한 결과를 서로 비교 ⇨ 정확한 해결 과정 확인

⇨ [$1\dfrac{2}{3} \div 2$(제수가 $\dfrac{1}{4}$일 때 피제수의 값)]$\times 4$(제수가 1일 때의 피제수의 값) $= 1\dfrac{2}{3} \times \dfrac{1}{2} \times 4 = 1\dfrac{2}{3} \times \dfrac{4}{2}$(역수가 되었음을 확인) $= \dfrac{5}{3} \times \dfrac{4}{2} = \dfrac{20}{6} = 3\dfrac{2}{6} = 3\dfrac{1}{3}$

전개

발문 3	$1\frac{2}{3} \div 1\frac{1}{4}$을 해결해 보시오. ⇨ '$\div 1\frac{1}{4}$'이 '$\times \frac{4}{5}$'로 바뀌는 과정을 수식으로 정리해 보시오. ⇨ 개인별로 모둠칠판에 해결 ⇨ 모둠원들과 해결한 결과 서로 비교 ⇨ 정확한 해결 과정 확인 ⇨ $1\frac{2}{3} \div 1\frac{1}{4} = \frac{5}{3} \div \frac{5}{4} = [\frac{5}{3} \div 5$(제수가 $\frac{1}{4}$일 때 피제수의 값)$] \times 4$(제수가 1일 때 피제수의 값)$= \frac{5}{3} \times \frac{1}{5} \times 4 = \frac{5}{3} \times \frac{4}{5}$(역수가 되었음을 확인)$= \frac{4}{3} = 1\frac{1}{3}$
정리	• 시간 여유가 있으면 교과서 50~53쪽 문제 해결하기

🌱10차시 마무리 정리: 발견한 원리의 적용 2 - 교과서 문제 해결

수업 흐름	교사의 발문
도입	• 지난 시간까지 공부한 내용 점검 : '번호순으로＋칠판 나누기' 구조 - 각 모둠별로 1명씩 칠판 앞에 나와 문제 해결하기
전개	• 교과서 50~53쪽까지 관련 '짝 점검' 활동지 제시 - 모둠 내 2명씩 짝을 지어 1문제씩 번갈아 해결하고 점검해 주기 - 수식으로도 해결하기(그림으로 해결하는 과정은 생략) - 홀수번은 홀수 문제(짝이 해결 과정을 점검), 짝수번은 짝수 문제(짝이 해결 과정을 점검) 해결하기 - '짝 점검' 활동이 끝나면 자기 활동지에 풀지 않은 문제를 개별학습으로 해결하기
정리	• 교과서 50~53쪽까지 마무리 문제만 수식으로 해결하기

🌱11차시 문제 해결: 포함제(덜어 내기) 개념으로 분수 나눗셈 해결

발문 1 (분수 나눗셈 상황)

4m 길이의 막대가 있다. 이 막대를 $\frac{2}{3}$m씩 자르려고 한다. 몇 개를 만들 수 있는가? ⇨ 띠 모델로 이해하기(개인별 모둠칠판에 해결 ⇨ 모둠원들과 결과 공유 및 수정)

1m	2m	3m	4m

$\frac{1}{3}$	$\frac{1}{3}$	1									

설명 4m 길이의 막대를 $\frac{2}{3}$m 길이로 자르려고 한다. 이때 $\frac{2}{3}$m 길이의 나무 막대 몇 개를 만들 수 있는가에 대하여 알아보려는 것이다. 이를 위해서 $\frac{2}{3}$m를 기준 단위량으로 하여 4m 길이의 나무 막대를 계속 잘라 나가면 된다는 것이다.(4m에서 $\frac{2}{3}$m씩 계속 덜어 내면 몇 번 덜어 낼 수 있는지 알아보는 것)

1m		2m		3m		4m	

$\frac{1}{3}$	$\frac{1}{3}$	$\frac{1}{3}$	$\frac{1}{3}$	$\frac{1}{3}$	$\frac{1}{3}$	$\frac{1}{3}$	$\frac{1}{3}$	$\frac{1}{3}$	$\frac{1}{3}$	$\frac{1}{3}$	$\frac{1}{3}$

결과는 위에서 보는 바와 같이 6번 덜어 낼 수 있다. 다시 말해서 $\frac{2}{3}$m 길이의 나무 막대 6개를 만들 수 있다는 이

| 수학 6-1 | 3. 분수의 나눗셈 분수의 나눗셈 원리 적용-짝 점검 | 서울 초등학교 6학년 반 번 모둠이름 : |

그림 및 수식으로 역수 과정 설명하기

(1) $2 \div \dfrac{2}{3}$

(2) $3 \div \dfrac{3}{4}$

(3) $6 \div \dfrac{4}{5}$

(4) $8 \div \dfrac{2}{3}$

(5) $3\dfrac{1}{2} \div \dfrac{3}{4}$

(6) $2\dfrac{3}{4} \div \dfrac{2}{3}$

(7) $3\dfrac{1}{6} \div 2\dfrac{3}{8}$

(8) $5\dfrac{1}{3} \div 3\dfrac{5}{9}$

야기다.

(문제 해결을 위한 식) $4m \div \frac{2}{3}m = 4m - \frac{2}{3}m - \frac{2}{3}m - \frac{2}{3}m - \frac{2}{3}m - \frac{2}{3}m - \frac{2}{3}m = 0$

($\frac{2}{3}m$를 1단위로 바꾸어 생각하기) ⇨ 4m 안에 $\frac{2}{3}m$ 단위가 6번 들어 있다.

($\frac{1}{3}m$ 단위분수를 기준으로 생각하기) ⇨ 4m 안에 $\frac{1}{3}m$ 단위분수가 12번 들어 있다.

그런데 주어진 상황은 $\frac{1}{3}m$의 2배인 $\frac{2}{3}m$가 기준이므로 12÷1이 아니라 12÷2라는 상황이 만들어진다. 이 과정이 바로 통분 과정이라 말할 수 있다. 자연수 4를 제수와 같이 분모가 3인 분수로 만든 후 분자끼리만의 상황으로 생각한 것이다.

$$4 \div \frac{2}{3} = \frac{12}{3} \div \frac{2}{3} = 12 \div 2 = 6$$

발문 2 심진(心震)을 일으킬 수 있는 문제 ⇨ 개인 생각(모둠칠판에 정리) ⇨ 모둠원들과 의견 공유(모둠 토의) ⇨ 전체와 공유

(분수 나눗셈 상황) 철수는 5m 길이의 막대가 $\frac{3}{4}m$ 길이 막대의 몇 배가 되는지 측정해 보려고 한다.

⇨ (철수의 해결) 철수는 아래와 같이 5m 길이의 막대를 $\frac{3}{4}m$씩 계속 잘라 나갔다.

1m	2m	3m	4m	5m

$\frac{3}{4}$	$\frac{3}{4}$	$\frac{3}{4}$	$\frac{3}{4}$	$\frac{3}{4}$	$\frac{3}{4}$	$\frac{1}{4}$	$\frac{1}{4}$

그 결과 위와 같이 $\frac{3}{4}m$ 길이의 막대 6개를 얻었고 $\frac{2}{4}m$가 남게 되었다.

⇨ (철수가 얻은 답) $6\frac{2}{4}$배

(질문) 철수가 얻은 결과가 옳다고 할 수 있는가?

⇨ 옳다면 덜어 내기 과정을 수식으로 나타내 보시오.

⇨ 잘못되었다면 무엇이 왜 잘못되었는지를 설명하여 보시오.

설명 철수가 얻은 결과는 잘못되었다. 측정을 위해 막대 전체를 $\frac{1}{4}m$씩 등분을 한 후 $\frac{3}{4}m$씩 덜어 내고 남은 것이 $\frac{2}{4}$ m라는 것을 알았다. 하지만 실제 측정 과정에서 5m 길이의 막대를 측정하기 위해 단위량(기준) 1로 사용한 것은 $\frac{1}{4}$ m가 아니라 $\frac{3}{4}m$ $\boxed{\ \frac{3}{4}\ }$ 였던 것이다. 이렇게 $\frac{3}{4}m$를 단위량 1로 본다면 실제로 남아 있는 $\frac{2}{4}m$ $\boxed{\frac{1}{4}\ \frac{1}{4}}$ 는 $\frac{3}{4}m$의 $\frac{2}{3}$에 해당된다. 따라서 철수가 얻은 답은 $6\frac{2}{4}$배가 아니라 $6\frac{2}{3}$배여야 한다는 것이다. $5 \div \frac{3}{4} = 5 \times \frac{4}{3} = \frac{20}{3}$ $=6\frac{2}{3}$(6번 덜어 내고 남은 나머지가 왜 $\frac{2}{4}$가 아니라 $\frac{2}{3}$가 되어야 하는지를 정확히 설명할 수 있어야 제대로 이해하였다고 말할 수 있다.)

8차시 수업 소감

본래의 계획은 위에 제시한 내용과 같았다. 그런데 학교 교육과정 운영 중 교과 운영 계획 전반을 살펴보니 생각보다 수학 진도가 다른 단원까지 생각해 볼 때 좀 뒤처진 것 같았고 이대로라면 생각보다 시간이 빠듯하거나 여름 방학 전까지 마치지 못할 것 같다는 생각이 들어서 계획을 수정하여 수업을 진행하기로 하였다. 위에 제시한 8차시 내용과 11차시 내용을 한데 묶어서 1차시 수업으로 다루어 진행하였다.

8차시 수업을 시작하면서 $2 \div \frac{2}{3}$를 수식으로 해결해 보고

(자연수÷진분수) 해결을 위한 발표 장면

이어서 띠 모델로 해결해 보는 작업을 함께 이어 갔다. 잠시 생각할 시간을 주고 개별적인 해결 및 모둠원들과 공유 ⇨ 아동 1명의 발표 과정을 이어 갔다.

띠 모델을 이용하여 해결하는 과정에서는 아이들이 잠시 머뭇거리기도 하였다. 아직 익숙하지 않았기 때문이었다. 그런데 한 아동이 자신 있게 해결해 보겠다고 하여 칠판 앞에 나와 해결해 보라고 하였다. 아이들 모두는 그 아동의 해결 과정을 지켜보면서 다시 한 번 기억을 되살려 갔다. 발표한 아동은 비교적 정확히 해결하였다. 그것을 보던 아이들 사이에서는 "아, 이제 기억났다. 이제 제대로 할 수 있겠다."는 말들이 터져 나왔다. 그래서 다시 문제 하나를 더 제시하였다. $3 \div \frac{2}{4}$를 제시하고 수식 및 띠 모델을 활용하여 해결해 보라고 하였다. 그리고 다시 1명을 지목하여 칠판 앞에 나와 해결해 보라고도 하였다.

두 사람 모두 잘 해결하였다. 여기까지 시간이 20분 정도 흘렀다. 그래서 11차시에서 하려고 했던 내용을 끌어와 덜어내기 방식으로의 해결 사례를 $3 \div \frac{2}{3}$로 띠 모델을 이용하여 보여준 뒤 심진을 일으키는 질문을 제시한 뒤 무엇이 잘못되었는지 찾아 밝혀 보라고 하였다. 띠 모델을 통해 해결 과정을 보여주고 최종 결과가 맞는지 물어보자 상당히 많은 아이들이 맞다고 바로 대답하였다. 그래서 "확실해요?"라도 되묻자 아이들은 이상한 듯 생각에 잠기더니 아닌 것 같기도 하고 맞는 것 같기도 하다는 반응을 보였다. 그래서 "지금부터 모둠원들과 이것이 맞는지 협의하기 바랍니다. 5분 정도 시간을 주겠습

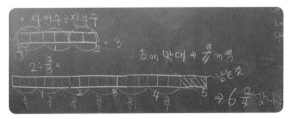

심진을 일으키는 질문 제시

니다." 하고 모둠토론에 들어가라고 안내하였다. 어느 정도 시간이 흘렀을 때 어떤 모둠에서 한 아동이 "아, 이제 알겠다. 이것은 잘못된 것이야. 답은 $6\frac{2}{3}$가 되어야 해."라고 말하며 모둠원들에게 자신의 생각을 공유하기 시작하였다. 나름 정확하게 이해하고 있는 듯하였다. 그래도 바로 지목하여 발표를 시키기보다는 다른 아이들에게도 충분히 생각할 시간을 주는 것이 좋다고 판단하여 좀 더 시간을 끌어 보았다. 그런데도 답을 찾아낸 아동과 모둠은 없는 듯하였다. 그래서 그 아동을 지목하여 설명해 보라고 하였다. 예상한 대로 정확히 설명하였다. 설명한 아동의 이야기를 듣고 있던 많은 아이들은 "아, 그거였구나. 역시 ○○이는 천재야. 대단해!" 하고 칭찬을 해 주었다. 그래서 나는 좀 더 구체적이고 자세하게 풀어서 설명을 한 번 더 해 주었다. 아이들은 또 하나를 새롭게 알게 되었다는 표정으로 자신의 노트에 오늘 알게 된 사실들을 기록하고 정리하기 시작하였다. 그렇게 40분은 빠르게 흘러갔다. 이로써 아이들에게 분수의 나눗셈 과정은 모두 마무리되었다고 선언하였다. 이제 남은 것은 한 가지인데 대분수끼리의 나눗셈은 이미 여러분들 스스로 해결할 수 있다고 말하였다. 그리고 "왜 여러분들 스스로 할 수 있다고 말하였을까요?"라고 질문을 던지자 여러 아이들이 이구동성으로 "대분수는 가분수로 고쳐서 계산하면 되니까요."라고 큰 소리로 답해 주었다. "그래요. 이 경우는 가분수로 고쳐서 계산하는 것만 알면 다른 과정은 지금까지 공부했던 내용과 같습니다. 이로써 여러분은 분수 나눗셈 과정을 모두 마쳤습니다. 이제는 하산하여도 됩니다. 하산하여라."라고 말해 주었다. 그랬더니 한 아이가 "예, 싸부님!"이라고 재치 있게 대답해 주었다. 이제 다음 1시간을 더 사용하여 지금까지의 과정을 총정리하고 단원 마무리를 해 나가고자 한다. 좀 더 시간이 넉넉했더라면 위에 설계한 바대로 진행해 보고 싶은 마음이 굴뚝같았다. 하지만 본래 12차시를 10차시로 줄여서 진행한 것도 나쁘지는 않다는 생각이 든다.

마무리 활동 칠판 판서 내용

오늘 수업은 지난 시간 공부했던 주제를 차시 도입 차원에서 다시 한 번 함께 짚어 보고 마지막으로 대분수가 있는 분수의 나눗셈도 함께 간략히 다루어 보았다. 왜냐하면 지난 시간 끝 무렵에도 짚었던 바와 같이 대분수가 있을 때 가분수로 고쳐서 계산하는 것 빼고는 전혀 다른 점이 없기 때문이라는 것을 아이들은 이미 너무나도 잘 알고 있기 때문이었다. 역시 실제 점검해 보는 과정에서도 나의 예상은 틀리지 않았다. 여기까지 약 10분 정도의 시간이 흘렀다. 나머지 30분은 짝 점검 활동지를 만들어 나누어 주고 짝 점검 구조를 활용한 협동학습 활동으로 이어 갔다. 지난 차시에서 짝 점검 활동을 해 본 경험이 있어서 오늘은 다시 간략히 안내만 하고 바로 활동에 들어 갔다. 늘 그렇지만 100% 아이들 모두 완벽한 이해를 바란다

는 것은 나의 지나친 욕심일 것이라 판단하고 아이들을 관찰해 보았다. 80% 정도의 아이들은 충분히 이해를 하고 짝 점검 활동에 임하고 있다는 생각이 들었다. 나머지 20% 정도 아이들도 정도의 차이는 있었지만 전혀 이해를 못하는 수준은 아니라 여겨졌다. 대체로 과정 중심으로 풀이는 하겠는데 설명을 하라고 하면 설명은 아직 어렵다는 반응이 꽤 있었다. 그래도 이 정도까지 아이들이 이해를 하고 있다는 점이 다행이라 여겨졌다.

짝 점검 활동 진행이 10여 분 정도 흘렀는데 다 되었다는 아이들이 있어서 교과서 마무리 문제 및 수학 익힘책 풀이로 이어 가라고 안내하였다. 그렇게 시간차를 두고 아이들은 활동지 마무리 및 수학책, 익힘책 풀이로 활동을 이어 갔다. 이로써 분수의 나눗셈 단원 학습은 마무리되었다. 다른 단원보다 아이들의 어려움도 컸지만 그만큼 새로운 것을 알게 되었다는 점에서 만족도 또한 제일 높았던 수업 시간이었다고 생각된다. 오늘도 한 아동은 수학 시간을 1시간 더 이어 가면 안 되냐는 요청을 하기도 하였다. 이제 우리 반 아이들은 수학 시간을 그리 싫어하거나 부담스러워하지 않는 분위기다. 이제 평가만 남았다. 평가지를 아직 만들지는 않았다. 며칠 전부터 평가지를 어떻게 제작할지 고민하였다. 주말에 평가지를 좀 더 깊이 고민하여 의미 있게 만들어 보아야겠다.

최종 마무리 활동으로 진행된 짝 점검 활동 장면

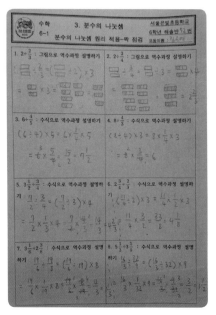

최종 마무리 짝 점검 활동 결과물

🌱 12차시　단원 정리 - 단원 평가

수학 6-1	3. 분수의 나눗셈	서울은빛초등학교
	교과서 36~63쪽	6학년 해솔반　번
		이름 :

❋다음 글을 읽고 물음에 알맞은 답을 쓰시오.

1.(지) 나눗셈이라 [　　　] 가 1일 때의 값을 구하는 것이라 말할 수 있다.

2.(적) 그림을 이용하여 분수의 나눗셈을 덜어내기(배기) 방식으로 해결해 보시오.(아래 띠 모양의 막대에 표시하여 보시오)

$$2 \div \frac{1}{3}$$

3.(적) 분수 나눗셈의 원리인 '×제수의 역수' 과정이 잘 나타나도록 [그림]으로 답을 구하여 보시오.

$$2 \div \frac{1}{3}$$

4.(이) 분수 나눗셈의 원리인 '×제수의 역수'를 이용하여 문제를 해결하는 과정이 있다. 다음 문제의 해결과정에서 $\frac{3}{4} \div \frac{2}{4}$ 를 $\frac{3}{4} \div 2$ 로 가장 먼저 바꾼 이유는 무엇인가?

5.(이) 분수 나눗셈의 원리인 '×제수의 역수'를 이용하여 문제를 해결하는 과정이 있다. 다음 문제의 해결과정에서 $\frac{3}{4} \div 2 \times 4$ 와 같이 수식이 만들어진다. 이 과정에서 '×4'를 해야 하는 이유는 무엇인가?

6.(적) $\frac{3}{4} \div \frac{2}{4}$ 의 해결을 [그림]으로 '×제수의 역수' 과정이 잘 나타나도록 해결하여 답을 구해 보시오.

7.(적) 아래 주어진 분수의 나눗셈을 '×제수의 역수' 과정이 잘 나타나도록 [수식]으로 해결하여 답을 구해 보시오.

$$\frac{2}{3} \div \frac{2}{4} =$$

8.(적) $2 \div \frac{2}{3}$ 를 덜어내기 방법을 이용해 그림으로 나타내 보시오.

(1) 그림을 이용해 해결하였을 때 2에는 $\frac{2}{3}$ 가 몇 묶음 들어 있나요? ------------- (　　) 묶음

(2) 위와 같이 덜어내기 방법으로 해결해도 답을 구할 수 있지만 이와 같은 해결방법이 바람직하다고 볼 수 없는 이유는 무엇인가?

9.(적) $2 \div \frac{2}{3}$ 를 분수 나눗셈의 원리인 '×제수의 역수' 과정이 잘 나타나도록 [그림]으로 답을 구하여 보시오.

10.(평) 아래 과정은 $3 \div \frac{2}{3}$ 를 덜어내기 방식을 이용하여 그림으로 해결한 것이다.

위에서 보는 바와 같이 $\frac{2}{3}$ 씩(같은 무게) 덜어내면 4번을 덜어내고 ▨▨▨ 이 남게 된다. 따라서 위의 그림으로 풀 때 정답은 $4\frac{1}{3}$ 이 된다.

(1) 위의 해결 과정에서 잘못된 점은 무엇인지 설명해 보시오.

(2) 잘못된 점을 바로 잡는다면 정답은 어떻게 되는가?
　　　　　　　　　　　　(답) (　　　)

11.(지) 대분수가 포함되어있는 분수의 나눗셈 문제를 해결하기 위해 가장 먼저 어떤 작업을 해 주어야 하는가?

12.(적) $2\frac{1}{2} \div 1\frac{1}{3}$ 를 분수 나눗셈의 원리인 '×제수의 역수' 과정이 잘 나타나도록 [수식]으로 해결하여 답을 구하여 보시오.

13.(평) 아래 과정에서 잘못 계산된 곳 2가지가 있다. 그것이 무엇인지 찾아보고 바르게 계산하여 보시오.

$$1\frac{3}{4} \div \frac{7}{9} = 1\frac{3}{4} \times \frac{7}{9} = 1\frac{7}{12}$$

(1) 잘못 계산된 곳 : (1)
　　　　　　　　　　(2)

(2) 바르게 계산하기 :

14.(종) 5 L의 음료수를 물병에 $\frac{1}{2}$ L씩 나누어 담으려고 한다. 물병은 몇 개 필요합니까?
　　　　　　　　　　　　　(　　　)개

15.(종) 황흙이 $\frac{9}{10}$ kg 있습니다. 한 사람에게 $\frac{3}{10}$ kg씩 나누어 주면 몇 명에게 나누어 줄 수 있으니까?
　　　　　　　　　　　　　(　　　)명

16.(종) 가로가 $1\frac{2}{7}$ m인 직사각형의 넓이는 $1\frac{1}{14}$ m²입니다. 이 직사각형의 세로는 몇 m입니까?
　　　　　　　　　　　　　(　　　)m

17.(적) 아래 주어진 분수 나눗셈을 계산하시오

(1) $5 \div \frac{1}{3}$

(2) $\frac{4}{5} \div \frac{1}{5}$

(3) $\frac{6}{7} \div \frac{2}{7}$

(4) $\frac{3}{8} \div \frac{2}{5}$

(5) $6 \div \frac{4}{5}$

(6) $3\frac{1}{6} \div 2\frac{3}{8}$

수고하였습니다.

지 - 지식 영역
이 - 이해 영역
적 - 적용 영역
분 - 분석 영역
종 - 종합 영역
평 - 평가 영역

소수의 나눗셈

01 단원 소개 및 문제의식 갖기

교사용 지도서를 보면 이 단원은 소수의 나눗셈 상황 맥락에 대한 이해를 바탕으로 계산 알고리즘에 대한 이해 및 기능 숙달을 목표로 한다고 제시되어 있다. 그와 함께 소수를 이해하고 소수에 대한 수 감각을 키울 수 있도록 어림셈도 중요하게 다루도록 안내하고 있다. 여기에서 핵심 알고리즘은 나누는 수와 나뉠 수의 소수점 위치를 적절히 이동하여 자연수 나눗셈의 계산 원리를 적용하는 것이라 되어 있다. 학습 목표 및 단원 발전 계통을 살펴보면 아래와 같다.[1]

영역	단원 학습 목표
내용	1. 소수의 나눗셈에서 제수를 자연수로 바꾸어 계산하는 원리 이해 2. 소수÷소수의 계산 원리를 알고 필산으로 계산하기 3. 소수의 나눗셈에서 결과를 어림하기 4. 소수의 나눗셈에서 몫과 나머지를 구하고 검산하기 5. 소수의 나눗셈에서 몫이 나누어떨어지지 않거나 너무 복잡할 때 몫을 반올림하여 나타내기
과정	1. 소수의 나눗셈이 필요한 상황을 알고 문제 해결하기 2. 소수의 나눗셈 원리를 알고 추론을 통해 형식화에 이르는 과정 설명하기 3. 소수의 나눗셈을 정확하게 계산했는지 어림한 값과 비교하여 확인할 수 있는 수학적 추론 능력 기르기 4. 소수의 나눗셈에서 결과를 어림하는 활동을 통해 타당한 의사 결정을 하는 과정 설명하기
태도	1. 생활 속에서 소수의 나눗셈이 필요한 상황을 알고 적용하는 활동을 통해 수학의 유용성 느끼기 2. 실제 자신의 생활 장면 속에서 나눗셈을 하는 활동을 통해 수학에 대한 흥미와 자신감 갖기

단원의 발전 계통		
선수 학습	본 학습	후속 학습
4학년 소수의 덧셈과 뺄셈, 5학년 소수의 곱셈, 소수의 나눗셈, 6학년 분수의 나눗셈	• 소수÷소수의 계산 원리를 알고 필산으로 계산하기 • 소수 나눗셈의 결과 어림하기 • 소수 나눗셈에서 몫과 나머지를 구하고 검산하기 • 소수의 나눗셈에서 몫을 반올림하여 나타내기	분수와 소수의 혼합 계산

---

1 2009 개정 교육과정에 따른 수학과 교사용 지도서 6학년 1학기. 2015. pp. 178~179.

위의 내용에 근거를 두고 교사용 지도서는 본 단원의 전개 계획을 아래와 같이 제시[2]하였으나 현장에서 그대로 따라서 지도하기에는 무리가 있다는 생각이 든다.

차시	재구성 이전	수업 내용 및 활동
1	단원 도입	스토리텔링을 통해 소수의 나눗셈이 필요한 상황 이해하기
2	소수의 나눗셈을 할 수 있어요(1)	분수의 나눗셈을 이용하여 소수 한 자리 수의 나눗셈을 자연수의 나눗셈으로 바꾸어 계산하기, 소수 한 자리 수의 나눗셈을 필산하기
3	소수의 나눗셈을 할 수 있어요(2)	분수의 나눗셈을 이용하여 소수 두 자리 수의 나눗셈을 자연수의 나눗셈으로 바꾸어 계산하기, 소수 두 자리 수의 나눗셈을 필산하기
4	소수의 나눗셈을 할 수 있어요(3)	분수의 나눗셈을 이용하여 소수÷소수, 소수÷자연수, 자연수÷자연수로 바꾸어 계산하기, 자릿수가 다른 두 소수의 나눗셈을 필산하기
5	자연수÷소수를 계산할 수 있어요	분수의 나눗셈을 이용하여 자연수÷소수를 자연수÷자연수로 바꾸어 계산하기, 자연수÷소수의 나눗셈을 필산하기
6	소수 나눗셈의 결과를 어림할 수 있어요	소수의 나눗셈에서 결과를 어림하기, 소수의 나눗셈 계산 결과를 어림한 값과 비교하기
7	소수의 나눗셈에서 나머지를 구할 수 있어요	소수의 나눗셈에서 나머지 구하기, 소수의 나눗셈에서 검산하는 방법을 알고 검산하기
8	몫을 반올림하여 나타낼 수 있어요	소수÷소수의 몫이 나누어떨어지지 않거나 몫이 복잡할 때 몫을 반올림하여 나타내기
9	공부를 잘했는지 알아보기	이 단원에서 배운 내용을 문제를 풀며 정리하기
10	문제 해결	소수의 나눗셈을 이용하여 실생활 문제 해결하기
11	이야기 마당	이야기를 통해 소수의 나눗셈이 적용되는 맥락 알기

문제의식을 갖게 만드는 점 몇 가지를 살펴보면 아래와 같다.

단원 지도를 위한 수업 시수 분배의 문제

1. 단원 도입을 위한 스토리텔링: 여전히 불필요한 이야기로 1시간을 소비하고 있다는 생각이 든다.

2. 분수의 나눗셈 단원과 같이 학습 내용을 소수의 자리 수에 따라 지나치게 세세하게 나눔으로써 집중해야 할 핵심 부분에 충분한 시간을 할애하지 못한 점이 아쉽다. 본 단원의 핵심은 소수의 나눗셈 문

---

2 2009 개정 교육과정에 따른 수학과 교사용 지도서 6학년 1학기. 2015. p. 181.

제를 풀 수 있다가 아니다. 단원학습의 주요 내용은 아래와 같다.

🌿 단원 학습의 주요 내용 🌿

(1) 소수의 나눗셈 과정에서 왜 제수와 피제수의 소수점 자리를 적절히 옮겨서 계산하는지 이해하기(나누는 수를 자연수로 고쳐서 계산한다는 것:분수의 나눗셈을 통해 원리 이해)

(2) 소수의 나눗셈에 자연수의 나눗셈 계산 원리가 그대로 적용된다는 것 이해하기 → 필산으로 문제 해결

(3) 소수의 나눗셈 결과를 어림해 봄으로써 어림의 유용성 알기 및 수 감각 기르기

(4) 나머지를 구하는 것은 몫이 자연수인 범위 내에서 다루기

(5) 나누어떨어지지 않을 때는 몫을 반올림하여 나타내기

세로셈을 통한 소수 나눗셈 필산 과정 원리 이해 및 적용

그러나 교과서 어느 곳을 살펴보아도 소수 나눗셈 알고리즘의 원리를 이해할 수 있도록 안내된 곳이 없다. 소수의 자리 수가 다양한 나눗셈 상황을 제시하고 그것을 다양한 방식(덜어 내기, cm → mm 단위로 환산하여 자연수의 나눗셈으로 이해하기, 분수로 고쳐서 계산하기, 세로셈으로 고쳐서 계산하기 등)으로 해결할 수 있다는 식으로 안내하고 있다. 어떤 곳에서도 분수로 고쳐서 계산하는 상황과 소수점 자리를 옮겨서 계산하는 상황을 비교해 보면서 어떤 점이 비슷하고 어떤 점이 다른지, 어떤 부분이 서로 같은 맥락이고 그래서 소수점을 옮기고 나면 제수가 자연수가 된다는 것, 결국에 가서 소수의 나눗셈은 자연수의 나눗셈과 같은 원리가 적용된다는 것을 이해할 수 있도록 제시되어 있지 못하다는 점에서 매우 큰 아쉬움이 남는다. 소수 나눗셈의 원리는 하나다. 제수와 피제수의 소수점 위치가 달라도 원리는 변함이 없으니 굳이 복잡하게 나누어 차시를 구성할 필요가 없다는 것이 나의 생각이다.

3. 문제 해결, 이야기 마당 등에서 다루는 내용이 단위 차시에서 다루는 내용과 관련이 있는데 뒤로 따로 떼어서 제시된 이유가 늘 궁금하다. 본 차시와 관련 있는 부분에서 함께 다루면서 시간 안배를 보다 효율적으로 할 수 있도록 재구성할 필요성이 있다고 판단된다.

소수의 나눗셈 해결에 포함제(동수누감, 덜어 내기)가 웬 말인가?
아래와 같이 덜어 내기 방식으로 소수의 나눗셈을 해결해 보라는 식의 질문들이 교과서 여기저기에서 발견된다.

(예 1)　길이가 2.4cm인 테이프, 0.4cm씩 자르면 몇 개가 되는가?

(예 2)　길이가 3.68m인 나무, 0.46m 막대 길이의 몇 배인가?

(예 3)　늘어난 연필 길이는 19.98cm, 처음 길이 5.4cm의 몇 배인가?

(예 4)　총거리 14km, 한 번에 3.5km 뛴다면 몇 번 뛰어야 하는가?

(예 5)　11.5L 수프, 3L씩 병에 담는다면 몇 개의 병에 담을 수 있는가?

　위와 같이 질문을 하고 실제로 동수누감을 하여 답을 구해 보라는 식의 질문은 단원 학습의 핵심과 거리가 먼 질문이라는 생각이 든다. 따라서 실제 수업을 디자인할 때 고민해 보기 바란다.

생각 열기에서 제시하는 상황의 비현실성

소수의 나눗셈은 연산 영역으로 어찌 보면 알고리즘만 배워 익히면 그만이라 생각하기 쉬운 단원이다. 주어진 문제 상황이 어떠하든 그에 상관없이 숫자만 뽑아낸 후 나눗셈 과정만 배워 익혀 문제를 해결하기만 하면 된다는 생각에 쉽게 빠져들게 할 수 있는 단원이라 말할 수 있다.

　그런데 우리는 어떤 것이든 자신 또는 타인의 경험이나 기억, 선행 지식, 이미 자신의 머릿속에 자리 잡고 있던 지식체계와 연결 지어질 때 그것을 자신의 것으로 받아들이는 속도가 매우 쉽고 빠르다는 것을 잘 알고 있다. 그 가운데서도 개인 간 심리과정이 개인 내 심리과정으로 전환을 일으키는 학생 간의 상호작용(언어를 매개로 한 사회적 상호작용)이 학습에 가장 큰 영향을 미친다는 것 또한 익히 들어 너무나도 잘 알고 있는 사실이다. 이런 관점에서 생각 열기 상황을 살펴보면 제시된 상황이 추상적이거나 별로 와 닿지 않는 내용이면서 학생들의 실제 삶 또는 경험과 동떨어져 있어서 그것을 매개로 언어적 상호작용을 만들어 가기가 쉽지 않다는 생각이 든다. 또한 그 상황을 이해하고 받아들이고도 어렵다는 생각도 함께 공존한다. 따라서 다른 단원보다도 생각 열기 활동에 대한 깊이 있는 고민이 필요하다고 판단된다.

느닷없이 툭 튀어나온 어림하기

소수 나눗셈의 연산 알고리즘을 차근차근 학습해 나가다가 갑자기 소수 나눗셈의 결과를 어림해 보라고 하는 내용이 툭 던져진다. 그래서 이런 질문이 생겨난다. '왜지? 왜 갑자기 어림해 보라고 할까? 그 의도를 알아야 충분히 고민해서 지도할 것이 아니겠는가?' 이런 생각에 바탕을 두고 지도서를 살펴보았다. 답은 이러했다.

> 소수의 나눗셈 결과를 어림하는 능력은 실생활 속에서 근삿값을 구하는 활동과 연결이 되어 실제 생활에 필요한 실제적인 기능이므로 어림의 유용성을 알게 한다.[3]

3　2009 개정 교육과정에 따른 수학과 교사용 지도서 6학년 1학기. 2015. p. 182. 지도상의 유의점 중.

여기에서 잠시 어림하기 활동이 왜 필요한지에 대하여 정리해 보고자 한다.

> ### 🌳 어림하기 활동의 필요성 🌳
>
> (1) 어떤 상황에서 빠른 의사 결정을 할 수 있다.
>
> (예) 일정 금액 범위 내에서 시장이나 마트에서 장을 볼 때 정확히 계산해서 물건을 바구니에 담기보다는 어림셈을 통해 해결하는 경우가 더 일반적이다.
>
> (2) 연산의 이해 및 관련 문제 해결 과정에서 전략적인 도움을 준다.(정확한 값이 필요한지 어림값만 알아도 되는지에 따라 후속 활동은 매우 달라진다.)
>
> (3) 예상 결과값과 실제 결과값이 다를 때 과정을 돌아보며 점검할 수 있다.

위와 같은 생각을 전제로 어림하기 활동은 어떠해야 하는가에 대하여 몇 가지만 제시해 보도록 하겠다.

1. 어림하기가 정말로 유용하다는 것을 느낄 수 있도록 상황을 제시하여야 한다.

2. 현실적인 상황 혹은 그와 비슷한 맥락에서 자연스럽게 경험할 수 있도록 제시하여야 한다.

3. 어림을 활용한 수 감각이 매우 중요함을 인식할 수 있는 상황을 제시한다.

 지금까지 살펴본 바를 전제로 교과서에 제시된 소수 나눗셈 관련 어림하기 상황을 살펴보면 만족스럽지 못한 면을 발견하게 된다. 생각 열기 및 그와 관련된 문제 상황을 마주하면 실생활 속에서 근삿값을 구하는 상황과 거리가 멀고(피부에 와 닿지 않는 이야기) 학생들이 어림의 필요성 및 유용성을 충분히 이해할 수 있는 상황이 아님(왜 어림을 해야 하는지 이유를 알 수 없음)을 금방 알아차릴 수 있다. 그로 인하여 학생들의 문제 해결에 대한 흥미와 욕구는 저하되고 수학 활동에 오히려 부정적 인식을 갖지 않을까 우려되는 바가 더 크다.

02 단원 재구성을 위한 방안

본 단원의 핵심은 아래와 같다.

❶ 소수의 나눗셈 연산 원리 이해하기

❷ 원리를 이용하여 능숙하게 세로셈 필산하기(세로셈 필산에 중심)

1. 출발점 행동에 대한 점검: 5학년 소수의 나눗셈 단원에서 학습했던 소수 나눗셈의 기본 원리들을 떠올릴 수 있도록 시간을 확보하였다. 왜냐하면 5학년 단계의 내용을 제대로 이해하고 있지 못하면 현재 학습하게 될 내용도 정확히 이해할 가능성이 떨어지기 때문이다.(5학년에서는 '소수÷자연수'만을 다루었음 ⇨ 제수가 자연수인 경우만을 다룸 ⇨ 6학년 교육과정은 제수가 소수인 경우 소수점을 이동시켜 자연수로 만든 후 계산을 하면 된다는 것을 이해할 수 있도록 구성되어 있다.)

학생들의 삶과 연관성	'실재 = real'이 아닌 'realistic = 있을 법한 상황'
학생들의 실제 삶 속의 경험과 관련성이 높을수록 더 의미가 크다.	실제 경험할 수 있을 법한 상황, 이해할 수 있는 상황에 해당된다.
지식 체계 간의 연결고리	사회적 상호작용 매개 요소
기존의 인지구조와 새로운 지식체계를 연결 지어 주는 고리 역할을 한다.	이것을 사이에 두고 학생 간 생각과 경험이 활발하게 교류된다.

수학 교과에서 '생각 열기'가 지니는 가치

2. 생각 열기 활동에 대하여 좀 더 신경 써서 접근할 수 있도록 하였다. 생각 열기의 가치는 아래와 같은 지점에 있다고 본다.

사전 지식이나 관련 경험 등이 전혀 없는 상태에서 주어진 상황을 이해하거나 받아들이기는 매우 어렵지만 새롭게 받아들여야 할 내용들이 기존 지식체계나 경험과 연결된다면 보다 쉽게 상황을 이해하고 받아들일 수 있다. 이때 그 문을 열고 들어갈 수 있도록 해 주는 것이 바로 생각 열기요 생활 속의 수학인 것이다. 잘 맞아떨어지는 상황이나 훌륭한 스토리는 모든 사람을 자신 속으로 끌어들이는 신비한 마법 같은 힘을 갖고 있다.

무엇이든 상황 맥락을 바탕으로 이해를 넓혀 나간다면 그것을 받아들이는 속도가 훨씬 더 빠르고 문제 해결에 임하는 자세가 보다 능동적, 적극적이며 문제 해결도 훨씬 수월하다. 또한 문제 해결 과정에서 다양한 전략을 수립하는 데도 큰 도움이 된다. 따라서 추상적인 소수의 나눗셈 연산 알고리즘에만 집착하기보다는 문제 상황이 학

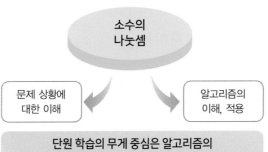

생들의 경험 및 실제 삶과 잘 연결되어 자신들 문제, 자신들의 이야기로 받아들일 수 있도록 제시하려는 노력이 함께 이루어진다면 학생들은 보다 수월하게 수학 활동 속으로 빠져들 것이라 확신한다.[4]

---

4 여기에 대해서는 분명히 이견이 있을 수 있다. 또한 이 문제는 비단 소수의 나눗셈 단원에만 국한된 이야기가 아니다. 다른 단원에서도 마찬가지겠지만 충분한 알고리즘 이해 및 습득이 선행된 뒤에 상황 맥락과 연결 지어도 나쁘지는 않다고 본다. 그러나 두 가지 문제를 동시에 다룰 수 있다면 그것이 가장 이상적일 것이라는 생각에는 변함이 없다. 따라서 이 부분은 여러분의 판단과 선택에 맡기고자 한다. 교육과정을 재구성할 때 충분히 고민한 뒤 지혜로운 결정을 내리기 바란다.

3. 주어진 시간 중 대부분의 시간을 소수 나눗셈 알고리즘의 이해 및 필산하기에 할애할 수 있도록 교육 과정을 재구성하였다. 왜냐하면 본 단원에서 꼭 알아야 할 핵심 사항은 딱 하나 '제수를 자연수로 만들어 필산하기'이기 때문이다. 5학년에서의 나눗셈 경험을 바탕으로 제수와 피제수의 소수점을 같은 자리만큼 옮겨서 계산하여도 결과는 같다는 사실을 충분히 이해하였다면 어떤 형태의 소수 나눗셈도 거뜬히 해결할 수 있을 것이라 확신한다.

4. 나머지 구하기 및 몫을 반올림하기, 어림하기 관련 내용은 많은 시간을 필요로 하는 내용이 아니기 때문에 최소한의 시간을 배정하고 활동 과정에서 자연스럽게 접근할 수 있도록 수업을 설계하였다.

5. 소수의 나눗셈 원리 이해 및 그와 관련된 다양한 문제 상황을 제시하고 이를 해결할 수 있도록 수업을 설계하였다. 이 과정에서 협동적 문제 해결, 다양한 전략 세우기, 효과적인 의사소통이 이루어질 수 있도록 한다.

6. 5학년 소수의 나눗셈 과정에 대한 간략한 이해는 다음과 같다. 5학년 소수의 나눗셈 과정은 제수가 모두 자연수인 경우에 해당된다. 5학년 과정에서는 몫에서 소수점이 왜 그 자리에 찍히는지를 충분히 이해하는 것이 핵심이었다.

 예 8.56÷4 ⇨ 먼저 분수로 고쳐 계산하기

※ $8.56 \div 4 = \frac{856}{100} \div 4 = \frac{856}{100} \times \frac{1}{4} = \frac{214}{100}$

$= 2.14$(분모가 100인 것에 주목)

※ 세로셈으로 해결하기

$$
\begin{array}{r}
2.14 \\
4\,)\overline{8.56} \\
\underline{8} \\
5 \\
\underline{4} \\
16 \\
\underline{16} \\
0
\end{array}
$$

- 소수점이 이 자리에 찍히는 이유 알기
  - 분수로 해결하기 과정에서 $\frac{214}{100}=2.14$에 주목
  - 분모에 100이 있기 때문에 소수 둘째 자리까지 나타나게 된다.('분수로 해결하기'와 '세로셈'의 비교를 통해 소수점의 위치가 결정되는 원리를 이해할 수 있도록 하기)

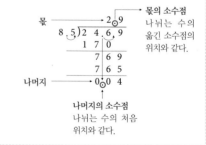

소수의 나눗셈

(소수)÷(자연수)

소수 한 자리 수

$$
\begin{array}{r}
1.6 \\
6\,)\overline{9.6}
\end{array}
$$

소수 두 자리 수

$$
\begin{array}{r}
3.14 \\
13\,)\overline{40.82}
\end{array}
$$

- 소수 첫째 자리의 몫이 0이 되는 나눗셈

$$
\begin{array}{r}
8.06 \\
7\,)\overline{56.42} \\
\underline{56} \\
42 \\
\underline{42} \\
0
\end{array}
$$

4를 7로 나눌 수 없으니까 몫의 첫째 자리에는 0을 써 주고 다음 자리를 내려서 계산한다.

- 나누어떨어지지 않는 나눗셈(14÷9=1.555 …)

소수 둘째 자리에서 반올림 ⇨ 1.$\overset{\frown}{55}$… → 1.6

소수 셋째 자리에서 반올림 ⇨ 1.5$\overset{\frown}{55}$… → 1.56

반올림을 어느 자리에서 하느냐에 따라 답이 달라진다.

- 자릿수가 같은 소수의 나눗셈

$$
\begin{array}{r}
53 \\
0.36\,)\overline{19.08}
\end{array}
$$

나누는 수가 소수 두 자리이므로 소수점을 오른쪽으로 두 자리씩 옮긴다.

- 자릿수가 다른 소수의 나눗셈

$$
\begin{array}{r}
32 \\
51.2\,)\overline{1638.4}
\end{array}
$$

나누는 수가 소수 한 자리이므로 소수점을 오른쪽으로 한 자리씩 옮긴다.

- 몫과 나머지의 소수점 찍기

몫 ⟶ 2.9
8.5)24.69
17 0
7 69
7 65
나머지 ⟶ 0.04

몫의 소수점
나누는 수의 옮긴 소수점의 위치와 같다.

나머지의 소수점
나누는 수의 처음 위치와 같다.

7. 6학년 소수 나눗셈은 생각보다 매우 단순하다. 5학년 과정과 다른 점이 있다면 제수가 소수라는 점이다. 따라서 제수를 소수점으로 고쳐 주는 과정만 이해하면 5학년에서 공부한 내용과 다른 점이 없다는 것을 깨닫도록 도와주면 된다.

(예 1) 2.4÷0.4=24÷4와 같음(자연수의 나눗셈과 동일-5학년 과정)

(예 2) 3.68÷0.46=368÷46과 같음(자연수의 나눗셈과 동일-5학년 과정)

(예 3) 19.98÷5.5=199.8÷55와 같음(자연수의 나눗셈과 동일-5학년 과정)

(예 4) 14÷3.5=140÷35와 같음(자연수의 나눗셈과 동일-5학년 과정)

8. 분수로 고쳐서 계산하는 과정은 어디까지나 소수 나눗셈의 원리를 이해하기 위함일 뿐이다. 분수 나눗셈으로 해결하기 자체가 중요한 것이 아니라는 것을 교사와 학생 모두가 명확히 하고 이 부분에 너무 많은 시간을 할애하지 않도록 주의한다.

03 단원 지도를 위한 재구성의 실제

차시	재구성 이후	수업의 목적
1	출발점 상황 점검	5학년 과정 중 '소수÷자연수'에서 몫의 소수점이 어떤 위치에 찍히는지 이해하기(분수로 바꿔 계산하는 과정을 통해 이해)
2~4	소수 나눗셈의 이해(1)	소수 나눗셈의 원리 탐구(소수 한 자리÷소수 한 자리, 소수 두 자리÷소수 두 자리, 소수÷소수, 자연수÷소수) ⇨ 분수의 나눗셈과 비교하며 이해하기
5	중간 정리-원리의 적용 1(교과서 문제 해결)	
6~8	소수 나눗셈의 완성	소수의 나눗셈에서 나머지 구하기, 몫을 반올림하여 나타내기, 어림하기(2차시로도 가능)
9	마무리 정리-원리의 적용 2(교과서 문제 해결)	
10	문제 해결	미션 과제 해결하기
11	단원 정리(문제 풀기)-평가	단원 평가

위와 같이 크게 세 부분으로 나누어 재구성한 이유는 다음과 같다.

첫째, 소수의 나눗셈에서 소수점의 위치가 어떻게 정해지는가에 대한 이해를 돕기 위해 5학년 과정의 일부를 다시 학습해 보면서 선행했던 과정에 대한 출발점 행동을 점검해 보는 시간을 갖도록 단원 설계

를 하였다. 수학 교과는 체계성이 매우 강하기 때문이다.

둘째, 본 단원의 핵심은 소수 나눗셈의 알고리즘이 어떻게 만들어졌는지 그 원리를 이해하고 발견, 그것을 적용하여 필산하기에 있다. 따라서 이것을 집중적으로 탐구하는 활동에 1차(원리 탐구, 나머지가 없는 경우)로 3시간, 2차(나머지가 있는 경우 및 어림하기)로 3시간 정도 할애(상황에 따라서는 2차시로도 가능한 내용임)하였다. 또한 각각의 1차, 2차 활동 후에 알게 된 사실을 바탕으로 알고리즘의 적용이 가능한지 점검해 보는 차원에서 교과서 문제 풀이 시간을 1시간씩 배정하였다. 만일 교육과정 운영상 수업 시수 배분에 문제가 있을 경우 5차시와 9차시는 생략해도 무방할 것이라 생각된다. 이럴 경우 본 단원은 9차시로 설계할 수 있다는 점에서 생각해 볼 여지가 충분히 있다. 전체적인 활동 과정에서 협동적 문제해결, 다양한 전략 세우기, 효과적인 의사소통이 이루어질 수 있는 발문을 개발하고자 최선을 다하였다.

(예) $6.67 \div 2.3$에서

(1) $\dfrac{66.7}{10} \div \dfrac{23}{10}$ $\quad\quad$ $23\overline{)66.7}$ $\quad\quad$ 두 과정을 동시에 비교하며 이해하기

(2) $\dfrac{667}{100} \div \dfrac{230}{100}$ $\quad\quad$ $230\overline{)667}$ $\quad\quad$ 두 과정을 동시에 비교하며 이해하기

⇨ 위의 두 과정 중 어떤 과정이 더 복잡하고 어떤 과정이 더 수월한지 비교하기

⇨ 분수로 해결하기와 세로셈의 과정을 서로 비교하면서 소수점의 위치가 어떻게 변하고 몫의 소수점이 어떤 위치에 찍히는지 그 원리를 이해하기

⇨ $\dfrac{667}{100} \div \dfrac{23}{10}$ 또는 $\dfrac{66.7}{10} \div \dfrac{230}{100}$ 으로 계산해도 되는가?

⇨ 그렇다면 $23\overline{)667}$ 또는 $230\overline{)66.7}$ 로 바꾸어 계산해도 되는가? 안 되는 이유는 무엇인가? (분수 나눗셈으로 해결하면 2.9라는 정답이 나온다. 하지만 분수의 나눗셈이 분자끼리의 나눗셈으로 바뀌어도 무방한 경우는 분모의 크기가 같을 때만 해당되기 때문에 바로 $667 \div 23$, $66.7 \div 230$으로 나눗셈을 해서는 안 된다. 이렇게 계산하면 결과는 각각 29, 0.29가 되어 몫이 달라진다는 것을 알게 된다.) ⇨ 심진(心震)을 일으키는 질문

셋째, 단원 학습의 최종 마무리 단계에서 소수의 나눗셈과 관련된 종합적 사고를 묻는 질문을 제시하고 다양한 전략을 세워 문제를 해결할 수 있도록 해 보았다. 그 과정에서 학생들의 수학적 의사소통 능력 및 협동적 문제 해결 능력이 충분히 향상될 수 있을 것이라 기대한다. 아울러 수학을 공부하는 즐거움 또한 느낄 수 있을 것이라 여겨진다.

🌱 1차시 출발점 상황 점검 : 5학년 과정 소수÷자연수 살피기

수업 흐름	교사의 발문
도입	• 소수의 나눗셈을 분수의 나눗셈으로 바꾸어 계산하였던 5학년 과정 떠올리기(소수÷자연수 : 5학년에서는 제수가 자연수인 경우만 다루었음) ⇨ 소수의 나눗셈을 분수로 바꾸어 계산할 때 분모와 관련하여 꼭 기억해야 할 점 한 가지는 무엇인가? (답변) 분모는 10, 100, 1,000 등으로 바꾸어야만 한다. • 한 번만 예를 들어 바꾸어 봅시다. ⇨ 8.56을 분수로 바꾸기 $$\begin{array}{|c|c|c|}\hline 8. & 5 & 6 \\ \hline 1 & 0 & 0 \\ \hline \end{array}$$
전개	**발문 1** 8.56÷4를 분수로 바꾸어 해결하여 봅시다. ⇨ 개인별 모둠칠판에 해결 ⇨ 모둠원들과 공유 및 확인, 도움 주고받기 ⇨ $8.56 \div 4 = \dfrac{856}{100} \div 4 = \dfrac{856}{100} \times \dfrac{1}{4} = \dfrac{214}{100} = 2.14$ **발문 2** 8.56÷4를 세로셈으로 해결하기 ⇨ 개인별 모둠칠판에 해결 ⇨ 모둠원들과 공유 및 확인, 도움 주고받기 $$\begin{array}{r} 2.14 \\ 4\overline{)8.56} \\ \underline{8} \\ 5 \\ \underline{4} \\ 16 \\ \underline{16} \\ 0 \end{array}$$ • 소수가 없다고 생각하고 나눗셈 해결하기 • 소수점이 이 자리에 찍히는 이유 알기 　- 분수로 해결하기 과정에서 $\dfrac{856}{100}$에 주목 　- 분모에 100이 있기 때문에 소수 둘째 자리까지 나타나게 된다.('분수로 해결하기'와 '세로셈'의 비교를 통해 소수점의 위치가 결정되는 원리를 이해할 수 있도록 하기) **발문 3** 1.72÷5를 세로셈으로 해결하기 ⇨ 개인별 모둠칠판에 해결 ⇨ 모둠원들과 공유 및 확인, 도움 주고받기 $$\begin{array}{r} 1.72 \\ 5\overline{)8.60} \\ \underline{5} \\ 36 \\ \underline{35} \\ 10 \\ \underline{10} \\ 0 \end{array}$$ • 소수점이 이 자리에 찍히는 이유 알기 　- 분수로 해결하기 과정에서 $\dfrac{86}{10} = \dfrac{860}{100}$으로 바뀐 것에 주목하기 　- $\dfrac{860}{100}$의 분모에 100이 있기 때문에 소수 둘째 자리까지 나타나게 된다.(소수점 아래 0을 내려 계산한다는 것은 분모의 크기가 10배, 100배 늘어난다는 것을 의미함)

발문 4 7.2÷8을 세로셈으로 해결하기 ➪ 개인별 모둠칠판에 해결 ➪ 모둠원들과 공유 및 확인, 도움 주고받기

| 7 안에 8이 들어가지 않기 때문에 몫의 같은 자리에 자릿값을 가리키는 0을 쓰고 이후 과정을 진행한다. 보통 이 과정을 생략하지만 왜 이렇게 되는지를 알고 생략하는 것이 매우 중요. | $\begin{array}{r} 0.9 \\ 8\overline{)7.2} \\ \underline{0\downarrow} \\ 7.2 \\ \underline{72} \\ 0 \end{array}$ | • 소수점이 이 자리에 찍히는 이유 알기
   - 분수로 해결하기 과정에서 $\frac{72}{10}$에 주목
   - 분모에 10이 있기 때문에 소수 첫째 자리까지 나타나게 된다. |

발문 5 3÷4를 세로셈으로 해결하기 ➪ 개인별 모둠칠판에 해결 ➪ 모둠원들과 공유 및 확인, 도움 주고받기

| $\begin{array}{r} 0.75 \\ 4\overline{)3.00} \\ \underline{0\uparrow} \\ 30 \\ \underline{28} \\ 20 \\ \underline{20} \\ 0 \end{array}$ | • 소수점이 이 자리에 찍히는 이유 알기
   - 3을 0.1, 0.01의 지리를 기준으로 하여 생각할 수 있도록 돕기
   - 분모에 100($\frac{300}{100}$)이 있기 때문에 소수 둘째 자리까지 나타나게 된다.(소수점 아래 0을 내려 계산한다는 것은 분모의 크기가 10배, 100배 늘어난다는 것을 의미함) |

| 정리 | • 5학년 과정을 점검해 보았는데, 6학년 과정인 (소수÷소수) 문제 해결에 중요한 해결의 실마리가 되는 것 한 가지가 있었다. 그것은 5학년 과정에서 제수(나누는 수)가 모두 자연수이었다는 점이었다. 이 점에 주목하여 6학년 과정 소수의 나눗셈을 공부해 나간다면 큰 어려움은 없을 것이다. |

1차시 수업 소감

1차시 수업은 5학년 과정 돌아보기였다. 5학년 과정 가운데 대표적인 사례 네 가지만 가져와 출발점 행동 점검 차원에서 직접 풀어 보고 모둠원들과 서로 확인하면서 기억을 떠올려 보았다. 그 가운데 (1) 왜 소수점이 그 자리에 찍히는지를 아는 것, (2) 분수로 해결하기와 세로셈을 어떻게 연결 지을 것인지에 초점을 맞추어 수업을 진행하였다. 특히 왜 소수점이 그 자리에 찍히는지를 정확히 설명할 줄 아는 아이는 아무도 없었다. 그것을 위해 분수로 고쳐서 계산하는 활동을 했었다는 점도 알고 있는 아이도 아무도 없었다. 결국 그것을 정확히 짚어 주거나 설명해 주시는 분들이 없었다는 것이다. 그래서 나는 더욱더 안타까웠다. 그렇다면 분수로 해결하기 과정을 교과서에 왜 제시하였을까, 그리고 지도서는 왜 그 점들을 명확히 짚어 주지 못하고 있는 것일까 하는 의구심마저 든다. 그래도 이번 시간을 통해 아이들에게 두 가지 주요한 사실을 짚어 줌으로써 아이들은 또 한 번 새로운 사실을 알게 되었다며 기뻐하는 눈치였다.

마지막으로 칠판에 제시한 모든 사례의 공통점 한 가지를 찾아보라는 질문에 아이들은 쉽게 답을 하지 못하였다. 그래서 힌트를 던졌다. "제수들을 잘 관찰하기 바란다." 이렇게 말해 주자 잠시 뒤에 한 아이가 "제수가 모두 자연수입니다."라고 답해 주었다. "그래, 바로 그거야. 지난해 여러분이 공부한 소수의 나눗셈은 모두 제수가 자연수인 경우만 공부했다. 올해 공부하는 소수의 나눗셈은 바로 지난해 공부했던 것이 가장 중요한 문제 해결의 열쇠로 작용한다는 점을 미리 말해두고자 한다. 6학년 과정에서는 제수도 피제수도 모두 소수인 경우의 나눗셈을 공부하게 될 것이다. 이럴 때 제수를 어떻게 하면 자연수로 만들 것인지 고민해 본다면 문제 해결의 실마리는 풀릴 것이라 생각된다. 예를 들자면 이런 것이지. 8÷2=4인데 제수와 피제수에 각각 똑같은 수 10을 곱하더라도 80÷20=4로 몫은 같아진다는 원리를 잘 이해한다면 6학년 소

1차시 5학년 과정 돌아보기 활동 장면 및 칠판 판서

수의 나눗셈은 매우 쉽게 해결할 수 있을 것이라 생각된다. 그럼 다음 시간에 본격적으로 소수의 나눗셈 공부에 들어가도록 하겠다." 이렇게 한 시간이 마무리되었다. 다음 시간부터 보다 쉽게 소수의 나눗셈 문제 해결을 위해 어떤 활동을 어떤 방식으로 제시할 것인지 많은 고민을 하게 된다. 세밀하게 한 걸음씩 차근차근 접근할 것인가 아니면 큰 틀만 제시하고 스스로 해결할 수 있게 접근할 것인가 고민이 된다. 어떻게든 빠른 결단을 내려야겠다.

🌱 2~4차시 소수 나눗셈의 이해(1) : 소수 나눗셈의 원리 발견하기

수업 흐름	교사의 발문
도입	• 2.4와 0.4에는 각각 0.1이 몇 개 있는 것인가요? ⇨ 24개, 4개 • 2.4와 0.4를 각각 분수로 고쳐 봅시다. ⇨ $\frac{24}{10}, \frac{4}{10}$
전개	**발문 1** 2.4÷0.4를 그림으로 해결하여 봅시다. (소수 한 자리÷소수 한 자리 나눗셈) • 2.4cm 길이의 테이프를 0.1cm 크기로 잘라서 해결하기 ![0.1 ... 1 ... 2 눈금 테이프] • 0.1 크기 24개를 4개씩 묶으면 몇 묶음? ⇨ 24÷4=6묶음 **발문 2** 2.4÷0.4를 분수로 해결하여 봅시다. • $\frac{24}{10} = \frac{1}{10}$이 24 있는 것, $\frac{4}{10} = \frac{1}{10}$이 4개 있는 것 ⇨ $\frac{24}{10} ÷ \frac{4}{10} = 24÷4=6$으로 바뀜 • 위의 두 가지 문제 해결 과정의 공통점은 ⇨ 소수의 나눗셈, 분수의 나눗셈이 자연수의 나눗셈으로 바뀌었다.(특히 제수에 주목) **발문 3** 2.4÷0.4를 세로셈으로 해결하여 봅시다. 표: 0.4)2.4 ⇨ 04.)24. ⇨ 4)24, 몫 6, 24, 0 소수점을 이동 (제수를 자연수로 만들기 위함)　제수와 피제수 모두 소수점이 같은 자리만큼 오른쪽으로 이동

발문 4 14÷3.5를 계산하여 보시오.

- 분수로 해결하여 보시오.

$$14 \div 3.5 = \frac{140}{10} \div \frac{35}{10} = 140 \div 35 로 바뀜$$

- 14÷3.5를 세로셈으로 계산하려고 할 때 제수(3.5)를 자연수로 만들기 위해 피제수를 어떻게 바라보아야 하는가? ⇨ '14.0(제수와 똑같이 소수 첫째 자리까지 있는 것으로 생각, 자릿값 0으로 표시하기)'

																4
3.	5	)	1	4	⇨	3.	5	)	1	4.	0	⇨	3 5	)	1 4	0
															1 4	0
																0

제수를 자연수로 만들기 위해 피제수도 제수와 같은 자릿수의 소수로 만들어 준 뒤 제수와 똑같이 소수점을 옮겨 준다.

- (소수 한 자리÷소수 한 자리 나눗셈), (자연수÷소수 나눗셈)에 대하여 모둠별로 짝 점검 활동하기

발문 5 3.68÷0.46을 해결하여 봅시다.(소수 두 자리÷소수 두 자리 나눗셈)

(1) 3.68, 0.46에는 각각 0.01이 몇 개 있는 것인가요? 368개, 46개

(2) 0.01이 368개 있는데 이것을 46개씩 묶으면 몇 묶음? ⇨ 368÷46 = 8묶음

(3) 분수로 바꾸어 해결해 봅시다.

$$\frac{368}{100}\left(\frac{1}{100} 이 368개\right) \div \frac{46}{100}\left(\frac{1}{100} 이 46개\right) = 368 \div 46 = 8 로 바뀜$$

(4) 위의 두 가지 문제 해결 과정의 공통점은? ⇨ 소수의 나눗셈, 분수의 나눗셈이 자연수의 나눗셈으로 바뀌었다.(특히 제수에 주목)

발문 6 3.68÷0.46을 세로셈으로 해결하여 봅시다.

																8
0.	4	6	)	3.	6	8	⇨	0 4	6.	)	3	6	8.	⇨	4 6)	3 6 8
																3 6 8
																0

소수점을 이동(제수를 자연수로 만들기 위함)

제수와 피제수 모두 소수점이 같은 자리만큼 오른쪽으로 이동

- (소수 두 자리÷소수 두 자리 나눗셈)에 대하여 모둠별로 짝 점검 활동하기

발문 7 19.98÷5.4를 해결하여 봅시다. (소수÷소수 나눗셈)

(1) 제수를 자연수로 만들기 위해 분모를 10으로 하여 분수의 나눗셈으로 계산

$$\frac{199.8}{10} \div \frac{54}{10} = 199.8 \div 54 로 바뀜$$

(2) 피제수를 자연수로 만들기 위해 분모를 100으로 하여 분수의 나눗셈으로 계산

$$\frac{1998}{100} \div \frac{540}{100} = 1998 \div 540 로 바뀜$$

(3) 위의 (1), (2)에서 바뀐 식을 세로셈으로 계산하여 봅시다.

5. 4)1 9. 9 8 ⇨ 5 4.)1 9 9. 8 ⇨ 5 4)1 9 9. 8 ⟶ 몫 3. 7

소수점을 이동(제수를 자연수로 만들기 위함)　　　제수와 피제수 모두 소수점이 같은 자리만큼 오른쪽으로 이동

5. 4)1 9. 9 8 ⇨ 5. 4 0)1 9. 9 8 ⇨ 5 4 0.)1 9 9 8. 0 ⟶ 몫 3. 7

소수점을 이동(피제수를 자연수로 만들기 위함)　　　제수와 피제수 모두 소수점이 같은 자리만큼 오른쪽으로 이동 ⇨ 제수에 자릿값을 나타내는 0이 생김

발문 8 제수를 자연수로 만드는 방법과 피제수를 자연수로 만드는 방법 가운데 어떤 방법이 더 수월한지 (또는 복잡한지) 생각해 보기
- (소수÷소수 나눗셈)에 대하여 모둠별로 짝 점검 활동하기

정리　• 소수의 나눗셈에서 가장 먼저 해야 할 일은 무엇인가요? ⇨ 제수를 자연수로 만들어 주는 것(제수와 피제수의 소수점을 같은 자리만큼 오른쪽으로 이동시켜 주기)

2차시 수업 소감

2.4÷0.4를 제시하고 이를 0.1단위로 생각해 보고, 분수로도 고쳐 보면서 문제 해결을 해 나가다 보니 결국은 24÷4로 고쳐서 계산해도 결과는 달라지지 않는다는 점을 깨달아 나가도록 유도하였다.(첫 질문은 '2.4÷0.4의 의미는 무엇인가?'였다. 2.4를 0.4크기씩 묶거나 덜어 내면 몇 묶음이 되는지 알아본 다는 것이었는데 이를 생각하는 데 좀 시간이 걸렸다.) 여기에 서도 중요한 점은 5학년 때 공부하면서 제수가 자연수였다는 점, 6학년 때도 그 점에 착안하여 제수를 자연수로 만들기 위 해서는 어떤 절차가 필요한지를 생각할 수 있도록 지속적으로 자극을 해야겠다고 마음먹고 수업을 진행해 나갔다.

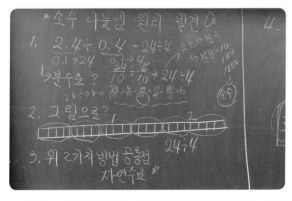

소수의 나눗셈 6학년 과정 첫 차시 칠판 판서 및 모둠별 도움 주고받기 장면

2.4÷0.4를 세로셈으로 진행하기 위해서 어떤 절차가 필요한지 생각해 보게 하였는데 그리 어렵지 않은 것 같았다. 제수를 자연수로 만들기 위해 같은 자릿수만큼 소수점을 오른쪽으로 이동시키면 된다는 대답이 금방 나왔다. 그 뒤는 더 이상 설명할 필요가 없었다.

14÷3.5와 같은 문제를 해결할 때 제수를 자연수로 만들기 위한 절차를 진행하면서 피제수 14를 '14.0'과 같이 생각하면 된다는 점도 잘 알고 있었다. 이 또한 세로셈으로 해결하는 데 그리 어려움은 없었다. 하지만 예상 외로 소수를 분수로 고쳐서 계산하는 과정에서 주춤거리는 아이들이 꽤 많았다. 일부 아이들은 14를 분모가 10인 분수로 고치는 것에 있어서도 $\frac{140}{10}$이 아니라 $\frac{14}{10}$로 쓰고서도 무엇이 잘못되었는지를 찾아내지 못하기도 하였다. 대분수에 대한 난개념이 자리하고 있는

것 같았다. 물론 그 아동에게 몇 번의 설명을 통해 바로잡아 주기는 했지만 충분히 반복해 주지 않으면 또 잊어버릴 수도 있다는 생각이 들었다. 아이들이 본 과정에 대하여 어느 정도 익숙해져 있을 것이라 생각되어 짝 점검 활동까지 계획해 두었지만 예상이 빗나갔다. 특히 분수로 고쳐서 계산하는 과정에서 많은 시간을 사용하였다. 그래서 짝 점검 구조 활동은 진행되지 못하였다. 그래도 그와 관련된 내용은 수업 지도안 및 활동지로 제시해 두고자 한다. 다른 해에 또 다른 아동들을 지도할 때는 유용한 내용일지도 모른다는 생각에서였다. 또한 오늘 수업 내용을 다음 차시 수업 설계에 반영시켜야 할 것 같다는 생각도 들었다. 본 단원의 핵심은 분수로 고쳐서 계산하는 것에 있지 않다는 점을 염두에 두고 소수 나눗셈의 원리 이해에 집중하기로 마음먹고 다음 차시 설계에 집중하였디.

3차시 수업 소감

3차시 수업은 지난 시간에 했던 활동을 다시 한 번 되짚어 보았다. 소수의 나눗셈이 자연수의 나눗셈으로 바뀌는 과정을 알아보면서 소수의 자릿수를 피제수와 제수 모두 똑같은 자리만큼 옮겨서 세로셈으로 해결해도 결과는 같다는 원리를 이해할 수 있도록 도왔다. 3차시 활동이 지난 시간 내용과 다른 점은 소수 두 자리 수끼리의 나눗셈이라는 점 말고는 없었다. 그래서 생각보다 내용은 간단했다. 그래서 먼저 3.68÷0.46을 제시하고 0.01단위를 기준으로 생각할 때 368÷46과 같다는 점, 분수로 생

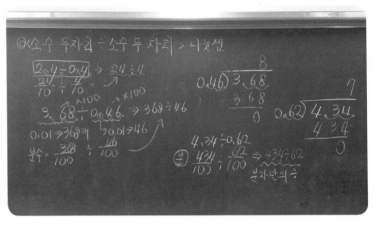
3차시 활동 칠판 판서 내용

〈소수 두 자리 수÷소수 두 자리 수〉 나눗셈 활동을 위한 짝 점검 활동 장면

각할 때 $\frac{1}{100}$이 368개, $\frac{1}{100}$이 46개 있다고 생각할 때 368÷46과 같다는 점, 결국 자연수의 나눗셈과 같아진다는 점을 이용하여 피제수와 제수 모두 소수점을 같은 자리만큼 오른쪽으로 2자리 이동하여 세로셈으로 해결하면 된다는 점을 다 함께 알아보았다. 이후에는 짝 점검 활동지를 나누어 주고 짝끼리

해결할 수 있는 시간을 주었다. 짝 점검 활동까지 마무리하고 나니 대부분의 아이들은 약 10분 정도의 시간적 여유를 가질 수 있었다. 물론 이 시간은 개인별로 수학 익힘책을 해결할 수 있도록 안내하였다. 다음 시간도 오늘 수업 활동을 참고로 하여 수업 설계를 해 나갈 것이다.

4차시 수업 소감

오늘 수업은 제수와 피제수의 소수점 자리가 다른 경우의 나눗셈을 다루는 내용이다. 그러나 원리는 다를 바가 없다는 것, 그리고 제수를 중심으로 소수점을 옮겨도 피제수를 중심으로 소수점을 옮겨도 결과는 같다는 것을 아이들은 쉽게 이해할 수 있었다. 물론 과정에서 피제수 및 제수를 중심으로 분수로 고친 후 분자끼리의 나눗셈으로 고쳐서 해결하는 과정도 함께 알아보았다. 그리고 제수 또는 피제수를 중심으로 소수점을 옮길 경우 어떤 방법이 더 손쉽게 몫을 얻을 수 있을까를 직접 계산해 보게 하였더니 한 명도 빠짐없이 제수를 자연수로 만들 수 있게 소수점을 옮기는 것이 더 쉽다고 말하였다.

왜 그런지 물었더니 세로셈에서 나눗셈 과정이 더 간단하다는 것이었다. 이 정도면 오늘 수업 내용은 다 이해한 것이나 다름이 없었다. 여기까지 약 20분 정도가 흘렀다. 남은 시간은 지난 시간과 같이 짝 점검 활동지를 나누어 주고 도움을 주고받으며 확인할 수 있도록 하였다. 그렇게 4차시도 다 보냈다. 어떤 아이는 시간이 남아 수학 익힘책을 풀기도 하였다. 아이들은 소수의 나눗셈 단원이 무척 쉽다고 말한다. 내가 봐도 분수의 나눗셈 단원보다 훨씬 쉽기는 하다. 다음 차시는 좀 더 신경 쓸 내용이 있어서 잘 설계해 보아야겠다.

수학 6-1	4. 소수의 나눗셈 소수의 나눗셈 연산 노트	서울　　　　　초등학교
		6학년　　반　　번
		이름 :

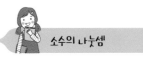
 수학
6-1

4. 소수의 나눗셈
(소수 한 자리÷소수 한 자리 나눗셈), (자연수÷소수 나눗셈)
짝 점검 활동(2차)

서울		초등학교
6학년	반	번
이름 :		

---

(1) 3.6÷0.9를 분수로 해결하시오.

(2) 4.9÷0.7을 분수로 해결하시오.

(3) 5.7÷0.3을 세로셈으로 해결하시오.

(4) 7.2÷0.8을 세로셈으로 해결하시오.

(5) 6.3÷0.9를 세로셈으로 해결하시오.

(6) 6.4÷0.4를 세로셈으로 해결하시오.

(7) 27÷4.5를 분수로 해결하시오.

(8) 12÷2.4를 분수로 해결하시오.

(9) 17÷4.25를 세로셈으로 해결하시오.

(10) 157÷3.14를 세로셈으로 해결하시오.

수학
6-1

4. 소수의 나눗셈
(소수 두 자리÷소수 두 자리 나눗셈)
짝 점검 활동(3차)

서울   초등학교

6학년   반   번

이름 :

(1) 1.25÷0.25를 분수로 해결하시오.

(2) 4.34÷0.62를 분수로 해결하시오.

(3) 1.25÷0.25를 세로셈으로 해결하시오.

(4) 4.34÷0.62를 세로셈으로 해결하시오.

(5) 7.82÷0.34를 세로셈으로 해결하시오.

(6) 5.04÷0.24를 세로셈으로 해결하시오.

(7) 13.44÷1.12를 세로셈으로 해결하시오.

(8) 11.04÷0.46을 세로셈으로 해결하시오.

(9) 5.76÷0.72를 세로셈으로 해결하시오.

(10) 61.36÷4.72를 세로셈으로 해결하시오.

| 수학
6-1 | **4. 소수의 나눗셈**
(소수÷소수 나눗셈)
짝 점검 활동(4차) | 서울 _____ 초등학교
6학년 ___ 반 ___ 번
이름 : _____ |

(1) 6.67÷2.3을 분수로 해결하시오.(제수를 자연수로 만들기)	(2) 49.82÷9.4를 분수로 해결하시오.(제수를 자연수로 만들기)
(3) 6.67÷2.3을 세로셈으로 해결하시오.	(4) 49.82÷9.4를 세로셈으로 해결하시오.
(5) 24.48÷7.2를 세로셈으로 해결하시오	(6) 16.79÷2.3을 세로셈으로 해결하시오.
(7) 27.38÷7.4를 세로셈으로 해결하시오.	(8) 3.68÷0.4를 세로셈으로 해결하시오.
(9) 48.36÷37.2를 세로셈으로 해결하시오.	(10) 190.76÷50.2를 세로셈으로 해결하시오.

🌱 5~6차시 소수 나눗셈의 완성 : 나머지, 몫의 반올림, 어림하기

본래 3차시로 계획되었으나 수업 시수의 효율적인 배분을 위해 몫을 자연수 부분까지 구하고 나머지를 알아보는 과정 및 나눗셈 결과 어림하기를 1차시로 묶어 지도하고 몫을 반올림하여 나타내는 과정을 1차시로 설계하였다.

수업 흐름	교사의 발문
도입	**발문 1** 11.5L 주스를 3L씩 유리병에 담을 때 몇 병을 만들 수 있고 이때 나머지는 몇 L인지 알아보기 • 덜어 내기 방식으로 해결해 보시오.
전개	**발문 2** 11.5 ÷ 3의 몫을 세로셈으로 해결하되 몫을 자연수까지만 구하고 나머지를 알아보시오. • 몫은 얼마인가? • 나머지는 얼마인가? • 계산 결과가 맞는지 검산은 어떻게 할까? – 예시 문제 해결하기 : 교사가 문제 제시 ⇨ 모둠칠판에 개별적으로 문제 해결 및 모둠원들과 결과 공유하며 도움 주고받기(또는 교과서 속 마무리 문제만 해결해 보도록 안내하고 모둠원들과 서로 확인할 수 있도록 하기) **발문 3** 어림하기 생각 열기 : 각 국가의 땅의 넓이 또는 인구수로 몇 배 어림하기(A나라는 B나라의 몇 배 등) 테이블 출처 : 초등교사를 위한 수학과 교수법. p. 346. 2012. 레이즈 외 3명 저. 박성선 외 3명 역. 경문사. (1) 잉글랜드는 스코틀랜드보다 약 몇 배 정도 넓은가? (2) 네 나라 넓이의 합은 약 몇 km² 정도인가? (3) 네 나라 인구의 합은 약 몇 명 정도인가? (4) 웨일즈의 인구는 북아일랜드 인구의 몇 배 정도 되는가? (5) 잉글랜드의 넓이는 북아일랜드, 스코틀랜드, 웨일즈 넓이의 몇 배 정도 되는지 각각 어림하여 말해 봅시다. (6) 잉글랜드의 인구는 북아일랜드, 스코틀랜드, 웨일즈 인구의 몇 배 정도 되는지 각각 어림하여 말해 봅시다. 〈보조 자료 : 비와 비율 단원 교과서 내용 중 119쪽 우리나라와 주변국들의 인구 밀도 비교표를 참고하여 수정 제시함〉 테이블 • 위의 표 내용을 바탕으로 [발문 3]의 내용과 같은 질문을 만들어 제시하고 해결해 보도록 하기

발문 3의 표:

국가	넓이(천 km²)	인구(백만 명)
잉글랜드	130.422	50.714
북아일랜드	14.144	1.733
스코틀랜드	78.772	5.103
웨일즈	20.761	2.977

보조 자료의 표:

국가	넓이(천 km²)	인구(만 명)
대한민국	약 99.7	약 4,911.5명
일본	약 377.9	약 12,691.9명
중국	약 9,596.9	약 136,748.5명

발문 4 천천히 자전거를 타고 1시간에 19.6km를 갔다. 같은 속도로 42.4km를 가려면 약 몇 시간 정도 걸리겠는지 어림하여 봅시다.

발문 5 위의 상황에서 자전거는 10분 동안 약 얼마 정도의 거리를 갈 수 있는지 어림하여 봅시다.(자연수로 표현하기)

발문 6 '발문 4~5'에 대한 답을 바탕으로 42.4km를 간다면 약 몇 시간 몇 분 정도 걸리는지 어림하여 봅시다.(10분 단위로만 계산합니다.)

발문 7 '발문 5' 상황에서 좀 더 정확한 계산을 위해 몫을 반올림하여 소수 첫째 자리까지 나타내어 보시오.

발문 8 '발문 7'에 대한 답을 바탕으로 42.4km를 간다면 약 몇 시간 몇 분 정도 걸리는지 몫을 소수 첫째 자리에서 반올림하여 구하시오.

정리 • 교과서 문제 해결하기 : 78~83쪽 문제 해결하기

5~6차시 수업 소감

5차시에서 몫을 자연수까지 구하고 나머지를 알아보며 검산식을 세워 확인해 보는 활동을 진행하였는데 소수의 나눗셈이라는 점을 빼면 3학년 과정에서 공부한 내용과 크게 다르지 않다는 점을 아이들은 매우 빨리 알아차렸다. 이 과정에서 한 가지만큼은 매우 중요하게 강조하고 또 강조하였다. 나머지가 있을 때 나머지의 소수점 위치를 명확히 하지 않으면 안 된다는 것이 바로 그 점이었다.

나머지가 있을 경우 소수점의 위치는 어디인지를 표시하는 것도 아이들은 크게 어려워하지 않았다. 그래서일까, 예상한 바와 같이 이 부분은 빨리 넘어갔다. 교과서 속 마무리 문제를

개인적으로 해결하고 모둠원들과 함께 확인하는 데까지 걸린 시간은 약 20분 정도였다.

바로 이어서 어림하기 관련하여 교과서 문제를 그대로 확인하기보다는 보다 실제적인 사례를 바탕으로 있을 법한 상황을 설정하여 아이들에게 활동지로 제시하고 어림하기 활동을 할 수 있도록 하였다.

우선 활동지를 제시하고 도표를 읽는 방법부터 설명해 주었다. 특히 단위를 살펴보고 그 단위를 바탕으로 도표 속에 제시된 값을 읽는 것에서 아이들은 경험이 많지 않아 제대로 읽지 못하였다. 몇 번 설명을 해 주자 그제야 이해하기 시작하였

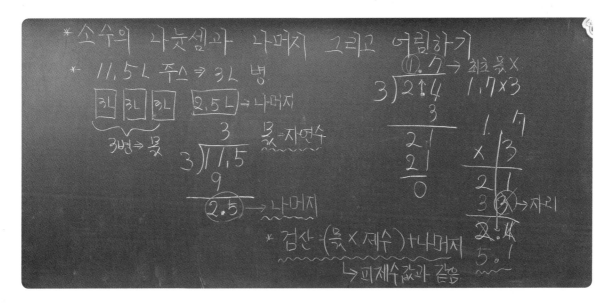

다. 하지만 그 단위를 무시하고 그냥 소수로 생각하고 문제를 해결하여도 사실 별 어려움은 없었다. 또한 어림하기는 사실 어떤 각도에서 바라보면 정답이 없을 수도 있다는 점을 아이들과 공유하였다. 다만 어떤 근거로 그런 어림값을 구하게 되었는지 명확히 설명할 수 있어야 한다는 점은 확실히 하였다. 아무리 어림값이라고는 하지만 터무니없이 먼 값이라면 그것은 논리적인 답이라 말하기 어렵기 때문이었다. 활동지를 나누어 주고 각각의 질문에 어림값을 생각해 보고 왜 그런 어림값을 구하게 되었는지 설명해 보라고 하였다. 각 질문마다 충분히 생각할 시간을 주고 몇 명의 아이들에게 답변을 요구하였다. 나름대로 설득력 있는 답변이 나왔다. 예를 들어 "잉글랜드는 스코틀랜드보다 약 몇 배 정도 넓은가?" 하는 첫 번째 질문에 한 아동은 "스코틀랜드 넓이는 약 70 정도로 생각하였고 잉글랜드는 약 130 정도로 생각하였으며 그것을 바탕으로 생각하면 잉글렌드는 스코틀랜드 넓이의 약 2배 정도가 된다."고 답변을 하였다. 나름 어림하기가 잘되었다고 생각하였다. 다른 질문에도 아이들은 이런 식으로 어림값을 다양하게 내놓았다. 두 번째 질문에 대한 답에서는 좀 더 다양한 답이 나왔다. 그 근거를 들어 보니 어떤 아이는 소수점 왼쪽의 자연수 부분에 해당되는 값만 더하였기에 그런 답이 나왔다고 하였고, 어떤 아이는 소수 첫째 자리에서 반올림한 값을 바탕으로 구하였다고 하였으며, 어떤 아이는 자연수 자리에서 십의 자리 이상의 값만 활용하여 어림값을 구하였다고 하였다. 나름 설득력 있는 답변이었다. 그렇게 시간을 갖다 보니 어느덧 40분이 다 흘렀다. 그래서 나머지 뒷부분은 다음 시간에 이어서 진행하기로 하고 오늘 수업을 정리하였다.

6차시에서는 지난 시간에 해결하지 못한 활동지를 마저 함께 해결하고 수업 설계에서 제시한 바와 같이 문제 상황에 따른 답을 함께 찾아가는 시간을 가졌다. 여기에서도 큰 어려움은 없었으나 아이들이 자꾸만 몫을 구하는 데 필요한 조건에서 '소수 ○째 자리에서 반올림하여 몫을 구하기'와 '반올림하여 몫을 소수 ○째 자리까지 구하기'를 혼란스러워하였다. 하지만 이 또한 꾸준히 반복하여 문제를 접한다면 그리 어렵지 않을 것이라 생각된다. 아이들은 주어진 시간 내내 제시된 문제를 각자 해결하고 짝 또는 모둠원들과 해결 과정 및 답을 확인하고 발표하며 활동을 하였다. 이제 마지막 1시간 남았다. 그 1시간은 본 단원과 관련하여 종합적으로 생각할 수 있는 문제를 제시해 보고자 한다.

🌱7차시 문제 해결 : 미션 과제 해결하기

수업 흐름	교사의 발문
도입	단원 마지막 활동 안내 및 미션활동지 제시
전개 및 정리	• 미션활동지 제시 개인적으로 문제 해결 ⇨ 짝 또는 모둠원들과 함께 문제 해결 과정 및 답을 공유하기 ⇨ 서로 도움 주고받기 • 단원 활동 마무리 및 평가 안내

7차시 수업 소감

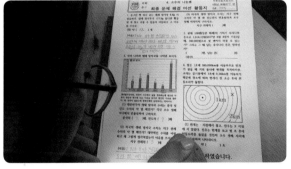

마지막 미션활동지 사례

소수의 나눗셈 단원 활동은 이제 거의 다 마무리되었다. 5학년 단계에서 공부한 소수의 나눗셈을 기반으로 소수끼리의 나눗셈을 하면서 소수점을 왜 옮기는지, 어떻게 옮기는지, 왜 그렇게 옮기는지(왜 자연수의 나눗셈과 같아지는지)를 정확히 이해하고 설명할 수 있도록 하는 점에 가장 초점을 맞추어 수업을 진행해 왔다. 마지막 단계에서 몫을 자연수까지만 구하고 나머지가 있을 때는 소수점이 어떻게 찍히는지에 대한 이해도 충분히 도왔다. 아이들이 가장 많이 오개념을 형성하고 있기 때문이었다. 끝으로 어림하기와 관련하여 실제 생활 관련 미션 활동지를 제시하고 각자 문제를 해결한 뒤 모둠원 또는 짝끼리 확인 및 도움 주고받기를 할 수 있도록 하였다.

전반적으로 큰 무리 없이 해냈지만 환율을 이용하여 환전하는 문제에서 매우 많은 아이들이 난개념을 형성하며 주춤거렸다. 어느 정도는 예상한 바였지만 생각보다 많은 아이들이 힘들어하였다. 수학책에서 다루었던 일반적인 소수의 나눗셈 문제보다 숫자가 꽤 커졌다는 점이 가장 큰 어려움이었고, 10만 원을 1,014.13원으로 나눈 몫에 100엔을 곱하여 환전을 하여야 한다는 점이 두 번째 어려움이었고, 마지막으로 몫을 자연수까지 구한 후 나머지가 바로 남는 돈이라는 점을 아이들이 쉽게 이해하지 못하였기 때문이다. 물론 이 문제를 해결한 아이도 몇 명 있었는데 그들로부터 도움을 구하라고 해 보았더니 도움을 받기는 하였지만 속 시원히 이해할 수 없다고 말하는 아이들이 많았다. 결국 아이들은 문제 해결을 위해 꽤 많은 시간을 보냈다. 그래서 문제 이해 및 해결에 어려움을 호소하는 아이들을 위해 100엔을 지폐 1장이라고 생각해 볼 수 있게 힌트를 주었다. 1,014.13원＝100엔＝지폐 1장. 그렇다면 10만 원에 '1,014.13원＝100엔＝지폐 1장'이 몇 번까지 들어갈 수 있는지 계산할 수 있도록 안내를 해 주었다. 그랬더니 이제야 알겠다는 눈치였다. 결국 문제는 잘 해결되었다. 끝으로 단원 평가 안내를 하면서 모든 학습을 마무리하였다.

개인별 미션활동지 해결 및 모둠원들과 해결 과정 공유, 도움 주고받기

🌱 8차시 단원 정리 – 단원 평가

본래 11차시로 계획되었지만 교육과정 운영상 효율적인 수업 시수 배분을 위해 5차시와 9차시를 생략하였고, 6~8차시를 2차시로 줄여 단원 평가까지 총 8차시로 진행하였다.

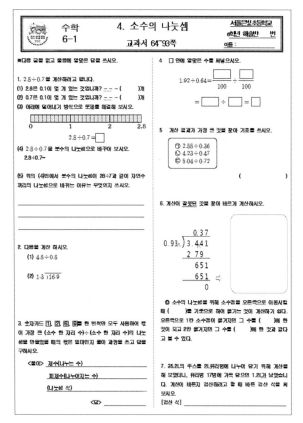

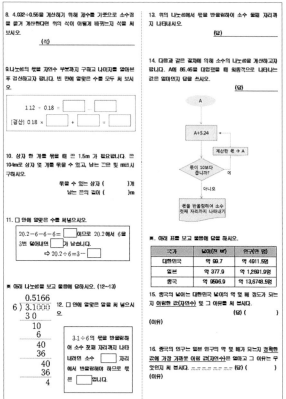

05 비와 비율

01 단원 소개 및 문제의식 갖기

교사용 지도서를 보면 이 단원은 일상생활과 밀접한 관련을 갖고 있는 비와 비율에 대하여 공부하는 것으로 소개되어 있다. 특히 두 수를 비교하는 절대적 비교(뺄셈) 방법과 상대적 비교(나눗셈) 방법을 대비시켜 비의 개념을 도입하면서 비의 뜻, 두 수의 비를 기호로 나타내기, 비교하는 양과 기준량, 비의 관계, 비율을 분수, 소수, 백분율로 나타내고 그들 간의 관계를 이해하도록 교과서 내용이 구성되어 있다고 소개하고 있다. 이를 통해 비, 비율과 관련된 실생활 속의 문제를 해결하는 능력을 기르는 것에 초점을 맞추었다고 되어 있다. 학습 목표 및 단원 발전 계통을 살펴보면 아래와 같다.[1]

영역	단원 학습 목표
내용	1. 비의 뜻을 알고 비의 기호를 사용하여 나타내고 읽기 2. 비교하는 양, 기준량을 알고 비율 구하기 3. 비율을 분수, 소수, 백분율로 나타내고 이들의 상호 관계 이해하기 4. 비율과 기준량으로 비교하는 양을 구하거나 비율과 비교하는 양으로 기준량을 구하기 5. 실생활에 쓰이는 여러 가지 비율을 이해하고 그와 관련된 문제 해결하기
과정	1. 비와 비율의 의미를 이해하고 친구들에게 논리적으로 설명하기 2. 실생활에서 찾아볼 수 있는 비와 비율에 관련된 문제 해결하기 3. 비율을 구하고 합리적인 의사 결정하기 4. 비율을 이용하여 비교한 방법을 친구들에게 설명하기
태도	1. 실생활에서 비와 비율이 이용되는 경우를 생각하려는 태도 갖기 2. 비율을 활용한 합리적인 의사 결정을 통해 문제 해결 태도 갖기

단원의 발전 계통		
선수 학습	본 학습	후속 학습
3학년 분수와 소수, 5학년 분수, 소수의 곱셈과 나눗셈, 분수와 소수의 크기 비교, 자료의 표현	• 비의 개념 알아보기 • 비율을 분수와 소수로 나타내기 • 비율을 백분율로 나타내기 • 사건이 일어날 가능성 • 비율과 기준량으로 비교하는 양 구하기 • 비율과 비교하는 양으로 기준량 구하기 • 비율이 사용되는 경우 알아보기	원의 넓이, 비례식과 비례배분, 비율 그래프, 정비례와 반비례

---

1 2009 개정 교육과정에 따른 수학과 교사용 지도서 6학년 1학기. 2015. pp. 216~217.

위의 내용에 근거를 두고 교사용 지도서는 본 단원의 전개 계획을 아래와 같이 제시[2]하였으나 현장에서 그대로 따라서 지도하기에는 무리가 있다는 생각이 든다.

차시	재구성 이전	수업 내용 및 활동
1	단원 도입	스토리텔링을 통해 비와 비율이 사용되는 상황 생각해 보기
2	두 수 비교하기(1)	두 수의 크기를 뺄셈으로 비교하기, 두 수의 크기를 나눗셈으로 비교하기
3	두 수 비교하기(2)	두 수의 크기를 나눗셈으로 비교하기, 변하는 두 수의 관계 알아보기
4	비를 알 수 있어요	비의 뜻을 알고 비로 나타내기, 생활 속의 문제 상황을 비로 나타내기
5	비율 알기	비 개념 알아보기, 실생활에서 비율이 사용되는 상황 이해하기
6	백분율 알기	백분율의 뜻 알기, 비율을 백분율로 나타내는 방법 알기, 백분율이 실생활에서 사용되는 여러 가지 경우 알아보기
7	사건이 일어날 가능성	비율 개념을 기초로 하여 사건이 일어날 가능성을 수치로 나타내기
8	비율과 기준량으로 비교하는 양 구하기	주어진 비율과 기준량을 이용하여 비교하는 양 구하기
9	비율과 비교하는 양으로 기준량 구하기	주어진 비율과 비교하는 양을 이용하여 기준량 구하기
10	비율이 사용되는 경우(1)	속력의 의미를 알고 속력 구하기, 기준량이 다른 두 속력 비교하기
11	비율이 사용되는 경우(2)	인구 밀도의 의미를 알고 주어진 자료를 보고 인구 밀도 구하기(계산기 활용 가능)
12	비율이 사용되는 경우(3)	용액의 진하기의 의미를 알고 용액의 진하기를 구하기
13	공부를 잘했는지 알아보기	이 단원에서 배운 내용을 문제를 풀며 정리하기(계산기 활용 가능)
14	문제 해결	비와 비율의 기본 개념을 바탕으로 주어진 문제 해결하기(계산기 활용 가능)
15	체험 마당	비율을 이용하여 우리 마을의 문제 해결하기

문제의식을 갖게 만드는 점 몇 가지를 살펴보면 다음과 같다.

---

2 2009 개정 교육과정에 따른 수학과 교사용 지도서 6학년 1학기. 2015. p. 219.

단원 지도를 위한 수업 시수 분배의 문제

1. 단원 도입을 위한 스토리텔링:여전히 불필요한 이야기로 1시간을 소비하고 있다는 생각이 든다.

2. 두 수의 비교 (1)과 (2), 비, 비율, 백분율, 사건이 일어날 가능성, 비율이 사용되는 경우 (1), (2), (3), 비율과 기준량으로 비교하는 양 구하기, 비율과 비교하는 양으로 기준량 구하기 등으로 각각 1시간씩 세세하게 순서에 따라 늘어놓듯이 분절적으로 나열하여 놓은 점은 매우 큰 아쉬움이 남는다. 실생활 속의 사례를 통해 과정 속에서 간략히 넘어갈 것과 좀 더 중요하게 다루어야 할 것(특히 비 개념의 형성)을 분류하고 그에 따른 시간 안배를 적절히 할 필요성이 큰 단원이라 할 수 있다. 재구성을 통한 시간 안배 및 지도 내용은 뒤에 이어질 재구성 방안 및 재구성의 실제를 참고하기 바란다.

3. 문제 해결, 체험 마당 등에서 다루는 내용이 단위 차시에서 다루는 내용과 관련이 있는데 뒤로 따로 떼어서 제시된 이유가 늘 궁금하다. 본 차시와 관련 있는 부분에서 함께 다루면서 시간 안배를 보다 효율적으로 할 수 있도록 재구성할 필요성이 있다고 판단된다.

뜬금없이 등장하는 확률

'사건이 일어날 가능성'이라는 제목으로 확률 개념이 비율로 표시되어 등장하기도 한다. 물론 관련이 전혀 없는 것은 아니지만 비 개념의 형성에 매우 중요한 단원에서 중등 과정에서 공부할 '확률' 개념까지 관련지어 다룬다는 것은 지나치게 많이 앞서 나간 것이라 생각이 든다. 게다가 다른 차시에서는 변량(비교의 대상)을 2개만 다루었는데 이 부분에서는 변량이 3개나 등장한다. 그래서 학생들의 혼란을 부추길 가능성이 매우 높다고 할 수 있다. 이 내용은 교사 스스로의 판단에 따라 있는 그대로 다루거나 간략히 다루고 남는 시간을 중요한 부분에 안배하는 등의 판단이 필요한 부분이라 여겨진다.

좀 더 정확히 '비'의 개념을 설명하지 못한 점

교사용 지도서를 살펴보면 단원 배경 지식에서 비의 개념을 아래와 같이 설명하고 있다.[3]

> 비는 두 수를 비교할 때 사용하는 개념이다. 두 수를 비교할 때에는 두 수의 차를 알아보는 방법이 있고, 두 수의 비를 알아보는 방법이 있다. 전자에는 뺄셈(절대적 비교라고 함), 후자에는 나눗셈(상대적 비교라고 함)을 사용한다. (중략)
>
> 비의 개념은 두 양 사이의 관계에 초점을 두는 것으로 비율 및 비례적 추론 개념의 초석이 된다. 실생활에서는 운동 경기나 게임에서 두 팀 사이의 득점을 비교하여 나타낼 때 많이 쓰인다.

---

3 2009 개정 교육과정에 따른 수학과 교사용 지도서 6학년 1학기. 2015. p. 221.

이런 생각을 증명이라도 하듯이 실제 교과서에서는 (1) 뺄셈으로 비교하기, (2) 나눗셈으로 비교하기를 차시별로 나누어 제시한 후에 '비의 정의'를 아래와 같이 내리고 있다.

> 두 수를 나눗셈으로 비교할 때 기호 ':'를 사용한다. 두 수 7과 1을 비교할 때 7:1이라 쓰고 7대 1이라고 읽는다. 7:1은 7이 1을 기준으로 몇 배인지를 나타내는 비이다. 7:1은 "1에 대한 7의 비", "7의 1에 대한 비", "7과 1의 비"라고도 읽는다.(교과서 예시:맛있는 카레는 물 7컵과 카레 가루 1컵을 섞는다고 제시됨)

그런데 바로 이 지점에서 몇 가지 의문점이 생긴다.

1. 두 수의 비교는 무엇을 의미하는지에 대한 설명이 있는가?

2. 두 수를 비교한다고 했는데 두 수의 무엇을 비교하는지 설명이 있는가?

3. 두 수를 나눗셈으로 비교한다는 것은 어떤 의미인지 설명이 있는가?

4. 두 수를 비교할 때 두 수의 차를 알아보는 방법도 있다고 했는데 비의 정의에서는 왜 갑자기 나눗셈만을 사용한다고 하는지에 대한 설명이 있는가?

5. "물은 카레 가루보다 6컵이 더 많이 들어간다." 또는 "카레 가루는 물보다 6컵이 적게 들어간다."라고 비교하면 잘못된 것인가에 대한 설명이 있는가?

6. 위의 "(5)번과 같은 반응의 비교 외에 어떻게 다른 비교가 가능한가? 그것은 무엇을 의미하는 것인가? 왜 그런 비교가 필요한가?" 등에 대한 설명이 있는가?

7. "물과 카레 가루 사이의 관계를 7 : 1이라고 나타내고 있는데 1 : 7이라고 하면 안 되는가? 그 이유는 무엇인가?" 등에 대한 설명이 있는가?

8. 왜 뒤의 수가 기준이 되어야 하는지에 대한 설명이 있는가?

9. 여기에서 말하는 기준이란 무엇을 의미하는지에 대한 설명이 있는가?

10. 본 단원에서 말하는 비는 나눗셈 차원에서의 비교만 다루는데 왜 그런 의미에서의 비교가 필요한가에 대한 설명이 있는가?

위와 같은 질문에 대한 답변이나 명쾌한 설명도 없이 교과서에는 그냥 정의만 문장으로 제시하고 무조건 받아들이라는 것처럼 되어 있고, 교사용 지도서에조차도 간략하게 사전적 정의 수준에서의 설명만 수록되어 있어서 매우 유감스럽기만 하다. 그런 이유 때문인지 모르겠지만 학생들은 본 단원 학습을 매우 힘들어한다. 특히 용액의 진하기나 속력 등을 다루는 부분에서 더욱더 그러하다.[4] 본 단원 학습의 중

4　실제 수업에서 많은 학생들은 비에 대한 개념을 정확하게 인지하지 못한 채 다양한 수학 문제를 접하게 된다. 그래서 학생

심, 비에 대한 개념 등에 대한 명확한 안내는 단원 재구성을 위한 방안에서 좀 더 깊이 있게 다루어 보고자 한다. 이를 바탕으로 단원 전체를 지혜롭게 재구성해 보기 바란다.

비의 개념이 왜 중요한가에 대한 안내의 부족

단원 개관을 살펴보면 후속 학습으로 원의 넓이, 비례식과 비례배분, 비율 그래프, 정비례와 반비례 등이 이어진다고 되어 있다. 그러나 비의 개념은 (1) 초등에 이어 중등 과정에서 학습하게 될 매우 중요한 내용인 1차 함수 개념에 중요한 밑바탕이 된다는 것, (2) 단원 개관에 소개한 바와 같이 실제 삶 속에서 매우 많이 활용되는 개념이라는 것 때문에 교사들은 이를 정확하게 인지하고 비의 의미, 비의 개념을 학생들이 정확히 파악하여 받아들일 수 있도록 수업을 디자인하려고 노력해야만 할 것이라 사료된다. 우리가 본 단원에서 다루고자 하는 비의 개념은 단원 학습 2차시에서 다루는 나이의 비교나 지도서 단원 배경 지식에 안내된 운동 경기나 게임에서 두 팀 사이의 득점(예를 들어 축구 경기에서 두 팀의 득점은 3:5)과 같은 것의 비교를 말하는 것이 절대로 아니라는 것을 잊지 말아야 한다.

지필 계산으로 문제를 푸는 데 중심을 둔 교과서 내용 구성

개념 이해가 충분히 이루어지기 전에 특정한 한 가지 방법을 통해 문제를 해결하라고 하는 것은 관련된 것에 대한 의식적인 사고 없이 기계적으로 답을 계산하게 만들 수 있고(하나의 방법을 아무 생각 업이 맹목적으로 적용하게 될 가능성이 높음) 이는 결과적으로 오히려 학생들의 혼란을 유발하며 성취도 하락을 가져올 수밖에 없다. 그보다는 배움의 과정에서 학생들 간에 끊임없는 상호작용이 이루어지고 그 과정에서 여러 가지 해결방법을 찾아 자신의 언어로 표현할 수 있도록 해 주는 것(언어화 과정은 자신이 찾은 해결방법을 분명히 하고 답의 타당성에 대해서도 논리적으로 검증 및 공유할 수 있게 해 줌)이 훨씬 더 효과적이다. 따라서 (비율) = (비교하는 양) ÷ (기준량) = $\dfrac{(비교하는\ 양)}{(기준량)}$, 백분율 = 비율 × 100, 속력 = 간 거리 ÷ 걸린 시간, 인구 밀도 = 인구 ÷ 넓이, 용액의 농도 = 용질의 양 ÷ 용액의 양 등과 같은 공식의 적용을 성급하게 도입하지 말고 학생들 스스로 유의미한 방법으로 해결할 수 있도록 안내하고 그 과정에서 자연스럽게 개념 이해 및 기호화(공식의 발견)가 이루어질 수 있도록 해야 한다. 이를 위해서 필요하다면 타 교과의 교육과정 재구성 및 주제 통합 수업 등을 통해서 수업 시수를 절약하고 남은 시간을 본 단원 학습에 배치하여 보다 많은 시간 동안 충분한 학습 활동이 이루어질 수 있도록 하는 방안도 고민해 보아야 한다.

지금까지 살펴본 문제의식을 바탕으로 본 단원에서 다루고자 하는 '비'란 무엇인지에 대하여 차근차근 살펴보도록 하겠다.

들은 그 상황이나 맥락이 어떠한지, 그것은 무엇을 의미하는 것인지 깨닫지 못한 채 숫자만 뽑아 알고리즘에 대입하여 답을 구하기만 할 뿐 진정한 의미에서의 수학적 활동은 하지 못하고 있는 실정이라 해도 과언이 아니다. 게다가 학생들을 지도하는 교사마저 비에 대한 개념을 제대로 갖고 있지 못할 경우 본 단원의 지도는 더욱더 수박 겉핥기식으로 흐를 수밖에 없게 된다.

02 단원 재구성을 위한 방안

본 단원의 핵심은 아래와 같다.

1 '비' 개념에 대한 정확한 이해 및 '비' 개념 형성하기

2 머릿속에 비의 개념에 관한 인지지도를 그리기

3 그려진 인지지도를 바탕으로 비와 관련된 사고력을 갖추기

그렇다면 수학 시간에 다루고자 하는 '비'란 과연 무엇을 의미하는지부터 명확히 짚어 보는 것부터 시작해 보고자 한다.

 비 1:2개 변수를 동시에 다루면서 두 양 사이에 관계를 비교하여 나타낸 것

① 2개의 수량을 동시에 고려한다.

② 두 요소 간의 관계에 대하여 합리적인 추론을 이끌어 낸다.

③ 이후에 비례식, 1차 함수 개념의 초석이 된다.(y = 2x ⇨ x, y 간의 관계에 대한 이해) ⇨ 운동 경기 스코어 등은 비례, 함수 개념과 거리가 멀다. 그래서 단순한 숫자의 가감(加減)에 의한 비교는 본 단원에서 다루지 않는 것이다.

비 개념을 다루기 위한 기초적인 질문 1 이를 통해 비 개념에 대한 기초가 갖추어져 있는지를 판단할 수 있다.

● 이와 같은 오렌지 농축액(아무것도 섞이지 않은 순수한 오렌지 원액을 졸여서 매우 진하게 만든 것으로 여기에 적당한 양의 물을 섞으면 오렌지 주스가 됨)에 물을 타서 오렌지 주스를 만든 후 크기가 다른 2개의 컵에 나누어 따랐다.

(컵 A)　　　(컵 B)

(질문 1) 두 컵에 있는 오렌지 주스의 맛은 다를까? 아니면 같을까?

(질문 2) 두 컵 중 더 진한 맛이 나는 컵이 있을까? 있다면 어떤 컵인가? 그렇게 생각하는 이유는 무엇인가?

⇨ 비 개념의 기초가 갖추어져 있지 않은 아동은 아래와 같이 답변할 가능성이 있다.

(답변 사례 1) A컵의 맛이 더 진하다. 왜냐하면 A컵은 크기가 크기 때문에 오렌지가 더 많이 들어갔을 것이기 때문이다.(2개의 변수 중 오렌지만 생각한 사례)

(답변 사례 2) B컵의 맛이 더 진하다. 왜냐하면 B컵은 크기가 작기 때문에 물이 더 적게 들어갔을 것이기 때문이다.(2개의 변수 중 물만 생각한 사례)

⇨ 위와 같이 대답을 하는 이유는 오렌지 주스의 맛을 결정하는 농축액과 물(2개의 변수) 사이의 관계를 동시에 고려하여 합리적인 생각을 이끌어 내지 못하였기 때문이다. 2개의 변수 중 어느 한 가지만 생각하였을 가능성이 높다.

위에서 보는 바와 같이 어떤 학생들에게는 2개의 변수를 동시에 다루면서 두 변수 사이의 관계를 한꺼번에 이해한다는 것이 매우 어려운 일이다. 그래서 어느 한쪽에만 사고의 중심을 두게 되어 합리적인 추론을 이끌어 내지 못할 가능성이 높다. 따라서 본 단원의 지도를 위해서는 두 수의 비, 비율(비의 값)만 구하면 된다는 식의 생각에서 한층 더 깊이 들어가 학생들의 사고 과정(두 변수 사이의 관계를 동시에 고려하여 합리적으로 생각하기)까지 면밀하게 살피려는 교사의 노력이 절대적으로 필요하다.

 비 2:2개 변량을 하나의 묶음으로 다루는 것

① 두 변량을 동시에 다룬다.

② 두 변량을 동시에 다루기 위해 각각의 수량을 하나로 묶어 반복되는 기준 단위량으로 인식한다.

③ 그 기준 단위 묶음을 몇 배 하였느냐의 문제와 같다.

비 개념을 다루기 위한 기초적인 질문 2 　두 변량을 동시에 다루되 하나로 묶어 반복되는 기준 단위량으로 인식할 수 있는 질문을 제시해 본다.

(문제 상황) 민수는 1분에 50m씩 걷고 있다. 민수 아버지도 같은 속도로 함께 걷고 있다. 민수와 아버지가 몇 분 동안 얼마의 거리를 이동했는지에 대하여 다양하게 설명해 보시오.(단, 설명할 때 이동한 시간은 10분 이내로 예를 들어 보시오.) ⇨ 민수와 아버지는 ○분에 ○m 이동하였습니다.

(답변 사례 1) 3분에 150m를 이동하였습니다.

⇨ (반복되는 기준 단위량으로 인식하고 있는지에 대한 질문) 어떻게 해서 3분에 150m 이동하였다는 것을 알 수 있는가?

(답변 사례 2) 1분이 3분이 되었으니 3배, 그러니까 거리도 50m를 3배 해서 150m가 나온 것입니다.

여기에서 이 학생이 두 변량을 하나의 묶음으로 다루었는지 확인하려면 그림으로 그려 보라고 하면 알 수 있다. 만약에 그림으로 그려서 정확히 설명할 수 없다면 단순한 수식 계산처럼 생각하여

정답에 이르렀을 가능성이 높다.

(그림으로 설명한 예시 사례) 1분에 50m 갔음 ⇨ 이것이 하나의 묶음

1분	1분	1분	그러니까 3분
50m	50m	50m	150m

⇨ 위의 그림에서 시간과 거리 두 변량을 동시에 다루었음이 잘 나타나 있음

⇨ [1분, 50m] 묶음을 하나의 기준 단위량 묶음으로 인식하였음이 잘 나타남

⇨ 기준 단위량 묶음이 반복적으로 사용되고 있음을 알 수 있음:여기에서 곱의 개념(배)이 잘 드러남

 비 3:승제(乘除)적 사고(배의 개념)가 필요

① 두 변량 간의 관계를 곱(배)의 개념으로 인식하여 비교한다.

② 가감(加減)적 사고는 다루지 않는다.(예:A가 B보다 △cm 길다, 짧다 등) 왜냐하면 가감적 사고에서는 두 변량 사이의 차이에 해당되는 값만 얻으면 끝나기 때문이다. 그래서 두 변량을 하나의 묶음으로 볼 필요도 없게 된다.

비 개념을 다루기 위한 기초적인 질문 3 두 변량 간의 관계를 배의 개념으로 인식하여 다룰 수 있는 질문을 제시한다.

(문제 상황) 2개의 나무 막대가 있다. A막대는 길이가 6cm, B막대는 길이가 4cm이다.

(질문 1) 막대 A는 막대 B보다 몇 배 더 긴가?(막대 B를 기준으로 표현)

⇨ A는 B를 기준으로 할 때 길이가 B의 1.5배이다.

(질문 2) 막대 B는 막대 A의 몇 분의 몇인가?(막대 A를 기준으로 표현)

⇨ B는 A를 기준으로 할 때 길이가 A의 $\frac{4}{6}$배이다.

• "A는 B보다 2cm 길다.(B는 A보다 2cm 짧다)"와 같은 표현은 다루지 않는다. 왜냐하면 비의 개념에 가감(加減)적 사고는 맞지 않기 때문이다.

위의 경우를 '비'로 나타내는 방법은 아래와 같이 다양하다.

(1) A막대를 기준, B막대를 표현할 때:2 : 3, $\frac{2}{3}$, 4 : 6, $\frac{4}{6}$, 1 : 1$\frac{1}{2}$

(2) B막대를 기준, A막대를 표현할 때:3 : 2, $\frac{3}{2}$, 6 : 4, $\frac{6}{4}$, 1$\frac{1}{2}$: 1

지금까지 '비'의 개념을 이해하는 데 꼭 필요한 것 세 가지를 바탕으로 '비'란 무엇인지 살펴보았다. 이렇게 이해를 돕는다고 하여도 학생들은 쉽게 받아들이기 힘들 터인데 교과서나 지도서에는 위와 같은 상세한 설명이 부족하여 학생들의 비 개념 형성에 어려움이 발생한다. 따라서 교사가 먼저 비에 대한 개념을 확실히 갖춘 뒤에 학생들이 비 개념 형성을 통해 자신만의 인지지도(cognitive map, 認知地圖: 경험에 의해 환경 속의 대상 간 의미관계를 파악하여 형성하는 환경에 관한 인지적인 지도)를 그리게 하고 관련된 사고력을 향상시킬 수 있는 방향으로 수업을 설계하고자 하는 지혜와 노력이 함께 뒤따라야 할 것이라 여겨진다.

 비 4 : 비의 값(비율)과 분수는 반드시 같은 것이 아니다

① 분수는 전체를 1로 보고, 그것을 똑같이 등분하였을 때 부분의 값을 나타내는 것이다.

② 비는 (부분-부분)의 관점에서 나타낼 수도 있고 (부분=전체)의 관점에서 나타낼 수도 있다.[5] 전체가 아닌 부분끼리 서로 비교하여 분수로 나타낸 것일 경우에는 분수와 의미가 달라진다.[6]

③ 비에서의 변량은 3개 이상도 있을 수 있다. 이 경우 비는 2 : 3 : 4와 같이 나타낸다. 그리고 3개 변량이 모두 나타난 분수는 표현할 수 없다.

비의 값(비율)과 분수가 다름을 설명할 수 있는 예시 자료　분수는 전체 중 일부를 나타내지만 비의 값(비율)에서는 부분끼리의 관계를 분수로 나타낸 것이기 때문에 비의 값과 분수는 반드시 똑같은 것이라 말할 수는 없다.

(예시 자료) 바구니에 사과 10개와 배 15개가 있다. 과일 전체는 25개이다.

⇨ (부분-전체의 관점에서 비를 다룰 경우) 분수 개념과 거의 같은 맥락에서 다루어진다. 사과 : 전체 = 10 : 25, $\frac{10}{25}$으로 표현, 배 : 전체 = 15 : 25, $\frac{15}{25}$로 표현, 여기에서 분모 25는 전체를 의미, 분자 10, 15는 부분을 의미, 이 경우 비율의 결합과 분수의 합은 같아진다. $\frac{10}{25}$과 $\frac{15}{25}$의 결합 $= \frac{10}{25} + \frac{15}{25}$와 같은 결과를 볼 수 있다.

5　① (부분-부분)의 사례는 다음과 같다. 쌀 5컵에 물 6컵을 넣어 밥을 지을 때 쌀 양에 대한 물의 양의 비와 비율 ⇨ 6 : 5 $= \frac{6}{5}$, 이 경우 쌀 10컵이면 물 12컵이 필요하게 되므로 두 변량 사이의 비는 그대로 유지된다. ② (부분-전체)의 사례는 다음과 같다. 걷기대회 참가 학생 50명, 완주한 학생 36명일 때 참가 학생에 대한 완주 학생의 비와 비율 ⇨ 36 : 50 $= \frac{36}{50}$, 이 경우 참가 학생이 100명일 때 완주한 학생이 72명이라고 장담할 수는 없게 되어 두 변량 사이의 비는 그대로 유지된다고 보기 어렵다.

6　A그룹에는 사과 2개와 배 3개, B그룹에는 사과 4개와 배 5개가 있다고 가정하자. 배를 기준을 두 대상을 비교할 때 A그룹은 2 : 3($\frac{2}{3}$의 비율), B그룹은 4 : 5($\frac{4}{5}$의 비율)의 비와 비율이 만들어진다. 그런데 두 그룹을 합하였을 때 사과 : 배 = 6 : 8($\frac{6}{8}$의 비율)의 비와 비율이 만들어져 합하기 전에 만들어진 두 비율의 합 $\frac{2}{3} + \frac{4}{5} = \frac{22}{15} = 1\frac{7}{15}$과 달라진다는 것을 알 수 있다. 이처럼 (부분-부분)의 관점에서 다룬 비율의 경우 비율 간의 결합(비율의 덧셈)은 항상 분수의 덧셈처럼 이루어지지 않는다는 것을 이해할 필요가 있다.

⇨ (부분-부분의 관점에서 비를 다룰 경우) 비의 값(비율) 개념에서 배를 기준으로 한 사과의 비= $\frac{10}{15}$, 사과를 기준으로 한 배의 비= $\frac{15}{10}$ 로 표현, 여기에서 분모 10, 15는 전체가 아니라 비교의 기준을 의미, 분자 15, 10은 비교의 대상을 의미, 이와 같은 경우 분수 개념에서와 달리 비의 값(비율) 개념에서는 분모와 분자를 합해야 전체를 가리키는 값이 된다.

위의 사례 외에도 비의 값과 분수가 반드시 같지만은 않다는 증거는 여러 사례에서 나타난다.(수직선 상에서 나타난 분수 값 ⇨ 이는 유리수로서의 의미로 고유한 위치를 갖는 값, 어떤 대상의 길이를 측정한 값 등도 비의 값과 거리가 멀다.) 따라서 무작정 비의 값(비율)을 분수와 같은 맥락으로 이해하여 지도해서는 안 된다는 사실을 잊지 말아야 한다.[7]

1. 위에서 살펴본 내용을 바팅으로 실생활 맥락 속에서 '비' 개념이 형성될 수 있도록 학생들에게 의미 있는 사례를 예시로 들어 자연스럽게 수학적 활동으로 끌어들일 수 있도록 수업을 디자인해 보고자 노력하였다. 왜냐하면 본 단원은 다른 어떤 단원보다도 실생활에서 많이 활용되고 있기 때문이다. 그 대표 사례가 바로 용액의 농도와 속도라 할 수 있다.

(사례 1: 두 변량의 단위가 같은 경우) 오렌지 주스 만들기
- 오렌지 원액 1컵과 물 4컵을 섞어서 오렌지 주스를 만듦(두 변량이 한 묶음)
- 오렌지 원액 3컵에는 물 12컵이 필요
- 두 사례의 경우 직접 맛을 보지 않아도 같은 맛임을 알 수 있다.

(사례 2: 두 변량의 단위가 다른 경우) 속도에 관련된 사례
- 자동차는 1시간에 80km를 이동(두 변량이 한 묶음)
- 2시간에는 160km, 3시간에는 240km 이동
- 이런 경우 속도는 같다는 것을 알 수 있다.

이처럼 추상적인 성질을 가진 '비' 개념이 학생들에게 의미 있는 것으로 다가오게 만들기 위해서는 주어진 상황이나 맥락이 학생들에게 현실적인 경험을 통해 피부에 와 닿을 수 있을 만큼의 것이어야 한다. 이런 원칙이 지켜지지 않는다면 비 개념을 이해하고 주어진 수학적 문제를 해결할 수는 있을는지 모르겠지만 실생활 속에서 활용을 하지 못할 가능성이 높다.

---

7 비는 보는 관점에 따라 다른 비를 만들 수 있으므로 비를 다룰 때는 비교되는 대상과 상황이 무엇인지를 세심하게 살피는 것이 매우 중요한 일이라는 것을 학생들이 먼저 인식할 수 있도록 해야 한다.

(예) 라면 1개를 끓이는 데 물 550mL(약 3컵)가 적당량이라고 봉지에 적혀 있다. 그런데 라면 2개를 끓이는 데 물을 5컵만 냄비에 담았다면 그 라면의 맛은 짠맛이 강하게 느껴질 수밖에 없다.

⇨ 이런 현상이 벌어지는 이유:'비' 개념이 내면화되지 못한 채 비의 값만 구하는 식의 문제 풀이에만 집중한 결과일 것이다.

2. 비의 값(비율)에 대한 정확한 이해도 필요하다. 교사용 지도서를 보면 비의 값, 비율에 대하여 다음과 같이 설명하고 있다.[8]

- 비－a, b를 2개의 수 또는 같은 종류의 양이라 할 때 a가 b의 몇 배인가 하는 것을 a와 b의 비라고 한다.
- 비의 값－a : b에 대하여 a÷b를 계산한 결과, 즉 분수 $\frac{a}{b}$의 값은 a : b의 값을 말한다.
- 비율－2개 이상의 수 또는 양에 대하여 그 크기의 관계를 나타낼 경우 비율을 쓴다. a, b를 2개의 수 또는 같은 종류의 양으로 하고 a가 b의 몇 배인가를 나타내는 데 a÷b＝분수 $\frac{a}{b}$로 쓴다. 이것을 a의 b에 대한 비율이라 한다. 분수 $\frac{a}{b}$를 비율의 분수라 하며, 이것을 소수로 나타낸 것을 비율의 소수라 한다. 예를 들어 비 150:200에서 기호 ':'의 왼쪽에 있는 150은 비교하는 양이고, 오른쪽에 있는 200은 기준량이 된다. 비교하는 양을 기준량으로 나눈 값을 비의 값 또는 비율이라고 한다. (비율)＝(비교하는 양)÷(기준량)＝$\frac{비교하는 양}{기준량}$, 비 150:200을 비율로 나타내면 $\frac{150}{200}$ 또는 0.75이다.
- 2009 개정 교육과정부터는 수학적으로 동일한 의미를 갖는 '비의 값'과 '비율'을 같은 것으로 정의하였으며 백분율의 정의도 '비율에 100을 곱한 값'이라 정의하고 있다.

여기에서 다음과 같은 궁금증을 갖지 않을 수 없다.

(궁금증 1) 비를 비율로 표현할 수 있다고 하여 '비'의 개념, '비율'의 의미를 이해하였다고 말할 수 있는가?

(궁금증 2) 비와 분수는 같은 개념이라 말할 수 있는가?

우선 (궁금증 1)과 같은 생각을 하는 이유는 다음과 같다. 야구 선수 A가 100번 타석에 들어서서 35번 안타를 쳤다고 가정할 때 이 선수의 타율은 0.28, $\frac{28}{100}$로 표현할 수 있다. 그렇다고 하여 이 숫자가 의

---

8 2009 개정 교육과정에 따른 수학과 교사용 지도서 6학년 1학기. 2015. p. 222.

미하는 것이 무엇인지 설명할 수 있다고 판단할 수는 없는 일(설명하지 못한다는 것은 비율에 대한 이해가 부족하다는 증거)이다. 단순히 식에 대입하여 결과값을 얻는 것과 그 수치가 갖는 의미를 설명할 줄 아는 것은 전혀 다른 차원의 이야기다. 비와 비율을 공부하는 목적 중 하나는 결과값만을 얻기 위함이 아니라 그 수치가 갖는 의미를 설명할 수 있는가 하는 점에 있다. 따라서 실제 수업 시간에도 비의 값을 구하는 것과 함께 그 수치가 갖는 의미의 해석에도 충분한 시간을 할애하여 학생들이 비와 비율의 이해에 좀 더 확실하게 다가설 수 있도록 수업을 디자인해 보고자 노력하였다. (궁금증 2)에 대해서는 이미 앞에서 설명한 바가 있으므로 생략하고자 한다.

3. 비의 값(비율)을 어떻게 해석할 것인가에 큰 의미를 둘 수 있도록 재구성하여 수업을 디자인해 보고자 노력하였다. 비의 값(비율)의 해석에는 두 가지 방식이 있다.

> (예시 사례) 맛있는 카레 만들기 레시피 : 카레 가루와 물의 비는 1 : 7

우선 첫 번째 방식은 다음과 같다.

예시에 나타난 1 : 7이라는 것은 정해진 양을 의미하는 것이 아니라 카레에 들어가는 두 변량(재료 : 카레 가루와 물)의 상대적인 양을 의미하는 것이다. 실제 양은 상황에 따라 얼마든지 달라질 수 있다.(예 : 카레 가루 1컵에 물 7컵, 카레 가루 2컵에 물 14컵 등) 이를 전제로 해석하자면 아래와 같다.

- 비율 $\frac{1}{7}$이란 물의 양을 기준으로 따져 볼 때 물 전체의 $\frac{1}{7}$만큼에 해당되는 양이 카레의 양이라는 의미
- 물이 7컵일 때 $7 \times \frac{1}{7} =$ 카레 1컵, 물이 14컵일 때 $14 \times \frac{1}{7} =$ 카레 2컵
- (해석 1) 물 7컵 중 1컵에 해당되는 만큼의 양이 카레의 양이라고 해석

두 번째 방식은 다음과 같다.

두 재료 간의 비 1(카레 가루) : 7(물)에서 물에 해당되는 비의 값을 1로 나타낼 때 카레에 해당되는 비의 값은 7등분이 된다. 다시 말해서 물과 카레 가루에 해당되는 비의 값을 각각 7등분해도 그 비율은 그대로 유지된다.(물은 7컵 ⇨ 1컵으로, 카레 가루는 1컵 ⇨ $\frac{1}{7}$컵으로 바뀜. $\frac{1}{7}$: 1 ⇨ 그러나 두 변량 사이의 비율은 변함이 없다.)

- 1 : 7이라는 비를 한 묶음으로 인식한다.
- 비율 $\frac{1}{7}$이란 물과 카레 각각을 7등분하였을 때에 해당되는 분수값으로 표현한 것 ⇨ 7등분한 이유는 물을 비의 값 1로 나타내기 위함이다.(기준으로 정한 변량의 값을 1로 하였을 때 비교하는 대상의 값

을 의미)

- (해석 2) 물 1컵에 해당되는 카레 가루의 양은 $\frac{1}{7}$컵이라고 해석

4. 백분율(퍼센트)에 대한 이해를 좀 더 강화하고자 하였다. TV나 신문 등을 보면 매우 흔하게 볼 수 있는 것들 중 하나가 바로 백분율이기 때문이다. 그만큼 실생활 속에서 백분율은 많이 활용되고 있지만 제대로 활용되거나 정확히 이해하고 있는 사람들은 그리 많지 않다고 여겨진다. 그래서 자칫하면 백분율이 나타내는 수치에 속기도 한다. 예를 들자면 다음과 같다.

(사례 1)

새봄맞이 특가 세일, 폭탄 세일 !!

상품 가격을 100% 인하하였습니다.

이런 광고를 보면 누구나 한 번 정도는 눈길을 줄 수밖에 없다. 얼핏 보면 '물건값이 0원, 공짜라는 것인가!!' 하는 생각을 할 수밖에 없는 문구다. 그러나 여기에는 판매자의 판매 전략이 숨어 있다. 실제로는 가격을 50%만 인하해 놓고 100%로 고객들 사고의 허점을 파고들었다고 보면 틀림이 없다. 예를 들어 10,000원짜리 상품을 할인하여 5,000원에 판매할 경우 할인된 가격 대비 100% 할인율이 발생한다는 것은 조금만 생각해 보면 잘 알 수 있는 일이다. 하지만 사람들의 생각은 쉽게 여기까지 생각이 이르지 못한다. 그래서 어떤 사람들은 문구에 이끌려 매장에 가서 '속았다'고 생각하고 발길을 돌리는가 하면 어떤 사람들은 매장에 들어가 오히려 더 비싼 물건까지 충동구매를 하곤 한다.

(사례 2)

대한민국 80%의 가정주부가 강력 추천한

○○전기 압력 밥솥 !!

이런 광고를 부면 전기 압력 밥솥을 구매하려는 사람들에게는 매우 솔깃한 광고 문구가 아닐 수 없다. 회사 입장에서 이런 광고 문구는 매우 강력한 판매 전략일 수 있다. 하지만 소비자 입장에서는 겉으로 드러난 수치에만 관심을 둔다면 진정으로 원하는 물건을 구매하지 못할 가능성이 높다. 왜냐하면 실제로 '80%라는 수치가 나오기까지 얼마나 많은 가정주부가 그 물건을 사용해 보았을까?' 하는 점에 의문점을 먼저 가져야 하는데 그렇지 못하였기 때문에 문구에 속아서 제품을 구매할 가능성이 높기 때문이다. 만일 제품을 만들어 내는 회사가 고작 5명 정도만 사용해 보게 한 뒤 4명이 만족한다는 답변을 얻은 후 그것을 대한민국 80% 가정주부가 강력 추천한 것이라고 하였다면 여러분은 과연 그 수치에 대하여 신뢰할 수 있겠는가? 이처럼 백분율은 어떤 과정을 통해 구하였느냐에 따라 신뢰성을 가질 수도 있지만 상황에 따라서 현실을 왜곡시킬 수도 있다는 점을 반드시 명심해야만 한다.

사실 퍼센트(백분율)라는 것은 100을 기준으로 한 비의 값이며 모든 비의 값 가운데 가장 널리 사용되고 있다. 이렇게 생각해 본다면 백분율은 소수 및 분수와도 연계될 수 있다.[9] 이러한 백분율에 대하여 학생들이 개념을 이해하였다고 한다면 그것은 백분율을 능숙하게 활용할 수 있다는 것을 가리키는 것이라 말할 수 있다. 이런 수준까지 끌어올리기 위해 기호화를 통한 백분율 구하기보다는 실생활과 관련된 구체적인 모델을 통해 퍼센트 개념에 대한 다양한 경험을 쌓는 일부터 차근차근 진행되어 나가야 할 것이라 여겨진다. 그 단계를 제시해 보면 다음과 같다.

● 실생활과 연계된 구체적인 모델을 통해 백분율 관련 경험 이끌어 내기   퍼센트는 100개 중에 일부를 의미한다는 것을 이해할 수 있도록 돕기 위해 최초 단계에서 다음과 같이 일상생활과 친숙한 모델을 제시한다면 보다 쉽게 다가설 수 있을 것이다.

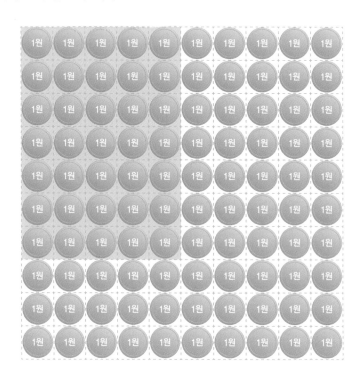

100원은 1원이 100개이기 때문에 백분율, 분수, 소수와 자연스럽게 그리고 매우 쉽게 연결될 수 있다. 예를 들어 35원은 100원의 35%, $\frac{35}{100}$, 100원짜리 1개를 기준으로 0.35개라고 표현할 수 있다. 이 모델은 1%부터 5%, 10%, 50%, 90%, 99%, 200% 등 다양한 백분율 값을 표현하는 데 용이하게 활용될 수 있다. 이 모델 외에도 1m 길이의 자도 쉽게 활용될 수 있는 사례라 할 수 있다.[10]

9　예를 들어 20%는 비 20:100, 비율 $\frac{20}{100}$, 소수 0.25, 분수 $\frac{2}{10} = \frac{1}{5}$ 등과 연계될 수 있다.

10　1mm가 100개 있으면 1m이므로 35mm는 0.35m, 즉 $\frac{35}{100}$m이며 1m의 35%라 할 수 있다. 1m 길이의 자를 활용하여 일부분을 종이로 가리고 100% 가운데 몇 %가 종이로 덮여 있는지, 덮여 있지 않은 부분은 몇 %인지 등을 이해할 수 있도록

● 백분율 상황에 대한 감각 형성하기　백분율을 이해할 때 보통 1%, 10%, 25%, 50%, 75% 등을 기준 삼아 퍼센트에 대한 감각을 기르도록 하고 이에 대한 분수값, 소수값을 함께 생각할 수 있도록 한다면 주어진 문제 상황의 해결이나 일상생활 속에서 백분율을 보다 쉽게 사용할 수 있게 된다.

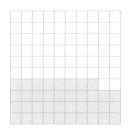

$$백분율 = 38\%, \ 분수 = \frac{38}{100}, \ 소수 = 0.38$$

● 100을 포함한 변환 활동 경험하기　퍼센트에 대한 기본 단위를 100으로 인식하는 것은 굉장히 중요한 일이며 백분율을 분수 또는 소수로 변환시키는 활동에 매우 익숙해질 수 있도록 하는 과정이 꼭 필요하다. 그것이 가능해진다면 소수 $0.57 = \frac{57}{100} = 57\%$이고 소수 $0.9 = \frac{90}{100} = 90\%$로 올바르게 나타낼 수 있게 된다.(분수, 소수, 백분율 간의 관계에 대한 이해가 보다 명확해진다는 것을 의미한다.) 또한 백분율을 분수로 표현할 때 무수히 많은 동치분수들이 존재한다는 것을 이해하는 것도 매우 중요한 과정 중 하나라 할 수 있다.[11]

● 유의미한 방법으로 백분율 관련 문제 해결하기:수 감각적 해결　25%, 50%, 75% 등을 기준으로 삼아 백분율 관련 감각을 발달시키면 관련 상황에 놓였을 때 이를 활용함으로써 이해를 보다 잘할 수 있게 되며 문제 해결에도 큰 도움이 된다. 예를 들어 5%, 10% 정도는 작으며 50%는 절반에 해당되고 90%는 거의 전부에 가깝다는 것을 어림에 의해 직관적으로 이해하게 됨으로써 상황 판단을 보다 쉽고 빠르게 할 수 있게 된다. 이런 것이 익숙해지면 굳이 공식을 활용하지 않아도 얼마든지 백분율 관련 문제를 해결할 수 있게 된다. 예를 들면 다음과 같다.

(사례 1) 수는 이번 달에 주말 편의점 아르바이트를 통해 600,000원을 벌었다. 다음 달에는 이번 달보다 10%를 더 받게 된다. 그렇다면 다음 달에 벌게 되는 돈은 얼마가 되는가?

⇨ 공식을 통한 해결:600,000×10%(0.1)+600,000=660,000원

(백분율×전체=비율×전체=부분)

⇨ 수 감각적인 해결:100의 10%는 10, 600,000원의 10%는 60,000원, 그러므로 다음 달에는 600,000+60,000=660,000원을 받게 된다.

하고, 그 과정에서 부분의 합은 100%가 된다는 것을 동시에 깨달을 수 있도록 도울 수 있다.

11　예를 들어 50%는 1%가 50개 있는 것으로 분수 $\frac{50}{100}$ $(50 \times \frac{1}{100}, \ \frac{1}{100}$이 50개 있는 것)과 동일하다는 생각을 바로 떠올릴 수 있어야 하며 $\frac{1}{2} = \frac{2}{4} = \frac{3}{6} \cdots \frac{5}{10} \cdots \frac{50}{100}$과 동치라는 것(50%를 나타냄)을 이해할 수 있도록 도와야 한다.

(사례 2) ○○초 야구단은 이번 야구 리그전에서 20번의 시합 중 15번 승리를 하였다. 승률은 몇 %인가?

⇨ 공식을 통한 해결: $\frac{15}{20} \times 100 = 75\%$

⇨ 수 감각적인 해결: $\frac{15}{20}$라는 비율은 $\frac{3}{4}$과 같은 값이고, $\frac{1}{4}$은 25%이니까 $\frac{3}{4}$은 75%라고 할 수 있다.

(사례 3) 50% 할인한 신발의 가격이 80,000원이었다. 원래의 가격은 얼마인가?

⇨ 공식을 통한 해결: 50%(0.5)×원래 가격=40,000원, $\frac{50\%}{100\%} = \frac{40,000}{\text{원래 가격}}$에 의하여 원가는 80,000원이라는 것을 알 수 있다.

⇨ 수 감각적인 해결: 50% 할인된 가격이라는 것은 원래 가격의 50%를 깎아 주었다는 것이다. 따라서 원래 가격은 할인된 가격의 2배가 된다는 것을 직관적으로 알 수 있다. 50%는 $\frac{1}{2}$과 같으며 그 값이 40,000원. 40,000원은 80,000원의 반이니까 원가는 80,000원이라는 것을 알게 된다. 또한 예상에 의해서 원가가 60,000원일 경우 50% 할인된 가격은 30,000원이니까 60,000원보다 원가가 높다는 것을 알 수 있다. 이렇게 예측을 통해 80,000원이 원가일 경우 50% 할인하면 40,000원이 된다는 것을 구할 수 있게 된다.

● 기호화를 통해 백분율 관련 문제 해결하기 앞의 활동들이 충분하게 이루어진 뒤에 공식을 활용하여 백분율 관련 문제 해결을 할 수 있도록 하면 학생들이 스스로 문제를 이해하고 다양한 방법으로 해결할 수 있으며 별 생각 없이 공식만 무조건 적용하게 되는 문제점을 해결할 수 있게 된다.

5. 다른 단원보다 더 교사의 역할에 대하여 깊이 고민하면서 수업을 디자인해 보고자 노력하였다. 자칫하면 비와 비율이라는 단원 내용과 관련하여 문제를 풀어 주면서 풀이 요령 및 방법을 알려 주는 사람으로 인식될 가능성이 높다고 볼 수 있다. 그런 활동 속에서 학생들은 비와 비율에 대한 개념을 정확히 이해하고 넘어가지 못한다. 따라서 단원을 지도하면서 교사는 기호적인 방법을 성급하게 도입하지 말고 비와 비율과 관련된 수학적 활동 속에서 개념 이해의 길로 안내하는 가이드 역할을 할 수 있도록 수업을 설계해 보았다. 이를 위해 보다 많은 시간 확보가 필요한 만큼 타 교과 교육과정 재구성 및 주제 통합 수업 등을 통해 절약된 수업 시간 등을 본 단원 학습 활동에 투입할 수 있도록 하였다.

03 단원 지도를 위한 재구성의 실제

차시	재구성 이후	수업의 목적
1	비 개념의 이해 - 1	2개의 변수(대상)를 동시에 다루면서 두 양 사이에 관계를 비교하여 나타낸 것임을 이해하기
2	비 개념의 이해 - 2	2개 변량을 하나의 묶음으로 동시에 다룬다는 것을 이해하기
3	비 개념의 이해 - 3	승제(乘除)적 사고(배의 개념)가 필요함을 이해하기
4	중간 정리 - 현재까지의 이해를 바탕으로 한 교과서 문제 해결	
5	비율에 대한 이해	비율(비의 값)이란 무엇이고 비의 값(분수)이 갖는 의미가 무엇인지 이해하기
6	비율에 대한 해석	비의 값이 갖는 의미를 정확하게 설명하기
7~9	백분율에 대한 이해	백분율이 무엇인지 이해하고, 비율을 백분율로 나타내기, 백분율 응용하기
10~11	기준량 또는 비교하는 양 구하기	비율과 기준량 또는 비율과 비교하는 양을 이용하여 비교하는 양 또는 기준량 구하기
12~14	비와 비율을 활용한 실생활 속의 문제 해결	용액의 농도, 속력, 인구 밀도와 관련된 문제 해결하기
15	단원 정리(문제 풀기) - 평가	단원 평가

위와 같이 크게 세 부분으로 나누어 재구성한 이유는 다음과 같다.

첫째, '비'란 무엇인지에 대한 인지지도를 그려 나가는 첫 단계 활동으로서 개념 이해에 집중하며 실생활 속의 사례를 통해 차근차근 안내해 나갈 수 있도록 단원 설계를 하였다. 1차적으로 형성된 비의 개념을 바탕으로 교과서 문제를 해결할 수 있는 시간도 1시간 배치하였다.

둘째, 본 단원의 핵심은 비의 개념에 대한 이해 및 비의 값(비율)이 갖는 의미의 해석에 있다. 따라서 비의 값이 갖는 의미 및 그 해석에 충분한 시간을 배정하여 학생들이 비율을 바탕으로 실제 상황에 대한 의미를 설명할 수 있도록 적정한 시간을 배치하였다. 그와 함께 백분율도 같은 맥락에서 다룰 수 있도록 본래의 1시간에서 2시간을 추가 확보하여 3시간을 배정하였다. 그 이유는 백분율의 이해와 함께 실생활에서 매우 많이 이용되기 때문에 백분율의 응용까지 보다 깊이 있게 다루어 보고자 하였다. 이후에 교과서 문제를 해결할 수 있는 시간은 주어진 시간에서 일부를 할애하여 해결할 수 있도록 하고 따로 배치하지 않도록 하였다. 다만 여기까지의 내용들만 따로 종합하여 중간 평가를 한번 해 보고, 비와 비율 및 백분율 관련 실제 사례 및 적용 - 응용에 대한 내용을 뒤에 여러 시간 원리 이해 중심으로 다룰 수 있도록 설계해 보았다.

셋째, 이전 단계에서 형성된 비와 비율에 대한 인지지도를 바탕으로 관련된 다양한 문제를 해결할 수 있는 시간을 5시간 정도 배치하였다. 이 과정에서 비와 관련된 실생활 속 상황의 맥락적 이해, 그 상황에서 비와 비의 값이 갖는 의미를 종합적으로 검토하면서 문제를 해결해 나갈 수 있도록 수업을 디자인해 보았다.

넷째, 단원 학습 활동 과정에서 협동적 문제 해결, 다양한 전략 세우기, 효과적인 의사소통이 이루어질 수 있는 발문을 개발하고자 최선을 다하였다. 이를 해결하는 과정에서 학생들의 수학적 의사소통 능력 및 협동적 문제 해결 능력이 충분히 향상될 수 있을 것이라 기대한다. 아울러 수학을 공부하는 즐거움 또한 느낄 수 있을 것이라 여겨진다.

1차시 비 개념의 이해-1

♣ 비 개념 이해-1 : 2개의 변수(대상)를 동시에 다루면서 두 양 사이에 관계를 비교하여 나타낸 것임을 이해하기

수업 흐름	교사의 발문
도입	가루로 된 오렌지 주스 겉면에 있는 내용 설명을 보니 가장 적당한 맛을 내기 위한 비는 1인분에 '오렌지 가루 : 물 = 가루 5스푼 : 물 1컵'으로 적혀 있다. 이것이 의미하는 것은 무엇인가?
전개	**발문 1** 물 1컵에 가루 5스푼을 넣은 후 잘 저어서 오렌지 주스를 만든 후 아래와 같은 2개의 컵에 나누어 담았습니다. 〈컵 A〉　　　〈컵 B〉 (1) 2개의 컵에 담긴 오렌지 주스의 맛은 각각 어떠한가요? (2) 그렇게 생각하는 이유는 무엇인가요? (3) 컵 A에 담긴 오렌지 주스의 맛이 컵 B에 담긴 맛보다 더 흐리고 연하지 않을까요?(거꾸로 컵 B에 담긴 주스의 맛이 더 진한 것은 아닐까요?) 그렇게 생각하는 이유는 무엇인가요? (4) 오렌지 주스 가루와 물 사이의 관계를 비로 나타내 보시오. **발문 2** 컵 A의 오렌지 주스는 가루 5스푼과 물 1컵을 넣어 만들었고, 컵 B의 오렌지 주스는 가루 10스푼과 물 2컵을 넣어 만들었습니다. 두 컵에 담긴 오렌지 주스의 맛을 비교해 보시오. 그렇게 생각하는 이유는 무엇인가요? (1) 컵 B에 담긴 오렌지 가루와 물 사이의 관계를 비로 나타내 보시오. (2) 컵 A와 컵 B에 담긴 오렌지 가루, 물 사이의 관계를 각각 비로 나타낼 때 2개의 비는 어떠한가? (3) 오렌지 가루 20스푼이 있습니다. 가장 적당한 맛을 내기 위해서 물은 몇 컵이 필요할까요? 그렇게 생각하는 이유는 무엇인가요?
정리	**정리 발문 1** 10원짜리 동전과 50원짜리 동전 간의 관계를 표로 나타내어 봅시다. ⇨ 두 대상 간의 관계를 가장 간단한 자연수의 비로 나타내어 봅시다. |	개수			비	| |---|---|---|---|---|---| | 10원 동전 | | | | 50원 동전 | 10원 동전 | | 50원 동전 | 1개 | | | ( )대( ) | | **정리 발문 2** 라면 1개를 끓이는 데 가장 적당량의 물은 컵으로 5컵이라고 약속한다. 라면 3개를 큰 냄비 하나에 동시에 끓이려면 물이 얼마만큼 필요할까?(라면을 조금 싱겁게/또는 조금 짜게 먹으려고 한다. 물의 양을 어떻게 맞추어야 할까?)

아이들은 비와 비율 단원 공부를 시작하겠다고 하자 시작도 전에 겁부터 먹었다. 그도 그럴 것이 상당히 많은 수의 아이들은 선행학습을 했고 그 과정에서 비 개념의 충분한 이해 없이 단순한 문제 풀이만 해 왔기 때문에 비와 비율 관련 공부가 매우 힘들고 어렵게 느껴졌을 것이라 짐작되었다. 특히 속력, 농도 등과 관련해서 아이들은 소위 멘붕 상태라 해도 과언이 아니었다. 아이들은 수업 초반에 속력, 농도 문제가 제일 어렵다고 토로하였기 때문이다. 그래서 내심 본 단원 학습을 위해 비 개념 형성에 3시간이라는 큰 시

비 개념 형성을 위한 도입 차시—1차시 판서 내용

간을 할애하여 교육과정을 재구성한 것이 정말 잘한 일이라 생각되었다.

우선 제일 먼저 오렌지 주스를 만드는 레시피를 이용하여 두 대상을 동시에 다루면서 두 대상 사이의 관계를 비교할 수 있어야 비를 정확히 이해할 수 있도록 도와주고자 하였다.

주스 가루 5스푼을 물 1컵에 넣어 잘 섞으면 맛있는 주스가 만들어진다는 상황을 제시하고 이를 통해 알아낼 수 있는 다양한 정보를 생각해 보고 모둠원들과 의견을 공유하라고 안내하였다. 그런데 아이들은 주어진 조건 범위 내에서만 생각하려 하고 그 조건을 바탕으로 다양한 상황에 대한 예측이나 추론은 하지 못하였다. 여기에서 힌트 하나를 주는 것이 좋다고 판단하여 "이 맛과 똑같이 만들려면 물 2컵일 때 가루가 얼마나 필요할까?"와 같은 생각들로 확장시켜 보고자 하였다. 그랬더니 몇 가지 생각들을 내놓았다. 그러나 그런 생각에도 역시 한계를 드러냈다. 1과 5의 배수 범위 내에서만 생각하려 했고 그 틀을 벗어나지 못하였다. 그래서 "물 1컵에 주스 4스푼을 넣는다면 어떻게 될까? 물 1컵에 주스 9스푼을 넣는다면?" 하고 질문을 하였다. 그랬더니 "싱거워집니다. 맛이 별로입니다. 너무 진한 맛이 나서 먹기 불편할 것 같습니다." 등의 답변이 나왔다. "그래, 바로 이런 다양한 상황까지 예상하여 말할 수 있어야만 비의 개념을 정확히 이해할 수 있게 됩니다. 그렇다면 한 걸음 더 깊이 들어가 질문을 제시해 보도록 하겠습니다. 이렇게 만든 주스를 큰 컵과 작은 컵에 나누어 담았습니다. 이때 두 컵에 담긴 주스의 맛은 같을까요? 아니면 다를까요?" 하고 물었다. 그랬더니 순간 교실에 침묵이 흘렀다. 아이들은 쉽게 답변을 하지 못했다. 일단 짝끼리 생각을 공유해

보라고 하였다. 잠시 뒤에 '맛이 다를 것이라 생각하는 사람', '맛이 같을 것이라 생각하는 사람'으로 나누어 손을 들어 보게 하였다. 물론 같을 것이라 생각하는 아이들이 월등히 많았다. 하지만 맛이 다를 것이라 생각하는 아이들도 소수 있었다. 그래서 각각 왜 그렇게(같다 또는 다르다는 생각) 생각하는지에 대한 이야기를 해 보라고 하였다. 그랬더니 선뜻 나서는 아이들이 없었다. 그래서 이렇게 질문을 바꾸었다. "큰 컵에는 물이 많이 들어가 있으니 주스의 맛은 좀 싱겁지 않을까요? 이 의견에 찬성하는 사람?" 그랬더니 역시나 맛이 다를 것이라 생각한 아이들이 모두 손을 들었다. 심지어는 맛이 같을 것이라 생각한 아동 가운데도 1명이 생각이 바뀌었는지 이 의견에 손을 들었다. "그렇다면 손을 들지 않은 사람들은 왜 생각이 다른지 잠시 동안 자신의 생각을 정리한 뒤 말해 볼까요?" 그렇게 잠시 침묵이 흘렀다. "누가 말해 볼까요?" 그러자 몇 명의 아이가 손을 들었다. 그중 한 아동을 지목하였다. "네, 큰 컵에는 물도 많이 들어 있지만 그 속에는 가루도 그만큼 많이 들어 있다고 볼 수 있습니다. 그러니까 맛은 달라지지 않습니다. 우리가 많이 마시는 음료수도 병에 들어 있는 것을 서로 크기가 다른 컵에 나누어 담았다고 하여 맛이 달리지지 않는 것과 같습니다."라고 말하였다. 이 아동은 두 대상을 동시에 다루어 생각하고 있다는 것을 알 수 있었다. 이어서 "그렇다면 맛이 달라질 것이라 생각했던 사람들은 방금 ○○이 한 말에 대해 어떻게 생각하지?"라고 질문하였다. 그랬더니 한 명도 빠짐없이 자신의 생각이 바뀌었고 방금 발표한 친구의 생각과 같아졌다고 하였다.

이제 두 대상을 동시에 다루면서 비교할 수 있는 토대가 마

련되었다는 생각이 들었다. 이제 한 걸음 더 들어간 질문을 제시하여 두 대상을 동시에 다루면서 비교할 수 있는 상황을 한 번 더 제시해 보고자 하였다. "이번에는 물 2컵을 하나의 그릇에 담고 그곳에 가루 10스푼을 넣었습니다. 그렇다면 처음 물 1컵, 가루 5스푼을 넣어 만든 주스와 맛이 달라질까요? 아니면 같아질까요?"라고 질문을 하였다. 그랬더니 이번에는 전원이 같아진다고 손을 들었다. 그래서 아무나 지목하였다. 이럴 때 보통 나는 제일 배움이 느린 아동을 먼저 지목하는 습관을 갖고 있다. 그 아동이 이해하고 있다면 다른 아이들도 이해하고 있다는 척도로 삼고자 하는 측면도 있고, 그 아동이 이해하지 못하고 있다면 어떤 점에서 오개념 혹은 난개념을 갖고 있는지 파악해 보고자 하는 이유에서이기도 하다. 그렇게 파악된 오개념과 난개념은 다른 아이들의 수학적 사고력 향상에 분명 도움이 된다.

"네, 맛이 같아지는 이유는 1컵 5스푼으로 주스를 2번 만들어 섞으면 2컵 10스푼이 되니까 그렇습니다."라고 대답을 하였다. 이제야 두 대상을 동시에 다루면서 대상 간의 관계를 살피는 눈이 생겼다고 나는 판단하였다. 혹시나 하여 이렇게 질문해 보았다. "물이 2컵이나 되는데 맛이 같아진다구요?" 그랬더니 많은 아이들이 이구동성으로 "오렌지 주스 가루도 10스푼으로 늘어났잖아요."라고 답변을 해 주었다. "그렇습니다. 이제 여러분은 비의 개념을 잡아 나가기 시작하였습니다. 그러면 이제 이런 다양한 상황을 표로 한번 정리해 보도록 합시다." 아이들과 칠판에 표로 함께 정리해 나갔다. 표로 정리 후 "표를 통해 알 수 있는 공통점 한 가지를 생각해 볼까요?"라고 질문을 던졌다. 잠시 생각할 시간을 가졌던 아이들 가운데 한 명이 손을 들었다. 다른 아이들이 생각할 시간을 좀 더 주고 싶었으나 시간 관계상 바로 답을 듣기로 하였다. "물과 주스 가루는 모두 5배씩 차이가 납니다." "다른 사람들도 그런 점을 발견하였나요?" 하고 묻자 "네, 그렇습니다. 아, 그렇구나." 하는 이야기들이 여기저기에서 흘러나왔다. "이럴 때 물과 가루 사이의 비를 말한다면 어떻게 될까요?" 하고 묻자 "1대 5입니다. 5대 1입니다. 2대 10입니다. 10대 2입니다.…" 등 다양한 답변이 나왔다. 아직은 그것을 정확하게 다룰 시점이 아니라서 "지금 여러분이 말한 것 모두 답일 수 있습니다.

그런데 그 가운데서 가장 간단한 자연수의 비는 어떤 것인가요?" 하고 묻자 "네, 1대 5입니다. 네, 5대 1입니다."라고 답하며 이렇게 질문과 답변을 주고받았다. 여기까지 약 30분 정도 시간이 흘렀다.

"잘 찾았습니다. 이제 마무리할 때가 되었네요. 우리 실생활 속에서 경험할 수 있는 상황을 예로 들면서 오늘 공부한 것을 다시 한 번 정리해 보도록 하지요. 10원짜리 동전과 50원짜리 동전 사이의 관계를 생각하여 표로 정리해 봅시다." 아이들은 나름 자신의 노트에 표로 정리하였다. 나는 질문을 던졌다. "10원짜리 동전과 50원짜리 동전 사이의 관계를 가장 간단한 자연수의 비로 나타내면 어떻게 될까요?" "1대 5(5대 1)입니다." "네, 좋습니다. 아주 쉽지요? 그러면 다음 상황을 제시해 보도록 하지요. 라면을 끓일 때 냄비에 물 5컵을 붓고 라면 1개를 넣으면 가장 맛있게 끓일 수 있다고 포장지에 표시되어 있습니다. 그렇다면 라면 2개를 끓이려면 물을 얼마나 부어야 할까요?" "(이구동성으로)10컵입니다." "네, 좋아요. 이번에는 라면 3개를 동시에 끓이려고 합니다. 그런데 냄비 크기가 작아 물이 10컵밖에 안 들어갑니다. 그렇다면 어떻게 해야 할까요?" 그러자 "2개 먼저 끓이고 1개는 나중에 끓여요. 2개만 먹고 말아요."라는 답변이 제일 먼저 흘러나왔다. 물론 이런 답변 속에도 두 대상 사이의 비를 이해하고 있다는 증거가 충분히 들어 있어서 나는 무척 만족스러웠다. 그러나 좀 더 생각할 수 있는 여지를 만들기 위해 추가 조건을 제시하였다. "무조건 3개를 동시에 끓여야 합니다." 그러자 잠시 뒤 여러 명이 손을 들어 발표를 하겠다고 하였다. 그 가운데 한 명을 지목하였다. "라면은 3개를 모두 넣고 스푼만 2개를 넣거나 2개보다 조금 더 많이 넣으면 됩니다."라고 자신의 생각을 말하였다. "왜 2개보다 조금 더 넣을까요?" 그러자 다른 아이가 답변을 하였다. "물 10컵은 라면 2개를 끓이는 데 적당한 양인데 라면이 1개 더 들어가니까 그만큼 더 싱거워질 것이므로 2개보다 조금 더 넣어야 면이 1개 추가된 만큼의 맛을 맞출 수 있기 때문입니다." 그러자 "아, 맞다. 그렇구나." 하며 다른 아이들도 방금 발표한 친구의 생각에 동의를 하였다. 이 정도면 1차적으로 두 대상을 동시에 다루면서 비교할 수 있는 눈이 생겼다고 나는 생각하였다. 그렇게 오늘 첫 시간은 잘 정리되었다.

🌱2차시 비 개념의 이해 -2

♣ 비 개념 이해-2 : 2개 변량을 하나의 묶음으로 동시에 다룬다는 것을 이해하기

수업 흐름	교사의 발문
도입	• 철수는 1분에 50m씩 걷고 있다. 이 사실만으로 우리가 알 수 있는 것은 무엇인가?
전개	발문 1 시간과 거리 간의 관계를 정리해 봅시다. (1) 시간과 거리 사이의 관계를 표로 정리해 봅시다. (2) 두 대상 간의 관계를 가장 간단한 자연수의 비로 나타내어 봅시다. 발문 2 철수는 1분에 50m씩 걷는다. 아버지는 1분에 100m씩 걷는다. 두 사람이 동시에 출발하여 5분을 걸었다. 두 사람이 간 거리 간의 관계를 각각 서로 다른 수직선으로 표현하여 봅시다. 발문 3 철수와 아버지가 같은 시간 동안 간 거리에 대한 내용을 아래 표로 정리해 봅시다. (1) 두 사람이 같은 시간 동안 간 거리를 가장 간단한 자연수의 비로 나타내어 봅시다. (2) 아버지는 500m를 걸어가셨다. 그동안 철수는 몇 m를 걸어갔겠는가? (3) 두 사람의 움직임을 두 손으로 표현하여 봅시다. (예: 오른손은 아버지의 움직임, 왼손은 철수의 움직임)
정리	• 자전거는 1분에 200m를 간다. 오토바이는 1분에 600m를 간다. 두 대상 간의 관계를 표로 정리해 보고 비로 나타내어 봅시다. ⇨ 가장 간단한 자연수의 비로 나타내어 봅시다.

발문 1 표:

	내용			비	
시간	1분			시간	거리
거리				( )대( )	

발문 3 표:

	1분	2분	3분	4분	비	
					철수	아버지
철수	50m				( )대( )	
아버지	100m					

2차시 수업 소감

오늘 수업의 핵심은 지난 시간 공부한 내용 위에 2개의 대상을 하나의 묶음으로 다룬다는 점을 얹는 것이었다. 두 대상을 동시에 다루면서 비교를 하되 하나의 묶음으로 다루어야 한다는 점을 강조하고자 최선을 다하여 수업 설계에 반영하였다.

우선 수업 시작은 지난 시간에 공부했던 내용을 떠올리기 위해 부침가루와 물을 섞는 비율을 예로 들어 2개의 대상을 동시에 다루면서 어떤 상황이 만들어지는지 생각해 보았다.(예를 들어 물 1컵에 부침가루 3컵이 적당한 비율일 때 물 2컵이면 가루 6컵이 필요, 물 1컵에 가루 5컵이 들어가면 어떻게 될까? 물 1컵에 가루 1컵만 들어가면 어떤 상황이 벌어질까? 등

을 생각해 보았다.)

이어서 철수가 1분에 50m 걷는 상황을 제시한 뒤 이를 통해 추론해 낼 수 있는 상황을 생각해 보게 하였다. 혼자 생각을 바탕으로 짝끼리 생각을 공유하는 시간을 1차적으로 가진 뒤 전체 발표에 들어갔다. 어떤 아이는 2분에 100m를 간다는 식의 배수 개념을 적용하여 추론하였다. 그런데 어떤 아이는 이런 추론도 내놓았다. '철수가 속력을 2배로 빨리 한다면 1분에 100m를 갈 수 있다'는 것이었다. 아이들 수준에서 쉽게 생각할 수 있는 추론은 아니라는 생각이 들어 적극 칭찬해 주었다. 이어서 두 대상의 변화를 표로 정리하도록 하였다. 표를

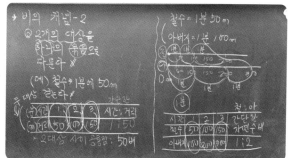

아버지와 아들의 시간별 움직임을 수직선에 표시하고 있는 장면 및 2차시 수업 판서

통해 두 대상 사이의 공통점, 두 대상의 비 알아보기(1대 50, 50대 1, 2대 100, 100대 2 … 등), 가장 간단한 자연수의 비로 알아보기 등을 함께 알아보았다. 그런 뒤에 오늘 수업의 핵심인 두 대상을 하나의 묶음으로 다룬다는 것이 무엇인지 함께 알아보았다. 바로 '1분에 50m'를 하나의 묶음으로 다루면서 시간의 변화에 따라 2배, 3배…로 변화가 나타난다는 것을 이해할 수 있도록 도와주었다. 아이들은 이해하는 데 어렵지 않다고 말하였다.

다음 단계에서 한 걸음 더 나아가 철수와 아버지가 각각 1분에 50m, 100m 갈 때 두 사람의 움직임을 각각 수직선 위에 따로 나타내어 보라고 하였다. 각자의 노트에 표현한 뒤 짝과 점검해 보도록 하고 적당한 시간이 흐른 뒤에는 1명에게 발표를 부탁하였다. 나름 잘 표현하였다. 나는 아동이 칠판에 그린 수직선 위에 하나의 '묶음'으로 다룬다는 것이 어떤 것인지 보여 주었다. 그리고 그렇게 수직선을 활용하여 묶은 것을 도표로 정리하여 묶으면 위 칠판 판서와 같이 나타낼 수 있음을 보여 주었다. 지금까지 아이들이 그려 왔던 도표가 바로 그것이었다.

이렇게 직접 보여 주고 이해할 수 있도록 돕자 아이들은 비의 의미를 보다 더 깊이 이해할 수 있게 되었다는 표정이었다. 가장 간단한 자연수의 비로도 어렵지 않게 표현하였다. 후속 질문에 상황 이해를 실제적으로 할 수 있는지 알아보기 위해 아버지와 철수의 움직임을 두 손으로 표현해 보게 하였다. 철수를 오른손으로, 아버지를 왼손으로 표현하게 했다. 그랬더니 어떤 아이는 표현이 어렵다는 눈치였고 어떤 아이는 나름 적

극적으로 표현해 보기도 하였다. 어떤 아이는 어떻게 하는지는 알겠는데 두 손이 동시에 생각처럼 움직여지지 않는다고 하소연하기도 하였다. 그래도 몇 명의 아동이 발표를 통해 두 손으로 직접 움직임을 보여 주면서 제대로 된 표현인지 수정이 필요한지 판단하는 데 도움을 주었다. 이 활동까지 더해지면서 대상을 동시에 다루어 비교한다는 점, 하나의 묶음으로 다룬다는 점을 훨씬 더 실감나게 이해할 수 있는 시간이었다고 판단된다.

시간이 약 3분 정도 남아서 자전거는 1분에 200m, 오토바이는 1분에 600m 움직일 때 두 대상의 움직임을 표로 나타내 보고 비를 알아보라고 하였다. 잠시 뒤에 아이들은 표를 통해 두 대상 간의 비, 가장 간단한 자연수의 비, 두 대상 간의 공통점 등에 대하여 정확히 정리하였다. 또한 1분에 200m, 오토바이는 1분에 600m를 하나의 묶음으로 다루어 3분이면 그 묶음이 3개라서 자전거는 600m, 오토바이는 1,800m를 간다는 것, 오토바이가 3,000m 갈 때 묶음이 5개 있는 것과 같으므로 자전거도 5묶음이 있게 되면 1,000m를 간다는 것 등을 쉽게 답으로 내놓았다. 자전거와 오토바이 사이에 1대 3의 비가 유지되기 때문에 자전거가 400m를 가면 오토바이는 그의 3배인 1,200m를 가게 된다는 것도 이해할 수 있게 되었다. 이제 다음 시간에 '배'의 개념이 필요하다는 것까지 함께 포함시켜 비에 대한 개념을 확실히 자신의 것으로 만들 수 있게 돕는 일만 남았다. 이것도 별 무리 없이 잘 진행될 것이라 판단된다. 왜냐하면 그 개념은 이미 1차시, 2차시 수업 속에서 자연스럽게 다루어졌기 때문이다.

🌱 3차시   비 개념의 이해 -3

♣ 비 개념 이해-3 : 승제(乘除)적 사고(배의 개념)가 필요함을 이해하기

수업 흐름	교사의 발문
도입	• 학급 야영을 하면서 야간 산행을 하려고 한다. 야간 산행을 위하여 4인 1모둠에 2개의 랜턴이 필요하다. 우리 학급(24명)에 필요한 랜턴 수와 모둠 수 사이의 관계를 알아봅시다.
전개	**발문 1** 모둠 수와 학생 수, 랜턴 수 사이의 관계를 표로 정리하기 ｜모둠 수｜1｜2｜3｜4｜5｜6｜ ｜학생 수｜4｜｜｜｜｜｜ ｜랜턴 수｜2｜｜｜｜｜｜ • 표로 정리한 후 이를 바탕으로 발견 및 추론할 수 있는 점들을 모두 정리하여 봅시다.(이렇게 먼저 모둠토론 시간을 주고 정리하게 한다. 정리가 충분히 이루어지지 않으면 아래와 같은 질문을 추가 제시한다.) (1) 학생 수와 랜턴 수 사이에 관계에서 나타나는 공통점은 무엇인가요?(학생 수와 랜턴 수 사이의 관계를 설명해 보시오.) (2) 학생 수와 랜턴 수 사이의 관계를 가장 간단한 자연수 비로 나타내 보시오. **발문 2** 물 7컵과 카레 가루 1컵을 넣으면 맛있는 카레를 만들 수 있다고 할 때 아래 표를 완성해 보시오. ｜물 양｜7｜14｜｜｜｜ ｜카레 가루 양｜1｜｜｜｜｜ • 표로 정리한 후 이를 바탕으로 발견 및 추론할 수 있는 점을 모두 정리하여 봅시다.(발문 1을 통해 한 번 다루었기 때문에 보조 질문은 제시하지 않아도 좋다.) (1) 두 대상 사이의 관계를 비로 표현하면 어떻게 되는가? (2) 1 : 7과 7 : 1은 그 의미가 같은가?
정리	• 비를 정확하게 읽고 쓰기에 대한 이해 - 쌀 5컵에 물 6컵을 넣어 밥을 지으려고 한다. 쌀 양과 물 양을 비로 나타내고자 할 때 쌀 양을 기준으로 할 때와 물 양을 기준으로 할 때의 비를 각각 표현하고 다양한 방법으로 읽어 보시오.

▌3차시 수업 소감

비의 개념을 정리하는 마지막 차시로 곱의 개념을 다룬다는 점, 그리고 비를 표현할 때 기준이 무엇이고 비교의 대상이 무엇이냐에 따라 같은 숫자이지만 5대 2가 될 수도 있고 2대 5가 될 수도 있다는 점, 그리고 이를 읽을 때 어떻게 읽는지 등에 대하여 최종 정리해 보고자 하였다.

지난 시간까지의 활동 결과로 인하여 아이들은 곱의 개념으로, 두 대상을 동시에 묶음으로 다룰 수 있다는 확신과 자신감을 가졌다. 여기까지는 수월하게 진행되었다. 그런데 예를 들어 물과 카레의 비를 표현하는 데 있어서 7 : 1과 1 : 7이 왜 다른지, 왜 그렇게 표현하는지, 무엇이 비교의 기준이 되는지, 비교의 기준을 왜 뒤에 쓰는지 등에 대하여 쉽게 이해할 수 있는 만큼의 수준에는 아직 도달하지 못하였다고 예상하였다. 그냥

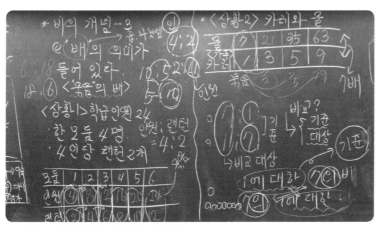

비 개념의 완성을 위한 3차시 칠판 판서 사례

1 : 7이든 7 : 1이든 다 같은 것 아닌가 하는 생각에 머물러 있을 것이라 추측하였다. 또한 이에 더하여 "1에 대한 7의 비"라는 말과 "7에 대한 1의 비"라는 말 속에서 매우 난개념을 갖고 있을 것이라 예상하였다. 그래서 차근차근 풀어 나가 주기로 마음먹었다.

우선 비교를 위해 비교의 기준과 대상이 있어야 한다는 것에 대해서는 이견이 없는 상태여서 기준을 앞에 놓았을 때와 뒤에 놓았을 때 어떤 경우가 비교하기가 더 쉬운지 그 느낌을 직접 경험해 볼 수 있게 하였다. 크기가 다른 2개의 작은 물건을 예로 들어 기준이 되는 것을 앞에 두고 바라볼 때와 뒤에 두고 바라볼 때 어떤 경우가 더 비교 대상을 이해하기가 쉬운지에 대하여 생각해 보게 하였다. 특히 비교를 위한 기준이 크고 비교 대상이 작은 경우를 통해 비교를 위한 기준이 뒤에 있고 비교 대상이 앞에 있을 때 비교 대상을 더 쉽게 파악할 수 있다는 점을 실제 사물을 통해 이해할 수 있도록 도와주었다. 그래서 아이들은 비교의 기준을 뒤에 쓸 수 있도록 우리 모두가 약속한 것이라는 사실을 깨닫게 되었다. 이런 생각을 바탕으로 다음과 같이 주어진 비를 바라볼 때 1 : 7은 비교의 기준이 7(물의 양)이라는 것, 7 : 1은 비교의 기준이 1(카레의 양)이라는 것이어서 서로 다른 해석이 이루어질 수 있다는 것을 이해할 수 있는 발판이 마련되었다고 판단하여 다음과 같은 질문을 던졌다. "물이 7컵이 들어가고 카레 가루가 1컵이 들어갈때 물의 양을 기준으로 카레 가루를 비교하여 비로 나타내면 어떻게 될까?" "네, 1 : 7이 됩니다." 아이들은 기준이 되는 물의 양을 쓴다는 약속을 이해하고 바로 잘 대답하였다. "그러면 이럴 경우 물의 양을 기준으로 카레의 양을 비교하면 카레는 물의 몇 배에 해당될까?"라고 질문으로 이어 갔다. 그랬더니

갑자기 말문이 막혔다. 그래서 나중에 좀 더 이해를 하고 나면 답변을 할 수 있을 것이라 생각하고 질문의 방향을 바꾸었다. "그렇다면 카레의 양을 기준으로 물의 양을 비교하여 비로 나타내면 어떻게 될까?" "네, 7 : 1이 됩니다." "그렇다면 이럴 경우 카레의 양을 기준으로 물의 양을 비교하면 물은 카레의 몇 배에 해당될까?" 그러나 이것은 쉽게 대답하였다. "7배입니다." "좋아요. 그렇다면 이전 질문으로 돌아가 1 : 7일 때 물의 양을 기준으로 카레의 양을 비교하면 카레의 양은 물의 몇 배에 해당될까요?" 다시 침묵이 흘렀다. 그래서 그림으로 그려서 이해할 수 있도록 도와주었다. "다음에서(아래 그림) 보는 바와 같이 카레의 양은 물의 양을 기준으로 할 때 얼마만큼에 해당될까?" 그랬더니 이제야 알겠다는 듯이 대답하였다. "아, $\frac{1}{7}$배요. 그거였구나." 하는 말들이 여기저기에서 흘러나왔다. 이렇게 하여 무엇을 기준으로 정하느냐에 따라 비교하는 대상의 상황을 수치로 표현한 결과는 달라진다는 것, 이것이 다음 시간에 공부할 비율과 관련이 있다는 점을 미리 이야기해 주었다. 그런 뒤에 "7의 1에 대한 비, 1에 대한 7의 비"라는 문장을 적어 두고 공통점, 차이점을 발견하게 하였다. "~에 대한"이라는 말 앞에 오는 것이 바로 기준이 되어 비로 표현할 때 뒤에 위치하게 되고, "~의"라는 말 앞에 오는 것이 바로 비교 대상이 되어 비로 표현할 때 앞에 위치하게 된다는 것도 알게 되었다. 이제는 반복하여 완전학습에 도달하는 일만 남았다. 약 10분 정도의 시간이 남아 여러 사례의 비를 제시해 주고 그것을 두 가지 표현으로 모두 읽어 보게 하였다. 그뿐만 아니라 예를 들어 3 : 5라는 비에서 5를 기준으로 3을 비교하면 3은 5에 대하여 $\frac{3}{5}$에 해당된다는 것, 똑같은 두 대상에서 앞뒤의 순서를 바꾸어 5 : 3이라는 비에서 3을 기준으로 5를

비교하면 5는 3에 대하여 $\frac{3}{5}$에 해당된다는 것을 이해할 수 있게 해 줌으로써 무엇을 기준으로 두느냐에 따라 비교하는 대상을 표현하는 방식과 상황에 대한 이해가 달라진다는 것을 충분히 이해할 수 있도록 도왔다. 아이들은 교과서 속에서 1시간에 소개된 것을 3시간씩 할애하여 개념 이해를 돕고자 했던 나의 의도를 나름은 이해하였을 것이라 생각되었다. 다양한 사례 활동에서 비라는 개념 속에 담긴 여러 의미(두 대상을 동시에 다루어 비교하기, 묶음으로 다루기, 곱의 개념으로 다루기)를 충분히 이해하고 받아들였을 것이라 사료된다. 다음 시간에는 지금까지 학습한 결과를 바탕으로 교과서 속 문제를 해결해 보면서 머릿속에 자연스럽게 자리매김하게 된 비의 개념을 스스로 확인해 볼 수 있도록 할 계획이다. 그것이 바탕이 될 때 비로소 비의 값(비율)을 제대로 구할 수 있을 것이라 여겨진다.

🌱 4차시 중간 정리 : 교과서 문제 해결

수업 흐름	교사의 발문
도입	**발문 1** 오렌지 주스 만들기 • 오렌지 원액 1컵과 물 4컵을 섞을 때 가장 맛있게 됨 • 오렌지 원액 3컵에는 물 12컵이 필요 : 이 경우 직접 맛을 보지 않아도 같은 맛임을 알 수 있는 이유는? **발문 2** 속도에 관련된 사례 • 자동차는 1시간에 80km를 이동 • 3시간 동안 240km를 이동하였다면 이 자동차의 속도가 같다는 것을 알 수 있는 이유는? **발문 3** 라면 1개를 끓이는 데 물 550mL(약 3컵)가 적당량이라고 봉지에 적혀 있다. 그런데 라면 2개를 끓이는 데 물을 5컵만 냄비에 담았다면 그 라면의 맛은 어떠할까? 그렇게 생각하는 이유는?
전개 및 정리	교과서 문제 해결 : 100~105쪽까지 문제 해결하기

 4차시 수업 소감

오늘 수업은 비의 개념에 대한 종합정리를 바탕으로 교과서 속 문제를 개별적으로 해결하고 확인하는 과정이 준비되어 있었다. 시작과 동시에 우선 비의 개념을 하나의 문장으로 정해할 수 있도록 해 보았다. 3차시에 나누어 학습한 내용(2개의 대상을 동시에 다루어 비교한다. 묶음으로 다룬다. 곱-배의 개념으로 다룬다.)을 하나의 문장으로 정리하여 비의 개념을 정의할 수 있도록 시간을 주었다. 잠시 뒤에 한 아동이 자신이 먼저 발표하겠다고 손을 들었다. 그런데 내가 순간 눈을 의심하였다. 지금까지 수학 시간뿐만 아니라 다른 수업 시간까지 통틀어 한 번도 발표해 본 적 없는 아동이 해 보겠다는 의욕을 보였기 때문이다. 더군다나 그 아동은 3주 정도 전부터 또래 친구의 도움을 받아 주 2회 정도 방과 후에 수학 공부에 도움을 받는 친구였기 때문에 더 그러했던 것 같다. 요즈음 들어서 그 아동은 조금씩 수학 공부에 대한 흥미와 자신감을 갖기 시작했다는 느낌도 들었는데 그러한 생각이 바로 오늘 이 상황을 만들었다는 생각도 들었다. 그래서 제일 먼저 발표 기회를 주었다. "네, 2개의 대상을 하나의 묶음으로 생각하여 비교하는 것을 비라고 합니다." 순간 '이 아이는 이제 나름 자신감을 갖게 되었구나.' 하고 생각하였다. "지금 ○○의 발표를 잘 들었지요? 어떤가요? 보완할 점이 있나요? 아니면 수정할 부분이 없나요?" 한 아동이 한 가지 더 추가해야 할 것이 있다고 보충 발언 기회를 요청하였다. "그래, 한번 보충해 보렴." "네, 두 대상을 하나의 묶음으로 생각하여 곱셈 관계를 이용하여 비교하는 것을 비라고 합니다." 제대로 정의를 내려 주었다. 다른 아이들도 그 정의에 수정할 부분이 없음에 동의하였다. 그래도 정의를 잘 내려 준 아동을 칭찬해 주었고, 한 가지 부분이 빠지기는 하였지만 자신 있게 발표를 해 준 친구도 자신 있게 발표를 잘해 주었다고 환한 웃음을 보이여 엄지를 '척' 들어 보였다. 그 아동은 뿌듯해하는 표정으로 받아 주었다. 이제 그 아동도 하고자 하는 충분한 의지와 욕구를 자신 속에 발견한 것 같아 참으로 기뻤다. 이것이 협동학습의 가장 큰 효과라는 생각이 들었다. 다음으로 이어서 수업 설계했던 바와 같이 발문 1, 2, 3으로 차근차근 진행해 나갔고, 아이들은 각각의 비의 상황에 맞는 해석과 설명을 어떻게 할 것인지 생각할 시간을 가졌다. 이후에 여러 명의 아동을 순차적으로 지목하여 발표하는 시간도 가졌다. 대체적으로 비를 표현하는 것뿐만 아니라 두 가지 방법으로 비를 읽기, 그 비와 관련된 상황이 어떤 의미인지까지 잘 설명해 주었다. 이제 아이들은 나름대로 비에 대한 의미와 그 비가 가리키는 상황이 무엇인지까지 설명할 수 있게 되었다고 나는 판단하였다. 이렇게 하고 나니 약 20분 정도의 시간이 남았다. 남은 시간은 교과서 문제 풀이를 할 수 있게 하였고 나는 돌아다니면서 혹시나 도움이 필요한 아이가 있을까 관찰하였다. 그러나 아무도 도움을 요청하지 않았고 혹시나 하며 다니면서 교과서 문제 풀이 결과를 살펴보았는데 모두 잘 해결해 주었다. 다행이라는 생각이 들었다. 그런데 문제를 어느 정도 해결해 놓고 한 아동이 궁금한 것이 있다면서 질문을 하였다.

"선생님, 교과서에는 뺄셈 관계를 나타내는 것도 비로 표현해 보라고 나왔는데, 우리는 왜 그것은 다루지 않나요?" 정말로 중요하면서도 예리한 질문이었다. 다른 아이들도 그 질문을 들으면서 호기심을 보였다. "응, 참으로 날카로운 질문이구나. 혹시 이 질문에 답변을 할 사람 있니?" 혹시나 하는 마음으로 기다렸지만 역시 쉽지 않은 질문이라 여겨졌다. 그래서 대답해 주었다. "응, 그것은 이런 이유 때문이지. 우리가 비의 개념을 정의하면서 분명히 '곱의 개념, 묶음'을 강조했던 것 기억나지요? 그런 비의 개념 속에는 아직 일어나지 않았지만 앞으로 일어날 수 있는 상황까지 예측할 수 있다는 것 또한 담겨 있기 때문이지. 예를 들어 물의 양과 라면의 비처럼 1 묶음의 비만 알 수 있다면 이와 관련된 다른 상황까지 충분히 예상하여 말할 수 있다는 것이 바로 비의 의미라고 우리는 공부해 왔지. 그런데 예를 들어 축구 경기에서 두 팀의 스코어가 3대 2라고 할 때 점수도 이 스코어처럼 비로 표현할 수는 있지만 이것이 묶음으로 다루어져 다음 경기에서도 똑같은 비의 결과가 나타날 것이라고 아무도 예상하지 않는다. 만약 다음 경기에서 6대 4, 9대 6과 같이 비가 나타난다면 한 번 진 팀은 영원히 상대팀을 이길 수 없다는 결론에 도달하게 되겠지? 결국 이런 상황을 비로 표현할 수는 있을지 모르겠지만 엄밀히 말하자면 이는 비가 아니라 단순히 '비교'라는 차원에서 'O이 ◎보다 ●만큼 많다 또는 적다.'와 같은 방식으로 표현할 수밖에 없게 된단다. 다시 말해서 '3대 2는 3점을 얻은 팀이 2점을 얻은 팀보다 1점을 더 많이 얻었다.'와 같이 그 의미를 풀이하는 것 그 이상도 이하도 아니라는 것이다. 또한 곱의 개념으로 다루는 비는 2학기에 공부할 비례식, 정비례, 반비례와도 연결되는데 뺄셈 관계에 있는 비는 비례식, 정비례와 반비례로 연결될 수 없다는 점에서도 다루지 않는다는 이유가 되기도 하지. 더 나아가 비와 비례식은 중학교에 가서 공부하게 될 함수와도 깊은 관련을 맺고 있기 때문이기도 하지. 물론 여러분은 아직 그 이야기를 충분히 이해할 수는 없겠지만 말이다." 아이들은 충분히 와 닿지는 않았을 터이지만 축구 경기의 사례를 통한 설명으로 인하여 어느 정도 이해는 하고 있는 것 같다는 생각이 들었다. 이제 이런 밑바탕 위에 비율, 백분율, 비를 이용한 다양한 문제 상황과 연결 지어 주는 일만 남았다는 생각이 들었다. 좀 더 세밀히 설계하여 다가가야겠다는 생각이 들었다.

🌱 5차시 비율에 대한 이해

비율(비의 값)을 구하는 것만 중요하게 다루지 않도록 해야 한다. 비의 값을 바탕으로 한 상황의 해석 및 이해를 더 중요하게 다룰 필요가 있다.

수업 흐름	교사의 발문
	발문 1 아래는 비율의 정의를 설명한 것이다. 이 정의에 맞는 상황을 예로 들어 비율의 의미를 설명해 보시오. 단 밑줄 그은 붉은색 글씨 부분에 반드시 주의하여 생각합니다.

> 비율의 정의 : a, b를 2개의 수 또는 같은 종류의 양으로 하고 a가 b의 몇 배인가를 나타내는 데 a ÷ b = 소수 또는 분수 $\frac{a}{b}$로 쓴다. 이것을 "a의 b에 대한 비율 또는 b에 대한 a의 비율"이라고 한다.

(1) 비란 두 대상 사이의 관계를 비교하는 것이라고 1차시에서 공부했었습니다. 그러면 두 대상 a와 b를 비교하기 위해 각각에 명칭을 붙인다면 무엇이라 하겠습니까?(두 대상을 비교하기 위해서는 [   ]양과 [   ]량이 있어야 합니다.)

(2) 남자 8명과 여자 10명 인원수를 예로 들어 남자를 기준으로 하여 비율로 나타낼 때와 여자를 기준으로 하여 비율로 나타낼 때 어떤 차이점이 있는지, 두 상황은 어떻게 다른지 각각 설명해 보시오.

(3) 다음의 예를 보고 비율(비의 값)을 구해 보시오.
① 해물파전을 만들 때 물과 부침가루의 비 = 4 : 5
　　⇨ 부침가루에 대한 물의 비율 구하기(분수와 소수)
② 우리 반 여자와 남자의 비 = 12 : 4
　　⇨ 남자에 대한 여자의 비율 구하기(분수와 소수)
③ 대출과 집값의 비 = 3억 : 4억
　　⇨ 집값에 대한 대출의 비율(이를 소위 LTV라고 하며, 현재 주택 담보 인정 비율은 0.7까지 허용하고 있다) 구하기(분수와 소수)
　　⇨ 이런 상황에서 집값이 폭락하여 3억 아래로 떨어졌다. 어떤 일이 벌어졌겠는가?

5차시 수업 소감

비에 대한 개념이 그대로 비율의 정의에 적용이 되기 때문에 비율에 대한 정의를 바로 제시하고 그 정의에 맞는 실생활 속 사례를 예로 들어 직접 비율을 설명해 보라고 하였다. PPT에 제시된 내용을 살펴보고 비의 사례를 한 가지 들어서 비율을 어떻게 나타내고 어떻게 읽어야 하며 분수나 소수로 어떻게 구하는지를 먼저 스스로 해 보라는 의도에서였다. 그런데 아이들은 무척 난감해하였다. 한참을 고민하여도 제대로 사례를 들어 비율에 대한 정의를 설명하지 못하였다. 짝을 이루어서 서로 의견 교환도 해 보고 모둠원들과 정보 교환도 해 보았지만 거의 7~8분 정도가 지나서야 설명해 보겠다는 아동이 처음으로 나타났다. 발표로 이어졌다. 그 아동이 예로 든 것은 라

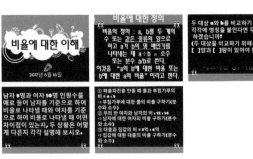
비율에 대한 개념 정의 및 핵심 발문을 PPT로 제시

면 1개와 물 5컵이었다. 이를 이용하여 하나는 기준량으로 하고 하나는 비교하는 양으로 두어 소수와 분수로 계산하여 비

율로 표현하기는 하였지만 오류가 한 가지 나타났다. 충분히 그럴 것이라 예상하였다. 그래서 그 오류와 관련하여 PPT에 다른 색깔로 강조하여 표현했던 것인데 그것을 인지하지 못하였다. 그래서 질문으로 이어 갔다. "수정해야 할 부분은 없을까? 적절한 예를 들어 설명하였다고 생각이 되는가?" 답이 없었다. 그래서 그냥 힌트를 제시하기로 마음을 먹었다. "PPT에 다른 색깔로 밑줄을 그어 표현한 그 부분은 무엇인가 이유가 있어서 그런 것 아닐까?" 그러자 아이들은 다시 고민하기 시작하였다. 같은 종류의 양이 무엇일까를 고민하면서 이를 반영한 적절한 예를 다시 찾기 시작하였다. 그러기를 다시 5분여 시간이 지났을까 이제야 알겠다는 말을 외치더니 짝과 모둠원들과 자신이 알아낸 사례를 공유하기 시작하였다. 그래서 재빨리 자신이 알아낸 사실을 노트에 정리하여 기록하라고 안내하고 '옳거니. 잘되었다. 저 아이의 사례를 바탕으로 이해를 도와주어야겠다.'고 생각하였다. 잠시 뒤에 그 아동에게 발표를 부탁하였다. "네. 오렌지 원액 2컵과 물 4컵을 섞어서 주스를 만들 때 오렌지 원액을 비교의 대상으로 놓고 물을 비교의 기준으로 할 때 두 대상의 비는 2대 4가 됩니다. 오렌지 원액의 양은 물의 양에 몇 배가 되는지 알기 위해 2÷4를 하게 되면 2/4 또는 1/2 또는 0.5가 됩니다. 이것을 오렌지 원액의 물에 대한 비율이라고 말합니다." 이렇게 자신이 노트에 정리한 내용을 차근차근 읽어 가며 발표하였다. 아주 훌륭하였다. 그러자 아이들은 알겠다는 표정을 지어 보였다. 물론 참으로 많은 아이들은 자신도 비슷한 사례를 들어 정의를 내려 보았지만 자신감이 부족하여 발표를 하지 못하였다는 생각도 들었다. 그러나 아직 '같은 종류의 양' 개념에 대해서는 이해가 부족한 듯하여 보충 설명을 해 주기 위해 질문으로 이어 갔다. "오렌지 원액과 물의 양이 같은 종류의 양이라는 것을 무엇으로 알 수 있을까?" "네, 모두 액체입니다." 또 개념 이해를 돕기 위해 질문을 이어 갔다. "그러면 가루와 액체는 같은 종류의 양이라 할 수 없을까? 예를 들어 카레 가루 2컵과 물 8컵은 같은 종류의 양이라 할 수 없을까?" "네, 할 수 없을 것 같아요. 왜냐하면 카레 가루는 고체이고 물은 액체이니까요." "그렇구나. 여러분은 액체, 기체, 고체 등으로 같은 종류-다른 종류를 구분하고 있구나. 그런데 카레 가루나 물은 모두 어떤 방법을 통해 헤아렸을까?" 이렇게 질문하자 잠시 뒤에 핵심을 발견한 한 아이가 "아, 알겠어요. 같은 종류의 양이라는 것은 단위가 같다는 것을 말합니다."라고 이야기해 주었다. "맞아요. 바로 단위가 같다는 것을 말합니다. 같은 단위로 헤아려 표현한다면 모두 같은 종류의 양이라고 볼 수 있습니다. 그렇다면 같은 종

류의 양으로 두 대상을 비교하여 비율로 나타내고자 할 때 사례로 들 수 있는 것은 어떤 것들이 있을까요?" 아이들은 이제야 정확히 이해하고 답변을 하기 시작하였다. "거리와 거리요. 무게와 무게요. 길이와 길이요." "그렇습니다. 그렇다면 키와 몸무게를 비교하여 비율로 나타낼 수 있을까요?" "아니요, 두 대상의 단위가 다르기 때문에 비교할 수 없습니다." 제대로 이해하였다. 이렇게 비율에 대한 정의를 제대로 이해하기까지 약 20분 정도가 사용되었다. 바로 이어서 다음 질문으로 이어 갔다. 이번에는 비율을 구하는 것 자체보다 그 비율을 어떻게 해석할 것인지에 중점을 두어 생각해 보라고 안내하였다. 같은 2개의 대상을 놓고 어떤 것을 기준량으로 보느냐에 따라 비율은 달라지고 그에 따라 해석도 달라진다는 것을 알게 해 주기 위한 발문이었다. 아이들은 주어진 질문에서 남자 8명을 기준으로 여자 10명을 비교할 때와 여자 10명을 기준으로 남자 8명을 비교할 때 비율로 표현은 매우 쉽게 잘하였으나 해석의 측면에서 어떤 차이점이 있는지는 쉽게 말하지 못하였다. 어려울 수도 있다는 예상은 하였다. 무리라고 생각할 수도 있는 질문이었다. 그래도 진행해 보고 싶은 마음이 있어서 그냥 펼쳐 보았다. 결국 내가 먼저 해석의 사례를 제시해 주는 것이 낫다고 생각하여 한 번 풀이를 해 주었다. "남자 8명을 기준으로 한다는 것은 결국 여자의 수에 포커스를 맞춘다는 것이다. 이럴 경우 비는 10대 8, 비율은 10/8=1.25가 되어 여자 수가 남자보다 많으니 비율을 맞추기 위해 여자를 줄여야 한다는 쪽으로 해석을 하게 되는 데 반하여 여자 10명을 기준으로 하게 되면 결국 남자의 수에 포커스를 맞추게 되어 비는 8대 10, 비율은 8/10=0.8이 되어 남자 수가 많으니 비율을 맞추기 위해 남자를 늘려야 한다는 쪽으로 해석을 하게 된다." 이렇게 안내를 해 주자 아직은 어렵지만 어렴풋하게 이해는 할 것 같다는 표정으로 받아들였다. 이에 대한 이해를 돕는 일에 10분 정도의 시간이 더 사용되었다. 이번 시간은 애초에 계획된 것보다 더 많은 시간을 필요로 할 것 같았다. 그래서 수업을 끊지 않고 그냥 다음 교과목 시간까지 침범할 것을 염두에 두고 진행해 나갔다. 비율을 구하는 연습문제를 제시하고 주어진 조건에 맞게 비율을 구해 보라고 하였다. 특히 주어진 질문 가운데 마지막 질문에 시간을 좀 더 할애하기로 마음을 먹었다. 전체적으로 비율은 별 어려움 없이 잘 구하였다. 마지막 질문은 그것에 대한 해석까지 전개해보기로 마음을 먹고 질문을 던졌다. "마지막 질문에서 나타난 비율 값에 대한 해석은 어떻게 될까? 모두 일어서서 나누기 활동 후 생각을 공유한 모둠은 자리에 앉기 바랍니다." 아이들은 모두 일어서서 생각을 나누었

다. 3~4분 정도 시간이 지나자 대부분의 모둠이 자리에 앉았다. 한 아동을 지목하였다. "네, 비율은 3/4=0.75입니다. 그리고 이를 설명하면 이 집을 산 사람은 집을 사기 위해 매우 많은 돈을 빌렸다고 할 수 있습니다." 비교적 잘 설명해 주었다고 생각하였다. 추가 질문이 이어졌다. "만일 집값이 폭락하여 2억 5천까지 떨어지는 현상이 발생한다면 어떤 일이 벌어질까?" 잠시 후 한 아동이 의견을 말하였다. "이 집은 팔아도 은행에서 빌린 돈을 다 갚을 수가 없어 그 집에서 쫓겨나 거지가 되어 버릴 것입니다." 실감나는 표현이었다고 여겨졌다. 다른 아이들도 이 의견에 동의하였다. "맞아요. 이런 현상을 바로 깡통주택이라고 합니다. 그래서 이런 문제가 발생하지 않

도록 하기 위해서 국가에서는 집값에 대하여 어느 정도 비율까지 대출을 받을 수 있는 한도를 법으로 정해 놓았지요. 이를 바로 LTV라고 합니다." 그랬더니 한 아이가 "아, 나 이거 들어 보았어요. 뉴스에서요. 부동산 뉴스요." "그래, 맞아. 잘 기억하고 있구나. 우리나라는 현재 0.7까지 정해 놓고 있지. 하지만 선생님 생각에는 이것도 높다고 생각한다. 더 낮추어야 집값이 떨어지더라도 큰 어려움을 겪지 않을 것이라 생각된다." 여기까지 진행하는 데 총 60분이라는 긴 시간이 투입되었다. 예상된 수업 시간은 초과되었지만 제법 의미 있는 시간이라고 여겨졌다. 다음 시간에는 이를 바탕으로 백분율까지 잘 연결 지어야겠다고 마음먹고 마무리하였다.

6차시 비율에 대한 해석

비율(비의 값)을 구하는 것만 중요하게 다루지 않도록 해야 한다. 비의 값을 바탕으로 한 상황의 해석 및 이해를 더 중요하게 다룰 필요가 있다.

수업 흐름	교사의 발문

도입 및 전개, 정리 단계 구분 없이 수업 전체 활동을 하나의 묶음으로 인식하여 비율의 해석에 집중한다. (질문은 활동지로 제시 ⇨ 개별 학습 및 모둠별 협동학습을 통해 해결하고 공유하기)	**발문 1** 아래 주어진 비에 대한 비의 값(비율)을 구하여 보시오.
	① 물 7컵에 대한 카레 가루 1컵의 비율을 분수로 나타내기
	  ⇨ 비 : 1대 7, 이에 대한 비율(비의 값) = 1/7
	  ⇨ 이에 대한 의미 해석 1 : 물 7컵을 기준(전체 1)으로 볼 때 카레의 양은 그것의 1/7인 1컵에 해당된다. 이를 그림으로 표현하면 아래와 같다.
	
	▢ 카레 가루의 양 1컵
	▢▢▢▢▢▢▢ 물의 양 7컵
	
	  ⇨ 이에 대한 의미 해석 2 : 물의 양을 비의 값 1로 나타낼 때(7컵이 1이 되려면 1/7을 해야 한다. 이는 나눗셈에서 제수의 값이 1일 때 피제수의 값을 구하는 것이 몫이라는 개념과 같은 맥락이다.) 카레 가루의 양도 1/7을 해야 한다. 따라서 물이 1컵일 때 카레의 양은 1/7컵이 된다. 이를 그림으로 표현하면 아래와 같다.
	
	▢ 카레 가루의 양 1/7컵
	▭ 물의 양 1컵
	
	  ⇨ 물의 양에 비하여 카레 가루의 양은 상당히 적은 양이 들어간다고 말할 수 있다.
	② 부침가루 5컵에 대한 물 4컵의 비율을 분수와 소수로 나타내기
	  ⇨ 비 : 4대 5, 이에 대한 비율(비의 값) = 4/5 = 0.8
	  ⇨ 이에 대한 의미 해석 1 : 부침가루 5컵을 기준(전체 1)으로 볼 때 물의 양은 그것의 4/5인 4컵에 해당된다. 이를 그림으로 나타내면 아래와 같다.

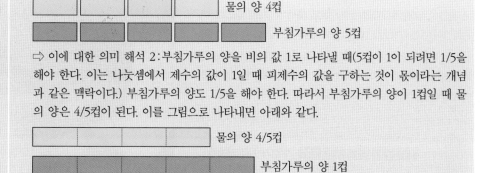

물의 양 4컵

부침가루의 양 5컵

⇨ 이에 대한 의미 해석 2：부침가루의 양을 비의 값 1로 나타낼 때(5컵이 1이 되려면 1/5을 해야 한다. 이는 나눗셈에서 제수의 값이 1일 때 피제수의 값을 구하는 것이 몫이라는 개념과 같은 맥락이다.) 부침가루의 양도 1/5을 해야 한다. 따라서 부침가루의 양이 1컵일 때 물의 양은 4/5컵이 된다. 이를 그림으로 나타내면 아래와 같다.

물의 양 4/5컵

부침가루의 양 1컵

⇨ 부침가루의 양에 비하여 물의 양은 많은 차이를 보이지 않는다. 물은 부침가루의 양보다 약간 적게 넣으면 맛있게 해서 먹을 수 있게 된다.

③ 철수는 벽돌을 1시간에 200장 옮겼고, 민호는 1시간에 벽돌을 400장 옮겼다. 민호가 옮긴 양에 대한 철수가 옮긴 양의 비율을 분수 및 소수로 나타내 보시오.

⇨ 비：200대 400, 이에 대한 비율(비의 값) = 200/400 = 0.5

⇨ 이에 대한 의미 해석 1：민호가 옮긴 벽돌의 양 400을 기준(전체 1)으로 볼 때 철수가 옮긴 벽돌의 양은 그것의 200/400인 200개가 된다.

⇨ 이에 대한 의미 해석 2：민호가 옮긴 벽돌의 양을 비의 값 1로 나타낼 때 철수가 옮긴 벽돌의 양도 1/400을 해야 한다. 따라서 민호가 벽돌을 1장(2장) 옮길 때 철수는 벽돌을 1/2장(1장) 옮긴 셈이 된다.

⇨ 철수가 옮긴 벽돌의 양은 민호가 2장 옮길 때마다 1장씩 옮겼다고 할 수 있다.(거꾸로 민호가 옮긴 벽돌의 양은 철수가 벽돌을 1장 옮길 때마다 벽돌을 2장씩 옮긴 셈이 된다.) 결국 철수가 일한 양은 민호의 반(민호가 일한 양은 철수의 2배)이 된다.

 6차시 수업 소감

6차시 활동은 직접 활동지를 나누어 주고 먼저 스스로 문제를 해결하고 결과를 공유하는 과정 속에서 개별학습 및 협동학습이 자연스럽게 이루어질 수 있도록 설계하여 보았다. 아래와 같이 활동지를 나누어 주고 활동을 바로 시작하였다. 활동지를 제작하면서 비율이 나타내는 의미 해석은 아이들의 조금 어렵게 느낄 것이라 생각하였지만 비율에 나타난 그대로의 상황을 그림으로 표현하여 이해하는 것은 그리 어려운 일이 아닐 것이라 생각하였다.

먼저 위와 같은 활동지를 나누어 주고 약 25분 정도 시간에 모든 문제를 스스

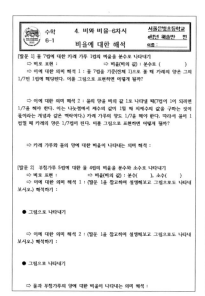

로 및 짝-모둠원과 협동적으로 의견을 공유하며 완성해 보라고 하였다. 그런데 의외로 비에 대한 해석 두 가지 방법에 대하여 혼란스러워하였다. 예를 들어 발문 2에서 부침가루와 물 사이의 비율이 아래의 그림과 같이 두 가지 형태로 나타날 수 있다는 것, 아래의 두 가지 그림에서 무엇이 어떻게 다른지를 쉽게 받아들이지 못하는 눈치였다.

비와 비율의 의미 해석에 대한 협의 장면

위의 그림에서 보는 바와 같이 방법 1은 실제 주어진 양을 있는 그대로 표현하여 비와 비율을 나타낸 것이고 방법 2는 기준량을 1로 생각하여 비와 비율로 나타낸 것이라는 것, 비와 비율은 변함이 없지만 그림으로의 표현은 위에서 보는 바와 같이 분명히 달라진다는 것을 이해하는 데 많은 시간이 걸렸다. 그리고 이렇게 생각해 볼 필요가 있는 이유는 부침가루 5컵 전체를 하나의 단위로 바라보는 것보다 실제로 주어진 양을 헤아리는 단위 1개(여기서는 1컵)를 하나의 기준 단위로 바

라보는 것이 우리가 어떤 현상을 이해하는 데 훨씬 더 편리하고 쉽기 때문이라는 설명도 해 주었다. 완벽하지는 않지만 희미하게나마 받아들일 수 있다는 눈치였다. 하지만 힘들게 이번 차시를 보냈다는 생각도 든다. 차시를 마치고 고민해 보면서 이번 차시 자체를 그대로 유지하는 것이 아이들에게 효과적인지 아니면 생략하고 바로 백분율로 넘어가는 것이 더 좋은지는 좀 더 고민해 보고 싶다. 만약에 다음에 6학년을 지도한다면 이 부분에서 좀 더 심사숙고하여 지도하여야겠다고 마음먹고 다음 차시 수업 준비에 돌입하였다.

🌱 7~9차시   백분율에 대한 이해

수업 흐름	교사의 발문
도입	**발문 1** 백분율에 대한 정의 이해하기 • 백분율의 사전적 정의 : 100을 기준으로 한 비의 값 • 교과서 속 백분율에 대한 정의 : 비율에 100을 곱한 값 • 위의 두 정의는 서로 다른 것인가?
	발문 2 100원과 1원의 관계를 통해 비율을 이해하여 봅시다. • 아래와 같은 모형을 통해 예를 들어 백분율을 설명해 봅시다.

(1) 100원에 대하여 35원은 몇 %인지 생각해 봅시다.

- 먼저 비로 나타내면? 비율은? 백분율은?
- 100원의 67%는 얼마를 나타내는가? 이를 분수로 나타내면 어떻게 되는가?(비율은 분수 또는 소수로 나타낸다. 여기에 100을 곱한 것이 백분율이라면 백분율로 비율을 알고자 할 때 100으로 나누어 분수 또는 소수로 고치면 된다는 사실을 이해할 수 있어야 한다.)

(2) 1%, 5%, 10%, 50%, 90%, 99%에 대한 이해

- 1%는 어떤 의미인가?(5%, 10%, 50%, 90%, 99%는?)
- 1%는 각각 분수 및 소수로 어떻게 나타낼 수 있는가?(5%, 10%, 50%, 90%, 99%는?)

발문 3 걷기대회에 참가한 학생 수는 50명, 결승선에 도착한 학생 수는 36명이다. 참가한 학생 수에 대한 결승선 도착 학생 수의 비, 비율(분수 및 소수 ⇨ 분수는 분모를 100으로 하여 나타내어 보기), 백분율을 각각 나타내 보시오.

발문 4 철수는 농구공을 30번 중 21번 골대에 넣었고, 민영이는 20번 중 15번을 넣었다. 각각의 성공 가능성을 백분율로 구해 보시오.

- 두 사람의 성공 가능성을 서로 비교하여 말해 봅시다.(누구의 성공률이 더 높다고 할 수 있을까요? 그렇게 말할 수 있는 이유는 무엇인가요?)

발문 5 야구팀 롯데 자이언트의 이대호 선수는 지금까지 50번 타석에 들어서서 16번 안타를 쳤다. 다음 번 타석에서 안타를 칠 수 있는 가능성에 대하여 백분율을 이용하여 설명해 보시오.

(예) 이대호 선수가 안타를 친 상황을 백분율로 나타내면 $16/50 \times 100 = 32\%$가 된다. 이는 100번 나와서 안타를 칠 수 있는 가능성이 약 30번(10번 나와서 안타를 칠 수 있는 가능성이 약 3번) 정도 된다는 것을 뜻한다. 그러나 이는 어디까지나 가능성일 뿐 실제로는 더 할 수도 있고 못할 수도 있다.

발문 6 우리나라와 카타르의 역대 축구 경기 전적은 7번 중 5번을 우리나라가 이겼다. 우리나라의 승률을 백분율로 나타낸다면 어떻게 되는가?(소수 둘째 자리에서 반올림하시오.) ⇨ 그에 대하여 해석을 내려 보시오.

- 시간이 여유가 있으면 교과서 108~109쪽 문제 해결하기

발문 7 백분율의 응용

- 상자 안에 붉은색 공이 10개, 파란색 공이 4개, 노란색 공이 6개 있다. 상자 안에서 공을 1개 뽑을 때 각각 붉은색, 파란색, 노란색 공이 나올 수 있는 비율 및 백분율(사건이 일어날 가능성)을 구해 보시오. ⇨ 표로 정리해 보기

공의 색	붉은색	파란색	노란색	총합
비율				1
백분율				100

- 흰색 공을 뽑을 가능성은 얼마나 되는가? 그렇게 생각하는 이유는 무엇인가?
- 철수는 이번 달에 주말 편의점 아르바이트를 통해 600,000원을 벌었다. 다음 달에는 이번 달보다 10%를 더 받게 된다. 그렇다면 다음 달에 벌게 되는 돈은 얼마가 되는가?
  ⇨ 공식을 통한 해결 : $600,000 \times 10\%(0.1) + 600,000 = 660,000$원(백분율 × 전체 = 비율 × 전체 = 부분)
  ⇨ 수 감각적인 해결 : 100의 10%는 10, 600,000원의 10%는 60,000원, 그러므로 다음 달에는 $600,000 + 60,000 = 660,000$원을 받게 된다.
- ○○초 야구단은 이번 야구 리그전에서 20번의 시합 중 15번 승리를 하였다. 승률은 몇 %인가?
  ⇨ 공식을 통한 해결 : $\frac{15}{20} \times 100 = 75\%$
  ⇨ 수 감각적인 해결 : $\frac{15}{20}$라는 비율은 $\frac{3}{4}$과 같은 값이고, $\frac{3}{4}$은 25%이니까 $\frac{1}{4}$은 75%라고 할 수 있다.

전개

정리	발문 8 박 서방은 집안이 너무 가난하여 김 첨지에게서 돈을 100냥 빌렸다. 김 첨지는 돈을 빌려 줄 때 기간 내에 갚지 못하면 대신 딸을 데려가겠다는 문서를 작성하고 박 서방으로부터 도장을 받아 내었다. 그런데 박 서방은 약속한 기간 내에 돈을 갚지 못하여 딸을 빼앗기게 되었다. 김 첨지는 박 서방네 딸을 꼭 데려가고 싶었으나 주변 동네 사람들이 데려가지 못하게 난리를 치는 바람에 난처한 입장이 되었다. 그래서 제안을 한 가지 하게 된다. 주머니 속에는 검은색 바둑돌 1개와 흰색 바둑돌 1개가 들어 있는데 그 속에서 흰색 바둑돌을 딸이 뽑게 되면 100냥 빌려 준 돈은 없던 것으로 하고, 검은색 바둑돌을 딸이 뽑게 되면 바로 김 첨지를 따라나서야 한다는 것이 조건이었다. 그런데 김 첨지는 꾀를 내어 주머니 속에 미리 검은색 바둑돌만 2개 넣어 두었고 박 서방의 딸은 그 사실을 이미 알고 있었다. 그러나 박 서방의 딸은 머리가 아주 좋아 금방 이 어려움을 극복하기 위한 방법을 찾아내었다. 여러분이라면 김 첨지를 따라 나서지 않아도 될 수 있는 방법을 어떻게 찾아내겠는가?

• 시간 여유가 있으면 교과서 110~111쪽 문제 해결하기

7차시 수업 소감

수업 설계한 내용을 순서대로 제시하면서 진행할까 생각하다가 설계 내용 그대로를 활동지로 제시하여 아이들 스스로 먼저 협동적으로 해결하면서 추론할 수 있도록 하는 것이 더 좋겠다고 생각하여 수업 방법을 바꾸어 보았다. 그러나 1번 질문은 모두 함께 같이 생각해 보면서 백분율의 의미를 좀 더 명확히 해 보고자 마음먹었다. 그래서 두 정의가 갖는 의미에 대해 먼저 각자 생각해 보고 자신이 추론한 정보를 짝-모둠원들과 공유한 뒤 함께 이야기 나눌 수 있게 설명해 주었다. 쉽지는 않은 질문이라 여겨졌다. 실제 상황도 역시 그러했다. 그래서 힌트를 주었다. 비율에 100을 곱한 값이란 무엇을 의미하는지 먼저 생각해 보라고 하였다. 비율은 어떤 값으로 나타나는지 생각해 보기(소수로 나타남), 거기에 왜 100을 곱하였는지 등에 대하여 생각해 보게 하고 그것이 사전적 정의와 어떻게 연결되는지를 생각해 보라고 다시 보충 설명을 해 주었다.

약 5분 정도 시간이 흘렀을까, 한 모둠에서 어떤 아동이 "아, 알아냈다."라고 외쳤다. 그러자 아이들의 시선이 모두 그리고 집중되었다. 물론 그 사이에 각 짝-모둠에서는 아이들끼리 열띤 토의·토론이 진행되고 있었다. 그래서 생각하였다. '다른 아이들도 좀 더 고민하여 찾아낼 수 있는 시간을 더 줄까, 아니면 바로 그 아동에게 설명을 부탁해 볼까?' 빠른 결정이 필요하였다. 보다 많은 모둠에서 나름대로 결론을 내릴 가능성이 높다고 판단되었다면 시간을 더 주었을 것이다. 그러나 지금까지 관찰해 본 바로는 그런 기미가 별로 보이지 않았다. 그래서 바로 그 아동에게 설명을 부탁하였다. 물론 그 아동이 자신의 모둠원들에게 어느 정도 설명을 마친 뒤였다. 그리고

수학 6-1	4. 비와 비율-7차시 백분율-1	서울은빛초등학교 6학년 해솔반 번 이름:

[발문 1] 백분율에 대한 정의 이해하기
- 백분율의 사전적 정의 : 100을 기준으로 한 비의 값
- 교과서 속 백분율에 대한 정의 : 비율에 100을 곱한 값
- 위의 두 정의는 서로 다른 것인가?

[발문 2] 100원과 1원과의 관계를 통해 비율을 이해하여 봅시다.
- 아래와 같은 모형을 통해 예를 들어 백분율을 설명해 봅시다.

(1) 100원에 대하여 35원은 몇 %인지 생각해 봅시다.
- 먼저 비로 나타내면?(   ) 비율은?(   ) 백분율은?(   )%
- 100원의 67%는 얼마를 나타내는가?(   ) ⇒ 이를 분수로 나타내면 어떻게 되는가?(   ) ⇒ 이를 소수로 나타내면 어떻게 되는가?(   )
- 비율에 (   )을 곱한 것이 백분율이라면, 백분율을 통해 비율을 알고자 할 때 100으로 (   )을 하여 분수 또는 소수로 고치면 된다는 사실을 이해할 수 있어야 한다.
(2) 1%, 5%, 10%, 50%, 90%, 99%에 대한 이해 : 각각 말로 설명해 보시오.
- 1%는 어떤 의미인가?(5%, 10%, 50%, 90%, 99%는?)
- 1%는 각각 분수 및 소수로 어떻게 나타날 수 있는가?(5%, 10%, 50%, 90%, 99%는?)

그 모둠 아이들은 설명을 듣고 그 의미를 이해하게 되었다고 말하기도 했다. 발표는 이러했다. "주어진 조건에 따라 비율을 구하면 소수로 나타나게 되는데 그때의 값은 1을 기준으로 본 것인데, 소수는 자연수보다 생각하기 불편하여 자연수 100을 기준으로 하여 보다 생각하기 쉽게 하도록 비의 값인 소수에 100을 곱하여 자연수처럼 나타낸 것이 바로 백분율입니다. 그

러니 두 설명은 의미가 같은 것이라 말할 수 있습니다." 아주 정확히 설명해 주었다. 곧바로 알았다고 말하는 아이도 있었고 한 번 더 말해 달라고 하는 아이도 있었다. 그래서 다시 설명을 부탁하였고 그 뒤 내가 보충 설명을 해 주었다. "너희들 0.01은 분수로 어떻게 나타낼까?" "네, $\frac{1}{100}$ 입니다." "그렇지. 0.01은 1을 100등분한 것 가운데 1개이지. 그러면 100을 100 등분한 것 가운데 1개는 얼마일까?" "네, 1입니다." "그렇지. 그 런데 100등분한 것 중 1개를 이야기하는데 0.01을 생각할 때 와 1을 생각할 때 어떤 것이 훨씬 더 이해하기 쉽고 빠를까?" 아이들은 생각할 것도 없이 곧바로 "1을 생각할 때요."라고 답 했다. "왜지?" "그게 더 익숙해서요." "그렇지. 그래서 사람들 은 1을 기준으로 생각한 비율에 100을 곱하여 100을 기준으 로 생각하기로 약속하고 그 이름을 백분율이라고 이름을 붙인 것이란다." 그랬더니 아이들은 환하게 웃으며 "아~~! 그런 것 이었구나." 하며 신기하다는 듯 배움의 기쁨을 만끽하는 듯하 였다.

이렇게 생각을 나누고 공유하는 데 약 10분 정도 시간이 흘 렀다. 이후에 약 20분 정도의 시간을 아이들에게 할애하였다. 주어진 활동지를 해결하면서 누구에게 질문을 해도 대답할 수 있도록 짝-모둠원들과 충분히 생각을 공유하고 확인하라고 안내해 주었다. 어느덧 시간이 다 되어 아이들 한 명 한 명을 지목하면서 질문에 대한 답을 확인해 나갔다. 대부분 잘 해결 해 주었다. 확인 과정에서 아이들은 비율에 100을 곱하면 백 분율이 된다는 것, 백분율을 다시 100으로 나누면 비율(비의 값인 소수)이 나온다는 것을 자연스럽게 이해하게 되었다. 역 시 100번의 설명과 안내보다 1번의 직접 경험이 더 낫다는 생

백분율 이해 1차시 수업 중 의견을 나누는 장면

각을 다시 한 번 가져 보게 되는 대목이었다. 지난 시간 비율 이 갖는 의미 이해보다 훨씬 수월했는지 아이들은 오늘 학습 한 내용에 대하여 이렇게 표현해 주었다. "오늘 내용은 정말 잘 이해되었어요. 백분율 잘 이해하였어요. 생각보다 쉬웠어 요." "그래? 그렇다면 선생님이 너무나 잘 가르쳐 준 것?" 그 랬더니 아이들은 웃으면서 "아닌데요? 우리가 열심히 노력한 것인 걸요!"라고 되받아쳤다. 그런데 왠지 그 대답이 불쾌하게 느껴지지 않았다. 틀린 말은 아니지 않는가. 자신들이 열심히 노력하여 탐구한 결과로 자신의 지식을 구성한 것이고 내가 열심히 가르쳤다기보다는 그렇게 되도록 안내하고 도와준 것 뿐인데. 어찌 되었든 오늘 수업은 생각한 바대로 잘 진행되어 서 기분이 참 상쾌하고 가벼웠다. 다음 차시 백분율의 이해 2 차시 수업 준비도 좀 더 철저히 해 두어야겠다고 다짐하고 수 업 설계를 다시 고민해 보기 시작하였다.

8차시 수업 소감

8차시 수업은 현실적인 사례에 맞는 질문을 바탕으로 직접 백 분율을 구해 보는 활동 및 그 결과 값이 의미하는 것을 해석 하는 활동에 집중해 보았다.

본격적인 활동지 해결 전에 비와 비율의 이해를 위해를 돕 기 위한 활동을 오른쪽 판서 내용과 같이 하였다. 특히 비율 은 두 대상 간의 비교를 다루지만 백분율은 전체와 부분 사이 의 관계를 다룰 때 사용된다는 점을 아이들에게 보다 명확히 하기 위해 예를 들어서 설명해 주었다. 또한 백분율은 전체를 100으로 하였을 때 부분의 값이 얼마인가를 알아보기 위한 것

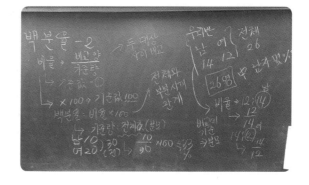

수학 6-1	4. 비와 비율-8차시	서울은빛초등학교
	백분율-2	□학년 해솔반 번 이름 :

[문제 1] 걷기대회에 참가한 학생 수는 50명, 결승선에 도착한 학생 수는 36명
(1) 참가한 학생 수에 대한 결승선 도착 학생 수의 비는?
(2) 비율로 나타내면? → 분수( ), 소수( )
(3) 백분율로 나타내 보시오.
(4) 결승선에 도착하지 못한 학생들을 백분율로 나타내면? 어떻게 구하였는가?

[문제 2] 철수는 농구공을 30번 중 21번 골대에 넣었고, 민영이는 20번 중 15번을 넣었다. 각각의 성공 가능성을 백분율로 구해 보시오.
 - 철수의 성공 가능성 ( ) - 민영이의 성공 가능성 ( )
 - 새롭게 농구공을 골대에 던져서 넣으려고 합니다. 두 사람의 성공 가능성을 서로 비교하여 말해 봅시다.(누구의 성공률이 더 높다고 할 수 있을까요? 그렇게 말할 수 있는 이유는 무엇인가요?)

[문제 3] 야구팀 롯데 자이언트의 이대호 선수는 지금까지 50번 타석에 들어서서 16번 안타를 쳤다. 다음번 타석에서 안타를 칠 수 있는 가능성에 대하여 백분율을 이용하여 설명해 보시오.

[문제 4] 우리나라와 카타르의 역대 축구 경기 전적은 7번 중 5번을 우리나라가 이겼다. 우리나라의 승률을 백분율로 나타낸다면 어떻게 되는가?(소수 둘째 자리에서 반올림하시오.) ⇨ 그에 대하여 해석을 내려 보시오.

- 시간이 여유가 있으면 교과서 108쪽~109쪽 문제 해결하기

으로, 예를 들어 남자 10명, 여자 20명 중 남자의 백분율은 약 33% 정도인데 여자의 백분율은 얼마인지 구하기 위해 100%－33%＝67%와 같은 방식으로 구하면 보다 빨리 구할 수 있

다는 점도 함께 알아보았다. 결국 전체 값에 대한 백분율은 100%라는 점, 대상들의 백분을 모두 합하면 100이 된다는 점 또한 확실하게 다져 주었다. 약 10분 정도 시간이 지나고 바로 활동지를 나누어 주었다.

아이들은 집중하여 개별적으로, 짝-모둠원들과 때로는 토의·토론하거나 도움을 주고받으며 문제를 해결해 나갔다. 약 15분 정도의 시간이 흘렀다. 대체로 서로 도움을 주고받으며 잘 해결하였다. 남은 시간은 주어진 문제 하나하나에 대하여 아이들이 직접 설명하고 보충해 나가는 방식으로 정리해 나갔다. 백분율 자체를 구하는 것은 아이들이 그리 어렵게 생각하지 않는 것 같았다. 그러나 백분율에 대한 해석을 어떻게 할 것인가 하는 점에서는 아이들이 난개념을 갖고 있는 것 같았다. 여러 명의 발표를 들으면서 어떻게 해석하는 것이 좋은지 차근차근 그 방법을 찾아 나가는 것 같았다. 끝에 가서는 백분율 자체가 절대적인 값이 아니라는 점, 때로는 백분율이 갖는 가능성과 전혀 반대의 결과가 나타낼 때도 있다는 점 등을 함께 짚어 가면서 활동을 마무리하였다. 여기까지는 아이들이 비교적 잘 받아들였다. 문제는 다음 시간에 이어질 활동이다. 백분율의 응용. 등식의 성질을 이용한 문제 해결을 보다 이해하기 쉽도록 잘 설계하여 제시해야겠다.

9차시 수업 소감

9차시 활동은 그리 복잡한 과정은 아니었다. 지난 시간까지 학습한 내용을 바탕으로 백분율 관련 기초 문제를 해결해 보는 활동으로 설계해 보았다. 여기에서 전체와 부분 사이의 관계를 비율로 나타낸 후의 총합은 1, 백분율로 나타낸 후의 총합은 100이라는 점을 한 번 더 짚고자 하였고, 비율×100이 백분율이라는 것을 보다 명확히 이해할 수 있도록 돕기 위해 이와 관련된 문항을 제시해 보았다. 아이들은 이를 그리 어렵지 않게 잘 이해하였다. 그런데 2번 문제에서 60만 원의 10%를 더 받는다는 것에 대하여 의외로 어렵다고 생각하는 아이들이 소수 있었다. 60만 원의 10%는 얼마인지를 구하는 방법을 잘 이해하지 못하였거나 백분율에 대한 감각적 이해에서 난개념을 갖고 있는 아이들이라 생각되었다. 그러나 짝-모둠원들의 도움을 받아 나름은 잘 해결해 나갔다. 특히 난개념을 갖고 있는 아이들에게는 감각적 해결에 있어서 10%는 분수로

$\frac{10}{100} = \frac{1}{10}$, 소수로는 0.1이라는 점을 인식하고 60만 원의 0.1 또는 $\frac{1}{10}$에 해당되는 액수가 얼마인지 생각해 볼 수 있다면 굳이 공식을 이용하여 해결하지 않아도 된다는 점을 예시 설명을 통해 힌트로 제공하였다. 물론 대부분의 아이들은 백분율을 소수로 고친 후 60만 원을 곱하면 더 받을 돈을 알 수 있다는 방식으로 해결하였다.

3번까지의 문제는 잘 넘어갔으나 4번 문제를 접한 아이들 대부분은 "선생님, 이 질문이 백분율과 어떤 관계를 갖고 있나요?" 하고 물음을 던졌다. "관계가 있지. 원래 주어진 조건대로라면 흰색 돌과 검은색 돌이 나올 수 있는 가능성은 50%씩이지. 그런데 김 첨지의 조작으로 인하여 흰색 돌은 가능성이 0%, 검은색 돌은 가능성이 100%로 바뀐 것이지. 그러니 딸이 끌려가지 않으려면 없는 가능성을 지혜롭게 만들어 해결해 나가야만 할 것이다. 그렇다면 어떻게 없는 가능성을 만들어 낼

수학 6-1	4. 비와 비율-9차시 백분율-3	서울은빛초등학교 ■학년 해슬반　번 이름 :

[문제 1] 상자 안에 붉은 색 공이 10개, 파란 색 공이 4개, 노란 색 공이 6개 있다. 상자 안에서 공을 1개 뽑을 때 각각 붉은 색, 파란 색, 노란 색 공이 나올 수 있는 비율 및 백분율(사건이 일어날 가능성)을 구해 보시오. ⇨ 표로 정리해보기

공의 색	붉은 색	파란 색	노란 색	총합
비율				1
백분율				100

- 흰 색의 공을 뽑을 가능성은 얼마나 되는가? 그렇게 생각하는 이유는 무엇인가?

[문제 2] 철수는 이번 달에 주말 편의점 아르바이트를 통해 600,000원을 벌었다. 다음 달에는 이번 달보다 10%를 더 받게 된다. 그렇다면 다음 달에 받게 될 돈은 얼마가 되는가?

[문제 3] ○○초 야구단은 이번 야구 리그전에서 20번의 시합 중 15번 승리를 하였다. 승률은 몇 %인가?

[문제 4] 박서방은 집안이 너무 가난하여 김첨지에게서 돈을 100냥 빌렸다. 김철지는 돈을 빌려줄 때 기간 내에 갚지 못하면 대신 딸을 데려가겠다는 문서를 작성하고 박서방으로부터 도장을 받아내었다. 그런데 박서방은 약속한 기간 내에 돈을 갚지 못하여 딸을 빼앗기게 되었다. 김철지는 박서방네 딸을 꼭 데려가고 싶었으나 주변 동네 사람들이 데려가지 못하게 난리를 치는 바람에 난처한 입장이 되었다. 그래서 제안을 한 가지 하게 된다. 주머니 속에는 검은색 바둑돌 1개와 흰색 바둑돌 1개가 들어 있는데 그 속에서 흰 색 바둑돌을 딸이 뽑게 되면 100냥 빌려준 돈은 없는 것으로 하고, 검은 색 바둑돌을 딸이 뽑게 되면 바로 김첨지를 따라 나서야 한다는 것이 조건이었다. 그런데 김철지는 꾀를 내어 주머니 속에 미리 검은색 바둑돌을 2개 넣어두었고 박서방의 딸은 그 사실을 이미 알고 있었다. 그러나 박서방의 딸은 머리가 아주 좋아 금방 이 어려움을 극복하기 위한 방법을 찾아내었다. 여러분이라면 김철지를 따라 나서지 않아도 될 수 있는 방법을 어떻게 찾아내겠는가?

- 시간이 여유가 있으면 교과서 110쪽~111쪽 문제 해결하기

9차시 문제 해결을 위한 모둠원들 간의 협의 장면

수 있을지에 초점을 맞추어 생각해 보기 바란다." 어떤 아이는 마술처럼 옷 소매 속에 흰색 돌을 넣은 뒤에 속임수를 써서 뽑은 것처럼 하겠다고 했고 어떤 아이는 아예 두 돌을 모두 꺼내 속임수였다는 것을 밝히고 다시 흰색 돌과 검은색 돌을 공정하게 넣어 뽑도록 하겠다고 하기도 하였다. 그러던 가운데 한 아이가 의미 있는 답을 주었다. "돌을 1개 뽑아 아무도 못 보

게 하고 깊은 물 속에 던져 버려요. 그런 뒤 주머니 속에 있는 돌을 확인하면 물 속에 던진 돌이 흰색 돌이라 생각하게 되겠지요. 그러면 끌려가지 않을 수 있습니다." 그러자 다른 아이들이 "우와, 그렇네."라고 환호성을 질렀다. 어떤 아이는 "아, 맞다. 나, 이것 인터넷에서 본 적 있다." 이렇게 말하기도 하였다.

여기까지 약 30분 정도 시간이 흘렀다. 남은 시간은 교과서 문제 해결에 사용하였다. 이제 1차적으로 비와 비율에 대한 기본 학습을 마치고 중간 점검 차원에서 평가를 해 보고자 한다고 공지를 하였다. 앞으로 남은 것은 지금까지 학습한 내용을 바탕으로 한 응용문제들이다. 워낙 이 단원 내용을 아이들이 어렵다고만 생각해서 실제 생활에서 많이 접할 수 있는 내용들을 바탕으로 보다 쉽게 문제를 해결할 수 있게 원리 이해에 초점을 맞춘 수업 설계를 잘해 보아야겠다는 생각이 들었다.

9차시 수업부터는 공식 또는 원리를 이용한 문제 해결과 함께 감각적 문제 해결에도 아이들이 신경을 쓸 수 있도록 수시로 꾸준히 강조해 나갔다. 예를 들면 10%는 $\frac{1}{10}$, 50% = $\frac{1}{2}$, 25% = $\frac{1}{4}$, 20% = $\frac{1}{5}$ 등과 같이 보다 익숙한 분수 개념을 백분율에도 활용할 수 있도록 안내하였다.

🌱 10차시 중간 평가

본래 단원 설계에는 중간 평가 계획이 없었으나 단원 내용이 매우 많아 중간 평가로 1차시를 더 삽입하였음을 밝힌다.

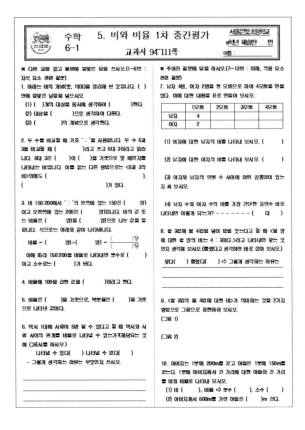

🌱 11~12차시 기준량 또는 비교하는 양 구하기 – 비율과 백분율 간의 관계

수업 흐름	교사의 발문

도입 및 전개	**발문 1** 기준량과 비교하는 양 그리고 비율 간(또는 백분율)의 관계 이해하기
	• 가로가 50cm인 사진의 각 변의 길이를 80%로 축소하면 축소한 사진의 가로는 40cm가 된다. 이것이 나타나는 과정을 식으로 알아보기
	⇨ 식으로 해결할 때 꼭 기억해야 할 일
	  ① 항상 원래의 값이 기준량, 변화된 값이 비교하는 양이 된다.
	  ② 백분율로 나타낼 때 100%가 기준량, 변화된 값이 비교하는 양이 된다.
	  ③ 분수로 나타낼 때 분모가 기준량, 변화된 값이 비교하는 양이 된다.
	• 위의 질문을 식으로 바꾸기
	(1) 비로 만들기: 40 : 50
	(2) 비율로 만들기: $\dfrac{40}{50}$
	(3) 백분율로 만들기: $\dfrac{40}{50} \times 100 = 80\%$

- 비율과 백분율 간의 관계 알아보기

$$\frac{40}{50} = \frac{80}{100} \text{(비율로는 } \frac{4}{5}\text{)}$$

- 위의 식(비율과 백분율 간의 관계)을 통해 비교하는 양, 기준량, 비율(또는 백분율) 간의 관계를 추론하여 봅시다.

$$\overset{2배}{\overset{\frown}{\frac{40}{50}}} = \overset{}{\frac{80}{100}} \text{(비율로는 } \frac{4}{5}\text{)}$$
2배

- 이 관계를 바탕으로 모든 문제를 해결해 보기
- 비교하는 양이든 기준량이든 모르는 것은 □로 놓고 해결하기

(예시 문제) 이번 달 아르바이트 수당 60만 원, 다음 달 10% 더 받음

$\Rightarrow \dfrac{\square}{60만} = \dfrac{10}{100} \Rightarrow$ 비율로는 $\dfrac{1}{10} \Rightarrow$ 60만 원의 $\dfrac{1}{10}$ 은 6만 원

$\Rightarrow$ 다음 달 받을 금액 = 60만 + 6만 = 66만 원

정리	교과서 문제 112~115쪽 문제 해결하기

11~12차시 수업 소감

이번 수업은 블록 수업으로 진행하였다. 충분히 이해한 것을 바탕으로 바로 적용을 경험해 봄으로써 원리 이해를 보다 확실히 할 수 있도록 돕기 위함이었다. 오늘 수업 속에서 아래와 같이 비율과 백분율 간의 관계 속에 담긴 의미를 파악할 수 있다면 이와 관련된 어떤 응용이든 다 해결할 수 있다는 것이 나의 생각이었다. 실제로 그것은 유효하였다.

$$\overset{2배}{\overset{\frown}{\frac{40}{50}}} = \overset{}{\frac{80}{100}} \text{(비율로는 } \frac{4}{5}\text{)}$$
2배

"가로가 50cm인 사진의 각 변의 길이를 80%로 축소하면 축소한 사진의 가로는 40cm가 된다."는 내용 속에서 축소한 사진의 가로 길이를 모른다는 가정 아래 문제를 어떻게 해결할 것인지 아이들에게 물었다. 충분히 생각하고 서로 생각을 나눌 수 있는 충분한 시간을 준 뒤 어떻게 해결하였는지 들어 보았다. 어떤 아이는 50을 100%로 놓고 10%는 5이니까 80%는 40이라고 발표하였고 어떤 아이는 80%가 소수로는 0.8이므로 50에 0.8을 곱하면 40이 된다고 발표하기도 했다. 모두 좋은 해결방법이었다고 판단되었다. 다만 앞의 방법

은 백분율에 대한 감각적 해결이고 뒤의 방법은 공식을 활용한 해결이라는 점에서 다를 뿐이라 여겨진다. 그런데 이 과정에서 어떤 아이는 왜 50에 0.8을 곱해야 하는지에 대하여 이해가 가지 않는다고 질문을 하였다. 그래서 이에 대하여 대신 설명을 해 볼 사람이 있는지 물었다. 한 아이가 손을 들고 답변을 하였다. "백분율 80%를 비율로 나타내면 0.80이 되는데 50은 축소되기 전의 값이므로 백분율로는 100%, 비율로는 1이 됩니다. 그리고 줄어든 길이는 50의 0.8배만큼이기 때문에 50에 0.8을 곱했던 것입니다." 비교적 정확한 설명이었다. 아이들 수준이 날로 높아져 가고 있다는 것에 오늘 또 한 번 뿌듯한 생각이 들었다. 보충 설명도 해 주었다.

"본래의 길이와 똑같다면 1배의 길이가 되겠지? 본래 길이보다 더 길어졌다면 2배, 3배 … 또는 1배보다는 조금 크고 2배보다는 작다면 1.×배가 되겠지? 그런데 1배보다 짧아졌다면 1보다 작은 0.×배가 되겠지? 여기에서는 길이가 80%, 0.8배만큼으로 줄었다는 것으로 이해하였다면 50×0.8로 문제를 해결할 수 있을 것이다." 이제야 제대로 이해하였다는 표정이었다. 다른 아이들도 충분히 이해하였으리라 생각되었다.

이제 아이들에게 남은 것은 위의 사례에 나타난 바와 같이 비율과 백분율 사이의 관계 속에 담긴 원리 이해. 백분율의

응용과 관련하여 이렇게 접근하고자 했던 이유는 이렇다. 교과서 속 내용을 살펴보면 '비율과 기준량으로 비교하는 양을 구할 때'는 비율을 분수로 고쳐서 기준량을 곱하는 방식으로, '비율과 비교하는 양으로 기준량을 구할 때'는 변화되기 전의 값을 비율 1로 볼 때 주어진 비율을 1로 만들기 위한 값에 비교하는 양을 곱하는 방식으로 해결할 수 있도록 안내되어 있다. 그러나 아이들은 왜 그렇게 해야 하는지 제대로 이해하지 못한 채 방법만 익혀서 문제를 풀이하도록 안내하고 있어 문제가 있다고 판단하였기 때문이다. 특히 '비율과 비교하는 양으로 기준량을 구하는 문제'에서는 아이들이 더 난개념을 형성하고 있었다. 예를 들면 이런 것이다.

백분율의 응용 수업 칠판 판서 사례

> 어떤 사진이 있는데 이 사진은 본래 사진의 $\frac{3}{4}$만큼의 길이로 축소한 것이라고 한다. 이 사진의 가로가 30cm일 때 본래 사진의 가로 길이는 얼마인가?
> ⇨ 이 문제를 해결하기 위해 교과서 속에 주어진 질문은 이렇다.
> (1) 1은 $\frac{3}{4}$의 몇 배입니까?
> (2) 30의 $\frac{4}{3}$는 얼마입니까?
> (3) 처음 사진의 가로는 몇 cm입니까?

이 질문 속에는 왜 1은 $\frac{3}{4}$의 몇 배인지를 알아야 하는지, 왜 30의 $\frac{4}{3}$를 구해야만 하는지, (1)번 질문과 (2)번 질문 사이에 어떤 관계가 있는지에 대한 안내가 없다. 때문에 이 질문 및 이러한 해결방법에 대하여 아이들은 충분히 이해하고 답을 구해 나갈 수 있을까 의심이 간다. 또한 이 문제 해결방법에 꼭 이런 방법이어야 하는가 등에 대한 의구심도 들었다. 그래서 아예 비율과 백분율 간의 관계 이해를 통해 원리를 파악하고 이 원리를 이용하여 관련된 모든 문제를 해결할 수 있음을 아

이들이 알아 갈 수 있도록 돕고자 하는 마음에 이런 수업 설계를 하게 되었다.

실제로 수업 설계를 한 바와 같이 차근차근 안내를 하고 질문과 응답을 주고받았다. 그리고 위에서와 같은 수식을 칠판에 쓴 뒤 이 관계 속에서 우리가 이끌어 낼 수 있는 점, 추론해 낼 수 있는 점은 무엇인지 생각해 보고 짝-모둠원들과 의견을 공유하라고 하였다. 잠시 후 서로 의견 교환을 통해 알아낸 바를 말해 볼 수 있도록 발표로 이어 갔다. 의도하는 답이 단번에 나왔다. 그 내용을 있는 그대로 칠판에 판서로 받아 적었다.

그리고 이 관계의 이해는 백분율과 관련하여 어떤 문제의 해결에도 적용될 수 있다는 점을 느낄 수 있도록 돕기 위해 주어진 질문에서 축소된 값을 모른다는 전제하에 아래의 수식에 그대로 적용해 보았다.

$$\frac{\square}{50} = \frac{80}{100}$$

그리고 두 관계 속에서 판서 내용과 같이 파악된 관계를 이용하여 □의 값이 40이라는 것을 아주 쉽고도 빠르게 알아차릴 수 있게 되자 여기저기에서 신기하다는 듯 환희에 찬 표정과 탄성이 흘러나왔다. 또 다른 사례를 이용하여 한 번 더 예를 들어 설명해 주기도 하였다. 이제 아이들은 비율과 백분율

수업 속에서 이해한 바를 바탕으로 교과서 속 문제를 해결하며 도움을 주고받는 장면

간의 관계가 응용문제 해결에 어떻게 이용되는지를 충분히 이해할 수 있게 되었을 것이라 생각하여 교과서 112~115쪽까지 문제를 스스로 해결해 보라고 하였다.

물론 교과서 속에 있는 질문에 답을 할 수 있다면 답을 쓰고 꼭 교과서대로 해결하지 않고서도 나름의 방식으로 또는 선생님과 함께 알아보았던 방식으로 해결하고자 한다면 교과서 속 질문을 버리고 스스로 해결해 보라고 안내해 주었다. 왜냐하면 문제를 해결하는 방법은 다양하기 때문이다. 아이들이 문제를 해결하는 동안 여기저기 다니면서 어떻게 해결하는지 관찰해 보았다. 어떤 아이들은 오늘 새롭게 알게 된 원리를 바탕으로 잘 해결해 나갔고 일부 아이들은 백분율과 관련된 감각적 해결방법으로 결과를 잘 찾아 나가기도 하였다. 그러나 아주 소수의 아이는 여전히 난개념을 형성하고 있어서 문제 해결에 어려움을 겪는 모습이 목격되었다. 물론 문제의 해결을 위해 주변 친구들에게 열심히 도움을 구하여 나름대로 결과를 끌어내기는 하였다. 그러나 충분히 이해하였다고 볼 수는 없다는 생각도 들었다. 100%를 기대한다는 생각과 꿈은 현실적으로 어렵다고 보고 가능한 많은 아이들이 이해할 수 있도록 돕고자 최선을 다하겠다는 생각을 갖고 있기 때문에 현실적 한계를 인정하기로 마음먹었다.(포기한다는 것이 아니라 이후에 다른 방안을 마련하여 지금보다 더 나은 수준으로 끌어올릴 수 있도록 하겠다는 것이다. 스스로 배움공책이나 개별적 추가지도 등의 다양한 방법이 있으니까 말이다.)

이렇게 계획된 80분 수업 가운데 70분 정도가 사용되었다. 나머지 10분은 해결된 문제의 해결 및 설명으로 사용되었다. 이 과정도 아이들의 참여를 통해 차근차근 해결해 나갔다. 수업이 끝나고 몇 명의 아이들에게 물어보았다. 오늘 공부한 내용을 잘 이해하였는지, 백분율 응용 문제 해결에 자신감이 생겼는지 등. 대부분의 아이들은 잘 해결할 수 있다고 자신감을 보였다. 그러나 자만은 금물. 충분히 복습하여 자신의 것으로 꼭 만들어 나가길 바란다고 신신당부하며 아이들과 헤어졌다. 이제 속력, 인구 밀도, 농도 관련 문제 해결만 남았다. 이 또한 원리를 중심으로 보다 이해하기 쉽게 수업을 설계하여 차근차근 접근해 나가도록 할 생각이다.

🌱 13~15차시   비와 비율을 활용한 실생활 속의 문제 해결

수업 흐름	교사의 발문

1. 비율이 사용되는 경우 1 – 속력에 대하여

발문 1 자동차가 1시간에 150km를 간다고 할 때 3시간 동안 이동한 평균 거리를 구하려면 어떻게 해야 하는지 식을 세워 봅시다.

⇨ 걸린 시간(3시간) × 속력(150km) = 이동한 거리(450km/시)

⇨ 단위에 대하여 생각해 보기(분속, 초속, 시속 등)

⇨ 두 대상 간의 단위가 다를 때 어떻게 해야 할까?(예 : 한 대상은 단위가 m이고 다른 대상은 단위가 km일 때, 또는 한 대상은 단위가 '초'이고 다른 대상은 단위가 '분 또는 시'일 때 등)

⇨ 이 원리를 이용하여 속력 관련 문제 해결하기[교과서 속에 제시된 속력 관련 공식 (속력) = (이동한 거리) ÷ (걸린 시간)과 (걸린 시간) × (속력) = (이동한 거리) 사이의 관계 이해 돕기]

⇨ '비' 개념으로 바라본 속력 = 걸린 시간(기준량)에 대한 이동 거리(비교하는 양)의 비

⇨ '비율' 개념으로 바라본 속력 = 이동한 거리(비교하는 양) ÷ 걸린 시간(기준량)

※ 교과서 속 문제 해결하기 : 116~117쪽

2. 비율이 사용되는 경우 2 – 인구 밀도에 대하여

발문 2 인구 밀도란 무엇인가?

⇨ 일정한 면적(단위면적 : 1km²)에 살고 있는 사람의 수를 <u>비율로 나타낸 것</u>(단위면적에 대한 사람의 수)

－ '비율로 나타낸 것'의 의미 : 무엇이 기준량이고 무엇이 비교하는 양인지 개념 형성하기

－ 인구 밀도 $= \dfrac{\text{인구수(비교하는 양)}}{\text{넓이}(km^2 = \text{기준량})} =$ 인구수 ÷ 넓이(km^2) 이해하기

- 인구 밀도가 높다/낮다는 것은 어떤 의미?
⇨ 이 공식에 실제 문제 상황 대입하기
(예시 문제) 넓이 15km²의 땅에 인구 3,000명이 살고 있다. 이곳의 인구 밀도는 얼마인가?
※ 교과서 속 문제 해결하기 : 118~119쪽

3. 비율이 사용되는 경우 3- 농도(용액의 진한 정도)에 대하여

발문 3 소금물 300g에 대한 소금의 양 75g을 비로 나타내기
⇨ 75(비교하는 양) : 300(기준량)
- 이를 분수로 나타내면? $\frac{75}{300}$
- 이를 소수로 나타내면? 0.25
- 이를 백분율로 나타내면? 25%
⇨ 백분율의 응용과 같은 원리로 이해하기

용액의 진하기 = [(용질의 양) ÷ (용액의 양)] × 100 = $\frac{용질의 양}{용액의 양}$ × 100

$= \frac{75}{300} × 100 = \frac{25}{100} × 100 = 25\%$

※ 교과서 속 문제 해결하기 : 120~121쪽

13차시 수업 소감

다른 단원보다 훨씬 길기도 하여 아이들이 더 힘들어했던 비와 비율 단원도 이제 막바지로 접어들고 있다. 그 가운데 하나인 속력을 1시간 동안 다루어 보았다. 1시간 안에 끝내 보려고 했던 이유는 5학년 과정에서 과학 시간에 아이들은 물체의 속력과 관련하여 한 단원 내내 다루었던 경험을 갖고 있기 때문이었다. 그래서 본 차시 활동은 별 무리 없이 진행될 것이라 생각하였다. 그런데 그것은 나의 착각이었다. 차시 학습 초반 아이들은 자신들이 속력에 대하여 충분히 알고 있다고 자신하고 있었다. 물론 처음에는 그러했다. 하지만 내용이 전개될수록 제대로 이해하지 못하고 있다는 증거들이 곳곳에서 발견되었다. 우선 속력에 대한 이해를 돕기 위해 표로 평균 속력, 시간, 간 거리 간의 관계를 살펴보면서 시간과 거리 사이에 일정한 비가 존재함을 확인해 보았다. 또한 속력을 나타내는 방법으로 초속, 분속, 시속이 있다는 것, '/초, /분, /시'의 의미가 1초(1분/1시간) 동안 간 거리를 의미한다는 것도 함께 확인하였다. 그런 뒤에 '80km/시'의 속력으로 5시간 동안 간 거리를

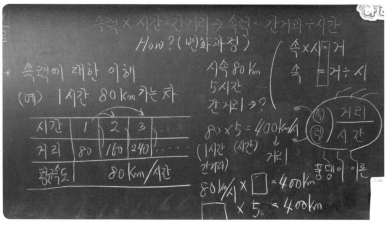

속력을 다루는 차시 칠판 판서 사례

예로 들어 몇 가지 상황을 살펴보았다. 그 내용은 아래와 같다.

(1) 총이동거리를 알려면 어떻게 할까? ⇨ 속력×시간을 하면 된다고 답변이 금방 나왔다. 80km/시×5시간 = 400km
(2) 80km/시(속력)×□(이동 시간)=400km(간 거리) ⇨ 이동 시간을 알려면 어떻게 해야 할까?(물론 아이들은 간 거리를 속력으로 나누면 된다고 금방 답변하였다.)

(3) □(속력)×5시간(이동 시간)=400km(간 거리) ⇨ (속력을 알려면 간 거리를 시간으로 나누면 평균 속력이 나온다고 역시 잘 답변하였다.)

이를 통해 교과서 속에 제시된 속력=(간 거리)÷(시간)을 자연스럽게 이해할 수 있게 되었다고 판단하였다. 그런데 이런 식이 어떻게 유도되는지 아이들이 증명해 볼 수 있지 않을까 하는 생각에 아이들에게 토의·토론 질문으로 이렇게 질문을 해 보았다.

〈속력×시간=간 거리〉 ⇨ 왼쪽의 식이 〈속력=간 거리÷시간〉으로 어떤 과정을 통해서 바뀌게 되었는지 수학적으로 증명해 보기

교실은 순식간에 토의·토론의 장으로 바뀌었다. 그런데 5분여 시간이 지나도 실마리를 찾지 못하였다. 그래서 힌트를 제시하기로 하였다.

"등호(=)를 중심으로 아래의 두 식이 어떻게 하면 같아질 수 있는지 생각해 보기 바란다."

$$속력 × 시간 = 간\ 거리$$
$$속력 = 간\ 거리 ÷ 시간$$

그래도 아이들은 어떻게 해야 할지 갈피를 잡지 못하였다. 그래서 한 가지 더 예를 들어 설명을 해 주었다.

$$3×8=4×6$$
⇨ 이 식에서 등호(=)의 왼쪽과 오른쪽을 똑같은 수(예를 들어 2)로 나누어도 결과는 달라지지 않는다.

이 사례를 실마리 삼아 유도 과정을 생각해 보라고 강조하였다. 또 다시 5분여 시간이 흘렀을까, 겨우 한 명의 아이가 이제 알았다고 하면서 자신이 발표해 보겠다고 말을 하였다. 어쩔 수 없이 그 아이에게 설명을 부탁하였다.

"〈속력×시간=간 거리〉에서 등호 왼쪽과 오른쪽을 똑같이 시간으로 나누면 '(속력×시간)÷시간=간 거리÷시간'으로 식이 바뀌게 됩니다. 그리고 이 식을 분수로 고치면 $\frac{속력×시간}{시간}$ $=\frac{간\ 거리}{시간}$가 됩니다. 그런데 등호의 왼쪽에서 분자와 분모에 있는 '시간'은 서로 약분되기 때문에 왼쪽에서 '속력'만 남게 됩니다. 그래서 속력=$\frac{간\ 거리}{시간}$가 되는 것입니다."

아주 정확한 이해와 설명이라서 더 설명할 내용이 없었다. 그러나 아이들은 그 설명에도 고개를 갸웃하였다. 제대로 이해

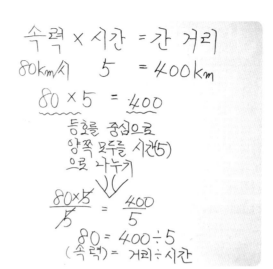

식의 유도 과정 안내 칠판 판서

를 하지 못하겠다는 표정이었다. 그래서 실제 예시를 통해 다시 한 번 설명을 해 주기로 마음먹고 앞에 나왔던 사례를 통해 안내를 해 보았다. 그러자 이제 어느 정도 이해를 하였다는 표정을 보였다. 이렇게 식이 만들어지는 과정을 정확히 이해하게 되면 '속력=간 거리÷시간'이라는 것도 자연스럽게 이해된다는 것을 강조함과 동시에 이런 과정을 통해 선생님이 직접 만들어 낸 이론이 바로 '풍뎅이 이론'이라고 아이들에게 그림을 그려 가며 허풍을 떨

듯이 말해 주었다. 그랬더니 아이들은 "선생님, 뻥이시죠. 그거요!" 하면서 크게 웃어 보였다. "아니야. 선생님이 정말로 엄청 연구해서 만들어 낸 것이야!" 하면서 우겨 보았다. 그런 후에 바로 이어서 지금까지 살펴본 바를 바탕으로 교과서 속 문제를 직접 해결해 보라고 하였다. 그런데 얼마 시간이 지나지 않아 또 다른 벽에 막혔다. 소위 난개념이라는 것이었다. 교과서 속에는 속력과 관련된 문제에서 기준량이 얼마인지 묻는 질문이 있었다. 아이들은 이것과 앞서서 함께 알아본 수식과의 관계를 제대로 연결 짓지 못하였다고 나는 판단하였다. 그래서 또 다시 모두에게 다시 한 번 보충 설명을 해 주었다.

$$속력=간\ 거리÷시간=\frac{간\ 거리}{시간}$$

위와 같이 생각해 볼 때 '분모=기준량'이 되고 '간 거리=비교하는 양'이 되는 것이 당연한 것이라 설명해 주었다. 그랬더

니 몇몇 아이들이 "아, 그거였구나." 하면서 이제 이해하였다는 듯 다시 교과서 속 문제 풀이에 집중하기 시작하였다. 그런데 시간이 얼마 지나지 않아 몇 명의 아이들이 또 난개념에 봉착하였다. '60m/초에서 기준량이 무엇인가?' 하는 질문에서 기준량이 얼마인지 찾지를 못하는 것이었다. 그리고 자신 있게 이것을 설명하는 아이들이 나타나지도 않았다. 그래서 '60m/초'의 의미가 무엇인지 질문해 보았다. 대답은 잘하였다. "'초속 60m/초'란 어떤 물체가 1초 동안 이동한 거리가 60m라는 것을 가리킨다." "그렇다면 이것을 앞에서 살펴본 식에 그대로 대입하면 어떻게 되지?" 그랬더니 한참 생각하고 서로 정보를 공유한 끝에 "60m/초(속력)=$\dfrac{60m(간\ 거리)}{1초(시간)}$"로 정리를 해 주었다. 그렇게 하고 나니 이제야 기준량, 비교하는 양이 눈에 보였던 모양이었다. 또 다시 아이들은 "이제, 알았다. 그거였구나." 하고 말하면서 문제를 해결해 나갔다. 한편으로는 초속과

시속 간의 관계에서 단위를 시속으로 일치시켜 보는 과정(초속 ⇨ 시속으로 바꾸려면 1초 동안 이동한 거리에 3,600을 곱해야 한다는 점)에서도 난개념을 한 번 더 형성하기도 하였다. 그렇게 계속 산 넘어 산과 같은 어려운 과정을 반복하고 나니 본래 계획하였던 시간보다 20분가량이 더 사용되어 실제적으로 60분 수업을 하는 것과 같은 셈이 되었다. 그래서 이어질 다음 교과목 수업에 지장이 초래되었다. 이렇게까지 어려워할 것이라 예상하지는 못하였던 터라 나도 상당히 당황스러웠다. 그래서 다음 차시인 인구 밀도와 농도를 다루는 내용까지도 걱정되었다. 하지만 그 내용은 조금 다른 점이 있어서 쉽게 이해할 수 있을 것이라 생각하고 오늘 수업을 바탕으로 좀 더 세밀한 주의를 기울여 수업을 디자인해야겠다고 마음먹고 수업 연구에 들어갔다.

14차시 수업 소감

인구 밀도에 대한 내용을 다루는 수업이었다. 이 내용은 아이들이 굉장히 쉽게 이해하였다. 인구 밀도에 대한 개념(의미)만 정확히 이해하기만 하면 되는 내용이었다. 일정한 크기의 면적(단위면적)에 살고 있는 인구의 수, 인구 밀도가 높다는 것은 그만큼 인구가 많다는 것, 낮다는 것은 인구가 적다는 것을 아이들은 비교적 잘 이해하고 있었다. 개념만 점검해 주고 교과서 및 익힘책 문제를 먼저 스스로 풀어 보고 짝-모둠원끼리

도움을 주고받으라고 안내하였다. 특별한 어려움은 없었다. 또한 전자계산기를 1인당 1개씩 나누어 주고 문제를 해결해 보라고 하였다. 왜냐하면 교과서에 제시된 자료들이 모두 꽤 큰 수치를 다루었기 때문이다. 그러자 아이들은 굉장히 좋아하였다. 대체로 주어진 시간 안에 서로 도움을 주고받으면서 과제를 모두 마무리하였다. 한 문제씩 천천히 함께 해결해 나가면서 확인도 하였다. 그렇게 40분을 수월하게 보냈다.

15차시 수업 소감

드디어 기나긴 단원 수업의 마지막을 맞이하였다. 용액의 진하기-농도를 다루는 내용. 그러나 원리는 백분율과 같다는 것. 이를 위해 아이들이 '기준량=전체 값(용액의 양), 비교하는 양=용질의 양'을 이해하기만 하면 된다는 것에 포커스를 맞추어 수업을 진행하기로 계획하고 수업 초반에 원리를 함께 탐구해 나가는 과정을 배치하였다.

용액의 진하기에서는 두 대상을 용질과 용액의 양으로 삼는다는 것, 용액은 '용질+물'의 양이라는 것, 물의 양만 따로 떼어내서 비교하지 않는다는 것 등을 함께 살펴보았다. 이후에

사례를 들어 두 대상 간의 관계를 비로 표현하고 비율, 백분율로 표현하는 과정 속에서 자연스럽게 농도로 연결 지었고, 이와 관련된 응용 활동도 함께 다루어 보았다. 여기까지 약 15분 정도 시간이 사용되었다. 남은 시간은 개인별, 모둠별로 교과서 속 문제 해결에 들어갔다.(이 과정에서 공식을 이용한 문제 해결 및 백분율과 관련된 감각적 문제 해결도 충분히 잘 이용할 수 있도록 강조하고 도움이 필요한 아이들에게 이런 방법을 활용한 문제 해결도 가능하다는 점을 지속적으로 강조해 나갔다.) 소수의 아이들만 용액의 무게와 용질의 무게와의 관

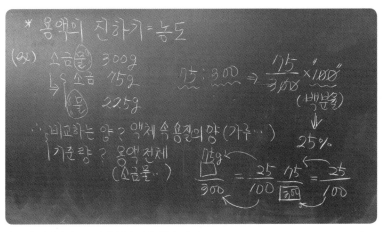

용액의 진하기-농도 관련 핵심 내용 칠판 판서

탕 등)'이라는 점, 여기에서 소금이나 설탕을 뽑아내면 물만 남는다는 것을 강조하고 또 강조하였다. 교과서 속 문제도 짝-모둠원들끼리 서로 도움을 주고받으며 별 어려움 없이 잘 해결하였다. 무게의 단위가 다른 경우에도 단위를 서로 맞추어 가며 문제를 잘 해결해 나갔다. 이제 마지막으로 마무리 평가만 남았다. 좀 더 시간 여유가 있다면 단원 내용과 관련된 문제를 많이 만들어 나누어 주고 충분히 익숙해질 수 있을 때까지 문제 풀이 시간을 주고 싶었지만 수학 학습에 대하여 습(習)의 시간까지 학교에서 책임질 수 있는 것

계 속에서 물의 무게를 따로 다룰 수 있다는 점에 대하여 오개념을 갖고 있었다. 이 아이들은 '용액=물'이라는 개념을 쉽게 버리지 못하여 생긴 일이라 여기고 '용액=물+용질(소금, 설

은 분명히 아니라는 점, 개인의 몫도 있다는 점을 생각하며 스스로 배움공책을 활용하거나 개인적인 공부 시간을 확보하여 꼭 복습할 것을 강조하는 것으로 마침표를 찍었다.

🌱 16차시   단원 정리 – 단원 평가

원의 넓이

01 단원 소개 및 문제의식 갖기

교사용 지도서를 보면 이 단원은 크고 작은 원을 비교해 보는 활동을 통해 '원주와 원의 넓이는 원의 지름(또는 반지름)에 의해서 정해진다'는 사실을 이해하고 구체적인 측정 활동을 통해 원주와 지름 사이에 일정한 비율이 있다는 것을 귀납적으로 발견할 수 있도록 한다고 되어 있다. 또한 그 과정에서 원주율을 이해하고, 이를 활용하여 원주·지름·반지름의 길이를 구하도록 하며 원의 넓이를 어림해 보고 직사각형 (또는 평행사변형 등)의 넓이 구하는 방법을 이용하여 원의 넓이를 구하는 방법을 유도하는 과정을 통해 수학적 개념이 확장되는 과정을 이해하도록 한다고 되어 있다. 학습 목표 및 단원 발전 계통을 살펴보면 아래와 같다.[1]

영역	단원 학습 목표
내용	1. 지름에 대한 원주의 비율이 원주율임을 이해할 수 있다. 2. 원주율을 이용하여 원주, 지름, 반지름을 구할 수 있다. 3. 원의 넓이를 내접·외접 다각형과 모눈종이를 이용하여 어림할 수 있다. 4. 원의 넓이를 구하는 방법을 이해하고, 여러 가지 원의 넓이를 구할 수 있다.
과정	1. 원주와 원의 넓이를 구하는 방법을 이용하여 관련된 문제를 해결할 수 있다. 2. 지름에 따라 원주와 원의 넓이 변화를 이용하여 추측하는 활동을 통해 추론하는 능력을 기를 수 있다. 3. 이미 알고 있는 도형의 넓이를 이용하여 원의 넓이를 구하는 방법을 추론할 수 있다. 4. 원의 넓이를 구하는 수학적 아이디어를 표현할 수 있으며 다른 사람과 의사소통을 할 수 있다.
태도	1. 일상생활에서 원주와 원의 넓이를 측정하는 활동을 통해 수학의 유용성을 깨닫고 흥미를 가질 수 있다. 2. 스스로 수학적 사실을 추측하고 이를 설명하는 과정을 통해 자신감을 가질 수 있다.

단원의 발전 계통		
선수 학습	본 학습	후속 학습
3학년 원의 구성 요소, 지름과 반지름의 관계, 5학년 다각형의 둘레, 다각형의 넓이	• 원주와 원주율 알아보기 • 원주율을 이용하여 지름, 반지름, 원주 구하기 • 원의 넓이 어림하기 • 원의 넓이 구하기 • 여러 가지 원의 넓이 구하기	직육면체의 겉넓이, 원기둥과 원뿔

---

1 2009 개정 교육과정에 따른 수학과 교사용 지도서 6학년 1학기. 2015. pp. 265~269.

위의 내용에 근거를 두고 교사용 지도서는 본 단원의 전개 계획을 아래와 같이 제시[2]하였으나 현장에서 그대로 따라서 지도하기에는 무리가 있다는 생각이 든다.

차시	재구성 이전	수업 내용 및 활동
1	단원 도입	생활에서 원으로 이루어진 시설이나 물건을 찾아보고 원으로 만들어진 이유 생각해 보기, 원주나 원의 넓이를 구해야 하는 상황을 이야기하게 하기
2	원주율을 알 수 있어요	원의 지름과 원주의 관계 예측하기, 지름에 대한 원주의 비율을 구하고 상황에 알맞게 원주율의 근삿값을 이용하게 하기
3	지름을 구할 수 있어요	원주율을 이용하여 지름·반지름을 구하는 방법 알게 하기, 원주에 따른 지름의 변화 추론하기
4	원주를 구할 수 있어요	원주율을 이용하여 원주를 구하는 방법 알기, 지름과 원주의 관계 추론하기
5	원의 넓이 어림하기	원에 외접하는 정사각형, 원에 내접하는 마름모의 넓이를 비교하여 원의 넓이 어림해 보기, 모눈종이를 이용하여 원의 넓이를 어림해 보고 보다 정확하게 넓이 구하는 방법 찾기
6	원의 넓이 구하는 방법 알기	다양한 평면도형을 이용하여 원의 넓이를 구하는 방법 추론하기, 원을 여러 조각을 내어 다양한 모양으로 붙이고 넓이 구하기, 원의 넓이 구하는 방법을 이해하고 원의 넓이 구하기
7	여러 가지 원의 넓이 구하기	원의 넓이 구하는 방법을 활용하여 여러 가지 원의 넓이 구하기, 지름에 따른 원의 넓이의 변화 추론하기
8	공부를 잘했는지 알아보기	이 단원에서 배운 내용을 문제를 풀며 정리하기
9	문제 해결	생활에서 원주와 원의 넓이 측정의 필요성을 알고 구하게 하기
10	놀이마당	바둑돌이 멈춘 곳의 원주 또는 원의 넓이를 이용하여 반지름을 구하게 하기

문제의식을 갖게 만드는 점 몇 가지를 살펴보면 아래와 같다.

단원 지도를 위한 수업 시수 분배의 문제

지도서를 보면 총 10차시로 구성되어 있다. 하지만 스토리텔링, 평가 및 문제 해결, 놀이마당 등을 제외한다면 실제로는 6차시로 구성되어 있다고 봐야 할 것이다. 그런데 이런 구성은 학생들의 사고 과정을 잘 반영하지 못한 구성이다. 왜냐하면 이 단원을 학생들은 매우 어렵게 여기기 때문이다. 2014년에 6학년 담임교사를 하면서 경험했던 이야기를 짧게 소개해 보고자 한다. 쉬는 시간에 한 아동이 말을 걸어왔다.

---

2 2009 개정 교육과정에 따른 수학과 교사용 지도서 6학년 1학기. 2015. p. 271.

아동 : 선생님, 오늘 수학 뭐 공부해요?

교사 : 지난 시간에 4단원 끝난 것 기억하지? 그러면 오늘은 5단원 진도 나가겠지? 그래, 뭐가 궁금해서 그러는데?

아동 : 5단원이요? 원 넓이요? 그 단원 너무 어려운데…

교사 : 어려워서 잘 못할 것 같아 걱정되는구나.

아동 : 네, 원주와 원 넓이 너무 어려워요.

교사 : 그렇게 생각할 수도 있지. 하지만 걱정하지 말거라. 선생님이 최선을 다해 쉽게 안내할 수 있도록 할게.

단순한 사례지만 학생들은 6학년 1학기 수학 내용 가운데 비와 비율 단원과 함께 원의 넓이 단원을 매우 힘들어한다. 왜냐하면 교과서 내용이 단순히 원의 넓이를 구하는 데서 끝나지 않고 그것을 응용한 문제 풀이 중심으로 구성되어 있기 때문이다. 그럼에도 불구하고 배정된 시간은 무척 짧아서 교사의 재량으로 수업 시간을 늘리거나 내용을 재구성하여 지도하지 않으면 안 되는 곳이 바로 원의 넓이 단원이다. 어떤 내용으로 수업 시간을 보내느냐에 따라 수업 시수의 안배 문제는 발생할 수밖에 없을 것이라 판단된다. 현재 교과서 구성상 수업 시수와 관련된 문제점을 살펴보면 아래와 같다.

1. 단원 도입을 위한 스토리텔링 : 여전히 불필요한 이야기로 1시간을 소비하고 있다는 생각이 든다. 오히려 실생활 속에서 원 모양이 갖는 의미와 특성, 어떤 사물들은 왜 원 모양으로 만들어 사용하는 것인지에 대하여 수학적·과학적 원리를 이해할 수 있는 이야기(생활 속 수학, 과학)로 열어 가는 것이 더 좋을 것이라 생각된다.

2. 원주율과 지름, 원주는 함께 다루어야 할 것들이다. 따로 분절적으로 다루어서는 안 되는 내용을 각기 다른 개념인 것처럼 1차시씩 분리하여 교과서를 구성하였다. 세 가지 개념을 함께 다루면서 각 개념 간의 관계를 이해할 수 있도록 수업을 설계할 필요성이 대두되는 지점이라 할 수 있다. 따라서 학생들이 직접 작도 및 측정 활동을 경험해 보면서 원주와 지름 간의 관계, 원주와 원주율과의 관계, 지름과 원주율의 관계 등을 발견해 낼 수 있도록 수업을 디자인해 보려는 노력이 필요하다.

3. 본 단원의 핵심은 원의 넓이를 구하기 위하여 어떤 노력이 필요한지를 생각해 보고 이를 바탕으로 이미 넓이를 구하는 방법을 알고 있는 도형으로의 등적변형을 통해 원의 넓이를 구하는 공식을 유도해 내는 것이라 할 수 있다. 따라서 원의 넓이를 어림하는 활동은 간략히 다루고 원을 여러 조각으로 만들어 직사각형(또는 평행사변형) 모양으로 등적변형시킨 후 직사각형의 넓이 구하는 방법에 원의 지름 또는 반지름을 대입하여 공식을 직접 유도해 낼 수 있는 활동에 보다 많은 시간을 할애하는 것이 더 좋을 것이라 판단된다.

적지 않은 학생들의 선행학습으로 인하여 발생하는 문제점

6학년 학생들을 지도했던 다년간의 경험에 의하면 학원 등에서 선행학습을 한 학생들은 원주율($\pi = 3.14$: 근삿값) 및 원의 넓이를 구하는 공식에 대하여 이미 알고 있음을 수업 중에도 수시로 이야기하여 활동에 방해가 되기도 하였다. 대표적인 사례는 아래와 같다.

(사례) 원주율을 알아보는 활동에서 직접 실이나 끈 또는 줄자 등으로 원 둘레의 길이와 원의 지름 사이의 관계를 측정하여 탐구해 보지 않고 바로 이렇게 이야기하는 학생들이 있었다.

"그거 재어 보나 마나야. 3.14 정도 나와."

다른 학급의 공개수업 시간에도 교과서 내용 그대로 직접 다양한 원 둘레의 길이와 지름의 길이를 측정하고 두 측정값 사이의 관계를 파악하는 활동에서 선행학습의 결과가 그대로 드러나는 것이 관찰되기도 하였다. 예를 들어 어떤 모둠에서는 대충 원의 둘레의 길이만 측정하고 지름은 측정하지 않은 채 바로 원주율($\pi = 3.14$: 근삿값)로 나누어 계산식으로 구하는 모둠도 있었고, 어떤 모둠에서는 지름의 길이만 측정하고 원주의 길이는 측정하지 않은 채 바로 3.14를 곱하여 계산한 결과를 표에 기록하기도 하였다. 이것이 바로 학원 교육의 문제점이다.

이럴 경우에는 아래와 같은 질문을 통해 결론보다는 끊임없이 탐구하고 사고하는 과정이 중요하다는 사실을 학생들이 깨달을 수 있도록 도와주어야 한다. 이후에 이어질 원의 넓이를 구하는 것도 같은 맥락에서 지도해야 한다.

(질문 예시 1) 왜 3.14라는 값이 사용되는지 말해 볼 수 있겠니?

(질문 예시 2) 공식은 잘 알고 있구나. 그런데 사각형이나 삼각형의 넓이를 구하는 것과 원의 넓이를 구하는 공식 사이의 차이점은 무엇인지 설명할 수 있겠니?

초등 기하학의 중요 목표에 맞게 학생들을 꼬마 수학자로 변화시키지 못한 점

초등 기하학에서 가장 중요한 기초는 공간 감각으로서의 관찰과 조작 경험이라고 말할 수 있다. 그런데 교과서 내용을 살펴보면 조작과 관찰이 전혀 없는 것은 아니지만 조작 활동의 반경이 매우 개별적이고 작으며 보다 더 많은 활동들이 주어진 문장 속에 조건을 파악하여 수식으로 계산 결과 값만 구해 내기만 하면 된다는 식의 구성이 주를 이루고 있다. 특히 원의 넓이 단원에서는 크기가 작은 원보다는 보다 큰 원을 통해 여러 학생들이 마치 학자가 학문을 연구하듯이 협동적으로 온몸을 움직이며 의사소통을 하고, 다양한 전략을 사용하여 실제 측량도 하면서 학습에 임하는 것이 좋다고 본다면 학생들이 직접 온몸을 움직

이면서 행하는 경험을 통해 활동 목표에 도달할 수 있도록 내용 구성이 되어 있지 못해 아쉽기만 하다.

불필요한 질문에 대한 고민

교과서 내용을 살펴보면 군이 하지 않아도 될 질문[3]이나 의도가 파악되지 않는 질문[4]들이 매 차시마다 등장한다. 이런 질문이 원의 넓이 단원에만 등장하는 것은 아니지만 유달리 더 많이 등장하고 있다는 것을 발견하게 된다. 따라서 교사는 자신이 의도한 목표에 맞게 단원 교육과정을 재구성하고 차시별로 세밀하게 디자인하여 그에 맞는 적절한 핵심 질문을 만들어 내려는 지혜가 매우 많이 요구된다.

공식을 활용한 원의 넓이 구하기에서 벗어나지 못한 교과서 내용 구성

본 단원은 공간 감각이 얼마나 중요한지를 알게 해 주는 단원이라 할 수 있다. 공간 감각은 '살아가는 힘'의 하나로 세상을 어떻게 경험하고 인식하고 이해하는지에 직결된 것이기에 매우 중요한 것이다. 그런데 아이들이 이 단원을 어렵게 생각하는 이유는 공간 감각을 키우는 단원이라는 인식에서 벗어나 단지 공식을 활용하여 문제를 풀고 정답을 구하는 활동에만 몰입하였기 때문에 발생하는 문제라 할 수 있다. 특히 선행학습을 한 아동들에서도 그런 점들이 많이 나타났다.(선행학습을 했다고 하지만 제대로 배웠거나 제대로 이해를 하고 학교 수업 활동에 참여하는 아이들이 그리 많지는 않다. 적지 않은 아이들은 학원에 다닌 효과가 별로 없다고 봐도 과언이 아니다.) 왜냐하면 문제 풀이, 정답을 구하는 활동에 집중한 학원식 교육을 받았기 때문이다. 예를 들어 살펴보자.

3　예를 들어 본시 학습 1차시 첫 질문부터 '원주는 지름의 몇 배쯤 될 것이라 생각하는가?(특히 이 질문은 이미 원 둘레와 지름 사이에 밀접한 관계가 있다는 것을 알고 있다는 전제하에 할 수 있는 질문이라 여겨진다. 교사들은 이미 그 관계를 알고 있으나 학생들은 이제 막 학습을 시작하는 단계에 있으니 서로 관련이 있음을 아직은 모르고 있는 상태라고 봐야 마땅하다. 그러니 처음부터 이런 질문을 해서는 안 되는 것이다. 따라서 교사는 출발 단계부터 학생들의 상황을 잘 고려하여 발문을 하고 그들의 생각을 차근차근 이끌어 내기 위해 최선을 다해야 한다.) 왜 그렇게 생각하는가?' 또는 원의 넓이를 구하는 방법 알기 차시에서 활동 초반에 '평행사변형 넓이는 어떤 도형의 넓이를 이용하여 구할 수 있는가? 원의 넓이는 어떤 도형의 넓이를 이용하여 구할 수 있는가?'라는 것이 등장한다. 이 질문에 학생들은 과연 어떻게 답을 해야만 할까? 이 질문을 통해서 필자는 무엇을 알고 싶었던 것인지, 학생들에게서 어떤 답을 기대한 것인지 궁금해진다. 그냥 어림 또는 직관을 묻는 것이라고 한다면 이 활동에서 이것이 왜 필요한지 다시 한 번 더 묻고 싶어진다.

4　예를 들어 원주율을 알아 가는 과정에서 '$3\frac{1}{7}$과 3.14 중 어느 것이 원주율에 더 가깝다고 생각하는가?'와 같은 질문은 왜 있는 것인지 잘 모르겠다. 지도서 내용을 보면 $3\frac{1}{7}$이 원주율에 더 가깝다고 설명되어 있는데 그렇다면 앞으로 원주율과 관련된 활동에 3.14가 아니라 $3\frac{1}{7}$을 사용해야 하는 것 아닐까? 그것이 아니라면 이 질문의 의도는 과연 무엇이었을까? 궁금해지는 대목이다. 굳이 필자가 요구하는 정답을 찾아야 하는 것이 학생들이 해야만 하는 활동, 학생들이 알아 가야만 하는 해답이 아니라고 한다면 교사는 교과서 속 질문 하나하나에 대하여 깊이 있게 고민해야만 한다. 충분히 질문에 대한 의도를 파악한 뒤 본인이 설계한 수업과 거리가 멀거나 불필요하다고 판단된다면 과감히 버리거나 질문을 바꾸어 수업을 진행하려는 지혜가 필요하다.

질문 1 색칠된 부분의 넓이를 구하시오.

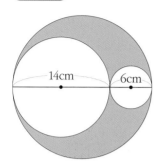

이런 문제를 접한 아이들 가운데 상당수는 무엇을 어떻게 해야 할지 몰라서 가만히 그림만 멀뚱멀뚱 쳐다보고만 있는 모습을 쉽게 발견하게 된다. '그냥 검은 것은 글씨고 선이고, 색깔은 왜 노랗지? 그리고 이 원은 도대체 뭐야?' 이런 생각을 하고 있는 것처럼 보인다. 이런 아이들은 보통 그림을 제대로 관찰하기보다는 공식을 머릿속에 먼저 떠올린다. 그 공식에 어떤 숫자를 넣어야 답을 구할 수 있는지만 생각하고 있다고 보면 된다. 다시 말해서 전체로서의 색칠된 원과 색칠이 되지 않은 부분 원과의 관계를 제대로 인지하지 못하고 있는 것에서 비롯된 문제인 것이다. 이런 현상은 이 단원의 선행학습에서 기하학다운 학습을 제대로 하지 않았다는 결론으로 직결된다. 학교 현장에서 선행학습에 그다지 좋은 인식을 갖고 있지 못한 이유(단지 먼저 배웠다는 것이 아니라 제대로 배우지 못했다는 점 – 제대로 가르치지 않았다는 점)가 바로 여기에 있다. 왜냐하면 학원에서 지도하는 강사들은 초등교육에서 다루고 있는 기하학의 핵심과 중요성에 대하여 제대로 이해하고 있지 못하여 공식만 외우고 계산에 의하여 정답만을 구하도록 지도하였기 때문이다. 그리고 그런 상황은 학교 교육 현장인 교실에서도 똑같이 나타나기도 한다. 그래서 학원 선행학습 결과나 학교 교육의 결과나 별 차이를 느끼지 못하는 경우도 보게 된다. 이것은 엄밀하게 따져 교육이라 할 수 없다. 오히려 강제로 밀어 넣는 주입에 가깝다.

질문 2 색칠된 부분의 둘레의 길이와 넓이를 구하시오.

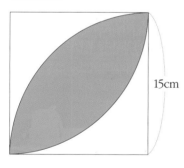

공간 감각이 떨어지는 아이들은 이런 문제를 만나게 되었을 때 바로 어려움에 직면하게 된다. 이런 생각을 하면서 말이다. '어, 이상하다? 이것은 럭비공처럼 생긴 모양인데. 이런 모양의 넓이와 둘레의 길이를 구하는 것은 배운 적이 없는데? 공식에다 어떤 숫자를 넣어서 풀어야 하지?' 이런 아이들 역시 도형을 바라보면서 공간적 이해나 조작 활동이 없이 공식을 떠올리기만 하는 잘못된 훈련을 받은 피해자라 할 수 있다.

공교육 현장에서 교사들이 교육과정이나 교과서 내용을 지혜롭게 재구성해야 할 필요성과 이유는 바로 이런 피해를 입은 아이들을 제대로 치유하기 위함이라 생각하면 틀림이 없겠다.

② 단원 재구성을 위한 방안

넓이를 구하는 단원의 본질은 공식에 숫자를 대입하여 계산하고 정답을 구하는 것이 아니다. 초등 기하학에서 가장 중요한 핵심 역량 하나를 꼽는다면 공간 감각으로서의 관찰이라 말할 수 있다. 그리고 필자는 이것을 '살아가는 힘'이라 부르기도 한다.

1 지금까지 형성된 자신의 인지적 발달 수준(현재 발달 수준)에 맞추어 주어진 상황(도형) 관찰하기

2 주어진 상황(도형)에 다양한 조작 활동(자르거나 오리기, 보조선 긋기, 옮기기, 돌리기, 끼워 맞추기 등) 경험하기

3 자신의 현재 발달 수준 위에서 새로운 도형을 만드는 조작적 경험(근접발달영역 내의 활동)을 쌓고 이를 통해 지식을 새롭게 재구성(잠재적 발달 수준 영역으로 성장)하기(근접발달영역 내에서 학습이 발달을 선도한다.)

또한 초등 기하학에서 수업을 할 때 교사가 잊지 말아야 할 것은 관찰을 바탕으로 생각하거나 조작 활동한 것에 대하여 있는 그대로 자신의 언어로 많이 말하게 하는 것이라는 점이다. 그 이유는 다음과 같다.

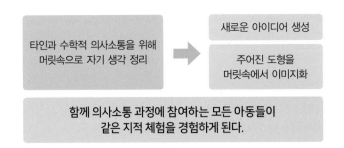

이와 같은 생각을 밑바탕에 두고 다음과 같이 단원 재구성 방안을 강구해 보았다. 본 단원의 핵심적인 내용을 질문 형식으로 정리해 보면 다음과 같다.

질문 형식으로 정리해 본 단원 핵심 내용

(1) 원주율은 왜 필요한가?(원주율의 의미를 이해하는 것이 핵심)

(2) 원주율은 어떻게 해서 3.14라는 근삿값을 사용하게 되었는가?

(3) 원 둘레의 길이와 넓이 구하는 공식은 어떻게 해서 나온 것인가?

(4) 원주와 원의 넓이를 이용한 다양한 문제 해결하기

위의 네 가지를 이해하고 설명할 수 있다면 본 단원 목표는 달성한 것이라고 나는 판단하였다.(학원 수업처럼 복잡한 응용문제를 풀어 답을 구하는 것이 목표가 아니라고 판단함.) 내용은 간단하지만 실제

학습 과정은 생각보다 복잡하고 시간이 많이 필요하다고 생각하였다. 그래서 활동 시간을 충분히 늘려 보았다. 왜냐하면 아이들이 본 단원에 대한 완벽한 인지 구조를 갖는 데 6시간은 충분하지 않다고 보았기 때문이다.

꼭 필요한 실생활과의 연계

원이라는 평면도형에 대하여 실생활과 관련하여 좀 더 의미 있는 연결 짓기가 필요하다고 판단되어 1시간 정도를 스토리텔링 대신에 '실생활과 수학'이라는 주제로 몇 가지 의미 있는 탐구 및 원의 특성에 대하여 살펴볼 수 있도록 할 계획이다. 또한 재구성한 활동을 중간 점검하는 차원에서 교과서 내용을 살펴보면서 교과서를 워크북 형태로 활용할 수 있는 시간도 1시간 배치할 계획이다.

꼬마 수학자가 되게 하기

앞에서 밝힌 바와 같이 단원 교육과정을 재구성할 때 학생들이 꼬마 수학자가 되어 오랜 세월을 거쳐 오면서 만들어진 수학이라는 인류문화유산을 직접 탐구해 낼 수 있도록 방향을 설정하였다. 실제로 과거역사 속에서 수학자들이 행하였던 활동과 비슷한 맥락의 활동을 직접 경험해 보면서 학생들은 원주, 원주율, 지름 간의 관계를 밝혀내고 원주율에 대한 개념을 정확히 이해하고 넘어갈 수 있을 것이라 판단된다. 수업 모형은 팀 기반 협동적 활동이 될 것이며 활동 과정에서 활발한 수학적 의사소통 및 문제 해결 전략 세우기 활동이 이루어질 것이라 예상된다.

03 단원 지도를 위한 재구성의 실제

차시	재구성 이후	수업의 목적
1	실생활과 수학	실생활에서 원과 관련된 이야기를 통해 원 모양의 특성과 활용도 알기
2	원주와 지름 사이의 관계	자전거 바퀴를 생각하며 원주와 지름 사이의 관계 파악하기-원의 둘레는 지름에 의해 결정
3~4	원주율 알아보기 (지름에 대한 원주의 비)	고대 바빌로니아인(혹은 이집트인)이 되어 원주율 알아내기-실제 운동장에서 큰 원을 그려 보고 실측하여 원주율 알아보기
5	원주와 지름 사이의 관계 정리 및 응용 문제 해결	원주율과 지름 사이의 관계를 활용한 다양한 문제 해결하기
6~7	원의 넓이를 구하는 방법 알아보기	원을 등적변형하여 넓이를 구하는 방법 탐구하기-모둠별 조작 활동

8	원의 넓이 응용 및 종합 정리	생활 속에서 원의 넓이가 어떻게 응용되는지 알아보기-협동 과제 해결
9		다양한 원의 넓이 구하기 및 교과서 문제 해결하기
10	단원 정리(문제 풀기)-평가	단원 평가

위와 같이 크게 세 부분으로 나누어 재구성한 이유는 다음과 같다.

첫째, 본래 10차시로 계획된 단원 활동을 11차시로 설계하고 늘어난 1시간은 스토리텔링 수학 대신에 '실생활과 수학'이라는 제목으로 원 모양이 실생활 속에서 어떻게 활용되고 있는지를 함께 알아 가는 시간으로 활용하여 단원 활동에 대한 흥미를 끄집어내고자 하였다. 이 활동에서는 자동차 바퀴와 원 모양, 피자는 왜 원 모양일까? 도로 가운데 있는 맨홀 뚜껑은 왜 원 모양일까 등에 대하여 생각해 보면서 실생활 속에 도형과 관련된 원리가 삶의 곳곳에 스며들어 있음을 이해할 수 있도록 디자인해 보았다.

둘째, 원주와 지름 간의 관계를 이해하고 실제 원 모양의 작도(나무 막대 2개와 2m 이상의 끈 활용, 운동장에서 활동) 및 측정 활동(고대 이집트인들의 원주율 계산 방법 따라잡기)을 통해 원주와 지름 사이의 관계에서 원주율을 알아낼 수 있도록 해 보았다. 그 과정에서 수학적 의사소통 및 협동적 활동, 다양한 전략 세우기 활동이 활발하게 일어날 것이며 수학을 공부하는 즐거움, 발견의 기쁨을 느끼게 될 것으로 예상된다.

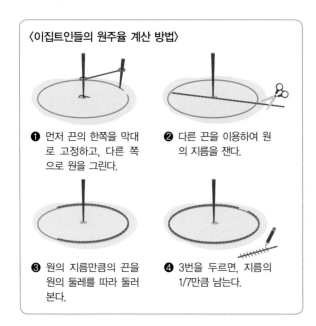

〈이집트인들의 원주율 계산 방법〉

❶ 먼저 끈의 한쪽을 막대로 고정하고, 다른 쪽으로 원을 그린다.

❷ 다른 끈을 이용하여 원의 지름을 잰다.

❸ 원의 지름만큼의 끈을 원의 둘레를 따라 둘러 본다.

❹ 3번을 두르면, 지름의 1/7만큼 남는다.

셋째, 넓이를 구하는 방법을 이미 알고 있는 모양으로 원을 등적변형하여 넓이 구하는 방법을 탐구한 뒤 생활 속에서 원의 넓이가 어떻게 응용되는지를 이해하고 다양한 원 모양의 넓이를 구할 수 있도록 수업을 디자인해 보았다. 전반적인 활동은 역시 모둠 중심의 협동적 의사소통 과정이 수반될 것이며 하나하나 탐구해 나가는 과정에서 스스로의 힘으로 원리를 발견해 내는 즐거움을 느끼게 될 것으로 예상된다.

넷째, 의미 있는 단원 학습 활동을 위해 협동적 문제 해결, 다양한 전략 세우기, 효과적인 의사소통이 이루어질 수 있는 발문, 협동적 문제 해결을 위한 미션 활동 등을 개발하고자 최선을 다하였다.

🌱 1차시 실생활과 수학

수업 흐름	교사의 발문
도입, 전개, 정리	실생활 속에 원 모양이 어떻게 이용되고 있는지 알아보는 활동으로 원의 넓이 단원 학습을 가볍고 부담 없이 접근해 나감 **발문 사례** • 원 모양을 이용하게 된 역사는 얼마나 오래되었을까? 무엇을 통해 알 수 있을까? ⇨ 바퀴의 이용을 통해 매우 오래되었다는 것을 알 수 있음. 무거운 짐을 옮길 때 원통 모양의 통나무를 바닥에 깔고 그 위에 짐을 얹어 이동시키기도 하였다는 기록이 남아 있음 • 바퀴가 원 모양인 이유는? (1) 이동이 쉽다. (2) 힘이 덜 든다. • 피자가 원 모양인 이유는? (1) 열의 전도와 관련 (2) 분할이 쉬움 • 맨홀 뚜껑이 원 모양인 이유는? 뚜껑이 구멍 속에 빠질 염려가 없음 • 물 컵의 입구가 원 모양인 이유는? 물을 마실 때 옆으로 새거나 흘리지 않음 • 물병에 원 모양을 이용한 이유는? 앞으로 탐구해 나갈 질문임

 1차시 수업 소감

물이 귀한 아프리카에선 물을 구하기 위해 여자들이나 어린아이들이 무거운 양동이나 물통을 머리에 이거나 등에 지고 몇 시간을 걸어서 마을 밖으로 나가 물을 뜨고 다시 걸어와야 하는데 제3세계 사람들 대부분이 물을 구하는 데 노동력 낭비가 너무 심하고 힘들어한다. 이를 위해 과학자들이 사진에서 보는 바와 같이 'Q-드럼'을 개발·보급해 주었다. 이로 인해 아이들과 여자들은 훨씬 수월하게 물을 길어 올 수 있었다고 한다.

출처 : https://www.youtube.com/watch?v=XQ_n5y3-Xnk

단원 도입 차원에서 바로 원의 구조를 알아 나가는 활동보다는 가벼운 마음으로 원과 만나 가면서 원에 대한 친근감, 실생활과의 밀접함에 대하여 되짚어 보는 활동으로 디자인해 보았

다. 우선 원이 실생활에 이용되기 시작한 역사가 얼마나 되었는지부터 생각해 보도록 하였다. 여러 의견이 나왔으나 대체적으로 수천 년이 되었다는 것을 이해하고 있었다. 특히 바퀴 이용의 역사만 보아도 그러하니까 말이다. 그리고 왜 바퀴는 원 모양으로 만들어졌는지에 대하여 생각해 보기도 하였다. (1) 이동이 쉽다는 점, (2) 힘이 덜 든다는 점 등이 그 이유였다는 것을 아이들은 잘 생각해 냈다. 오늘날에도 그 원리가 실생활에 직접적으로 이용되고 있다는 점을 왼쪽의 사진을 예로 들어 설명해 주기도 하였다.

피자를 원 모양으로 만드는 이유에 대해서도 한참을 생각해도 이유를 잘 찾지 못하였다. 그래서 5학년 때 공부한 열의 전도와 관련이 있다고 하였다. 그랬더니 아이들은 이유를 잘 설명할 수 있었다. 원 모양의 경우 원의 중심으로부터 바깥쪽까지의 거리가 모두 같아 전체가 익는 데까지 걸리는 시간이나 익는 정도가 비슷하지만 예를 들어 사각형일 경우 중심으로부터 바깥쪽의 어느 한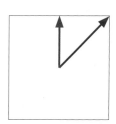

점에까지 이르는 거리가 모두 달라서 어떤 곳은 잘 익었을 때 어떤 곳은 아직 덜 익거나, 어떤 곳은 잘 익었을 때 어떤 곳은 검게 타게 될 수도 있다는 점을 아이들은 이해할 수 있었다.

한편 분할이 용이하다는 점도 처음에는 생각을 잘 해내지 못하다가 분수와 관련이 있다고 하니까 금방 찾아내었다. 보통 피자는 등분을 할 때 분모가 짝수인 경우가 많은데 이럴 경우 같은 크기로 분할하기가 매우 편리하다는 점이 있음을, 그래서 분수 모형을 예로 들어 설명할 때 원 모양을 많이 사용한다는 점을 잘 이해할 수 있었다.

물컵의 입구가 원 모양인 이유는 쉽게 찾아내었고, 맨홀 뚜껑이 원 모양인 이유도 질문하자마자 한 아동이 바로 대답하였다. 원 모양이어야만 뚜껑이 구멍에 빠지지 않는다는 답을 바로 하였다. 그러나 아이들은 쉽게 받아들이지 못하였다. 그래서 칠판에 사각형 모양으로 만들었을 때의 사례를 그림으로

그려 가며 설명해 주었다. 그랬더니 신기한 표정으로 처음 알게 되었다는 반응을 보이는 아이들이 꽤 많았다. 이렇듯 원 모양의 이용은 실생활과 굉장히 가까이 있다는 것을 사례를 통해 이해하기 시작하였다.

다음 시간에는 원의 특성 및 구조에 대하여 차근차근 알아갈 것이라는 예고로 마무리하였다. 아이들은 원의 넓이 단원 또한 매우 힘들다는 선입견을 갖고 있었다. 그도 그럴 것이 복잡한 원을 그려 놓고 색칠한 부분의 넓이를 구해 보라는 식의 응용문제들이 아이들을 괴롭히고 있다는 선행학습 경험이 이미 머리 한구석에 자리 잡고 있었기 때문이라 생각된다. 앞으로 이런 생각을 걷어 내기 위해 차근차근 개념부터 잡아 나갈 수 있도록 수업을 디자인해야겠다는 생각이 머릿속을 가득 채웠다.

🌱 2차시 원주와 지름 사이의 관계 이해하기

수업 흐름	교사의 발문
도입	• 다양한 도형의 둘레의 길이 생각해 보기 (예) 정삼각형의 한 변의 길이는 둘레의 길이의 $\frac{1}{3}$ 　　정사각형의 한 변의 길이는 둘레의 길이의 $\frac{1}{4}$ 　　정삼각형과 정사각형의 둘레＝한 변의 길이에 의해 결정됨
전개	**발문 1** 원의 둘레의 길이는 무엇에 의해 결정될까?(아래 사진을 보면서 생각해 보기) • 바퀴의 크기가 다른 2개의 자전거 바퀴가 각각 5번씩 회전하였다. 어떤 자전거가 더 멀리 갈까?(⇨ 바퀴가 큰 자전거입니다.) • 왜 바퀴가 큰 자전거가 더 멀리 갈까?(⇨ 둘레의 길이가 더 길기 때문입니다.) • 바퀴가 크다 혹은 작다는 것은 어떤 의미일까?(⇨ 둘레의 길이가 길다 혹은 짧다는 것입니다.) • 둘레의 길이가 길고(바퀴가 크고) 짧음(바퀴가 작음)은 바퀴의 어떤 부분과 관련이 있을까?(⇨ 바퀴의 지름입니다.) • 바퀴는 어떤 도형과 비슷한가?(⇨ 원입니다.)

	• 원과 연관 지어 생각해 보자.(원의 둘레=한 바퀴 돌았을 때 간 거리=반지름 또는 지름의 길이에 따라 달라진다는 것을 이제야 깨달음) • 원의 둘레는 무엇에 의해 결정되는지 깨닫기
정리	**결론** 원의 지름과 둘레의 길이가 서로 관련이 있다는 것을 발견함. 여기서부터 원주율의 이야기가 시작되어야 함을 이해하는 실마리를 찾게 됨. **다음 차시 안내** 원 둘레의 길이는 어떻게 잴까?(다양한 방법 생각하기:왜냐하면 곡선의 길이를 측정하는 것은 처음이기 때문)

 2차시 수업 소감

본격적인 원의 넓이를 공부하기 위한 기본 활동으로 원의 개념 및 구조, 특성에 대하여 탐색해 보는 활동을 수업 속에 녹여 내고자 하였다.

우선 정삼각형과 정사각형을 칠판에 그려 놓고 두 종류의 도형에 대하여 각각 그 둘레의 길이를 측정하고자 할 때 그 길이는 무엇에 영향을 받는지 질문을 던져 보았다. 그랬더니 잠시 고민해 본 뒤에 금방 답변이 나왔다. 한 변의 길이에 영향을 받는다는 것이었다. 한 변의 길이가 짧으면 둘레의 길이도

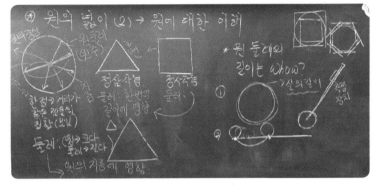
2차시 수업 칠판 판서 사례

짧아지고 한 변의 길이가 길면 둘레의 길이도 함께 길어진다는 말이었다. 이를 염두에 두고 원의 구조를 함께 살펴보았다. 우선 원이란 어떻게 개념 정의를 해야 할지 물어보았다. 잠시 생각 및 정리할 시간을 가진 뒤에 발표할 사람을 찾아보았다. 몇 명에게 질문해 보았지만 생각이 잘 떠오르지 않는다고 하였다. 그래서 발표할 사람은 손 들어 보라고 하였더니 한 명의 아이가 재빨리 손을 들고 발표를 하였다. "한 점으로부터 같은 거리에 있는 점들을 연결한 것입니다." 원의 정의를 잘 이해하고 있었다. 그 개념을 칠판에 그대로 적용하여 그림으로 그려서 알려 주었다. 아이들은 마치 처음으로 원의 정의를 접한 것과 같은 표정을 지어 보였다. 이어서 원의 중심, 원의 반지름과 지름, 원의 둘레=원주 등의 개념을 함께 알아보았다. 그런 뒤에 바로 바퀴의 크기가 서로 다른 2개의 자전거 사진을 보여 주면서 질문을 이어 갔다. "2개의 자전거가 있는데 바퀴는 어떤 모양일까? 자전가 바퀴가 한 바퀴 굴러갔을 때 2개의 자전거 가운데 어떤 자전거가 더 많이 이동하였을까? 그렇게 생각하는 이유는 무엇일까? 바퀴의 크기가 크다는 것은 무엇을

의미할까?"와 같이 여러 질문을 연속적으로 던져 보았고 아이들은 각각의 질문에 잘 답변해 주었다. "원 모양입니다. 왼쪽의 큰 자전거가 더 멀리 갔습니다. 바퀴의 크기가 더 크기 때문입니다. 바퀴가 크다는 것은 둘레의 길이가 더 길다는 것입니다." 그래서 추가로 의도된 중요한 질문을 이어 갔다. "두 자전거 바퀴를 원으로 생각할 때 두 바퀴의 크기, 즉 둘레의 길이는 분명히 다르다고 할 수 있겠지요. 그렇다면 원의 크기, 즉 원의 둘레의 길이는 무엇에 영향을 받을까요?" 그러자 아이들은 잠시 생각하면서 자신의 생각을 주변 친구들과 나누기도 하였다. 이번에는 서로의 생각을 공유한 뒤에 발표해 볼 사람은 손을 들어 보라고 하였다. 몇 명이 손을 들었고 그중 한 명을 지목하였다. "네, 원의 크기는 원의 반지름, 또는 지름에 영향을 받는다고 생각합니다. 왜냐하면 원의 크기가 큰 것은 지름 또는 반지름도 길고, 반지름 또는 지름의 길이가 짧으면 원의 크기가 작아지기 때문입니다."라고 답변을 해 주었다. 다른 아이들도 이 의견에 모두 동의한다고 말하였다. 제법 잘 생각해 냈다. 생각보다 잘 풀어 가고 있다고 여겨졌다. 이제 다

음 시간에 이어질 활동과 연결 짓기 위한 마무리 정리가 남았다. 그래서 마지막 질문을 던졌다. "그렇다면 원 둘레의 길이는 어떻게 측정할 수 있을까? 자신의 생각을 먼저 정리하고 모둠원들과 의견을 나누어 보기 바란다." 아이들은 자신의 생각도 정리하고 모둠원들과 의견도 공유하는 시간을 가졌다. 그리고 모둠에서 나온 의견을 발표로 이어 갔다. 여러 모둠에서 나온 의견은 (1) 원의 둘레를 실이나 끈 등으로 한 바퀴 돌려 감은 뒤에 그 끈이나 실의 길이를 자로 측정하기, (2) 원에 잉크나 페인트를 바르고 나서 한 바퀴 굴린 뒤 그 자국을 따라 자로 측정하기, (3) 측정 기계를 만들어 측정하기 등이었다. 여기까지 활동을 하는 데 약 35분 정도가 사용되었다. 다음 차시 안내를 하는 차원에서 이렇게 오늘 수업을 마무리하였다. "네,

좋습니다. 오늘 활동은 이것으로 마무리하고 다음 시간에는 원 둘레의 길이를 측정하는데 먼저 각 모둠별로 서로 길이가 다른 끈을 나누어 줄 것입니다. 이 끈을 원의 반지름으로 생각하고 이것을 이용하여 원을 운동장에 그려 볼 것입니다. 그런 후에 각 모둠에서 그린 원 둘레의 길이가 각각 사용한 끈의 길이의 몇 배 정도 되는지 알아보는 활동을 통해 여러분은 매우 중요한 사실 한 가지를 발견해 나가게 될 것입니다. 자세한 내용은 다음 시간에 안내하도록 하겠습니다. 오늘 수고 많았습니다." 아이들은 다음 시간에 할 활동에 대하여 '재미있을 것 같은데. 과연 어떤 중요한 사실이 기다리고 있을까?' 등의 생각을 하며 오늘 수업을 정리하는 것 같았다.

🌱 3~4차시 고대인들은 어떻게 원주율을 구할 수 있었는지 알아보기[5]

♣ **준비물 : 모둠별 막대, 다양한 길이의 줄을 이용하여 활동하기(눈금자, 줄자, 나눗셈 등은 사용 불가)**

수업 흐름	교사의 발문
도입 및 전개	• 모둠 미션활동:주어진 도구를 이용하여 운동장에 원을 그리고 원 둘레의 길이와 지름 간의 관계 살펴보기(원 둘레는 지름의 몇 배 정도인가?) (1) 주어진 도구로 운동장에서 원을 그리기 (2) 주어진 줄이 원에서 어떤 부분에 해당되는지 이해하기 (3) 줄을 이용하여 원의 둘레 측정하기 (4) 그러면 약간 남는 부분이 생긴다.(AE만큼) (5) AE만큼의 길이가 단위(기준)길이로 사용했던 실의 길이에 얼마만큼에 해당되는지를 재어 본다.(처음 AB단위 길이를 기준으로 분수로 표현해도 되고, AB단위 길이는 남은 길이 AE의 몇 배인가로 표현해도 된다.) ⇨ 제대로 측정했다면 약 7~8배, 오차가 더 생겼다면 6~9배까지도 될 것.

---

5 이 수업 내용의 출처는 파이의 역사(2002, 페트르 베크만 저, 박영훈 역, 경문사)로, 어떤 원을 택하여 지름의 길이로 둘레의 길이를 직접 재어 봄으로써 원주율($\pi = 3.14$:근삿값)을 알아냈다는 사실에 기쁨을 느끼게 된다.(이 원리는 모든 원에 적용됨) 원주율이라는 것은 오랜 시간을 거쳐 만들어진 인류의 문화유산이라는 점을 느껴 보는 수업으로 무엇인가에 대하여 배운다는 것은 누군가가 땀 흘려 이루어 놓은 시행착오 과정 및 지적 탐구 과정을 그대로 전달받는 것이 아니라 재현해 보면서 스스로 탐구하고 깨닫는 것이라는 사실을 이해할 수 있는 수업이다.(꼬마 수학자 되어 보기)

$$\therefore 3\frac{1}{7}(=3.14285\cdots)<\pi<3\frac{1}{8}(3.125)$$

정리	• 원의 둘레의 길이와 지름 사이의 관계 정리 : 원의 둘레의 길이는 원의 지름 길이의 3배가 조금 넘는다.(3.14 … 배) ⇨ 아이들의 활동 진행 정도에 따라 아르키메데스의 원주율 계산 방법 따라잡기 활동을 추가로 경험할 수 있게 하기

3~4차시 수업 소감

오늘 수업의 핵심은 원주율이 어떻게 해서 구해진 것인지를 아이들이 직접 몸으로 이해하고 탐구하고 추론해 나가는 것이다.

우선은 운동장에서 원을 그리기 위해 내가 직접 만든 도구를 아이들에게 보여 주고 그것을 이용하여 어떻게 원을 어떻게 그리면 되는지 생각해 보게 하였다. 처음에는 아이들이 도구를 보고 어떻게 원을 그릴지 생각해 보더니 금방 알아차렸다. 좀 더 이해를 돕기 위해 질문으로 아이들에게 차근차근 도구에 대한 활용 방법 설명을 이어 나갔다. "2개의 막대와 끈은 컴퍼스 역할을 할 것인데 2개의 막대 가운데 땅에 대고 절대로 움직이지 않도록 고정시키면 된다. 이때 이 막대는 원에서 어떤 역할을 할까?" 아이들은 잠시 생각하더니 원의 중심이라는 답변을 잘 내놓았다. "막대 1개는 원의 중심 역할을 하게 하여 땅에 고정시키고 나머지 막대는 줄을 팽팽하게 하면서 원을 그려 나가면 된다. 이때 줄의 길이는 원에서 어떤 부분에 해당되겠는가?" 이에 대한 답변도 쉽게 나왔다. "원의 반지름입니다." "이 줄의 길이가 짧으면 원의 크기와 원주의 길이는 어떻게 되고 줄의 길이가 길면 원의 크기와 원주의 길이는 어떻게 될까?" "네, 길이가 짧으면 원의 크기는 작아지고 원주의 길이도 짧아집니다. 길이가 길면 원의 크기는 커지고 원주의 길이도 길어집니다." "네, 잘 이해하였습니다. 이제 오늘 여러분이 해야 할 활동들을 차근차근 안내해 보도록 하겠습니다." 우선은 운동장에 나가서 하게 될 활동의 목적이 무엇인지부터 명확하게 짚어 두고자 하였다.

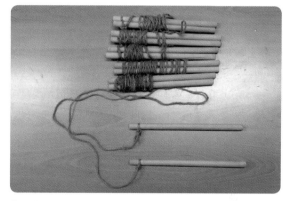

운동장에서 원을 그리기 위해 만든 도구

(1) 6개의 모둠은 각각 주어진 도구를 이용하여 원을 그리도록 한다.

(2) 6개 모둠이 사용하게 될 도구에서 반지름 역할을 하게 되는 줄의 길이는 모두 다르다.

(3) 줄을 팽팽하게 당겨서 원을 그리고 나서 원의 둘레의 길이를 측정하는데 측정하는 도구는 반지름으로 사용하였던 줄의 길이이다.

(4) 반지름의 길이를 이용하여 원 둘레의 길이가 반지름의 몇 배 정도가 되는지 각각 측정해 보도록 한다.

(5) 반지름의 2배는 지름이 되므로 원 둘레의 길이는 지름의 몇 배 정도가 되는지 알아보도록 한다.

각 모둠별로 주어진 도구로 원을 그리는 장면

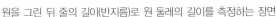

원을 그린 뒤 줄의 길이(반지름)로 원 둘레의 길이를 측정하는 장면

(6) 원의 둘레의 길이와 원의 지름 간에는 어떤 관계가 있는 지 측정 결과를 통해 추론해 보도록 한다.

이렇게 먼저 강조를 한 뒤 운동장으로 나가서 활동을 하고 교실로 올라올 수 있도록 하였다. 아이들은 조별로 운동장으로 나가 열심히 원을 그리고 측정을 한 뒤 교실로 올라왔다.

이렇게 측정한 결과를 가지고 교실로 들어온 뒤 각 모둠에서 알아낸 값을 칠판에 모아 표로 정리해 보았다. 이를 통해 알 수 있는 사실을 추론해 보도록 시간도 주었다. 아이들은 자신들이 측정한 결과 값을 바탕으로 공통점 추론을 성공적으로 해냈다. "공통점은 원 둘레의 길이가 원의 지름 길이의 3배보다 크고 3.5배보다는 작습니다." "그렇지. 원의 크기가 크거나 작거나에 상관없이 모두 그렇다는 것을 우리는 알게 되었다. 하지만 여러분이 측정한 값에는 분명히 오차가 크게 발생한다. 이런 관계를 좀 더 정확히 하기 위해 오차를 최대한 줄여서 측정해 보았더니 원의 크기와 상관없이 3.14159…라는 값을 얻게 되었단다. 우리는 이 값을 '원주율'이라고 약속하였던 것이지. 그렇다면 우리 '원주율'에 대하여 다시 한 번 정리해 보도록 하자. 여러분은 방금 원주율을 직접 구해 보는 활동을 해 본 것이다.

어떤 과정을 통해 원주율을 구해 보았던 것인가?" 잠시 생각해 볼 시간을 가진 뒤 정리 답변을 들어 보았다. "원을 그리고 나서 원의 둘레의 길이를 원의 반지름으로 몇 배가 되는지 알아보았습니다." "좋아요. 원의 지름은 반지름의 2배가 되니까 여러분이 한 활동을 '지름'이라는 용어를 써서 다시 정리하면 어떻게 될까?" "원의 둘레의 길이가 지름의 길이의 몇 배가 되는지 알아본 것입니다." "좋아요. 그렇다면 이를 비의 값으로 표현하면 어떻게 될까요?" 이런 질문에 아이들은 한참을 생각하였다. 갑자기 비로 표현하라고 하니 혼란스러워하였다. "비의 값에서 무엇이 분모가 되었고 분자가 되었는지, 분수로 표

측정 결과를 표로 정리한 것

아르키메데스의 원주율 구하는 과정 따라잡기 활동 장면 사례

현된 비의 값을 나눗셈으로 표현할 때 무엇이 나뉘는 수가 되었고 무엇이 나누는 수가 되었는지 연결 지어 보면 알 수 있다.”라고 힌트를 주었더니 금방 답을 찾아내었다. “네. 원의 지름의 길이에 대한 원 둘레의 길이의 비이고 이를 분수로 나타내면 $\dfrac{\text{원 둘레의 길이}}{\text{지름의 길이}}$ 가 됩니다.” “네, 맞아요. 이런 과정을 통해 알아본 값은 모두 얼마가 나왔던 것인가?” “약 3.14…입니다.” “그렇지. 우리는 이 값을 원주율이라 부르고 기호로는 π로 쓰고 파이라고 읽는단다. 그리고 이 값을 날짜와 연결 지어서 3월 14일을 파이 데이-원주율의 날이라고 기념하기도 한단다.” 아이들은 처음 알게 된 사실이라며 기쁨에 찬 표정을 지어 보였다. 여기까지 정리하는 데 거의 45분 정도 시간이 사용되었다. 다음 과정으로 아르키메데스가 원주율을 알아냈던 과정도 소개해 볼 필요가 있어서 미리 준비한 활동지를 나누어 주고 차근차근 설명해 나갔다. 설명을 듣고 활동지 문제 해결에 들어간 아이들은 이 역시도 자신들이 계산한 결과 값이 3보다 크고 4보다 작다는 사실, 원의 내부와 외부에 접하는 정n각형의 도형에서 n의 값이 클수록 3.14…에 가까워진다는 사실 또한 발견해 내었다. 그러면서 아르키메데스가 얼마나 많은 시간과 노력을 투자해서 알아내었는지 상상해 보는 아이들도 있었다.

어떤 아이는 “선생님, 그렇게 정96각형까지 계산해 내는 데 얼마나 시간이 걸렸나요?”라고 질문을 던지기도 하였다. 미리 예상하지 못한 질문이어서 이렇게 답변을 해 주었다. “앗, 선생님이 그런 질문에 대한 답변까지 미리 준비해 두지는 못하였는걸? 한번 집에 가서 직접 찾아보는 것은 어떨까? 직접 알아 와서 다음 시간에 다른 아이들에게 알려 주면 좋겠구나.” 여기까지 활동을 하는 데 약 20분 정도 시간이 더 사용되었다.

이제 거의 마지막 단계 질문으로 원주율의 응용과 관련하여 질문 하나를 던져 보았다. “원의 둘레의 길이를 지름의 길이로 나눈 값은 어떤 원이든 약 3.14가 나온다. 그렇다면 원의 지름의 길이를 알면 원의 둘레의 길이를 구할 수 있겠는가?” 이해력이 있는 아동들은 금방 질문의 의도를 알아차렸다. 그러나 수학적 사고력이 조금 미흡한 아이들 몇 명은 아직도 이 관계를 잘 이해하지 못하는 눈치였다. 그래서 오늘 한 활동을 다시 한 번 돌아보면서 방금 전 질문에 대해 어떻게 답을 내놓아야 하는지, 어떻게 그 값(둘레의 길이)을 구할 수 있는지를 생각해 볼 수 있게 하였다. 이 활동에 약 5분 정도의 시간이 더 흘렀다.

마무리로 미리 준비한 루돌프 판 퀼런[6]이라는 독일 수학자에 대한 이야기 사례를 들려주면서 오늘 활동의 최종 마침표를 찍었다. 퀼런의 사례를 이야기로 들려주자 아이들은 깜짝 놀라면서 “선생님, ‘정461경…각형’이런 도형을 정말 그릴 수 있을까요?” 하고 호기심 어린 눈초리로 질문을 던졌다. “물론 가능하겠지. 그러나 직접 펜으로 그릴 수는 없겠지? 수학적으로 계산을 통해 알아낼 수 있는 활동이지 않을까? 여러분이 정삼각형, 정사각형을 이 세상에 그릴 수 없는 것처럼 말이지.” 나의 이 말에 대한 의미를 대부분 아이들은 이미 알고 있었기에 이런 답변만으로도 앞의 질문에 대한 호기심은 충분히 풀리고도 남았을 것이라 짐작된다. 이제 남은 시간은 오늘 한 내용까지에 해당되는 교과서 문제 풀이 시간으로 사용하라고 안내를 하고 개별학습 및 짝-모둠 활동 시간을 갖게 하였다.

다음 시간은 오늘 공부한 내용에 대한 응용이라서 그리 어려운 활동은 아닐 것이라 여겨진다.

6 독일의 루돌프 판 퀼런(Ludolph van Ceulen, 1539~1610)은 같은 방법으로 정461경 1686조 184억 2738만 7904각형을 이용해 소수점 아래 35자리까지 구했다고 한다. 이 때문에 π를 루돌프수라고도 부른다.

 아르키메데스의 원주율 계산방법 따라잡기

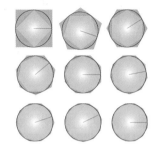

고대 그리스의 수학자 아르키메데스는 아래와 같은 원리를 이용, 최초로 수학적인 계산 방법으로 원주율을 구하였다.

♣ 곡선보다 직선의 길이가 더 구하기 쉽다는 장점을 이용한다.

♣ 원의 내부와 외부에 접하는 정n각형을 그리고 그 둘레의 길이를 구한다.

♣ 이때 원 둘레의 길이는 원 안쪽 도형 둘레의 길이보다 길고 원 바깥쪽 도형 둘레의 길이보다 짧다.

♣ 여기에서 n이 커질수록 원 둘레와 점점 비슷하게 만들어진다.

♣ 실제로 아르키메데스는 이런 원리를 이용하여 정96각형까지 계산하였다.[7]

♣ 지름이 8cm인 원의 안과 밖에 그릴 수 있는 정다각형을 이용하여 원주율 구하기

도형의 종류	구분	한 변의 길이	둘레의 길이	지름과 비교
정육각형	안	4cm		
	밖	4.5cm		
정팔각형	안	3cm		
	밖	3.5cm		
정십이각형	안	2cm		
	밖	2.2cm		
정십팔각형	안	1.4cm		
	밖	1.5cm		

7 교과서에서는 오른쪽 그림에서 보는 바와 같이 내접 정사각형과 외접 정사각형을 그려 놓고 안쪽에 그려진 정사각형을 '두 대각선이 각각 20cm'인 마름모로 소개하고 있다. 이는 대단히 잘못된 것이 아닐 수 없다. 분명히 안쪽에 그려진 도형은 정사각형이 맞다. 그런데 이 경우 안쪽 정사각형의 넓이를 구하려면 한 변의 길이를 알아야 하는데 초등 수준에서는 구할 수 없는 값이 나오게 된다. 피타고라스의 정리를 사용할 수밖에 없기 때문이다. 피타고라스의 정리에 의한 삼각형 빗변의 길이 = $\sqrt{\text{한 변의 길이}^2 + \text{나머지 한 변의 길이}^2}$ 인데 주어진 도형에서 내접 정사각형의 빗변의 길이를 구하게 되면 $\sqrt{10^2 + 10^2} = 10\sqrt{2}$가 되어서 초등학생 수준을 넘어서기 때문에 마름모라고 소개한 것이라 추측된다. 하지만 이

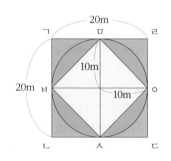

과정에서 필요한 것은 안쪽에 있는 정사각형의 넓이고, 5학년에서 이미 삼각형의 넓이 구하는 방법에 대한 학습이 이루어졌다는 것을 우리는 알고 있다. 주어진 도형의 안쪽 정사각형은 4개의 합동인 직각삼각형(또는 2개의 합동인 직각삼각형)으로 이루어졌다는 것을 알기 때문에 얼마든지 원 안쪽에 있는 정사각형의 넓이를 구할 수 있다는 것을 잊어서는 안 된다. 따라서 원 안의 도형은 마름모라고 소개하는 것보다 정사각형이라고 소개해야 하는 것이 맞다.

🌱 5차시   원주와 지름 사이의 관계 정리 및 응용 문제 해결

수업 흐름	교사의 발문
도입	0 1 2 3 π 바퀴가 한 바퀴 굴러간 거리 = 원의 둘레 원의 지름에 대한 둘레의 비 = 원주율, 이 비는 항상 일정 출처 : http://wiessen.tistory.com/39

전개	• 지난 시간에 원의 지름의 길이를 이용하여 원의 둘레의 길이와 지름 사이의 관계를 알아보았다. 이를 활용하여 근삿값인 원주율 3.14를 구하였다.
	  ∴ 원의 지름이 2cm 때 원주의 길이는 어떻게 변하는가?
	  ⇨ 지름을 3.14배 하면 원주의 길이를 구할 수 있다.
	  ⇨ 지난 시간에 경험했던 구체적인 활동을 통해 의미를 파악하고 그 과정을 그대로 식으로 나타내도록 한다.
	  (식) 원주의 길이 = 지름의 길이 × 3.14(원주율)
	• 위의 식으로부터 다른 응용이 가능해진다.
	  (식) 원주의 길이 ÷ 3.14 = 지름의 길이
	    • 왼쪽의 그림을 통해 원의 지름(또는 반지름)이 2배, 3배가 됨에 따라 원주의 길이가 어떻게 되는지 직관적으로 파악해 보기
	    질문 원의 지름이 2배(3배, 4배…)가 되면 원주의 길이는 어떻게 변하는가?(제일 안쪽 원은 반지름이 1cm, 가운데 원은 반지름이 2cm, 바깥쪽 원은 반지름이 3cm)
	    결론 원주의 길이도 2배(3배, 4배…)가 된다는 것을 이해할 수 있다. ⇨ 제일 안쪽 원의 둘레 = 6.28cm, 가운데 원의 둘레 = 12.56cm, 바깥쪽 원의 둘레 = 18.84cm가 된다.

정리	• 이를 활용한 다양한 문제를 해결한다.(교과서 146~149쪽 문제 해결하기)

 5차시 수업 소감

지난 시간에 어떤 과정을 통해 원주율이 탄생하게 되었는지에 직접 탐구해 보았고 그 과정에서 $\dfrac{\text{원 둘레의 길이}}{\text{지름의 길이}} = 3.14$라는 것을 이해하게 되었다. 오늘은 이 식을 이용하여 '(1) 지름의 길이를 알 때 원주의 길이 = 지름의 길이 × 3.14(원주율), (2) 원주의 길이 ÷ 3.14 = 지름의 길이'와 같은 식이 추가적으로 만들어진다는 것을 5차시 수업 초반에 함께 짚어 나갔다. 그리고 이런 다양한 식이 만들어지는 것을 하나의 이미지로 처리하여

보다 쉽게 기억할 수 있도록 도와주었다. 일명 눈사람 이론이었다. 나는 항상 이렇게 '○○이론'이라고 이름을 붙여 주고 내가 직접 만든 것이라 약간의 과장을 섞어 가며 아이들에게 이해나 기억이 쉽도록 하는 것을 즐긴다. 여기에 더하여 그림으로 그려 나가는 과정에서 재미있는 이야기를 덧붙여 가자 아이들은 재미있다면서 웃음을 보여 주었다.

다음으로 어떤 원의 지름이 2배, 3배로 늘어남에 따라 원주

의 둘레는 얼마만큼 늘어나는지 예를 들어 설명해 보라고 질문을 던지고 모둠토론에 들어갔다. 그런데 질문을 던지자마자 아이들은 어떻게 해야만 이 질문에 대한 답을 찾아 나갈 것인지 감을 잡지 못한 듯 질문만 뚫어져라 쳐다보며 고민만 하고 있었다. 그러던 도중에 어떤 한 모둠의 아동이 자신의 고민 결과를 모둠원과 공유하기 시작하였고 그 이야기가 내 귀에 감지되어서 얼른 가서 들어 보았다.

"예를 들어 설명하라고 하였으니 (1) 먼저 한 원의 지름을 □cm로 정한 뒤 원 둘레를 구한다. (2) 그 지름의 길이를 2배로 하여 원의 둘레를 구한다. (3) 그 지름의 길이를 3배로 하여 원의 둘레를 구한다. (4) 그때 원의 둘레 길이가 어떻게 변하는지 알아내면 될 것 같아." 이렇게 아주 정확히 짚어서 이야기하였다. 그러자 다른 모둠원들이 "아, 그렇게 하면 되겠구나. 그러면 우리 처음 원의 지름을 2cm로 해서 구하고, 2배인 4cm, 3배인 6cm 지름의 원 둘레 길이를 각각 구해서 어떻게 되는지 보자."라고 하더니 순식간에 결과를 얻어 냈다. 그러자 다른 모둠 아이들도 그 모둠에서 흘러나온 이야기를 자연스럽게 귀담아듣더니 금방 문제 해결을 차근차근 해 나가기 시작하였다.

이렇게 약 7~8분 정도의 시간이 흘렀다. 나는 아무나 지목해 보았고 지목받은 아동은 자신들이 예로 들어 설정한 처음 원의 지름이 얼마이고 지름은 얼마인데 이 지름값에 2배, 3배를 하였더니 원의 둘레 길이도 똑같이 2배, 3배가 되었다는 것을 알게 되었다고 발표를 해 주었으며 모든 모둠이 같은 결론을 얻게 되었다고 하였다.

이렇게 원주율을 이용한 다양한 응용문제 해결의 기초 원리를 살펴본 이후에 교과서 및 수학 익힘책 문제 풀이를 위해 남은 시간을 모두 아이들에게 던져 주었다. 어떤 아이들은 교과

서 문제 및 익힘책 문제를 매우 빠른 시간 내에 해결하였고 어떤 아이는 아주 천천히 조금씩 이해해 나가면서 문제를 해결하였고 어떤 아이는 모둠원의 도움을 받아 해결해 나가기도 하였다. 물론 빨리 끝낸 아이들은 도움이 필요한 아이들 곁에서 도움 주기 활동을 잊지 않았다. 그러면서 자신에게 주어진 시간을 독서 활동에 투자하기도 하였다. 이렇게 교과서 및 익힘책 문제까지도 별 무리 없이 아이들은 잘 해결해 나갔다. 다음 시간은 원의 넓이 구하는 방법에 대하여 직접 탐구하고 조작하는 활동을 통해 직접 추론해 보는 과정으로 수업을 디자인해 볼 계획이다.

6~7차시 원의 넓이를 구하는 방법 알아보기

교과서 속에 제시되어 있는 원의 넓이를 어림해 보는 과정은 불필요하다고 생각되어 그 의도가 무엇인지 간략히 안내하고 실제로 원을 직접 조각 내어 등적변형하는 조작 활동에 집중하고자 하였다.

수업 흐름	교사의 발문
수업 과정에 대한 정리	이전까지는 직선으로 둘러싸인 도형의 넓이를 구하였지만 지금은 곡선으로 둘러싸인 도형의 넓이를 구하려고 하는데 결코 쉽지 않다는 것을 먼저 직관적으로 이해하고 이를 해결하기 위해 어떤 사고가 필요한지 생각해 보는 시간을 먼저 가져 보는 것이 중요하다고 여겨졌다.

활동 1 원의 넓이를 구하기 위해서는 생각의 전환이 필요한데 그 과정이 바로 원의 넓이를 어림하기 과정이다. 이 과정에서는 굳이 어림값을 구할 필요까지는 없다. 왜 잘게 쪼개었는지에 대하여 이해하면 충분하다고 볼 수 있다. ➡ [생각의 전환] 원에 내접·외접하는 정사각형을 시작으로 내접·외접 정오각형 … 식으로 그려 나가다 보면 원 안의 도형이나 밖의 도형이 점점 작은 단위의 도형으로 쪼개어지며 그럴수록 훨씬 더 근삿값에 접근하게 된다는 사실을 알게 된다. 모눈종이에 원을 대비시켜 알아보는 과정도 모눈 1칸의 크기가 큰 것보다 더 작은 칸에 원을 그려 알아볼수록 훨씬 더 근삿값에 도달할 수 있다는 정도로만 이해한다면 원의 넓이를 어림하기 과정은 그 소임을 충분히 다하였다고 볼 수 있다. 이 정도로만 하고 바로 아래 과정을 수행한다면 원을 부채꼴 모양으로 더 잘게 자르는 이유도 알 수 있고, 그렇게 하였을 때 곡선이 직선에 가까워진다는 것을 이해할 수 있게 된다.

활동 2 원의 넓이 구하는 방법을 알 수 있다.
- 교과서 속의 내용이 너무나도 좋아서 그대로 진행하고자 하였다. 그래서 아래와 같이 만든 자료를 확대 복사하여 모둠 내에서 1세트를 완성해 보도록 하였다.

정리

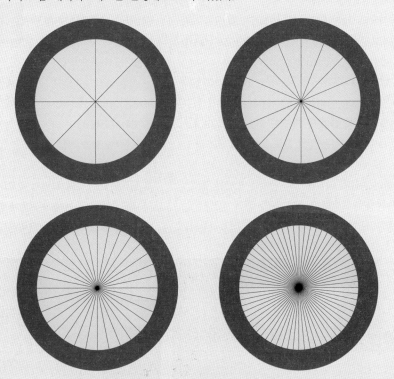

각각의 원을 B4용지 한 장에 딱 맞게 확대 복사하여 각 모둠별로 4장 1세트를 제시하고 그것을 다른 종이에 붙여 가면서 원이 어떤 모양으로 등적변형되는지, 그 도형을 이용하여 어떻게 원의 넓이를 구하는 식이 만들어지는지를 직접 탐구하도록 하였다.

결론 원의 넓이가 직사각형의 넓이를 구하는 방식으로 변환되었다는 사실을 이해함.
- 원에서의 반지름의 길이가 직사각형에서의 세로의 길이로 바뀜을 이해하게 함.
- 원주의 길이의 반($\frac{1}{2}$)이 직사각형에서의 가로의 길이로 바뀜을 이해하게 함.
∴ 원의 넓이 = 변환된 직사각형의 가로 × 세로
   = (지름 × 3.14 × $\frac{1}{2}$) × 반지름(여기에서 앞의 지름 × $\frac{1}{2}$은 곧 반지름임을 이해)
   = 반지름 × 반지름 × 3.14(최종 식이 만들어짐)
➡ 교과서 속 문제 해결하기

직접 조작 활동을 통해 주어진 원을 직사각형 모양으로 등적변형시키는 장면

원의 넓이를 구하는 식이 만들어지는 과정을 아이들이 직접 유도해 내는 과정을 수업 속에 고스란히 담아내고자 최선을 다했다. 현재 교과서 내용은 원의 넓이가 내접 n각형 넓이보다는 넓고 외접 n각형 넓이보다는 작은데 n의 값이 클수록 실제 원의 넓이에 근접해진다는 내용을 아주 간략히 다루고 있고, 모눈종이에 원을 그린 후 □가 몇 개 정도 되는지를 헤아려 원의 넓이를 어림하여 계산하는 방법 등도 소개하고 있으나 별로 의미 없는 활동이라 여겨져 생략하고자 하였다. 다만 5학년 과정에서 여러 종류의 다각형 넓이 구하는 방법을 돌이켜 생각해 보면서 주어진 도형을 자르고 회전시키고 이동시키는 등의 활동을 통해 등적변형 또는 배적변형의 결과로 다각형의

넓이를 구하는 식이 만들어졌다는 것을 한 번 더 수업 중에 확인해 보았다. 그러나 원은 다각형과는 달리 곡선으로 이루어진 도형이라서 조금 어렵기는 하지만 역시 같은 원리가 이용된다는 것을 미리 공지하고 교과서 속에 담긴 등적변형 과정을 아이들이 실제로 조작해 보면서 직접 확인하고 이를 통해 원의 넓이를 유도해 낼 수 있도록 단계별로 조금씩 안내하였다. 우선은 등적변형을 직접 해 보라고 안내하였다.

등적변형까지는 무리 없이 잘 진행되었고 직사각형 모양으로 등적변형된 것을 보면서 가로의 길이에 해당되는 것이 원의 어떤 부분이고 세로의 길이에 해당되는 것이 원의 어떤 부분인지도 잘 찾아내었다. 그러나 그것을 그대로 식으로 기록

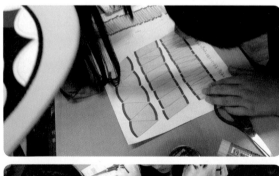

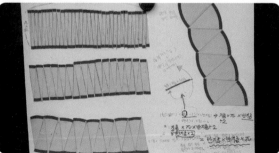

원의 넓이를 직접 유도해 나가는 과정에서 모둠별로 토론하고 수정하는 장면

하고 최종 식이 만들어지기까지 아이들은 굉장히 많은 고민을 하였다.

1차적으로 만들어 온 식을 점검해 주면서 무엇이 부족한지, 어떤 부분을 수정해야 하는지 등에 대하여 해결의 실마리를 조금씩 던져 주고 다시 수정해 오게 하였다. 어떤 모둠은 1차 점검만으로 충분하였지만 어떤 모둠은 2차, 3차 점검까지

받기도 하였다. 결국 모든 모둠은 원의 넓이를 구하는 식을 잘 유도해 냈지만 시간차는 비교적 컸다. 어떤 모둠은 약 70분 가까이 시간을 사용하였는가 하면 어떤 모둠은 80분을 넘기기도 하였다. 다 함께 한 번 더 확인하는 차원에서 정리를 해 주면 좋겠다는 생각이 들었지만 시간이 부족하여 다음 시간으로 넘기고 오늘 활동은 이렇게 정리를 하였다.

🌱 8~9차시 　원의 넓이의 응용, 종합 정리

수업 흐름	교사의 발문

수업 목표 생활 속에서 만나는 다양한 현상들이 왜 꼭 원이어야 하는가에 대하여 이해할 수 있다. 이를 위해 아래와 같은 모둠 활동지를 만들어 제시하였다.

협동과제 1 우리 생활 속에서 가장 많이 접하는 도형의 모양은 사각형, 원이다. 그중에서 원 모양을 기반으로 하는 것들은 나름의 이유가 있다. 가장 대표적인 것이 그릇이나 병, 물통 등이다. 그렇다면 왜 그것들은 다른 모양으로 만들지 않고 주로 원 모양으로 만드는지 알아보자.

⇨ 314m 길이의 끈이 있다. 이 끈의 양쪽을 서로 연결하였을 때 만들어지는 평면도형 중 가장 넓이가 큰 것은 어떤 모양일까?(직사각형, 원 모양으로 만들어 넓이를 구해 보자. 어떤 도형이 만들어지든 그 도형 둘레의 길이는 314m이다.)

⇨ 아이들의 협동적 문제 해결 결과
- 다양한 크기의 직사각형을 생각하고 넓이를 구해 보았는데 둘레의 길이는 314m이지만 직사각형보다는 정사각형에 가까울수록 넓이가 더 커진다.
- 정사각형 한 변의 길이 $314m \div 4 = 78.5m$, 넓이 $78.5 \times 78.5 = 6,162.25m^2$
- 원주 $= 314m$, 원의 지름 $= 314 \div 3.14 = 100m$, 원의 반지름 $= 50m$, 원의 넓이 $= 50 \times 50 \times 3.14 = 7,850m^2$
- 위와 같은 결과로 볼 때 원 모양일수록 넓이가 더 커진다.

협동과제 2 건물 외벽의 유리 창문을 다음과 같은 모양 중 하나로 선택하려고 합니다. 선택을 위한 제1조건은 장식을 위한 비용이 저렴한 것이라는 점입니다. 어떤 창문을 선택하는 것이 좋은지 생각하여 보시오.(단 아래 그림은 실제 크기와 다름)

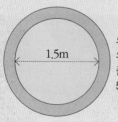

유리창 장식의 두께 : 10cm
유리 : 1cm²당 50원
플라스틱 장식 틀 : 1cm²당 500원

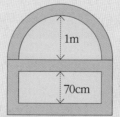

유리창 장식의 두께 : 10cm
유리 : 1cm²당 20원
플라스틱 장식 틀 : 1cm²당 800원

※ 원주율은 3.14로 하고 계산기를 활용해도 좋음.
출처 : 새로 쓰는 초등 수학교과서(4~6학년 도형), 190쪽, 2008, 나온교육연구소, 도서출판 동녘

교과서 속 문제 해결하기 : 개인-모둠별로 교과서 문제 해결하기 및 서로 도움 주고받기

지난 시간에 함께 정리하지 못했던 원의 넓이 공식 유도 과정을 수업 시작과 함께 바로 다루어 보면서 확인해 보는 시간을 가졌다. 이 활동에 약 10분 정도의 시간이 사용되었다.

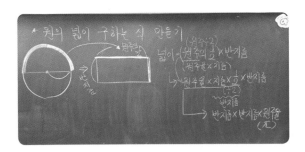

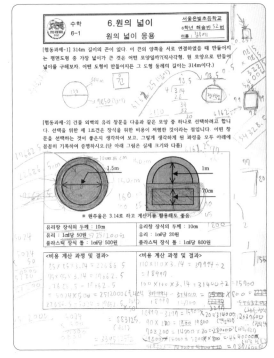

미션 과제 해결 사례

남은 시간은 이를 응용한 미션 과제를 제시하고 풀어 보라고 하였는데 예상한 것보다 훨씬 더 많은 시간이 사용되어서 수업을 마치고 개인적으로 반성을 많이 하였다. 9차시를 앞으로 가져와서 먼저 교과서 속 응용문제를 다루어 보고 이 시간에 다루었던 미션 과제를 최종적으로 제시하는 것이 더 좋았겠다는 생각이 드는 대목이었다. 왜 이런 당연한 생각을 미리 하지 못하였는지 나로서는 잘 이해가 가지 않을 수업 계획이어서 아쉬운 마음도 많이 들었다. 특히 2번 과제에서 아이들은 정말로 많은 시간을 사용하였다. 그 문제만 해결하는 데 약 25분 정도 이상을 사용하였다. 그럴 수 있다는 생각은 들었다. 문제가 조금 복잡하였으니까 말이다. 수의 크기도 꽤 컸기 때문에 아이들은 자신들이 직접 계산해 놓고도 의심스러운 눈으로 바라보기도 하였다. 또한 직접 계산을 하는 과정에서 부분별로 계산해 놓은 결과를 체계적으로 잘 정리해 나가지 못하였기 때문에 더욱더 어려움을 겪기도 하였다는 생각이 든다.

아무튼 모두 약 60분 정도를 사용하고 나서야 미션 과제가

모두 해결되었다. 그래도 아이들은 이렇게 수학 수업을 하는 것이 훨씬 더 재미있고 어려운 문제 해결에 더 많이 자주 도전해 보고 싶은 생각이 든다는 말도 해 주었다. 그런 말을 들으니 나의 수학 수업에 대한 관점과 수업 설계 방향은 분명히 옳다는 확신과 믿음이 더 확고해졌다. 다음 시간에는 교과서 문제를 직접 개인-모둠별로 해결해 나가면서 모든 것을 마무리하고자 한다.

미션 과제 해결을 위한 모둠토론 장면

9차시 수업 소감

마지막 차시 수업은 교과서 중심으로 그대로 문제 풀이를 진행하였다. 물론 아쉬움은 남는다. 교과서 속의 문제가 문제 풀이를 위해 억지스럽게 만들어진 것들이 많아 지난 시간에 해결해 보았던 미션 문제와 같은 수학적·논리적 사고를 요구하는 수준 높은 질문이 교과서에 실린다면 정말 좋겠다는 생각을 많이 하였다.

처음에 약 5분간은 조금 복잡하게 그려진 도형을 함께 관찰해 보면서 원의 넓이 관련 문제를 해결할 때 어떤 사고가 필요한지를 짚어 보았다. 그러면서 함께 정리한 내용은 이렇다.

(1) 주어진 도형을 어떻게 하면 원 모양으로 만들 수 있을까 고민하기

(2) 원 모양으로 만들기 위해 이동시키거나 회전시키거나 2배, 4배 등을 하여 고민하기

(3) 주어진 도형을 자르거나 분할하여 넓이를 구할 수 있는 다른 도형과 연결시키기(원과 사각형, 원과 삼각형, 사각형에서 원 또는 원의 일부를 뺀 부분 등)

이렇게 정리해 본 뒤에 남은 시간을 아이들에게 모두 주었다. 문제 해결하는 과정을 천천히 관찰해 보았더니 복잡한 도형을 접하자마자 어떻게 해결해야 할지 몰라 시간만 보내는 아이들도 소수 눈에 띄었다. 그러다가 결국은 짝이나 모둠원들에게 도움을 받아 해결은 하였지만 무엇인가 부족함이 많이 느껴진다. 그래도 다행인 것은 협동적 모둠학습을 통해 도움

주고받기(연결 짓기)를 하면서 참으로 많은 것들을 해결해 나갈 수 있었다는 점이다. 이해가 되지 않는 것에 대해서는 선생님에게 먼저 질문하지 말고 모둠원들에게 도움을 구해야 한다는 경계 정하기(약속)가 협동적 수업에 큰 도움이 된다는 것을 깨닫게 된다.

소수의 아이들은 빠른 시간 내에 문제를 해결하고 무엇을 더 해야 하냐고 묻기에 그 아이들만을 대상으로 좀 난해한 문제를 칠판에 제시하면서 풀어 보라고 하였다. 그랬더니 그 아이들은 칠판 앞에 나와 서로 열정적으로 상의하면서 문제를 해결해 나가기도 하였다.

문제를 다 해결하고 나더니 한 아이가 이렇게 말하였고 다른 아이들도 여기에 공감한다는 의견을 더하였다. "더 다른 문제는 없어요? 이렇게 수학 수업을 하는 것이 훨씬 더 재미있어요. 2학기에도 이렇게 하면 좋겠어요." "암, 물론이지. 방학 중에 선생님이 많이 연구해서 준비해 올 것이다."라고 답변을 해 주었다. 이렇게 한 학기 동안의 모든 수학 수업은 마무리되었다. 이제 곧 방학이다. 여름방학이 시작되면 곧바로 2학기 교육과정 분석에 몰입할 것이다. 조금 힘든 과정이기는 하지만 정말 수준 높은 수업을 위해서 충분히 가치 있는 과정이라 생각하고 기쁜 마음으로 노력해 보고자 한다.

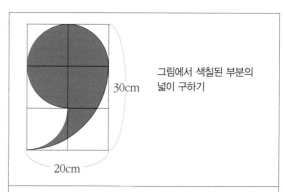

그림에서 색칠된 부분의 넓이 구하기

[질문] 위와 같이 주어진 도형에서 (가)의 넓이, (나)의 넓이를 각각 구하기: 선분 ㄱㄴ : ㄴㄷ의 길이의 비는 2 : 1이고, 선분 ㄴㄷ의 길이는 2cm이다.

⇨ 이 문제를 해결하는데 그리 어려움은 없었다. 수학적 사고력이 꽤 높은 아이들이 모여 문제를 해결하니까 역시 쉽게 해결해냈다.

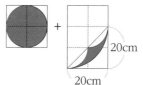

위에 주어진 도형을 해결하는 과정에서 아이들은 쉬는 시간까지 투자하면서 끝까지 해결하려는 의지를 보이기도 하였다. 이 문제의 해결을 위해서는 주어진 도형을 위와 같이 바라보는 시각이 필요한데 이는 역시 쉽지 않은 일이라 여겨졌다. 한참을 고민해도 풀지 못했다. 그래서 문제 해결을 위한 실마리를 던져 주었더니 서로 한참 의견을 주고받으면서 잘 해결하였다.

수학 6-1	6. 원의 넓이 교과서 136~169쪽	서울은빛초등학교 6학년 해을반 번 이름:

1. □ 안에 알맞은 말을 써넣으시오.

> 원의 크기와 관계없이 원주와 지름의 비는
> 일정합니다. 이 비의 값을 □ 이라고 합니다.

2. 원주율은 원의 ( )를 ( )으로 나눈
값으로 그 크기는 일정하다.

3. 원의 크기(둘레의 길이)는 원의 ( )에 영향을 받는
다. 원의 ( )이 커지면(작아지면) 원의 크기(둘레의
길이)도 커진다.(작아진다.)

4. 지름 또는 반지름의 길이를 구하시오.
(1)

원주: 30 cm

(2)

원주: 42 cm

5. 원주를 구하시오.(원주율: $3\frac{1}{7}$)
(1)

21 cm

( )cm

(2)

14 cm

( )cm

6. 작은 원의 원주가 18.6 cm일 때, 큰 원의 지름은 몇
cm인지 풀이 과정을 쓰고 답을 구하시오.(원주율: 3.1)

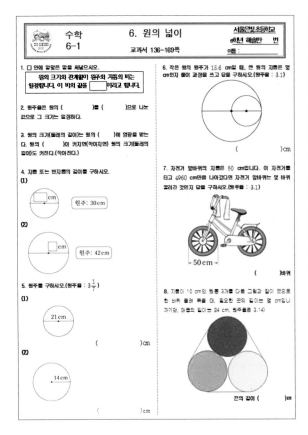

( )cm

7. 자전거 앞바퀴의 지름은 50 cm입니다. 이 자전거를
타고 4960 cm만큼 나아갔다면 자전거 앞바퀴는 몇 바퀴
굴러간 것인지 답을 구하시오.(원주율: 3.1)

←50 cm→

( )바퀴

8. 지름이 10 cm인 원들 3개를 다음 그림과 같이 끈으로
한 바퀴 둘러 묶을 때, 필요한 끈의 길이는 몇 cm입니
까?(단, 매듭의 길이는 24 cm, 원주율은 3.14)

끈의 길이 ( )cm

9. 원의 넓이를 구하는 방법을 알기 위해 원을 아주 잘게
잘라 붙여서 직사각형과 같은 모양으로 변형시켜보았다.

12 cm ⇒ ☐cm

(1) 변형된 직사각형의 세로 길이는 원의 어떤 부분의 길
이와 같은가? ----------- ( )
(2) 변형된 직사각형의 가로 길이는 원의 어떤 부분의 길
이와 같은가? -------- ( )
(3) 위의 (1)번과 (2)번의 답을 이용하여 변형된 직사각형
의 넓이를 구하는 최초의 식을 아래와 같이 써 보았다. ( )
안에 알맞은 말을 써 보시오.

> 직사각형으로 변형된 원의 넓이=
> (원주의 ( ))×( )

(4) 위의 (3)번에서 만들어진 식을 이용하여 원의 넓이를
구하는 최종 식이 만들어지는 과정을 설명해 보시오.

> ─
> 원주의 ( ) × ( )
> ─
> 최종 식 ⇨ 반지름 × 반지름 × 3.14

(5) 위의 □안에 알맞은 말을 쓰시오.

(6) 위에 주어진 원의 넓이를 구하시오.

( )cm²

10. 둘레의 길이가 각각 300m인 정사각형과 원이 있다.
두 도형의 넓이를 각각 구하고 어떤 도형이 얼마나 더 넓
은지 계산하여 보시오.(원주율은 3)

( )이 (m²)더 넓다.

11. 색칠한 부분의 넓이를 구하시오.
(1)

12 cm ←3 cm

( )cm²

(2)

17 cm

17 cm

( )cm²

12. 큰 바퀴의 원주는 120 cm이고, 큰 바퀴의 지름은 작
은 바퀴의 지름의 2배입니다. 작은 바퀴의 원주는 몇 cm
입니까? (원주율: 3) ---------- ( )cm

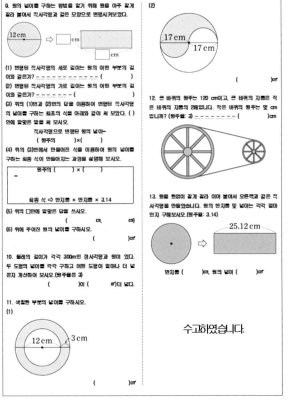

13. 원을 한없이 잘게 잘라 이어 붙여서 오른쪽과 같은 직
사각형을 만들었습니다. 원의 반지름 및 넓이는 각각 얼마
인지 구해보시오.(원주율: 3.14)

25.12 cm

반지름 ( )cm, 원의 넓이 ( )cm²

수고하였습니다.

협동학습으로 만드는
6학년 수학 수업

2학기

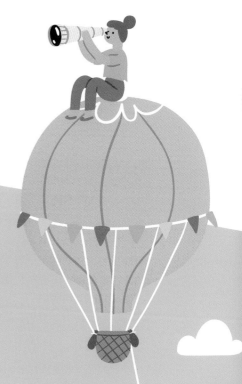

✍ 6단원 '여러 가지 문제'는 내용 특성상 분석적 접근보다 학습한 내용을 바탕으로 수학의 실생활 적용에 중점을 둔 문제 해결력·수학적 사고력·수학적 의사소통능력 키우기 등과 관련된 다양한 문제를 해결해 보는 것이 더 의미 있는 활동일 것이다. 따라서 이 단원의 분석, 실제 수업 사례, 수업 소감 등은 제시하지 않았다.

01 쌓기나무

교사용 지도서를 보면 이 단원은 쌓기나무와 연결큐브를 이용하여 공간 지각력, 공간 감각을 향상시키고 자 한다고 되어 있다. 이 과정에서 아이들은 쌓기나무의 수를 직관적으로 알아보기, 분석적인 방법으로 쌓기나무의 수 알아보기, 쌓기나무의 전체 모양 및 부분 모양(위, 앞, 옆) 알아보기 및 나타내기, 연결큐브 를 이용하여 여러 가지 모양 만들어 보기 등의 활동을 하게 된다.

학습 목표 및 단원 발전 계통을 살펴보면 아래와 같다.[1]

영역	단원 학습 목표
내용	1. 쌓기나무로 만든 모양을 보고 사용된 쌓기나무의 수를 구하는 방법을 설명할 수 있다. 2. 쌓기나무로 만든 모양을 보고 위, 앞, 옆에서 본 모양을 그릴 수 있다. 3. 쌓기나무로 만든 모양의 위, 앞, 옆에서 본 모양을 보고 전체 모양을 직접 쌓을 수 있다. 4. 연결큐브로 주어진 조건에 따라 모양을 만들 수 있다. 5. 연결큐브를 연결하여 여러 가지 모양을 만들 수 있다.
과정	1. 쌓기나무로 만든 모양에 사용된 쌓기나무의 수를 여러 가지 방법으로 구하면서 수학적 의사 소통 능력을 기를 수 있다. 2. 쌓기나무로 만든 모양을 보고 위, 앞, 옆에서 본 모양을 추측할 수 있다. 3. 쌓기나무로 만든 모양의 위, 앞, 옆에서 본 모양을 보고 전체 모양을 추측할 수 있다. 4. 연결큐브로 만들 수 있는 여러 가지 모양을 최대한 많이 찾을 수 있다.
태도	1. 쌓기나무의 수를 구하는 다양한 방법을 찾기 위해 친구들의 의견을 주의 깊게 들을 수 있다. 2. 쌓기나무 활동을 통해 건축과 수학의 관련성을 이해하고 재미와 흥미를 가질 수 있다.

단원의 발전 계통		
선수 학습	**본 학습**	**후속 학습**
2학년 쌓기나무를 사용하여 여러 가지 모양 만들기, 5학년 직육면체 알아보기, 6학년 각기둥 및 각뿔 알아보기	• 쌓기나무의 수 알아보기 • 여러 가지 방법으로 쌓기나무의 수 구하기 • 위, 앞, 옆에서 본 모양 그리기 • 전체 모양 추측하기 • 조건에 따라 모양 만들기 • 연결큐브를 사용하여 여러 가지 모양 만들기	원기둥 알아보기, 원뿔 알아보기

---

1 2009 개정 교육과정에 따른 수학과 교사용 지도서 6학년 2학기. 2015. p. 101.

위의 내용에 근거를 두고 교사용 지도서는 본 단원의 전개 계획을 아래와 같이 제시[2]하였으나 현장에서 그대로 따라서 지도하기에는 무리가 있다는 생각이 든다.

차시	재구성 이전	수업 내용 및 활동
1	단원 도입	스토리텔링을 통해 추리 활동의 상황을 이해하기, 루빅큐브, 블록놀이, 건축물 등을 통해 쌓기나무 활동에 대한 호기심 갖게 하기
2	쌓기나무의 수 구하기(1)	쌓기나무로 만든 모양을 보고 쌓기나무의 수 추측하기, 쌓기나무의 수를 정확하게 나타낼 수 있는 방법 생각하기
3	쌓기나무의 수 구하기(2)	쌓기나무의 수를 정확하게 나타낼 수 있는 방법 설명하기, 여러 가지 방법으로 쌓기나무의 수 알아보기
4	위, 앞, 옆에서 본 모양 그리기	쌓기나무로 만든 모양을 보고 위, 앞, 옆에서 본 모양을 추측하고 확인하기, 쌓기나무로 만든 모양을 보고 위, 앞, 옆에서 본 모양 그리기
5	전체 모양 알기	쌓기나무로 만든 모양의 위, 앞, 옆에서 본 모양을 통해 전체 모양 추측하기, 쌓기나무로 만든 모양의 위, 앞, 옆에서 본 모양을 통해 전체 모양 쌓아 보기
6	조건에 따라 모양 만들기	주어진 조건에 맞게 연결 큐브 4, 5개로 만들 수 있는 모양 찾기, 만들 수 있는 모양을 빠뜨리지 않고 찾기 위한 방법 경험하기
7	여러 가지 모양 만들기	연결큐브 4개로 만든 모양으로 여러 가지 모양 만들어 보게 하기
8	공부를 잘했는지 알아보기	이 단원에서 배운 내용을 문제를 풀며 정리하기
9	문제 해결	보이지 않는 공간을 생각하며 쌓기나무의 수를 추측하게 하기
10	체험 마당	창의적인 모양을 만들어 보게 하기

문제의식을 갖게 만드는 점 몇 가지를 살펴보면 아래와 같다.

단원 지도를 위한 수업 시수 분배의 문제

지도서를 보면 총 10차시로 구성되어 있다. 하지만 스토리텔링, 평가 및 문제 해결, 체험 마당 등을 제외한다면 실제로는 6차시로 구성되어 있다고 봐야 할 것이다. 그런데 이런 구성은 학생들의 사고 과정을 잘 반영시키지 못한 구성이다. 왜냐하면 이 단원은 왜 가르쳐야 하는지에 대한 명확한 이해를 하지 못한 상태에서 교과서 내용 그대로 순서에 따라 지도하게 되면 단순히 쌓기나무 개수 헤아리기, 쌓기나무를 여러 방향에서 본 모양 그리기, 여러 방향에서 본 쌓기나무 모양을 보고 직접 쌓기, 쌓기나무로 여러 가지 모양만들기 활동만 하면 되는 것으로 이해하기 쉽다. 어떤 내용은 저학년 수준에 해당되는 활동이라고 해도

---

2   2009 개정 교육과정에 따른 수학과 교사용 지도서 6학년 2학기. 2015. p. 103.

될 정도로 단순하기까지 하다.

그러나 생각보다 아이들은 이 단원을 어려워한다. 그 이유는 단원 내용을 학습하면서 2차원 평면에 나타난 것을 보고 3차원적인 사고 또는 조작 활동을 하거나 그 반대로 3차원 공간에 나타난 것을 보고 2차원적 사고 또는 표현 활동을 해야 하는데 머릿속으로 2차원 평면 또는 3차원 공간 속에서 물체의 위치와 관계 등을 파악할 수 있는 공간 감각이 잘 발달되어 있지 않은 아이들은 이를 꽤 어려워하고, 생각보다 그런 아이들이 많기 때문이다. 따라서 본 단원은 불필요한 내용은 과감히 버리고 보완해야 할 부분은 세밀하게 재구성하여 아이들의 사고 과정 및 그 흐름에 따라 적절하게 수업 시간을 안배해야만 하는 필요성이 다른 어떤 단원보다 매우 절실하다고 할 수 있다.

1. 단원 도입을 위한 스토리텔링 : 불필요한 스토리텔링을 대신하여 단원 도입 차원에서 삶 속의 다양한 사물을 다양한 각도에서 바라본 사진을 보여 주면서 바라보는 방향에 따라 보이는 모양도 달라진다는 것을 깨달을 수 있는 내용으로 재구성할 필요가 있다. 쌓기나무는 다음 차시부터 자연스럽게 제시하면서 의도하는 방향으로 아이들을 끌어간다면 무리가 없을 것이라 생각된다.

2. 쌓기나무의 수를 구하는 활동이 2시간이나 제시되어 있지만 본 단원은 쌓기나무 개수를 구하는 것이 핵심이 아닌 만큼 이 내용을 최소화하고, 여기에서 확보된 시간을 보다 중요한 활동에 할애하여야만 할 것이다.

3. 본 단원의 핵심은 16~19쪽의 내용인 (1) 위, 앞, 옆에서 본 모양 그리기, (2) 전체 모양 알기에 있으므로 이 내용에 좀 더 많은 시간을 할애하여 아이들이 충분히 2차원 평면에 그림으로 나타내거나 3차원 공간에 쌓기나무로 조작 활동을 할 수 있는 시간을 제공해야만 할 것이다.

아이들이 이 단원을 학습해야 하는 이유에 대한 모호성과 불필요한 질문

6학년을 지도해 본 교사들에게 본 단원의 지도 이유나 목적을 물어보면 명확히 답을 하는 교사들을 찾아보기 힘들다. 교사들의 기억 속에 남는 활동은 대표적으로 쌓기나무 개수 헤아리기가 가장 부각되어 있다는 점, 그리고 쌓기나무로 쌓은 다양한 모양을 여러 각도에서 본 그림 그리기 활동이 있다는 점 정

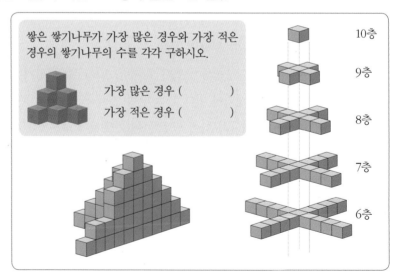

도일 뿐이다. 지도서를 보면 단원 학습의 목적을 공간 감각 향상에 두고 있다. 그러나 이런 모호한 용어로 단원 학습의 이유나 목적을 대변할 수는 없다는 생각이 든다.

또한 스토리텔링이나 문제 해결 등 별도의 활동을 뺀 순수한 교과서 내용 학습에 배당된 6차시 중 2차시(1/3에 해당)를 배정할 정도로 쌓기나무 개수 세기 활동이 지나치게 부각된 점, 쌓기나무 개수를 정확히 헤아려야만 하는 것처럼 제시된 질문, 그런 질문을 보고 서로 의견을 주고받으라는 상황이 무엇인가 아쉽기만 하다.

이런 상황에서 교사들은 그냥 교과서에 제시된 내용을 있는 그대로 지도할 수밖에 없다고 본다면 본 단원은 그 어떤 단원보다도 학습 목표를 구체적으로 설정하고, 그에 맞게 아이들의 사고 과정 및 그 흐름이 잘 드러나도록 내용을 재구성할 필요성이 높다고 말할 수 있다.

아이들 사고의 흐름에 맞게 구성되어 있지 않은 교과서 내용

스토리텔링이나 문제 해결 등 별도의 활동을 뺀 순수한 교과서 내용 학습에 배당된 6차시를 살펴보면 앞의 2차시는 쌓기나무 개수 세기, 중간의 2차시는 밑도안을 바탕으로 여러 각도에서 본 쌓기나무 모양 그리기, 끝의 2차시는 연결큐브를 활용하여 만들 수 있는 여러 가지 모양 찾기로 구성되어 있음을 알 수 있다. 그런데 이 세 가지 활동이 단원 학습 목표를 향하여 한 걸음씩 나아가고 있는 아이들의 사고 과정 및 그 흐름을 자연스럽게 보여 주고 있다는 생각이 들지 않는다. 아마도 애매한 학습 목표 설정으로 인하여 집필진조차도 어떤 내용으로 아이들의 사고 과정 및 흐름을 제시하여야 하는지 중심을 잡지 못하였을 것이라는 생각이 든다.

쌓기나무로 하다가 갑자기 왜 연결큐브가 등장한 것일까?

교과서 내용을 살펴보면 상당 부분을 쌓기나무로 활동을 해 나가다가 갑자기 연결큐브를 활용하여 여러 가지 모양으로 만들어 보라고 하는 차시가 끝에 가서 2시간 제시된다. 여기에서 의구심을 가질 필요가 있다. 왜 연결큐브일까? 꼭 연결큐브여야만 하는 이유가 있는 것일까? 쌓기나무와 다른 목적이 있는 것일까? 등에 대한 생각을 하여야만 하는 것이 당연한 것 아닐까? 그런데 지도서 등 어디를 보아도 그에 대한 명쾌한 설명과 타당한 논리는 등장하지 않는다. 이에 대한 명확한 설명과 안내, 사용에 대한 적절한 요령과 방안 등을 함께 제시하지 않는다면 실제 교실에서는 의도치 않은 엉뚱한 활동이 벌어질 가능성이 높다.(실제로 그런 장면들이 온라인 공간에서 활동 사례라고 하여 사진으로 공개되고 있는 실정이다. 예를 들면 연결큐브를 레고 블록과 같은 맥락으로 생각하여 우주선 모양을 만들거나 로봇 모양을 만들거나 하는 활동 사례를 심심치 않게 목격하게 된다. 그럴 때마다 씁쓸한 생각이 든다.)

02 단원 재구성을 위한 방안

교육과정 또는 교과서 내용을 재구성한다는 것은 어떤 의미에서는 다음과 같은 점을 포함하고 있다고 할 수 있다.

1 교과서 또는 교육과정에 문제 또는 오류가 있다는 점

2 핵심 활동 또는 중심 활동이 아닌 다른 내용들이 너무 강하게 부각된 점

3 내용 구성이 아이들 사고의 흐름이나 과정을 적절히 반영하고 있지 못한 점

이런 생각들을 바탕으로 본 단원 교과서 내용 재구성의 취지를 아래와 같이 3단계로 나누어 제시해 보았다.

1. **단원 학습 목표**: 최상위 목표는 공간 지각력, 공간 감 각의 향상에 있지만 실제 활동과 관련된 구체적인 목표는 밑도안 및 평면도의 필요성을 인식하고, 여 러 각도에서 바라본 3차원 공간의 쌓기나무 모형 을 2차원 평면인 밑도안에 정확히 표현하거나 밑도 안을 보고 실제 쌓기나무 모형을 떠올리거나 조작 할 줄 아는 능력 향상에 있다.

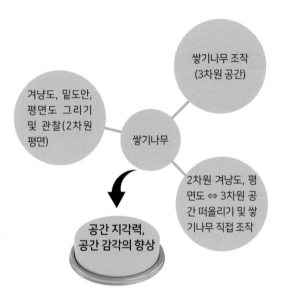

2. **단원의 주요 활동 내용**: 제시된 목표에 따라 실제 수업 속에서 아이들이 활동하게 될 내용을 간략히 정 리하면 아래와 같다.

3. 활동을 통한 아이들 사고 과정의 흐름 : 주요 활동 내용을 아이들 사고 과정의 흐름에 따라 보다 세세하게 제시해 보면 아래와 같다. 아래 내용은 실제 수업 설계를 위한 차시 구성에도 직접적인 영향을 줄 것이다.

도입	삶 속의 다양한 사물을 다양한 각도에서 바라본 사진을 보여 주면서 바라보는 방향에 따라 보이는 모양도 달라진다는 것을 깨달을 수 있다는 내용
1단계	1. 겨냥도 관찰 ⇨ 이것만으로는 3차원 공간에서 쌓기나무 모양의 전체 모습을 정확히 파악하기 어려움을 인식(2차원 평면을 통한 3차원 공간의 이해) • 이 과정에서 개수 세기(전체 개수, 층별 개수, 자리별 개수 등)가 등장 ⇨ 개수 자체가 활동의 목표가 되어서는 안 됨 • 겨냥도의 문제점 : 주어진 사물을 하나의 방향(시각)에서만 제시, 방향 및 공간감각 향상에 지장, 다양한 시선이 존재하며 그에 따라 보이는 모양도 다를 수 있음을 이해하는 것은 매우 중요
2단계	1. 겨냥도를 대신할 수 있는 새로운 표현 방식이 필요함을 깨달음 ⇨ 위의 1단계는 이를 위한 하나의 과정이라는 것에 의미가 있음 • 새로운 표현 방식은 여러 방향(시선)에서 사물을 바라보고 표현할 수 있는 것이어야 함 ⇨ 사물의 정확한 모양 이해에 도움
3단계	1. 새로운 표현 방식으로 밑도안을 제시 ⇨ 쌓기나무 조작 활동 및 밑도안 그리기 | (평면도)2차원 평면 ⇦⇨ 3차원 공간(쌓기나무)	
밑도안 ⇨ 쌓기나무 모형 만들기	쌓기나무 모형 ⇨ 밑도안 그리기 | • 밑도안 : 위에서 내려다본 쌓기나무 모습을 그림으로 표현한 것, 각 자리별로 쌓기나무의 높이를 숫자로 제시
4단계	1. 밑도안을 이용하여 앞, 옆에서 본 그림 그리기(또 다른 2개의 시선, 방향에 주목하기) • 밑도안 자체가 위에서 본 그림임을 이해
5단계	1. 여러 방향에서 바라본 3차원 공간 쌓기나무 모형 ⇨ 2차원 평면에 나타내기 2. 2차원 평면에 나타난 그림을 보고 실제로 쌓기나무 모형 만들기 • 특히 '위, 앞, 옆' 세 방향에 주목 ⇨ 건축설계 도면과 연결(평면도, 정면도, 측면도가 항상 함께 제시됨)
6단계	1. 4개 또는 5개의 연결큐브로 다양한 건물 모양 만들어 보기(쌓기나무로 해도 무방함) • 실제 생활 속 다양한 건축물과 유사함 ⇨ 규격화된 틀을 이용하여 조립식 건물을 짓는 경우도 많음

🌳 공간 감각이란?[3] 🌳

공간 감각은 공간의 방향을 바르게 인식하는 능력, 공간을 시각적으로 표현하는 능력, 공간을 기억하는 능력의 세 가지 요소로 나누어 볼 수 있다.

- ♣ 공간 방향화 : 공간적 패턴 안에 있는 요소의 배열을 이해하고 제시된 공간 형상의 방향을 변화시켜도 혼란되지 않는 능력을 말한다.
- ♣ 공간 시각화 : 그림으로 제시된 대상물을 마음속으로 조작하거나 회전하거나 방향을 바꾸는 능력으로 주어진 물체를 심상에 의하여 회전시키거나 재배열 또는 조합시키는 능력을 말한다.

<공간 감각을 향상시키는 활동>

- ♣ 보기 : 실질적인 대상의 조작을 포함하는 구체화된 생각, 그려 보기, 패턴 찾기, 크기·모양과 공간에서의 실마리 알기, 시각적 인지를 향상시키기 위한 퍼즐·게임 이용하기 등
- ♣ 상상하기 : 시각적 회상하기, 마음속으로 대상을 조작하기, 구조와 추상 개념을 시험하기 등
- ♣ 생각 그리기 : 마음속의 그림을 종이에 옮겨 봄으로써 언어적 설명에 의지하지 않게 하기 등
- ♣ 관찰하기 : 3차원 모델을 나누어 주고 여러 각도에서 관찰한 후 2차원 그림에서 3차원의 위치를 찾아보기 등
- ♣ 종이접기 : 정사각형 종이에 화살표를 그린 다음 여러 가지 방법으로 접었을 때 반대편에 나타나는 화살표 찾아보기 등
- ♣ 종이 접어 오리기 : 정사각형 종이를 2~4번 접은 후 어느 한 부분을 자른 다음 종이를 펼쳤을 때 어떤 모양이 되는지 알아보기 등
- ♣ 문제 해결 상황과 관련짓기 : 문제 해결 상황에서 시각적·지각적 기능과 관련된 활동 하기

---

4. 꼭 연결큐브일 필요는 없음 : 앞에서 연결큐브에 대한 문제점을 한번 짚은 바 있다. 그리고 그에 대한 나의 견해를 밝혀 두고자 한다. 본 단원의 목적이나 지도 이유는 이미 짚은 바가 있다. 그런 맥락에서 볼 때 각각의 쌓기나무는 실제 생활 속에서의 건물과 같은 맥락에서 생각해 볼 필요가 있다. 쌓기나무를 활용하여 초등학생 수준에서의 가장 일반적이고 보편적인 범위 내에서의 형태나 모양을 하고 있는 건물의 구조나 배치를 이해하고 이를 표현할 수 있는 방안으로 평면도, 정면도, 측면도를 제시하였던 것이다.[3]

---

3 2009 개정 교육과정에 따른 수학과 교사용 지도서 6학년 2학기. 2015. p. 105.

위와 같은 사실을 근거로 하여 본 단원의 목적을 달성하기 위해서 쌓기나무로 조작 활동 시작 전에 아래와 같은 규칙을 정확히 짚어 주어야 함이 마땅하다. 하지만 지도서 그 어디에서도 그런 부분은 등장하지 않는다. 그리고 쌓기나무는 연결큐브에 비하여 면과 면을 정확히 맞추거나 여러 모양으로 쌓아나갈 때 자꾸만 흐트러지는 상황이 발생하여 세밀하게 조작해야만 하는 단점이 있다. 하지만 연결큐브는 그런 고민을 하지 않아도 된다. 끼우기만 하면 면과 면끼리 딱딱 잘 맞아떨어지기 때문이다.

그런데 이런 문제점을 극복하기 위해서 연결큐브를 사용하도록 하였다면 연결큐브를 사용할 때 주의해야 할 점 또한 분명히 제시하고 아이들에게 안내하거나 설명하는 과정이 있어야 한다는 점을 지도서는 명확히 짚어 주지 못했다는 점에서 매우 아쉬운 생각이 든다. 이는 아마도 집필진이 본 단원 활동이 갖고 있는 취지나 목적을 제대로 이해하지 못하였거나 이와 연결시키는 과정에 있어서 절대로 놓치지 말아야 함에도 불구하고 교과서 및 지도서를 집필할 때 이 지점들을 놓쳤을 가능성이 높다.

나의 견해로 볼 때 연결큐브를 활용한 교과서 내용들은 쌓기나무로도 가능한 범위 내에서 여러 가지 모양을 만들어 볼 수 있어야 한다. 그것이 아니라고 한다면 앞에서 했던 쌓기나무 활동에 대한 모든 과정이 한순간에 무너질 수밖에 없기 때문이다. 따라서 여러 가지 모양 만들기 차시 활동은 군이 연결큐브로 하지 않아도 된다고 볼 수 있다. 그러나 꼭 연결큐브로 활용을 하고 싶다면 아래와 같은 점에 주의하여 아이들에게 미리 공지 또는 꼭 약속을 하고 활동에 임하도록 해야만 한다.

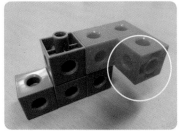

사례에서 보는 바와 같이 블록 아래 뜬 공간이 없어야 한다. 이런 모양은 쌓기나무로 표현할 수 없을 뿐만 아니라 밑도안으로도 표현이 불가능하다. 그런 모형은 본 단원에서 다루는 범주의 한계를 넘어선다고 볼 수 있다.

03 단원 지도를 위한 재구성의 실제

차시	재구성 이후	수업의 목적
1	이것이 무엇인고?	사물을 바라보는 데에는 다양한 시선이 존재하며 그에 따라 보이는 모양도 다를 수 있음을 이해하기 ⇨ 겨냥도에 대한 이해 점검하기
2	쌓기나무와 공간 감각 1, 2(쌓기나무와 앞, 옆, 위에서 본 그림-밑도안)	겨냥도의 한계 깨닫기, 이를 대신할 수 있는 또 다른 표현 방식의 필요성 깨닫기, 밑도안 이해하기, 밑도안 그리기
3		
4		쌓기나무 모형을 보고 앞·옆·위(밑도안)에서 본 모습 그리기, 앞·옆·위에서 본 그림을 보고 쌓기나무 모형 만들기
5		
6~7	쌓기나무와 공간 감각 3(건축물의 위, 앞, 옆에서 본 모습 그리기)	쌓기나무 모형을 보고 평면도(밑도안)·정면도·측면도 나타내기(보다 복잡한 쌓기나무), 평면도(밑도안)를 보고 앞·옆에서 본 그림 그리기
8~9	다양한 건물 모양 만들기	연결큐브(쌓기나무로 해도 좋음)를 이용하여 다양한 건물 모양 만들어 보기 ⇨ 조립식 건축물에 대한 이해(모듈러 홈)
10	단원 정리(문제 풀기)-평가	단원 평가

위와 같이 크게 세 부분으로 나누어 재구성한 이유는 다음과 같다.

첫째, 스토리텔링을 대신하여 실제 생활 속에서의 사물을 소재(평상시 관심을 갖고 세밀하게 관찰하지 못했던 사물들의 다양한 면과 시선에 대한 이해)로 하여 특정한 각도에서 바라본 여러 사진을 제시하고 어떤 사물인지 생각해 보게 하면서 5학년에서 공부했던 겨냥도에 대한 생각을 떠올릴 수 있도록 1

차시 수업을 디자인해 보았다. 처음에는 생활 속 사물을 한 방향에서 바라본 사진을 통해 이해하고, 수업이 진행되면서 차츰 의도하고자 하는 수학적 상황과 그에 맞는 내용으로 아이들의 사고를 이끌어 나가기 위해 입체도형을 활용하여 이해를 돕고자 하였다. 이렇게 하면 다음 차시부터 자연스럽게 쌓기나무로 전환할 수 있는 계기가 마련된 셈이다.

> **실제 삶 속의 상황(생활 주변 사물) ⇨ 수학적 상황으로 들어가기 위한 워밍업(다양한 입체도형) ⇨ 단원 활동에 맞는 특수한 수학적 상황(쌓기나무)**

참고로 1차시에서 실제 사물을 직접 보여 주지 않고 사진으로 제시한 이유는 2차원 평면적 사고를 통해 3차원 공간 상황-입체적 사고로 아이들의 사고를 확장시키고자 한 의도에서였다는 점이며 이 또한 매우 중요한 점 가운데 하나라는 것을 미리 밝혀 둔다.

둘째, 본 단원 학습의 핵심은 바로 여기에 있다. 따라서 기존에 구성된 2차시 활동을 6차시로 충분히 시간을 늘려 보았다. 이 시간을 통해 아이들은 2차원 평면과 3차원 공간과의 관계를 충분히 관찰하고 사고하고 의사소통하고 조작 활동을 할 수 있게 될 것이라 생각된다.

2~3차시에서 아이들은 겨냥도의 한계 깨닫기 ⇨ 새로운 표현 방식의 필요성 인식하기 ⇨ 밑도안 도입 및 이해하기 ⇨ 밑도안의 장점 이해하기 ⇨ 쌓기나무 모형을 보고 밑도안 그리기 활동을 직접 경험하게 될 것이다. 이 과정에서는 관찰하기, 조작하기, 상상하기, 토론하기, 그림 그려 보기 활동이 중심이 되도록 수업을 디자인해 보았다.

4~5차시에서는 2~3차시의 심화 단계 활동으로 쌓기나무 모형을 보고 앞·옆·위(밑도안)에서 본 모습 그리기, 앞·옆·위에서 본 그림을 보고 쌓기나무 모형 만들기 활동이 이루어질 수 있도록 디자인해 보았다. 이를 통해 아이들은 평면적 사고가 3차원 공간의 상상에 바탕을 둔 입체적 사고와 연결되는 것을 경험할 수 있게 될 것이다. 특히 앞, 옆, 위에서 본 그림만 보고 쌓기나무 모형을 직접 만들어 보는 과정에서는 매우 활발한 의사소통 및 협동적 문제 해결 활동이 이루어질 것으로 예상된다.

6~7차시에서는 쌓기나무 모형을 보고 평면도(밑도안) 나타내기, 평면도(밑도안)를 보고 앞·옆에서 본 그림 그리기 활동을 충분히 할 수 있도록 수업을 디자인해 보았다. 상황에 따라 쌓기나무 숫자를 충분히 늘려 가면서 개별 활동, 짝 활동, 모둠 활동 등 다양한 의사소통 및 도움 주고받기 활동이 이루어질 수 있도록 해 보았다. 이 과정 역시 매우 활발한 의사소통 및 협동적 문제 해결 활동이 이루어질 것으로 예상된다.

셋째, 위에서 본 그림, 앞에서 본 그림, 옆에서 본 그림을 제시하면 건물의 다양한 모양을 구별·이해할 수 있다는 것을 이전 차시까지 학습하였다. 8~9차시에서는 연결큐브나 쌓기나무를 활용하여 다양한 조건에 맞는 조작 활동을 경험하도록 한 뒤 건축 설계와 관련된 건물의 구조 및 배치와 연결 짓기를 시도

해볼 생각이다. 이 과정에서 '모듈'이라는 개념을 활용하여 쌓기나무 활동이 실제 삶과 어떤 상관관계가 있는지, 어떻게 우리 삶에 적용되는지를 아이들은 깨닫게 될 것이라 생각된다.

　참고로 쌓기나무 또는 연결큐브처럼 규격화된 건물을 다른 곳에서 제작한 뒤에 집을 지을 장소로 옮겨 와 다양한 형태로 배치하거나 쌓아 올려 집을 완성하는 방식을 모듈러 주택이라고 하는데 건축 방식이 훨씬 쉽고 공사 기간도 단축되고 공사비도 훨씬 저렴하여 많이 이용되고 있다. 자세한 내용은 모듈러 주택관련 기업 홈페이지(smarthouse1.cafe24.com/default/)에 들어가면 찾아볼 수 있다.

🌳 모듈러 홈이란 🌳

모듈러 홈은 모듈화된 주택을 공장에서 생산하여 현장으로 이동, 크레인을 이용하여 조립하여 완성하는 주택을 말한다. 모듈러주택은 공업화주택의 일종으로 품질향상 및 활성화를 위해 정부에서 1992년 공업화 주택 인정제도를 도입하였으며 주택법(법률 제11590호)과 주택건설기준 등에 관한 규정, 규칙에 그 기준안을 마련해 놓고 있다.

　모듈러 홈이 최근 새로운 건축의 대안으로 떠오르는 이유는 현장건축에서 오는 한계와 문제점을 극복하기 위한 것으로 규격화되고 표준화된 제품을 대량생산하여 원가를 낮추고 품질을 향상시키며 공사기간을 단축하여 효율성을 높이는 데 있다.

♣ 모듈러 홈의 장점:규격화와 품질의 균일화, 건축원가의 절감, 대량생산, 공사기간 단축, 이축 및 수출 가능
♣ 모듈러 홈의 단점:디자인의 한계, 고층건축의 어려움 등

현재 실용 가능한 범위는 소형주택에서부터 5층 이내의 건물, 기숙사, 원룸, 오피스텔, 임대형 아파트, 다가구주택 등 다양하다. 스마트하우스는 공장에서 80~90% 이상의 공정을 진행하여 출고되며 화물차를 이용하여 현장에 도착하며 크레인으로 조립을 하여 완성한다.

♣ 모듈러 홈 플로

공장제작　　　　운반　　　　설치/조립　　　　완성

콤비 2단

베이스 캠프

스마트 제주

트리 1/2

SH모델 101/102/103

콤비네이션

넷째, 전반적인 활동은 역시 모둠 중심의 협동적 의사소통 과정이 수반될 것이며 직접 사고하고 조작하고 상상하고 상호작용하는 과정 속에서 아이들은 자신들의 공간 감각이 조금씩 향상되어 가는 것을 느끼게 될 것으로 예상된다.

다섯째, 의미 있는 단원 학습 활동을 위해 협동적 문제 해결, 다양한 전략 세우기, 효과적인 의사소통이 이루어질 수 있는 발문, 협동적 문제 해결을 위한 미션활동 등을 개발하고자 최선을 다하였다.

🌱 1차시 이것이 무엇인고? – PPT로 수업 진행

지금까지 관찰했던 것들을 바탕으로 우리가 알아낼 수 있는 중요한 사실 한 가지는 무엇일까요?(자기 생각의 정리·노트에 기록하기) ⇨ 모두 일어서서 나누기 ⇨ 사물을 관찰할 때는 그 사물의 모습을 가장 잘 이해할 수 있는 방향, 각도에서 바라보아야 가장 잘 이해할 수 있다.

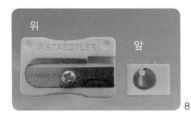

어떤 물체를 한 방향에서 본 것입니다.

같은 물체를 다른 방향에서 본 것입니다.

앞의 두 면을 동시에 본 모습
어떤 물체인지 생김새를 상상해 볼까요?

위에서 본 모습입니다. 어떤 모습이 그려지나요? 이런 모습?

상상했던 것과 같은 모습의 사물인가요? 아니면 무엇이 다른 점인가요?

어느 방향에서 물체의 사진을 찍거나 바라보았을 때 그 모습이 가장 잘 나타나는지 생각해 봅시다.

어느 방향에서 물체의 사진을 찍거나 바라보았을 때 그 모습이 가장 잘 나타나는지 생각해 봅시다.

어느 방향에서 물체의 사진을 찍거나 바라보았을 때 그 모습이 가장 잘 나타나는지 생각해 봅시다.

어느 방향에서 물체의 사진을 찍거나 바라보았을 때 그 모습이 가장 잘 나타나는지 생각해 봅시다.

4번

19

어느 방향에서 물체의 사진을 찍거나 바라보았을 때 그 모습이 가장 잘 나타나는지 생각해 봅시다.

5번

20

어느 방향에서 물체의 사진을 찍거나 바라보았을 때 그 모습이 가장 잘 나타나는지 생각해 봅시다.

6번

21

어느 방향에서 물체의 사진을 찍거나 바라보았을 때 그 모습이 가장 잘 나타나는지 생각해 봅시다.

7번

22

왜 이 시선(방향, 각도)인가?
사물의 면을 가장 많이 볼 수 있는 시선이기 때문.
이런 사실과 관련하여 5학년 때 공부한 것은?

겨냥도

23

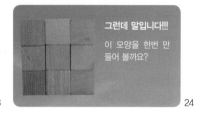

그런데 말입니다!!!
이 모양을 한번 만들어 볼까요?

24

다른 시선(방향, 각도)에서 본 것입니다. (겨냥도 각도)
여러분이 처음에 생각한 것과 같은 모습인가요?

25

그런데 말입니다!!!
이 모양이 정말 맞을까요?

26

다른 방향에서 바라본 모습입니다.
이 모양을 다시 한 번 만들어 볼까요?

27

그런데 말입니다!!!
그것이 전부가 아니었던 것입니다.!!!

28

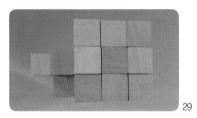

29

바로 지금의 경험을 통해 우리는 새로운 중요한 사실을 한 가지 더 깨닫게 되었습니다. 다른 시선(방향, 각도)만으로는 사물을 정확하게 이해할 수 없다. 사물을 좀 더 정확히 이해하려면 …
여러 방향으로 바라본 것을 함께 생각해 볼 필요가 있다.

30

다음 편을 기대하시라!!!

31

1차시 수업 소감

1차시 1시간 수업을 위해 정말 많은 준비를 했던 것 같다. 하지만 심혈을 기울여 고민하고 준비한 만큼 의미는 매우 컸다는 생각이 든다. PPT로 수업을 진행하였는데 정말 40분에 딱 알맞게 만들어졌고 아이들도 생각하고 고민하고 활동을 하였다. 제시되는 한 장면 한 장면마다 아이들은 관심을 가지고 살펴보면서 어떤 사물을 찍은 것인지 고민하는 모습도 사뭇 진지해 보였다. 특히 기계식 키보드(게임 전용)를 찍어 보여 준 장면에서 아이들은 이 키보드가 누구 것인지에 관심을 보이기도 하였다. "누구 키보드를 찍은 것이에요?" "음, 이 키보드는 선생님이 사용하는 것이지. 얼마 전에 구입했단다. 선생님도 게임을 정말로 좋아하거든. 정말 느낌이 다르다. 하하하하, 부럽지???" 그랬더니 아이들은 이렇게 말했다. "선생님. 지금 저희들에게 자랑하시는 것 맞지요!!??" 그렇게 잠깐 웃어 보았고 다시 수업 속으로 들어와 질문으로 이어 갔다. 1차 질문 및 모

질문에 대한 자신의 생각을 먼저 노트에 기록한 후 다른 사람들과 공유하는 모습[개학 후 이틀째 되는 날이라 아직 모둠이 정해지지 않아서인지 모두 일어서서 나누기 활동(1차 질문) 및 모둠원들과 생각을 공유(2차 질문)해 보라고 했더니 멀리 있는 친구와 생각을 나누는 장면(1차 질문)도 보였고 다른 질문에서는 바로 주변 친구들과 이야기를 나누는 모습(2차 질문)도 보였다.]

두 일어서서 말하기, 서로의 생각을 공유하는 과정을 통해 아이들은 활동의 핵심을 정확히 추론해 내었다.

이어지는 5학년 단계 내용(겨냥도 관련)을 돌이켜 보는 활동에서도 아이들은 진지한 모습으로 공부했던 것들을 다시 한 번 되짚어 보면서 오늘 제시되는 장면과 연결 짓는 모습을 보

여 주었다.

뒷부분 PPT에서 방송 프로그램 진행자 흉내를 내면서 "그런데 말입니다.~~~"라고 말했더니 아이들은 "선생님, 지금 ○○○ 흉내 내시는 거죠!! 하나도 안 똑같아요." 하면서 또 한 번 웃음을 보였다.

마지막으로 제시된 '한 방향에서 바라본 쌓기나무' 장면을 보면서 아이들은 자신이 생각했던 모습과 많이 다르다는 것, 이를 통해 사물을 정확하게 이해하려면 여러 방향에서 본 모습을 동시에 생각해야만 한다는 것을 아이들은 확실히 추론해 낼 수 있었고, 1시간 동안의 활동을 통해 깨달은 나름의 생각과 배움의 소감을 자신의 노트에 나름의 언어로 잘 정리해 나가기도 하였다.

아주 깔끔하게 1시간 수업 활동이 이루어졌다. 역시 깊이 있는 전문 지식으로 무장하고 충분히 준비하면 질적으로 수준 높은 수업이 이루어질 수밖에 없다는 생각을 다시 한 번 더 마음속에 새겨 보면서 2학기 첫 수학 수업 시간을 정리하였다.

1차시 수업 활동에 대한 노트 기록 사례

🌱 2~3차시 쌍기나무와 공간 감각 1(쌍기나무와 앞, 옆, 위에서 본 그림 - 밑도안)

♣ PPT로 수업 진행, 쌍기나무 준비

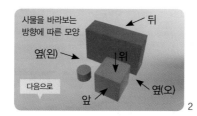

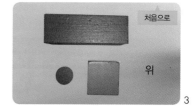

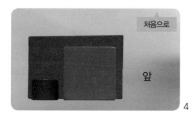

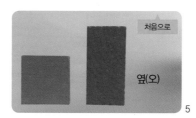

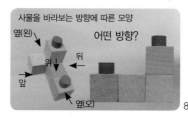

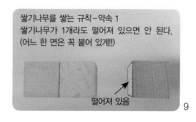

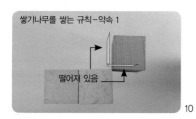

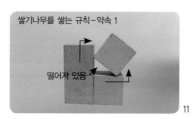

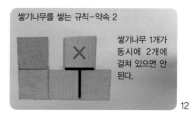

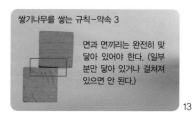

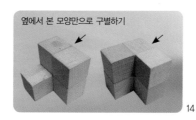

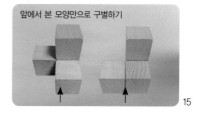

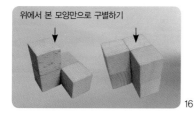

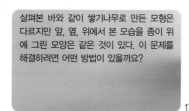

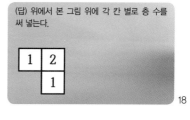

위에서 본 그림 위에 각 칸 별로 층 수를 써 넣어 보자. 구별이 되는가?

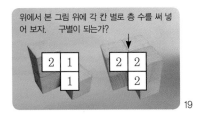

19

쌓기나무를 건물이라 생각할 때 옆(앞)에서 본 모양의 장점

형태를 그리기 쉽다.

쌓기나무를 건물이라 생각할 때 옆(앞)에서 본 모양의 단점

건물 모양의 구별이 어렵다.

20

쌓기나무를 건물이라 생각할 때 위에서 본 모양의 장점

건물 배치를 잘 알 수 있다.

쌓기나무를 건물이라 생각할 때 위에서 본 모양의 단점

건물 모양의 구별이 어렵다.

21

쌓기나무를 건물이라 생각할 때 층 수를 넣은 위에서 본 모양의 장점

건물 배치, 높이를 잘 알 수 있다.

쌓기나무를 건물이라 생각할 때 층 수를 넣은 위에서 본 모양의 단점

층 수를 각 칸마다 써야 한다.

22

이런 그림을
밑도안이라고 한다.

23

밑도안 그려 보기

3	2	
1	1	
	1	

위↓
앞→
옆

24

모둠원과 함께 쌓기나무를 활용하여 돌아가며 건물 모형을 만들고 밑도안 그려 보기
(주의할 점) 반드시 앞이 어디인지 지정해 준다. (보다 쉬운 이해를 위해)
모둠 번호 1번 6개로, 2번 7개로, 3번 8개로, 4번 9개로 각각 건물 모형을 만들어 제시한 후 모두 함께 밑도안 그리기

25

다음 편을 기대하시라!!

26

2~3차시 수업 소감

지난 시간에 함께 공부했던 내용 가운데 가장 중요한 것은 무엇이었는지를 함께 확인해 보는 활동으로 시작을 열었다. 모두가 잘 기억해 주었다. 오늘 수업의 시작은 사물을 바라보는 방향에 따라 어떤 모습으로 보이는지 그림 또는 사진만 보고 상상하여 그림으로 표현해 보는 활동으로 출발하였다. 주어진 사물을 여러 방향에서 본 그림이 어떻게 되는지 각자 노트에 그려 보게 한 뒤 일부의 아동은 직접 지목하여 칠판에 나와 그려 보게 하였다. 한 명도 빠짐없이 정확하게 그려 보였다. 이어서 주어진 사물을 보고, 제시된 사진이 어떤 방향에서 바라본 것인지 이야기해 보는 활동을 해 보았다. 이 또한 모두가 정확히 방향을 짚어 주었다.

다음으로 본격적인 쌓기나무를 활용한 핵심 내용으로 접어들기 전에 쌓기나무를 쌓는 약속을 함께 알아보면서 주의할 점들을 점검하였다. 예전의 경험으로 미루어 볼 때 이런 과정이 없으면 아이들은 제시된 내용과 같은 쌓기나무 모형을 제시하는 경우를 종종 보게 된다. 오늘도 이런 몇 가지 사례를 제시하였더니 몇 명의 아이들이 "아, 저런 것은 안 되는구나." 하고 고개를 끄덕이기도 하였다.

본격적인 활동으로 접어들어 서로 다르지만 특정 방향에서

본 것을 그린 그림이 같아지는 상황을 통해 어떤 방법으로 그림을 그려야만 서로 다른 쌓기나무 모형이라는 것을 표현할 수 있을지 알아보았다. 먼저 자신의 생각을 노트에 기록한 뒤에 짝과 생각을 공유하게 하였다. 그런 뒤에 1명의 아동을 무작위로 지목하여 발표를 이끌어 냈다. 그 아동은 이렇게 답변을 하였다. "각 칸에 쌓아 놓은 쌓기나무의 수를 써 넣어요." 그래서 질문을 이어 갔다. "각 칸에 써 놓은 숫자는 건물로 생각해볼 때 무엇에 해당될까?" 그러자 많은 아이들이 "건물의 층 수입니다."라고 답변해 주었다. 조금씩 핵심 내용을 향하여 자신의 인지지도를 그려 나가고 있었다. 여기에서 중요한 질문 한 가지를 던졌다. "'각 칸에 쌓아 놓은 쌓기나무의 수를 써 넣는다.'에서 중요한 내용을 글의 맨 앞에 추가하여야만 한다. 어떤 내용을 추가해야 할까?" 그러자 아이들은 갑자기 생각에 잠겼다. 그러나 어떤 말을 넣어야 할지 생각이 잘 떠오르지 않는 것 같았다. 좀 더 기다려 보았으나 발표가 이어지지 않았다. 그래서 추가 질문으로 생각을 끌어내었다. "숫자를 써 넣기 위한 그림은 어떤 방향에서 본 그림일까?" 이 질문에 아이들은 "아, 그거구나. 위에서 본 그림이라는 말을 넣어야 됩니다."라고 그리 어렵지 않게 빠진 내용을 보충해 주었다. 그러나 나는 여기에

서 또 다른 중요한 질문을 이어 갔다. "왜 위에서 본 그림에 표시할까? 옆에서 본 그림 또는 앞에서 본 그림에 표시하면 안 될까?" 그랬더니 잠시 침묵이 이어졌다. 그러나 그 침묵은 길지 않았다. 각 모둠별로 자신이 생각한 것들을 공유하는 소리가 들렸다. 얼마 지나지 않아 "우리 모둠에서 답을 찾은 것 같습니다." 하는 말이 들렸다. 그러자 모든 아이들의 눈길이 그 모둠으로 쏠렸다. 그래서 그 모둠의 학생 1명을 무작위로 지목하여 발표하게 하였다. "앞이나 옆에서 본 그림은 가운데 비어 있는 부분이 있을 수 있지만 위에서 본 그림은 중간에 쌓기나무가 비어 있을 수 없기 때문에 여기에 숫자를 쓰는 것이 맞는 것입니다." 그러자 여러 아이들이 "아, 그렇구나. 이제 알겠다." 하고 중요한 정보를 자신의 것으로 받아들이는 말들을 내뱉었다. 이제 중요한 점들은 빠짐없이 다 짚었다는 생각이 들었다.

이어서 밑도안의 중요한 개념을 차근차근 알아 나간 뒤에 위에서 본 그림, 옆에서 본 그림, 앞에서 본 그림에 층 수를 써넣은 그림을 볼 때 각각의 장점과 단점을 살펴보았다. 그런데 아이들은 장점과 단점을 쉽게 이야기하지는 못하였다. 그래서 이 질문 또한 보충 질문을 추가로 해 주었다. 예를 들어 "옆에서 본 그림은 겨냥도와 비교해 볼 때 어떤 그림이 더 그리기 쉬울까?" 이런 질문을 통해 아이들은 옆에서 본 그림이 그리기는 더 쉽지만 그것만으로 전체적인 모양을 구별하기 어렵다는 단점들을 찾아내었다. 뒤에 이어진 나머지 질문도 비슷한 과정을 거쳐 나름의 생각을 정리하였다. 여기까지 정리한 후 '위에서 본 그림의 각 칸에 층 수를 적어 놓은 그림을 밑도안이라고 한다.'는 개념 정의를 정확히 한 후에 한 가지 쌓기나무 모형 사례를 통해 밑도안을 그려 보라고 하였다. 그리기 전에 중요한 것 한 가지를 짚어 주었다. "밑도안을 그리기 전에 어떤 방향이 '앞'인지를 모두와 함께 정확하게 공유하여야만 한다. 왜 그럴까?" 하고 전체 질문을 던졌다. 잠시 뒤에 1명이 자신의 생각을 던졌다. "'앞'이라는 방향을 정해 주지 않으면 각자 바라보는 방향에서 '앞'이라는 방향이 달라져 밑도안을 다르게 그릴 수 있기 때문입니다." "네, 맞아요. 그래서 가장 먼저 '앞'이 어떤 쪽인지 살피고, 그 방향에 선 뒤 위에서 내려다본 그림을 그려 내야 합니다."라고 다시 한 번 더 강조해 주었다. 그런 뒤에 제시된 그림에 맞는 밑도안을 그려 보게 하였다. 바로 상상이 잘 되지 않는 사람은 쌓기

나무를 이용하여 똑같은 모양으로 쌓은 뒤에 관찰한 후 그려 보라고 하였다. 소수의 아이들은 쌓기나무를 직접 쌓아 보기는 하였지만 그 전에 밑도안을 먼저 그리고 나서 확인해 보는 차원에서 조작 활동을 하였다. 모두 정확히 밑도안을 잘 그려 냈다. 여기까지 진행하는 데 80분 블록 수업 가운

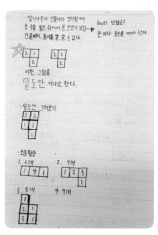

모둠별로 밑도안 그리기 활동 사례

데 약 60분 정도 시간이 흘렀다. 남은 시간은 마지막 모둠 활동으로 돌아가며 문제 내고 밑도안 그리기 활동을 할 수 있도록 안내하였다.

각 모둠별로 돌아가며 쌓기나무를 여러 모양으로 쌓고 밑도안을 그려 보는 활동을 하였다. 아이들은 저마다 다양한 생각으로 쌓기나무 모형을 쌓고, "여기가 '앞'이야." 하고 지정해 주는 소리가 들렸다. 중요한 정보를 잊지 않고 적용하고 있었다. 어떤 아이들은 자신이 앉은 자리가 '앞'이라는 방향과 맞지 않아 일어서서 '앞' 방향으로 자신의 몸을 이동시킨 뒤 위에서 내려다본 그림을 그려 나가는 모습도 여기저기에서 목격되었다. 모두 나름의 방법으로 밑도안을 그려 나가고 있었다.

약 20분 가까이 아이들은 돌아가며 쌓기나무 개수를 1개씩 늘려 가며 지속적으로 밑도안 그리기 활동을 이어 갔다. 그렇게 이번 수업 시간도 큰 무리 없이, 별 어려움 없이 계획한 대로 잘 진행되었다. 설계한 대로 수업이 잘 진행되어서 내심 무척 기쁜 마음이 들었다. 아이들도 역시 즐거운 모습으로 수학 시간을 보낸 표정이어서 무척 만족스러운 수업이었다.

각 모둠별로 돌아가며 쌓기나무 모형을 제시하고 밑도안 그려 보기 협동학습 활동 장면

♣ PPT로 수업 진행, 쌓기나무 준비

위, 앞, 옆에서 본
쌓기나무 모형의 모습

1. 쌓기나무 모형을
여러 방향에서 관찰한 모습

6학년 2학기

1

쌓기나무 모형을 위, 앞, 옆에서 본 모양 알아보기

2

위에서 본 모양

완성

3

앞에서 본 모양

완성

각 줄에서 가장 높은 층의 수만큼 그리면 된다.

4

옆에서 본 모양

완성

각 줄에서 가장 높은 층의 수만큼 그리면 된다.

5

위, 앞, 옆에서 본 모양 한눈에 보기

위에서 본 모양　앞에서 본 모양　옆에서 본 모양

6

쌓기나무 모형을 보고 위, 앞, 옆에서 본 모양 그리기(위에서 본 모양에는 층 수를 써 보시오.)

7

쌓기나무 모형을 보고 위, 앞, 옆에서 본 모양 그리기(위에서 본 모양에는 층 수를 써 보시오.)

8

쌓기나무 모형을 보고 위, 앞, 옆에서 본 모양 그리기(위에서 본 모양에는 층 수를 써 보시오.

9

쌓기나무 모형을 보고 위, 앞, 옆에서 본 모양 그리기(위에서 본 모양에는 층 수를 써 보시오.)

10

쌓기나무 모형을 보고 위, 앞, 옆에서 본 모양 그리기(위에서 본 모양에는 층 수를 써 보시오.)

11

쌓기나무 모형을 보고 위, 앞, 옆에서 본 모양 그리기(위에서 본 모양에는 층 수를 써 보시오.

12

쌓기나무 모형을 보고 위, 앞, 옆에서 본 모양 그리기(위에서 본 모양에는 층 수를 써 보시오.)

13

위, 앞, 옆에서 본 모양을 보고 쌓기나무 모형 만들기

14

위, 앞, 옆에서 본 모양을 보고 쌓기나무 모형 만들기

15

위, 앞, 옆에서 본 모양을 보고 쌓기나무 모형 만들기

16

위, 앞, 옆에서 본 모양을 보고 쌓기나무 모형 만들기

17

위, 앞, 옆에서 본 모양을 보고 쌓기나무 모형 만들기

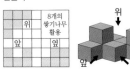

18

위, 앞, 옆에서 본 모양을 보고 쌓기나무 모형 만들기

19

위, 앞, 옆에서 본 모양을 보고 쌓기나무 모형 만들기

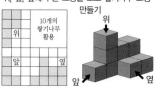

20

다음 편을 기대하시라!!

21

4차시 수업 소감

오늘 수업은 본래 블록 수업으로 설계하였으나 시간표 운영상 1시간씩 분리하여 운영하기로 하였다. 쌓기나무 모형 사진을 보고 위, 앞, 옆에서 본 그림을 그리는 활동까지 오늘 다루고 위, 앞, 옆에서 본 그림을 보고 쌓기나무 모형을 직접 만들어보는 활동은 다음 시간에 진행하기로 하였다.

도입 활동에서 지난 시간에 공부했던 중요한 점 몇 가지를 되짚어 보고 오늘 이야기를 열어 갔다. 특히 앞에서 본 그림, 옆에서 본 그림을 그릴 때는 각 줄별로 가장 높은 층 수를 헤아려 그리면 된다는 점을 PPT를 통해 확인하고 나서 아이들은 각 방향에서 본 그림을 훨씬 더 수월하게 그릴 수 있게되었다면서 좋아하였다. 그래서 직접 쌓기나무 사진을 제시한 후 직접 잘 그릴 수 있는지 확인에 나서 보았다.

그림을 직접 그려 보기 전에 '앞'이 어디인지 먼저 확인이 필요하다는 점, 위에서 본 그림(특히 밑도안)을 그릴 때 앞에 서서 위에서 내려다본 그림을 그려야 한다는 점, 보통은 위에서 본 그림(평면도), 앞에서 본 그림(정면도), 옆에서 본 그림(측면도-오른쪽 측면도)의 순서로 제시한다는 것을 함께 알아보았다.

이어서 바로 7컷의 서로 다른 사진을 순서대로 제시하고 모두에게 나누어 준 □칸 활동지에 위에서 본 그림, 앞에서 본 그림, 옆에서 본 그림을 그려 보게 하였다. 역시나 모든 아이들이 수월하게 그림을 그려 나갔다. □칸 활동지는 이 수업 시간에 필수 활동지라는 점을 꼭 잊어서는 안 될 것이라 생각된다.

40분 정도 되는 시간이었지만 아이들은 사진을 관찰하고 그림을 그려 보고 자신이 그린 그림이 맞는지 고민하고 짝, 모둠원들과 확인하고 오류를 수정해 나가면서 매우 즐거운 표정으로 공부를 해 나갔다. 7컷 그림을 다 살피고 나니 약 7~8분 정도 시간이 남았다. 그래서 수학책 15쪽까지 각자 해결하라는 안내와 함께 개별학습 활동으로 학습 구조를 바꾸어 나갔다. 그렇게 이번 시간도 설계한 의도대로 잘 진행되었다. 나 자신도 너무나 만족스러웠다.

□칸 활동지에 위, 앞, 옆에서 본 그림을 그려 보고 짝과 서로 확인해 보는 장면

오늘 수업도 아이들은 매우 즐거워하였다. 수업 도중에도, 수업이 끝난 뒤에도 아이들은 "오늘 수학 수업 정말 재미있었다. 오늘 수학 공부 정말 좋았다."는 말을 여기저기에서 하고 나섰다. 어찌 보면 나의 수업 설계보다는 활동 자체가 가진 특성이 아이들의 흥미와 재미를 자극했었을 것이라 생각된다. 그도 그럴 것이 수업 시작부터 끝까지 내가 제시한 상황을 보고 자신들의 공간적 사고 역량을 발휘하여 쌓기나무 조작 활동을 능동적으로 해내고, 주변 친구들과 서로의 생각을 확인하며 의사소통하는 과정 속에서 자신 스스로도 수업 시간에 주인이 되어 무엇인가를 해내고 있다는 성취의 즐거움에 빠져 들어갔기 때문이었을 것이라 추측된다.

시작부터 바로 위, 앞, 옆에서 본 그림을 제시하고 그 상황에 맞는 쌓기나무 모형을 각자 만들어 본 뒤 주변 친구들의 결과와 서로 확인하도록 안내하였다. 확인 과정에서 서로 다른 부분이 있다면 의사소통을 통해 수정해 나가도록 안내하였다. 이를 위해 1인당 쌓기나무 10개씩 나누어 주었다. 그런 뒤에 TV화면에 세 방향에서 바라본 모습을 제시하였다. 아이들은 주어진 상황을 잘 관찰한 뒤 자신의 생각만으로 쌓기나무 조작활동을 먼저 하고 나서 적당한 시간이 지나면 옆 짝, 앞뒤 모둠원들과 생각을 공유해 나갔다. 필요하면 가림판도 한번 사용해 보도록 안내하였다. 그렇지 않으면 자신의 노력으로 해결하기보다는 다른 사람 생각을 쉽게 가져와 결과만 내놓으려는 아이들 속성을 조금이나마 억제해 보려는 생각에서였다. 그렇다고 하여 생각을 공유하는 시간이 오기도 전에 누군가가 자신의 것을 살펴본다고 해서 불편한 마음을 갖지 않을 것도 신신당부하였다. 그리고 1시간 내내 그런 일은 조금도 일어나지 않았다.

7가지 사례를 제시하는 동안 대체로 아이들은 잠시 고민해 보더니 "아하, 이것 너무 쉽다. 더 어려운 것 없어요? 맞아. 너무 쉽네. 선생님. 우리를 너무 무시하는 것 아니세요? 더 어려운 것 주세요."라는 말을 연신 되풀이하였다. 그래서 나도 잠시 고민을 하였다. '내가 너무 쉬운 과제만 제시하였나? 좀 더 어려운 과제를 몇 개 만들어 볼 것을 그랬나?' 하는 생각도 하였다. 그렇게 7개 과제를 다 제시하고 나니 약 40분 가운데 약 25분 정도의 시간이 흘러 15분 정도의 시간이 남게 되었다. 그래서 먼저 교과서 문제를 해결하고 있는 동안 몇 개의 어려운 문제를 만들어 제시할 터이니 기다려 보라고 하고 나는 문제 제작에 들어갔다. 아이들은 "어려운 문제 내 주세요!!!"라고 말하기도 하였다. 오늘 공부한 부분까지 교과서 문제 해결에 약 10분 정도의 시간이 흘러갔다. 나도 두 문제를 더 낼 수 있는 시간이었다. 그래서 남은 5분 동안 두 문제를 풀 수 있도록 해 보았다. 두 문제 가운데 하나는 쌓기나무 20개를 사용할 수 있도록 하였다. 물론 짧은 시간에 만든 문제라서 20개를 사용한 쌓기나무 모형의 경우 제시된 세 방향 그림을 보고 만들 수 있는 쌓기나무 모형이 하나가 아니라는 것을 예상하고 있었고, 아이들은 그것을 잘 찾아내었다. 그렇게 40분이라는 시간은 아주 빨리 지나갔다. 이번 수업도 매우 성공적이었다고 여겨진다. 수업이 끝나고 휴식을 갖기 위해 자리를 일어서는 아이들의 얼굴 표정에서 매우 즐겁고 유익한 시간이었다는 생각을 읽을 수 있었다. 바로 이런 것이 진짜 '노는 것=몰입의 즐거움'이 아닐까 하고 생각하며 나는 다음 시간 수업 설계의 고민으로 다시 빠져 들어갔다.

세 방향에서 바라본 각각의 그림을 보고 쌓기나무 모형 만들기 및 의사소통 활동 장면

🌱 6~7차시 쌓기나무와 공간 감각 3(건축물의 위, 앞, 옆에서 본 모습 그리기)

♣ PPT로 수업 진행, 쌓기나무 준비

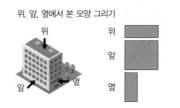

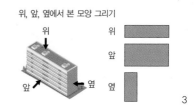

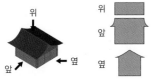

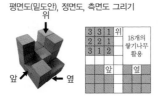

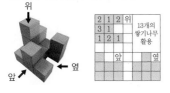

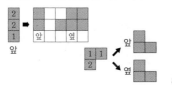

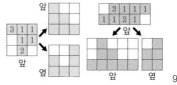

쌓기나무 모형 설명하기
1. 모둠별로 쌓기나무 10개씩
2. 1번부터 가림판으로 가린 후 10개의 쌓기나무를 활용하여 모형을 만들기(△개 활용)
3. 1번이 만든 자신신의 모형을 다른 모둠원들에게 자세하게 설명하기(특히 위에서 본 모습)
4. 설명를 들은 모둠원들은 위, 앞, 옆에서 본 모습을 그림으로 그리기(이 과정 반복하기)

10

위, 앞, 옆에서 본 모습을 보고 쌓기나무 모형 만들기
1. 모둠번호 1번이 먼저 문제 해결
2. 2, 3, 4번은 협의하여 쌓기나무 모형 1개를 만든 후 2번은 위, 3번은 앞, 4번은 옆에서 본 모양을 각자 그린다.(쌓기나무 △개 활용)
3. 다 그렸으면 쌓기나무 모형은 가려 두고 각자 그린 세 방향 그림을 1번에게 보여 주고 똑같이 쌓아 보라고 한다. (이 과정을 돌아가며 반복)

11

다음 편을 기대하시라!!

12

 6~7차시 수업 소감

오늘 수업은 쌓기나무로 도입하기보다는 실제로 자주 볼 수 있는 건물과 전통 건물의 세 방향 모양을 생각해 보면서 쌓기나무 단원을 공부하는 이유와 연결 지어 보면서 도입 활동을 열어갔다. 물론 PPT를 통해서 2시간 활동을 진행하였다.

첫 번째 그림에서 아이들은 별 생각 없이 직사각형 모양을 그렸다. 그래서 제대로 된 표현을 위한 실마리를 툭 던져 주었다. "세 방향에서 본 모양을 그릴 때 각 변의 길이를 잘 생각해 보아야 한다." 그러자 이미 다 그려 놓고 기다리고 있던 아

이들도 자신의 그림을 한 번 더 살펴보면서 스스로 오류를 수정해 나갔다.

세 가지 상황 가운데 전통 건물의 세 방향 그림을 그리는 단계에서 아이들은 조금 주춤거렸다. 특히 자신이 그린 그림에 대하여 확신을 갖지 못하는 아이들이 많았다. 나는 아이들이 그린 그림을 살펴보면서 "꽤 많은 사람들이 제대로 관찰을 하지 않은 것 같다. 그래도 몇 사람은 제대로 관찰하여 그림을 그렸네."라고 한마디 던져 주었다. 그런 말에 자극을 받아 아

도입 활동으로 실제 건물의 사진을 보고 세 방향에서 본 그림을 그리는 활동 장면

이들은 더욱 모둠 및 주변 친구들의 그림과 자신의 그림을 비교하면서 잘 수정해 나갔다. 여기까지 활동에 약 15분 가까이 시간을 보냈다.

이어서 쌓기나무를 보고 평면도, 정면도, 측면도 그리기 활동을 진행하였다. 이제 아이들은 이 활동을 그리 힘들어하지 않는다. 어느 정도 익숙해졌으며 나름대로 공간 감각을 잘 키워 나가고 있다는 생각이 들었다. 평면도(밑도안)만 보고 앞, 옆에서 본 그림을 그리는 활동도 큰 어려움이 없이 잘 그려 나

갔다. 여기까지 활동을 마치고 나니 약 45분 정도의 시간이 흘렀다.

남은 시간은 모둠원들끼리 자유롭게 쌓기나무를 활용한 조작 활동에 투입하기로 하고 활동 방법을 차근차근 설명해 주었다. 안내에 따라 활동을 하면서 아이들은 매우 재미있다는 말을 하고 즐거운 표정을 보여 주었다. 다른 어떤 활동보다 더욱더 활발한 활동을 통해 스스로 주인이 된 수업을 보여 주었다는 생각이 들었다.

돌아가면서 자신이 만든 쌓기나무 모형을 설명하고 세 방향 그림을 그리는 활동 장면

돌아가면서 세 명의 모둠원이 제시한 위, 앞, 옆에서 본 그림을 보고 쌓기나무 모형을 쌓는 활동 장면

🌱 8~9차시 다양한 건물 모양 만들기

건축물의 위, 앞, 옆에서 본 모습 그리기

4. 조건에 따라 여러 가지 모양 만들기

6학년 2학기

1

큐브 블록 활동 시 주의할 점

2

조건에 따라 여러 가지 모양 만들기
※ 쌓기나무 2개를 이용하여 만들 수 있는 모양은 모두 몇 가지?
(뒤집거나 돌려서 모양이 같으면 같은 모양)

  여기에 1개 추가하면 몇 가지?

3

조건에 따라 여러 가지 모양 만들기

※ 쌓기나무 3개를 이용하여 만들 수 있는 모양은 모두 세 가지

4

조건에 따라 여러 가지 모양 만들기
※ 아래와 같이 쌓기나무 3개로 만든 모형에 1개를 추가하여 만들 수 있는 모양은 모두 몇 가지?
(돌려서 모양이 같으면 같은 모양으로 간주함)

 처음에 주어진 3개짜리 블록은 세울 수 없다. 절대로 블록을 뒤집을 수는 없다.

5

6

조건에 따라 여러 가지 모양 만들기
※ 아래와 같이 쌓기나무 3개로 만든 모형에 1개를 추가하여 만들 수 있는 모양은 모두 몇 가지?
(돌려서 모양이 같으면 같은 모양으로 간주함)

  처음에 주어진 3개짜리 블록은 세울 수 없다. 절대로 블록을 뒤집을 수는 없다.

7

8

조건에 따라 여러 가지 모양 만들기
※ 아래와 같이 쌓기나무 4개로 만든 모형에 1개를 추가하여 만들 수 있는 모양은 모두 몇 가지?
(돌려서 모양이 같으면 같은 모양으로 간주함)

처음에 주어진 3개짜리 블록은 세울 수 없다. 절대로 블록을 뒤집을 수는 없다.

9

10

조건에 따라 여러 가지 모양 만들기
※ 아래와 같이 쌓기나무 4개로 만든 모형에 1개를 추가하여 만들 수 있는 모양은 모두 몇 가지?
(돌려서 모양이 같으면 같은 모양으로 간주함)

11

12

모듈을 활용한 건물 모양 만들기
※ 연결 큐브 2개를 1단위 모듈로 생각할 때 2개, 3개, 4개 등의 모듈을 활용하여 건축할 수 있는 건물의 모양을 만들어 봅시다.

  모듈을 규격화하여 실제로 건축에 활용하고 있는 사례

13

2개 모듈을 활용한 건물 모양 만들기

14

15

3개 모듈을 활용한 건물 모양 만들기

16

의미 있는 배움의 시간이었기를 바라며!!

17

오늘 수업은 2시간 연속으로 하면 좋았을 것 같았지만 시간표를 짜다 보니 어쩔 수 없이 따로 진행하는 수밖에 없었다. 그래서 모듈을 활용한 건물 모양 만들기 이전 내용까지 오늘 진행하고 모듈을 이용한 건물 모양 만들기 활동은 다음 시간에 진행하기로 마음을 먹었다.

수업 시작과 동시에 여러 색깔이 들어간 큐브 블록을 보여 주면서 "오늘 활동은 큐브 블록으로 활용을 해 보고자 한다."라고 말했더니 아이들은 "우와, 예쁘다. 더 좋겠다. 난 빨강으로 해야지. 난 파랑이 좋은데…"와 같은 반응을 보였다. 그래서 몇 가지 안내를 하면서 본격적인 활동을 위한 준비 작업에 들어갔다.

"오늘 큐브 블록은 각 색깔별로 10개씩 10가지 색깔이 들어 있는 세트를 2명당 1개씩 나누어 줄 것이다. 다시 말해서 모둠별로 2세트씩 나누어 줄 생각이다. 2명이 한 세트씩 가지고 오늘 선생님이 제시하는 조건에 맞게 다양한 모양을 만들어 내면 될 것이다. 그런데 여기에서 한 가지 짚고 넘어갈 점이 있다. 큐브 블록은 앞에서 활동했던 쌓기나무와 약간 다른 점이 있다. 쌓기나무는 쌓아 올리는 방식으로 활동을 하지만 큐브 블록은 끼워 넣는 방식이어서 훨씬 더 쉽고 편리하게 원하는 모양을 만들 수 있지. 그런데 반드시 주의할 점이 있다. 그것은 쌓기나무로는 만들 수 없는 모형은 절대로 만들지 않는다는 것이다. 무슨 말이냐 하면 밑도안을 그릴 수 없는 모형은 주어진 조건에 맞는 사례로 보지 않는다는 것이다. 예를 들면 이런 것들이지."라고 말하면서 PPT를 TV 화면에 띄워 설명을 해 주었다. 나름 자세히 설명해 주었는데 잘 이해하고 알아들었다. 실제 활동을 하면서 그런 오류를 범하는 아이들은 한 명도 없었다.

설명을 끝내고 바로 활동에 들어갔다. PPT를 활용하여 조건을 제시하자 아이들은 매우 진지한 모습으로 다양한 모양을 만들어 가면서 경우의 수를 모두 찾아내려고 노력하였다. 어느 정도 시간이 지나자 자신이 찾은 경우의 수를 이야기하면서 경험을 공유해 나가는 모습이 목격되었다. "난 □가지 나왔다. 난 □가지인데. 아니야, □가지가 맞아. 난 □개밖에 찾지 못했어. 나 좀 도와줘!" 이런 말들이 수시로 오고 갔다.

활동을 해 나가면서 아이들이 약간 혼란스러워하는 지점 한 가지가 있었다. 그것은 '회전시켰을 때 똑같은 모양이 나오면 안 된다는 점'과 '뒤집었을 때 똑같은 모양이 나오면 안 된다는 점'을 혼동하고 있다는 것이었다. 그것을 정확히 이해하고 있느냐에 따라 조건에 맞게 찾아낸 경우의 수가 각기 달랐다. 그리고 그와 관련된 다양한 사례를 놓고 같은 사례인지 아닌지를 확인하고 서로 정보를 공유하는 이야기들이 수시로 오고 갔다.(이를 돕기 위해 이런 설명도 해 주었다. "여러 종류의 건물 모양을 바라볼 때 그 건물 주변을 돌아보면서 모양을 관찰할 수는 있지만 물구나무서서 관찰하기는 어렵지. 큐브 블록을 회전시킨다는 것은 건물 주변을 돌아보면서 관찰한다는 것과 같은 것이고, 뒤집어 본다는 것은 물구나무서서 본다는 것과 같은 것이다. 그리고 큐브 블록을 실제 건물이라고 생각할 때 앞에서 본 모습, 옆에서 본 모습, 뒤에서 본 모습을 관찰할 수는 있지만 뒤집어 본 모습을 관찰할 수는 없겠지?" 그렇게 설명하자 아이들은 좀 더 잘 이해할 수 있게 되었다는 눈치였다. 물론 이 과정에서 간단한 모양의 큐브 블록을 만들어 돌려도 보고 뒤집어도 보면서 이해를 도왔다.) 그렇게 시간이 지날수록 개념을 제대로 쌓아 나가는 모습들이 보였다. 회전시켰을 때와 뒤집었을 때를 혼동하지 않고 오류를 수정하면서 경우의 수를 잘 찾아 나갔다. 활동 과정에서 자신이 찾은 경우의 수를 놓고 옆의 짝 또는 같은 모둠원들과 수시로 공유하는 모습도 자주 목격되었다. 그렇게 아이들은 40분이라는 시간을 매우 바쁘고 분주하게 보냈다. 40분이 다 되자 아이들은 "벌써 1

·큐브 블록을 활용하여 조건에 맞는 경우의 수를 찾아 나가는 활동 장면

시간이 다 갔어요? 굉장히 빨리 갔는데요!" 하며 재미있는 시간을 보냈다는 식의 반응을 보였다.

"오늘은 여기서 정리하고 다음 시간에 또 다른 조건을 제시하고 그에 맞는 활동을 오늘처럼 해 보도록 하자. 각자 사용했던 큐브 블록을 색깔별로 다시 모아서 반납해 주기 바란다."라고 말하며 오늘 활동을 정리하였다. 역시 아이들은 손에 무엇인가 쥐어 주고 활동하라고 하면 즐거워한다. 1단원 활동은 그

런 측면에서 볼 때 기본적으로 매 차시 활동들이 아이들의 본성과 잘 부합되는 활동이라 말할 수 있다. 여기에 좀 더 세밀한 수업 연구를 바탕으로 각 단위 차시 수업을 디자인하여 전개한다면 어떤 단원보다 성공적인 수업을 할 수 있을 것이라는 확신이 든다. 이제 1시간 남았다. 다음 시간까지도 아이들이 흥미와 호기심을 가지고 적극적으로 활동을 해 나갈 것이라 기대된다.

9차시 수업 소감

이번 시간은 마지막 쌓기나무 활동으로 교과서에는 없지만 새로운 개념인 '모듈'이라는 개념을 도입하여 다양한 형태의 건물 모양을 만들어 보는 활동이 이루어질 수 있도록 디자인하였다.

우선 수업 시작과 동시에 '모듈'이 무엇인지 안내하였다.

모듈(module) : 기준 치수와 치수 조정을 위하여 특별히 선정된 치수 단위를 말한다. 〈위키백과사전〉

그리고 하나의 규격화된 모듈을 기반으로 2개, 3개의 모듈을 연결하여 다양한 형태의 건물이 지어질 수 있다는 것을 실제 사진과 조감도로 보여 주면서 오늘 활동도 이와 같은 맥락에서 이루어질 것이라는 안내를 도입 단계에서 아이들에게 자세히 설명해 주었다. 그러자 아이들은 "와, 오늘도 어제처럼 재미있겠는데. 어제도 좋았는데."라고 말하면서 시작하기 전부

터 흥미와 호기심을 보이기 시작했다.

어제와 마찬가지로 2인 1조로 큐브 블록을 나누어 주고 첫 번째 조건에 맞는 경우의 수를 찾아보라는 문제를 제시하였다. 나누어 주면서 어제 활동과 같이 블록을 돌렸을 때 같은 모양이 나오면 같은 것이지만 뒤집어서 같은 모양이 나오는 것은 다른 경우라 생각해야만 한다는 것을 다시 한 번 강조해 주었다. 아이들은 곧바로 경우의 수 찾기에 몰입하였다. 여기까지 7분 정도의 시간이 흘렀다.

본격적인 조작 활동이 시작되고 나서 어느 정도 시간이 흐른 뒤에 누군가 6가지 경우가 나온다고 말하자 여기저기에서 "아냐, 그것보다 더 나와. 난 지금 9가지 찾았어." "어, 난 지금 10가지인데." 하면서 자신들이 찾은 경우의 수를 나누고 사례를 공유하는 모습이 목격되었다.

약 10분 정도 시간이 흐르자 한 모둠, 두 모둠… 경우의 수

모듈이라는 개념을 도입하여 1번, 2번 과제를 해결하는 활동 장면

를 모두 찾아내기 시작하였다. 아이들은 12가지 경우의 수가 존재한다는 것을 잘 찾아냈다. 그러면서 매우 뿌듯해하였다. 이런 말도 덧붙였다. "선생님, 더 어려운 조건으로 문제를 내 주세요." "그럼, 다음에는 더 어려운 문제가 당연히 기다리고 있지. 자, 그러면 한번 새 문제를 열어 볼까?" 하고 PPT를 넘겼다.

이전 과제는 2개의 모듈을 활용한 것이지만 이번에는 3개의 모듈을 사용한 경우의 수를 구하는 것이었다. 모듈 1개가 추가된 것이지만 사례는 훨씬 더 많이 나올 것이라는 말만 던지고 바로 활동에 들어가 보라고 하였다. 아이들은 금방 몰입의 단계로 빠져들었다. 5~6분 정도 시간이 지났을 때 한 모둠에서 "선생님, 이번 문제는 블록 1세트만으로는 다 찾을 수가 없어요. 블록 더 주시면 안 되나요?"라고 요청이 들어왔다. 그러자 다른 아이들은 "정말, 그렇게 많아?"라고 말하기도 하였고 "우리 모둠에서도 모자라. 그래서 2명이 사용하던 세트를 모두 합쳐서 하고 있어."라고 말하기도 하였다. 당연히 이런 말이 나올 것을 예상하고 있었기 때문에 같은 모둠들이 사용하는 블록을 합쳐서 해 보라고 말해 줄 작정이었지만 이미 다른 아이들이 말해 주어서 더 이상 설명은 필요 없을 듯했다. 사실 나도 이 문제에 대한 경우의 수를 모두 찾아보려고 어제 실제로 조작 활동을 해 보았다. 그런데 조작 활동에 예상보다 훨씬 더 많은 시간을 투입하였고, 생각보다 훨씬 더 많은 경우의 수가 나왔으며 경우의 수를 모두 찾아내지 못한 채 포기하고 말았던 것이다. 그런 활동을 아이들이 도전하고 있었던 것이라서 조금은 아쉬운 마음도 들었다. 왜냐하면 아이들이 찾아낸 경우의 수에 대하여 정확한 답을 말해 줄 수 있는 입장이 아니기 때문이다. 10분여 시간이 지나자 어떤 모둠에서는 34가지를, 또 다른 모둠에서는 42가지를 찾았다고 말하였다. 그런데 한 명이 내게 다가와 자신은 54가지를 찾았다고 이야기해 주

었다. 그래서 나는 솔직하게 아이들에게 털어놓았다. "사실 선생님도 어제 이것을 혼자서 직접 해 보다가 포기했다. 너무 많이 나와서 다 찾아내지 못했단다. 그래서 정확히 몇 가지 경우의 수가 나오는지 말해 줄 수가 없어서 미안하다." 그러자 한 명이 이렇게 큰 소리로 말하였다. "그럼 선생님이 못하신 것을 우리가 찾아내면 되지, 뭐!! 야. 다 모여!!" 그러자 갑자기 2~3 모둠원들이 뭉쳐서 자신들이 갖고 있는 블록을 다 모아 경우의 수를 찾아내려는 시도를 보였다. 그런데 아쉽게도 시간을 보니 주어진 시간이 다 지나서 속으로 고민을 하였다. '어떻게 할까? 여기서 멈추고 다음 시간표대로 진행해야 할까? 아니면 그냥 더 시간을 줄까?' 그러다가 결단을 내렸다. '이 문제의 답을 구하는 것이 핵심은 아니고, 아이들은 이 활동을 통해 몇 개의 모듈만으로도 다양한 형태의 건축물 모양이 만들어질 수 있다는 것, 이런 것이 우리 실생활 속에 그대로 활용되고 있다는 것을 이해하면 목적은 달성된 것이라 여기자.' 그래서 활동을 여기에서 정리하고 블록을 모아 오도록 안내하면서 방금 생각했던 내용 그대로 아이들에게 설명을 해 주었다. 그렇게 쌓기나무 단원 수업은 마무리되었다. 아이들은 이번 단원 수업이 정말 재미있었다고 입을 모았다. 나도 무척 기뻤고 많은 시간을 고민하여 이렇게 수업을 디자인한 보람이 정말 많이 느껴졌다.

같은 주 미술 시간에는 수학 시간과 연계, 건축 설계와 관련된 평면도 그려 보기 활동을 해 보았다. 아파트 평면도 설계하기를 경험하면서 자신이 살고 싶은 집을 직접 설계한다면 자신의 집의 방 배치 및 실내 구조를 어떻게 할 것인지 평면도에 나타내 보라고 하였다. 그랬더니 나름의 생각을 담은 다양한 내부 구조 설계도면이 만들어졌다. 이것도 의미 있는 수업 활동이라 생각되었다.

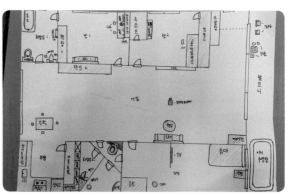

아이들과 함께 해 보았던 '내가 살고 싶은 집 내부 구조 설계하기 – 평면도' 미술 수업 활동 사례

🌱 10차시   단원 정리 – 단원 평가

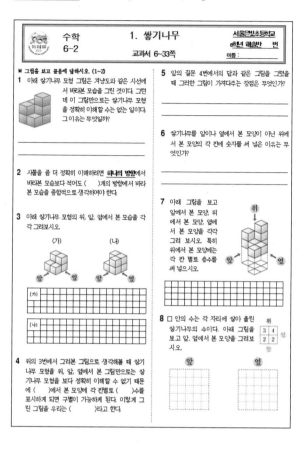

수학 6-2   1. 쌓기나무   서울은빛초등학교
교과서 6~33쪽   6학년 해울반   번
이름 :

✽ 그림을 보고 물음에 답하시오 (1~2)

1 아래 쌓기나무 모형 그림은 겨냥도와 같은 사선에서 바라본 모습을 그린 것이다. 그런데 이 그림만으로는 쌓기나무 모형을 정확히 이해할 수는 없는 일이다. 그 이유는 무엇일까?

2 사물을 좀 더 정확히 이해하려면 **하나의 방향**에서 바라본 모습보다 적어도 ( )개의 방향에서 바라본 모습을 종합적으로 생각하여야 한다.

3 아래 쌓기나무 모형의 위, 앞, 옆에서 본 모습을 각각 그려보시오.

(가)   (나)

(가)

(나)

4 위의 3번에서 그려본 그림으로 생각해볼 때 쌓기나무 모형을 위, 앞, 옆에서 본 그림만으로는 쌓기나무 모형을 보다 정확히 이해할 수 없기 때문에 ( )에서 본 모양에 각 칸별로 ( )수를 표시하게 되면 구별이 가능하게 된다. 이렇게 그린 그림을 우리는 ( )라고 한다.

5 앞의 질문 4번에서의 답과 같은 그림을 그렸을 때 그러한 그림이 가져다주는 장점은 무엇인가?

6 쌓기나무를 앞이나 옆에서 본 모양이 아닌 위에서 본 모양의 각 칸에 숫자를 써 넣은 이유는 무엇인가?

7 아래 그림을 보고 앞에서 본 모양, 위에서 본 모양, 옆에서 본 모양을 각각 그려 보시오. 특히 위에서 본 모양에는 각 칸 별로 층수를 써 넣으시오.

위   앞   옆

8 □ 안의 수는 각 자리에 쌓아 올린 쌓기나무의 수이다. 아래 그림을 보고 앞, 옆에서 본 모양을 그려보시오.

3	4	옆
2	2	

앞   옆

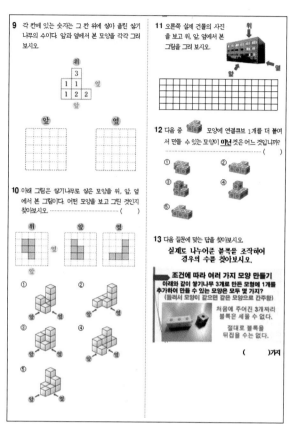

9 각 칸에 있는 숫자는 그 칸 위에 쌓아 올린 쌓기나무의 수이다. 앞과 옆에서 본 모양을 각각 그려 보시오.

위

	3		
1	1		옆
1	2	2	

앞

앞   옆

10 아래 그림은 쌓기나무로 쌓은 모양을 위, 앞, 옆에서 본 그림이다. 어떤 모양을 보고 그린 것인지 찾아보시오. ………… ( )

위   앞   옆

①   ②

③   ④

⑤

11 오른쪽 실제 건물의 사진을 보고 위, 앞, 옆에서 본 그림을 그려 보시오.

위
앞   옆

12 다음 중   모양에 연결큐브 1개를 더 붙여서 만들 수 있는 모양이 **아닌** 것은 어느 것입니까?
………… ( )

①   ②

③   ④

⑤

13 다음 질문에 맞는 답을 찾아보시오.

실제로 나누어준 블록을 조작하여 경우의 수를 찾아보시오.

조건에 따라 여러 가지 모양 만들기
아래와 같이 쌓기나무 3개로 만든 모양을 1개를 추가하여 만들 수 있는 모양은 모두 몇 가지?
(돌려서 모양이 같으면 같은 모양으로 간주함)

처음에 주어진 3개짜리 블록은 세울 수 없다.

절대로 블록을 뒤집을 수는 없다.

( )가지

원기둥, 원뿔, 구

01 단원 소개 및 문제의식 갖기

교사용 지도서를 보면 이 단원은 일상생활 속에서의 다양한 물건이나 건축물 중 많은 것들이 원기둥, 원뿔, 구 모양으로 되어 있음을 인식하고 원기둥, 원뿔, 구에 대한 조작 활동을 통해 직관적 인식 및 입체도형의 구성 요소와 특징, 공통된 성질을 찾아 입체도형 사이의 관계를 이해할 수 있도록 하였다. 또한 원기둥 모양의 입체도형을 만들고 포장할 때 필요한 재료의 넓이나 보관된 물건의 양을 측정할 수 있는 부피를 알아보는 활동도 함께 포함되었다. 특히 이 단원에서 눈에 띄는 것은 직사각형, 직각삼각형, 반원을 한 직선을 중심으로 돌리는 활동을 통해 학생들이 원기둥, 원뿔, 구를 직접 조작하고 만들어 보면서 회전체의 의미를 도입하고자 하였다는 점이다. 학습 목표 및 단원 발전 계통을 살펴보면 아래와 같다.[1]

영역	단원 학습 목표
내용	1. 원기둥, 원뿔, 구를 이해하고 식별할 수 있다. 2. 원기둥, 원뿔, 구의 구성 요소와 성질을 알 수 있다. 3. 원기둥의 전개도를 이해하고 올바른 전개도를 그릴 수 있다. 4. 원기둥의 겉넓이와 부피를 구할 수 있다. 5. 원기둥과 원뿔에 관련된 실생활 문제를 해결할 수 있다.
과정	1. 원뿔의 모양이 변함에 따라 높이와 모선의 관계를 찾아 추론할 수 있다. 2. 올바른 원기둥의 전개도를 찾아 그 이유를 설명할 수 있다. 3. 다양한 원기둥의 겉넓이와 부피를 구하는 문제를 해결할 수 있다.
태도	1. 일상생활에서 원기둥, 원뿔, 구를 찾아보고 그러한 입체도형이 사용되어 더 편리하게 되는 생활의 경험을 통하여 수학의 유용성을 깨닫고 수학에 흥미를 가질 수 있다. 2. 원기둥과 원기둥의 구성 요소 및 특징을 설명하는 과정을 통해 자신감을 가질 수 있다.

단원의 발전 계통		
선수 학습	본 학습	후속 학습
5학년 직육면체와 정육면체, 도형의 합동과 대칭, 6학년 각기둥과 각뿔, 직육면체의 겉넓이와 부피, 원주율과 원의 넓이	• 원기둥, 원뿔, 구를 이해하고 구분하기 • 원기둥, 원뿔, 구의 구성 요소와 성질 말하기 • 원기둥의 전개도를 이해하고 바르게 그리기 • 원기둥의 겉넓이와 부피 구하기 • 원기둥, 원뿔, 구를 사용하여 여러 가지 모양 만들기	다면체와 회전체, 입체도형의 부피와 겉넓이

---

1 2009 개정 교육과정에 따른 수학과 교사용 지도서 6학년 2학기. 2015. p. 177.

위의 내용에 근거를 두고 교사용 지도서는 본 단원의 전개 계획을 아래와 같이 제시[2]하였으나 현장에서 그대로 따라서 지도하기에는 무리가 있다는 생각이 든다.

차시	재구성 이전	수업 내용 및 활동
1	단원 도입	생활에서 원기둥·원뿔·구가 사용되는 상황 찾아보기, 그림을 보고 원기둥·원뿔·구를 관련지어 이야기하기
2	원기둥 알기	원기둥을 이해하고 식별하기, 원기둥의 구성 요소와 성질 말하기
3	원기둥의 전개도 알기	원기둥의 전개도를 이해하고 올바른 전개도 찾아보기, 원기둥의 전개도 그리기
4	원기둥의 겉넓이 구하기	원기둥의 겉넓이 구하는 방법을 이해하고 이를 구하기
5	원기둥의 부피 구하기	원기둥의 부피 구하는 방법을 이해하고 이를 구하기
6	원뿔 알기	원뿔을 이해하고 식별하기, 원뿔의 구성 요소와 성질 말하기
7	구 알기	구를 이해하고 식별하기, 구의 구성 요소와 성질 말하기
8	여러 가지 모양 만들기	원기둥, 원뿔, 구를 활용하여 여러 가지 모양 만들기
9	공부를 잘했는지 알아보기	이 단원에서 배운 내용을 문제를 풀며 정리하기
10	문제 해결	원기둥 문제를 해결하고 과정 설명하기
11	이야기 마당	나리네 집 마당에 핀 나팔꽃 줄기가 나무를 감싸고 올라간 방법 살펴보기

문제의식을 갖게 만드는 점 몇 가지를 살펴보면 아래와 같다.

단원 지도를 위한 수업 시수 분배의 문제

지도서를 보면 총 11차시로 구성되어 있다. 하지만 스토리텔링(단원 도입을 위한 스토리텔링은 여전히 불필요한 이야기로 1시간을 소비하고 있다는 생각이 든다. 생활 속에 원기둥, 원뿔, 구 모양이 많다는 것을 떠올리는 것만으로도 충분한 활동이 될 수 있다고 판단된다.), 평가 및 문제 해결, 이야기 마당, 여러 가지 모양 만들기 활동을 제외한다면 실제로는 6차시로 구성되어 있다고 봐야 할 것이다. 그런데 이런 구성은 아이들의 상황을 잘 반영하지 못한 구성일 가능성이 높다. 왜냐하면 이 단원에서 아이들은 특히 기둥의 겉넓이, 부피와 관련하여 매우 어렵다고 느끼고 있기 때문이다. 교과서 내용은 원기둥의 겉넓이 및 부피를 구하는 과정을 알아보고 원기둥의 겉넓이나 부피를 구해 보는 활동으로 제시되어 있어서 큰 부담이 없을 것처럼 보인다. 그러나 1학기에 공부했던 원의 둘레 및 넓이와 관련하여 개념 형성이 덜 되어 있는 아동들에게는 교과서에 제시되어 있는 기본적인 활동도 매우 큰 어려움으로 다가올 가능성이 크다. 따라서 교사

2 2009 개정 교육과정에 따른 수학과 교사용 지도서 6학년 2학기. 2015. p. 179.

가 아이들의 수준에 맞게 심사숙고하여 교육과정 및 교과서 내용을 재구성하고 차시별 수업 시간을 조정해야 하며 그에 따른 수업 디자인, 수업 준비, 실제 수업, 과정 및 결과에 대한 피드백을 해 나가려는 노력이 필요할 것이라 생각된다.

불필요한 질문에 대한 고민

교과서 내용을 살펴보면 굳이 하지 않아도 될 질문[3]이나 의도가 파악되지 않는 질문[4]들이 매 차시마다 등장한다. 따라서 교사는 자신이 의도한 목표에 맞게 단원 교육과정을 재구성하고 차시별로 세밀하게 디자인하여 그것에 맞는 적절한 핵심 질문을 만들어 내려는 지혜가 매우 많이 요구된다.

차시별 지도 내용에 대한 고민

교과서에 제시된 차시 구성을 보면 원기둥 알기, 원기둥의 전개도 알기, 원기둥의 겉넓이 구하기, 원기둥의 부피 구하기, 원뿔 알기, 구 알기가 각각 1시간씩 똑같이 배정되어 있다. 그러나 나의 경험에 비추어 생각해 볼 때 똑같이 1시간씩 배정하기에는 무리가 따른다는 생각이 든다. 특히 아이들이 어려워하는 원기둥의 겉넓이, 부피 구하기 차시에는 좀 더 시간을 할애할 필요성이 있다고 판단된다. 또한 원기둥, 구, 원뿔을 이렇게 1시간씩 별도로 구성하여 따로 지도하는 것이 좋은 것인지 블록으로 수업을 설계하여 한꺼번에 다루는 것이 좋은지는 각자 좀 더 깊이 고민해 볼 일이다.(빨대에 종이를 붙여서 돌려 보면서 회전체라는 것을 확인하는 활동 및 각각의 구성 요소들은 함께 다루어도 좋을 것이라는 생각, 오히려 서로 비교하면서 각각의 도형을 보다 명확히 이해할 수 있을 것이라는 생각도 든다.)

---

3 예를 들어 본시 학습 1차시 첫 질문부터 원기둥 모양의 통을 그림으로 제시하고 '영신이는 빗물을 받을 통을 만들었는데, 만든 통이 어떤 모양인지 알아봅시다.'와 같이 생각열기 질문을 제시하고 있다. 다른 차시에서 제시된 생각열기 질문은 거의 대부분 그런 방식으로 제시되어 있다. 하지만 이런 식의 질문(영신이가 원기둥을 펼쳤을 때의 모양을 그리려고 할 때 영신이가 그릴 모양 알아보기, 영신이가 가죽으로 원기둥 모양을 만들려고 할 때 필요한 가죽의 넓이 구하는 방법 알아보기, 찰흙으로 원기둥 모양을 만들려고 할 때 필요한 찰흙의 양-부피 알아보기, 영신이가 만든 삿갓을 보고 어떤 모양인지 알아보기 등)이 꼭 필요한 것인가에 대해서는 분명히 의구심이 든다. 또한 '둥근 기둥 모양을 위에서 보면 어떤 모양인가?, 원기둥을 펼치면 밑면은 어떤 모양이 되는가?'와 같은 질문도 꼭 필요한가에 대해서 생각해 볼 일이다.

4 특히 82쪽 생각열기 질문에 대해서는 잘 이해가 되지 않는 점이 있다. '영신이는 무기를 만들려고 합니다. 만들려는 무기는 어떤 모양인지 알아봅시다.'라고 제시되어 있는데 스토리텔링 이야기의 시간적 배경은 분명히 과거로 설정되어 있다. 그에 따라 아이들이 과거에 전쟁을 위해 만들었을 법한 무기들을 떠올릴 수 있다 한들 구 모양을 쉽게 떠올릴 수 있을지 의문이 든다. 아이들이 생각할 수 있는 무기는 활과 화살, 창과 칼, 화포 정도일 터인데 이것과 '구' 모양과 어떤 관련이 있는지 잘 떠오르지 않는다. 예상으로는 화포 등에 들어가는 '포탄'을 염두에 두고 했던 질문이라 짐작은 되지만 실제로 그것이 포탄인지 아니면 다른 것인지 알 수가 없을 뿐만 아니라(실제로 다음 차시인 84쪽에 보면 무기창고에서 무엇인가 만들고 있는 그림이 제시되어 있는데 포탄이라고 하기엔 너무 커서 도무지 짐작이 안 된다.) 아무래도 본 차시와 관련지어 볼 때 잘 어울리지 않는 질문이라 할 수 있겠다.

84쪽에 제시된 그림

빨대를 돌리면서 관찰된 입체도형 모양을 그리기가 쉬울까?

구는 그렇다 치더라도 빨대에 각각 직사각형 모양, 직각삼각형 모양의 도형을 붙이고 회전시킬 때 관찰되는 원기둥과 원뿔 모양을 그림으로 그려 보라는 활동이 각각 교과서 72쪽과 80쪽에 다음과 같이 제시되어 있다.

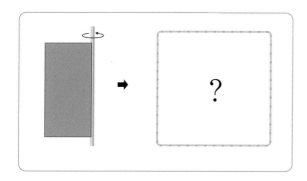
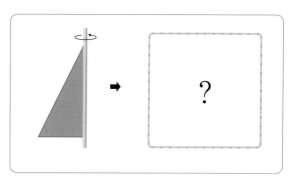

그런데 여기서 잠깐 생각해 볼 점이 있다. 교사들은 빨대를 이용한 이 활동을 직접 해 본 적이 있는지? 해 보면서 직접 그림으로 그려 본 적이 있는지? 직접 활동을 하면서 관찰한 점들을 아이들의 눈높이에 맞추어 곰곰이 생각해 보면 분명히 자신의 처음 생각과 달라진 점, 무엇이 왜 달라졌는지, 직접 해 보면서 어떤 생각이 드는지, 이 질문에 어떤 문제점이 있는지, 이 질문이 아이들에게 무엇을 요구하는 것인지, 돌리면서 관찰된 모양을 있는 그대로 그리는 것이 얼마나 아이들에게 난해한 것인지 등을 자연스럽게 느낄 수 있을 것이다. 빨대(빨대가 휘거나 도형을 나타내는 재료가 좋지 않을 경우 제대로 확인이 어렵다.)보다 좀 더 확실한 표현이 가능한 재료를 고르거나 온라인상에서 공유되고 있는 회전체 만들기 프로그램을 활용하여 아이들이 지속적으로 관찰하면서 회전체가 어떻게 만들어지는지, 어떤 도형을 회전시키면 어떤 회전체가 만들어지는지 직접 조작해 보는 활동이 더 좋지 않을까 생각된다. 정보화실에서 활동을 개별적으로 직접 해 본다면 더 좋을 것이다.('회전체 만들기 프로그램'이라는 검색어로 찾아보니 여러 사이트가 나오지만 모두 아래와 같은 똑같은 프로그램이 업로드되어 있어서 특별히 다양한 프로그램을 안내할 필요가 없을 것 같다. 김지희, 김정식이라는 이름만 있을 뿐 어디에 계시는 분인지 정확히 알 수 없을 것 같아 이렇게만 소개해 본다.)

'여러 가지 모양을 만들 수 있어요' 차시는 왜 넣었을까?

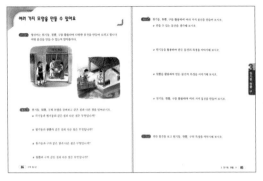

6-2학기 교과서 84~85쪽

평가와 탐구 마당 등의 활동을 제외한 마지막 차시 활동이라고 할 수 있는 교과서 내용이다. 그런데 이 차시에 해당되는 질문들을 보면 굳이 꼭 이렇게 한 시간을 따로 마련하여 지도할 필요가 있는 것인지 의구심이 든다. 어떤 질문은 앞 차시에서 함께 다루어도 충분히 될 것들이라 할 수 있다.(각기둥과 원기둥의 같은 점과 다른 점, 원기둥과 원뿔의 같은 점과 다른 점, 원기둥과 구의 같은 점과 다른 점, 원뿔과 구의 같은 점과 다른 점, 반례를 통해 원기둥·원뿔·구의 이해 등과 관련된 질문들은 굳이 이렇게 따로 시간을 할애하여 다룰 필요가 없다고 판단된다.) 그리고 원기둥, 원뿔 등을 활용하여 만든 물건의 특징을 이야기해 보라고 하는데 이 질문의 의도가 무엇인지 궁금해지지 않을 수 없다. 지도서에 예시 답안은 '원기둥을 기둥처럼 세우고 그 기둥을 이용하여 다른 도형을 올려놓을 수 있다. 원뿔은 뾰족한 부분을 이용하여 장식을 할 수 있다.'라고 제시되어 있는데 아이들이 이와 같이 답변을 해야만 제대로 된 것인지 의문이 든다. 집필진이 요구하는 답을 찾는 것, 집필진이 요구하는 답만을 찾도록 강요하는 것이 수학 수업은 아닐 것이다. 이 부분에 대해서는 교사들이 심사숙고하여 지도하고 아이들에게 이런 식의 답을 정답이라고 안내하거나 강요하지 말아야 할 것이며(이런 질문들이 가끔 평가 문항에 포함되어 있는 모습을 발견하게 된다.) 오히려 이런 시간을 아껴서 보다 의미 있는 활동이 이루어질 수 있는 수업 설계로 아이들 앞에 다가서야 할 것이라 생각된다.

02 단원 재구성을 위한 방안

먼저 이 단원의 특성을 잠깐 살펴보면 아래와 같다.

입체도형	회전체	원기둥, 원뿔을 따로 다룸, 여기에 구를 포함시켰음	Why?	각기둥, 각뿔과 확연히 다른 점이 있다는 것에 중점을 둠 ⇨ 모두 회전체임을 강조하기 위함일 것
	다면체	각기둥, 각뿔과 별도로 다룸		

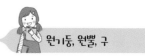

입체도형

다면체   회전체

이 단원의 내용 구성을 간략히 살펴보면 아래와 같다.

원기둥	
원뿔	원기둥·원뿔·구의 구별, 각 도형의 구성 요소와 성질 이해하기
구	
원기둥 전개도, 겉넓이	원기둥 전개도의 바른 이해 및 겉넓이 구하기
원기둥 부피	원기둥의 부피 구하기

위와 같이 생각해 본다면 이 단원은 크게 두 부분(① 원기둥, 원뿔, 구의 구성 요소와 성질 이해하기, ② 원기둥의 전개도, 겉넓이, 부피 구하기)으로 나누어 지도할 수 있을 것이라는 생각이 든다.[5]

1. 원기둥, 원뿔, 구에 대한 지도는 현재 교과서처럼 각각 따로 1시간씩 지도하기보다는 각기둥, 각뿔 등과 함께 섞어서 동시에 지도하는 것이 좋을 것이다. 반례를 통한 지도는 비교의 대상을 통해 인식하고자 하는 대상을 보다 세세하고도 정확히 감각적으로 이해할 수 있기 때문이다. 물론 다양한 입체도형 교구를 직접 조작하고 관찰하면서 다룬다면 금상첨화일 것이라 여겨진다.(원기둥, 원뿔, 구의 동시 비교 또는 원기둥과 각기둥, 원뿔과 각뿔의 비교를 통해 이해 돕기)

2. 회전체의 이해를 돕기 위해 빨대 등을 이용하여 조작 활동을 하는 것은 좋으나 이 활동을 통해 돌리면서 보이는 모양 그리기 활동은 생략하고, 회전체 만들기 프로그램을 이용하여 여러 번 프로그램 조작활동을 해 보면서 관찰된 점들을 겨냥도 형태로 그려 볼 수 있도록 지도하는 것이 더 좋을 것이라 생각된다. (회전체 '구'는 예외일 수 있으나 원기둥, 원뿔은 반드시 고려해야 할 점이다.)

3. 특히 각 회전체의 구조에 대해서는 단순히 명칭만 지도하지 않도록 한다. 특히 모선이라는 구성 요소

---

5 보다 깊이 있는 회전체에 대한 학습은 중등 교육과정에서 시작된다. 따라서 6학년 과정에서는 회전하며 만들어진 회전체라는 점만 이해할 수 있도록 하고 특이한 회전체, 회전체를 자른 단면 등은 지도하지 않도록 한다. 참고로 초등학교 수준에서 다루는 입체도형을 간략히 정리하면 아래와 같다.

입체도형	다면체	모든 면이 다각형으로 되어 있다.
	회전체	대부분 원이 들어가 있다.

는 회전체 맥락 속에서 지도하여야 아이들이 정확히 이해할 수 있다.

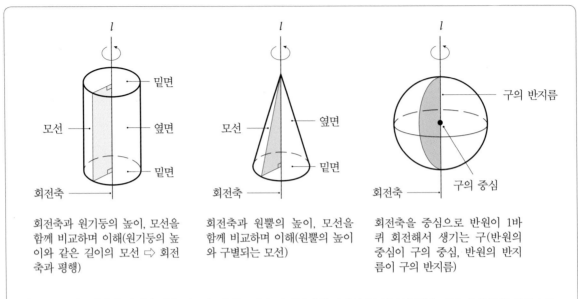

회전축과 원기둥의 높이, 모선을 함께 비교하며 이해(원기둥의 높이와 같은 길이의 모선 ⇨ 회전축과 평행)

회전축과 원뿔의 높이, 모선을 함께 비교하며 이해(원뿔의 높이와 구별되는 모선)

회전축을 중심으로 반원이 1바퀴 회전해서 생기는 구(반원의 중심이 구의 중심, 반원의 반지름이 구의 반지름)

이 부분을 지도하면서 아래와 같은 질문을 던지는 것은 아이들에게 굉장히 큰 심진(心震)을 일으켜 충분한 의사소통과 확실한 개념 이해를 도울 수 있을 것이라 생각한다.

[심진을 일으키는 질문] 회전체인 구에도 모선이 있는가?

[개념 이해의 폭 넓히기]
⇨ 선분:두 점을 곧게 이은 선
⇨ 직선:선분을 양쪽으로 끝없이 늘인 곧은 선
⇨ 모선:회전체의 옆면을 만드는 선분(반드시 곧은 선이어야 한다.)

직사각형, 직각삼각형, 반원 등을 회전축을 중심으로 1회전시켜 회전체를 만들 때, 회전체의 옆면을 만드는 평면도형의 다른 한 선분이 모선이다. 따라서 구(보다 정확히 표현하면, 반원)에는 모선이 없다. 왜냐하면 구를 만드는 평면도형인 반원은 선분 1개와 곡선으로 이루어져 있어 선분 1개가 회전축이 되면 모선이 될 선분(곧은 선)은 더 이상 없기 때문이다.

4. 원기둥의 전개도, 원기둥의 겉넓이, 원기둥의 부피[6] 지도에 충분한 시간을 할애하여 아이들이 보다 확실하게 이해하고 관련된 문제 해결을 할 수 있도록 도와주어야 한다.(특히 원기둥 부피 구하기에서 적분 개념을 갑자기 끌어다가 지도하는 일은 없어야 한다. 밑넓이가 높이만큼

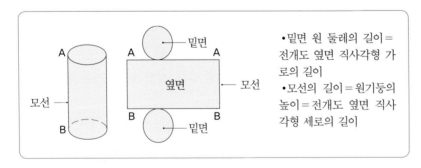

• 밑면 원 둘레의 길이 = 전개도 옆면 직사각형 가로의 길이
• 모선의 길이 = 원기둥의 높이 = 전개도 옆면 직사각형 세로의 길이

6   2019년부터 적용되는 2015 개정 교육과정 6학년 교과서에는 원기둥의 겉넓이와 부피를 구하는 내용이 빠진다고 하니 참고하기 바란다.(중학교 교육과정으로 올라간다고 함)

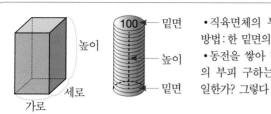

•직육면체의 부피 구하는 방법:한 밑면의 넓이×높이
•동전을 쌓아 만든 원기둥의 부피 구하는 방법도 동일한가? 그렇다

직육면체의 부피를 공부할 때 이렇게 지도하지 않았다. 단위부피를 이용, 원기둥의 부피를 구하는 것이 맞다.

쌓여 있다는 것, 동전의 밑면이 높이만큼 쌓여 있다는 것을 아이들이 이해하지 못하는 것은 아니지만 이는 사실 적분 개념이라는 것, 그리고 1학기에는 이렇게 지도하지 않았는데 갑자기 이런 방식을 끌어들인다는 것은 앞뒤가 맞지 않는 일이다. 이렇게 할 것이었다면

차라리 1학기에도 단위부피를 도입하지 말고 '직육면체의 부피＝밑넓이×높이'라고 지도했어야 한다.)

03 단원 지도를 위한 재구성의 실제

차시	재구성 이후	수업의 목적
1	실생활과 수학	실생활 속에서 원기둥, 원뿔, 구와 관련된 이야기를 통해 원기둥, 원뿔, 구의 특성과 활용도 알기
2~4	회전체(원기둥, 원뿔, 구의 구성 요소와 성질 이해)	회전체로서 원기둥, 원뿔, 구의 구성 요소와 성질 이해하기(회전체 만들어 보기, 회전체 만들기 프로그램을 통한 이해, 다면체 및 회전체 비교를 통한 이해)
5~7	원기둥의 전개도, 겉넓이 이해	원기둥의 전개도를 직접 만들어 보고 원기둥의 전개도 이해하기, 원기둥의 겉넓이 구하는 방법 알기
8~9	원기둥의 부피 이해	원기둥의 부피 구하는 방법 알기
10	부피 관련 미션 과제	미션 과제 해결하기
11	단원 정리(문제 풀기) – 평가	단원 평가

구슬 베어링

위와 같이 크게 세 부분으로 나누어 재구성한 이유는 다음과 같다.

첫째, 본래 11차시로 계획된 단원 활동에서 처음 단원 도입을 위한 스토리텔링 수학 대신에 '실생활과 수학'이라는 제목으로 원기둥, 원뿔, 구 모양이 실생활 속에서 어떻게 활용되고 있는지를 함께 알아 가는 시간으로 활용하여 단원 활동에 대한 흥미를 끄집어내고자 하였다. 이 활동에서 아이들은 건물의 기둥, 주택의 지붕, 볼펜 끝의 구슬이나 베어링 등이 왜 그런 모양을 하고 있는지, 어떻게 활용되고 있는지 등을 생각해 보는 시간을 갖도록 할 생각이다.

둘째, 회전체 직접 만들어 보기 및 관찰하기, 다면체와 회전체, 회전체 간의 비교, 분류, 분석 등을 통

해 원기둥, 원뿔, 구의 특성을 이해하고 구분할 수 있도록 해 보았다. 그 과정에서 수학적 의사소통 및 협동적 활동이 활발하게 일어날 것이며 조작 활동을 통해 수학을 공부하는 즐거움, 관찰을 통한 발견의 기쁨, 공간 감각의 향상이라는 다양한 감정을 느끼게 될 것으로 예상된다.

셋째, 원기둥의 전개도 이해하기, 겉넓이 및 부피 구하기와 관련하여 직접 조작하고 탐구하는 활동을 통해 주어진 문제를 해결할 수 있도록 수업을 디자인해 볼 생각이다. 특히 대부분의 활동은 모둠원들 간의 협동적 의사소통 과정이 중심이 될 것이며 아이들 하나하나는 주어진 과제를 해결해 나가는 과정에서 스스로 자신만의 지식을 자연스럽게 구성해 나가게 될 것이라 확신한다.

넷째, 의미 있는 단원 학습 활동을 위해 협동적 문제 해결, 다양한 전략 세우기, 효과적인 의사소통이 이루어질 수 있는 발문, 협동적 문제 해결을 위한 미션활동 등을 개발하고자 최선을 다하였다.

🌱 1차시 실생활과 수학

수업 흐름	교사의 발문

실생활에서 원기둥, 원뿔, 구 모양의 활용 사례 알아보기

(1) 원기둥의 이용 사례

• 건축물의 기둥 : 삼각기둥, 사각기둥, 원기둥일 때와 어떤 것이 더 무게를 잘 견딜까 알아보기 ⇨ A4용지로 실험

[설명] 기둥의 강도는 재료가 중심축으로부터 얼마나 균일한(일정한 = 같은) 거리만큼 고르게 떨어져 있느냐에 따라 달라진다. 그런데 원기둥은 중심축으로부터 기둥의 옆면이 어떤 곳이든 같은 거리만큼 떨어져 있어서 강도가 제일 높고 튼튼하다. 그래서 지붕이 높은 건물이나 지붕의 무게가 많이 나가는 건물의 경우 기둥은 대개가 원기둥 모양을 하고 있다.

(2) 원뿔의 이용 사례

• 지붕은 하늘과 맞닿아 있어서 비와 눈을 막아야 한다. 또한 비바람에도 잘 견뎌야 하는데 평면보다 삼각형이, 삼각형보다는 삼각뿔 모양이, 삼각뿔보다는 고깔 모양의 원뿔이, 원뿔보다는 원형 돔 형태가 훨씬 더 낫다. 문제는 시공법인데, 이 가운데 시공법이 가장 단순하고 손쉬운 삼각형 형태로 집을 많이 지어 왔다. 아프리카에서는 주로 원뿔 모양으로, 에스키모인은 돔 형태로, 몽고인들은 원형 고깔 모양으로 집을 많이 지어 왔다. 삼각형 모양은 주로 한국, 일본 중국에서 발달한 형태이다. 유럽에서는 원뿔 모양도 많이 볼 수 있다.

• 메추리알은 달걀에 비해서 원뿔 모양에 더 가깝다. 특히 절벽의 바위 틈에 둥지를 트는 새들의 알은 더욱 원뿔 모양에 가깝다. 여기에는 나름의 이유가 있다. 이런 모양의 새알들은 굴려 볼 때 한 방향으로 굴리기가 어렵다. 보통은 원 모양을 그리며 주변을 빙그르르 돌게 된다. 어미 새가 알을 실수로 잘못 굴리더라도 잘 떨어지지 않도록 하기 위함일 것이다. 만약 알이 구와 같은 모양이라면 한번 구르기 시작한 방향으로 계속 굴러갈 수 있기 때문에 떨어뜨릴 확률은 더 높아진다.

• 원뿔은 거꾸로 세워 놓고 돌릴 때 도는 힘이 한 점에 집중되어 오래 서서 돌아갈 수 있다. 그 사례가 바로 팽이다.

• 러버콘이 원뿔인 이유는 원뿔의 형태가 아래쪽으로 갈수록 무게가 무거워지는 구조로 되어 있어서 안정적으로 세울 수 있기 때문이다. 러버콘은 속이 비어 있음에도 불구하고 잘 밀려나거나 쓰러지지 않는다.

• 높은 탑이나 건축물일수록 아래가 두꺼운 것이 안정적이다. 이렇게 볼 때 원뿔 모양이 가장 안정적인 모양을 하고 있다고 볼 수 있다. 게다가 눈이나 비도 쉽게 흘려보낼 수 있는 형태라서 많이 이용된다.

• 텐트도 원뿔 모양에 가까울수록 비바람에 잘 견딘다. 그래서 유목민들은 오래전부터 원뿔 모양의 천막을 이용했다.

- 발효음료의 병이나 캔 음료 등(특히 탄산음료)에도 원뿔이 숨어 있다. 병의 밑바닥을 보면 알 수 있다. 발효음료나 탄산음료의 경우에는 탄산가스나 발효로 인해 내부의 압력이 커져 병의 안쪽에서 바깥쪽으로 밀어내는 힘이 크기 때문에 압력을 가장 많이 받는 바닥을 원뿔 모양으로 만든 것이다. 이렇게 만들면 바닥은 압력을 견디는 힘이 매우 커진다.

(3) 구의 이용 사례
- 실생활에서 구의 이용 사례 찾기(볼펜, 베어링, 공 등), 이유 생각해 보기
- 곰이 공처럼 웅크리고 겨울잠을 자는 이유 생각해 보기

 [설명] 겨울잠을 자는 뱀, 곰, 다람쥐 등을 보면 모두 구 모양처럼 몸을 동그랗게 웅크리고 잔다. 구는 똑같은 입체도형 가운데 가장 표면적(겉넓이)이 작다. 그래서 몸을 웅크리고 자면 몸의 열을 공기 중으로 가장 적게 빼앗겨 오랜 시간 동안 체온을 잘 유지할 수 있게 된다. 우리가 잠을 자거나 추울 때 자신도 모르게 본능적으로 몸을 웅크리게 되는 것도 바로 이런 이유 때문이다.

 1차시 수업 소감

단원의 시작은 실생활 속에서 원기둥, 원뿔, 구 모양이 왜, 어떻게 활용되고 있는지를 살펴보는 활동으로 설계하였다. 왜냐하면 단원 학습의 필요성을 실생활과 관련지어 이해하게 되면 단원 학습의 이유 및 이해의 폭과 깊이가 분명히 다를 것이기 때문이다.

일단 원기둥 모양의 실생활 사례를 살펴보는 것으로 본격적인 활동을 열었다. 원기둥 모양이 생활 속에서 가장 많이 이용되는 사례를 말해 보라고 했더니 역시 가장 먼저 나오는 것이 바로 건축물의 기둥이었다. 음료수나 물병 등과 같은 사례도 있었다. 음료수나 물병 등을 원기둥 모양으로 만드는 이유는 건축물의 기둥을 원기둥 모양으로 만드는 것과 조금 다르

기 때문에 건축물의 기둥을 예로 들어 원기둥 모양의 실생활 적용 사례를 좀 더 경험적으로 이해할 수 있도록 하였다. 우선 모둠별로 A4용지를 3장씩 나누어 주고 아래와 같이 직접 실험을 해 볼 수 있도록 안내하였다.

(1) A4용지를 이용하여 높이가 똑같은 삼각기둥, 사각기둥, 원기둥을 만든다.
(2) 기둥 모양을 만들 때 A4용지 전체가 그대로 기둥 모양으로 만들어질 수 있도록 한다.(기둥을 만드는 재료의 양은 똑같음)
(3) 만든 후에 교과서를 1권, 2권… 올려 보면서 각각의 기둥

A4용지를 이용하여 삼각기둥, 사각기둥, 원기둥 모양을 만들어 무게에 견디는 힘의 차이 알아보기

모양이 어느 정도 무게까지 견딜 수 있는지 관찰한다.
(4) 이를 통해 알 수 있는 사실을 말해 본다.

각 모둠별로 가져간 종이를 이용하여 각각 다른 세 종류의 기둥 모양을 만드느라 교실 분위기는 잠시 동안 분주하였다. 각 모둠별로 기둥 모양을 완성한 뒤 나름의 순서를 정하여 교과서를 올려 보는 실험을 해 나갔다. 모둠별로 약간의 차이는 있었지만 모든 모둠에서 같은 결과를 얻었다.

실험 결과로 알 수 있는 사실을 말해 보라고 했더니 모든 아이들이 원기둥 모양이 훨씬 더 무거운 무게를 견딜 수 있다는 것을 알게 되었다고 하였다. 그 가운데 한 아이가 질문을 하였다. "선생님. 왜 원기둥 모양이 훨씬 더 무거운 것까지 견딜 수 있나요?" "음, 그것은 말이다. 이런 이유 때문이지. 원기둥은 중심축으로부터 기둥의 옆면이 어떤 곳이든 같은 거리만큼 떨어져 있어서 무게가 고르게 분산되지만 다른 모양의 기둥은 그렇지 않지. 그래서 원기둥 모양이 훨씬 더 강도가 높고 튼튼하다고 할 수 있지."(아래와 같은 그림을 칠판에 그리면서 설명하였다.)

정확히는 아니더라도 어느 정도는 나의 설명을 이해할 수 있다는 표정이었다. 원기둥의 생활 속 사례는 이것으로 마무리하고 원뿔 모양의 적용 사례로 넘어갔다. 예를 들어 보자고 했더니 이 또한 다양한 사례가 나왔다. "고깔모자요. 꼬깔콘 과자요. 아이스크림이요. 건물 지붕이요. 운동장 트랙에 놓는 콘이요. 팽이요." 그래서 그 가운데 건물 지붕 및 러버콘 사례를 들어 설명을 해 보고자 하였다. "왜 러버콘을 원뿔 모양으로 만들었을까? 사각기둥 모양으로 만들면 안 될까?"라고 질문을 던진 뒤에 모두 일어서서 나누기 협동학습 활동을 하라고 하였다. 아이들은 잠시 생각에 잠겼다. 잠시 시간이 흐른 뒤에 모두 일어서서 이야기를 나누었다.

많은 모둠이 자리에 앉은 뒤에 아무나 지목하여 서로 나눈 생각들을 이야기해 보라고 하였다. "네, 사각기둥 모양이면 쉽게 넘어질 수 있어요. 그런데 원뿔 모양이면 잘 넘어지지 않아요."라는 답변이 나왔다. "그렇지. 원뿔 모양은 무게 중심이 아래쪽에 있어서 잘 넘어지지 않는 구조를 갖고 있단다. 그리고 옆에서 미는 힘에 좀 더 잘 버틸 수 있지. 어떤 사물이든 그런

모양을 갖게 된 데는 나름의 이유가 있단다. 그렇다면 건물의 지붕도 원뿔 모양이 꽤 많은데 그 이유는 무엇일까?" 잠시 생각해 보라고 한 뒤 이번에는 바로 자신의 생각을 말해 볼 사람에게 발표 기회를 주었다. 여러 명의 아동이 자신 있게 손을 들었다. 그 가운데 한 명을 지목하였다. "네, 눈이나 비가 올 때 잘 흘러내릴 수 있게 하기 위해서입니다."라고 말해 주었다. "그렇지요. 원뿔 모양이면 특히 눈이 지붕에 잘 쌓이지 않겠구나. 이런 이유 말고 다른 이유는 없을까?" 그러자 또 몇 명의 아동이 손을 들었다. 그 가운데 한 명에게 또 발표의 기회를 주었다. "바람에 영향을 덜 받을 수 있어요. 바람에 견디는 힘이 더 강합니다. 지붕이 만약에 각기둥 모양이면 바람이 지붕에 부딪혔을 때 지붕은 그 힘을 강하게 받지만 원뿔 모양이면 옆으로 새 나가기 때문에 바람의 충격을 덜 받게 됩니다."

나름 과학적인 설명이었다. 아이들도 그 생각을 잘 이해할 수 있었다. 나는 보충 설명을 하였다. "만약에 배의 앞부분이 평평하다면 앞으로 나아가는 데 물의 저항을 더 많이 받겠지? 그런데 지금과 같은 모양이라면 앞으로 나아가는 데 힘이 덜 들겠지? 그래서 잠수함을 보면 앞부분이 원뿔 모양을 하고 있단다." 여기에 한 가지 사례를 더하여 원뿔 모양이 실생활과 매우 깊은 관련을 맺고 있음을 보다 생생하게 느낄 수 있도록 하였다. "바닷가 절벽 등에 둥지를 짓고 사는 새들의 알을 보면 보다 길쭉하고 오뚝이 모양 또는 원뿔 모양에 가깝다는 것을 관찰할 수 있단다. 그런 종류의 새알들은 왜 원뿔에 가까운 모양을 하고 있을까?" 이 질문에 쉽게 생각을 던지는 아이는 한 명도 없었다. 그래서 질문을 이어 갔다. "구 모양은 굴렸을 때 어떤 현상이 벌어질까?" "앞으로 계속 굴러가요." "그럼 고깔을 굴렸을 때 어떤 현상이 벌어질까?" 역시 쉽게 답을 하지 못하여서 직접 종이를 말아서 고깔 모양으로 만든 뒤 교탁에서 굴려 보는 실험을 직접 보여 주었다. "어, 제자리 주변에서 빙빙 도네!!" "그렇다면 이 사실을 통해 알의 모양이 원뿔 모양에 가까운 자연의 신비를 설명할 수 있지 않을까?" 그러자 한 명의 아이가 말해 볼 수 있다고 손을 들었다. 다른 아이들에게 좀 더 생각할 시간을 주기 위해 기다려 볼까 하다가 시간을 단축하기 위해 그 아동에게 바로 발표 기회를 주었다. "어미 새가 알을 둥지에서 굴렸을 때 구 모양에 가까우면 둥지 밖으로 떨어질 수 있는데 원뿔 모양이면 떨어질 가능성이 줄어들어요." "그렇지. 잘 설명해 주었다." 아이들은 "아, 그렇구나." 하면서 처음 알게 되었다는 표정을 지어 보였다.

원뿔 모양에 대한 이해는 여기에서 접고 끝으로 구 모양의 실생활 사례 속으로 빠져 들어가 보고자 하였다.

구 모양의 실생활 속 사례를 말해 보라고 하자 생각보다 많은 사례가 나오지 않았다. 대부분은 공 종류였다. "공이요. 볼펜이요. 구슬이요." 그래서 질문을 이어 갔다. "공 모양의 특징은 무엇일까?" "잘 굴러갑니다." "그렇지, 그런 특성을 이용하여 생활 속 기계나 도구를 만든다면 어떤 것들을 만들 수 있을까?" 역시 쉽게 대답을 못하였다. 잠시 기다렸다가 TV 화면에 사진 하나를 띄워 보였다. 그런데 이 사진을 보자 이것의 이름을 아는 아이들이 몇 명 있었다. "베어링이요." "그래. 베어링이란다. 여기에는 구슬이 많이 들어가 있지. 예를 들어 낚시를 할 때 낚싯줄을 감는 릴 등에 베어링이 들어가지. 그렇게 되면 줄을 감을 때 힘을 덜 들이고 쉽게 감을 수 있겠지." 그렇게 말하고 있는데 한 명이 "자동차 바퀴도 구 모양으로 만들어요. TV 광고에서 보았어요."라고 말했다. 그 내용도 미리 준비하고 있었는데 말이 나와서 자연스럽게 그 장면으로 넘어갔다. "이 사진을 볼까요? 얼마 전까지 광고를 했던 장면입니다." 아이들은 이 사진을 보자마자 기억난다는 표정을 지어 보였다.

"선생님, 진짜로 저런 바퀴를 가진 자동차가 있어요?" "어떨 것 같니?" "없을 것 같아요. 저것이 가능한가요?" "물론 가능하지. 하지만 아직은 일반화되지 않았단다. 많은 실험을 하고 있는 중이지. 앞으로 분명히 일반화될 가능성이 높지. 저런 바퀴가 만들어진다면 자동차가 보다 여러 방향으로 자유롭게 움직일 수 있지 않을까? 예를 들자면 주차할 때." 이렇게 말하자 이해가 잘 되지 않는다는 표정이었다. "주차할 때 구 모양의 바퀴가 왜 좋나요?" "생각을 해 봐. 지금의 바퀴는 앞, 뒤로만 움직일 수 있지? 그런데 4개의 바퀴가 모두 구 모양이라면 앞, 뒤, 좌, 우 어떤 방향으로도 움직일 수 있겠지? 주차할 때 주차 공간이 겨우 1대 들어갈 정도로 좁은 곳에서도 자동차를 주차 공간과 나란히 세운 뒤 옆으로 이동시키면 그 자리로 어렵지 않게 들어갈 수 있지 않을까?" 그렇게 설명하자 아이들이 "아, 그렇군요." 하면서 탄성을 질렀다. 이야기할 내용이 한 가지 더 남아서 말을 이어 갔다. "구 모양이 적용되고 있는 자연의 신비를 한 가지 더 말해 볼까? 곰이나 다람쥐 등이 겨울잠을 잘 때 몸을 어떤 모양으로 하고 있을까?" "네, 공처럼 웅크리고 있어요." "그 이유는 무엇일까?" "웅크리고 있으면 체온을 덜 빼앗기거든요." "그렇지. 사람들은 겨울에 추운 곳에 있을 때 자연스럽게 몸을 움츠리게 되지. 그러면 공기와 접촉하는 몸의 표면적이 적어져서 체온을 덜 빼앗기게 되어서 체온을 보다 오래 따뜻하게 유지할 수가 있거든. 이렇게 지금까지 우리는 생활 속에서 원기둥, 원뿔, 구가 어떻게 활용되고 있는지를 살펴보았다. 다음 시간부터는 원기둥, 원뿔, 구에 대하여 좀 더 자세히 탐구해 나가는 시간을 가져 보도록 하겠다." 이렇게 1시간을 마무리하였다. 아이들은 이번 시간에도 매우 흥미진진한 표정으로 주어진 시간을 함께 해 주었다. 고마웠다. 이번 단원 활동도 첫 단추는 잘 끼웠다는 생각이 들었다.

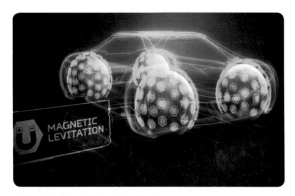

구형 타이어가 장착된 미래 자동차
popularmechanics.com

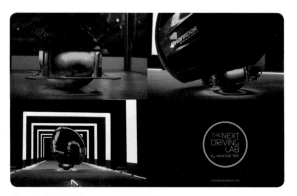

한국타이어 '더 넥스트 드라이빙 랩'
www.motorian.kr/?p=45142

🌱 2~4차시 회전체(원기둥, 원뿔, 구에 대한 이해)

수업 흐름	교사의 발문
도입	**직사각형, 정삼각형 또는 이등변 삼각형, 원을 이용하여 원기둥, 원뿔, 구 회전체 만들어 보기** (1) 나무젓가락에 직사각형, 정삼각형(또는 이등변 삼각형), 원 모양의 색종이를 붙인다.(정삼각형이 아니라 직각 삼각형, 원이 아니라 반원을 이용해야 하지만 이렇게 하면 입체도형 모양이 선명하게 관찰되지 않는다. 그래서 정삼각형 또는 이등변 삼각형, 원 모양의 평면도형을 이용하도록 한 것이다.) (2) 두 손바닥 사이에 나무젓가락을 넣고 돌려 본다. (3) 나무젓가락에 붙인 평면도형이 회전하면서 어떤 모양을 만들고 있는지 관찰한다. (4) 직사각형, 정삼각형(또는 이등변 삼각형), 원 모양의 평면도형을 회전시켰을 때 각각 어떤 모양이 만들어지는지 말해 본다. (5) 자신이 관찰한 모습을 보이는 대로 그림으로 그려 본다.
전개	**'회전체 만들기 프로그램'을 활용하여 원기둥, 원뿔, 구가 어떻게 만들어지는지 함께 살펴보기** (1) 원기둥, 원뿔, 구가 만들어지는 과정 살펴보기 (2) 직사각형, 직각 삼각형, 반원이 회전하여 만들어지는 각각의 입체도형을 그림으로 나타내 보기(앞서서 그린 그림을 수정하기 : 겨냥도로 그리기 – 보이는 부분은 실선으로, 보이지 않는 부분은 점선으로 그리기) **원기둥, 원뿔, 구에 대한 구조 이해**:회전축, 밑면, 옆면, 높이, 모선, 꼭짓점, 중심, 반지름 등 　(중요 질문 1) 모선이란 어떤 의미인가? 　(중요 질문 2) 구에는 모선이 있는가? 없다면 왜 그런가? **원기둥, 원뿔, 구의 공통점과 차이점 탐구**:원기둥, 원뿔, 구 모형을 직접 만져 보고 관찰하며 탐구하기 (1) 벤 다이어그램 구조 또는 비교분석표를 이용하여 원기둥, 원뿔, 구의 특성, 공통점과 차이점 알아내기(개인 생각 ⇨ 모둠원과 정보 공유 및 정보 수집) 　⇨ 원기둥, 원뿔, 구 세 가지의 공통점 알아내기 　⇨ 원기둥과 원뿔의 차이점, 원기둥과 구의 차이점, 원뿔과 구의 차이점으로 나누어 비교하기 (2) 알아낸 정보 공유하기 – 전체 공유
정리	**다면체와의 비교를 통한 회전체의 이해** (1) 각기둥과 원기둥의 비교 – 공통점과 차이점 (2) 각뿔과 원뿔의 비교 – 공통점과 차이점

2차시 수업 소감

수업 시간표 구성상 1시간씩 따로 수업을 진행해야만 하는 상황이 발생하였다. 아쉬움이 남지만 어쩔 수 없었다. 그래서 일단 이번 시간은 회전체를 관찰할 수 있는 자료를 각자 세 종류 모두 만들어 보고 돌려 보면서 관찰한 뒤 관찰한 모습 그대로 그림으로 표현하는 것까지만 진행할 계획으로 자료를 준비하고 수업을 펼쳐 나갔다.

일단 수업을 시작하면서 준비한 자료를 나누어 주고 오늘 무엇을 만들게 될 것인지 간략히 안내를 해 주었다. 내가 미리 만들어 놓은 예시 자료를 보여 주기도 하였다. 교과서에 제시된 것처럼 정삼각형 또는 이등변 삼각형이 아니라 직각 삼각형, 원이 아니라 반원을 이용해야 하지만 이렇게 하면 입체도형 모양이 선명하게 관찰되지 않는다. 그래서 정삼각형 또는

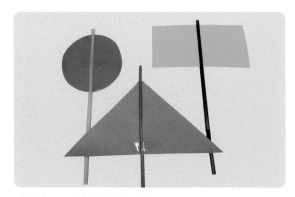

예시 자료로 미리 만들어 둔 것들

이등변 삼각형, 원 모양의 평면도형을 이용하도록 한 것이다. 물론 칠판에 그림을 그려 가면서 반원 또는 직각 삼각형, 직사각형을 빨대의 한쪽에만 붙이고 돌리게 되면 360°(1바퀴) 회전시켰을 때 어떤 입체도형이 만들어지지만 빨대의 좌우에 똑같은 모양의 평면도형을 붙이고 돌리게 되면 굳이 360°가 아니라 180°만 돌려도 같은 입체도형이 만들어진다는 것을 설명해 주었다. 물론 이 과정에서 빨대는 회전의 중심축이 되기 때문에 빨대는 제자리에서 돌아가게 되는데 이때 빨대를 회전하는 중심축, 즉 '회전축'이라고 이름을 붙인다는 점도 강조해 주었다. 아이들은 이를 쉽게 이해하고 받아들였다. 사실 직접 만들어 손바닥 사이에 놓고 회전시켜 가며 관찰하다 보면 1바퀴(360°)가 아니라 같은 방향으로 몇 바퀴 돌다가 반대 방향으로 몇 바퀴 돌아가는 모습을 관찰하게 된다. 따라서 이 활동은 몇 도(°) 회전하는가보다 회전하면서 관찰되는 모습이 어떤 모양인지에 중점을 두어야 한다고 볼 때 한쪽에만 도형을 붙이고 돌리는 것보다 양쪽에 같은 도형을 붙이고 회전시키는 것이 훨씬 더 선명한 입체도형을 관찰할 수 있다는 점에서 교과서와는 다른 형태로 자료를 제작했던 것이다. 이는 다년간 수학 교과를 연구하고 지도하면서 겪은 시행착오를 바탕으로 아이들에게서 형성되는 오개념을 어떻게 하면 바로잡을 수 있을까 하는 고민 끝에 나온 아이디어라 할 수 있다. 자신이 직접 만든 자료를 회전시켜 보고 내가 만든 자료의 한쪽 부분을 잘라낸 뒤 돌려 보면서 비교해 보라고 하였더니 역시 아이들은 오늘 설명해 준 대로 만든 것이 입체도형 모양을 훨씬 더 잘 관찰할 수 있다고 말하였다. 이 활동은 이것으로 그 소임을 다 하였다고 말할 수 있을 것이다.

대부분 아이들이 자료를 완성하였을 때 즈음하여 두 손바닥 사이에 빨대를 끼우고 천천히 회전시켜 보게 하였다. 어떤 아이는 매우 빠른 속도로 회전시켜 보기도 하였다. 그러자 예상했던 모양이 아닌 다른 모양의 입체도형이 관찰되는 것을 보면서 신기한 표정을 지어 보이기도 하였다. 너무 빠른 속도로 돌리다 보니 색종이와 빨대가 바람 저항을 이기지 못해 휘어지면서 나타난 현상이었다. 그래서 빨대를 돌릴 때 너무 천천히 돌려서도 안 되지만 너무 빨리 돌려서도 안 된다는 것을 일러주었다. 그러자 대부분 아이들은 돌리는 속도를 조절하면서 어느 정도 속도를 돌려야만 제대로 관찰할 수 있는지 감을 잡아나갔다. 그런 과정 속에서 일단 관찰한 모습을 있는 그대로 그림으로 그려 보라고 하였다. 물론 그림으로 그릴 때 몇 가지 조건을 달았다.

(1) 쌓기나무 단원의 앞, 옆, 위에서 본 그림처럼 그리는 것이 아니다.
(2) 겨냥도를 바라보는 시선에서 관찰한 모습을 그대로 그리도록 한다.(최대한 많은 면이 보일 수 있는 시선-방향과 각도)

아이들은 자신이 만든 세 가지 자료를 직접 돌려 보고 관찰

안내한 바에 따라 직접 교구를 만들고 돌려 보면서 관찰하는 장면

아이들이 관찰한 모습을 있는 그대로 표현한 회전체 그림

이는 나름 관찰하였다고는 하는데 어떻게 그려야 할지 잘 몰라서 그냥 실선으로 그려 놓기도 하였다. 왼쪽 사진은 그런 사례를 그대로 사진으로 찍어 본 것이다. 어찌 보면 이것이 지금의 시점에서 지극히 정상일 것이라 생각되었다.

일단 오늘은 여기까지 내가 계획한 수업이었으니 그림을 어떻게 그려야 보다 정확히 그렸다고 할 수 있는 것인지에 대해서는 다음 시간에 함께 알아보기로 하고 정리를 하였다. 여기까지 딱 40분 시간이 흘렀다. 설계한 대로 잘 진행되었다. 수업이 끝난 뒤에도 아이들은 자신이 만든 자료를 마구 돌려 보면서 "아, 바람이 팍팍 나온다. 시원하다."라고 표현하면서 신나게 갖고 놀았다. "내일 수업 시간에 한 번 더 쓸 것이니 망가지지 않게 놀다가 사물함에 보관해야 한다."고 한마디 던졌다. 오늘 수업도 나름 좋은 시간이었다. 다음 시간에는 오늘 아이들이 관찰하여 그린 그림을 바로잡아 나가는 것에서부터 시작해야 할 것이라 생각하고 수업 설계에 들어갔다.

도 하면서 충분한 시간을 가진 뒤에 그림으로 그려 나갔다. 나는 아이들이 그림으로 표현한 것을 자세히 들여다보았다. 어떤 아이들은 대충 관찰한 모습을 그려 놓는가 하면 어떤 아이들은 직접 관찰한 내용보다는 어떤 이유에서든 자신이 알고 있는 정답이라고 알려진 그림을 그려 놓기도 하였으며 어떤 아

3차시 수업 소감

지난 시간에 이어서 조작 활동 및 시뮬레이션 활동을 통해 알게 된 사실을 바탕으로 직사각형 모양, 직각 삼각형 모양, 반원 모양을 회전시켰을 때 어떤 모양이 만들어지는지를 다시 한 번 점검해 보았다. 그러면서 자신이 그린 그림과 프로그램을 통해 그려지는 모습과 비교해 보는 시간을 가졌다. 아이들은 자신의 그림과 어떻게 다른지 확인하면서 오류가 발생한 부분은 수정해 나갔다.

다음 과정으로 원기둥, 원뿔, 구에 대한 구조를 알아 나가는 시간을 가졌다. 회전축에 대한 이해를 시작으로 밑면, 옆면, 모선, 높이 등을 함께 알아 나갔다. 그런 과정 속에서 모선의 정의부터 정확히 점검해 보는 시간을 가져 보려고 미리 준비한 질문을 던져 나갔다.

"원기둥 그림을 보면 옆면에 이 선이 있지? 이 선의 이름이 무엇일까?" 아이들은 그냥 생각나는 대로 아무 이름이나 막 던졌다. "옆선이요. 세로선이요. 모서리요." 여기에서 모서리라는 용어의 의미를 다시 한 번 점검해 보면서 원기둥의 특성과도 연결 지을 수 있다고 생각하여 이렇게 질문을 던졌다. "지금 모서리라는 말도 들렸는데 모서리란 무엇을 말할까?" 잠시 뒤에 한 아동이 답변을 하였다. "면과 면이 만나는 선입니다." "그렇지, 면과 면이 만나는 곳에서 생기는 선분을 모서리라고

하지. 그렇다면 원기둥에서 이 부분은 왜 모서리라 할 수 없을까? 지금 모서리라고 말했던 ○○가 말해 볼까?" 그러자 ○○은 지금의 설명을 통해 자신의 오류를 잡아나갔다. "아, 알겠어요. 원기둥에서 이 부분은 면과 면이 만나면서 생긴 선이 아니라서 그렇습니다." 차이점을 이제 정확히 인지하였다. 다시 본래 질문으로 돌아갔다. 그리고 잠시 뒤에 책을 뒤적거리던 한 아이가 "모선입니다." 하고 답변을 하였다. "그래, 이것이 모선인데 누군가가 모선이 뭐냐고 물으면 여기 있는 이 선이라고 말할 수는 없겠지? 그렇다면 어떻게 설명해야 할까?" 이런 질문에 아이들은 갑자기 말문이 막혔다. 이름은 알겠는데 그것을 어떻게 설명해야 할지에 대해서는 생각해 본 적이 없어서 그런 것 같았다. 힌트를 주었다. 두 밑면을 가리키면서 "여기가 밑면이지. 그리고 그 사이를 이렇게 연결하였지? 이것을 힌트 삼아 모선을 설명해 볼까?" 그래도 아이들은 어떻게 설명해야 할지 잘 모르겠다면서 횡설수설하였다. 그래서 그 정의를 직접 설명해 주었다. "두 밑면 사이를 수직으로 연결한 선분을 모선이라고 한다." 그랬더니 아이들은 "아, 그렇게 설명하는 것이군요." 하는 표정이었다. 몇 번 이 정의를 반복하여 말하도록 하였다. 이어서 원뿔에서도 모선을 찾아보았고 원뿔에서의 모선은 어떻게 설명할 것인가 다시 질문으로 던졌다.

그랬더니 그리 어렵지 않게 대답하였다. "꼭짓점에서 밑면까지 그은 선입니다." 선이 아니라 '선분'이라고 해야 하는데 다음 질문에서 이 부분을 바로잡겠다는 생각으로 일단 그냥 넘겼다. "그렇다면 여기에서 중요한 질문을 하나 해 보겠다. 구에는 모선이 있을까?" 그러자 소수의 아이들이 망설임 없이 "네. 있어요. 옆에 있는 둥근 선이 모선 아닌가요?" "그런가? 그렇다면 아까 모선의 정의로 다시 돌아가 볼까? 모선을 뭐라고 설명한다고 했지?" "두 밑면 사이를 수직으로 연결한 선이요."라고 대답을 하였다. "몇 분 전에 선생님은 분명히 설명할 때 '선'이 아니라 '선분'이라고 말했다. '선'과 '선분'은 분명히 다르지. '선분'이란 무엇을 말할까?" 그러자 한 아이가 정확히 설명을 하였다. "두 점 사이를 연결한 직선입니다." "그렇지. 그렇다면 자시 본래 질문으로 돌아가 볼까? 구에는 모선이 있을까?" 이제야 아이들은 구에는 모선이 없다는 것을 깨달았다. "없겠네요. 구는 직선으로 그려진 부분이 없으니까요." "그렇지. 이제 모선을 제대로 이해했겠지? 그렇다면 한 걸음 더 들어가 볼까? 모선은 한자로 母線이라고 쓴단다. 어미 모(母) 자를 쓴다는 것이지. 왜 어미 모(母) 자를 쓰는지 알고 있는지?" 당연히 알고 있는 아이는 한 명도 없었다. 그래서 칠판에 그림을 그려 가며 설명을 해 주었다. "한 선분이 회전축을 중심으로 회전하면서 옆면을 이룰 때 그 선분을 모선이라고 한다. 다시 말해서 원기둥이나 원뿔은 모선의 아들·딸(자식)이라는 의미지. 원기둥이나 원뿔은 이렇게 직선이 회전하면서 낳은(생긴) 입체도형이란 뜻이란다. 모선이라는 말에 담긴 뜻 그대로 엄마가 되는 선이라는 것이지. 어때? 이름 한번 잘 지었다는 생각 안 드니?" 그랬더니 아이들은 "아, 그런 뜻이 있었네요."라고 말하며 신기한 듯이 받아들였다.

다음으로 원뿔의 높이에 대한 정의를 설명하였는데 "원뿔의 꼭짓점에서 밑면에 수직으로 내려 그은 선분을 높이라고 하는데 회전체를 보고 이해하면 훨씬 좋지. 자, 여기가 회전축이고 이렇게 생긴 직각 삼각형이 한 바퀴 회전하면서 원뿔이 만들어졌는데, 바로 여기 원뿔의 꼭짓점으로부터 밑면에 있는 회전축까지의 거리가 바로 높이에 해당되는 것이지. 이것을 회전축이라 말하였지만 이것을 꼭짓점에서 밑면까지 수직으로 그은 선분으로 생각해도 좋다. 이것을 원뿔의 높이라고 한다." 아이들은 쉽게 받아들였다.

끝으로 구의 구조인 구의 중심, 구의 반지름을 알아 나갔는데 이것은 쉽게 알아 갔다. 어떤 아이는 구의 중심을 원자나 지구의 핵에 해당되는 곳이라고 말하기도 하였다. 이렇게 여러 질문과 답변이 오고 가면서 개념을 좀 더 정확히 짚어 나가는데 40분이라는 시간이 모두 쓰였다.

오늘은 비록 강의식 수업으로 처음부터 끝까지 계속 진행하였지만 생각보다 매우 활발한 발표와 생각의 공유가 이루어졌던 시간이었다. 아이들은 틀려도 괜찮은 교실을 만들어 가면서 자신의 생각을 떠오르는 대로 거리낌 없이 마구 던졌다. 그래서일까, '이제 나의 학급 아이들이 틀릴지도 모른다는 두려움과 공포를 꽤 많이 극복하였구나.' 하는 생각과 함께 지금까지 실천해 온 모든 과정이 하나둘씩 결실을 맺어 가고 있다는 것을 느끼게 된 의미 있는 시간이었다고 스스로 평가를 해 보았다. 특별한 수업 구조나 방법을 사용하지 않았음에도 불구하고 매우 활발한 생각들이 공유되었던 의미 있는 시간. 그래서 내게는 오늘 수학 시간이 더 의미 있게 다가왔다. 다음 시간에는 세 가지 도형 및 각기둥, 각뿔과의 비교를 통해 특성을 탐구해 보는 시간을 모둠별 협동학습으로 진행해 볼 계획이다.

 4차시 수업 소감

회전체의 특성 및 구성 요소를 알아보는 마지막 시간이었다. 이번 시간은 벤 다이어그램보다는 표를 이용하여 공통점과 차이점을 알아 갈 수 있도록 수업을 계획하였다.

수업을 시작하면서 지난 시간에 알아본 내용을 다시 한 번 점검해 보고 원기둥과 원뿔, 원기둥과 구, 원뿔과 구의 공통점과 차이점을 정리할 수 있는 표가 담겨져 있는 활동지를 나누어 주고 약 20분 정도의 시간을 주면서 모둠원들과 함께 정리할 수 있도록 해 보았다. 공통점과 차이점을 찾아내는 과정

에서 '입체도형 모형을 직접 관찰하면서 정리할 수 있도록 할까?' 하고 생각하다가 '아니다. 머릿속으로 입체도형을 그려 보면서 충분히 비교할 수 있을 거야.'라고 믿고 입체도형 모형 없이 그냥 해 보게 했다. 모둠별 협동학습을 통해 서로 정보를 공유하고 생각을 나누어 보면서 다양한 공통점과 차이점을 잘 찾아 나갔다. 남은 시간 동안 찾아낸 것을 함께 공유하면서 자신이 찾아내지 못한 것들을 보충해 나갔다. 이렇게 하다 보니 거의 빠진 것이 없는 것 같았다.

오늘 수업은 대부분의 시간을 모둠별 정보 공유 시간으로 가진 뒤 끝에 가서 각 모둠별로 정리한 내용을 함께 공유하는 형태로 설계되었고 의도된 바와 같이 잘 진행되었다. 다음 시간에는 원기둥의 전개도와 겉넓이, 부피가 기다린다. 이 부분은 아이들이 좀 어렵다고 생각하는 부분이지만 수업 설계를 잘 하여 보다 쉽게 이해할 수 있도록 도울 생각이다.

모둠별 정보 공유 활동 장면

공통점과 차이점 정리 활동지 결과물

 반드시 짚고 넘어갈 필요가 있다. 원기둥에는 모선이 없다?

오른쪽 내용은 네이버 어린이 지식백과에 실려 있는 내용이다. 여기에서 반드시 짚고 넘어가야 할 부분이 있다. 바로 원기둥에 모선이 없다는 점이다. 비단 이곳뿐만 아니라 온라인상에서 검색해 보면 여러 곳에서 원

> **모선(母線)**
>
> 어머니 모, 줄 선
> → 원뿔에서 곡면을 만드는 모체가 되는 직선
>
> 원뿔의 꼭짓점과 밑면을 둘러싼 원 둘레의 한 점까지 이은 선이 모선이야. 원뿔의 옆선이라고 하면 찾기 쉬울 거야. 수없는 모선들을 연결하면 원뿔의 옆면이 되지. 모선은 원기둥이나 각뿔, 다면체에는 없어. 각뿔이나 다면체일 경우에는 모선이 아니라 모서리라고 부르거든.

기둥에는 모선이 없다고 소개되어 있다. 특히 초등학생들이 가장 많이 믿고 검색하는 네이버 지식 iN에는 원기둥에 모선이 없다는 답변이 참으로 많다. 그래서일까? 현장에서는 참으로 많은 초등 교사들이 6학년 아이들에게 원기둥에는 모선이 없다고 지도하고 있고, 요점정리도 그렇게 해 주고 있으며 시험 문제에도 출제되고 있다.

그런데 중등 수학 1학년 천재교육 지도서를 보면 이렇게 나와 있다.

보는 바와 같이 모선이 있다고 나온다. 물론 네이버 지식 iN에는 모선이 있다는 답변도 분명히 있다. 또한 교과서 외에 다양한 어린이 수학교육 서적들을 보면 원기둥에도 모선이 있는 것으로 안내되고 있다.

과연 무엇이 맞는 것일까?

아래는 네이버 국어사전에 나와 있는 모선의 정의를 옮겨 놓은 것이다.

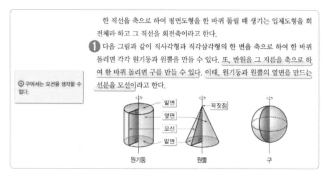

(주)천재교육출판사 중학교 1학년 수학교과 교사용지도서 472쪽(2013년)

〈네이버 국어사전〉 모선의 정의

1. 〈수학〉 선이 운동하여 면이 생기게 될 때, 그 면에 대하여 그 선을 이르는 말. [비슷한 말] 어미금.
2. 〈수학〉 뿔면에서 곡면을 만드는 직선. [비슷한 말] 어미금.

국어사전에 나와 있는 정의로 볼 때 초등 단계에서는 (2)번에 해당되는 것을 모선의 정으로 본 것이고 중등 단계에서는 (1)번에 해당되는 것을 모선의 정의로 본 것이라 생각해 볼 수 있다.

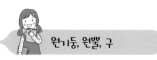
지금까지 살펴본 바로 볼 때 나는 이런 결론을 내리고 싶다. 나는 앞의 수업 소감에서도 밝힌 바와 같이 우리 반 아이들에게 원기둥에도 모선이 있다고 지도하였다. 이에 대한 나의 견해는 아래와 같다.

1. 중학교 교육과정 이상을 정상적으로 마친 사람들이라면 원기둥에도 반드시 모선이 있다고 말한다.

2. 초등학교에서는 원기둥에 모선이 없다고 배웠다가 중학교에 갔더니 갑자기 모선이 있다고 배운다면 아이들은 혼란을 겪게 될 것이 자명한 사실이며 초등교육 및 초등 교사들에 대한 불신을 초래할 우려가 크다.(선생님이 잘못 가르쳤다고 분명히 생각할 것이다.)

3. 초등학교에서는 없다고 가르치다가 중학교에 가서 있다고 가르칠 바에는 차라리 처음부터 있다고 가르치는 것이 맞다.

4. 다만 있다고 가르치는 것이 초등 수준에 맞지 않는 것이라면 차라리 원기둥에도 모선이 있는 것이 맞지만 초등에서는 다루지 않는다고 명확히 밝히는 것이 맞다. 물론 지도서에 그 이유가 안내되어야 한다.

5. 또한 초등 수준에 맞지 않는 것이라면 '원기둥에는 모선이 없다.(또는 모선은 원뿔에만 있다.)'는 식의 평가 문항이나 선택지는 절대로 없어야 한다.

그런데 현재 6학년 교사용 지도서를 보아도 이에 대한 명확한 설명이나 안내는 전혀 없다. 그리고 지도서에서 원기둥과 원뿔의 차이점을 예시로 써 놓은 내용에도 아래와 같은 점만 나타나 있다. 위에 제시된 논란을 교묘하게 피해 갔다.

같은 점	다른 점
• 밑면의 모양이 원이다. • 옆면은 굽은 면이다.	• 원기둥은 기둥 모양인데 원뿔은 뿔 모양이다. • 밑면의 수가 다르다.(원기둥 2개, 원뿔 1개) • 꼭짓점의 수가 다르다.(원기둥 없음, 원뿔 1개)

결국 판단은 교사에게 맡긴다는 의도였을까? 그렇다면 대부분의 교사들은 현장에서 어떻게 가르칠까 의구심이 드는 대목이다.

🌱 5~7차시 원기둥의 전개도, 겉넓이에 대한 이해

수업 흐름	교사의 발문
도입	**원기둥 모양으로 생긴 과자 포장지 또는 과자 상자 준비한 것을 잘라서 전개도 모양으로 펼쳐 보기** • 펼쳤을 때 밑면과 옆면의 모양 살피기 • 옆면에서 가로의 길이는 무엇의 길이와 같은지 살피기 • 옆면에서 세로의 길이는 무엇과 같은지 살피기 • 전개도 모양으로 자른 과자 봉지를 도화지에 붙이기

전개

원기둥의 겉넓이를 구하는 방법에 대한 이해 : 활동지를 통한 이해

⇨ 활동지를 통해 원기둥의 겉넓이를 구하는 방법에 대한 개념을 스스로 정립하기(활동지 앞면 : 개별 활동 후 모둠활동으로 진행)

⇨ 원기둥의 겉넓이 구하는 방법에 대한 개념 정립 후 도화지에 붙인 과자 포장지의 겉넓이 구하기

⇨ 돌아가며 문제 내기(협동학습) 활동지를 통한 복습 활동 진행(활동지 뒷면)

다양한 원기둥 겉넓이 구하기

(1) 밑면의 반지름이 3cm, 높이가 5cm인 원기둥의 전개도 그리기 ⇨ 전개도에 반지름, 옆면의 가로, 세로의 길이 나타내기(원주율은 3으로 계산함) ⇨ 겉넓이 구하기

(2) 가로의 길이 2cm, 세로의 길이가 4cm인 직사각형을 회전시켜서 만든 원기둥의 전개도 그리기(4cm 길이의 변이 회전축이 됨, 원주율은 3으로 계산함) ⇨ 전개도에 반지름, 옆면의 가로, 세로의 길이 나타내기 ⇨ 겉넓이 구하기

(3) 원기둥의 밑면의 원주가 157cm이고 원기둥의 높이가 11cm인 원기둥의 겉넓이는 몇 cm인가?(원주율은 3.14로 계산함)

(4) 왼쪽과 같이 생긴 페인트 롤러에 페인트를 묻힌 후 2바퀴를 굴렸더니 색칠된 부분의 넓이가 251.2cm²이었다. 이 롤러의 한 밑면의 지름은 몇 cm가 되겠는가?(원주율은 3.14로 한다.)

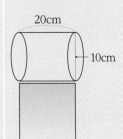

(5) 밑면의 지름이 10cm이고 높이가 20cm인 원기둥 모양의 페인트 롤러에 페인트를 묻힌 후 8바퀴를 굴렸을 때 롤러가 지나간 자리(페인트가 칠해진 자리)의 넓이를 구하시오.

(6) 오른쪽 입체도형의 겉넓이를 구하시오.

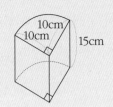

정리

▶ 밑면의 반지름이 3cm, 높이가 5cm인 원기둥의 전개도 그리기 ▶ 전개도에 반지름, 옆면의 가로, 세로의 길이 나타내기(원주율은 3으로 계산함) ▶ 겉넓이 구하기	▶ 가로의 길이 2cm, 세로의 길이가 4cm인 직사각형을 회전시켜서 만든 원기둥의 전개도 그리기 ▶ 4cm 길이의 변이 회전축이 됨. 원주율은 3으로 계산함 ▶ 전개도에 반지름, 옆면의 가로, 세로의 길이 나타내기 ▶ 겉넓이 구하기	▶ 원기둥의 밑면의 원주가 157cm이고 원기둥의 높이가 11cm인 원기둥의 겉넓이는 몇 cm인가?(원주율은 3.14로 계산함)
1	2	3
▶ 아래와 같이 생긴 페인트 롤러에 페인트를 묻힌 후 2바퀴를 굴렸더니 색칠된 부분의 넓이가 251.2cm²이었다. 이 롤러의 한 밑면(원)의 지름은 몇 cm가 되겠는가? (원주율은 3.14로 한다.) 	오른쪽 그림과 같이 밑면의 지름이 10cm이고 높이가 20cm인 원기둥 모양의 페인트 롤러에 페인트를 묻힌 후 8바퀴를 굴렸을 때 롤러가 지나간 자리(페인트가 칠해진 자리)의 넓이를 구하시오. 	오른쪽 입체 도형의 겉넓이를 구하시오.
4	5	6

활동 후 시간이 남으면 교과서 문제 풀이

| 수학 6-2 | 2. 원기둥, 원뿔, 구
원기둥의 겉넓이 구하기 활동지 | 서울 　　　　초등학교
6학년 　반 　번
이름 : |

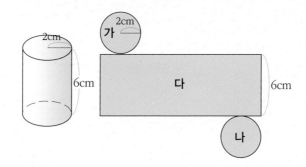

1. 가장 먼저 밑면의 넓이 구하기(원주율＝3으로 한다.)

   (1) 밑면 '가'의 넓이＝(　　　)cm×(　　　)cm×(　　　)cm＝(　　　)cm^2

   (2) 면 '가'와 면 '나'의 넓이는 같다. 그러므로 2개의 밑면의 넓이는

   ⇨ 밑면 1개의 넓이×2＝면 '가'의 넓이×2＝(　　　)×2＝(　　　)cm^2

2. 옆면의 넓이 구하기 : 옆면은 직사각형 모양이다.

   (1) 옆면의 가로의 길이＝밑면의 (　　　)의 길이와 같다.

   (2) 옆면의 세로의 길이＝원기둥의 (　　　)의 길이와 같다.

   (3) 옆면의 '다'의 넓이＝밑면의 (　　　)×원기둥의 (　　　)

   　　　　　　　　　　 ＝밑면의 (　　　)×원주율×원기둥의 (　　　)

   　　　　　　　　　　 ＝(　　　)cm×(　　　)×(　　　)cm＝(　　　)cm^2

3. 원기둥의 겉넓이＝면 '가'의 넓이＋면 '나'의 넓이＋면 '다'의 넓이

   　　　　　　　 ＝(　　　)cm^2×2＋(　　　)cm^2

   　　　　　　　 ＝(　　　)cm^2

원기둥의 겉넓이＝(한 밑면의 넓이)×2＋(옆면의 넓이)

원기둥	전개도	원주율	해결 과정	겉넓이
			• 밑면 1개 넓이(　　　)×2＝(　　　) • 옆면 가로＝ • 옆넓이＝	

원기둥	전개도	원주율	해결과정	겉넓이
			• 밑면 1개 넓이(　　　　)×2＝(　　　　) • 옆면 가로＝ • 옆넓이＝	
			• 밑면 1개 넓이(　　　　)×2＝(　　　　) • 옆면 가로＝ • 옆넓이＝	
			• 밑면 1개 넓이(　　　　)×2＝(　　　　) • 옆면 가로＝ • 옆넓이＝	
			• 밑면 1개 넓이(　　　　)×2＝(　　　　) • 옆면 가로＝ • 옆넓이＝	
			• 밑면 1개 넓이(　　　　)×2＝(　　　　) • 옆면 가로＝ • 옆넓이＝	
			• 밑면 1개 넓이(　　　　)×2＝(　　　　) • 옆면 가로＝ • 옆넓이＝	
			• 밑면 1개 넓이(　　　　)×2＝(　　　　) • 옆면 가로＝ • 옆넓이＝	
			• 밑면 1개 넓이(　　　　)×2＝(　　　　) • 옆면 가로＝ • 옆넓이＝	
			• 밑면 1개 넓이(　　　　)×2＝(　　　　) • 옆면 가로＝ • 옆넓이＝	

5~6차시 수업 소감

오늘은 2시간을 블록으로 설계하여 수업을 진행하였다. 먼저 아이들에게 원기둥 모양의 과자를 제시하고 포장지를 잘라서 원기둥의 전개도를 만들어 보라고 하였다. 그런데 역시 아이들 이었다. 과자를 보자마자 "선생님. 먹으면서 하면 안 되나요?" 하고 불쌍한 표정을 지어 보였다. "활동이 끝난 모둠만 공평하게 나누어 먹을 수 있는 권한을 준다." 그러자 아이들은 "앗싸! 빨리 하자. 빨리 해!" 하면서 서두르기 시작하였다. 약간의 시간이 지나서 아이들은 원기둥 전개도 모양으로 과자 포장지를 벗겨낸 뒤 도화지에 붙이고 나서 과자를 먹겠다고 난리였다. "아직 과제가 끝나지 않았다. 전개도를 보면 2개의 밑면은 원 모양이고 옆면은 직사각형 모양으로 바뀌었다. 특히 옆면의 가로는 원기둥에서 어떤 부분의 길이와 같은지, 옆면의 세로는 원기둥에서 어떤 부분의 길이와 같은지 도화지에 표시하여야 한다." 그러자 각 모둠원들은 서로 의견을 교환하면서 옆면의 가로는 원기둥 밑면 둘레의 길이와 같다는 것, 옆면의 세로는 원기둥의 높이와 같다는 것을 알아냈다. 물론 나의 주문은 여기에서 끝나지 않았다. "좋다. 여러분은 원기둥의 전개도를 살펴보면서 원기둥 겉넓이를 구하기 위한 준비 활동을 지금 막 끝냈다. 이제 나누어 준 활동지를 각자 먼저 해결해 본 뒤 모둠원과 답을 맞춰 보면서 원기둥의 겉넓이 구하는 방법을 직접 탐구해 나가도록 하겠다." 새로운 주문을 던지자 아이들은 "선생님, 우리 과제 언제 먹어요? 과자 안 주려고 하시는 것 아니죠?" 하고 또 난리다. '흐흐, 요놈들. 과자는 오늘 활동 열심히 하라고 내가 던진 미끼라는 것을 이제 눈치챘나 보구나.' 하고 속으로 생각하며 "그럴 시간 있으면 활동지를 빨리 잘 해결하는 것이 더 낫지 않을까?"라고 툭 한마디 말을 던졌다.

원기둥의 전개도를 보면서 겉넓이 구하는 방법을 스스로 알아 나가는 과정의 개별-모둠 활동 장면

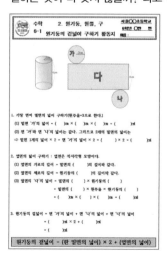

아이들은 금방 활동지 해결에 집중해 나가기 시작하였다. 그런데 잘 살펴보니 1학기에 공부했던 원의 둘레, 원의 넓이 관련 내용들을 거의 다 잊어버린 듯했다. 적지 않은 아이들이 제대로 해결을 해 나가지 못하였다. 이 부분에서 생각보다 꽤 많은 시간이 흘렀다. 물론 1학기

에 공부했던 내용을 잘 이해하고 있는 아이들과 정보 공유를 통해 모든 아이들이 다시 잊었던 기억을 되찾아 활동지를 잘 해결하기는 하였다. 여기까지 약 40분 정도 시간이 흘렀다. 처음 예상보다 조금 더 지체되었다. 이제 도화지에 붙인 과자 포장지의 겉넓이를 구하는 것이 최종 과제이고, 이것만 해결하면 우유와 함께 과자 먹을 시간을 주겠다고 약속했다. 그러자 또

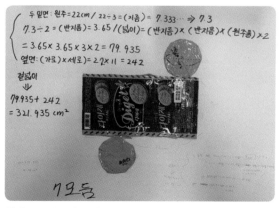

원기둥 모양 과자 포장지 겉넓이 구하기 결과물

원기둥 모양의 과자 포장지를 활용하여 원기둥 전개도를 만들고 겉넓이를 구하는 활동 장면

다시 아이들은 과제에 몰입하기 시작하였다.

바로 전 단계에서 원기둥 겉넓이 구하는 방법을 탐구하였기에 잘할 것이라 믿고 포장지 겉넓이 구하는 과정을 지켜보았다.(원주율은 3으로 정해 주었다.) 이 활동에서 핵심은 옆면 가로의 길이를 통해 원 둘레의 길이를 알고, 이를 통해 밑면의 지름값을 알아 나가는 것인데 어떤 모둠에서는 그 과정을 무시하고 밑면에 자를 가져다 대면서 직접 원의 지름을 구하려고 하는 모습이 목격되었다. 그래서 살짝 자를 사용하지 않고 다른 방법을 통해 지름을 구해 보라고 말해 주었다. 그랬더니 잠시 생각해 본 뒤에 "아, 알겠다." 하면서 모둠원들과 생각을 공유하고 제대로 과제를 해결해 나갔다. 과제를 먼저 해결한 모둠은 나에게 확인받고 과자를 우유와 함께 먹을 수 있도록 해 주었다. 물론 나에게 확인을 받을 때 아무나 지목하여 질문을 할 것이고 제대로 설명하지 못하면 과자를 못 먹게 될 것이라 하였다. 그랬더니 한 명도 빠짐없이 완벽하게 설명하는 연습을 자기들끼리 한 후에 내게 점검을 받으러 왔다. 여기까지 약 20분 정도 시간이 흘렀다.

이제 남은 시간은 모둠별로 우유를 마시면서 과자도 먹고 돌아가며 문제 내기 활동도 할 수 있도록 안내하였다. 그랬더니 아니나 다를까. 여기저기에서 원성이 마구 터져 나왔다. 그래도 어쩌랴. 남은 시간이 너무 많은데. 그래서 다시 한마디 툭 던졌다. "그러면 과자 다 내놔!" 내가 생각해도 좀 치사하고 속 좁아 보였다. 그러자 아이들은 "선생님, 너무해요. 과자 가지고." 그러면서도 과자를 포기하지 못하겠는지 활동지를 펼치고 돌아가며 문제를 내면서 원기둥 겉넓이 구하는 활동의 반복 활동에 들어갔다. 그렇게 남은 시간도 잘 보냈고 모든 모둠이 활동지를 마무리하고 쉬는 시간을 가졌다. 오늘 수업 설계도 생각한 바와 같이 잘 흘러갔다. 다음 1시간은 겉넓이 관련 다양한 문제를 주고 해결해 보는 활동을 가져 볼 생각이다.

7차시 수업 소감

원기둥의 전개도 및 겉넓이를 구하는 활동과 관련하여 마지막 차시를 진행하게 되었다. 본래 계획은 수업 시작부터 PPT를 활용하여 문제를 풀어 보는 것이었지만 약간의 워밍업 활동으로 간략히 원기둥의 반지름과 높이만 제시하여 겉넓이를 풀어 보게 하였다. 이렇게 세 문제 정도를 풀어 보고 PPT를 화면에 띄웠다. 아이들은 제시된 문제를 보자마자 도전 정신이 발동되었다.

어떤 아이들은 빨리 풀고 나서 답이 얼마 나왔는지 이야기를 하였다. 우리 반 수업 시간은 답이 얼마나 나왔는지는 별로 중요하게 여기지 않기 때문에 별 문제는 없었다. 보다 많은 아이들이 문제를 해결할 때까지 시간을 충분히 주었다. 그런 뒤에 아무나 지목을 하여 문제 해결 과정을 설명하게 하였다. 이런 방식으로 준비된 6개 문제를 모두 해결해 나갔다. 해결 과정에서 조금 어려운 부분은 개인별, 모둠별로 서로 정보를 자

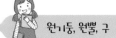

제시된 조건에 따른 문제 해결 활동 장면

유롭게 공유해 나갔다. 6문항을 해결하는 데도 40분 정도의 시간이 모두 사용되었다. 여러 아이들이 말한다. 이런 수학 수업 시간이 정말 재미있다고. 다음 시간에도 이렇게 수업하면 좋겠다고.

이제 마지막 활동 한 가지가 남았다. 바로 원기둥의 부피에 대한 내용이다. 다음 주에 수업이 진행되는데, 이 부분도 좀 더 세밀하게 접근하여야 할 것 같아 주말에 진지하게 고민을 해 보아야겠다고 다짐하였다.

🌱 8~10차시 원기둥의 부피에 대한 이해

수업 흐름	교사의 발문
도입	**직육면체의 부피를 구하는 방법에 대한 복습** ⇨ 가로의 칸 수×세로의 줄 수×높이의 층 수 ⇨ 결국 이것은 '가로의 길이×세로의 길이×높이의 길이'와 같다는 것 ⇨ 밑면의 넓이를 높이만큼 쌓아 올린 것이 부피임을 이해할 수 있도록 유도하기
전개	**원기둥의 부피를 구하는 방법에 대한 이해 : 활동지를 통한 이해** ⇨ 찰흙, 지점토 등을 이용하여 원기둥 모양으로 만든 후 활동지의 그림처럼 분할하여 사각기둥(직육면체)처럼 만들어지는지 확인하기 ⇨ 활동지를 통해 원기둥의 부피를 구하는 방법에 대한 개념을 스스로 정립해 나감(활동지 앞면 : 개별 활동 후 모둠활동으로 진행) ⇨ 이전 시간에 활동한 과자 포장지를 이용한 부피 구하기 ⇨ 원기둥의 부피를 구하는 방법에 대한 개념 정립 후 돌아가며 문제 내기(협동학습) 활동지를 통한 복습 활동 진행(활동지 뒷면)
정리 및 미션 과제	남은 시간은 교과서 문제 해결 : 원기둥의 전개도, 겉넓이, 부피 구하기 내용(74~79쪽) **미션 과제 해결** **미션 과제 1** 둘레의 길이가 12m인 정사각형 모양의 금속판을 이용하여 기둥 모양의 물탱크를 만들려고 한다. 사각기둥 모양과 원기둥 모양으로 만들 때 어떤 쪽이 어느 정도의 물을 더 채울 수 있는지 계산하여 보시오. 이때 원주율은 3으로 한다.(단, 둘레 12m 길이의 금속판은 물탱크의 기둥에만 활용됨. 위와 아래의 면을 만드는 재료는 따로 있음)

⇨ (　　　　) 모양으로 만들 때 (　　　　)cm³의 물을 더 채울 수 있다.

⇨ 이를 통해 알 수 있는 사실은 같은 재료로 기둥 모양을 만들 때 (　　　　) 모양으로 만드는 것이 재료비용을 더 줄일 수 있다. ⇨ 같은 재료를 이용하여 더 많은 양의 물건을 담으려면 (　　　　) 모양으로 만드는 것이 훨씬 더 좋다.

⇨ 여기에서 '같은 재료'는 원기둥에서 원기둥의 (부피, 겉넓이)에 해당된다.(알맞은 것에 ○표를 하시오.)

가로
15.7cm

세로
31.4cm

두 포장지의
겉넓이는 같다.

가로 31.4cm
세로 15.7cm

미션 과제 2 왼쪽에서 보는 바와 같이 2장의 포장지 겉넓이는 같다.(1장은 세로로 세운 것, 1장은 가로로 눕힌 것)

⇨ 1장은 세로로 세운 상태에서 원기둥 모양을 만들었고, 1장은 가로로 눕힌 상태에서 원기둥 모양을 만들었다.

두 원기둥의 부피 및 그 차이가 어떻게 되는지 구해 보시오.

⇨ 원주율은 3.14로 한다.

⇨ 세로로 세운 원기둥의 부피는 (　　　　)cm³이다.

⇨ 가로로 눕힌 원기둥의 부피는 (　　　　)cm³이다.

⇨ (　　　　) 원기둥의 부피가 (　　　　)cm³ 더 크다.

⇨ 원기둥의 부피는 밑면의 (　　　　)과(와) 기둥의 (　　　　)에 영향을 받는다.

⇨ 이 활동을 통해 알 수 있는 사실은 같은 재료로 원기둥 모양을 만들 때 부피에 가장 큰 영향을 주는 것은 (　　　　)이라는 것이다.

8~9차시 수업 소감

오늘 수업은 미션 과제 해결을 제외하고 원기둥 부피 구하기 관련 내용들을 한꺼번에 모아 블록 수업으로 정리하고자 하였다.

　우선은 1학기에 공부했던 직육면체의 부피 구하기 및 원의 넓이 구하기 관련 내용들을 다시 한 번 기억해 보고 원기둥 부피 구하기와 연결 짓기 위한 시도를 하였다.

　이 과정에서 원기둥의 부피는 그 자체적으로 단위부피 개념을 도입할 수가 없다는 점, 1학기에 직육면체의 부피는 단위부피가 '가로의 칸 수×세로의 줄 수×높이의 층 수'만큼 쌓인 것으로 생각하여 구하였으나 이런 직육면체도 밑면의 넓이가 높이만큼 쌓인 것이라는 점(A4용지 포장지를 뜯기 전 1묶음을 있는 그대로 바라보면 직육면체처럼 보이는데 이것도 A4 용지

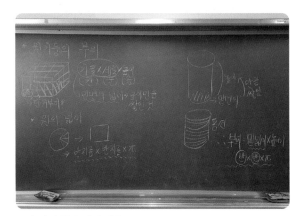

도입 단계 칠판 판서 내용

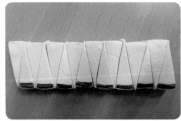

개별적 활동지 해결─모둠원 간 확인 및 또래 가르치기 장면

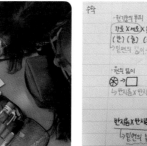

수업 내용에 대한 노트 기록 사례

가 높이만큼 쌓여서 만들어진 것이라는 것을 보여 주면서 설명해 줌), 결국은 밑면의 넓이에 높이를 곱하면 부피를 구할 수 있다는 점을 이해할 수 있도록 도와주었다. 그리고 원기둥도 같은 맥락에서 생각해 볼 수 있다는 점을 교과서에 나와 있는 동전 쌓기와 연결 지어 생각해 보게 하였다.

이어서 원의 넓이를 구할 때 원을 직사각형 모양으로 등적변형한 것처럼 원기둥도 직육면체로 변형시키는 과정을 실물 환등기로 직접 보여 주었다. 이를 위해 아침에 등교하자마자 지점토로 원기둥 모양을 만들고 적당한 크기로 미리 분할을 해 두었다.

이 활동을 통해 원 모양이 직사각형 모양으로 변형되는 것과 마찬가지로 원기둥도 직육면체 모양으로 바뀐다는 것을 눈으로 확인하게 되었다. 사실 이 활동도 직접 지점토를 나누어 주고 경험해 보도록 함이 마땅하나 시간적으로 여유가 없어서 과학 시간의 대표 실험처럼 직접 조작하는 것을 보여 주는 것으로 대신하였다.

이 활동 후에 원기둥의 부피를 구하는 과정이 차근차근 정리되어 있는 활동지를 나누어 주고 직접 해결해 본 뒤 모둠원과 내용을 확인하면서 스스로 원기둥 부피 구하는 방법을 알아 갈 수 있도록 시간을 주었다.

아이들은 활동지를 보며 스스로 개념을 쌓아 나가는가 하면 잘 이해가 되지 않는 부분은 짝 또는 모둠원들과 정보를 공유하면서 원기둥의 부피와 관련된 이해를 넓혀 나갔다. 활동지 해결이 마무리된 것을 확인하고 오류가 발생한 곳이 없는지 함께 체크해 보면서 답을 확인해 나갔다. 여기까지 마무리하는 데 약 45분 정도의 시간이 흘러갔다.

이후 교과서 속 문제 해결을 위해 약 15분 정도 시간을 주고 각자 문제를 풀어 보게 하였다. 아이들은 조용히 교과서 문제를 해결해 나갔다. 문제 해결 과정에서 전자계산기를 써도

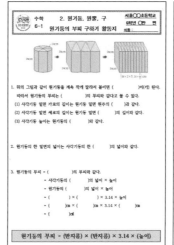

되느냐는 질문이 있어서 언제든지 활용해도 좋다고 하였더니 아주 기뻐하였다. 원기둥의 전개도부터 오늘 공부한 원기둥 부피 구하기까지 6쪽을 해결하는 것이었는데 예상보다 5분 정도 더 사용하였다.

이제 남은 시간은 오늘 나누어 준 활동지 뒷면을 모둠별로 돌아가며 문제 내고 확인하는 과정만 남았다. 많이 해 보았기

돌아가며 문제 내기 활동지 사례

때문에 짧게 안내하고 바로 활동에 들어갔다. 활동하자마자 아이들은 머리를 모으고 돌아가며 문제 내고 확인하는 과정에 몰입하였다. 어떤 모둠에서는 원주율을 마음대로 해도 되냐고 해서 "어떻게 하고 싶은데?"라고 물었더니 "원주율을 3이 아니라 3.14159…로 하려구요. 그게 더 재미있잖아요."라고 대답하였다. "그것은 너희 마음대로. 단, 시간 너무 많이 걸리지 않게 적당히 하렴."이라고 답변하고 그냥 지켜보았다.

그렇게 남은 시간은 흘러갔다. 활동하면서 아이들은 나름

재미있었나 보다. 모두들 활동하면서 표정이 밝았고 매우 집중하는 모습을 보여 주었다. 이제 1시간 남았다. 다음 시간에는 미션 과제를 주고 해결해 보게 할 생각이다. 이번 주 마지막 날이나 다음 주 초반에 단원 평가가 있다는 것을 미리 안내하는 것으로 오늘 활동은 마무리하였다. 그러자 아이들은 "에효, 또 평가구나." 하며 한숨을 쉬었다. 평가는 역시 아이들도 어른들도 부담스럽기는 마찬가지라는 생각이 들었다.

원기둥의 부피 구하기 반복 학습 활동 장면 – 모둠별로 돌아가며 문제 내기 및 확인하기

10차시 수업 소감

오늘은 어제까지 공부한 내용을 바탕으로 미션 과제를 협동적으로 해결해 나가는 수업을 진행하였다.

수업 시작과 동시에 문제가 적힌 활동지를 나누어 주고 문제가 요구하는 것이 무엇인지 살펴본 뒤 각자 해결해 보고 모둠원들과 해결 과정 및 방법, 결과를 공유해 보라고 안내하였다. 그런데 상당히 많은 아이들은 문제에 주어진 조건을 정확히 살피지 못하여 문제 해결의 실마리를 찾지 못하였다. 특히 첫 번째 미션에서 철판 둘레의 길이가 12m이니까 한 변의 길이가 3m라는 것을 파악하지 못하고 단순히 한 변의 길이가 12m라고 조건을 잘못 읽어 시작부터 문제 해결 과정이 어긋나는 경우가 꽤 있었다. 그러나 다른 모둠 아이들과 정보를 주고받는 과정에서 자연스럽게 오류는 수정되어 나갔다. 두 가지 미션 과제를 각 모둠별로 해결하고 누가 발표하더라도 정확히 설명할 수 있게 정보를 공유하라고 하였더니 여기까지 마무리하는 데 약 25분 정도의 시간이 흘렀다. 함께 답을 공유하는 데 약 5분 정도 시간이 사용되었다.

시간 여유가 10분 정도 남아서 만약을 대비하여 준비한 문제를 칠판에 그림으로 그려 가며 이렇게 생긴 입체도형의 부

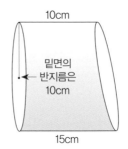

피를 구해 보라고 하였다. 아이들은 금방 눈빛이 반짝거렸다. 문제를 제시하자마자 아이들은 문제 해결을 위해 실마리를 찾고 각자 찾은 단서를 다른 친구들과 공유하였다.

잠시 시간을 갖더니 생각보다 일찍 문제를 해결하였다고 내게 다가와서 맞느냐고 물었다. 어떻게 해결하였는지 칠판에 풀이해 보라고 하였다. 물론 다른 아이들은 아직 열심히 풀고 있었다. 자신이 해결했던 과정을 그대로 설명하였는데 정확히 해결하였다. 이 아동의 경우 그림과 같은 입체도형이 2개 있다고 생각하고 비스듬히 절단된 면끼리 맞추어 연결하면 높이가 25cm인 원기둥이 만들어지는데 이 원기둥의 부피를 구한 뒤 2로 나누면 해결된다고 하였다. 그래서 이 방법 말고 다른 방법 한 가지 더 있는데 그 방법도 탐구해 보라고 하였다.

잠시 뒤에 또 다른 아이가 해결하였다고 맞는지 확인해 달라고 내게 왔다. 이 아이는 먼저 아이와 달리 비스듬히 잘라지

o2

기 전까지의 높이 10㎝ 원기둥 모양과 비슷하게 잘라진 높이 5㎝ 원기둥 모양의 1/2만큼으로 나누어 문제를 해결하였다고 설명하였다. 이 또한 정확히 해결한 것이었다. 이렇게 문제를 해결한 아이들은 다른 모둠에 정보를 제공하며 모든 아이들이 과제를 완수하는 데 큰 역할을 하였다. 이번 주 남은 1시간은 평가로 이어진다는 공지와 함께 단원의 마지막 수업 시간을 정리하였다. 이번 단원 활동도 내가 의도한 대로 수업이 잘 진행되었다고 자평을 해 본다.

수학 6-2	2. 원기둥, 원뿔, 구 원기둥의 부피 구하기 활동지	서울 　　　　　 초등학교
		6학년 　 반 　 번
		이름 :

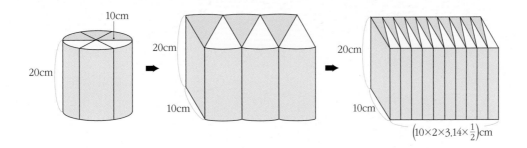

1. 위의 그림과 같이 원기둥을 계속 작게 잘라서 붙이면 (　　　　)이(가) 된다. 따라서 원기둥의 부피는 (　　　)의 부피와 같다고 볼 수 있다.

   (1) 사각기둥 밑면 가로의 길이는 원기둥 밑면 원주의 (　　　)과 같다.

   (2) 사각기둥 밑면 세로의 길이는 원기둥 밑면 (　　　)의 길이와 같다.

   (3) 사각기둥 높이는 원기둥의 (　　　)와 같다.

2. 원기둥의 한 밑면의 넓이는 사각기둥의 한 (　　　)의 넓이와 같다.

3. 원기둥의 부피 = (　　　)의 부피와 같다.

   = 사각기둥의 (　　　)의 넓이 × 높이

   = 원기둥의 (　　　)의 넓이 × 높이

   = (　　　) × (　　　) × 3.14 × 높이

   = (　　　)cm × (　　　)cm × 3.14 × (　　　)cm

   = (　　　)cm³

원기둥의 부피 = (반지름) × (반지름) × 3.14 × (높이)

모둠별로 돌아가며 문제 내기:번호순으로 지름 또는 반지름, 높이, 원주율을 불러 주면 다른 모둠 원들이 그 조건에 맞게 원기둥의 부피를 구한다. 문제를 내는 사람도 함께 문제를 풀어 답을 맞추 어 본다.

원기둥	원주율	해결 과정
		• 밑넓이 = • 높이 = • 부피 = ( )cm³
		• 밑넓이 = • 높이 = • 부피 = ( )cm³
		• 밑넓이 = • 높이 = • 부피 = ( )cm³
		• 밑넓이 = • 높이 = • 부피 = ( )cm³
		• 밑넓이 = • 높이 = • 부피 = ( )cm³
		• 밑넓이 = • 높이 = • 부피 = ( )cm³
		• 밑넓이 = • 높이 = • 부피 = ( )cm³
		• 밑넓이 = • 높이 = • 부피 = ( )cm³

🌱 11차시 단원 정리 - 단원 평가

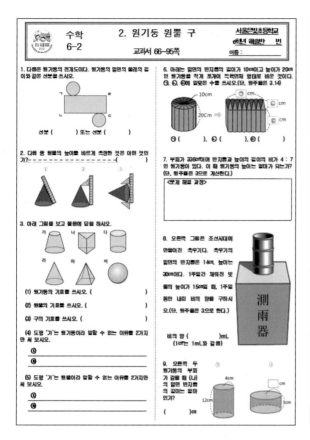

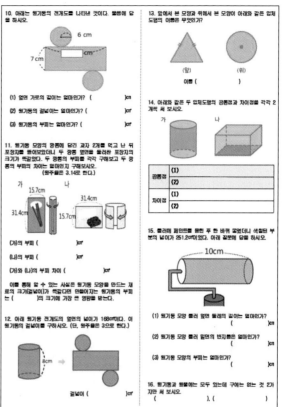

비례식과 비례배분

01 단원 소개 및 문제의식 갖기

교사용 지도서를 보면 이 단원은 6-1학기에 공부한 비와 비율을 바탕으로 비율이 같은 두 비를 통해 비례식의 개념 이해, 비례식의 성질 이해, 간단한 자연수 비 만들기, 비례식이 적용되는 문제 해결, 주어진 비로 배분하기, 비례배분 관련 문제 해결 등의 활동을 하도록 구성되어 있다. 결국 이 단원의 목표는 두 양의 비를 직관적으로 이해하고 주어진 비의 성질을 이용하여 합리적 문제 해결력을 높인다는 것에 있다고 볼 수 있다. 이를 위해 수식에 의존하는 문제 풀이보다 학생들의 활발한 의사소통을 통해 사고의 과정이 드러나도록 수업을 하는 것이 효과적이라 안내하고 있다. 학습 목표 및 단원 발전 계통을 살펴보면 아래와 같다.[1]

영역	단원 학습 목표
내용	1. 비례식을 이해하고 비의 전항과 후항, 비례식의 외항과 내항을 알 수 있다. 2. 비의 성질을 이해하고 주어진 비를 간단한 자연수의 비로 나타낼 수 있다. 3. 비례식의 성질을 이해하고 이를 이용하여 비례식에서 미지항의 값을 구할 수 있다. 4. 비례식을 이용하여 여러 가지 문제를 해결할 수 있다. 5. 비례배분을 이해하고 이를 여러 가지 문제에 활용할 수 있다.
과정	1. 비의 성질과 비례식의 성질을 찾을 때 학생들 간에 서로의 의견을 나눔으로써 수학적 의사소통을 할 수 있다. 2. 비례식의 성질, 비례배분을 이용하여 주어진 문제나 현상을 관찰하고 예측함으로써 수학적으로 추론할 수 있다.
태도	1. 비례식의 성질을 이용하여 생활 속의 다양한 현상이나 문제를 관찰하고 예측함으로써 수학에 대한 흥미를 느낄 수 있다. 2. 비례배분을 이용하여 생활 속에서 직면하는 다양한 분배의 문제들을 논리적이고 합리적으로 해결하는 활동을 통해 수학에 대한 유용성을 인식할 수 있다.

단원의 발전 계통		
선수 학습	본 학습	후속 학습
6학년 1학기 비, 비율, 백분율	• 비례식, 비의 성질, 비례식의 성질 • 간단한 자연수 비로 나타내기 • 비례식의 성질을 이용하여 문제 해결하기 • 비례배분 • 비례배분을 이용하여 문제 해결하기	정비례와 반비례

---

1 2009 개정 교육과정에 따른 수학과 교사용 지도서 6학년 2학기. 2015. p. 137.

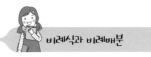
위의 내용에 근거를 두고 교사용 지도서는 본 단원의 전개 계획을 아래와 같이 제시[2]하였으나 현장에서 그대로 따라서 지도하기에는 무리가 있다는 생각이 든다.

차시	재구성 이전	수업 내용 및 활동
1	단원 도입	스토리텔링을 통해 비례식과 비례배분이 필요한 상황 이해하기, 상황을 비례배분을 통해 이해하는 방법이 필요함을 느끼게 하기
2	비례식 알기	비율이 같은 두 비를 등식으로 나타내어 비례식 이해하기, 비의 전항과 후항, 비례식의 외항과 내항 알기
3	비의 성질 알기	비의 전항과 후항에 0이 아닌 같은 수를 곱하거나 나누어도 비율이 같음을 이해하기
4	간단한 자연수의 비로 나타내기	비의 성질을 이용하여 주어진 비를 간단한 자연수의 비로 나타내기
5	비례식의 성질 알기	비례식에서 외항의 곱과 내항의 곱이 같음을 이해하기, 미지항이 있는 비례식에서 비례식의 성질을 이용하여 미지항의 값 구하기
6	비례식을 이용하여 문제 해결하기	비례식을 이용하여 여러 가지 문제 해결하기
7	비례배분 알기	비례배분의 의미 알기
8	비례배분을 이용하여 문제 해결하기	비례배분을 이용하여 여러 가지 문제 해결하기
9	공부를 잘했는지 알아보기	이 단원에서 배운 내용을 문제를 풀며 정리하기
10	문제 해결	여행 경비 계산 활동을 통해 비례배분을 실생활 속에 적용하기
11	놀이마당	놀이를 통해 비례식과 비례배분의 의미 알기

문제의식을 갖게 만드는 점 몇 가지를 살펴보면 아래와 같다.

단원 지도를 위한 수업 시수 분배의 문제

지도서를 보면 총 11차시로 구성되어 있다. 하지만 스토리텔링, 평가 및 문제 해결, 놀이마당 등을 제외한다면 실제로는 7차시로 구성되어 있다고 봐야 할 것이다. 그런데 이런 구성은 6-1학기에 학습했던 비와 비율을 바탕으로 후속으로 이어질 정비례와 반비례, 중학교 과정의 함수와 제대로 연결시킬 수 있도록 하기에는 무엇인가 부족함이 느껴지는 구성이라 할 수 있다. 왜냐하면 이 단원은 단순히 비례식의 성질을 이용하여 문제를 해결하고 비례배분을 할 줄 알면 끝나는 것이 아니기 때문이다. 그럼에도 불구하고 교과서 구성은 비례식의 성질을 이용하여 관련된 문제를 해결하고 비례배분을 할 수 있다는 점에만 관심을 두어 문제 풀이 중심으로 이루어졌다는 한계를 여실히 드러내고 있다고 볼 수 있다. 그래서 아이들은 이와 관련된 문제를 해결할 때 그 비례식 또는 비례배분 상황이 어떤 상황인지, 그 의미는 무엇인지 이해조차 하려

---

2 2009 개정 교육과정에 따른 수학과 교사용 지도서 6학년 2학기. 2015. p. 139.

하지 않고 오직 문제 풀이, 답을 구하는 일에만 몰두하여 기계적으로 숫자 계산만 하고 있는 모습을 늘 목격하게 된다. 현재 교과서 구성상 수업 시수와 관련된 문제점을 살펴보면 아래와 같다.

1. 단원 도입을 위한 스토리텔링:여전히 불필요한 이야기로 1시간을 소비하고 있다는 생각이 든다. 실생활 속에 사례를 제시하여 비례식 상황을 이해할 수 있도록 하였다고는 하지만 전혀 현실적이지 못하다.[3]

2. 7차시에 대한 구성을 그냥 단순하게 기계적으로 배분하여 비례식 알기, 비의 성질 알기, 간단한 자연수 비, 비례식의 성질, 비례식 관련 문제 해결, 비례배분 알기, 비례배분 관련 문제 해결 등으로 동일하게 1차시씩 배정해 놓았다는 생각이 든다. 적어도 아이들이 6-1학기에 공부했던 비와 비율을 바탕으로 비례식 상황이란 무엇이고 그 상황이 의미하는 것은 무엇인지 등을 보다 깊이 있게 이해할 수 있도록 돕고자 한다면 이런 식의 수업 시간 배분은 분명히 무리가 따른다고 볼 수 있다.

3. 고민 없이 바라보면 이 단원의 핵심은 비례식 관련 문제 해결, 비례배분 관련 문제 해결에 중점을 두고 있는 것처럼 보인다. 하지만 나의 관점으로 바라볼 때 핵심은 비례식 및 비례배분 관련 상황을 통해 비례식, 비례배분이 갖는 의미에 대해 명확히 이해하는 것이 핵심인 것으로 파악된다. 왜냐하면 사실 의미를 명확하게 이해하게 되면 비례식의 성질 이해 및 응용, 비례배분과 관련된 분배의 문제는 그리 힘들고 어려운 문제가 아니기 때문이다. 우리 아이들이 이 단원에서 비례식 관련 문제나 비례배분 관련된 문제를 어려워하는 이유가 주어진 문제 상황에 대한 이해나 비례식, 비례배분에 대한 확실한 이해 없이 그냥 문제를 기계적으로 풀이하여 답만 구하고자 하는 태도에서 비롯된 것임을 이해한다면 이 단원의 재구성에서 차시별 내용 구성 및 시간 안배를 어떻게 해야 할지 좀 더 깊이 있게 고민할 수밖에 없을 것이라 판단된다.

수식에 의존하는 문제 풀이보다 학생들의 활발한 의사소통을 통해 사고의 과정이 드러나도록 수업을 하는 것이 효과적이라 하면서 교과서 구성은 그렇게 되어 있지 못한 점

수식에 의존하는 문제 풀이보다 학생들의 활발한 의사소통을 통해 사고의 과정이 드러나도록 수업을 하는 것이 효과적이라고 한다면 교과서 구성 또한 그렇게 구성되어야 마땅하다. 그렇게 교과서 구성이 되려면 내용 및 구성의 중심이 비례식 상황, 비례(식)의 의미, 비례배분 상황 및 비례배분의 의미 등에 맞추어

---

3 아이들이 자신들의 방을 꾸미기 위해 설계도면을 그리는 것까지는 이해가 되지만 그것에 비례식을 이용하여 직접 사물의 크기까지 잰 후 축소된 비율로 그림을 그리기까지 한다는 것, 요리에서 양파에 들어 있는 섬유소 비율이 요리 방법에 따라 어떻게 변하는지 아이들에게 설명해 주는 요리사나 그것을 듣고 간단한 자연수의 비로 나타내면 좋겠다고 생각하는 아이, 염전을 보고 "저 많은 소금을 얻으려면 얼마나 많은 바닷물이 필요할까?" 하는 질문에 "비례식을 이용하여 계산해 보면 되지." 라고 답하는 아이, 바닷가에서 조개를 캔 후 이를 나누어 갖기 위해 일정한 비를 정하고 그렇게 나누어 갖는다는 상황 등 이 모든 것들이 전혀 현실적이지 못하고 교재 구성을 위해 억지로 꾸며 냈다는 생각이 든다.

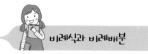

져야 마땅하다고 할 수 있다. 그래야만 아이들이 비례식 또는 비례배분 상황을 접한 후 서로의 생각을 공유하면서 자연스럽게 의미를 깨닫게 될 것이고, 이것을 바탕으로 문제를 해결해 나간다면 문제 풀이식의 활동이 갖는 수학 수업의 한계는 자연스럽게 극복될 것이라 판단된다.

간단한 자연수의 비로 나타내는 데 있어서의 아쉬움

교과서 구성을 보면 간단한 자연수의 비로 나타내는 데 있어서 분수의 경우 또다시 기계적인 연산 활동으로 빠져들게 할 가능성이 높게 되어 있다는 점에서 아쉬움이 남는다. 결국 최소공배수를 구해서 전항과 후항에 각각 곱하면 자연수로 바뀐다는 것인데 그런 식으로는 비례식이 갖는 정확한 의미가 훼손되어 이 단원 학습이 갖는 본연의 목적은 사라지고 문제 풀이를 위한 방법 찾기가 그 자리를 대신하게 될 것이다. 수학이란 문제 풀이 방법을 배워 문제의 답을 구하면 되는 교과목이 아니라 수학적으로 사고하고 문제를 해결하는 능력을 향상시켜 나가는 것이라 할 수 있다. 이에 중점을 둔다면 이런 식의 교과서 내용을 보완할 수 있는 대안 마련이 꼭 필요할 것이라 판단된다.

비례 관계에 대한 명확한 이해를 돕지 못하는 내용 구성

교과서 내용 구성은 그냥 단순히 어떤 수를 곱하거나 나누면 같은 비가 구성된다는 점, 내항의 곱과 외항의 곱은 같다는 점을 이용하여 문제를 풀이하는 것에 초점이 맞추어져 있다는 생각이 든다. 이럴 경우 비례식, 비례배분도 결국은 다양한 수 연산 활동 사례 중 하나일 뿐 그 이상도 이하도 아닌 상황으로 전락하게 된다. 이런 식으로 이 단원을 지도하고 문제를 위한 문제를 만들어 제시하고 그에 대한 답을 구하라고 한다면 아이들은 비례식, 비례배분의 진정한 의미를 깨닫지 못하고 그냥 넘어가게 될 것이라 판단된다. 그런 우려를 낳게 만드는 대표적인 문제가 바로 축척, 소금물, 톱니바퀴, 직사각형 모양 액자 크기, 기계적인 용돈 분배 문제 등이라 할 수 있다. 그래서 아래와 같은 문제가 발생하는 것이다.

모기약을 사러 갔는데 8시간을 켜 놓으면 30일을 가는 모기약이 있다고 하여 24시간을 켜 놓으면 며칠을 가는지 알아보기 위해 아래와 같은 식을 세웠다.

$$8 : 30 = 24 : x$$

그런데 ㅠ.ㅠ !!!!

〈위의 내용은 우연히 인터넷을 검색하다가 어떤 수학 관련 사이트(갤러리)에 게시되어 있는 질문을 그대로 가져온 것이다. 그 사이트를 공개하지 못하는 이유는 이 질문을 남긴 학생의 프라이버시를 존중해 주기 위함이라는 점을 미리 밝혀 둔다.〉

⇨ 이 학생은 자신이 접하게 된 문제가 비례식 관련하여 어떤 상황인지 제대로 인식하지 못한 채 무작정 비례식을 세웠던 것이라 판단된다. 이런 사례가 바로 기계적으로 문제 풀이를 위해 비례식, 비례배분을 공부한 폐단이라 할 수 있다. 사실 이 문제는 이후에 학습하게 될 정비례, 반비례 중 반비례 상황이라할 수 있다. 모기약 사용 시간은 늘어나지만 모기약을 사용할 수 있는 날은 줄어든다는 것을 이 학생은이해하지 못하고 있었던 것이다. 모기약 사용 시간은 8시간에서 24시간으로 3배 늘어나면 모기약 사용기간은 30일에서 3배 줄어들게 되니까 10일 동안만 사용이 가능하게 된다는 단순한 결과를 제대로 해결하지 못하였던 것이다. 이것이 공식, 기계식 문제 풀이만 접한 학생과 실제 개념 및 원리 이해를 바탕으로 수학적 사고력을 높이기 위해 수학 공부를 한 학생과의 차이점이라고 말할 수 있을 것이다.(상황에 대한 이해만 충분히 하였다면 굳이 비례식, 정비례, 반비례 등의 상황과 연결 짓지 않아도 해결할 수 있는문제라 할 수 있다.)

상황

오른쪽과 같은 톱니바퀴가 있는데 큰 톱니바퀴가 1바퀴를 회전하는 동안 작은 톱니바퀴가 3바퀴를 회전한다면, 작은 톱니바퀴가 45바퀴를 회전하는 동안 큰 톱니바퀴는 몇 바퀴를 회전하게 될까요?

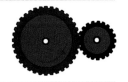

⇨ 이 문제에서 중요한 것은 1:3 = □ :45라는 식을 세우고 □ = 15라는 답을 구할 줄 아는 것이 아니라 두 바퀴 사이의 관계 속에서 변하지 않는 것이 무엇인지를 깨닫고 이해하는 것이 더 중요하다고 할 수 있다. 그것을 잘 이해한다면 굳이 비례식의 성질(내항의 곱은 외항의 곱과 같다)을 이용하지 않고 비의 성질만 이용해서도 문제를 해결할 수 있다. 결국 비의 성질, 비례식의 성질보다 더 중요한 것은 비와비율, 비례(식)에 대한 명확한 의미 이해라 말할 수 있다.

이런 문제점을 극복하기 위한 발문의 중요성이 매우 크게 부각되는 단원이라는 점을 잊지 말고 차시배분 및 내용 구성, 핵심 발문 개발에 신경을 써 달라고 부탁하고 싶다.

02 단원 재구성을 위한 방안

우선 백과사전에는 비례식을 어떻게 소개하고 있는지 살펴보았다. 아래 내용은 온라인 백과사전인 '다음백과사전'에 있는 내용을 그대로 옮겨 와 제시해 본 것이다.

똑딱똑딱 시계 속 작은 세상에는 크기가 각각 다른 2개의 톱니바퀴가 맞물려 돌아가요. 하나가 돌면 다른 톱니바퀴도 덩달아 돌아가지요. 만약 큰 톱니바퀴가 1바퀴를 도는 동안 작은 톱니바퀴가 3바퀴를 돈다면, 작은 톱니바퀴가 45바퀴를 도는 동안 큰 톱니바퀴는 몇 바퀴를 돌게 될까요?

'비례'라는 것을 이용하면 일일이 세지 않고도 간단히 구할 수 있어요. 그렇다면 비례와 비례식이 무엇인지 알아볼까요?

큰 톱니바퀴의 회전 수(바퀴)	1	2	3	…	?	…
작은 톱니바퀴의 회전 수(바퀴)	3	6	9	…	45	…

표를 살펴보면 큰 톱니바퀴가 2배, 3배…만큼 돌면 작은 톱니바퀴도 2배, 3배…만큼 돈다는 것을 알 수 있어요. 이와 같이 2개의 양 가운데 한쪽이 2배, 3배…가 되면 다른 한쪽도 2배, 3배…가 될 때 이 두 양은 '정비례한다.'라고 말해요. 보통 비례라고 하면 이와 같은 정비례를 뜻하고 이 비례관계를 식으로 나타낸 것을 비례식이라고 하지요.

어느 날 고대 이집트의 왕이었던 아모세 1세는 신하들을 데리고 피라미드를 구경하러 갔어요. 피라미드를 바라보던 왕은 갑자기 피라미드의 높이가 궁금해졌지요.

"누가 저 피라미드의 높이를 한번 재 보거라."

왕의 말을 들은 신하들은 전부 꿀 먹은 벙어리처럼 아무 말도 하지 못한 채 어쩔 줄 몰라 했어요. 그때 이집트를 여행 중이던 고대 그리스의 철학자이자 수학자인 탈레스가 피라미드의 높이를 잴 수 있다면서 선뜻 나섰어요. 탈레스는 태양 광선이 평행하게 들어온다는 사실을 바탕으로 막대기 하나로 거대한 피라미드의 높이를 계산했답니다. 아래의 그림처럼 피라미드의 그림자와 막대의 길이, 그리고 막대 그림자의 길이를 재어 피라미드의 높이를 구하는 비례식을 만들었던 것이지요.

피라미드의 높이를 구하는 비례식

탈레스가 막대와 막대의 그림자를 이용하여 계산한 피라미드의 높이는 144.6미터였어요. 이것은 현대의 계산법으로 계산한 146.6미터와 단 2미터밖에 차이가 나지 않을 정도로 꽤 정확한 수치라고 할 수 있지요. 거대한 피라미드의 높이를 고작 막대기 하나로 구하다니 놀랍지 않나요? 마치 마술을 부린 것처럼 말이

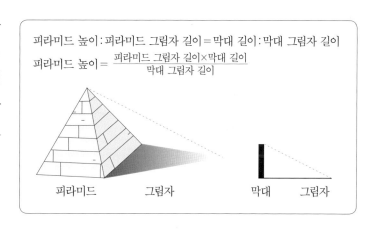

피라미드 높이 : 피라미드 그림자 길이 = 막대 길이 : 막대 그림자 길이

$$피라미드\ 높이 = \frac{피라미드\ 그림자\ 길이 \times 막대\ 길이}{막대\ 그림자\ 길이}$$

피라미드   그림자   막대   그림자

에요. 그 마술이 바로 '닮음과 비례'라는 단순한 수학적 원리랍니다. 이처럼 수학을 이용하면, 실생활의 여러 문제에 대한 해답을 쉽게 구할 수 있지요. 이런 것이야말로 수학의 참된 매력이라 할 수 있지 않을까요?

모든 생명체는 몸을 최적의 상태로 유지하려 하는 성질을 갖고 있어요. 우리 몸의 건강을 유지하기 위한 일정한 비율과 성질의 예로는 상반신과 하반신, 키와 양팔의 길이 등을 들 수 있어요. 이 비율이 대략 1:1.168인데, 이것을 우리는 '황금비율'이라고 부르지요. 황금비율은 고대 그리스 시대부터 가장 안정적이고 아름다운 느낌을 주는 비율로 인식이 되어왔답니다. 황금비율로 가장 유명한 그림은 레오나르도 다 빈치의 '인체 비례도'예요. 인체 비율의 아름다움이 느껴지나요?

백과사전에서도 비례식에 대한 설명을 매우 간략히 소개해놓고 비의 성질, 비례식의 성질을 이용한 문제 해결에 중점을 두어 설명하고 있음을 발견하게 된다. 나는 이런 방식의 비례식 학습보다 더 근본적인 물음으로 파고들어 가 비례식에 대한 이해를 돕는 것에서부터 학습을 시작해야 한다고 주장하는 바이다. 지금부터 그런 과정으로 빠져 들어가 보도록 하겠다.

본 단원에서 가장 중요한 점을 질문 형식으로 제시해 보면 다음과 같다.

1 비례란 무엇인가?

2 비례 관련 상황(비례관계[4]에 있는 상황)이란 대체 어떤 상황이란 말인가?

3 비례식이란 무엇인가?(비례식의 의미는 무엇?)

위의 세 가지를 이해하고 설명할 수 있다면 본 단원 목표는 달성한 것이라고 나는 판단하였다. 교과서 실제 활동을 위해 구성된 1차시에는 전항, 후항, 내항, 외항이라는 명칭을 알고 등호를 이용하여 비율이 같은 2개의 비를 연속으로 나타낸 것이라 비례식을 설명하고 있다. 이렇게 해서는 아이들이 비례란 무엇이고 비례식이란 무엇인지 확실하게 이해할 수 없다는 것이 나의 생각이다. 아무리 1학기에서 비와 비율을 공부했다고는 하지만 단순히 비율이 같은 2개의 비를 등식으로 연결한 것이 비례식이라는 식으로 지도해서는 안 되는 이유가 분명히 있다. 이를 위해 비례의 의미부터 차근차근 살펴보도록 하자.

---

4 비례관계를 이해하고 이들 관계를 다루는 것을 비례적 추론이라고 한다면 이 단원 학습 내용은 단연코 초등학교 수학 교육 내용의 '정점'에 있다고 말하고 싶다. 왜냐하면 비례적 추론은 상황에 따라 고등 수준의 사고를 요구하며 많은 대수(대수는 자연수, 소수, 공약수 등 수학의 기본인 수의 특성과 분류를 배우는 수학의 한 분야이다.) 관련 주제와 직접 연결되기 때문이기도 하다.

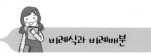

비례란, 비례식이란 무엇인가?

> 2개의 비 사이에 [서로 같음＝비의 값이 서로 같음＝같은 비]관계가 유지된다는 것을 의미한다.
> [2개 이상의 비가 같은지(동치)를 표현하는 식]

우리는 비례와 관련하여 대표적인 상황으로 흔히 속도를 예로 들 수 있다.

상황

A자동차는 2시간 동안 160km를 이동한다. A자동차와 같은 속도로 B자동차가 4시간 동안 이동했다면 몇 km를 이동하였겠는가?

A자동차의 비를 거리(km)：시간으로 나타내면 160：2가 되고, B자동차의 비를 똑같은 관계로 나타내면 □：4가 된다. 그런데 두 자동차의 속도가 같다는 것은 2개의 비 사이에 상등관계(서로 비의 값이 같음＝같은 비)가 존재한다는 것을 의미하는 것이므로 2개의 비를 아래와 같이 등식으로 연결할 수 있게 된다.

$$160 : 2 = \square : 4 \Rightarrow \text{이것이 비례식}$$

내항

외항

위와 같이 비례식을 만들어 놓고 비례식의 성질(내항의 곱은 외항의 곱과 같다)을 이용하여 문제를 해결하면 □＝320이라는 값을 구할 수 있게 된다.

그러나 2개의 비 사이에 [서로 같음＝비의 값이 서로 같음＝같은 비]관계가 유지된다는 것에 착안하여 문제를 해결한다면 아래와 같이 해결할 수도 있다.

$$\text{속력} = \frac{\text{거리}}{\text{시간}} \Rightarrow \frac{160}{2} \text{(A자동차)} = \frac{\square}{4} \text{(B자동차)}$$

2배

2배

※ 두 자동차의 속력이 같다면 두 자동차의 비의 값은 서로 같다.

위와 같이 비율의 개념으로 두 자동차의 속력이 같다는 것을 정리해 보면 비의 값이 같다는 점을 이용하여 약분 또는 통분 개념으로 문제를 해결할 수 있다. 이것이 바로 비의 성질(비의 전항과 후항에 0이 아닌 같은 수를 곱하거나 나누어도 비율은 같다)을 이용하여 똑같은 문제를 해결한 사례라 할 수 있다.

그러나 여기에서도 분명히 고민해야 할 점이 한 가지 있다.

위와 같이 문제를 해결하였다(답을 구하였다)고 하여 비례의 의미(비례관계)를 이해하였다고 말할 수 있는 것인가?

위의 상황을 통해 비례의 의미(비례관계)를 이해하였다고 말할 수 있으려면 이렇게 A, B 두 자동차의 상황에 대하여 설명할 수 있어야 한다.

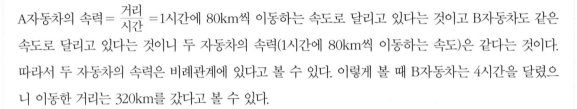

A, B 두 자동차의 상황 설명

A자동차의 속력 = $\frac{거리}{시간}$ = 1시간에 80km씩 이동하는 속도로 달리고 있다는 것이고 B자동차도 같은 속도로 달리고 있다는 것이니 두 자동차의 속력(1시간에 80km씩 이동하는 속도)은 같다는 것이다. 따라서 두 자동차의 속력은 비례관계에 있다고 볼 수 있다. 이렇게 볼 때 B자동차는 4시간을 달렸으니 이동한 거리는 320km를 갔다고 볼 수 있다.

- 이 상황에서 중요하게 다루어야 할 핵심 사항: 단원의 도입 단계에서 2개의 요소(여기에서는 시간과 거리)가 변함에도 불구하고 절대로 변하지 않는 사실이 있다는 점(두 자동차는 모두 1시간에 80km씩 이동한다는 점), 어떤 상황이 주어져도 이런 점들을 정확히 파악해 낼 수 있도록 하는 데 좀 더 많은 시간을 할애할 필요성이 매우 커짐.
- 그러나 현재 교과서 구성은 이런 점들을 제대로 인지하거나 반영시키지 못하고 문제 풀이 방법에 따라 결괏값을 구하는 데만 치중하였다는 비판을 면할 수 없도록 되어 있다는 점에서 문제의 식을 가지고 '재구성'이라는 카드를 꺼내 들 수밖에 없었던 것이다.

주어진 문제 상황에 숫자를 뽑아 등식을 세우고 문제에서 요구하는 답을 찾았다고 하여 비례의 개념, 의미를 이해하였다고 볼 수는 없는 일이다. '문제를 풀 줄 안다.'와 '이해하였다. 설명할 줄 안다.'는 것은 분명히 수준과 차원이 다른 상황이라는 것을 우리는 반드시 유념해야 한다.[5]

---

5 'A자동차는 2시간 동안 160km를 이동한다. 같은 속도로 B자동차는 4시간 동안 320km를 이동한다. 두 자동차 중 어떤 자동차가 더 빠른가?'라고 질문이 제시되었을 때 생각보다 많은 아이들이 대답을 제대로 하지 못하거나 정확히 설명하지 못하거나 심지어 B자동차가 더 빠르다고 말하는 아이들도 있다. 그 이유는 비와 비율에 대한 이해가 부족하고 '같은 속도'라는 조건에 주어졌음에도 불구하고 제시된 상황을 (1) 수식의 계산이 필요한 경우로 인식하였거나, (2) 단순히 수의 크기 비교가 필요한 상황으로 인식하였거나, (3) 비의 개념을 바탕으로 두 대상(속도=시간과 거리 간의 관계를 비율로 나타낸 것)을 동시에 다루지 못하였을 가능성(하나의 대상, 여기에서는 오직 거리만 생각)이 높다.

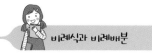

비례관계의 이해를 위한 필수 조건

비례관계를 정확히 이해하기 위해서는 아래와 같은 조건들이 꼭 선행되어야 한다.

제1조건	○ → 주어진 상황 속에서 비의 값을 정확히 파악하고 이해하여야 한다.
제2조건	○ → 비의 값이 의미하는 것에 대한 이해가 반드시 필요하다.
제3조건	○ → 비례식에 들어 있는 등호(=)에 대한 이해가 반드시 필요하다.

두 요소 간의 단위가 서로 다른 경우	〈예 1〉 속력 : 시간과 거리 A자동차는 2시간 동안 160km를 이동한다. A자동차와 같은 속도로 B자동차는 4시간 동안 320km를 이동한다. **등식(비례식) 160 : 2 = 320 : 4의 의미** A자동차 비의 값 $= \dfrac{거리}{시간} = \dfrac{160}{2}$ B자동차 비의 값 $= \dfrac{거리}{시간} = \dfrac{320}{4}$ → 어떤 상황이 주어져도 절대로 변치 않는 사실 하나는 80km/시간!!! ⇨ 등호(=) 개념의 이해
두 요소 간의 단위가 서로 같은 경우	〈예 2〉 맛 : 재료의 계량 단위 - 술(계량 수저로 1번) 치킨 무를 만들 때 1인분에는 식초 4술에 설탕 2술이 들어간다. 3인분에는 식초 12술, 설탕 6술이 들어간다. **등식(비례식) 4 : 2 = 12 : 6의 의미** 1인분 비의 값 $= \dfrac{식초}{설탕} = \dfrac{4}{2}$ 3인분 비의 값 $= \dfrac{식초}{설탕} = \dfrac{12}{6}$ → 어떤 상황이 주어져도 절대로 변치 않는 사실 하나는 맛!!!(식초는 같은 단위로 양을 계산할 때 설탕의 2배를 넣어야 같은 맛이 변함없이 유지된다.) ⇨ 등호(=) 개념의 이해
비의 값에서 나눗셈의 몫이 의미하는 것 알기	비의 값에서 $\dfrac{320}{4} = 320 \div 4 = 80 \left(= \dfrac{80(\text{km})}{1\text{시간}} \right)$ 이라는 몫이 의미하는 것은 제수(분모의 값)가 1일 때 피제수(분자의 값)를 말하는 것이라 할 수 있다.(1시간에 80km 속도로 이동한다.)

결론은 이렇다. 'A자동차는 2시간 동안 160km를 이동한다. A자동차와 같은 속도로 B자동차가 4시간 동안 이동했다면 몇 km를 이동하였겠는가?'와 같은 상황에서 320km라는 값을 얻었다고 하여 비례 개념을 이해하였다고 볼 수는 없다는 사실을 이해하고, 1학기에 공부했던 비와 비율에 대한 개념을 바탕으로 비례(식)와 어떻게 연결 짓기를 할 것인가, 이를 위해 어떤 내용과 그에 맞는 핵심 발문을 개발하여 아이들에게 제시할 것인가, 이를 통해 비례식과 관련된 아이들의 사고력을 향상시키는 데 어떻게 도움을 줄 것인가에 대한 계획을 세밀하게 수립하여 교과서 내용의 재구성 및 수업 디자인에 반영시켜야 한다.

비례관계에 대한 최종 정리

1. 두 대상(요소)을 하나의 묶음으로 다룬다. (예 : 시간과 거리, 설탕과 식초)

2. 똑같은 비는 수도 없이 많이 만들어진다. [두 대상(요소) 중 어떤 하나에 어떤 수를 곱하거나 나누면 다른 대상(요소)도 똑같은 작업이 이루어져야 함을 의미]

3. 단순한 수 연산에 의한 결괏값을 구하면 된다는 것을 의미하는 것이 아니라 그 결괏값이 의미하는 것이 무엇인가를 밝혀내는 일이 제일 중요한 핵심이다. (절대로 변하지 않는 관계가 존재한다는 것, 그 관계가 무엇인지를 밝혀내는 것이 핵심 : 맛, 속력 등)

비례배분에 대한 개념 및 비례배분이 필요한 상황에 대한 이해

> 비례배분에 대한 사전적 정의 : 전체를 주어진 비로 배분하는 것
>
> 比(견줄 비), 例(법식 례), 配(나눌 배), 分(나눌 분)
>
> ⇨ 법식에 견주에 나누어 갖는다는 의미
>
> ⇨ 여기에서 말하는 법식이란 결국 주어진 비를 가리킴

예를 들어 비례배분을 설명하면 다음과 같다.

사탕 10개가 있는데 이를 철수와 영희가 3 : 2의 비로 배분(분배 = 나누어 줌)한다고 할 때 여기에는 이런 의미가 들어 있는 것이라 말할 수 있다.

철수와 영희가 사탕을 각각 3개, 2개씩 번갈아 가며 없어질 때까지 가져가면 철수(3개 1회), 영희(2개 1회), 철수(3개 2회), 영희(2개 2회)와 같이 가져가게 되어 결국 철수는 6개의 사탕을, 영희는 4개의 사탕을 가져가게 된다. 이렇게 주어진 비에 따라 나누어 갖는 것을 우리는 비례배분이라고 한다.

그렇다면 우리는 왜 비례배분을 하게 될까? 그 이유는 아래와 같다.

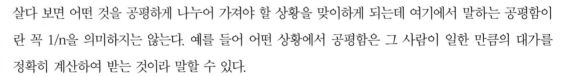

비례배분이 필요한 상황

살다 보면 어떤 것을 공평하게 나누어 가져야 할 상황을 맞이하게 되는데 여기에서 말하는 공평함이란 꼭 1/n을 의미하지는 않는다. 예를 들어 어떤 상황에서 공평함은 그 사람이 일한 만큼의 대가를 정확히 계산하여 받는 것이라 말할 수 있다.

두 사람이 함께 일을 하여 100만큼의 이익을 얻었는데 한 사람은 60만큼의 기여를 하였고 다른 한 사람은 40만큼의 기여를 하였다면 당연히 두 사람은 6 : 4의 비에 따라 이익을 배분하여야 함이 마땅하다. 그에 따라 각각 60, 40만큼을 가져가야만 공평하다고 할 수 있다.

이와 같이 전체를 주어진 비로 배분하는 것을 우리는 비례배분이라고 말한다.

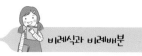

비례배분은 주어진 상황에 대하여 비가 갖는 의미, 이때 비 1에 해당되는 양이 얼마인지를 정확히 이해하는 것이 선행되어야 한다.

상황

사탕 100개를 A, B 두 사람이 각각 2(A) : 3(B)의 비로 비례배분하기

전체 양 = ★, 항 A = ●, 항 B = ■, 전체 양 ★를 ● : ■로 비례배분하게 되면

A에게 배분되는 양 = ★ × $\dfrac{●}{●+■}$, B에게 배분되는 양 = ★ × $\dfrac{■}{●+■}$

A = $100 \times \dfrac{2}{2+3} = 40$개, B = $100 \times \dfrac{3}{2+3} = 60$개

　교과서는 위와 같이 해결하도록 안내하고 있다. 하지만 이렇게 공식을 기억해서 해결하는 것보다 아래와 같이 비례배분에 대한 이해를 바탕으로 수학적 사고를 통해 문제를 해결하는 것이 훨씬 더 바람직하다고 판단된다.

비례배분에 대한 이해를 바탕으로 수학적 사고를 통해 문제를 해결한 사례

사탕 100개(총량)	A의 몫 = 2덩어리	사탕 100개를 모두 5덩어리로 나누어야 두 사람에게 주어진 비만큼 나누어 줄 수 있다는 것을 의미한다.
	B의 몫 = 3덩어리	
주어진 비의 각 항을 합한 값	주어진 대상의 총량이 모두 몇 덩어리로 되어 있는지를 의미한다.	
주어진 비의 각 항	주어진 대상의 총 덩어리 수가 각각 몇 덩어리씩 분할되었는지 의미한다.	

사탕 100개 ⇨ 각각 20개씩 5덩어리로 묶여 있음을 의미(주어진 비의 각 항을 합한 값은 5이므로 1덩어리의 값은 사탕 20개). 그중 A는 2덩어리×20개=총 40개, B는 3덩어리×20개 = 총 60개를 가져가게 된다.

이를 응용하면 이런 식의 수학적 사고가 가능해진다.

[질문 사례] 사탕이 모두 몇 개인지 알 수는 없지만 A와 B가 2 : 3으로 나누어 가졌다. 그런데 B는 사탕 60개를 가졌다. 그렇다면 A는 사탕을 몇 개 가졌을 것이며 사탕은 모두 몇 개인가?

⇨ B가 가진 60개 사탕은 비 3만큼에 해당된다. 따라 비 1만큼에 해당되는 사탕은 20개가 된다. 따라서 A는 사탕을 비 2만큼, 즉 40개 가졌다고 할 수 있으며 사탕의 총 개수는 $40+60=100$개가 된다.

⇨ 공식에 대입하여 $\square \times \dfrac{3}{2+3} = 60$으로 해결하려 한다면 더 어려워질 수 있다.

　이와 같이 비례배분을 이해한다면 교과서에 제시된 것처럼 굳이 공식화하여 기억할 필요가 없게 된다. 위와 같은 이해 없이 그냥 공식만 외워서 문제를 해결하려고 한다면 비례배분에 대한 정확한 이해는 불가능해진다.

차시	재구성 이후	수업의 목적
1	1학기 비와 비율 복습 및 비례의 의미 알기	1학기 비와 비율 학습 내용 복습 및 비례의 의미 이해하기
2	비례 상황과 비례관계 ➡ 비례식 알기	비례 상황이란 무엇이고, 주어진 비례관계에서 절대로 변하지 않는 것이 무엇인지 이해하기
3		비례식 이해하기(비례식과 항에 대한 이해)
4~5	비의 성질과 비례식의 성질	비의 성질과 비례식의 성질 이해하기(변하지 않는 비율 값의 의미 이해), 이를 활용한 문제 해결하기
6~7	비례식 미션 과제 해결	비례식 관련 미션 과제 해결하기
8~9	비례배분 알기	비례배분, 비례배분이 필요한 상황을 이해하고 주어진 비에 따라 비례배분하기
10	비례배분 미션 과제 해결	비례배분 관련 미션 과제 해결하기
11	단원 정리(문제 풀기) - 평가	단원 평가

위와 같이 크게 두 부분으로 나누어 재구성한 이유는 다음과 같다.

첫째, 처음 1시간은 스토리텔링 수학 대신에 1학기에 공부했던 비와 비율을 다시 한 번 복습하는 차원에서 전체적으로 짚어 보고 이를 바탕으로 비례의 의미를 살펴보는 시간으로 디자인해 보았다. 이후 비례 상황 및 그 속에서 비례관계는 무엇을 의미하는지, 여기에서 절대로 변하지 않는 것이 무엇인지 이해하는 활동을 통해 비례식을 본격적으로 알아 가기 위한 토대를 쌓도록 하였다. 최종 단계로 비례식, 비의 성질과 비례식의 성질을 학습한 후 비례식 관련 문제 해결 활동을 제시하여 비례식에 대한 개념 이해를 완성할 수 있도록 디자인해 보고자 하였다.

둘째, 비례식에 대한 개념 이해를 바탕으로 이를 응용한 비례배분, 비례배분이 필요한 상황 이해, 주어진 비에 따라 비례배분하기를 이해할 수 있는 과정으로 교과서 내용을 재구성해 보았다. 최종 단계에는 비례배분 관련 미션 과제를 제시하여 비례배분에 대한 개념 이해를 완성할 수 있도록 하였다.

셋째, 전반적인 활동은 역시 모둠 중심의 협동적·수학적 의사소통 과정이 수반될 것이다. 아이들은 하나하나 탐구해 나가는 과정에서 다양한 전략을 세워 스스로의 힘으로 문제를 해결할 수 있는 힘, 수학적 사고력을 길러 나갈 수 있을 것이며 수학을 공부하는 즐거움, 원리를 발견해 내는 기쁨을 느끼게 될 것으로 예상된다.

넷째, 의미 있는 단원 학습 활동을 위해 협동적 문제 해결, 다양한 전략 세우기, 효과적인 의사소통이 이루어질 수 있는 발문, 협동적 문제 해결을 위한 미션활동 등을 개발하고자 최선을 다하였다.

🌱 1차시 1학기 비와 비율 복습 및 비례의 의미 알기

수업 흐름	교사의 발문
도입	**1학기에 공부했던 비의 개념 점검** (1) 2개의 대상을 동시에 다루면서 두 양 사이의 관계를 비교하여 나타낸 것 (사례) 가루로 된 오렌지 주스 겉면에 있는 내용 설명을 보니 가장 적당한 맛을 내기 위한 비는 1인분에 〈오렌지 가루 : 물 = 가루 5스푼 : 물 1컵〉: 이를 비로 나타내면 5 : 1(물의 양을 기준) 또는 1 : 5(오렌지 가루의 양을 기준) (2) 2개의 대상을 하나의 묶음으로 동시에 다룬다. (3) 배(곱)의 의미가 들어 있다. (사례) 1인분에 물 : 오렌지 가루 = 1 : 5일 때 5인분은? ⇨ '1 : 5'가 1인분일 때 이 묶음이 5개 있는 것이므로 5(물 1의 5배) : 25(가루 5의 5배)
전개	**비례의 의미 이해하기** (비례의 정의) 2개의 비 사이에 '비의 값이 서로 같음' 관계가 유지된다는 것을 말한다. ⇨ 앞의 오렌지 주스 사례를 이용하여 2개의 비 사이에 '비의 값(비율)이 서로 같다'는 것을 확인함으로써 2개의 비 사이에 비례관계가 있음을 이해할 수 있도록 돕기 ⇨ (핵심 질문) 위의 표에 본 바와 같이 각각의 비에서 변한 것은 무엇이고 절대로 변하지 않는 것은 무엇인가? (2개의 대상의 양은 변했지만 오렌지 주스의 맛은 절대로 변함이 없다.) **발문 1** 아래에 나타난 철수의 주장은 옳은가? 아니라면 그렇게 생각하는 이유는 무엇인가? ⇨ 모두 일어서서 나누기(협동학습) 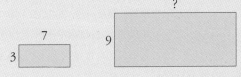 왼쪽 그림에서 오른쪽의 도형은 왼쪽의 작은 도형을 확대 복사한 것이다. 이때 큰 도형의 가로의 길이는 얼마인가? (철수 의견) 큰 도형 가로의 길이는 13이다. 3 + 6 = 9가 되므로 세로의 길이가 6이 커졌다는 것을 알 수 있다. 이에 따라 가로의 길이도 6이 커지면 7 + 6 = 13이 되기 때문이다. **답** 비의 개념에는 '곱 = 배'의 의미가 들어 있다. 그런데 철수는 위의 상황에서 '곱 = 배'의 상황으로 생각하지 못하였다. '곱 = 배'의 상황으로 생각한다면 세로가 3의 3배로 확대되었으므로 가로도 7의 3배로 확대되어야 한다. 따라서 가로는 7×3 = 21이 되어야 한다. ⇨ 확대 복사하였다는 것의 의미는 대응변이 서로 같은 비의 값을 갖는다는 것.

물 및 오렌지 가루 표:

		각각의 비는 하나의 묶음이 된다.		
	1인분	2인분	3인분	…
물	1	2	3	…
오렌지 가루	5	10	?(15)	…

발문 2 위의 상황에서 2개의 비는 무엇과 무엇인가?

[답] 3:7, 9:(?) ⇨ (?)=21

정리   ⇨ 2개의 비의 값이 서로 같은지 확인하기: $\frac{3}{7} = \frac{9}{21}$ (크기가 같은 분수임을 이미 공부한 바 있음)

⇨ 위와 같이 2개의 비의 값이 같은 상황을 '비례'라고 말한다. 또한 2개의 비는 '비례관계'에 있다고 말한다.

1차시 수업 소감

1시간 동안 1학기에 공부했던 비의 개념을 다시 한 번 짚어 보고 비례의 정의를 이해하는 시간을 가졌다. 시간이 꽤 흘러서 다 잊었다고 생각했지만 하나씩 다시 기억에서 불러내 정리해 나가다 보니 아이들은 완전히 잊은 것이 아니라는 것을 스스로 깨달았다. 한 가지 사례로 오렌지 가루와 물을 섞어 주스를 만드는 사례를 통해 비에 대한 이해를 도왔다. 그랬더니

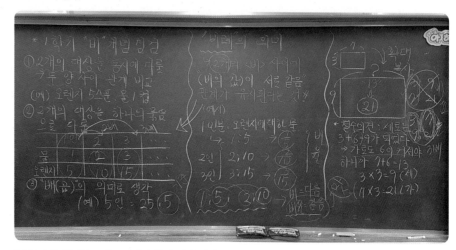

1차시 수업 활동이 그대로 나타난 칠판 판서 사례

한 명의 아이가 "아, 그거 1학기에 공부했던 기억이 나요."라고 한마디 보탰다.

그렇게 약 10분 정도의 시간 동안 비의 개념을 다시 한 번 점검해 본 뒤 비례의 정의를 이해하는 활동으로 들어갔다.

일단 비례의 정의를 먼저 칠판에 제시하였다. 그리고 그 문맥 속에 담긴 뜻을 이해하기 위한 활동에 들어갔다. 1차적으로 비례의 이해를 위해서는 2개의 비가 있어야 한다는 점, 그리고 그 2개의 비는 비의 값(비율)이 서로 같음을 이해하여야 한다는 점을 짚고 넘어갔다. 그 예시로 앞에서 다루었던 오렌지 주스 관련 사례를 다시 끌어들였다. 칠판 판서 내용과 같이 표에서 알아본 각각의 상황을 비로 표현하고 비의 값도 알아보는 과정에서 비의 값(비율)이 서로 같다는 것을 확인하였다. 여기에서 중요한 질문을 던졌다.

"각각의 비에서 변한 것은 무엇이고 절대로 변하지 않는 것은 무엇인가?"

모둠 질문으로 던지고 서로 생각을 나누어 보라고 할 수도

있었지만 전체 질문으로 던지고 아이들에서 나온 생각들을 서로 연결 지어 주면서 정답에 도달해 나갈 것으로 예상하고 진행해 나갔다. 몇 명의 아이들이 자기 나름의 생각을 이야기해 주었다. 대체로 이런 생각이었다.

"숫자는 변했지만 비율은 변하지 않았습니다."

그래서 추가 질문을 던졌다.

"숫자가 변했다는 것은 무슨 의미이고 비율이 변하지 않았다는 것은 어떤 의미일까를 정확히 짚어 주어야 한다."

이런 나의 추가 질문에 한 명이 조심스럽게 손을 들어 생각을 말하였다.

"숫자가 변했다는 것은 주스의 양이 변했다는 것이고 비율이 변하지 않았다는 것은 맛이 다르지 않다는 것을 말합니다."

"아주 정확히 짚어 주었다. 1인분, 2인분, 3인분일 때 주스 가루 및 물의 양은 모두 변하였다. 그러나 1인분일 때, 2인분일 때, 3인분일 때 주스의 맛은 모두 동일하다는 것이다. 왜냐하면 비율이 같기 때문이지."

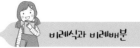

모두 일어서서 나누기 활동 장면

그렇게 함께 정리해 보면서 아이들은 '2개의 비의 값(비율)이 같다'는 것이 어떤 의미인지 조금은 이해할 수 있게 되었다는 표정을 지어 보였고 몇 명은 "아, 이제야 알겠다."라고 말하기도 하였다. 이어서 마지막 발문으로 넘어갔다. 직사각형을 확대 복사하였을 때 가로의 길이가 얼마인지 묻는 질문과 함께 철수의 생각을 제시하고 그것이 맞는 것인지 질문을 던졌다. 이 질문은 모둠 질문으로 놓고 모두 일어서서 나누기 활동을 해 보았다.

질문을 보고 이해하면서 가로의 길이가 21이니까 철수의 생각이 잘못되었다는 것까지는 쉽게 알겠는데 왜 철수의 생각이 잘못되었는지를 조리 있게 설명하는 데 있어서는 어려움이 있음을 호소하였다. 이를 미리 예상하여 모둠 질문으로 던졌던 것이다. 나름대로 한참 동안 모둠원들과 생각을 교환한 뒤에 대부분 모둠이 자리에 앉았다. 그래서 무작위로 1명을 지목하여 설명해 보게 하였다. 가장 먼저 지목된 아동은 우리 반에서 수학을 조금 힘들어하는 아이였다. 그런데 모둠원들과 생각을 공유하면서 자신의 것으로 잘 받아들였는지 철수의 생각에서 잘못된 부분이 무엇인지 정확히 짚었고 잘못된 부분을 바로잡았다.

"확대 복사를 하였고 비는 배의 뜻이 있는 것이어서 세로가 3에서 9로 바뀌었으니까 6을 더해야 하는 것이 아니라 3배가 된 것으로 봐야 합니다. 세로가 3배 늘어났으니 가로도 7의 3배가 되어야 해요. 그래서 가로의 길이는 21이 됩니다."

그렇게 설명하자 아이들은 "우와, 맞았다."라고 말하면서 박수를 쳐 주었다. 그러자 그 아동은 친구들의 칭찬에 쑥스러운 표정으로 환한 웃음을 보여 주었다.

여기에서 중요한 질문을 끝으로 하나 더 추가로 던졌다.

"이 도형 질문에서 비례와 관련하여 2개의 비를 말해 보자."

그러자 아이들에게서 아래와 같이 두 가지 의견이 나왔다.

(1) 3 : 9, 7 : 21
(2) 3 : 7, 9 : 21

그리고 위의 두 가지 의견 가운데 어떤 것이 비례를 이해하는 데 있어서 우리가 생각해 봐야 할 것인지 말해 보라고 하였다. 이것도 모둠 질문으로 할까 생각하다가 전체 질문으로 놓았다. 한참을 생각하였지만 아이들에게서 아무 대답도 들을 수 없었다. 그래서 보조 질문을 하였다.

"주어진 도형의 모양은 무엇과 무엇의 길이가 결정하고, 확대하였을 때도 도형의 모양은 변함이 없고 크기만 변하게 될까?"

이 질문 후 또 다시 침묵이 상당 시간 흘렀다. 어느 정도 시간이 흐른 뒤에 한 명의 아동이 자신 있게 손을 들고 발표하였다.

"(2번) 3 : 7, 9 : 21이 맞습니다. 도형의 모양은 가로와 세로 사이의 길이의 비가 결정하니까 '가로 : 세로'의 길이로 비를 만들어야 합니다. 그러니까 첫 번째 비에서 앞의 숫자가 세로면 두 번째 비도 앞의 숫자가 세로가 되어야 하는 것입니다. 그래서 (2번)이 맞는 것입니다."

"이 생각과 다른 의견이 없나?" 하고 질문을 던져 보았다. 몇 명은 "○○이가 설명한 것이 맞아요."라고 말하였고 많은 수의 아이들은 좀 더 이해가 필요하다는 표정을 지어 보였다. 그래서 내가 하는 수 없이 나섰다.

"○○이가 아주 정확히 설명해 주었다. 앞의 오렌지 주스 사례를 통해 다시 이해를 도와주마. 앞에서 비를 말할 때 '오렌지 가루 : 물의 양'으로 했었지. 오렌지 주스의 맛을 결정하는 두 대상은 오렌지 가루의 양과 물의 양이기 때문에 그렇게 비를 만들었던 것이지. 그것과 마찬가지로 직사각형이라는 도형의 모양을 결정하는 2개의 대상은 가로와 세로의 길이라서 비를 말할 때 '가로 : 세로' 또는 '세로 : 가로'로 말해야만 하는 것이지."

그렇게 추가 설명을 하자 이제야 아이들은 "아, 그렇구나." 하고 비로소 제대로 이해하게 되었다는 반응을 보였다. 여기까지 활동이 오늘 설계한 내용이었고 의도한 바와 같이 잘 흘러갔다. 시간은 5분 정도 더 추가되었다. 그 정도 시간은 별로 문제가 되지 않는다고 생각하였다. 오늘 1시간 활동으로 비례 개념은 어느 정도 이해하였다는 생각이 들었다. 다음 시간에는 좀 더 다양한 비례 상황을 제시하면서 비례관계 및 비례식으로 접근해 나가야겠다는 생각이 들었다.

🌱 2~3차시 비례 상황과 비례관계

수업 흐름	교사의 발문
도입	**사례를 통해 비례 상황 및 비례관계, 비례식 이해하기** **비례 상황 1** 10명이 생일파티를 하는데 1.5L 음료수 4병이 필요하다. 그런데 인원이 15명으로 늘어난다면 음료수 몇 병이 필요하겠는가? ⇨ 다양한 방법으로 해결하기(모둠별로 2~3가지 이상의 문제 해결 방법 찾기): 개인 생각 → 모둠원들과 각자 자신이 찾은 해결 방법 공유하기 → 전체와 공유하기 **핵심 발문** 철수는 아래와 같이 해결하였다. 철수의 생각에 대한 여러분의 의견을 말해 보시오. (혼자 생각 → 모둠토론) (1) 10명보다 5명이 늘어나 15명이 되었네. 그러면 콜라도 5병을 늘리면 되겠네. 그러니까 9병이 필요하겠다. (2) 콜라가 사람 수보다 6이 작네. 그러면 15에서 6을 빼면 되겠다. 그래서 9병이 필요하겠다.
전개	대부분의 비례관계에 있는 상황은 아이들이 반드시 비례식의 성질을 이용해서 해결하기보다는 직관적 사고 또는 수학적 사고, 논리적 사고, 연산 능력 등을 통해 해결하도록 하는 것이 훨씬 더 좋다고 말할 수 있다. 예를 들면 아래와 같다. (1) 그림으로 해결해 보기  (2) 표로 해결해 보기 표 아래 위치 (3) 10명에 4병이라는 규칙을 이용하기  10명에 4병이면 20명은 8병이 필요 ⇨ 15명은 10명과 20명의 사이, 그래서 4병과 8병 사이는 6병이 된다. (4) 비례관계를 이용한 표를 작성해 보기 표 아래 위치 (5) 단위 비율을 이용하기

(2) 표로 해결해 보기

인원	5명	⇦ 10명 ⇨	15명
병(수)	2병	4병	6병

(4) 비례관계를 이용한 표를 작성해 보기

사람 수(명)	10	15	① 비의 성질을 이용하여 10:4를 가장 간단한 자연수의 비로 나타내면 5(사람 수):2(음료수) ⇨ 사람이 15명이면 5의 3배, 그러므로 음료수도 3배 하면 6병이 필요
음료수(병)	4	?	

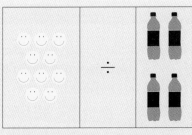 ÷ 10명에 음료수 4병이 필요하니까 10명을 4로 나누면 1병당 먹을 수 있는 인원이 2.5(또는 $2\frac{1}{2}$)명이 된다. 따라서 15명을 위한 음료수는 $15 \div 2.5(2\frac{1}{2}) = 15 \times \frac{2}{5} = 6$병이 필요하다.

비례 상황 2 동네 2개의 마트에서 똑같은 과자를 각각 아래와 같이 판매하고 있었다. 철수는 두 마트 중 어떤 곳에서 과자를 구입하는 것이 더 싸게 구입할 수 있겠는가? 먼저 개인적으로 해결하기 ⇨ 모둠원들과 해결 과정 공유하기 ⇨ 전체 발표 후 차근차근 단계적으로 함께 알아보기

A마트	B마트
4봉지에 1,800원	5봉지에 2,200원

⇨ 무엇을 묻고 있는 것인가? 어떤 곳에서 과자를 구입하는 것이 더 싸게 구입할 수 있는지 알아보기

⇨ 이 문제를 해결하기 위해 무엇을 알아야 할까? 과자 1봉지 값

⇨ A과자 1봉지의 값을 구하려면 어떻게 해야 할까? 1,800 ÷ 4(1봉지의 값 = 450원)

⇨ A과자 1봉지 값과 4봉지 값을 각각 비로 나타내 보시오.

$$1봉지 : 비용 = 1 : 450, \qquad 4봉지 : 비용 = 4 : 1,800$$

⇨ 위의 비를 비의 값(비율)으로 나타내면?

$$1 : 450 = \frac{1}{450}, \qquad 4 : 1,800 = \frac{4}{1,800}$$

⇨ 두 비의 값은 서로 같은가 아니면 다른가? 그 이유는?

⇨ 2개의 비의 값이 같다면, 2개의 비의 값이 같다는 것을 어떻게 식으로 표현해야 할까?

$$1 : 450 = 4 : 1,800 \;\; ☞ \;\text{이것이 바로 비례식}$$

⇨ B과자 1봉지의 값을 구하려면 어떻게 해야 할까? 2,200 ÷ 5(1봉지의 값 = 440원)

⇨ B과자 1봉지 값과 5봉지 값을 각각 비로 나타내 보시오.

$$1봉지 : 비용 = 1 : 440, \qquad 5봉지 : 비용 = 5 : 2,200$$

⇨ 위의 비를 비의 값(비율)으로 나타내면?

$$1 : 440 = \frac{1}{440}, \qquad 5 : 2,200 = \frac{5}{2,200}$$

⇨ 두 비의 값은 서로 같은가 아니면 다른가? 그 이유는?

⇨ 2개의 비의 값이 같다면, 2개의 비의 값이 같다는 것을 어떻게 식으로 표현해야 할까?

$$1 : 440 = 5 : 2,200 \;\; ☞ \;\text{이것이 바로 비례식}$$

∴ B마트에서 사는 것이 더 저렴하다고 할 수 있다.

정리	• 비례식과 항에 대한 정리 2 : 5 = 4 : 10과 같이 비율이 같은 두 비를 등식으로 나타낸 식을 비례식이라고 합니다. 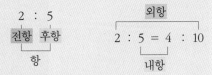 • 교과서 40, 41쪽 및 익힘책 21, 22쪽 문제 해결하기

시간표 구성상 2시간 블록으로 할 수가 없어 오늘은 [비례 상황 1]만 활동해도 충분할 것으로 생각하고 시작을 열었다.

우선은 지난 시간에 공부했던 비례의 정의를 다시 한 번 되짚어 보는 활동으로 2차시 활동을 시작하였다. 그런 뒤에 [비례 상황 1]을 제시하면서 철수의 생각에 대한 아이들의 의견을 묻고, 철수의 생각이 어떻게 잘못되었는지를 찾아보도록 하였다. 잠시 생각할 시간을 준 뒤에 모둠토론 활동에 들어갔다. 충분한 시간을 가진 뒤에 몇 명을 지목하여 생각을 들어 보았다. 어떤 아이는 "~~해서 답이 6이 되는데 철수는 9라고 해서 잘못된 것입니다."라는 식으로 생각을 발표하였다. 그래서 보충 질문을 추가하였다. "답이 6인 것은 맞는데 철수의 생각은 어떤 부분에 오류가 있어서 틀린 답을 말하게 되었는지 그것을 찾아보아야 한다." 이렇게 질문을 더하자 아이들은 다시 고민 속으로 빠졌다. 그러나 오래가지 않았다. 한 명이 손을 들어 보였다. "철수는 비에 대한 생각이 부족하였습니다. 배(곱)의 개념으로 해결하려 하지 않고 덧셈-뺄셈의 개념으로 문제를 해결하려 했기 때문에 잘못된 답을 얻게 된 것입니다."라고 정확히 짚어 냈다. 상당히 많은 아이들도 그 생각이 맞았다고 호응해 주었다. 이제 비에 대한 개념, 비례에 대한 개념을 조금씩 잡아 나가고 있다는 생각이 들었다. 이제 오늘 활동의 핵심 질문을 던질 때가 되었다. 여기까지 수업을 진행하는 데 약 15분 정도가 사용되었다.

"지금 제시된 문제를 해결할 수 있는 방법은 매우 여러 가지가 있다. 지금부터 각 모둠에서는 정보를 공유하여 세 가지 이상 방법을 찾아내 보도록 한다. 주어진 시간은 15분 정도가 될 것이다." 아이들은 주문이 떨어지자마자 바로 머리를 맞대고 생각을 교환하면서 다양한 문제 해결 방법을 찾아 나갔다. 약 15분 정도의 시간을 주기로 생각하고 진행하였다. 모둠활동 진행 중에 어떤 모둠 혹은 아이는 개별적으로 질문을 해 오기도 하였다. 자신 또는 모둠에서 나온 문제 해결 방법이 맞는 것인지를 물어 왔다. 그래서 이렇게 답변을 해 주었다. "지금 당장 그 방법

문제 해결을 위한 여러 가지 방법을 찾는 모둠활동 장면 및 노트 기록 사례

이 맞는지 잘못되었는지는 말해 주지 않겠다. 나중에 함께 공유해 나가면서 확인해 보도록 하자. 일단 그 방법도 찾아낸 한 가지 방법으로 여겨 두기 바란다."

15분 정도 시간이 지나는 동안 여러 모둠에서 나온 생각들이 기록된 노트를 들여다보았다. 매우 다양한 방법이 기록되어 있었다. 10분을 남겨 두고 활동을 멈춘 뒤에 함께 찾아낸 다양한 방법을 공유해 보는 시간을 가졌다. 한 가지 한 가지 문제 해결 방법에 대한 공유가 이어질 때마다 아이들은 "아, 그렇구나. 그런 방법도 있었구나." 하면서 감탄을 하였다. 일부 모둠에서는 선행학습의 결과로 미리 알게 된 비례식의 성질을 이용하여 해결한 방법을 발표하기도 하였다. 그 점에 대해서는 앞으로 공부할 것이기 때문에 여기에서는 정리하지 않는 것으로 선을 그었다. 또한 굳이 그런 방법을 사용하지 않더라도 비례 관련 상황에 대한 문제 해결에는 매우 다양한 방법이 있다는 것을 아는 것이 더욱 중요한 점이라는 사실을 깨닫게 해 주고자 하는 나의 의도를 아이들에게 덧붙여 설명해 주기도 하였다.

사실 일상생활 속에서 이런 문제를 접하게 되면 과연 이 상황을 비례식 관련 상황이라 인식하고 외항의 곱은 내항의 곱과 같다는 비례식의 성질을 이용하여 문제를 해결하는 사람이 몇이나 될까 궁금해지기도 한다. 그래서 더욱더 이런 방식으로 수업을 설계하여 비례 관련 상황에 대한 이해 및 다양한 방법으로의 문제 해결을 통해 아이들의 수학적 사고, 논리적 사고가 더 확장될 수 있는 계기를 마련해 주고자 했던 것이 나의 수업 의도였다. 그리고 수업 결과를 보니 나름대로 만족스러웠다.

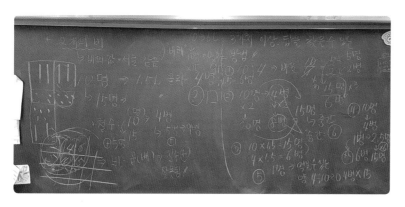

위 칠판 판서에서 오른쪽에 적은 내용들은 바로 아이들이 찾아낸 방법들을 칠판에 그대로 받아 적어 놓은 것이다. 그런데 그림으로 해결하는 방법은 아무리 기다려도 나오지 않아서 내가 직접 제시해 보기도 하였다. 판서 내용 가운데 가장 왼쪽에 그림으로 간략히 제시된 것이 바로 그 사례이다.

활동을 마무리하면서 잠시 정리해 보는 시간을 가졌다. "지금 여러분은 무엇과 관련된 문제를 해결하고 있는 것인가?"

아이들은 그리 어렵지 않게 답변하였다. "비례와 관련된 문제입니다." "그래. 비례와 관련된 문제를 해결하는 데 그리 어렵지 않지? 그리고 비례와 관련된 문제를 해결하는 방법은 이렇게 많다는 것을 이제 깨닫게 되었을 것이다. 지금 우리는 비례와 관련된 상황이라고 하여 이런 사례를 놓고 공부하고 있지만 사실 비례를 공부하지 않더라도 여러분은 이미 비례와 관련된 문제를 해결할 수 있는 수준에 와 있다. 그리고 우리 실생활은 비례와 관련된 부분이 매우 많다. 앞으로 그런 사례들을 좀 더 다양하게 경험해 보면서 비례식에 대하여 명확하게 이해할 수 있도록 선생님이 열심히 도와줄 것이다. 오늘 활동은 이것으로 마친다."

다음 시간에는 실생활 속에서 흔히 접할 수 있는 [비례 상황 2]를 놓고 1시간 동안 또 다른 활동을 해 볼 생각이다. 그 수업도 잘될 것으로 예상해 본다.

 3차시 수업 소감

3차시는 비례식이 갖는 구조에 대하여 보다 구체적으로 배워 나가는 내용으로 수업을 디자인해 보았다. 이번 시간은 전체 학습으로 특별한 구조 활동의 적용 없이 진행해 나갔다.

일단 시작 단계에서는 A, B 2개의 상점에서 과자를 구입하는 상황을 놓고 비례식 상황으로 만들어 나가는 시간을 가졌다. 아이들은 이 상황을 비례 상황으로 인식하지 않고 단순한 나눗셈 상황으로만 인식하였다. 이를 놓고 왜 비례 상황으로 들어갈 수 있는지를 알아보기 위해 과자 봉지 수와 가격을 2개의 대상으로 놓고 생각해 보게 하면서 칠판에 하나하나 기록을 해 나갔다.

비례 상황으로 인식하면서 이 문제를 해결하기 위해 꼭 알아야 할 것이 무엇인지 가장 먼저 핵심 질문으로 던졌다. 그에 대해서는 아이들 모두 잘 알고 있었다. 바로 과자 1봉지의 값이었다.

이후 A, B 마트 각각 과자값에 대한 상황을 비례 상황으로 함께 만들어 보았다. 그런 후 2개의 상점 각각 과자값에 대한 비례식을 만들어 1봉지 값을 산출해 보았다. 그 결과로 B마트에서 과자를 사는 것이 더 유리하다는 것을 알게 되었고 이런 상황도 비례 상황으로 인식하여 문제를 해결할 수도 있다는 것을 아이들은 새롭게 알게 되었다. 또한 이 과정에서 핵심 사항인 '비의 값이 같다는 것'이 의미하는 것이 무엇인지를 강조하고 또 강

3차시 비례식에 대한 개념 및 구성 이해 칠판 판서

조하였다. 이 질문에서는 "과자 봉지 수가 바뀌고 과자값이 바뀌어도 절대로 변하지 않는 것, 비의 값이 같다는 것의 의미는 바로 '과자 1봉지의 값'이라는 것"을 아는 것에 무게 중심을 두고 아이들의 이해를 도와 나갔다. 그런 후에 비례식의 구성에 대하여 함께 살펴보면서 항, 전항, 후항, 내항, 외항 등을 알아 나갔다. 그런 후에 수학책에 있는 문제들을 스스로 해결해 보

게 하였다. 별 어려움 없이 잘 해결해 나갔다.

현재 교과서 구성보다 더 많은 시간을 할애하면서 비례식에 대한 개념을 형성해 나갔지만 아이들은 보다 자세히, 좀 더 정확히 비례식의 의미를 자신의 것으로 만들어 나갈 수 있었다고 나는 생각한다.

🌱 4~5차시 비의 성질, 비례식의 성질 이해

수업 흐름	교사의 발문
도입	• 비례, 비례 상황, 비례식의 개념 복습 및 확인 • 발문 1, 2, 3을 활동지로 만들어 제시 • 비의 성질 이해하기(1): 비의 전항과 후항에 0이 아닌 같은 수를 곱하여도 비율은 같다.
전개	**발문 1** 성인들은 보통 1시간에 평지를 4km 정도 걷는다고 한다. 같은 빠르기로 28km를 이동하는 데 걸리는 시간을 표로 알아보자.

시간	1	2				
거리(km)	4	8				
비율(비의 값)	$\frac{1}{4}$	$\frac{2}{8}$				

⇨ 위와 같은 비례 상황에서 변하는 것은 무엇인가?

⇨ 1:4 = 2:8이라고 말할 수 있는가? 그 이유는 무엇인가?

⇨ 전항과 후항에 각각 똑같이 0을 곱하면 어떻게 되는가?

⇨ '전항과 후항에 0이 아닌 같은 수를 곱하여도 비율은 변하지 않는다.(같다)'는 것은 무엇을 의미하는가? 1시간에 4km를 걷는 속도는 절대로 변하지 않는다.

• 비의 성질 이해하기(2): 비의 전항과 후항을 0이 아닌 같은 수로 나누어도 비율은 같다.

발문 2 자전거로 약 12시간 정도를 달려 300km 거리를 이동하였다. 같은 빠르기로 1시간 이동하는 데 걸린 거리를 표로 알아보자.

시간	12	÷2 6	÷3	÷4	÷6	÷12
거리(km)	300	150				
비율(비의 값)	$\frac{12}{300}$	$\frac{6}{150}$				

⇨ 위와 같은 비례 상황에서 변하는 것은 무엇인가?

⇨ 12:300 = 6:150이라고 말할 수 있는가? 그 이유는 무엇인가?

⇨ 전항과 후항을 각각 똑같이 0으로 나누면 어떻게 되는가?

⇨ '전항과 후항을 0이 아닌 같은 수로 나누어도 비율은 변하지 않는다.(같다)'는 것은 무엇을 의미하는가? 1시간에 25km를 달리는 자전거의 속도는 절대로 변하지 않는다.

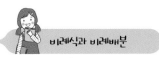

• 비례식의 성질: 외항의 곱과 내항의 곱은 같다.

발문 3 5명이 생일파티를 하는데 1.5L 음료수 2병이 필요하다. 그런데 인원이 15명으로 늘어난다면 음료수 몇 병이 필요하겠는가?

⇨ 비례의 성질을 이용하여 표로 정리해 봅시다.

인원	5	10	15
병 수	2	4	6

• 비례식으로 나타내면? ⇨ 5:2＝15:6
• 내항의 곱은? 외항의 곱은? 두 값을 비교해 본 결과는?
• 이를 통해 알 수 있는 사실은?

⇨ 비례식의 성질을 이용하여 해결해 봅시다.

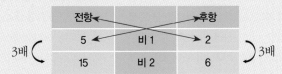

인원	병 수		인원	병 수
5명	2병	＝	15명	?병

5:2＝15:(?)

⇨ 비의 성질을 이용한 T차트로 해결하기

	전항		후항	
3배	5	비 1	2	3배
	15	비 2	6	

비 1과 비 2의 전항과 후항 사이 두 대각선의 곱은 같다.

• 가장 간단한 자연수의 비로 나타내기
(1) 비 0.3:0.4를 가장 간단한 자연수의 비로 나타내려고 합니다. 어떻게 해야 할까요?
(2) 비 0.6:0.8을 가장 간단한 자연수의 비로 나타내면?
(3) $\frac{1}{3}:\frac{1}{4}$을 가장 간단한 자연수의 비로 나타내려고 합니다. 어떻게 해야 할까요?
(4) $\frac{2}{4}:\frac{1}{3}$을 가장 간단한 자연수의 비로 나타내면?
(5) 20:40을 가장 간단한 자연수의 비로 나타내면?
(6) 0.5:$\frac{1}{5}$을 가장 간단한 자연수의 비로 나타내려고 합니다. 어떻게 해야 할까요?

정리 • 교과서 42~47쪽까지 각자 해결하고 모둠원들과 함께 확인하기

 4~5차시 수업 소감

수업 시작과 동시에 가장 먼저 비례식에 대한 개념을 되짚어 보고 비례식의 구성을 점검해 보았다. 그런 뒤에 비의 성질, 비례식의 성질을 설명해 주는 것보다 활동지를 통해 스스로 터득해 나가는 것이 좋다고 생각하여 미리 만들어 둔 활동지를 제시하고 각자 먼저 해결해 보게 하였다.

먼저 약 15분 정도 개별 학습을 진행하였다. 그런 뒤에 10분 정도 동안 모둠 활동으로 진행하면서 각자 자신이 생각한 것들을 공유하고 도움을 주고받기도 하였다. 물론 아이들이 활동하는 동안 여러 모둠을 관찰하면서 어떤 부분에서 오개념이 형성되어 있고 난개념이 형성되어 있는지, 좀 더 정확히 짚어 나가야 할 부분은 어떤 곳인지를 살펴보았다. 몇 군데서 드러난 오개념을 염두에 두고 모둠활동이 끝나기를 기다렸다가

개별 활동으로 진행한 활동지를 놓고 정보를 공유하는 장면

활동지를 함께 해결해 나가면서 잡아 나갈 생각이었다.

예상된 시간이 훌쩍 지나가 버렸다. 첫 번째 질문을 던지면서 전체 활동으로 들어갔다. '위와 같은 비례 상황에서 변하는 것은 무엇인가?'라는 질문에 대하여 거의 대부분은 "숫자가 변한다. 양이 변한다."와 같이 써 나갔다. 그리고 나의 질문에 대한 답도 그렇게 대답해 주었다. 그래서 추가 질문을 던졌다. "단순히 숫자나 양이 변한다고만 하면 안 된다. 앞으로는 주어진 문제 상황에서 구체적인 2개의 대상이 주어졌으니 그 대상에 대한 관계를 활용하여 설명할 줄 알아야 한다. 그렇다면 이 질문에 대한 답은 어떻게 정리해야 할까? 무엇이 변한 것일까? 두 대상 간의 관계를 살펴보면서 말해 보자." 그러자 한 명의 아이가 바로 손을 들어 대답하였다. 모둠활동 과정을 살펴보았을 때 극히 소수의 아동만이 정확하게 답을 했었는데 그중 한 아동이 손을 들었던 것이다.

그 모둠에서는 이런 상황이 벌어졌다. 모둠원들 간 서로 정보 교환을 하면서 모둠원들 모두가 좀 더 바람직한 쪽으로 생각을 수정해 나간다면 좋겠지만 많은 경우에는 정보를 수정하지 않고 논쟁도 하지 않으면서 각자 쓴 답을 서로 정확한 답으로 인정해 주고 더 이상 토론을 진행하지 않는 쪽을 선택하기도 한다. 오늘 그 모둠에서 바로 이런 일이 벌어졌던 것이다. 그리고 다른 모둠에서도 마찬가지였다. 그래서 그 아동에게 바로 발표를 부탁하였다. 그리고 그 아동은 아주 정확하게 답을 이야기해 주었다. "시간이 변함에 따라 걸어간 거리도 변했습니다. 그것을 비로 표현하면 걸어간 거리에 대한 시간의 비가 변하였다는 것입니다." "아주 정확히 설명해 주었다. 앞으로는 주어진 비례 상황에 대하여 이런 식으로 설명을 하여야만 한다. 그것이 비례식을 공부하는 이유다. 수학적 공식이나 문제 풀이 방법만 익혀 답을 구하고 숫자만 쓰면 되는 것이 수학 공부의 목적이 아니니까. 특히 비례식은 주어진 상황을 잘 읽고 그 상황에 맞게 답을 구하여 정확히 설명할 줄 아는 것이 목적이라는 것을 여러분은 꼭 기억해 두어야 한다." 그런 후에 후속 질문 몇 개를 더 하고 답변도 들어가며 차근차근 넘어갔다.

본 활동의 마지막 핵심 질문을 던졌다. "'전항과 후항에 0이 아닌 같은 수를 곱하여도 비율은 변하지 않는다.(같다)'는 것은 무엇을 의미하는가?" 이 질문에 대하여 대부분 아이들은 "비율이 변하지 않아요." 하고 답하였다. "조금 전에 강조하였는데 또 이렇게 답하는구나. 분명히 주어진 상황 속에서 구체적으로 무엇과 무엇의 비례관계를 따져 본 것인지 이해한 후에 그 상황에 대한 말을 사용하여 답을 하여야 한다고 했었는데." 그러자 아이들은 "아, 맞다." 하고 자신의 생각을 수정해 나갔다. 잠시 생각할 시간을 가진 뒤에 무작정 1명을 지목하여 답을 하게 하였다. "1시간에 4km를 걷는 속도는 절대로 변하지 않아요."라고 답을 해 주었다. 이제 조금씩 비례식에 대하여 자신의 것으로 만들어 가고 있다는 생각이 보다 확실하게 들었다. 그리고 이번 활동을 통해서 알 수 있는 것이 무엇인지 한 문장으로 정리해 보자고 하였다. 이에 대한 생각도 별 무리 없이 잘 정리해 주었다. '주어진 비에(전항과 후항) 0이 아닌 같은 수를 곱해도 비율(비의 값)은 같아진다.'는 결론을 아이들은 잘 이끌어 내었다. 다음 질문에 대하여서도 같은 과정을 진행하였다. 역시 한 번 해 보아서 그런지 별로 혼란을 겪지 않고 자신들의 생각을 수정, 정리해 나갔다. 그렇게 두 번째 비의 성질인 '주어진 비를(전항과 후항) 0이 아닌 같은 수로 나누어도 비율(비의 값)은 같아진다.'는 결론까지 잘 마무리되었다.

이제 비례식의 성질로 넘어갈 차례가 되었다. 비례식의 성질에 대한 이해는 그리 어려운 일이 아니어서 활동지에 각자 해결한 결과물을 가지고 표를 활용하여 칠판에 기록해 가면서 비의 성질과 함께 이해를 도왔다. 이 과정에서 아이들에게 2개의 비를 무조건 비례식으로 나타내는 것보다 각각의 비에 대한 항을 정확히 표시해 나가면서 비례식으로 정리해 나갈 것을 강조하였다. 왜냐하면 각 항을 정확히 표시하면서 비례식으로 정리한 결과를 활용하여 T차트로 변형시키면 비의 성질 및 비례식의 성질을 보다 쉽게 이해할 수 있기 때문이다. 이를 통해 T차트로 어떻게 변형되는지, 이 속에 비의 성질 및 비례식의 성질이 어떻게 녹아들어 있는지를 자세히 설명해 주었다. 그러자 한 명의 아이가 이렇게 질문하였다. "이것도 선생님께서 이전처럼 직접 만든 이론인가요?" "물론이지, 너희들이 보다 쉽게 이해할 수 있도록 돕기 위해 한참을 고민하여 직접 만들어낸 이론이지~" 그랬더니 아이들은 크게 웃어 보였다.

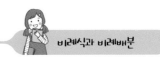

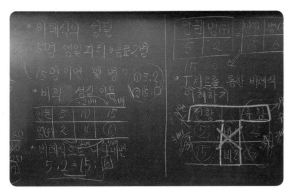

끝으로 간단한 자연수 비로 나타내기에 대하여 간략히 소개를 해 주었다. 이미 각자 활동지를 통해 스스로 해결해 본 경험이 있기 때문인지 나의 설명을 통해 이해하고 받아들이는 데 그리 많은 시간이 걸리지 않았다. 여기에 약 7분 정도 시간이 사용되었다. 여기까지 진행하고 보니 시간이 약 15분 정도 남았다.

남은 시간은 교과서 문제 해결에 할애하였다. 이제 비의 성질 및 비례식의 성질을 활용한 문제 해결이 다음 시간에 기다린다. 미션 과제를 보다 엄선하여 아이들에게 제시해야겠다.

비례식의 성질 및 T차트 활용 판서 사례

🌱 6~7차시 비례식 관련 미션 과제 해결

수학 6-2	3. 비례식과 비례배분 비례식을 이용한 문제 해결	서울　　　　　초등학교
		6학년　　반　　　번
		이름 :

[미션 과제 1] 아래와 같은 직각 삼각형이 있다.(왼쪽) 이와 닮은 도형을 확대하여 그려 보았다.(오른쪽)

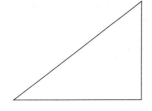

처음 주어진 도형을 확대 복사한 도형이다. 이 도형의 밑변이 12라면 높이는 얼마가 되겠는가?(모든 단위는 cm)

(1) 구하고자 하는 것을 □로 하여 두 도형 사이의 밑변, 높이와 관련하여 2개의 비를 만들어 보시오.

(2) 비의 성질을 이용하여 □값을 구해 보시오.

(2) 비례식의 성질을 이용하여 □값을 구해 보시오.

(3) T차트를 이용하여 □값을 구해 보시오.

전항(　　)		후항(　　)
	작은 △	
	큰 △	

[미션 과제 2] 위의 미션 과제 1에서 처음 주어진 도형의 빗변의 길이가 5cm라고 할 때 아래와 같이 확대 또는 축소 복사한 도형의 각 변의 길이를 구해 보시오.

이럴 경우 빗변의 길이와 높이는 각각 얼마가 되겠는가?

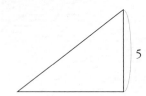

이럴 경우 밑변과 빗변의 길이는 각각 얼마가 되겠는가?(변의 길이를 소수 또는 분수로 구하기)

[미션 과제 3] 학교 앞 문구점에서 지우개를 3개에 480원에 판매하고 있다. 12명의 학생에게 지우개를 각각 1개씩 나누어 주려고 한다면 얼마가 필요하겠는가?

⇨ 이 문제를 세 가지 이상의 각기 다른 방법으로 해결해 보시오.

참고하기 이 문제의 해결 방법은 아래와 같이 다양하다.

(1) 시각적 모델 이용하기

🖊️🖊️🖊️ (3개)	⇨ 3×4	🖊️🖊️🖊️🖊️🖊️🖊️🖊️🖊️🖊️🖊️🖊️🖊️ (12개)
480원		⇨ 480원×4=1,920원

🖊️ (1개)	3÷1 ⇦	🖊️ (3개)	……	🖊️ (12개)
160원	480÷3 ⇦	480원	……	12×160=1,920원

(2) 지우개 3개 480원을 한 묶음으로 다루기

지우개 3개 480원을 한 묶음으로 볼 때 지우개 12개는 4묶음이라는 것을 알 수 있다. 따라서 480원 ×4=1,920원이 된다.

(3) 비의 성질 이용하기

지우개 3개 ⇨ 12개 = 4배, 따라서 480원×4=1,920원이 된다.

$$\frac{480원}{풍선\ 3개} = \frac{\square원}{풍선\ 12개}, \quad \frac{풍선\ 12개}{풍선\ 3개} = \frac{\square원}{480원}, \quad \frac{풍선\ 3개}{480원} = \frac{풍선\ 12개}{\square원}, \quad \frac{풍선\ 3개}{풍선\ 12개} = \frac{480원}{\square원}$$

위의 사례 중 어떤 경우라도 모두 가능하다.

(4) 비례식의 성질 이용하기

$$480:3 = \square:12, \quad 480×12 = \square×3, \quad \square = 1,920원$$

[미션 과제 4] 모든 정사각형의 변의 길이는 비례적이라고 말할 수 있는가? 그 이유는 무엇인가?

⇨ 모든 직사각형의 변의 길이는 비례적이라 말할 수 있는가? 그 이유는 무엇인가?

[미션 과제 5] 주어진 두 도형에서 직사각형 또는 직각 삼각형의 변의 길이는 점점 커지고 있다. 점점 커지는 직사각형 또는 직각 삼각형의 변의 길이가 비례관계에 있다는 것을 어떻게 증명할 수 있는가?

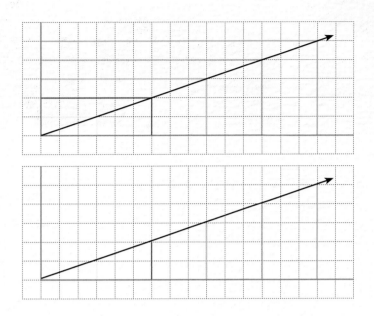

참고하기 이를 증명하기 위해 표를 그려 보면 아래와 같다.

주어진 직사각형의 가로와 세로의 길이 간의 관계가 비례관계에 있는지 살펴보면 된다.(또는 주어진 직각 삼각형의 밑변과 높이의 길이 간의 관계가 비례관계에 있는지 살펴보면 된다.)

가로(밑변)	3	6	9	12	15
세로(높이)	1	2	3	4	5

위의 표에서 보는 바와 같이 가로(밑변)와 세로(높이)의 길이의 비 사이에는 동치관계가 그대로 유지되고 있음을 알 수 있다. 따라서 주어진 직사각형(직각 삼각형)은 닮음이라는 것을 알 수 있다.

6~7차시 수업 소감

오늘은 수업 시작 초반에 지난 시간까지 공부한 내용(비례의 의미, 비례식의 정의, 비의 성질, 비례식의 성질, T차트)을 짧게 정리(약 10분)해 본 뒤에 바로 미션활동지를 나누어 주고 개별 활동부터 들어갔다.

개별 활동 시간에는 주변 친구들의 도움 없이 혼자의 힘으로만 할 수 있도록 조건을 두었다. 약 20분 정도 시간을 주었다. 주어진 개별 활동 시간에 과제를 모두 해결한 아이들은 반 조금 넘는 듯했다. 약속된 20분이 흐른 뒤에 모둠 활동을 하면서 모둠원들과 정보를 공유하고 이해되지 않는 부분에 대해서는 도움을 주고받으며 미션활동을 해결할 수 있도록 하였다.

약속된 시간을 다 채워서 미션활동이 모두 정리되었다. 남은 약 30분 정도 시간은 미션 과제 하나하나 직접 발표를 통해 설명할 수 있도록 하는 활동에 할애를 하였다. 다행히도 대부분의 문제는 발표를 통해 잘 설명을 해 나갔다. 모둠원들과 개별 활동 및 모둠 활동을 통해 정보 교환 및 도움 주고받기 활동이 잘 이루어진 듯했다. 그런데 미션 과제 4번과 5번에서는 아이들이 어떻게 증명해야 하는지에 대하여 어려움을 호소하였다. 학급에서 수학적 사고력이 상당히 높은 수준에 있는 아동도 이 부분을 어떻게 설명해야 정확히 증명하는 것인지 잘 모르겠다고 하였다. 일단 학급에서 수학적 사고력이 제일

미션 과제 해결을 위한 개별 활동, 모둠 활동 및 도움 주고받기 활동 장면

높은 아동은 "모든 정사각형은 변의 비율이 같기 때문입니다." 라고 답변을 해 주었다. 그러나 보완이 필요했다. 보통 증명은 명제적 서술보다 사례를 들어 설명하는 것이 더 좋기 때문이다. 그래서 "틀린 것은 아닌데 변의 비율이 같다는 것을 어떻게 증명할 것인지?"라고 추가 질문을 넣었더니 고민에 빠졌다. 잠시 시간을 주며 기다렸지만 아무도 엄두를 내지 못하였다. 그래서 보충 설명을 해 주었다. "크기가 작은 정사각형부터 크기가 큰 정사각형을 여러 개 직접 제시하면서 그림을 통해 변의 길이가 비례적으로 커진다는 것을 설명하면 되지 않을까?" 이렇게 힌트를 더 보충해 주었지만 더 이상 답변을 기대하기 어려웠다. 그래서 내가 직접 설명해 주었다.

"자, 먼저 한 면의 길이가 1cm인 정사각형이 있다고 해 보자. 그리고 2cm, 3cm, 5cm, 10cm 등으로 점점 정사각형의 한 변의 길이가 커진다고 보자. 한 변의 길이가 2cm인 정사각형은 처음 정사각형(한 변의 길이가 1cm인 정사각형)보다 변의 길이가 2배 커졌다. 한 변의 길이가 3cm인 정사각형은 3배 커졌고, 5cm인 정사각형은 5배, 10cm인 정사각형은 10배 커졌지. 지금처럼 이렇게 변의 길이가 2배, 3배, 5배, 10배 커진 것은 바로 '비의 성질'과 관련이 있겠지? 그래서 정사각형의 변의 길이는 비례적이라고 말할 수 있는 것이란다."(물론 칠판에 직접 그림도 그려 가면서 설명을 해 주었다.)

이렇게 설명을 마치자 "아, 그렇게 증명하는 것이구나." 하고 이해는 하는 듯했다. 그러나 또 다른 사례를 주고 증명해 보라고 하면 제대로 증명을 할 수 있을지는 확신이 서지 않는다. 하지만 이런 사례를 통해 조금이나마 감을 잡은 아이가 몇 명 생겼다. 이어진 다음 질문에서는 바로 자신의 생각을 잘 정리하여 대답해 주었다.

"모든 직사각형의 변의 길이는 비례적이라 말할 수 없는 이유는 예를 들어 가로의 길이가 3cm, 세로의 길이가 5cm인 직사각형과 가로의 길이가 6cm, 세로의 길이가 8cm인 직사각형이 있다고 할 때 두 직사각형의 변의 길이 사이에는 비례 관계가 만들어지지 않기 때문입니다."

늘 그렇듯이 수학적 사고력이 높은 아이들은 하나를 알려 주면 열을 알게 된다. 이 아동의 답변을 통해 다른 아이들도 잘 이해하였다는 반응을 보였다. 이제 마지막 문제 하나 남았다. 이는 별로 어렵지 않은 듯했다. 대부분의 아이들은 "직각삼각형이나 직사각형 변의 길이를 비로 나타낸 뒤 그 비 사이에 비율을 살펴보면 비율이 모두 같다는 것을 알 수 있습니다."와 같이 생각을 정리하고 발표하였다. 그래서 보충 질문을 하였다. "비를 모두 나타낸다면 어떻게 나타낼 것인가?" 그랬더니 "모든 비를 써 나갑니다. 가로 : 세로 = 3 : 1 = 6 : 2 = 9 : 3 …"라고 대답을 하였다. 그래서 여기에 추가 질문을 이어 나갔다. "이렇게 해도 좋지만 쉽게 이해하며 볼 수 있겠니? 좀 더 쉽게 이해할 수 있도록 써 나갈 수는 없을까?" 이 질문에 한 명의 아동이 바로 앞선 친구의 생각에 수정, 보완을 해 주었다. "표로 정리하면 됩니다.""그렇지, 표로 정리하면 훨씬 더 보기도 쉽고 이해도 잘되지 않을까? 그렇다면 함께 표로 정리해 보자." 그래서 아래와 같이 표로 칠판에 함께 정리해 보았다.

	1번 사각형 (또는 삼각형)	2번 사각형 (또는 삼각형)	3번 사각형 (또는 삼각형)	…
가로(밑변)	3	6	9	…
세로(높이)	1	2	3	…

이렇게 정리를 마치고 나니 어느덧 예정된 80분이 다 지나갔다. 시간이 좀 더 있다면 교과서 문제를 직접 풀어 보라고 하였겠지만 그만큼의 시간이 남지 않아 여기까지 활동으로 오늘 수업을 모두 정리하고 교과서 문제는 오늘 집에서 복습 삼아 직접 풀어 보라고 안내하였다. 이제 마지막 단계 활동인 비례배분 활동만 남았다. 그 내용도 좀 더 잘 설계하여 아이들의 이해를 도와야 할 것 같다.

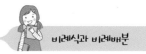

🌱 8~9차시 비례배분 알기 및 미션 과제 해결

수업 흐름	교사의 발문
도입 및 전개	• 지난 시간까지 공부했던 내용 점검하기 • 비례배분의 정의 및 비례배분이 필요한 이유 알기 (1) 비례배분의 정의 한자로 풀어서 설명하기-법식에 견주어 나누어 줌:법식이란 주어진 비를 말함 (2) 비례배분을 하는 이유 알기 철수는 2시간 공부했고 영희는 3시간 공부했다. 공부한 양에 따라 사탕 10개를 나누어 가지려고 한다. ① 두 사람이 공부한 양을 비로 나타내면? 2:3 ② 두 사람이 주어진 비에 따라 사탕을 나누어 가지려면 최소한 몇 개의 사탕이 필요한가? 5개 ③ 5개를 2 : 3의 비로 나눈다는 것은 무엇을 의미하는가? 1명은 2개를, 1명은 3개를 갖는다는 것을 의미한다. ④ 사탕 10개를 2 : 3의 비로 어떻게 나누어 가질 수 있는가? <table><tr><td>●● ●●● ●● ●●●</td><td>2:3의 비로 나누어 가진 것</td><td>2:3(5개) ⇨ 4:6(10개) 따라서 철수는 4개, 영희는 6개의 사탕을 가질 수 있음</td></tr></table> ⑤ 이렇게 주어진 비에 따라 배분하는 이유는 무엇일까? 공평하게 나누어 갖기 위해서이다.
정리	• 아래 활동지 해결 및 공유:개별 학습 ⇨ 협동학습 ⇨ 전체 학습 • 비례배분 방법에 대하여 분수와 연결 지어 생각할 수 있도록 하기(분모가 갖는 의미, 분자가 갖는 의미에 대해 명확히 이해할 수 있도록 돕는다.)

수학 6-2	3. 비례식과 비례배분 비례배분 이해 및 문제 해결	서울　　　　　　초등학교 6학년　　반　　　번 이름 :

♣ 비례배분에 대한 이해를 바탕으로 수학적 사고를 통해 문제를 해결한 사례

사탕을 만드는 데 철수는 2시간 일하였고, 민수는 3시간 일하였다. 두 사람이 모두 합하여 100개를 만들었다면 어떻게 나누어 가져야 하겠는가?

(1) 두 사람이 나누어 공평하게 나누어 갖기 위해 비를 어떻게 세워야 할까?

⇨ (　　　　) : (　　　　) 그 이유는? (　　　　　　　　　　　　　　　　　　　　　　)

(2) 아래 (　) 안에 알맞은 낱말이나 숫자를 써 넣으시오.

사탕 100개(총량)	철수의 몫 = (　　)덩어리	사탕 100개를 모두 (　　)덩어리로 나누어야 두 사람에게 주어
	민수의 몫 = (　　)덩어리	진 '비'만큼 공평하게 나누어 줄 수 있다는 것을 의미한다.

주어진 비의 각 항을 합한 값	주어진 대상의 총량이 모두 몇 (　　　　)로 분할(나뉨)되어 있는지를 의미한다.
주어진 비의 각 항(전항, 후항)	주어진 대상을 분할한 후 각각 몇 (　　　　)씩 나누어 갖게 되었는지를 의미한다.

사탕 100개 ⇨ 비 (　　　) : (　　　)

① 각각 (　　　)개씩 총 (　　) 덩어리로 묶여 있음을 의미

② 주어진 비의 각 항을 합한 값은 (　　　)이므로 1덩어리의 값은 사탕 (　　　)개

③ 철수는 (　　　)덩어리×(　　　)개＝총 (　　　)개

④ 민수는 (　　　)덩어리×(　　　)개＝총 (　　　)개를 가져가게 된다.

이를 응용하면 이런 식의 수학적 사고가 가능해진다.

[질문 사례] 사탕이 모두 몇 개인지 알 수는 없지만 A와 B가 2:3으로 나누어 가졌다. 그런데 B는 사탕 60개를 가졌다. 그렇다면 A는 사탕을 몇 개 가졌을 것이며 사탕의 총 개수는 모두 몇 개인가?

① B가 가진 60개 사탕은 비 (　　　)만큼에 해당된다.

② 비 1만큼에 해당되는 사탕은 (　　　)개가 된다.

③ A는 사탕을 비 (　　　)만큼 갖게 된다.

④ A는 사탕 (　　　)를 가졌다고 할 수 있다.

⑤ 사탕의 총개수는 (　　　)개＋(　　　)개＝(　　　)개가 된다.

8차시 수업 소감

지난 시간까지 공부한 내용을 짧은 시간 내에 복습을 한 번 더 하고 비례배분의 정의 및 비례배분을 하는 이유에 대하여 1시간 동안 알아보는 내용으로 수업을 준비하였다. 특히 지난시간까지 공부한 내용 가운데 T차트로 주어진 문제의 내용을 정리하는 것에 좀 더 집중해 보았다. 이제 아이들은 주어진 문제 상황을 읽고 그 속에서 2개의 대상을 잘 살펴 전항과 후항으로 T차트에 잘 기록할 줄 안다. 그래서 비례식 이해 및 문제 해결도 제법 잘 해낸다.

약 10분 정도 시간을 사용하고 나서 비례배분의 정의를 알아보는 단계로 접어들었다. 먼저 한자로 칠판에 크게 적은 뒤에 아이들에게 뜻풀이를 해 주었다.

초등학교 아이들에게 한자를 강요하는 것은 아니지만 그래

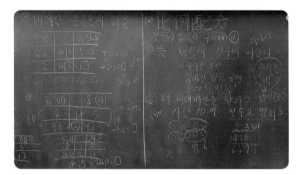

비례배분의 정의 및 필요한 이유에 대한 안내

도 한자를 알아 두면 편리한 점이 많다는 것을 우리 모두 잘 알고 있다. 아이들에게도 그 점을 짚어 주고 있는 그대로 해석

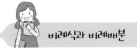
해 주었다. 그리고 뜻풀이에서 '법식 = 주어진 조건'이란 바로 '주어진 비'를 가리킨다는 것도 명확히 했다. 그런 뒤에 간단한 예시 문제를 제시하고 비례배분을 직접 해 보라고 하였다.

철수는 2시간 공부했고 영희는 3시간 공부했다. 공부한 양에 따라 사탕 10개를 나누어 가지려고 한다. 주어진 법식

특히나 이렇게 교과서 문제를 이용하지 않고 직접 상황을 가정하여 제시한 이유가 따로 있다. 비례배분은 공평한 배분을 전제로 하는데 교과서 속 질문들을 보면 아래와 같이 그런 의미는 모두 사라지고 왜 그렇게 배분해야 하는지도 모른 채 그냥 주어진 비로 배분하는 것에만 초점이 맞추어져 있어 아이들은 기계적으로 계산하는 활동에만 치중하기 때문이다.

〈교과서 속 질문 사례〉 **비례배분을 알 수 있어요**

지수와 효정이는 조개 15개를 일정한 비로 나누어 가지려고 합니다. 어떻게 나누면 좋을지 알아봅시다.
(활동 1) 지수와 효정이가 조개를 1 : 2로 나누어 가지면 각자 가지게 되는 조개의 수는 얼마인지 알아보시오.
(활동 2) 지수와 효정이가 조개 15개를 2 : 3으로 나누어 가지기로 했습니다. 지수와 효정이는 각각 전체의 얼마를 가질 수 있을지 알아보시오.

이런 문제를 보완하기 위해 지문에 '주어진 법식'을 명시하여 공평한 배분의 의미를 명확히 할 수 있도록 제시하였다.

생각할 시간 동안 아이들은 주어진 조건에 따라 나름대로 자신의 생각을 반영하여 배분하기 시작하였다. 그리고 자신이 알아낸 정보를 모둠원들과 서로 공유하였다. 어느 정도 시간이 흐른 뒤에 어떻게, 몇 개씩 나누어 갖게 되었는지 발표로 이어졌다. 대체로 아이들은 4개와 6개씩 나누어 갖게 된다는 것을

알아내는 데는 무리가 없었다. 그러나 그렇게 나누어 갖게 된 근거를 설명하기에는 아직 무리가 따랐다. 2 : 3의 전항과 후항에 각각 2배를 하면 4 : 6이 되어 4개, 6개로 나누어 가지면 된다는 이유 외에는 아무것도 나오지 않았다. 물론 그게 당연한 것이라는 것을 나는 잊지 않고 있었다. 그래서 차근차근 기초적인 질문부터 짚어 갔다. 아이들은 나의 질문에 하나씩 답을 하면서 비례배분의 이해로 조금씩 빠져 들어갔다.

이런 문제 상황 한 가지 경험으로 비례배분을 제대로 이해한다는 것은 무리겠지만 그래도 조금은 이해의 단추를 끼웠을 것으로 여기고 비례배분을 하는 이유가 '공평함'에 기인한다는 것의 이해를 보다 현실적으로 돕기 위해 마지막으로 사례를 한 가지 더 제시하였다.

"A, B 두 사람이 각각 50억과 100억을 공동 투자하여 회사를 설립한 뒤 24억을 벌어들였다고 하자. 그리고 벌어들인 돈을 배분하려 할 때 10억씩 똑같이 나누어 갖는다면 여러분은 동의하겠는가?" 아이들은 당연히 아니라고 했다. 그리고 그 이유도 많이 투자한 사람이 더 많이 가져가야 한다고 명확히 밝혔다. 그래서 추가 질문을 이어 갔다.

"그렇다면 투자한 만큼 가져가려고 한다면 어떻게 나누어야 할까?" "그야 뭐 50억 : 100억의 비로 나누어 가지면 되지요." "그것은 너무 복잡해요. 간단히 나타내야 합니다. 5 : 10 = 1 : 2로 하면 더 쉽게 이해할 수 있어요." "그렇지. 그렇게 배분하면 서로 불만이 없겠지? 그게 바로 비례배분의 의미란다. 다음 시간에 비례배분에 대하여 좀 더 깊이 들어가 보도록 하겠다. 오늘은 여기서 마치도록 하겠다."

이렇게 오늘 40분 수업이 지나갔다. 다음 시간은 비례배분에 대한 확실한 이해를 돕는 데 1시간을 다 사용하고, 마지막으로 1시간을 더 추가하여 비례배분 관련 문제 해결 활동 시간을 가질 계획이다.

9차시 수업 소감

9차시는 지난 시간에 알아보았던 비례배분에 대한 내용을 되짚어 보는 것으로 시작하였다. 약 5분 정도 시간을 사용하였다. 그런 뒤에 바로 활동지를 나누어 주고 각자 개별 학습으로 자신만의 생각을 담아 해결해 보도록 하였다. 이 활동에 시간을 약 15분 정도 할애하였다.

15분 정도 후에 10분 정도의 시간을 더 주고 모둠원들끼리

협동적으로 서로의 생각을 교환하면서 활동지에 담긴 내용을 점검해 보도록 하였다. 이 과정에서 아이들은 자신의 생각에 확신을 갖거나 생각을 수정하기도 하였다.

특히 주어진 대상의 총량을 몇 개의 덩어리로 나누어야 한다는 개념에서 아이들은 주춤거리는 모습이 보였다. 그래서 '덩어리=묶음'이라는 뜻으로 이해하면 될 것이라 다시 안내를

활동지 해결을 위한 개별 학습 활동 및 모둠별 협동학습 활동 장면

개별 학습 활동의 결과물

해 주었더니 "아, 이제는 알겠다. 덩어리가 무슨 뜻인지."라는 말을 하는 아이들이 많아졌다. 그러더니 자신들의 생각에 더 확신이 생겼다는 표정으로 정보를 공유해 나갔다.

약 10분 정도 시간을 남겨 두고 모둠 활동을 마무리하고 전체 공유에 들어갔다. 이 과정에서 주어진 비에 따라 나누어 가질 대상의 총량을 묶음의 개념으로 생각한다는 점, 전항과 후항의 합이 전체 묶음의 개수라는 점, 각각의 항은 각각 나누어 갖게 될 묶음의 수라는 점을 분수와 연결 지어 안내해 주었다. 그랬더니 아이들은 굉장히 쉽게 이해하였다. 이로써 비례배분은 마무리되었다.

오늘 수업을 마치고 복습 과제로 각자 교과서 문제를 해결해 오도록 공지하였다. 이제 남은 수업은 비례 배분 관련 문제 해결 활동이 될 것이다. 이 활동은 각 모둠별로 문제를 출제하

2:3
- 두 사람이 나누어 갖게 될 묶음의 수(각각 2묶음, 3묶음)
- 각 항의 합=나누어 갖게 될 대상의 총량을 등분하여 묶음으로 표현한 것(2+3=총 5묶음으로 대상을 분할함)
- 사탕 100개를 5묶음으로 분할 ⇨ 1묶음은 사탕 20개에 해당됨
- 전체 묶음 수=분수에서 분모에 해당됨, 나누어 갖게 될 각각의 묶은 분자에 해당됨(각각의 항)

$$\frac{2}{5}$$

⇦ 한 사람이 받게 될 비례배분의 묶음 값을 가리킨다.

⇦ 배분하여야 할 대상의 총량을 몇 개의 묶음으로 분할할 것인가를 나타내는 값이다.(기준 값=전체 묶음 값)

분수 개념과 연결 지은 비례배분 사례

고 돌려 가며 풀어 보고, 좀 더 심도 있는 미션 과제를 해결해 보는 것으로 시간을 보낼 계획이다.

🌱 10차시 비례배분 문제 해결

수업 흐름	교사의 발문
도입	모둠별로 비례배분 문제 내기(5분 동안 개인별로 비례배분 상황을 설정하여 1문항 출제하기 ⇨ 모둠원들과 함께 돌아가며 풀어 보기 ⇨ 가장 좋은 문제 1개 뽑아 두기)
전개	모둠별로 문제 '돌려 가며 풀기' ⇨ 새로운 문제가 각 모둠에 배달될 때마다 개별적으로 풀어 보기 ⇨ 모둠별로 모둠 내 번호 순서에 따라 풀이한 문제를 먼저 설명하는 방법으로 진행한다.
정리	미션 과제 해결 ⇨ 선생님이 제시한 미션 과제를 모둠원들이 함께 해결하기

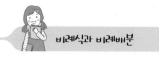

수학 6-2	3. 비례식과 비례배분 비례배분 미션 과제 해결하기	서울 초등학교
		6학년 반 번
		이름 :

[미션 과제 1] 바둑돌 30~35개를 가지고 5:1로 비례배분을 하고자 할 때 가능한 바둑돌 개수는 몇 개가 되겠는가? 그 이유는 무엇인가?

[미션 과제 2] 철수가 200만 원, 민수가 150만 원 투자하여 100만 원의 이익을 얻었다. 이렇게 얻은 이익금을 철수와 민수가 투자한 금액의 비로 비례배분을 하여 나누고자 할 때, 철수가 받을 수 있는 이익금이 80만 원이 되려면 철수는 얼마를 투자해야 하겠는가?(단, 철수와 민수의 투자액의 비는 일정하다.)

♣ 문제 해결 사례 : 이 상황을 보면 둘이 100만 원 받는 것도 처음에 철수가 200만 원, 민수가 150만 원 투자할 때만 가능한 상황이고 100만 원은 7로 나눴을 때 나누어떨어지는 수도 아니라서 아이들이 당황하게 된다. 이 문제의 해결을 위해서는 발상의 전환이 필요하다.

일단 두 사람의 투자금에 대한 비는 4:3임을 알 수 있다. 이때 철수가 80만 원의 이익금을 받게 되는 것이므로 비 1의 값은 20만 원, 민수는 3에 해당되는 이익금을 가져가게 되는 것이므로 60만 원을 받게 된다. 따라서 두 사람의 이익금 총액은 140만 원이 된다.

철수가 200만 원 투자했을 때 이익금이 100만 원이면 철수가 얼마를 투자해야 이익금이 140만 원 나오겠는가를 알아보는 문제로 상황을 바꾸게 되면 문제 해결의 실마리가 보이게 된다.

$$200만 : 100만 = \square : 140만$$
$$\therefore \square = 280만 \ 원$$

※ (이렇게 해결하여도 됩니다.) 4:3 = 80만 : $\square$ ⇨ 이익금 총액은 140만 원. 처음 이익금 100만 원의 1.4배가 되었으므로 두 사람의 투자금액도 1.4배가 되어야 한다는 것을 알 수 있다. 따라서 철수의 투자금액 200만 원에 1.4배를 하면 280만 원이 된다는 것을 알 수 있다.

수업 시작과 동시에 개인별로 비례배분 관련 문장제 문제를 1개씩 출제하라는 과제를 제시하였다. 나름 깊이 있게 고민하는 아이들도 있었다. 7분 정도가 지나 모두 완성되었다. 그 문제를 모둠원들과 함께 공유하고 풀어 보면서 가장 좋은 문제 하나를 뽑아 다듬게 하였다. 여기에도 약 7분 정도 시간이 흘렀다. 그 문제를 돌려 가면서 협동적으로 함께 해결하도록 하였다. 문제가 오면 먼저 각자 풀고, 번호 순서대로 돌아가면서 문제 설명 권한을 갖게 하였다. 그렇게 돌려 가며 문제 풀기 활동을 하는 데 약 15분 정도 시간이 흘렀다.

문제 풀이 과정에서 문제에 약간의 오류가 있음을 지적하는 모둠과 아이들도 있었다. 모둠 내에서 오류가 없도록 출제하라고 했지만 잘 마무리되지 않았던 것 같았다. 그러나 이렇게 찾아내는 것 또한 공부라 여기고 그것을 어떻게 수정해야만 바른 문항이 되는지 생각해 보라는 안내도 잊지 않았다.

여기까지 별 무리가 없이 진행되었다. 그래서 내가 갖고 있는 조금 어려운 문제를 미션 과제로 나누어 주고 남은 시간 동안 해결한 모둠만 점심 식사 권한을 준다고 으름장을 놓았다. 아이들은 얼른 풀어야겠다고 문제를 가져간 뒤 몰입하는 모습을 보였다. 잠시 문제 풀이에 집중하더니 대부분의 아이들이 간단한 비를 만든 뒤 그 비의 합으로 이익금이 나누어지지 않는다고 하면서 이 문제를 어떻게 해결하느냐고 하소연하였다. "잘 생각하면 해결방안이 나온다. 이 문제는 힌트를 주지 않겠다. 알아서 풀어 보렴. 답이 나오니까 문제를 내주었겠지?" 이렇게 답변만 해 주었다.

남은 시간은 10분인데 그중에 두 번째 문제는 결코 쉽게 풀리지 않는 문제였다. 그런데 거의 시간이 끝나 갈 무렵 고심하던 끝에 한 아동이 해결하였다고 내게 다가와 맞는지 검토를 요청하였다. 제대로 잘 풀었다. 나도 잠시 놀랐다. 그렇게 빨리 해결할 것이라고는 생각하지 못하였는데. 그 아동은 우리 반에서 수학적 문제 해결력이 가장 뛰어난 아동이었다. 혹시나 했

모둠별 문제 다듬기 장면

돌려 가며 문제 풀기 장면

지만 역시나 그 아동은 이런 문제도 큰 장애가 되지는 않는 듯했다. 그 아동이 다른 모둠원들에게 해결을 위한 실마리를 설명해 주기 시작하였고 그렇게 문제를 해결한 모둠은 서서히 늘어나기 시작하였다. 점심 시간을 약 8분 정도 넘겨서 대부분 아이들이 문제를 해결하였다고 내게 확인을 요청하였다. 마지막 시간도 그렇게 끝났다. 이번 단원도 나름대로 의미 있게 잘 진행되었다고 생각되었다.

 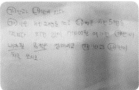 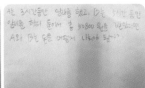

각 모둠에서 협의하여 뽑아낸 문항 출제 사례

11차시 단원 정리 – 단원 평가

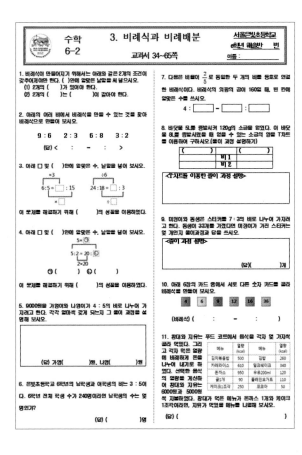

수학 6-2

3. 비례식과 비례배분

교과서 34~65쪽

서울은빛초등학교
6학년 해님반 번
이름:

1. 비례식이 만들어지기 위해서는 아래와 같은 2개의 조건이 갖추어져야만 한다. ( )안에 알맞은 낱말을 써 넣으시오.
   (1) 2개의 ( )가 있어야 한다.
   (2) 2개의 ( )는 ( )이 같아야 한다.

2. 아래의 여러 비에서 비례식을 만들 수 있는 것을 찾아 비례식으로 만들어 보시오.

   9 : 6   2 : 3   6 : 8   3 : 2

   (답) < : - : >

3. 아래 □ 및 ( )안에 알맞은 수, 낱말을 넣어 보시오.

   ×3 → 6 : 5 = □ : 15 ×□
   ÷6 → 24 : 18 = □ : 3 ÷□

   이 문제를 해결하기 위해 ( )의 성질을 이용하였다.

4. 아래 □ 및 ( )안에 알맞은 수, 낱말을 넣어 보시오.

   5×□
   5 : 2 = 20 : ㉡
   2×20

   ㉠ ( ) ㉡ ( )

   이 문제를 해결하기 위해 ( )의 성질을 이용하였다.

5. 9000원을 가영이와 나영이가 4 : 5의 비로 나누어 가지려고 한다. 각각 얼마씩 갖게 되는지 그 풀이 과정을 설명해 보시오.

   (답) 가영( )원, 나영( )원

6. 은빛초등학교 6학년의 남학생과 여학생의 비는 3 : 5이다. 6학년 전체 학생 수가 240명이라면 남학생의 수는 몇 명인가?

   (답) ( )명

7. 다음은 비율이 $\frac{2}{5}$로 동일한 두 개의 비를 등호로 연결한 비례식이다. 비례식의 외항의 곱이 160일 때, 빈 칸에 알맞은 수를 쓰시오.

   [ ] - [ ] : [ ]

8. 바닷물 8L를 증발시켜 120g의 소금을 얻었다. 이 바닷물 8L를 증발시켰을 때 얻을 수 있는 소금의 양을 T차트를 이용하여 구하시오.(풀이 과정 설명하기)

( )		( )
	비 1	
	비 2	

   <T차트를 이용한 풀이 과정 설명>

9. 미정이와 동생은 스티커를 7 : 3의 비로 나누어 가지려고 한다. 동생이 33개를 가졌다면 미정이가 가진 스티커는 몇 개인지 풀이과정과 답을 쓰시오.

   <풀이 과정 설명>

   (답)( )개

10. 아래 6장의 카드 중에서 서로 다른 숫자 카드를 골라 비례식을 만들어 보시오.

    4   6   9   12   16   36

    (비례식) (- :)

11. 정대와 지유는 푸드 코트에서 음식을 각자 몇 가지씩 골라 먹었다. 그리고 각자 먹은 열량에 비례하게 돈을 나누어 내기로 하였다. 선택한 음식의 열량을 계산하여 정대와 지유는 6000원과 5000원씩 지불하였다. 정대가 먹은 메뉴가 돈까스 1개와 케이크 1조각이라면, 지유가 먹은 메뉴를 나열해 보시오.

메뉴	열량(kcal)	메뉴	열량(kcal)
김치볶음밥	500	김밥	260
카레라이스	610	밀크쉐이크	340
돈까스	950	우유200ml	120
귤1개	90	플레인요거트	110
케이크1조각	250	요â우	50

    (답) ( )

04 비율 그래프

01 단원 소개 및 문제의식 갖기

교사용 지도서를 보면 이 단원은 전체와 부분 사이의 관계를 비율로 나타내고 이 비율을 직관적으로 알아보는 비율 그래프(띠그래프, 원그래프)를 통해 비율 그래프의 원리를 익히고, 목적에 따라 자료를 수집·분류하여 유의미한 통계적 자료로 나타낼 수 있는 능력을 기르는 데 중점을 두고 있다고 되어 있다. 특히 학생들 스스로 설문 목적을 정하고 목적에 맞게 조사 항목을 정하는 등 정보를 조직하고 구성하는 경험을 할 수 있도록 하였다고 안내하고 있다. 학습 목표 및 단원 발전 계통을 살펴보면 아래와 같다.[1]

영역	단원 학습 목표
내용	1. 비율 그래프가 실생활에서 쓰이는 예를 알고 원리를 이해할 수 있다. 2. 주어진 자료를 띠그래프 또는 원그래프로 나타낼 수 있다. 3. 비율 그래프를 해석하고 이를 설명할 수 있다. 4. 실생활 자료를 수집하여 목적에 맞는 그래프로 나타내고 자료의 특성을 설명할 수 있다.
과정	1. 띠그래프 또는 원그래프에 나타난 자료를 해석하고 설명하여 의사소통 능력을 기를 수 있다. 2. 비율 그래프를 보고 여러 가지 통계적 사실을 예측하는 활동을 통해 추론 능력을 기를 수 있다.
태도	1. 띠그래프 또는 원그래프의 특성을 알고 상황에 맞게 적절히 활용하려는 태도를 가질 수 있다. 2. 띠그래프 또는 원그래프가 실생활에서 사용되는 예를 알고 수학에 흥미를 가질 수 있다. 3. 실생활과 관련된 자료를 띠그래프 또는 원그래프로 나타내는 활동을 통해 수학의 유용성을 알 수 있다.

단원의 발전 계통	
선수 학습	본 학습
3학년 자료의 정리, 4학년 막대그래프, 꺾은선 그래프, 5학년 자료의 표현	• 띠그래프 알아보기, 띠그래프 그리기, 띠그래프 해석하기 • 원그래프 알아보기, 원그래프 그리기, 원그래프 해석하기 • 조사한 자료를 그래프로 나타내기 • 자료를 조사하여 그래프로 나타내기

위의 내용에 근거를 두고 교사용 지도서는 본 단원의 전개 계획을 다음과 같이 제시[2]하였으나 현장에서 그대로 따라서 지도하기에는 무리가 있다는 생각이 든다.

---

1 2009 개정 교육과정에 따른 수학과 교사용 지도서 6학년 2학기. 2015. p. 219.
2 2009 개정 교육과정에 따른 수학과 교사용 지도서 6학년 1학기. 2015. p. 221.

차시	재구성 이전	수업 내용 및 활동
1	단원 도입	이야기를 통해 자료를 그래프로 나타내야 할 필요성 알기
2	띠그래프 알기	띠그래프를 이해하고 띠그래프에 제시된 정보 읽기
3	띠그래프 그리기	주어진 통계 자료를 정리하여 띠그래프로 그리기
4	띠그래프 해석하기	띠그래프를 해석하고 설명하기
5	원그래프 알기	원그래프를 이해하고 원그래프에 제시된 정보 읽기
6	원그래프 그리기	주어진 통계 자료를 정리하여 원그래프로 그리기
7	원그래프 해석하기	원그래프를 해석하고 설명하기
8	조사한 자료를 그래프로 나타내기	조사한 자료를 해석하여 비율 그래프로 나타내기
9	자료를 그래프로 나타내고 활용하기	한 가지 주제를 정해 조사 활동을 한 뒤 비율 그래프로 나타내고 그 특징을 설명하기
10	공부를 잘했는지 알아보기	단원에서 배운 내용을 문제를 풀며 정리하기
11	문제 해결	비율 그래프를 해석하여 필요한 정보를 얻기
12	체험 마당	통계가 만들어지는 과정에 따라 우리 반에서 필요한 정보를 얻고, 얻은 정보를 활용하는 경험 갖기

문제의식을 갖게 만드는 점 몇 가지를 살펴보면 아래와 같다.

단원 지도를 위한 수업 시수 분배 및 내용 구성의 문제

지도서를 보면 총 12차시로 구성되어 있다. 하지만 스토리텔링, 평가 및 문제 해결, 체험 마당 등을 제외한다면 실제로는 9차시로 구성되어 있다고 봐야 할 것이다. 단순한 시각으로 바라보면 내용 구성상 별 문제가 없는 것처럼 보인다. 단원 도입에 1차시, 띠그래프 3차시, 원그래프 3차시, 자료 수입 및 정보 처리 2차시, 그의 다양한 활용에 2차시로 잘 안배되어 있는 것처럼 보인다. 그런데 이런 구성은 통계라는 영역의 특성 및 아이들 사고의 흐름을 제대로 반영하지 못하였다고 볼 수 있다. 왜냐하면 5학년까지 여러 종류의 그래프를 다루었다고는 하지만 6학년 과정에서 한 번 더 종합적으로 정리할 필요성도 있을 뿐만 아니라 통계의 필요성, 그 가운데 원그래프와 띠그래프의 필요성 및 그 장점을 단원 시작 과정에서 명확하게 살펴보고 각각의 그래프를 다루기 시작하는 것이 순서일 것이라는 것을 누구나 조금만 생각해 보면 느낄 수 있을 것이기 때문이다. 더군다나 교과서 내용을 보면 먼저 띠그래프를 3차시 다루고 이어서 원그래프를 따로 분류하여 3차시 다루도록 되어 있으나 이 두 종류의 그래프는 이렇게 따로 분류해서 다루어야 할 만큼 특별히 다른 점도 없고 크게 차이나는 점도 없기 때문이다. 따라서 단원을 재구성할 때는 통계 영역이라는 보다 넓은 차원에서 큰 그림을 한 번 종합적으로 정리해 주고, 1학기에 학습했던 백분율을 다시 한

번 점검해 본 뒤 원그래프와 띠그래프를 동시에 다루되 그 표현 방식에 따라 띠 모양, 원 모양으로 달라질 뿐이라는 점(물론 그 외에도 약간의 차이점은 있겠지만 그것이 두 가지를 따로 배워야 할 만큼 크게 부각될 필요는 없다는 생각이 든다.)을 스스로 추론할 수 있도록 도와주면 될 것이라 판단된다. 이를 위해 아이들 사고의 흐름에 맞게 교과서 내용 구성 방향을 제시해 본다면 아래와 같다.

1. 단원 도입 활동 : 교과서에서는 여전히 불필요한 이야기로 1시간을 소비하고 있다는 생각이 든다. 오히려 통계라는 영역의 특성을 잘 살려 실생활 속에서 많이 볼 수 있는 다양한 형태의 그래프를 살펴보면서 다양한 그래프의 특성을 한번 종합적으로 정리해 보고 통계의 필요성 및 통계 영역이 갖는 장점 등을 함께 생각해 보는 시간을 갖는 것이 좋을 것이라 생각된다. 1차시 끝에 가서는 이 단원에서 함께 알아 갈 내용이 바로 띠그래프, 원그래프라는 것을 짚어 주고 2차시부터 본격적인 학습 활동에 들어가는 것이 훨씬 더 아이들에게 자연스럽게 다가갈 수 있을 것이라 여겨진다.

2. 본격적인 단원 학습을 위해서 우선은 주어진 자료를 정리하여 백분율로 변환시키는 활동이 필요하므로 1학기에 공부했던 백분율을 다시 한 번 정리해 보는 시간이 꼭 필요할 것이라 판단된다. 물론 1시간 내내 할 필요는 없다는 생각이 든다. 10~15분 정도면 충분할 것이라 보고, 이후에 교과서에 나와 있는 다양한 자료를 백분율로 변환시키는 작업을 한 이후에 이를 적절하게 표현할 수 있는 그래프가 무엇인지를 선택해 보는 활동을 통해 띠그래프, 원그래프의 필요성 및 특성을 스스로 추론해 낼 수 있도록 하는 과정이 반드시 이루어져야 할 것으로 생각된다. 그러나 교과서 내용은 이런 구성이 아니어서 매우 아쉽다는 생각이 든다.(이 과정에서는 변환시키는 백분율 자료를 이용하여 막대그래프, 꺾은선 그래프, 그림그래프 등으로 나타내 보고 무엇이 문제인지를 생각해 봄으로써 띠그래프, 원그래프가 필요하다는 것을 자연스럽게 인식할 수 있도록 도와주는 수업 디자인이 필요하다.)

3. 다음으로는 띠그래프, 원그래프 필요성의 인식을 바탕으로 변환된 백분율 자료를 띠그래프나 원그래프로 나타내는 방법을 스스로 찾아내는 과정이 펼쳐져야 한다. 직접 알려 주기보다 스스로 다양한 주제의 띠그래프, 원그래프를 관찰하고 백분율과 연결 지어 어떻게 각 항목을 띠그래프와 원그래프에 명시할 것인가를 찾아내면 될 것이라 판단된다. 이 과정에서 띠그래프-원그래프 간에 약간의 차이점과 공통점을 함께 생각해 보는 활동이 반드시 필요할 것이다.

4. 다음으로 충분히 주어진 자료를 띠그래프 또는 원그래프로 나타내는 경험을 가진 후에 그래프로 나타내는 것이 끝이 아니라 그 자료를 어떻게 해석하고 읽어 낼 것인가를 6학년 수준에 맞게 심도 있게 다루어 줄 필요성이 매우 크다고 판단된다. 그래프는 단순히 보여 주기 위한 자료가 아니다. 제시된 자료를 읽고 그것을 어떻게 해석할 것인가 하는 점이 사실은 더 중요한 영역이라고 할 수 있다. 따라서 이 부분에도 충분한 시간을 할애하여 아이들이 자료에 대한 해석 능력을 적절히 갖출 수 있도록 도와주어야 한다.

5. 끝으로는 주어진 자료만 이용할 것이 아니라 스스로 주제 또는 영역을 정하고 그와 관련된 자료를 수집하기, 통계 내기, 백분율 환산하기, 그에 맞는 그래프 그리기, 자료 분석하기(해석 및 읽기)까지 해낼 수 있는 기회를 제공하는 것이 본 단원의 하이라이트일 것이라 판단된다. 따라서 자신의 삶 속에서 유의미한 주제를 아이들 스스로 선택하고 그것에 대한 자료 분석까지 해낼 수 있는 실제적인 체험 수학 활동이 가장 필요한 단계라 여기고 교사는 아이들의 흥미나 호기심을 충분히 자극할 수 있는 안내자 역할을 훌륭히 수행하여야 할 것이라 생각된다.

가장 중요한 것을 별로 중요하게 다루지 않고 있는 교과서 속 질문

사실 통계 영역의 핵심은 통계를 내서 그래프로 보여 주는 것 그 자체에 있는 것이 아니라 사람들이 관련 주제를 어떻게 쉽고 빠르게 읽고 해석할 수 있도록 도와줄 수 있느냐의 문제, 어떤 해석을 내릴 수 있느냐의 문제에 더 중심이 놓여 있다고 본다. 그런데 교과서는 총 12차시 수업 중에서 8차시와 9차시(거의 마지막 단계)에 가서야 맨 뒤에 마무리 질문으로 "○○그래프를 보고 ○○에 대한 자신의 의견을 이야기해 보시오. 조사를 통해 알 수 있는 것은 무엇인지 말해 보시오."라고 별 대수롭지 않게 짧은 답(단편적인 대답)을 요구하고 있는 것처럼 보여서 아쉬움이 남는다. 이 부분은 국어 교과와 연결 지어 자신만의 관점 갖기, 그것을 바탕으로 자신의 생각과 의견을 주장하는 글이나 논술 형태의 글로 제시하기 등의 활동이 충분히 가능한 영역이라 할 수 있다.(6학년 국어 교과서를 자세히 살펴보면 사물이나 현상을 바라보고 판단하는 '관점'과 관련된 단원이 특히 많다는 것을 알 수 있다.) 따라서 이와 연결 지을 수 있는 교사의 지혜와 역량이 다른 단원보다 특별히 더 요구된다고 할 수 있다.

불필요한 질문에 대한 고민

아이들이 직접 자료를 조사하거나 주어진 자료를 읽고 통계를 내고 분석하는 과정에서 스스로 판단하거나 해석을 내려야 할 부분에 대하여 일일이 질문으로 제시하고 있는 교과서 속 내용은 어딘가 불편해 보이기만 한다.

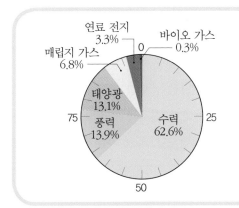

원그래프와 함께 제시된 질문

가장 높은 비율을 차지하는 에너지는 무엇입니까?

수력 발전량은 태양광 발전량의 약 몇 배입니까?

태양광 발전량과 풍력 발전량을 더하면 전체의 몇 %입니까?

그 밖에 그래프를 보고 알 수 있는 것을 이야기해 보시오.

출처 : 교과서 115쪽 원그래프

위의 사례는 바로 그런 예시 가운데 하나다. 이런 식으로 교과서를 구성하면 아이들은 자료의 해석보다는 질문에 답이 무엇인지만 생각하여 답만 쓰고 끝내려고만 할 수밖에 없다. 따라서 이런 질문을 제시하고 그에 대한 답을 찾으라고만 하지 말고 주어진 그래프를 읽고 해석하여 다양한 추론을 할 수 있도록 하는 방향으로 재구성하여 지도하지 않으면 안 될 것이다.

02 단원 재구성을 위한 방안

자료 분석 및 통계에 대한 가치를 교사 자신도 확실히 이해할 필요가 있다

자료 분석, 통계 등의 가치를 교사 자신은 얼마나 이해하고 있을지 궁금해진다. 어떤 분야든 영역이든 교과든 교사 자신이 얼마만큼 깊이 있게 이해하고 있는지에 따라 수업의 질은 분명히 달라진다. 분명히 수업의 질은 교사의 질을 넘지 못한다고 볼 때 이 영역에 대한 교사 자신의 전문성을 다시 한 번 점검해 보고 자신의 부족한 점을 보완하는 것도 꼭 필요하다고 판단된다. 여기에서는 이런 점들에 대하여 종합적으로 검토해 보는 시간을 잠시 가져 보도록 하겠다.

자료 분석, 통계는 아이들에게 문제 해결력과 비판적 사고력(특히 자료 분석 및 해석)을 증진하고 의사소통 능력을 강화하며 수 감각을 계발하고, 연산 능력을 활용할 수 있는 기회를 제공할 수 있는 매우 유용한 활동이다. 이런 주제에 대한 학습은 수학을 하는 과정에서 문제 해결식 접근이나 탐구를 바탕으로 한 접근 방식을 요구한다. 그렇기 때문에 초등 교육과정에서 매우 유용한 주제 가운데 하나라고 할 수 있다.

이와 관련하여 아이들은 매일 실제 생활 속에서 매우 다양한 통계와 관련된 자료를 접한다. 텔레비전, 인터넷 등은 우리에게 수만은 통계자료를 수시로 쏟아 내고 있다. 예를 들어 여론조사, 일기예보, 금융, 정치, 경제 등의 영역에서 수많은 통계자료를 볼 수 있다. 그리고 우리는 그런 통계자료를 바탕으로 나름대로의 판단과 의사결정을 하게 된다. 이런 내용들을 수학 수업과 연결 지을 때 우리가 얻게 되는 몇 가지 중요한 가치를 정리해 보면 아래와 같다.

- 중요 가치 1 : 자료 분석, 통계는 모든 교과 활동과 관련이 있다. 자료 분석, 통계 관련 내용은 수학, 사회, 국어, 과학 등 모든 교과 활동에 자주 등장한다. 이런 이유 때문에 문제 해결 학습이나 프로젝트 수업, 주제통합 수업 등이 가능하게 된다. 예를 들어 다양한 그래프를 학년별로 공부한 뒤에 여러 사람들의 독서량 평균값을 나타내기, 인구나 어떤 지역 등에 대한 정보를 나타내기, 신체적 특성의 평균값을 나타내기, 생활 속에서 발생하는 다양한 관심사와 탐구할 내용 등을 직접 조사하고 자료를 수집하고 정리한 뒤 그래프로 그리고 해석하기 등 여러 활동이 가능하다.
- 중요 가치 2 : 자료 분석, 통계는 아이들에게 자신들이 갖고 있는 수에 대한 개념을 바탕으로 의미 있는 연산 활동

을 수행할 기회를 제공한다. 예를 들어 90이라는 수는 관련 상황이 주어지지 않으면 그냥 의미 없는 기호에 불과하지만 어떤 일이 일어날 가능성이 90%라고 한다면 여기서 갖는 90이라는 기호의 의미는 크기에 대한 중요한 의미를 포함하게 된다. 이처럼 자료 분석, 통계 영역에서 제시되는 각종 수치는 아이들에게 수의 의미 이해, 수의 가치 이해, 수의 활용 능력, 수의 의미에 대한 다양한 해석 기회, 수 감각 계발 기회 등을 제공해 준다. 그리고 이런 모든 것은 수학적 사고력과 직결된다.

● **중요 가치 3: 자료 분석, 통계는 분석적·논리적·비판적 사고를 계발할 수 있는 기회를 제공한다.** 아이들이 자료를 직접 수집, 통계, 분석, 해석하는 과정을 거치면서 스스로 다양한 질문을 찾고 그에 대한 답을 추론하거나 나름의 결론을 도출해 내는 경험을 하게 된다. 그 과정에서 자신들의 생각, 주장, 관점 등에 대해 확신을 갖거나 정당화하거나 타인을 설득하는 데 강한 힘을 발휘하는 근거를 갖게 될 것이다. 이런 사례들은 우리 생활 곳곳, 특히 정치, 경제, 사회 영역 전반에 걸쳐서 나타나고 있다. 따라서 학교 교육은 아이들을 이런 기회에 더 자주 노출시킴으로써 논리적·분석적·비판적 사고력을 계발할 수 있는 기회를 충분히 제공해야만 한다.

통계에 기반을 둔 탐구 활동 절차

자료의 수집, 분석, 통계, 해석을 위해서 반드시 지켜야 할 절차를 단계별로 간단히 짚어 보면 다음과 같다.

[1단계] 탐구 주제 설정하기

탐구 주제는 아래와 같은 성격의 것이어야 가치가 있다.

⑴ 정답이 없어야 한다.

⑵ 아이들의 흥미(학습 및 탐구 동기)를 끌 수 있어야 한다.

⑶ 자료 수집, 분석, 결과 해석에 가치가 있는 것이어야 한다.

(예) 6학년 학생들의 평균 용돈, 6학년 학생들이 좋아하는 교과, 6학년 학생들의 직업 선호도, 휴대전화 사용량, 꼭 여행하고 싶은 나라, 공부하는 시간, 잠자는 시간, TV 시청 시간, 학원에서 공부하는 시간 등

[2단계] 자료 수집하기

주제가 결정되면 탐구 계획을 수립하고 자료를 어떤 방법으로 수집할 것인가에 대한 충분한 논의가 이루어져야 한다. 이 과정에서 의사소통은 매우 중요한 가치를 지닌다.

⑴ 누구를 대상으로 할 것인가?

⑵ 어떤 방법으로 자료를 수집할 것인가?(설문, 질의-응답, 관찰 등)

⑶ 표집 대상을 얼마나 잡을 것인가?(자료의 양)

⑷ 자료 수집 기간은 얼마나 할 것인가?(언제부터 언제까지)

(5) 수집한 자료의 정리 기간과 방법은?(사용할 도표 유형)

(6) 자료 수집에서 반드시 고려해야 할 점은 없는가?

[3단계] 자료 분석 및 표현하기

자료를 수집하면 계획에 따라 정리, 분석하고 알맞은 도표에 정확히 나타낸다.

[4단계] 결과 해석하기

가장 중요한 단계로서, 통계 결과를 바탕으로 자신만의 시각과 관점을 내세워 논리적·분석적·비판적 해석을 내놓아야 한다. 이렇게 만들어진 결과는 자신의 생각이나 주장, 논리에 설득력을 제공할 것이며 그 과정에서 논리적·비판적·분석적 사고력과 추론 능력 등이 점점 향상되어 가는 것을 느낄 수 있게 된다.

다양한 그래프에 대한 정리

여기에서는 다양한 그래프에 대하여 간략히 정리해 보면서 6학년 과정에서 다룰 원그래프, 띠그래프에 대하여 좀 더 자세히 알아보도록 하겠다.

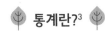

통계란?[3]

일상생활 속의 여러 가지 현상에 대한 자료를 수집, 분류하고 그것을 표현하고 풀이하여 설명하는 것을 말한다. 통계의 목적은 자연현상 또는 사회현상을 파악하여 앞으로의 일을 예측하거나 내다보기 위함이라 할 수 있다. 통계의 시작은 기준을 정하고 그에 따라 여러 사물을 분류한 뒤 분류한 것들의 개수를 세어 어느 집단이나 무리의 수가 크고 작은지를 알아보는 활동에서 비롯된다. 수를 헤아린 뒤에는 이를 잘 알아보기 쉽게 표나 다양한 형태의 그래프로 정리하면 된다. 자료의 분류,[4] 통계와 같은 수학적 개념은 조사한 내용에 대한 결과를 적절히 해석할 줄 아는 것이 매우 중요하다. 따라서 이 영역에 대한 수업은 무엇인가에 대하여 직접 조사하여 얻은 결과를 한눈에 알아보기 쉽게 표나 그래프로 나타내고 설명하고 이해하는 경험을 직접 해 보는 것이 가장 핵심이라 할 수 있다.

---

3 5학년 수업수업 협동학습으로 디자인하다. 2016. 이상우. 시그마프레스. pp. 383~384.

4 적절한 기준을 정하고 그에 따라 여러 사물을 분류하는 것으로서 표나 그래프 등으로 나타내고 설명하는 활동 이전에 반드시 거쳐야 하는 활동이다. 이 모든 활동은 자료를 조직화하고 앞으로 일어날 일을 예측하는 능력을 키우는 데 도움을 준다.

다양한 그래프에 대하여

통계의 수치를 시각적으로 알아보기 쉽게 해주는데 가장 큰 의의가 있다.

1. **막대그래프**:비교의 대상이 있을 경우(수량의 상대적 크기 비교) 혹은 어떤 것을 강조하고자 할 때 쓰인다. 양의 크기를 막대의 길이로 표현한다. 주로 이산량 자료에서 활용하며 해석이 용이하다. 참고로 히스토그램과는 다르다. 히스토그램은 연속량 자료에 이용되며 주로 범위가 큰 경우에 활용된다.(예를 들어 세로축은 인원수, 가로축은 국어, 수학 등의 교과목이라면 이산량이 되고, 키나 몸무게가 된다면 연속량이 된다.)

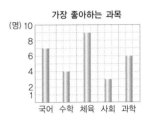

2. **꺾은선 그래프**:나타내고자 하는 대상이 시간의 흐름과 관련이 있을 때(연속적인 변화를 나타내고자 할 때, 앞으로 어떻게 변화할 것인지에 대한 예측도 가능) 사용한다. 연속량 자료(시간의 흐름에 따른 기온의 변화, 연령의 변화에 따른 체중의 증가, 연도에 따른 인구의 변화 등:가로축은 시간, 세로축은 수량)에 활용된다. 시간의 흐름에 따른 패턴, 경향, 비교, 변화를 나타내는 데 효과적이다. 가로축과 세로축이 무엇을 의미하는지가 매우 중요하다.

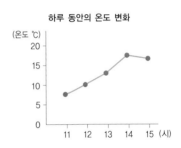

3. **원그래프**(파이차트, 때에 따라서는 도넛 모양으로 나타내기도 함):전체에서 부분의 비율을 나타낼 때 효과적으로 사용된다. 원 전체를 100으로 보고 각 부분의 비율을 부채꼴 면적으로 표현한다. 일반적으로 시계 방향으로 크기 순서대로 배열한다.

4. **그림그래프**:면적을 가지는 그림(수량을 그림의 크기로 나타냄)으로 변수의 분포를 시각적으로 한눈에 알아보기 쉽게 나타내고자 할 때 효과적으로 사용된다. 활용 및 해석이 매우 쉽고 용이하지만 시각적으로 오류를 불러일으킬 수 있다는 점에서 주의가 요구된다. 그래프에 제시된 그림에 대한 이해가 필요하다.

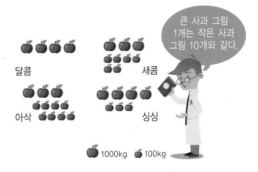

참고하기 원그래프, 띠그래프에 대한 보충

- 전체를 100%로 보고 부분의 비율을 나타낸 그래프이다.(100% 초과는 불가능)
- 해석과 활용이 용이하다.

- 원그래프는 직접 그리기 어렵지만 컴퓨터 등을 이용하면 매우 쉽다.
- 이를 그리기 위해서는 분수, 백분율, 비율, 각의 측정 등에 대한 종합적인 지식이 필요하다.
- 원그래프를 띠그래프로, 띠그래프를 원그래프로 나타낼 수도 있다.

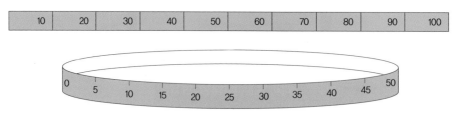

원그래프와 띠그래프 간의 상호 변환 아이디어

위와 같이 생긴 띠그래프를 원 모양으로 둥글게 만들면 그대로 원그래프가 된다.

- 백분율에 관련된 결론을 이끌어 내는 데는 띠그래프(그리기 쉽고 길이를 이용하여 자료의 크기를 비교)보다 원그래프(중심각의 크기를 이용하여 자료의 크기를 나타냄. 전체와 부분, 부분과 부분 사이의 비율을 한눈에 알아보기 쉬움. 중심각을 100등분해야 하므로 띠그래프보다 그리기 어려움)가 더 분명하게 나타낸다.

- 오른쪽의 사례와 같이 같은 분야, 주제와 관련하여 비율의 변화 상황을 나타내고 비교할 때는 띠그래프가 훨씬 효과적이다. 비교하고자 하는 것에 대한 변화가 한눈에 들어와서 원그래프보다 이해하기 쉽다.

	14세 이하	15~64세	65세 이상
1970년	42.5%	54.4%	3.1%
1980년	34.0%	62.2%	3.8%
1990년	25.6%	69.3%	5.1%
2000년	21.1%	71.7%	7.2%
2010년	16.2%	72.8%	11.0%

연령별 인구 구성의 변화

- 이해를 돕기 위해 보통 각 항목별로 색깔을 달리하여 표현하는 것이 보통이다.

※ 비율 그래프는 띠그래프, 원그래프 말고도 오른쪽에서 보는 바와 같이 사각형 그래프(모눈 그래프)도 있다. 이는 100칸의 모눈을 이용하여 비율을 표현한 그래프로 자료의 크기를 넓이로 나타낸 것과 같다고 할 수 있다.)

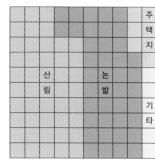

사각형 그래프(모눈 그래프)

통계는 신뢰성이 매우 중요 – 신뢰도

보통 여론조사를 한 뒤 그 결과를 백분율 및 비율 그래프로 많이 제시한다. 그 내용 가운데 오차범위, 신뢰수준이라는 말들이 귀에 자주 들어온다. 오차가 작고 신뢰수준이 높다면 믿음이 가겠지만 오차가 크고 신뢰수준이 낮으면 믿음이 가지 않게 된다. 물론 조사 대상 모두를 조사하였고 응답자가 솔직하게 답변하였다면 오차는 0이고 신뢰수준은 100이라고 할 수 있겠지만 그렇게 하기는 시간, 인력, 예산 문제를 생각한다면 어렵다고 볼 수 있다. 이런 문제점을 극복하기 위해 통계학에서는 적당한 수의 대상을 조사하되,

어느 정도의 수를 조사하면 오차범위와 신뢰수준이 각각 어떻게 되는지를 오른쪽과 같이 제시하고 있다.[5]

각종 언론이나 방송매체(TV 뉴스 등)를 통해 알려지는 여론조사 결과가 그 대표적인 예라고 할 수 있는데 가장 일반적으로 행해지는 여론조사를 보면 오차범위＝±3%, 95% 신뢰수준을 제일 많이 이용한다. 그래서 조사 대상을 최소 1,068명으로 정하고 여기에 남녀 비율, 연령대, 지역 배분 등을 고르게 한 후 조사하여 발표하게 된다.

그러나 여기에도 반드시 잊지 말아야 할 점이 한 가지 있다. 여론조사와 같이 백분율 형태로(비율 그래프) 제시되는 통계자료는 100% 신뢰하면 안 된다는 것이 바로 그것이다. 조사를 통해 알려지는 수치는 어디까지나 가능성일 뿐(수치가 높을수록 그럴 가능성이 높다는 것일 뿐)이다. 수치가 높다고 하

오차범위	신뢰수준	
	95%	99%
± 1%	9,604명	16,590명
± 2%	2,401명	4,148명
± 3%	1,068명	1,844명
± 4%	601명	1,037명
± 5%	385명	664명
± 6%	267명	461명
± 7%	196명	339명
± 8%	151명	260명
± 9%	119명	205명
± 10%	97명	166명

여 반드시 그렇다고 말할 수는 없는 일이다. 특히나 어떤 두 대상 간의 당락을 결정하기 전에 알아본 여론조사 예측 결과가 오차범위 내에 있거나 오차범위를 약간 벗어나더라도 큰 차이가 나지 않는다면 신뢰도는 더욱더 떨어질 수밖에 없으며, 조사 대상이 달라지면 그 결과가 얼마든지 달라질 수 있기 때문에 100% 신뢰하면 안 된다.(의도에 따라 사람들을 속이기 위해 여론조사 결과를 조작하거나 조사 대상을 자신들에게 유리하게 설정하여 조사하고 그 결과를 발표하여 어떤 이익을 보려는 사례들도 얼마든지 있을 수 있는 일이기 때문에 더욱더 그렇다.) 이런 자료나 수치는 어디까지나 판단이나 결정에 도움을 줄 수 있는 참고자료일 뿐이라는 것을 반드시 기억해야만 한다. 그런 자료만 믿고 중대한 결정을 하였을 때 낭패를 볼 수도 있으며 그 결과에 대한 책임을 여론조사 기관이나 발표자에게 미룰 수는 없는 일이기 때문이다.

5　1만 명을 조사할 때와 10명을 조사할 때의 신뢰도 및 오차는 굉장히 큰 차이를 보이게 된다. 조사 대상의 수가 클수록 신뢰도는 높아지고 오차는 작아진다. 하지만 조사 대상의 수 말고도 오차 및 신뢰도에 영향을 미치는 것이 또 있다. 그것은 바로 성별, 연령대, 지역(시도별), 유선전화-무선전화 등과 같은 것이다. 이것을 어떻게 조사에 반영시켰느냐에 따라 신뢰도는 달라질 수 있다.

03 단원 지도를 위한 재구성의 실제

차시	재구성 이후	수업의 목적
1	실생활과 통계	실생활 속 통계 사례를 통해 통계의 필요성과 중요성 인식하기, 다양한 그래프 이해하기
2~3	백분율 복습 및 원그래프, 띠그래프 이해하기	백분율 복습, 띠그래프와 원그래프 이해하기(막대그래프, 꺾은선 그래프, 그림그래프 등과 비교-차이점, 다른 점 등), 조사할 주제 정하기
4	원그래프, 띠그래프 그리기 및 해석하기	주어진 자료를 활용하여 원그래프와 띠그래프 그리기, 원그래프와 띠그래프 비교하기
5		
6		
7		원그래프와 띠그래프에 나타난 결과 해석하기
8		
9~11	원그래프, 띠그래프 관련 문제 해결(뉴스 기사 쓰기)	직접 주제를 정하고 자료 수집, 결과 처리(그래프 그리기) 및 해(분)석하기(문제 해결 또는 프로젝트), 뉴스 자료 만들기, 결과물 제작하기
12	단원 정리(문제 풀기)-평가	단원 평가 : 수행평가 과제물로 대신함

위와 같이 크게 세 부분으로 나누어 재구성한 이유는 다음과 같다.

첫째, 12차시로 계획된 단원 활동 중 평가 1시간을 뺀 11차시로 설계하고 그 첫 단계를 '통계의 중요성 ⇨ 다양한 그래프의 이해 ⇨ 백분율과 띠그래프, 원그래프 이해'와 같은 순서로 차근차근 학습해 나갈 수 있도록 디자인해 보았다. 아이들은 3시간 과정을 통해 비율 그래프를 보는 법, 백분율과 연계한 띠그래프와 원그래프의 특징과 장점 등을 잘 이해할 수 있을 것이라 생각된다.

이 단계에서는 직접 설명하고 안내하기보다는 그래프를 관찰하고 살펴보고 모둠원들과 의사소통하면서 그래프 보기, 그래프 속에서 퍼센트(%)의 이해(부분과 부분, 전체와 부분 간에 백분율이 갖는 의미 이해), 비율 그래프만의 특징과 장점, 어떻게 그래프를 보면 되는지 등에 대하여 탐구·발견해 나가는 활동이 중심이 될 수 있도록 수업을 디자인하였다.

둘째, 이 단계에서는 다양한 주제의 띠그래프, 원그래프를 관찰하고 백분율과 연결 지어 어떻게 각 항목을 띠그래프와 원그래프에 명시할 것인가를 찾아내어 직접 그래프로 나타내 보는 활동을 중심으로 수업을 디자인하였다. 활동의 어느 단계에서 띠그래프-원그래프 간에 약간의 차이점과 공통점을 함께 생각해 보는 시간도 가질 수 있도록 하였다. 이 과정에서 수학적 의사소통 및 협동적 활동, 수 개념에 기초한 연산 활동 등이 매우 활발하게 일어날 것이며 관찰력, 비교분석력, 전략 세우기 능력 등이 매우 큰 비중을 차지하게 될 것이라 판단된다.

한편 비율 그래프 그리기 역량이 어느 정도 갖추어지면 가장 중요한 단계인 비율 그래프 해석 활동을 중심으로 한 비판적 사고력 기르기 활동이 수업 속에서 다루어질 수 있도록 하였다. 그래프를 보면서 어떤 판단, 어떤 해석을 내리느냐에 따라 상당히 많은 것들이 달라질 수 있다. 똑같은 것을 보고도 경험, 관점, 처한 입장에 따라 생각은 얼마든지 달라질 수 있다. 자료 분석, 통계 관련 활동이 아이들에게 문제 해결력과 비판적 사고력(특히 자료 분석 및 해석)을 증진하고 정보 공유를 통한 의사소통 능력을 강화하는 데 도움을 줄 수 있다면 그 활동은 바로 이 단계에서 가장 활발하게 이루어질 것이라 확신한다. 다만 비율 그래프가 나타내는 것은 어디까지나 가능성이라는 점을 아이들이 간과하지 않도록 강조하고 또 강조해야 한다는 점을 반드시 잊지 말아야 할 것이다.

넷째, 마지막 단계는 아이들이 직접 주제를 정하고 자료 수집, 결과 처리(그래프 그리기) 및 해(분)석하기(문제 해결 또는 프로젝트), 뉴스 자료 만들기, 결과물 제작하기로 이루어지는 일종의 프로젝트 수업 또는 문제 해결 학습이나 탐구 학습, 주제통합 수업 등으로 디자인해 보았다. 이 시간을 통해 아이들은 스스로 주제를 정하고 그에 대한 자료를 수집, 통계, 분석, 해석, 발표하는 팀 기반의 협동적 활동을 경험하면서 스스로 다양한 질문을 찾고 그에 대한 답을 추론하거나 나름의 결론을 도출해 내는 경험을 하게 될 것이다. 그 과정에서 자신의 생각, 주장, 관점 등에 대해 확신을 갖거나 타인을 설득하는 데 필요한 근거 자료를 갖게 될 것이다.

🌱 1차시 　실생활과 통계

통계란?

일상생활 속의 여러 가지 현상에 대한 자료를 수집, 분류하고 그것을 표현하고 풀이하여 설명하는 것을 말한다. 통계의 목적은 자연현상 또는 사회현상을 파악하여 앞으로의 일을 예측하거나 내다보기 위함이라 할 수 있다. 통계의 시작은 기준을 정하고 그에 따라 여러 사물을 분류한 뒤 분류한 것들의 개수를 세어 어느 집단이나 무리의 수가 크고 작은지를 알아보는 활동에서 비롯된다. 수를 헤아린 뒤에는 이를 잘 알아보기 쉽게 표나 다양한 형태의 그래프로 정리하면 된다. 자료의 분류, 통계와 같은 수학적 개념은 조사한 내용에 대한 결과를 적절히 해석할 줄 아는 것이 매우 중요하다. 따라서 이 영역에 대한 수업은 무엇인가에 대하여 직접 조사하여 얻은 결과를 한눈에 알아보기 쉽게 표나 그래프로 나타내고 설명하고 이해하는 경험을 직접 해 보는 것이 가장 핵심이라 할 수 있다.

다양한 그래프에 대하여

통계의 수치를 시각적으로 알아보기 쉽게 해주는데 가장 큰 의의가 있다.

- 막대그래프 : 비교의 대상이 있을 경우(수량의 상대적 크기 비교) 혹은 어떤 것을 강조하고자 할 때 쓰인다. 양의 크기를 막대의 길이로 표현한다. 주로 이산량 자료에서 활용하며 해석이 용이하다. 참고로 히스토그램과는 다르다. 히스토그램은 연속량 자료에 이용되며 주로 범위가 큰 경우에 활용된다.(예를 들어 세로축은 인원수, 가로축은 국어, 수학 등의 교과목이라면 이산량이 되고, 키나 몸무게가 된다면 연속량이 된다.)
- 꺾은선 그래프 : 나타내고자 하는 대상이 시간의 흐름과 관련이 있을 때(연속적인 변화를 나타내고자 할 때, 앞으로 어떻게 변화할 것인지에 대한 예측도 가능) 사용한다. 연속량 자료(시간의 흐름에 따른 기온의 변화, 연령의 변화에 따른 체중의 증가, 연도에 따른 인구의 변화 등 : 가로축은 시간, 세로축은 수량)에 활용된다. 시간의 흐름에 따른 패턴, 경향, 비교, 변화를 나타내는 데 효과적이다. 가로축과 세로축이 무엇을 의미하는지가 매우 중요하다.
- 원그래프(파이차트, 때에 따라서는 도넛 모양으로 나타내기도 함) : 전체에서 부분의 비율을 나타낼 때 효과적으로 사용된다. 원 전체를 100으로 보고 각 부분의 비율을 부채꼴 면적으로 표현한다. 일반적으로 시계 방향으로 크기 순서대로 배열한다.
- 그림그래프 : 면적을 가지는 그림(수량을 그림의 크기로 나타냄)으로 변수의 분포를 시각적으로 한눈에 알아보기 쉽게 나타내고자 할 때 효과적으로 사용된다. 활용 및 해석이 매우 쉽고 용이하지만 시각적으로 오류를 불러일으킬 수 있다는 점에서 주의가 요구된다. 그래프에 제시된 그림에 대한 이해가 필요하다.

1차시 수업 소감

자료를 복사하여 나누어 주고 모둠별로 돌아가며 읽기 구조를 활용하여 읽어 보았다. 그 이후에 통계란 무엇이고, 지금까지 공부했던 다양한 그래프에 대하여 총정리하고 각 그래프의 특징을 살펴보는 시간을 가졌다. 특별한 사항은 없는 수업 시간이었다. 그러나 통계란 무엇이고 왜 하는지에 대한 이유는 아이들이 보다 명확히 인식할 수 있도록 강조하고 또 강조하였

다. 아울러 그래프로 그리는 것 이상으로 중요한 것이 바로 그래프의 해석이라는 점을 매우 강하게 어필하면서 교과서 속에 나타난 그래프 몇 개를 미리 살펴보면서 그것에 대한 간단한 해석을 함께 해 보았다. 앞으로 전개될 수업에서도 그래프로 그리는 것보다는 그것의 해석에 더 비중을 두어 다루어 보고자 생각하고 있다.

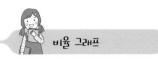
🌱 2~3차시 백분율 복습 및 띠그래프, 원그래프 이해하기

수업 흐름	교사의 발문
도입	**백분율에 대한 점검** • 백분율 구하는 방법 확인 및 복습 • 교과서 속 주어진 자료를 활용하여 백분율 구해 보기
전개	**비율 그래프에 대한 이해 넓히기** • 비율 그래프와 막대그래프, 그림그래프, 꺾은선 그래프 등을 비교하기 • 비율 그래프의 특징 살피기(전체에 대한 각 부분의 비율이 띠 모양이나 원 모양으로 나타남. 대상 전체를 살필 때도 있지만 일부분을 표집한 후 통계를 내서 대상 전체에 대한 비율을 나타내기도 함. 이럴 경우 오차가 발생함. 표집의 크기가 클수록 오차는 줄어들게 됨)
정리	직접 조사하여 비율 그래프로 나타낼 주제 선정하기 – 모둠토론

2~3차시 수업 소감

오늘 수업은 1학기에 공부했던 백분율 구하기에 대하여 알아보는 것으로 시작하였다. 백분율이 무엇이고 어떻게 구하는지 함께 간략한 사례를 통해 살펴보는 데 약 7분 정도의 시간이 사용되었다. 그렇게 간단히 알아본 바를 바탕으로 본 단원 교과서 속에 주어진 여러 자료를 수치화·도표화하고 이를 바탕으로 백분율을 구하는 활동에 집중하였다. 여기에 약 25분 정도의 시간이 사용되었다. 아이들은 시간이 지날수록 백분율 구하는 활동에 익숙해져서 별 무리 없이 백분율을 잘 계산하였다.

이어서 백분율을 바탕으로 띠그래프, 원그래프를 그리는 방법에 대하여 함께 살펴보았다. 아이들은 별로 어렵게 생각하지 않았다. 그도 그럴 것이 비율 그래프는 띠 모양이나 원 모양을 100칸으로 나눈 후 각 1칸을 1%라 가정하고 주어진 비율만큼 그래프에 표시하면 된다는 것만 이해하면 더 이상 문제가 될 것이 없기 때문이었다. 그래서 앞서서 구해 보았던 교과서 속 백분율 자료를 바탕으로 띠그래프, 원그래프를 모두 그려 보라고 안내하였다. 시작하기 전 주어진 비율만큼 그래프에 표시를 하고 반드시 각 영역마다 항목, 비율(%)을 반드시 써 주어야 한다는 것을 강조하고 또 강조하였다. 그랬더니 10분 정도 조금 지나자 아이들은 교과서 속 모든 그래프를 완성하였다.

다음 순서로 비율 그래프의 특성 가운데 특히 전수조사를 하지 못할 경우 적정 수를 표집하여 통계를 내야 하는데 이때 생각해 볼 점들을 몇 가지 함께 살펴보았다. 먼저 얼마만큼 표집하여야 하는가에 대하여 살펴보았다. 이를 위해 표집을 적게 할 경우 문제점은 무엇이고 많이 할수록 어려운 점은 무엇인지 질문을 통해 생각해 보도록 하였다. 아이들은 질문에 대한 의미를 잘 이해하고 나름의 생각을 잘 발표하였다. 아이들이 생각한 내용을 정리하면 아래와 같다.

(1) 표집을 적게 할 경우 : 통계 결과에 대한 신뢰가 떨어진다. 통계 결과가 전체 집단에 대한 특성을 제대로 나타냈다고 볼 수가 없다는 대표적인 문제가 있다.

(2) 표집을 크게 할 경우 : 시간과 비용, 인력이 많이 든다. 통계 내는 데 시간이 많이 걸린다는 대표적인 문제가 있다. 그러나 전체 집단에 대한 특성을 잘 나타낼 수 있어서 통계 결과에 대한 신뢰가 높아진다는 장점을 갖고 있다.

이를 바탕으로 현재 특정 사회적 현상에 대한 표본 집단을 정할 때 보통 많이 활용하고 있는 신뢰도 95%, 99%에 대하여 오차의 범위가 ±1~10%일 때 각각의 경우 조사해야 할 인원을 정리한 내용을 표로 나누어 주면서 오차, 신뢰도 등에 대한 설명을 이어 나갔다. 적지 않은 아이들이 방송, 뉴스 등을 통해 이 내용을 들어 본 경험을 갖고 있었다.

이제 시간이 약 15분 정도 남았다. 이 시간은 앞으로 아이들이 직접 자료를 수집하고 통계를 낸 후 비율 그래프로 표현함과 동시에 해석까지 하여 뉴스 기사로 만들 주제를 선정하

는 데 할애하였다. 수학 시간에 앞서 국어 시간에 미리 뉴스와 관련된 단원을 공부하면서 수학 시간과 연계하여 비율 그래프를 그리고 그와 관련된 뉴스 기사를 모둠별로 작성하는 데 필요한 여러 가지 사항을 짚어 보았다. 특히 뉴스 기사로 쓰인다는 것은 그 주제가 여러 사람들의 흥미와 관심을 끄는 주제나 사회적 현상이어야 한다는 것, 사람들에게 좋은 정보가 되어야 한다는 것을 말하는 것이기 때문에 각 모둠별로 주제를 정할 때는 이에 해당되는 것인지 먼저 살펴야 한다는 것을 강조해 주었다. 그냥 통계를 내고 그래프를 그려서 끝나는 것이 아님을 정확히 짚어 주었다. 모둠별로 회의가 시작되자 아이들은 다양한 의견을 내놓았고 각각의 의견마다 뉴스 기사로 쓰기에 적합한 주제인지에 대한 의견을 깊이 있게 나누면서 열띤 토론을 해 나갔다. 그렇게 모둠별로 결정된 주제를 가지고 나와 협의한 뒤 확정을 하게 하였다. 각 모둠마다 협의가 끝나는 대로 내게 와서 점검을 받았다. 어떤 모둠은 주제는 정하였지만 그것이 뉴스 기사로 쓰일 때 과연 여러 사람들에게 흥미로운 것이 될 수 있는지 확신이 들지 않는다고 내게 의견을 달라고 말하기도 하였다. 물론 도움을 주기도 하였다. 그렇게 6모둠에서 모두 6개의 주제가 만들어졌다.

(1) 중 · 고학년을 대상으로 다니는 학원 개수에 대한 실태 조사(중 · 고학년 구분하여 비교 분석)
(2) 1~6학년까지 휴대전화 사용 시간 및 사용 내용에 대한 실태 조사(각 학년별 비교 분석)
(3) 1~6학년까지 학생들을 대상으로 어떤 나라 음식을 좋아하는지에 대한 실태 조사
(4) 5학년과 6학년을 대상으로 컴퓨터 또는 휴대전화 게임 시간과 공부 시간과의 상관관계에 대한 조사
(5) 1~6학년까지 학생들을 대상으로 1주일간 아침밥을 몇 번 먹고 오는지에 대한 실태 조사
(6) 저 · 중 · 고학년을 대상으로 SNS 사용에 대한 실태 조사

물론 그 과정에서 필요한 경우 표집을 해야 하는데 신뢰수준을 몇 %로 하고, 오차범위를 어떤 구간으로 할 것인지, 각 주제별로 몇 명 정도를 표집하여 자료를 수집하고 통계를 낼 것인지 등에 대한 이야기도 함께 나누었다. 그리고 모두 점검을 마친 후 아이들에게 비율 그래프를 그리고 뉴스 기사를 쓰는 활동에 딱 1주일만 주겠다고 공지하면서 오늘 수업을 마무리하였다.

4차시 원그래프, 띠그래프 비교하기

수업 흐름	교사의 발문
도입	**표집하여 통계를 내고 비율 그래프로 제시한 사례 함께 공유하기** • 사례를 통해 지난 시간에 공부했던 내용 다시 한 번 점검하기
전개	**원그래프와 띠그래프의 차이점 살펴보기** • 띠그래프와 원그래프의 공통점과 차이점 생각하기(교과서 속에 제시된 다양한 그래프를 보면서 개인 생각 정리) ⇨ 모둠원들과 공유하기(벤 다이어그램 구조 활용) ⇨ 전체 발표 • 띠그래프를 그릴 때 참고할 점 알아보기: 대체로 비율이 높은 항목부터 나타냄. 그러나 순서가 있는 항목(계절, 시간, 월 등)은 비율에 상관없이 순서대로 나타냄. 비율이 낮은 항목은 주어진 칸 안에 항목과 비율을 기록하기 어렵기 때문에 화살표를 이용하여 그래프 밖에 쓰도록 함. 똑같은 항목에 대한 변화 상황을 나타낼 때 유리함. • 원그래프를 그릴 때 참고할 점 알아보기: 대체로 띠그래프를 그리는 것과 비슷함. 전체와 부분, 부분과 부분의 비율을 한눈에 알아보기 쉬움. 변화를 나타내는 상황에는 사용되지 않음.
정리	**교과서 속 다양한 띠그래프, 원그래프 그리기(지난 시간까지 직접 계산한 백분율 결과를 바탕으로 그래프 그리기)**

4차시 수업 소감

이번 시간은 지난 시간까지 직접 알아본 교과서 속 다양한 질문에 대한 백분율 결과를 이용하여 띠그래프와 원그래프 그리는 활동을 해 보고자 하였다. 아이들은 비율 그래프 그리는 활동을 그리 어려워하지 않는다. 그래서 그래프 그리는 활동에 긴 시간을 할애하지 않았다.

우선 그래프 그리기 전에 실제 비율 그래프 사례를 통해 신뢰도, 표본오차 등에 대하여 다시 한 번 알아보는 시간을 가졌다. 지난 시간에 모둠별로 정한 주제를 직접 조사하고 비율 그래프를 그리면서 신뢰도와 표본오차를 근거로 뉴스 기사를 쓰면서 생활 주변에서 일어나고 있는 다양한 현상에 대하여 유의미한 해석을 내릴 수 있도록 하기 위함이다. 이를 위해 지난 5월 대통령 선거에서 보도된 자료를 아이들에게 제시해 보았다.

지난 시간에 나누어 준 신뢰도, 표본오차와 관련하여 실제로 그에 맞게 자료가 작성되었는지 확인해 보기도 하였다. 그런데 그 과정에서 한 명의 아동이 날카로운 지적을 해 주었다. 아래 사진 자료 맨 마지막에서 응답률이 9.8%라는 것에 관심을 가졌고 응답률이 이렇게 떨어진다면 어떻게 신뢰를 가질 수 있는 것인지 문제를 제기하였다. 그 아동이 이런 질문을 하기 전에 내가 미리 준비했던 질문인데 그 아동이 이렇게 짚어 줄 것이라 예상은 하지 못했다. 그런데 그런 문제 제기가 되는 바람에 오히려 더 좋은 수업이 되었다. 다른 아이들도 그

질문을 듣고 생각해 보니 이 조사 결과에 신뢰를 할 수 없다는 의견이 더 많았다. 약 1,500명 조사에 응답률이 약 10%라면 150명만 조사에 응했다는 것인데 최소한 응답을 한 사람이 50%는 넘어야 어느 정도 조사 결과를 신뢰할 수 있는 것이 아니냐는 것이 아이들의 생각이었다. 그래서 이렇게 대답해 주었다.

"응답한 사람들의 수가 적다고 하여 무의미한 것이라 말할 수는 없단다. 물론 응답한 사람들의 수가 많을수록 신뢰도가 높아지고 오차는 적어질 것이다. 그러니 너희들이 조사할 주제에 대해서는 어떻게 하면 응답률을 높일 수 있는지 고민해 보는 것도 나쁘지는 않겠지?"

다음에 이어서 띠그래프와 원그래프의 공통점과 차이점을 알아보았다. 이 활동은 개인 활동 ⇨ 모둠 활동 ⇨ 전체 활동 순서로 이어지기는 하였으나 그리 많은 시간이 사용되지는 않았다. 여기까지 수업을 하는 데 약 20분 정도 시간이 지났다.

남은 20분은 교과서 속 비율 그래프를 개인적으로 그려 보고 모둠원들과 확인해 보는 시간으로 사용하였다. 지난 시간까지 백분율을 모두 구해 보았기 때문에 비율 그래프를 그리고 서로 확인하는 데 그리 많은 시간은 필요하지 않았다. 딱 20분 정도 안에 아이들은 모두 마무리하였다. 다음 시간부터는 국어 시간과 연결 지어 제일 중요한 도표의 해석 및 기사 쓰기 활동에 집중하여 볼 생각이다.

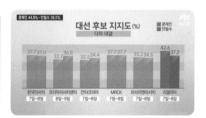

JTBC 뉴스룸 보도자료 및 방송프로그램 자료

🌱 5~8차시   비율 그래프 작성을 위한 협의 및 해석하기

수업 흐름	교사의 발문
도입	**비율 그래프 작성을 위한 모둠 협의** • 자료 조사 방법 및 시간, 설문 문항 작성 • 비율 그래프 작성 및 해석, 뉴스 기사 계획서 작성
전개	**비율 그래프 해석하기** • 비율 그래프를 보고 알 수 있는 다양한 사실에 대하여 이야기 나누기 : 개인 생각 ⇨ 모둠 공유 ⇨ 전체 공유 • 1차적으로 교과서 속 비율 그래프를 활용하여 해석하기 연습 • 2차적으로 뉴스 기사 속 비율 그래프를 활용하여 해석하기 연습
정리	비율 그래프 해석 결과를 바탕으로 뉴스 기사문 쓰기

5~6차시 수업 소감

우선 블록 수업 2시간을 계획하였는데 그 첫 시간은 자료 수집을 위한 다양한 협의 시간으로 사용하였다. 이 시간에 각 모둠별로 모여서 자료 수집에 필요한 제반 협의를 마칠 수 있도록 안내하였다. 각 모둠별로 아이들은 설문 문항을 만들고 자신들이 정한 주제에 대하여 왜 그런 설문을 하는지, 이 설문을 통해 무엇을 말하고 싶은 것인지 등에 대하여 적극적인 협의를 해 나갔다. 어떤 모둠은 달랑 1문항만 갖고 와서 설문을 하겠다고 하였다. 예를 들자면 이런 것이었다.

학원을 다니는 개수는 몇 개인가?

이런 설문을 하였을 때는 그 결과를 바탕으로 뉴스 기사를 쓰면서 어떤 관점을 가지고 나름의 생각을 독자들(신문 기사를 읽는 사람들)에게 전하고 싶은 것인지를 고민해 보고, 위와 같은 질문에 더하여 몇 가지 후속 질문을 더 제시하여야만 설문에 응하는 사람들도 제대로 대답할 수 있을 것이라는 설명을 해주었다. 후속 질문의 예도 아래와 같이 들어서 설명해 주었다.

(1) 학교 공부와 관련된 학원은 몇 개 다니는가?
(2) 학교 공부 외에 취미 등과 관련된 학원은 몇 개 다니는가?
(3) 스스로 다니고 싶어서 다니는 것인가?
(4) 학원에서 있는 시간은 총 몇 시간 정도 되는가?

이런 사례를 바탕으로 각 모둠별로 나름의 질문을 만들고

자료를 수집할 준비를 해 나갔다. 또한 설문의 신뢰도와 표준오차를 협의하여 그에 따른 적절한 표집 인원을 정하고 어떤 방식으로, 언제까지 역할을 분담하여 자료를 수집할 것인지에 대한 논의도 잘 이루어졌다. 각 모둠별로 협의 결과를 내게 들고 와서 점검을 받기까지 완료하는 데 약 45분 정도의 시간이 사용되었다.

이제 남은 시간부터는 자료의 해석에 집중하기로 하고 교과서 속 비율 그래프를 보면서 자료 읽기 및 해석하는 방법을 차근차근 살펴보기로 하였다.

먼저 가장 기초적인 자료 읽기에 들어갔다. 제시된 비율 그래프에 대하여 제시된 각 항목별로 수치를 많은 것부터 차례대로 읽어 가는 방식이 가장 초보적인 단계의 자료 읽기 및 해석이라 할 수 있다. 예를 들자면 아래와 같다.

10	20	30	40	50	60	70	80	90	100
침엽수림 40%				활엽수림 30%			혼합림 20%		기타 10%

어느 지역 나무 종류별로 산림의 넓이를 조사한 결과 침엽수림, 활엽수림, 혼합림, 기타 순으로 결과가 나타났다.

이렇게 자료를 해석하는 단계보다 한 걸음 더 들어가면 이런 해석이 가능할 것이다.

어느 지역 나무 종류별로 산림의 넓이를 조사한 결과 침엽수림, 활엽수림, 혼합림, 기타 순으로 결과가 나타났다. 그 넓이를 살펴보면 침엽수림이 40%로 제일 많았고, 그 다음은 활엽수림이 30%, 그다음은 혼합림(두 종류 이상의 나무가 섞여 있는 것-예를 들자면 침엽수와 활엽수가 섞여 있음)이 20%, 끝으로 기타 10% 순서로 나타났다.

상황에 따라서는 이런 읽기도 가능하다는 것을 이야기 나누기도 하였다. 교과서 속에 그런 사례들이 있기 때문이었다.

침엽수림은 혼합림보다 약 2배 정도 많다는 것을 알 수 있다.

그러나 이런 식의 해석은 아무렇게나 하는 것이 아니라 그렇게 해석을 함으로써 읽는 사람들에게 특히 관심을 가져 줄 것을 기대하고자 할 때, 특별히 관심을 가지고 지켜봐야 할 항목이 있을 때, 반드시 짚어 주어야 할 항목이 있을 때만 하는 것이라는 점을 강조하고 또 강조해 주었다.(이를 위해 아래의 자료를 활용하여 소개해 주었다. 의미 있는 경우 또는 특징이 잘 나타날 때, 특별히 강조해 줄 필요가 있을 때만 백분율 항목 간의 비교를 통해 설명할 수 있다는 점을 이해할 수 있도록 도와줌.)

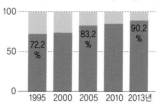

연도별 강력 범죄 피해자 중 여성 비율

자료:검찰청 범죄 분석 통계

여성를 노리는 강력 범죄가 때와 장소를 가리지 않고 무차별적으로 벌어지고 있다. 피해 여성 수도 기하급수적으로 늘었다. 대검찰청에 따르면 살인, 강도, 성폭행, 약취·유인 등 네 가지 강력 범죄 피해자 중 여성 비율은 1995년 72%에서 2005년 83%, 2013년 90%로 증가했다. 같은 시기 피해 여성 수는 5,476명에서 2만 4,992명으로 5배 가까이 늘었다.

출처 : http://news.chosun.com/site/data/html_dir/2015/09/24/2015092400375.html

이 정도까지만 자료를 해석할 수 있도록 하는 데 35분 정도 시간이 사용되었다. 다음 시간에는 교과서 속 자료를 바탕으로 좀 더 자세히 해석을 할 수 있도록 충분히 생각하고 주변 친구들과 생각을 나누는 시간을 가질 수 있게 수업을 디자인할 생각이다.

7~8차시 수업 소감

2시간 동안 교과서 속 자료를 이용하여 자료 해석하는 방법에 한 걸음 더 들어갈 수 있는 시간을 가졌다. 지난 시간에 함께 살펴본 경험을 바탕으로 아이들은 차근차근 초보적인 단계에서부터 시작하여 자료 해석의 깊이를 더해 갔다.

먼저 스스로 자료를 해석해 보는 시간을 충분히 가진 뒤에 모둠원들과 공유하기, 타인의 자료 해석을 통해 자료 해석에 대한 자신의 생각과 관점 넓히기, 도움 주고받기 등의 활동을 2시간 동안 충분히 경험해 나갔다. 그래도 아이들은 자료 해석에 대해서 어렵다고 말한다. 그래도 처음보다는 나아지고 있다는 것을 느끼고 있는 듯했다. 이를 바탕으로 다음 시간에는 직접 수집한 자료를 정리·분석하기, 비율 그래프로 나타내기,

자료 해석하기 활동에 모든 시간을 투입할 생각이다.

요 며칠 사이에 아이들은 놀이 시간, 점심 시간 등을 이용하여 전교를 돌아다니고 타 학년, 타 학급 선생님들께 자신들이 이런 설문을 부탁드리고 자료를 수집하는 이유를 설명하면서 다니고 있었다. 틈틈이 모은 자료는 역할을 분담하여 표로 정리하고 통계를 내는 모습들이 눈에 띄었다. 자료 수집 과정에서 궁금한 것들에 대해 또는 자신들의 생각에 부족한 것은 없는지 등에 대하여 내게 수시로 와서 점검을 받기도 하였다. 아이들 수준을 생각해 본다면 꽤 의미 있는 통계자료 및 뉴스 기사가 나올 것 같다는 조심스런 생각을 가져 본다.

🌱 9~11차시   비율 그래프 관련 문제 해결(뉴스 기사 쓰기)

♣ 6학년 2학기 국어과 단원과 관련하여 주제통합 수업

수업 흐름	교사의 발문
도입	**뉴스 기사문 쓰기 관련 지도(국어과와 주제통합 수업)** • 통계자료를 바탕으로 뉴스 기사문을 작성하는 요령 지도 　① 통계 수치를 표로 먼저 정리하여 제시 　② 통계 수치를 백분율로 바꾸어 정리한 표 제시 　③ 비율 그래프 제시 　④ 그래프 밑에 자료 조사 기관, 자료 조사 기간, 자료 조사 대상, 자료 조사 방법, 응답률, 신뢰도, 오차와 범위와 같은 중요한 정보를 꼭 기록
전개	**기사문을 쓸 때 주의할 점 점검** • 관심을 끌 수 있는 제목으로 정하기, 의미 있는 사회적 현상에 대해 육하원칙에 따라 정리하기, 주제를 정한 의도와 목적에 맞게 문제의식을 가지고 자료 해석하기, 통계자료의 특징을 잘 파악하여 흥미로운 해석 내놓기, 해석한 결과를 의미 있는 내용으로 정리하기, 필요한 경우 문제의 원인과 문제 해결을 위한 대안 등을 제시하기 등 **위의 내용에 대하여 사례를 통해 설명하기**
정리	모둠별로 수집한 자료 통계 내기, 비율 그래프로 나타내기, 자료 해석하기 활동

9~11차시 수업 소감

국어과와 연계하여 주제통합 수업을 하면서 통계자료를 바탕으로 뉴스 기사문을 작성하는 요령을 지도하고 기사문을 쓸 때 주의할 점을 함께 점검해 보았다. 그런 후에 한 가지 사례를 통해 설명하면서 아이들이 좀 더 실제적으로 이해할 수 있도록 도왔다. 그런 후에 남은 모든 시간은 모둠별로 수집한 자료 통계 내기, 비율 그래프로 나타내기, 자료 해석하기 활동에

할애하였다. 모둠별로 매우 긴 시간 동안 자신들이 모은 자료를 정리하고 백분율로 나타내고 비율 그래프로 그려 나갔다. 여기까지는 그리 어렵지 않은 것 같았다. 물론 모둠마다 시간 편차가 꽤 컸다. 왜냐하면 어떤 모둠은 설문 문항이 단순하였고 어떤 모둠은 꽤 깊이 있는 고민 끝에 주제를 정하고 설문을 하였기에 설문 문항이 조금 복잡하고 많기도 하였기 때문

각 모둠별로 자료를 수집하고 점검하는 모습

각 모둠별로 모은 자료를 바탕으로 통계를 내고 비율 그래프로 나타내기 위해 작업하는 모습

이다. 그래서 통계자료가 일찍 나온 모둠은 곧바로 자료 해석에 들어갔고 그렇지 못한 모둠은 꽤 많은 시간을 자료 정리 및 통계 활동에 투자하였다. 그런 과정에서 어떤 모둠은 자신들이 수집하고 정리한 자료를 들고 와서 좀 더 의미 있는 자료 해석을 위한 도움을 청하기도 하였다. 물론 직접 가르쳐 주기보다는 스스로 그렇게 생각할 수 있도록 안내를 해 주는 선에서 멈추었다. 아이들은 나의 안내를 듣고는 한 걸음 더 깊이 들어갈 수 있을 것 같다고 하며 자리로 돌아가 모둠별 토의·토론 활동에 들어가기도 하였다. 꽤 진지한 논의도 이어진 것처럼 보였다.

이 활동을 하면서 아이들에게 미리 뉴스 기사문 쓰기 결과물이 단원의 수행평가라는 점을 매우 강조하고 또 강조하였다. 그래서일까, 아이들은 매우 신중하고 진지하며 적극적으로 활동에 임하였다. 특히나 자료 수집 및 해석을 위한 협의는 함께하지만 기사문은 개인별로 작성하여 제출하는 것이라서 더 그

런 모습을 보이는 것 같았다. 의미 있는 뉴스 자료가 나오기를 기대해 보며 시간을 정리하였다.

통계 결과를 바탕으로 자료 해석을 위해 의견을 교환하며 협의하는 모습

수행평가 Rubric

수학과 수행평가 목표

(1) 자료를 수집한 후 목적에 맞는 비율 그래프로 나타낼 수 있다.

(2) 비율 그래프를 해석하고 특징을 설명할 수 있다.

국어과 수행평가 목표

(1) 뉴스 기사가 될 수 있는 사회적 현상에 대하여 직접 조사를 하고 기사문을 쓸 수 있다.

(2) 좋은 기사문이 갖추어야 할 조건을 모두 충족시켜야 한다.

국어과			수학과	
사람들의 흥미와 관심을 끄는 현상에 대하여 직접 자료 조사를 하였다.	기사문이 갖추어야 할 조건을 모두 충족시켜 기사문을 잘 작성하였다.	상	자료를 충분히 수집하고 목적에 맞는 비율 그래프로 잘 나타냈다.	비율 그래프를 잘 해석하고 특징을 충분히 설명하였다.
직접 자료를 조사하였으나 사람들의 흥미와 관심을 끄는 면에서는 부족함이 있다.	기사문이 갖추어야 할 조건 가운데 한 가지 정도가 충족되지 못하였다.	중	목적에 맞는 비율 그래프로 나타내었으나 자료의 수집이 충분히 이루어지지 않았다.	비율 그래프 해석 및 특징 설명에 약간의 부족함이 있다.
주제가 사람들의 흥미와 관심을 끌지 못하고 자료 조사가 충분하지 못하다.	기사문이 갖추어야 할 조건 가운데 두 가지 이상이 충족되지 못하였다.	하	자료 수집이 충분치 않고 목적에 맞는 비율 그래프로 나타내지 못하였다.	비율 그래프 해석에 부족함이 많고 특징을 제대로 설명하지 못하였다.

다음은 통계 및 분석 결과, 기사문 쓰기 사례로 실제 주제통합 수업의 결과로 아이들이 작성하여 제출한 수행평가 과제 사례 몇 개를 가감 없이 그대로 실어 본다.

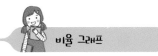

과제 제출물 사례 1

제목 : 혁신학교 학부모들은 과연 혁신학교를 믿는 걸까?

6학년 해솔반 김○○

♠ 학년별 현재 다니는 학원의 개수

개수	3~4학년	5~6학년
0개(다니지 않음)	38명(18%)	22명(11%)
1~2개	80명(37%)	56명(29%)
3~4개	63명(29%)	88명(46%)
5개 이상	35명(16%)	26명(14%)
합계	216명(100%)	192명(100%)

3~4학년(단위 : %)

5	10	15	20	25	30	35	40	45	50	55	60	65	70	75	80	85	90	95	100

0개(18%) (다니지 않음)	1~2개 (37%)	3~4개 (29%)	5개 이상 (16%)

5~6학년(단위 : %)

5	10	15	20	25	30	35	40	45	50	55	60	65	70	75	80	85	90	95	100

0개 (11%)	1~2개 (29%)	3~4개 (46%)	5개 이상 (14%)

♠ 학원을 다니는 학생을 대상으로 한 주로 다니는 학원의 종류

종류	3~4학년	5~6학년
공부	82명(46%)	117명(69%)
예체능(취미)	96명(54%)	53명(31%)
합계	178명(100%)	170명(100%)

3~4학년(단위 : %)

5	10	15	20	25	30	35	40	45	50	55	60	65	70	75	80	85	90	95	100

공부 (46%)	예체능(취미) (54%)

5~6학년(단위 : %)

5	10	15	20	25	30	35	40	45	50	55	60	65	70	75	80	85	90	95	100

공부 (69%)	예체능(취미) (31%)

♠ 학원을 다니는 학생을 대상으로 한 학원에 다닌다고 마음먹었을 때에 가장 많은 비중을 차지한 이유

계기	3~4학년	5~6학년
자발적	103명(58%)	57명(34%)
부모님 강요	75명(42%)	113명(66%)
합계	178명(100%)	170명(100%)

3~4학년(단위 : %)

5	10	15	20	25	30	35	40	45	50	55	60	65	70	75	80	85	90	95	100

자발적(자신이 원해서)
(58%)　　　　　부모님 강요
(42%)

5~6학년(단위 : %)

5	10	15	20	25	30	35	40	45	50	55	60	65	70	75	80	85	90	95	100

자발적(자신이 원해서)
(34%)　　　　　부모님 강요
(66%)

- 조사기관(조사자) : 6-해솔 김○○, 안○○, 장○○, 김○○
- 조사기간 : 2017년 11월 20일~11월 22일
- 조사대상 : 서울은빛초 3~4학년 216명, 5~6학년 192명(총 408명)
- 응답률 : 100%　　　• 신뢰도 : 95%　　　• 오차범위 : ±5%

　6-해솔반 김○○, 안○○, 장○○, 김○○은 11월 20일부터 22일까지 서울은빛초에서 직접 돌아다니며 3~4학년과 5~6학년, 두 그룹으로 나눠서 학생들에게 학원에 대해 조사하였다. 조사 목적은 서울은빛초 학생들이 학원에 대해 전반적으로 어떻게 생각하는지, 또 학년에 따라 학원의 개수와 수강 과목이 왜 달라지는지 등을 분석하고 그 속에서 발견되는 문제점에 대해 고민해 보기 위함이다.

　먼저 학년별 현재 다니는 학원의 개수를 보면 3~4학년은 조사 결과 1~2개, 3~4개, 0개(다니지 않음), 5개 이상 순으로 1~2개가 37%로 가장 높게 나왔고, 5개 이상이 16%로 가장 적게, 또 예상한 결과와 같은 순서대로 나타났다.

　1~2개도 높게 나왔지만, 그다음인 3~4개도 적지 않은 29%를 차지하였다. 0개(다니지 않음)와 5개 이상도 그다지 적진 않지만 1~2개의 절반에 그쳤다.

　반면 5~6학년은 조사 결과 3~4개, 1~2개, 5개 이상, 0개(다니지 않음) 순으로 3~4개가 46%로 가장 높게 나왔고, 0개가 11%로 가장 적게 나왔다.

　하지만 예상한 바와 달리 5개 이상이 3~4개 뒤를 따를 것으로 예상하였으나 1~2개가 5개 이상을 제

치고 2위를 차지하였다.

　3~4학년과 5~6학년을 같이 보면 3~4학년에서는 0개(다니지 않음)가 그다지 적지 않은 수치를 차지하였으나, 5~6학년에서는 0개(다니지 않음)가 적은 10%밖에 차지하지 못하였다. 이를 보면 5~6학년에는 공부에 대한 난이도가 높아지면서 학원을 더 많이 다니게 되는 것으로 추측할 수 있겠다.

　학원을 다니지 않는 학생들을 제외한 학원에 다니는 학생들을 대상으로 주로 다니는 학원의 종류를 살펴본 결과는 다음과 같이 3~4학년은 공부가 46%, 예체능이 54%로 그다지 차이가 나지 않았다. 그러나 5~6학년은 공부가 69%로 절반을 훌쩍 넘는 수치를 차지했고, 예체능은 공부의 3분의 1 수준도 되지 않는 31%를 차지했다.

　3~4학년과 5~6학년을 비교해 보면 3~4학년은 공부와 예체능이 별로 차이가 나지 않았지만 5~6학년 같은 경우에는 엄청난 차이가 난 걸 보니 5~6학년은 부족한 공부와 중학교 공부를 대비하기 위해 공부에 관련된 학원을 더 많이 다니는 것으로 추측해 볼 수 있겠다.

　학원에 다닌다고 한 학생들에게 학원에 다닌다고 마음먹었을 때 가장 많은 비중을 차지한 이유에 대해 물어본 결과는 다음과 같다. 3~4학년에서는 자발적, 즉 자신이 원해서 학원에 다니는 학생들은 58%, 부모님에 강요 때문에 학원에 다니는 학생들은 42%로 자발적으로 학원에 다니는 학생들이 좀 더 많았다. 그렇지만 5~6학년 같은 경우 자발적으로 학원에 다니는 학생들은 34%, 부모님의 강요에 의해 학원에 다니는 학생들은 66%로 부모님의 강요 때문에 억지로 학원을 다니는 학생들은 자발적으로 다니는 학생들에 2배로 3~4학년과 비교했을 때 굉장히 상반되는 결과가 나타났다.

　조사를 하면서 5~6학년 학생들은 우리가 이 질문을 했을 때 3분의 2의 학생들은 "당연히 부모님 강요 때문에 학원에 다니는 거 아니냐. 설마 우리가 원해서 다니겠냐?"라는 말을 했을 정도로 많은 학생들이 자신의 의지와는 상관없이 학원에 다니고, 학원에 대해 부정적인 관점을 가지고 있는 것으로 확인되었다.

　이 세 가지 질문의 결과를 유추해 보면 종합적으로 3~4학년은 학원에 대해 만족도가 높았으나, 5~6학년은 만족도가 그리 높지 않은 것으로 나타났다.

　우리 은빛초는 혁신학교로 혁신학교의 주목표는 창의적인 수업과 사교육 절감이다. 그러나 조사한 결과 사교육 절감의 효과는 학년이 높아질수록 그리 높지 않거나, 아예 효과가 없는 것으로 나타났음이 확인되었다.

　그리고 학원에 다니기로 마음먹었을 때 가장 많은 비중을 차지한 이유를 조사했을 때 부모님 강요는 3~4학년과 5~6학년 둘 다 절반에 가까운 수치로 나타났다. 이는 부모님들이 자녀들을 걱정해서 학원을 보내기도 하겠지만 요즘 대부분의 부모님들은 혁신학교를 나온 뒤 중학교에 가면 성적이 안 좋아진다는 소문이나 생각 때문에 학교 교육을 믿지 못하고 공부를 위한 학원에 보내는 것으로 추측된다. 그로 인해 학생들은 원치 않는 학원을 억지로 다니며 학원에 다니는 효과를 제대로 보지 못하고, 오히려 학업 스트

레스가 늘어나는 것으로 드러났다. 결국 여기에는 학부모님들의 줄어들지 않는 걱정, 불안이 가장 큰 몫을 하고 있다는 점에서 고민되는 바가 크다.

앞으로 이런 문제가 계속된다면 학교 교육 및 학원 교육에 대한 학생들의 생각은 부정적으로 바뀌게 될 것이다. 또한 억지로 학원에 다니는 것이기 때문에 학원 학습에 의한 성적향상이라는 결과도 기대할 수가 없어 돈만 낭비할 가능성이 높아질 것으로 예상된다.

이를 해결하기 위해서는 단지 부모님의 강요에 따라 학원에 다니는 것보다 부모님에게 자신의 생각을 확실히 얘기하고 자신이 원하고 꿈꾸는 것을 당당히 밝힐 수 있어야 이런 문제도 해결할 수 있을 것이라 생각한다.

부모님 또한 일단 학교 교육을 믿는 것이 중요하다고 생각을 하고, 또 아이의 미래를 위해 학원을 보낸다고 생각하시겠지만 그렇지 않을 수도 있기 때문에 현재 아이에게 필요한 것이 무엇인지, 이것은 불필요하진 않는지, 아이가 흥미를 느끼는지 등 여러 가지를 아이와 같이 상의하며 학원에 다닐지 다니지 말지를 정하는 것이 좋을 것이라 판단된다.

과제 제출물 사례 2

제목 : 먹느냐 마느냐! 그것이 문제로다!

6학년 해솔반 김○○

서울은빛초등학교 6학년 해솔반 김○○, 장○○, 이○○, 이○○은 2017년 11월 20일부터 11월 22일까지 서울은빛초 1학년부터 6학년까지 총 294명을 조사하였다. 이 4명은 학생들에게 직접 찾아가서 설문지를 돌리며 은빛초 학생들의 일주일 동안의 아침식사 비율을 조사하였다. 이 조사의 목적은 은빛초 학생들의 아침식사 사례를 알아보고 학생들에게 아침식사를 해야 하는 이유, 먹지 않으면 안 되는 이유 등의 중요성을 일깨워 주기 위함이었다.

- 조사기관(조사자) : 6-해솔반 김○○, 장○○, 이○○, 이○○
- 조사기간 : 2017년 11월 20일~11월 22일
- 조사대상 : 서울은빛초 1학년 52명, 2학년 56명, 3학년 49명, 4학년 23명, 5학년 52명, 6학년 62명
- 응답률 : 98%   • 신뢰도 : 95%   • 오차범위 : ±6%

다음 표에 보이는 것처럼 우리 모둠이 조사한 설문 결과는 이렇게 나타났다.

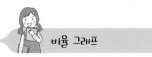
♠ 조사 대상 아이들의 일주일당 아침식사 일수

(단위:명)

매일	1~2일	3~4일	5~6일	전혀	합계
199	24	17	36	18	294

위의 표에서 보는 바와 같이 아침을 매일 먹는다는 학생이 294명 중 199명으로 거의 대부분을 차지했고 다음으로는 하루 정도 빼고는 다 먹는다는 학생이 36명, 1~2일 정도만 먹는다가 24명, 전혀 먹지 않는다는 18명, 일주일 중 3~4일만 먹는다가 17명으로 이 순서대로 나타났다.

이 표를 백분율로 고치면 아래와 같다.

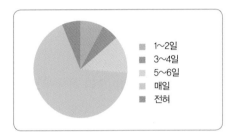

1~2일	3~4일	5~6일	매일	전혀	합계
8.3%	5.78%	12.2%	67.6%	6.12%	100%

위의 원그래프를 보면 "매일 먹는다.", "5~6일 정도 먹는다.", "1~2일 정도 먹는다.", "전혀 먹지 않는다.", "3~4일 정도 먹는다." 순으로 나타났다. 그중에서 "매일 먹는다."가 67.6%로 가장 높았고, "3~4일 정도 먹는다."가 5.78%로 가장 낮았다. 조사를 시작하기 전에 예상했던 바로는 매일 먹는다가 30% 정도 되고 전혀 먹지 않는다가 매일 먹는다와 비슷할 거라고 예상했었으나 나의 예상과 달리 매일 먹는다가 확연히 압도적으로 많이 나타났다는 것을 볼 수 있었다. 그러나 "매일 먹는다."와 "전혀 먹지 않는다."만 보면 차이가 10배 정도 나고 있다는 점도 눈여겨볼 필요가 있다고 판단된다. 또한 그래프에서 "매일 먹는다."를 제외하면 나머지는 꾸준히 먹지 않는다는 이야기가 된다. 그러므로 30%나 아침을 먹지 않는다고 해석할 수 있다. 또, 일주일 동안 절반 정도인 3~4일 정도만 어중간하게 먹는 사람이 거의 없을 거라고 생각했는데 오히려 그보다 전혀 먹지 않는다는 사람이 예상한 것보다 많아서 의외였다.

우리 모둠은 우리 학교 학생들이 왜 아침을 먹지 않는지에 대한 문제점을 파악하기 위해 매일 먹는다고 응답한 사람을 제외하고 먹지 않는 이유도 함께 조사하였다.

♠ 조사 대상 학생들이 아침식사를 하지 않는 이유

(단위:명)

늦잠	귀찮음	맞벌이	입맛 없음	기타	합계
27	20	9	17	22	95

이를 백분율로 나타내면 다음과 같이 나타난다.

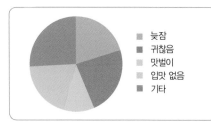

늦잠	귀찮음	맞벌이	입맛 없음	기타	합계
18.4%	21%	9.7%	17.8%	23.1%	100%

이 원그래프를 살펴보면 서울은빛초 학생들이 아침을 먹지 않는 이유로 늦잠, 기타, 귀찮음, 입맛 없음, 부모님 맞벌이 순으로 나타났다. 내가 예상했던 것과 같이 늦잠을 자기 때문에 밥을 먹지 못한다는 의견이 가장 많았고 부모님이 맞벌이라 챙겨 줄 사람이 없다는 이유로 아침을 굶는 사람이 가장 적게 나타났다. 이번 통계 자료를 정리하는 과정에서 가장 놀라웠던 것은 "기타"에 해당되는 내용이었다. 주로 기타의 내용을 살펴보면 고학년 중에는 다이어트를 한다는 이유가 가장 많았고 두 번째는 맛있는 반찬이 없어서, 마지막으로 교회에 간다는 이유 순서로 나타났다.

의학 잡지에 따르면 우리 몸과 뇌가 원활하게 움직이기 위해서 음식물을 섭취하면 우리 몸에서는 포도당을 만들어 낸다고 한다. 이 포도당은 우리의 뇌가 기억하고 생각하는 일을 잘 할 수 있도록 도와준다고 한다. 그러나 우리가 아침을 먹지 않는다면 저녁을 먹은 이후에 아침을 건너뛰고 점심을 먹게 되기 때문에 우리의 몸은 약 15시간 넘게 음식을 기다려야 한다. 또한 우리 몸은 아침밥을 먹지 않으면 포도당을 만들 수 없기 때문에 기억력과 사고력이 떨어지게 된다. 그 결과 공부에 집중하는 힘이 떨어지게 되고 그 결과로 학습 과정 및 결과도 좋지 않아 결국 성적도 떨어지게 된다. 그렇기 때문에 아침을 먹는 것이 매우 중요한 것이다.

한편 위의 그래프에서 늦잠을 자기 때문에 아침을 먹지 못한다는 이유가 가장 많았는데 이 문제는 자신이 평소보다 30분만 일찍 일어난다면 아침을 충분히 먹을 수 있는 일이라 판단된다. 또한 기타에서 다이어트를 한다는 학생이 꽤 있었는데 다이어트를 위해 굶는다면 아침보다 저녁을 굶는 것이 우리 몸에 무리가 가지 않는 방법이다. 아침에는 앞에서 말했듯이 우리 몸과 뇌의 활발한 활동을 위해 식사가 필수이고 저녁시간 이후는 우리 몸이 쉬어야 할 시간이기 때문에 저녁을 늦게 먹거나 과식을 하게 되면 우리 몸이 휴식을 취할 수 없어 힘들 뿐만 아니라 먹고 움직이지 않기 때문에 오히려 살이 더 찔 수도 있다. 앞으로는 이런 사실들에 대해 바르게 알고 이를 바탕으로 더 건강하고 나은 생활을 하는 서울은빛초등학교 학생이 되면 좋겠다.

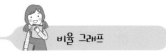
과제 제출물 사례 3

제목 : 5~6학년 학생들은 왜 쓰레기를 길거리에 함부로 버리나

6학년 해솔반 한○○

학교를 오갈 때 관심을 가지고 관찰해 보면 아이들이 길거리에 쓰레기를 함부로 버리는 일을 자주 목격하게 된다. 이렇게 쓰레기통을 놔두고 쓰레기를 버리는 데는 이유가 있지 않을까 의문을 느껴 이○○, 추○○, 한○○, 황○○ 학생이 직접 돌아다니며 2017년 11월 20일부터 22일까지 서울은빛초등학교 5학년 학생 20명, 6학년 학생 84명을 상대로 설문을 해 보았다.

- 조사기관 : 6-해솔반 이○○, 추○○, 한○○, 황○○
- 조사기간 : 2017년 11월 20일~11월 22일
- 조사대상 : 서울은빛초등학교 5학년 학생 20명, 6학년 학생 84명
- 응답률 : 100%　　　　● 신뢰도 : 95%　　　　● 오차범위 : ±10%

♠ 쓰레기를 버린 적이 있다, 없다

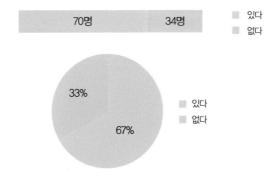

우선 길거리에 쓰레기를 버린 적 있는지부터 조사했다. 104명의 학생 중 '쓰레기를 버린 적 있다'고 응답이 70명으로 조사되었고, 이 '쓰레기를 버린 적이 있다' 학생의 비율이 67.3%를 차지했다. 이 수치는 예상대로, '버린 적 있다'라고 응답한 학생 수가 그렇지 않은 학생 수보다 거의 2배가 넘어가는 수준으로 매우 높은 수치를 나타내고 있다는 것을 알 수 있다. 특히나 '있다'가 '없다'의 2배 정도 많은 것도 문제이지만 다른 관점에서 바라본다면 길거리에 쓰레기를 버려 본 적이 없다는 사람의 수가 많지 않다는 것을 보여 주는 것이기도 해서 우리들의 도덕적 양심이 현재 어느 정도 수준에 머물러 있는지 알 수 있다는 점에서 고민되는 바가 크다.

　아래는 위의 설문에서 쓰레기를 버린 적이 있다고 응답한 70명을 상대로 추가 설문을 한 결과이다.

♠ 쓰레기를 버린 이유는 무엇입니까?

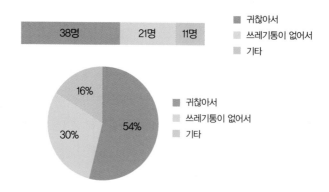

| 38명 | 21명 | 11명 |

■ 귀찮아서
□ 쓰레기통이 없어서
□ 기타

16%
30%
54%

■ 귀찮아서
□ 쓰레기통이 없어서
□ 기타

설문을 준비하면서 '귀찮아서', '쓰레기통이 없어서'라는 항과 나머지 기타 항목 중에서 '쓰레기통이 없어서'가 가장 높게 나올 것이라고 예상했지만 결과는 나의 예상을 벗어났다. '귀찮아서' 쓰레기를 길거리에 마음대로 버린다는 학생 수가 무려 54.3%로 반을 넘어갔다. 가장 높을 것이라고 예상했던 '쓰레기통이 없어서'는 30%로 1/3에도 못 미쳤다.

이 조사를 통해 쓰레기를 길거리에 함부로 버리는 문제는 꼭 해결하고 가야 할 중요한 문제라는 것을 깨닫게 되었다. 쓰레기를 길거리에 버리는 것은 엄밀히 따져 보면 환경오염이고 개개인의 도덕성의 문제와도 연관되어 있기 때문이다. 이 문제가 해결된다면 누군가가 힘들게 바닥에 떨어진 쓰레기를 쓸고 담을 필요가 없어질 뿐만 아니라 작은 것에서도 도덕적인 행동이 나타나는 것이어서 그런 사회가 행복한 사회일 가능성이 높다는 점에서 우리는 이 문제를 깊이 고민하며 바라볼 필요가 있다고 판단된다.

이 문제를 해결할 수 있는 방법으로 첫째, 자신의 쓰레기는 자신이 가지고 있다가 쓰레기통에 버리는 방법이다. 누구나 얼마든지 실천할 수 있는 방법이고 가장 쉬운 방법이다. 하지만 이 방법은 비율이 가장 높게 나왔던 '귀찮아서'와 관련된 부분이라 쉽게 해결될 수 없다고 생각할 수도 있다. 그러나 조금만 생각을 달리한다면 이 방법은 매우 쉽고 자원이나 예산의 낭비 없이도 충분히 가능하다는 점을 알 수 있을 것이다.

두 번째 방법은 쓰레기통을 곳곳에 설치하는 것이다. 이 방법은 '귀찮아서'와 '쓰레기통이 없어서'를 동시에 해결할 수 있는 방법이다. 하지만 쓰레기통을 만드는 데 사용되는 자원이 많이 필요하고, 예전에도 쓰레기통을 곳곳에 두었다가 지금처럼 없애 왔던 점을 생각해 본다면 이 방법도 문제점은 분명히 있다.

세 번째 방법은 표지판을 써 붙이는 방법이다. 쓰레기가 많이 버려지는 곳이나 쓰레기가 버려져서는 안 되는 곳 등에 '쓰레기를 버리지 말라'는 표지판을 써 붙이는 것이다. 물론 이 방법 또한 사람들이 신경을 쓰지 않을 가능성도 크고, 자원낭비이기도 하다.

가장 좋은 방법은 가장 먼저 제시한 '자기 쓰레기는 자기가' 처리하는 방법이라 할 수 있다. 더도, 덜도 말고 자신부터 실천해 보는 것이다. 다 같이 한 명 한 명 실천하는 사람이 늘면 지금처럼 거리에 쓰레

기가 굴러다니는 일은 더 없을 것이다.

 기사문 쓰기 활동이었지만 실제 작성된 글들을 보면 기사문의 성격과 논설문(신문에서는 사설이 될 것이다.) 성격을 함께 갖고 있는 글이 되어 버렸다. 이렇게 아이들이 글을 써 온 이유는 내가 이와 같은 방식으로 글을 쓸 수 있도록 지도하였기 때문이다. 단순히 기사문처럼 써 오기만 할 것이 아니라 그 속에서 느꼈던 문제의식 및 대안을 함께 생각하여 작성할 것을 요구하였기에 아이들은 이런 기사문을 써 왔던 것임을 밝혀 둔다.

정비례와 반비례[1]

01 단원 소개 및 문제의식 갖기

교사용 지도서를 보면 이 단원은 대응하여 변하는 두 양 사이의 관계에서 정비례와 반비례의 개념을 이해하고, 두 양 사이의 대응 관계를 표와 식으로 표현해 보는 활동을 통하여 함수 개념을 이해하는 기초를 다지며 이를 활용하여 실생활 문제를 해결하도록 한다고 소개되어 있다. 또한 정비례와 반비례에 대한 이해는 추상적 성격이 강하기 때문에 학습의 소재를 현실적이고 실생활에 적용할 수 있는 예를 들어 도입하는 것이 필요하다는 것, 두 양 사이의 관계를 표로 나타내거나 말로 설명하기 등의 활동을 통해 비례 관계의 개념을 명확히 이해할 수 있도록 해야 한다고 강조하고 있다. 학습 목표 및 단원 발전 계통을 살펴보면 아래와 같다.[2]

영역	단원 학습 목표
내용	1. 두 수 사이의 관계를 이해하고 그 관계를 표나 식으로 나타낼 수 있다. 2. 정비례 관계를 이해하고 그 관계를 표나 식으로 나타낼 수 있다. 3. 반비례 관계를 이해하고 그 관계를 표나 식으로 나타낼 수 있다. 4. 정비례와 반비례에 관련된 다양한 문제 상황을 이해하고 문제를 해결할 수 있다. 5. 생활 속 상황에서 정비례와 반비례 관계의 예를 찾을 수 있다.
과정	1. 정비례와 반비례 관계를 찾은 활동에서 수학적으로 추론할 수 있다. 2. 정비례와 반비례 관계의 특징을 이야기하는 활동을 통해 친구들과 논리적으로 의사소통할 수 있다. 3. 정비례와 반비례를 활용한 문제에서 해결하는 방법을 수학적으로 설명할 수 있다.
태도	1. 일상생활에서 정비례와 반비례 상황을 찾는 활동을 통해 수학의 유용성을 깨닫고 수학에 흥미를 가질 수 있다. 2. 정비례와 반비례를 활용한 문제를 스스로 해결하고 의사소통하는 과정을 통해 수학에 대한 자신감을 가질 수 있다.

---

1 2019년도부터 적용되는 2015 개정 교육과정 6학년 교과서에는 정비례, 반비례 단원이 모두 삭제될 예정이다. 초등학생들이 개념을 이해하기에는 너무 어려운 내용이어서 중학교에서 배우도록 하였다.
2 2009 개정 교육과정에 따른 수학과 교사용 지도서 6학년 2학기. 2015. p. 257.

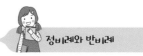

단원의 발전 계통		
선수 학습	본 학습	후속 학습
4학년 다양한 변화 규칙을 수로 나타내기, 규칙과 대응 알아보기, 6학년 비와 비율 알아보기, 비례식 알아보기	• 두 수 사이의 대응 관계 알아보기 • 정비례 관계 알아보기 • 정비례 관계를 활용하여 문제 해결하기 • 반비례 관계 알아보기 • 반비례 관계를 활용하여 문제 해결하기 • 정비례와 반비례 관계 구별하기	중학교 일차 방정식, 일차 함수

위의 내용에 근거를 두고 교사용 지도서는 본 단원의 전개 계획을 아래와 같이 제시[3]하였으나 현장에서 그대로 따라서 지도하기에는 무리가 있다는 생각이 든다.

차시	재구성 이전	수업 내용 및 활동
1	단원 도입	두 수 사이에 규칙이 있는 것 찾아보기, 한 값이 변함에 따라 다른 값이 어떻게 달라지는지 생각해 보기
2	두 수 사이의 대응 관계 알기	두 수 사이의 대응 관계를 표로 나타내기, 두 수 사이의 대응 관계를 x, y를 사용하여 식으로 나타내기
3	정비례 알기	정비례하는 두 양 사이의 관계를 대응표로 나타내기, 정비례 관계를 알고 x, y를 사용한 식으로 나타내기
4	정비례를 활용한 문제 해결	정비례를 활용하여 여러 가지 문제 해결하기
5	반비례 알기	반비례하는 두 양 사이의 관계를 대응표로 나타내기, 반비례 관계를 알고 x, y를 사용한 식으로 나타내기
6	반비례를 활용한 문제 해결	반비례를 활용하여 여러 가지 문제 해결하기
7~8	정비례와 반비례 구별하기	정비례와 반비례 구별하기, 정비례와 반비례의 성질 이해하고 여러 가지 문제 해결하기, 생활 속에서 정비례와 반비례 상황 찾기
9	공부를 잘했는지 알아보기	이 단원에서 배운 내용을 문제 풀며 정리하기
10	문제 해결	정비례와 반비례를 활용하여 경기의 승자 알아보기
11	놀이마당	풍선 로켓을 만들고 풍선 로켓이 간 거리와 시간과의 관계를 알아보기

문제의식을 갖게 만드는 점 몇 가지를 살펴보면 아래와 같다.

단원 지도를 위한 수업 시수 분배의 문제

지도서를 보면 총 11차시로 구성되어 있다. 하지만 스토리텔링, 평가 및 문제 해결, 놀이마당 등을 제외한

---

3 2009 개정 교육과정에 따른 수학과 교사용 지도서 6학년 2학기. 2015. p. 259.

다면 실제로는 7차시로 구성되어 있다고 봐야 할 것이다. 그런데 이런 구성은 학생들의 사고 수준을 잘 반영하지 못한 구성이다. 왜냐하면 이 단원은 6년 동안 공부하는 수학 교과 내용 가운데 아이들이 제일 어렵게 생각하는 단원 중 단연코 으뜸이라 할 만큼 어려운 내용으로 구성되어 있음에도 불구하고 각각의 개념을 이해하고 관련 문제를 해결하는 데 필요한 사고 능력을 끌어내는 데 충분한 시간(정비례 2시간, 반비례 2시간, 정비례와 반비례의 구별 2시간씩 배정됨)이 주어져 있지 못하다고 생각하기 때문이다.

1. 단원 도입을 위한 스토리텔링 : 여전히 불필요한 이야기로 1시간을 소비하고 있다는 생각이 든다. 오히려 수업 시작 단계에서 2차시 내용으로의 빠른 접근을 통해 서로 다른 대응 관계(정비례, 반비례 등)에 있는 실생활 속 사례에서 규칙을 찾아내고 이를 식으로 나타내는 방법을 알아 가는 시간을 가진 뒤에 바로 다음 단계에서 정비례, 반비례에 대한 이해를 시도하는 것이 훨씬 더 나을 것으로 판단된다.

2. 정비례와 반비례의 이해에 주어진 2시간씩의 시간 가운데 반비례 상황에 1시간을 더 늘려 3시간씩 배정, 총합 5시간을 배치하여 정비례와 반비례 상황의 이해 및 설명하기와 식으로 나타내기 활동에 좀 더 많은 시간을 할애할 수 있도록 하는 것이 좋을 것이라 판단된다. 반비례 상황에 1시간을 더 할애한 이유는 정비례의 경우 배수(자연수를 곱함), 곱셈 연산에 기반을 두고 있어서 이해하는 데 반비례 상황보다 훨씬 수월하지만 반비례의 경우에는 배수(분수를 곱함), 나눗셈 연산에 기반을 두고 있어서 이해하는 데 정비례 상황보다 아이들이 훨씬 더 어렵게 느끼고 힘들어하기 때문이다.

3. 위와 같은 맥락에서 실생활 속 정비례, 반비례 사례를 함께 살펴보면서 두 가지 경우의 차이점을 명확히 이해할 수 있도록 돕고, 두 가지 성질을 이용하여 생활 속 문제 해결하기, 실생활 속 사례를 이용하여 정비례, 반비례 관련 문항 제작하기 및 문제 공유하기 활동 등에 충분한 시간을 사용할 수 있도록 본래 2차시 배정에서 4차시로 대폭 늘리는 것을 고려해 보는 것이 아이들을 위해서도 훨씬 도움이 될 것이라 판단된다. 이 과정에서 문제 해결, 놀이마당 사례와 같은 상황을 함께 다루어 준다면 큰 무리가 없을 것이라 여겨진다.

익숙하지 않은 상황과의 조우로 인한 혼란스러움

개인적으로 정비례와 반비례 단원은 초등학교 교육과정에서 중학교 과정으로 올려 보내면 좋겠다는 바람이 매우 큰 단원이다. 이런 생각이 나만의 것은 아닐 것이다. 그렇게 생각하는 이유 몇 가지를 제시하면 다음과 같다.

1. 우리나라 초등수학 내용은 아이들의 수준에 비하여 너무 어렵고 배워야 할 영역이나 주제, 내용이나 분량 등이 너무 많다.

2. 많은 아이들이 아직도 초등수학 내용에 대한 명확한 개념이 정립되어 있지 않은 상태인데 거기에다가

중등 단계의 학생들도 이해하기 어렵다는 방정식 개념을 강제로 주입하여 기계적인 문제 풀이 위주의 수학 교육을 하려 한다는 점에서 우려하는 바가 매우 크다.

3. 게다가 아이들을 더 힘들게 하는 점은 갑자기 x, y라는 문자를 도입하여 어떤 대상이나 상황을 기호로 표현하라고 한다는 점이다. 이런 이유 때문에 모든 것이 낯설고 어색하며 혼란스럽기만 하다는 심리적 상태를 호소하는 아이들이 꽤 많다.

4. x, y로 표현된 두 대상이 서로 대응 관계에 있다는 것, 대응 관계에 있다는 상황에 대한 이해가 쉽지 않다는 점, 두 대상이 변하는데 동시에 똑같이 증가하거나 두 대상이 서로 반대로 증가·감소하는 상황을 이해해야만 한다는 점에서도 걱정스러운 마음이 가득하다.

5. 제시되어 있는 실생활 속 문제 상황들이라는 것이 단순한 수학적 현상이 아니라 과학적 개념도 함께 뒷받침되어야만 비로소 제대로 이해할 수 있는 종합적·통합적 상황이라는 점 등이다.

그러다 보니 아이들이 주어진 문제 상황을 이해하는 데에도 꽤 많은 시간과 노력이 수반될 수밖에 없다. 기호로 모든 것을 표현하고 이해하는 방식은(중등수학 교육에서는 이런 방식이 일반화되어 있어서 받아들이는 데 어렵지 않지만 초등학교 교육과정 중 오로지 이 단원에서만 갑자기 낯선 방식으로 아이들에게 쑥 다가오다 보니 아이들은 갑작스런 변화에 혼란스러움을 경험할 수밖에 없는 일이다.) 이제까지 경험해 보지 못한 것이어서 쉽게 받아들이는 데 어려움이 많을 수밖에 없다.[4]

오개념을 갖기 쉬운 정비례, 반비례 상황에 대한 명확한 안내가 부족하다

가끔 그 정의를 오해하기 쉬운 개념들을 접할 때가 있다. 그 대표적인 사례가 바로 정비례 관계와 반비례 관계다. 얼핏 보면 정비례 관계는 x의 값이 증가함에 따라 y의 값도 증가하는 관계, 반비례 관계는 x의 값이 증가함에 따라 y의 값이 감소하는 관계라고 생각하기 쉽다. 하지만 이것은 명백한 오해에서 비롯된 것이다. 두 개념에 대한 정의를 정확히 이해하지 못하면 두 관계를 잘 구분할 수 없다는 것은 자명한 이치다. 따라서 교사들이 먼저 정비례 관계와 반비례 관계를 정확히 이해하고 두 개념이 서로 어떻게 다른지 구별할 줄 아는 과정이 선행되어야만 할 것이다. 이에 대한 명확한 개념 설명은 바로 뒤에 이어질 내용에서 다루어 보도록 하겠다.

오개념이 가장 많이 형성되어 있는 부분을 바로잡기 위한 질문이 없다

정비례와 반비례를 구별하는 데 있어서 핵심을 명확히 짚어 내지 못한 질문에 대한 아쉬움이 매우 크다.

---

4 6학년 담임을 하다 보면 아이들이 종종 선행학습을 하는 것을 목격하게 된다. 그런데 그중 가장 많이 관찰되는 것이 바로 방정식과 일차 함수 관련 문제들이다. 소수의 아이들은 문제를 풀다가 어려움이 있어 도움을 요청하곤 하는데 주어진 문제가 어떤 상황인지 이해하고 있는지 물어보면 그냥 문제를 푼다고 한다. 개념보다는 문제 풀이 방법을 익힌 후 주어진 상황 속에서 숫자나 기호만 뽑아 수식을 만들고 해결하는 식의 기계적인 학습을 하고 있었던 것이다.

교과서 내용 구성을 보면 아래와 같이 되어 있음을 알 수 있다.[5]

1단계	두 수 사이의 대응 관계 이해에 도움을 주기 위해 $y = x + 2$인 상황과 $y = 2 \times x$인 상황 등을 제시, 두 관계의 차이를 인식하도록 함
2단계	두 양 x, y에서 x가 2배, 3배, 4배…로 변함게 따라 y도 2배, 3배, 4배…로 변하는 관계($y = 2 \times x$, $y = 3 \times x$, $y = 4 \times x$…)를 제시하여 정비례의 이해를 도움($y = a \times x$ 형태의 관계식, $\frac{y}{x} = a$로 항상 그 값이 일정) ⇨ x가 증가할 때마다 y가 같은 비율로 증가
3단계	정비례를 활용한 다양한 문제 해결
4단계	두 양 x, y에서 x가 2배, 3배, 4배…로 변함게 따라 y는 $\frac{1}{2}$배, $\frac{1}{3}$배, $\frac{1}{4}$배…로 변하는 관계를 제시하여 반비례의 이해를 도움($y = \frac{a}{x}$ 형태의 관계식) ⇨ x가 증가할 때마다 y가 같은 비율로 감소
5단계	반비례를 활용한 다양한 문제 해결
6단계	정비례와 반비례 구별(특징 이해) 및 문제 해결, 정비례도 아니고 반비례도 아닌 상황 찾기 및 그 이유 설명하기

위와 같이 내용이 구성되어 있지만 실제로 어떤 상황이 주어지면 아이들뿐만이 아니라 교사들조차도 정비례, 반비례 상황을 정확히 구별하지 못하는 경우를 종종 접하게 된다. 이는 아이들과 교사 모두 정비례, 반비례와 관련하여 오개념이 형성되어 있다는 증거이기도 하다.[6] 대표적인 오개념 사례로 아래와 같은 예를 들 수 있다.

♠ 대표적인 오개념 사례 1

잘 살펴보면 정비례와 반비례를 아래와 같이 이해하고 있는 사람들이 꽤 많다.

> 정비례 관계 : x의 값이 증가함에 따라 y의 값도 증가하는 관계!
>
> 반비례 관계 : x의 값이 증가함에 따라 y의 값은 감소하는 관계!

---

5 2009 개정 교육과정에 따른 수학과 교사용 지도서 6학년 2학기(2015) 272쪽 참고자료 안내를 보면 교과서 내용 구성의 의도를 "우주 정거장의 생활에 대해 과학적 관심을 가지게 하고 정비례 관계처럼 보이지만 정비례 관계가 되지 않은 사례를 제시하여 정비례 관계에 대한 이해를 심화하고 더 나아가 학생의 상상력을 동원하여 날아가는 모습을 설명해 보게 하는 데 있다."고 제시되어 있다. 하지만 정비례 관계처럼 보이지만 정비례 관계가 되지 않는 사례가 충분히 제시되어 있지 못하고 아이들에게 가장 많이 형성되어 있는 오개념을 극복하기 위한 질문은 전혀 보이지 않는다. 이는 교과서 집필진이 아이들에게 어떤 오개념이 형성되어 있는지, 어떤 부분에서 아이들에게 난개념이 형성되어 있는지를 정확하게 인지하고 있지 못하다는 증거라 볼 수 있다.

6 2009 개정 교육과정에 따른 수학과 교사용 지도서 6학년 2학기(2015) 261쪽을 보면 "정비례 관계와 관련하여 학생들이 가지는 대표적인 오개념은 정비례 관계를 증가함수나 일차 함수와 혼동한다는 것이다. 즉 머리카락이 매달 1.5cm씩 자랄 때 시간과 머리카락 길이의 관계나 $y = ax + b$를 정비례 관계라고 여기는 것이다."와 같이 소개되어 있다. 하지만 이런 점보다 더 자주 목격되는 오개념 사례는 따로 있다. 오히려 지도서에 제시된 사례와 같은 오개념을 갖고 있는 아이들 사례는 많지 않아서 그리 심각하게 고민할 필요는 없다. 이런 오개념은 금방 바로잡을 수 있는 경우에 해당된다.

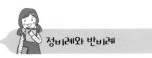

그러나 조금만 더 깊이 생각해 보면 이는 명백한 오개념이라는 것, 그리고 이런 오개념을 제일 많이 갖고 있다는 것을 알 수 있다.

예를 들어 보도록 하겠다. 아래 제시된 상황을 보고 여러분은 정비례 상황인지, 반비례 상황인지, 아니면 정비례도 반비례도 아닌 상황인지 정확히 짚어 낼 수 있는가? 그리고 왜 그렇게 답을 했는지도 정확히 설명할 수 있는가? 만약 그렇지 못하다면 여러분조차도 오개념이 형성되어 있거나 정비례, 반비례에 대한 정확한 이해가 부족하다는 것을 증명해 주는 것이라 할 수 있다.

질문

다음은 어떤 상황에 해당되는가? 물이 가득 들어 있는 수조에서 1분마다 10리터의 물을 퍼낸다고 하자. 시간이 1분, 2분, 3분…으로 증가할 때마다 수조의 물은 10리터, 20리터, 30리터…의 양만큼 감소한다. 이때 시간과 수조에서 감소하는 물의 양은 어떤 관계일까?

시간의 증가에 따라 물의 양이 감소하므로 반비례라고 답변하였다면 여러분은 바로 오개념이 형성되어있는 것이거나 정비례, 반비례에 대한 개념 이해가 부족한 것이라 할 수 있다. 과연 시간의 증가에 따라 물의 양이 감소하므로 반비례일까?

정비례 관계와 반비례 관계의 상황을 혼동하는 것은 단지 증가와 감소라는 상황만으로 두 관계를 파악하려고 하기 때문에 발생하는 문제라 할 수 있다.

분명히 정비례 관계, 반비례 관계는 x의 값이 2배, 3배, 4배…로 변함에 따라 y의 값이 2배, 3배, 4배…로 변하는지, 아니면 $\frac{1}{2}$배, $\frac{1}{3}$배, $\frac{1}{4}$배…로 변하는지에 따라 두 관계를 구분한다. 위의 예에서 시간이 2배, 3배, 4배…로 변할 때 감소하는 물의 양 역시 2배, 3배, 4배…로 변하므로 시간과 수조에서 감소하는 물의 양과의 관계는 정비례 관계에 있다고 말할 수 있다. 이렇게 정확히 짚어 설명할 수 있다면 여러분은 정비례, 반비례 개념을 정확히 이해하고 있다고 말할 수 있다.

♠ **대표적인 오개념 사례 2**

생활 속에서 정비례와 반비례를 설명하기 위한 예로 가장 많이 소개되는 것이 바로 거리, 속력, 시간과 관련된 상황이다. 그런데 여기에서도 오개념이 가장 많이 형성된 사례를 찾을 수 있다. 그 사례는 아래와 같다.

질문

다음은 어떤 상황에 해당되는가? 달리는 기차는 정비례 관계일까 반비례 관계일까?

이런 질문을 하면 꽤 많은 사람들은 "당연히 정비례지! 왜냐하면 빨리 달릴수록 더 멀리 갈 수 있으니까." 라고 쉽게 답을 한다. 하지만 달리는 기차 상황에는 정비례 관계와 반비례 상황이 모두 들어 있다는 것,

왜 그런 것인지에 대한 정확한 설명이 가능해야만 정비례와 반비례 개념을 잘 이해하였다고 말할 수 있다. 우선 정비례 상황을 설명하면 다음과 같다.

● 기차가 시속 100km 속도로 달리고 있다. 시간에 따른 이동 거리를 표로 정리해 보면 다음과 같다.

1시간	2시간	3시간	4시간
100km	200km	300km	400km

⇨

달린 시간(x)	두 대상 간의 관계를 식으로 정
이동 거리(y)	리하면 $y = 100 \times x$

※ 시간이 2배, 3배, 4배…가 됨에 따라 이동 거리도 2배, 3배, 4배…가 된다.
※ 달리는 기차 상황에서 시간과 거리 사이의 관계는 정비례 관계가 성립된다.

다음으로 반비례 상황을 설명하면 다음과 같다.

● 달리는 기차 상황에서 속력과 시간 사이의 관계를 보면 반비례 관계가 성립한다는 것을 알 수 있다.

기차가 400km 거리를 달릴 때			
	시속 100km 속도(x)	$\frac{400}{100} = 4$시간(y)	기차의 속력이 빠를수록 걸리는 시간은 단축된다.
	시속 200km 속도(x)	$\frac{400}{200} = 2$시간(y)	
	시속 400km 속도(x)	$\frac{400}{400} = 1$시간(y)	관계식은 $y = \frac{400}{x}$

※ 위의 사례에서만 볼 때 시속이 2배, 4배…가 됨에 따라 걸리는 시간은 $\frac{1}{2}$배, $\frac{1}{4}$배…가 된다.

결론 달리는 기차를 예로 들 때 '속력, 시간, 거리'라는 대상과 관련하여 어떤 요소를 x로, 어떤 요소를 y로 정하여 관계를 따져 보느냐에 따라 정비례가 될 수도, 반비례가 될 수도 있다.

⇨ But 공식만 외우거나 문제 풀이에만 집중하다 보니 달리는 기차 상황만 나오면 정비례 상황만 생각할 수밖에 없는 일이 일어나는 것이라 할 수 있으며, 여기에 바로 오개념 형성의 가장 주된 원인이 있다고 할 수 있다.

⇨ Must 반드시 상황 속의 관계를 하나하나 따져 보면서 곰곰이 생각해 보면 정비례인지 반비례인지 그때그때 달라지는 관계를 알아낼 수 있다.

참고로 교사용 지도서에는 정비례와 반비례 관계의 실생활 장면을 다음과 같이 소개하고 있다.[7]

---

7 2009 개정 교육과정에 따른 수학과 교사용 지도서 6학년 2학기. 2015. p. 263.

관계	실생활의 예
정비례 관계인 경우	• 수돗물을 받은 시간과 물의 양 사이의 관계 • 각 문항의 배점이 같은 시험에서 맞힌 문제의 수와 점수 사이의 관계 • 용수철에 매단 추의 수와 용수철이 늘어난 길이 사이의 관계 • 일정한 속도로 달리는 버스가 이동한 시간과 거리 사이의 관계 • 한 명의 입장료가 800원인 관광지에서 입장한 사람 수와 입장료 사이의 관계 • 휘발유의 각격이 1L에 2000원인 주유소에서 주유하는 휘발유의 양과 가격 사이의 관계 • 일정한 빠르기로 달리는 자동차가 사용한 휘발유 양과 이동한 거리 사이의 관계
반비례 관계인 경우	• 일의 양이 일정할 때 일하는 사람 수와 한 사람이 하는 일의 양 사이의 관계 • 일정한 거리를 걸을 때 걷는 속력과 걸리는 시간 사이의 관계 • 100m 달리기를 할 때 속력과 걸리는 시간 사이의 관계 • 피타고라스가 발견한 하프 현의 길이와 음의 높이 사이의 관계 • 넓이가 일정한 평행사변형의 밑변의 길이와 높이 사이의 관계
정비례도 반비례도 아닌 경우	• 나와 동생의 나이 사이의 관계 $y=x+a$(또는 $y=x-a$) • 나이와 키의 관계는 정비례 관계가 아님 • x와 y의 합이 일정한 것은 반비례 관계가 아님 • ($x+y=a$, 하루 중 밤의 길이와 낮의 길이 등)

그러나 이런 자료를 참고하면서도 반드시 생각해 봐야 할 점들이 이다.

오개념 사례에서도 짚어 본 바와 같이 제시된 표에서도 하나의 사례를 마치 별개의 사례처럼 각각 정비례 관계와 반비례 관계에 제시해 두었다는 것을 알 수 있다. 이렇게 따로따로 이해를 하게 되면 상황에 따른 정비례, 반비례 관계의 이해 및 정확한 개념 형성에 오히려 걸림돌이 될 수 있다. 따라서 어떤 상황이 주어지더라도 그 상황 속에서 주어진 대상 간의 관계를 하나하나 따져 볼 수 있도록 하는 자세를 아이들이 체득할 수 있도록 교사는 정확히 안내하고 이끌어 주어야 한다.

02 단원 재구성을 위한 방안

이 단원을 재구성할 때 다른 어떤 단원보다 정비례 관계, 반비례 관계의 개념 이해 및 대상 간의 대응 관계가 어떻게 형성되어 있는지를 파악하는 점에 중점을 두어 지도하되 설명, 강의보다는 상황 속에서 생각, 의사소통을 통한 정보 공유, 탐구, 추론 등의 과정을 통해 직접 찾아내는 배움의 기쁨을 누릴 수 있도록 재구성해 보았다. 이런 과정을 통해 아이들이 정비례 관계, 반비례 관계에 대한 개념을 명확히 이해한다면 오개념 형성을 최대한 막을 수 있을 것이라 판단된다.

우선 이 단원의 핵심 목표를 살펴보면 아래와 같다.

이 단원 학습을 통해 펼쳐질 아이들 사고의 흐름 과정을 간략히 살펴보면 오른쪽 그림과 같다. 이런 과정 속에서 정비례, 반비례 개념 이해를 통한 초보적인 함수적 사고 형성 및 추상화 능력 향상, 문제 해결력 향상을 가장 중요한 목표로 두고,

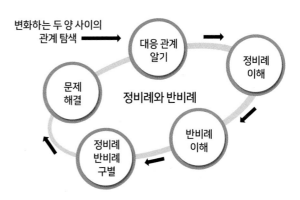

그에 합당한 내용을 마련하여 각 차시별로 적절히 시간을 안배하였다.

이 단원은 추상적 성격(특히 기호화 과정을 통해 상황 및 관계를 파악하고 이해하여야만 한다는 점에서 아이들에게 매우 생소하고 낯선 측면이 강하다.)이 강하기 때문에 정비례, 반비례 관련 문제 풀이 능력 향상보다 기호를 활용한 식으로 나타내기, 주어진 상황에 대한 정확한 이해, 그 속에서 올바른 정비례, 반비례 관계 개념 형성하기 및 두 관계의 차이점 알기, 오개념이 형성되지 않도록 보완 장치 마련하기, 실생활 사례를 이용한 정비례 및 반비례 관련 문제 만들기 활동 등에 집중할 수 있도록 재구성해 보았다.

1. 가장 먼저 두 대상 간의 대응 관계를 살피고 그 속에서 발견된 규칙을 찾아 수식으로 나타내는 활동을 할 수 있도록 재구성해 보았다. 이 과정에서 주어진 상황을 x, y로 표현해 보는 활동을 본격적으로 시작하면서 상황 속 대응 관계 파악 및 추상화, 기호화 작업에 빨리 적응할 수 있도록 할 생각이다.

용어에 대한 이해가 선행되어야 한다 - 對(대할 대), 應(응할 응)

- 대응(관계) : 두 대상이 주어진 어떤 관계에 의하여 서로 짝이 되는 일
- 대응시켜 본다는 것 : 어떤 관계에 놓여 있는지를 파악하기 위해 두 대상을 서로 짝지어 보는 일
- 대응 관계를 파악한다는 것 : 서로 짝을 이룬 두 대상이 어떤 관계(여기에서는 정비례 관계인지 반비례 관계인지 아니면 정비례 관계도 아니고 반비례 관계도 아닌지를 파악하는 일)를 맺고 있는지를 깨닫는 일
  (예) 세발자전거 1대는 바퀴가 3개, 2대는 6개, 3대는 9개…이므로 세발자전거 바퀴의 수는 자전거 수의 3배가 된다.(자전거 수와 바퀴 수와의 대응 관계 파악하기)

두 대상 간의 대응 관계를 보다 쉽게 파악하고 뒤에 이어질 기호화 작업 및 식으로 나타내기 활동을 수월하게 할 수 있도록 하기 위해 가장 많이 활용하는 것이 바로 '표로 정리하기' 활동이다. 따라서 이 단원에서는 정비례든 반비례든 반드시 대응 관계를 표로 나타내 보는 활동부터 시작할 수 있도록 교사는 철저히 지도하고 안내해야만 한다.

- 세발자전거 수와 바퀴 수와의 대응 관계를 표로 정리하여 이해하기

자전거 수	1	2	3	4	5
바퀴 수	3	6	9	12	15

- 위와 같이 대응 관계를 표로 정리한 후 각각의 대상을 기호화한다. 예를 들어 자전거 수를 x, 바퀴 수를 y라고 먼저 약속을 정하면 된다.

자전거 수=x	1	2	3	4	5
바퀴 수=y	3	6	9	12	15

- 기호화한 후 두 대상 사이에 규칙을 파악한다. 이 사례에서는 자전거 수가 1대 늘어날 때마다 바퀴 수가 3개씩 늘어나므로 y는 x의 3배가 된다는 것을 알 수 있다.

- 이렇게 파악한 대응 관계를 기호로 정리하면 마무리된다. $y = 3 \times x$

함수에 대한 기초 개념

2개의 대상 A와 B가 있을 때, A 하나에 B 하나가 정확히 대응(일대일 대응)되고 A와 B 사이에 일정한 규칙이 있다면 A와 B는 함수 관계에 있다고 말할 수 있다.

이처럼 함수란 '하나의 x값에 대하여 하나의 y값이 결정되는 x와 y 사이의 대응 관계'를 말한다.

▷ 각각의 x를 단 하나의 y와 연결해 주는 일정한 규칙이 존재

하나의 대응 관계를 통해 함수의 이해를 더 돕고자 한다. 아래 사례는 일대일 대응 관계를 나타내고 있는 사례이다.

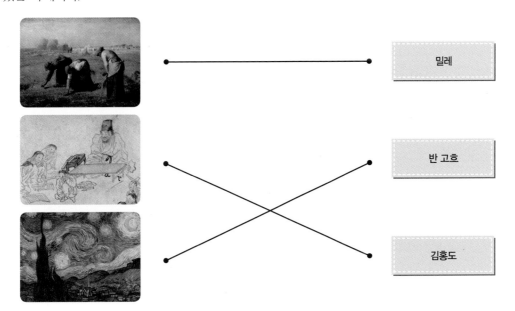

하지만 우리는 위와 같은 일대일 대응 관계를 함수라고 하지는 않는다. 여기에 어떤 규칙은 존재하지만(작가와 작품) 수식으로 나타낼 수 있는 대상이 아니기 때문이다.

이런 사고를 함수적 사고의 기초라고 할 때 초등 단계에서는 이런 사고를 할 수 있는 기초 역량과 개념, 이해력 등을 충분히 갖출 수 있도록 도와주기만 하면 그 목적은 달성되었다고 볼 수 있을 것이다.

2. 앞에서 미리 소개한 바와 같이 정비례, 반비례 상황에서 주어진 대상 간의 관계를 꼼꼼히 살펴보고 설명하기, 표로 정리하기, 규칙 발견하기, 기호로 표현하기, 정비례인지 반비례인지 파악하기의 순서로 활동이 이루어질 수 있도록 수업을 디자인할 생각이다. 이 과정을 통해 아이들은 정비례, 반비례에 대한 개념을 정확히 형성해 나가게 될 것이다.

3. 정비례, 반비례 이해 과정에서 형성될 수 있는 오개념, 난개념을 걷어 내는 활동을 반드시 넣어 재구성해 보았다. 특히나 많이 형성될 수 있는 오개념을 중심으로 핵심 발문을 먼저 제시한 후 협동적 의사소통 및 정보 교환, 추론 활동 등을 통해 자신에게 형성되어 있는 개념을 수정하거나 보다 공고히 해 나갈 수 있는 시간으로 만들어 나갈 생각이다. 이런 과정을 통해 아이들은 정비례, 반비례와 관련된 자신의 지식을 스스로 구성해 나갈 것이라 확신한다.

4. 실생활 속에서 정비례, 반비례 관련 상황을 찾아보고 이를 활용한 문제 만들기, 문제 공유하기, 문제 해결하기 활동 시간을 가져 봄으로써 실생활과 관련된 비례 관계 개념 형성하기, 우리 삶 속에서 정비례, 반비례가 깊이 있게 관련되어 있음을 깨닫도록 하기에 중점을 두어 수업을 재구성할 생각이다. 이 과정에서 문제 상황에 대한 초보적인 함수적 개념, 수학적 사고력 및 의사소통능력, 대상의 기호화를 통한 추상화 능력, 협동적 문제 해결력 등의 향상을 기대해 볼 수 있을 것이라 판단된다.

03 단원 지도를 위한 재구성의 실제

차시	재구성 이후	수업의 목적
1	대응 관계 이해하기	대응 관계 이해하기, 주어진 상황 속 관계 설명하기 및 표로 정리하기, 규칙을 찾아 식으로 정리하기
2~3	정비례 관계 이해하기	정비례가 무엇인지 이해하고, 정비례 관계를 표로 정리하기, 규칙을 찾아 식으로 정리하기 및 관련 문제 해결하기
4~6	반비례 관계 이해하기	반비례가 무엇인지 이해하고, 반비례 관계를 표로 정리하기, 규칙을 찾아 식으로 정리하기 및 관련 문제 해결하기
7	정비례와 반비례 구별하기 및 관련 문제 해결	정비례, 반비례 관련 오개념 지우기, 정비례 및 반비례 관계가 아닌 상황 이해하기
8		
9		실생활 속 정비례, 반비례 상황을 찾아 문제를 만들고 공유하기, 문제 해결하기
10		
11	단원 정리(문제 풀기)−평가	단원 평가

위와 같이 크게 네 부분으로 나누어 재구성한 이유는 다음과 같다.

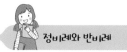
첫째, 처음 1시간은 대응 관계 이해하기에 수업 목적을 두고 수업을 디자인해 보고자 하였다. 이 시간에는 함수에 대한 기초 개념 형성하기, 처음 접하는 추상화 작업(기호를 통한 수식 세우기)에 대한 적응력 기르기, 주어진 상황에 대한 대응 관계 파악 및 설명하기 활동이 주로 이루어질 수 있도록 하였다. 활동 방식은 주로 의사소통 및 정보 공유를 통한 개념 쌓기가 중심이 될 것이다.

둘째, 실생활 속 상황을 통해 정비례가 무엇인지 이해하고, 정비례 관계를 표로 정리하기 및 설명하기, 규칙을 찾아 기호를 활용한 식으로 정리하기 및 관련 문제 해결하기 활동이 주로 이루어질 수 있도록 디자인해 보았다. 이 과정의 목표는 정비례 상황 및 개념에 대한 정확한 이해 및 설명하기, 기호를 활용한 수식 세우기 능력 향상하기, 정비례 관련 문제 해결력 향상하기에 있다. 그 과정에서 수학적 의사소통 및 협동적 활동 능력, 추론 능력, 기호화 능력 등이 향상될 것으로 예상된다.

셋째, 실생활 속 상황을 통해 반비례가 무엇인지 이해하고, 반비례 관계를 표로 정리하기 및 설명하기, 규칙을 찾아 기호를 활용한 식으로 정리하기 및 관련 문제 해결하기 활동이 주로 이루어질 수 있도록 디자인해 보았다. 이 과정의 목표는 정반례 상황 및 개념에 대한 정확한 이해 및 설명하기, 기호를 활용한 수식 세우기 능력 향상하기, 반비례 관련 문제 해결력 향상하기에 있다. 그 과정에서 수학적 의사소통 및 협동적 활동 능력, 추론 능력, 기호화 능력 등이 향상될 것으로 예상된다.

넷째, 정비례, 반비례를 공부하는 최종 단계로서 지금까지 학습하고 이해한 정비례, 반비례 관계와 관련하여 잘못 형성된 오개념 지우기, 정비례 및 반비례 관계가 아닌 상황 이해하기, 실생활 속 정비례, 반비례 상황을 찾아 문제를 만들고 공유하기, 문제 해결하기 활동이 주로 이루어질 수 있도록 디자인해 보았다. 이 과정의 목표는 정확한 정비례 및 반비례 개념의 정착, 실생활과 정비례, 초보적인 함수 개념의 완성, 정비례, 반비례 관련 문제 해결력 향상, 문제 만들기 활동을 통한 의사소통 능력 및 추론 능력, 전략 세우기 능력 등의 향상에 있다.

🌱 1차시 대응 관계 이해하기

수업 흐름	교사의 발문
도입	**대응 관계 이해하기** • 대응이란 무엇인지 이해하기 • 대응(관계): 두 대상이 주어진 어떤 관계에 의하여 서로 짝이 되는 일 • 대응시켜 본다는 것: 어떤 관계에 놓여 있는지를 파악하기 위해 두 대상을 서로 짝 지어 보는 일 • 대응 관계를 파악한다는 것: 서로 짝을 이룬 두 대상이 어떤 관계(여기에서는 정비례 관계인지 반비례 관계인지 아니면 정비례 관계도 아니고 반비례 관계도 아닌지를 파악하는 일)를 맺고 있는지를 깨닫는 일 ⇨ 이를 위해 가장 좋은 방법은? ⇨ 표로 정리한 후 각 대응 관계 사이에 어떤 규칙성이 존재하는지 파악하기 ⇨ 기호로 나타내기
전개	(예 1) 세발자전거 1대는 바퀴가 3개, 2대는 6개, 3대는 9개… ⇨ 표로 정리해 보기 | 자전거 수	1	2	3	… | |---|---|---|---|---| | 바퀴 수 | 3 | 6 | 9 | … | ※ 각 대응 관계 사이에 규칙성 발견하기: 세발자전거 바퀴의 수는 자전거 수의 3배가 된다.(자전거 수와 바퀴 수와의 대응 관계 파악하기) ⇨ 대응 관계를 식(기호)으로 나타내기 - 자전거의 수 $=x$, 바퀴의 수 $=y$ - y는 x의 3배: $y=3\times x$ (예 2) 철수는 올해 12살, 아버지는 올해 42살입니다. 민우 나이와 아버지 나이 사이에 어떤 관계가 있는지 살펴보자. ⇨ 표로 정리해 보기 | 철수 나이	12	13	14	15	16	… | |---|---|---|---|---|---|---| | 아버지 나이 | 42 | 43 | 44 | 45 | 46 | … | ※ 각 대응 관계 사이에 규칙성 발견하기: 철수 아버지의 나이는 철수의 나이보다 30살이 많다.(철수와 아버지 나이 사이의 대응 관계 파악하기) ⇨ 대응 관계를 식(기호)으로 나타내기 - 철수의 나이 $=x$, 아버지의 나이 $=y$ - y는 x보다 30이 많다: $y=x+30$
정리	교과서 속 활동 1, 2, 마무리 문제 해결하기: 모둠별로 서로 확인하며 도움 주고받기, 전체와 공유하며 최종 점검하기

1차시 수업 소감

정비례와 반비례 단원 첫 차시 활동으로 대응, 대응 관계, 관계식 등에 대한 개념을 확실히 세워 나갈 수 있도록 수업을 설계하였다.

하지만 실제 수업에 들어서면서 참고의 말을 약 3~4분 정도 해 주었다.

"중학교 들어가면 방정식, 함수를 공부하게 되는데 학생들이 그 단원을 매우 힘들어한다. 그리고 그 기초 공부를 6학년에서 하게 되는데 그것이 바로 정비례와 반비례인 것이다. 그러니 중학교 가서 어려움 없이 함수, 방정식을 제대로 공부하려면 이번 단원에서 선생님이 안내해 주는 내용 및 기본 개념을 정확히 자신의 것으로 만들어야 한다. 정비례, 반비례 단원이 너무 어렵다고 판단되기 때문에 다음 교육과정 개정이 적용되어 만들어지는 2년 뒤의 교과서(현재 4학년 학생들이 6학년 될 때)에는 정비례와 반비례 단원이 빠지고 중학교 과정으로 올라가게 된다. 하지만 어렵다고만 생각할 일은 아니다. 개념만 제대로 이해한다면 그리 어렵게 느껴지지 않는다. 그리고 선생님이 앞에서 공부한 다른 단원과 마찬가지로 아주 천천히, 차근차근 개념부터 정확히 이해할 수 있도록 잘 도와주겠다. 선생님만 믿고 따라와 주면 될 것이다." 이렇게 이야기를 하고 난 후 본격적인 수업에 들어갔다. 아이들은 매우 진지하게 받아들였다.

사실 오늘 수업 활동은 모둠 활동보다는 전체 활동에 가깝다고 볼 수 있다. 그래서 상당 시간 동안 전체 학습으로 나의 질문, 아이들의 답변이 지속적으로 오고 가며 수업이 이루어졌다.

우선 대응이란 무엇인지에 대하여 개념을 세워 나가는 것으로 시작해 보았다. 한자로 마주할 대, 응할 응. 서로 마주 보며 짝을 지어 응한다는 의미로 간단히 말하자면 마주하고 있는 짝이 있다는 것임을 이해할 수 있도록 도왔다.

다음으로 대응 관계 파악과 관련하여 무작정 생각해 보는 것보다 표를 이용하는 것이 훨씬 더 수월하고 틀림없이 파악할 수 있다는 것을 알 수 있도록 돕고자 하였다. 이를 위해 두 가지 사례를 예를 들며 함께 표로 정리해 나갔다.

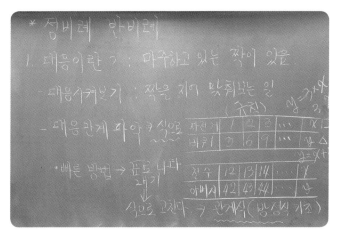

1차시 활동 칠판 판서 사례

다음에는 표를 이용하여 대응 관계를 파악한 후 이를 기호(식)로 표현하는 활동으로 한 걸음 더 깊이 들어갔다. 이 과정에서는 기록한 표를 관찰하며 각각의 대응 관계 사이에서 공통적으로 발견되는 규칙을 찾아 식으로 정리(x, y라는 기호를 사용)할 수 있도록 안내해 주었다. 차근차근 사례를 통해 이해를 도와주자 아이들은 비로소 비례식, 함수의 기초를 잡아 나가기 시작하였다.

여기까지 하고 나니 약 20분 정도의 시간이 흘렀다. 남은 시간은 교과서 136, 137쪽을 각자 해결해 보고 모둠원들과 확인해 보는 시간을 갖도록 하였다. 물론 전체 공유를 위해 약 5분 정도의 시간은 남겨 두고 말이다.

대부분 아이들이 교과서 문제를 해결하고 모둠원들과 공유도 잘해 주었다. 시간이 딱 맞아떨어졌다. 5분 동안 나와 함께 다시 한 번 교과서 속 질문을 살펴보면서 제대로 해결하였는지 점검도 해 보았다. 대부분 잘 해냈다. 끝으로 자신이 세운 관계식이 맞는지 확인해 보는 것이 꼭 필요하다는 점, 이를 위해서 표에서 무작위로 특정한 x값을 뽑아 관계식의 x 대신에 대입해 보았을 때 y값이 정확히 나온다면 그 관계식은 제대로 세운 것이라는 것도 강조하고 또 강조해 주었다. 오늘 내용을 잘 이해하였으니 다음 시간부터 본격적으로 시작되는 정비례에 대하여 매우 쉽게 받아들일 수 있을 것이라 기대해본다.

2~3차시 정비례 관계 이해하기

수업 흐름	교사의 발문
도입	**지난 시간 학습한 내용 확인하기** • 벽돌을 1시간에 50장 찍어 낸다. 시간의 변화와 그에 따른 벽돌 생산량과의 대응 관계를 알아보자. (1) 먼저 무엇부터 하는 것이 좋을까? ⇨ 표 만들기 <table><tr><td>시간</td><td>1</td><td>2</td><td>3</td><td>4</td><td>…</td><td>x</td></tr><tr><td>생산량</td><td>50</td><td>100</td><td>150</td><td>200</td><td>…</td><td>y</td></tr></table> (2) 대응 관계 설명하기: 벽돌 생산량은 시간 수의 50배에 해당된다고 볼 수 있다. (3) 관계식으로 나타내기: $y = 50 \times x$
전개	**정비례 개념 이해: 스스로 만들어 나가기: 개별학습 ⇨ 협동학습** • 사례를 통해 정비례 개념 만들어 가기(활동지로 해결) (사례 1) 정수기로 물을 받는데 1분에 2L씩 담을 수 있다. 시간(분)과 담을 수 있는 물의 양 사이의 관계를 알아보자. (사례 2) 자전거로 1시간에 25km를 갈 수 있다. 시간과 거리 사이의 관계를 알아보자. (1) 대응 관계 파악을 위해 먼저 표로 정리해 보기 <table><tr><td>시간</td><td>1</td><td>2</td><td>3</td><td>4</td><td>…</td><td>x</td></tr><tr><td>물의 양</td><td>2</td><td>4</td><td>6</td><td>8</td><td>…</td><td>y</td></tr></table> <table><tr><td>시간</td><td>1</td><td>2</td><td>3</td><td>4</td><td>…</td><td>x</td></tr><tr><td>거리</td><td>25</td><td>50</td><td>75</td><td>100</td><td>…</td><td>y</td></tr></table> (2) 관계식으로 나타내 보기 $$사례 1: y = 2 \times x$$ $$사례 2: y = 25 \times x$$ (3) 표에서 보는 바와 같이 각각의 대응 관계 속에서 발견되는 규칙 찾아 설명해 보기: 아래와 같이 규칙을 찾아 설명할 수 있도록 하기 <table><tr><td>x의 변화</td><td>처음의 x값이 ~~~와 같이 변함에 따라</td></tr><tr><td>y의 변화</td><td>처음의 y값도 ~~~와 같이 변하는 관계가 만들어짐</td></tr></table> ※ 위와 같은 관계에 있는 상황을 정비례 상황이라고 하고, 이때 x와 y는 정비례한다고 말한다. ⇨ 정비례에 대한 개념 정의를 개인적으로 먼저 생각해 본 뒤에 모둠원들과 정보를 공유하며 최종 결론을 내림 (4) 위에서 알아본 관계식과 같이 정비례 상황에서 2, 25와 같이 변하지 않는 일정한 값을 (　　　　)라고 말한다.
정리	• 교과서 138~139쪽 문제 해결 및 모둠원들과 함께 공유하기 • 3차시 활동은 PPT로 정비례 상황을 여러 개 제시하고 그에 대한 관계식을 세워 보도록 한 후 남은 시간은 교과서 문제 해결(138~141쪽)을 할 수 있도록 충분히 시간을 할애한다.

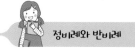

수학 6-2	5. 정비례와 반비례 정비례 이해하기	서울 초등학교 6학년 반 번 이름 :

정비례 개념 이해:스스로 만들어 나가기

사례를 통해 정비례 개념 만들어 가기

(사례 1) 정수기로 물을 받는데 1분에 2L씩 담을 수 있다. 시간(분)과 담을 수 있는 물의 양 사이의 관계를 알아보자.

(사례 2) 자전거로 1시간에 25km를 갈 수 있다. 시간과 거리 사이의 관계를 알아보자.

(1) 대응 관계 파악을 위해 먼저 표로 정리해 보기

사례 1	시간	1	2	3	4	…	x
	물의 양	2	4	6	8	…	y

사례 2	시간	1	2	3	4	…	x
	거리	25	50	75	100	…	y

(2) 관계식으로 나타내 보기

사례 1	
사례 2	

(3) 표에서 보는 바와 같이 각각의 대응 관계 속에서 발견되는 규칙 찾아 설명해 보기:아래와 같이 규칙을 찾아 설명할 수 있도록 하기

x의 변화	처음의 x값이 ~~~와 같이 변함에 따라
y의 변화	처음의 y값도 ~~~와 같이 변하는 관계가 만들어짐

(규칙 설명)

_____

※ 위와 같은 관계에 있는 상황을 정비례 상황이라고 한다. 그리고 이때 x와 y는 정비례한다고 말한다.

(4) 위의 관계식과 같이 정비례 상황에서 "2, 25"와 같이 변하지 않는 일정한 값을 (   )라고 말한다.

오늘 수업은 지난 시간에 살펴보았던 내용을 되짚어 보는 활동으로 시작을 열었다. 약 7분 정도 비교적 자세히 복습을 해 나갔다.

이어서 활동지를 나누어 주고 정비례에 대한 개념을 각자 스스로 탐구, 발견해 나갈 수 있도록 수업을 진행해 보았다. 우선 10분 정도 시간을 주고 각자 활동지를 해결해 나가면서 정비례에 대한 개념을 만들어 나갈 수 있게 하였다. 10분 정도 시간이 지난 후 모둠별로 활동지 내용을 점검해 보면서 생각이 같은 지점은 무엇이고 다른 지점은 어떤 부분이며 왜 다른지 등에 대한 정보 공유를 통해 생각을 정리해 나갈 수 있도록 안내하였다. 그렇게 또 다시 10분 정도 시간이 흘렀다.

활동을 하면서 아이들은 특히 3번 질문(정비례에 대한 정의를 내리는 부분)에서 조금 어렵다는 표현을 하였다. 물론 어렵기는 하지만 대부분 개념 정의를 잘 내려 주었다. 남은 시간 전체 공유 활동 시간을 가졌다.

전체 공유 활동 시간에는 특히 정비례 상황이 아닌 예(지난 시간에 살펴보았던 철수의 나이와 아버지 나이 사이의 관계 : $y = x + 30$)가 왜 정비례 상황이 아닌지(반례를 통한 이해의 접근) 몇 명을 지목하여 설명해 보게 함으로써 정비례에 대한 개념을 보다 확실히 다져 나가기도 하였다. 이 과정에서 정비례 상황은 곱(배)의 개념이 밑바탕에 깔려 있다는 것(발표하는 아동은 정비례 관계식에 덧셈 또는 뺄셈 관련 내용이 포함되지 않는다고 답변을 해 주었다.)을 아이들은 보다 확실히 이해할 수 있었다.

다음으로 정비례 관계식에서 y값은 결과값으로서 x값이 변함에 따라 y값도 달라진다는 것을 확실히 이해할 수 있도록 도와주었고, 그 과정에서 항상 변하지 않는 값으로서 비례상수 개념 또한 아이들 스스로 잡아 나갈 수 있었다.

끝으로 관계식을 세우는 과정에서 무작정 x, y라는 기호만 생각할 것이 아니라 x값이 의미하는 것, y값이 의미하는 것이 무엇인지에 대해서도 확실히 기억하면서 정비례 관계식을 다룰 수 있도록 강조하고 또 강조해 나갔다. 오늘 활동을 마무리하면서 아이들에게 질문해 보았다. 정비례와 관련된 내용이 어려운 것인가. 아이들은 오늘까지 활동한 결과를 보면서 전혀 어렵지 않다는 답변을 빠르게 던져 주었다. 반비례 상황까지도 이런 말이 나올 수 있게 잘 디자인해야겠다는 각오를 다져 본다.

스스로 정비례 상황에 대한 개념 만들기 활동 장면 : 개별활동 ⇨ 모둠별 협동학습

오늘 수업은 지난 시간까지 공부한 대응 및 대응 관계, 관계식, 정비례란 무엇이고 정비례 상황을 관계식으로 정리하기까지의 내용을 되짚어 보는 것으로 열었다. 복습하는 과정에서 아래와 같은 관계식을 던지고 이 관계식이 왜 정비례식이 아닌지를 증명해 보도록 하였다. 역시나 이 질문에서는 아이들의 사고가 상당 시간 멈추었다.

(질문) "$y = 2x + 3$"이라는 식은 정비례 관계식이 아니다. 왜 아닌지 증명해 보도록 하자.

질문을 한 후 한참 시간 동안 아이들은 이런저런 대답을 하

였지만 모두 제대로 된 증명은 아니었다. 예를 들면 아래와 같은 대답이었다.

"더하기 내용이 있어서 그렇습니다. 정비례는 '몇 배'의 의미만 있기 때문입니다."

그래서 '증명'이 무엇인지에 대해서 또 다시 설명해 주어야 했다. "증명이란 구체적인 사례를 들어서 설명하는 것을 말한다."라고 말하고 "정비례의 정의가 무엇인지, 실제로 그런 정의와 같은 상황이 되도록 예를 들어 설명하면 증명이 되는 것이다."라고 실마리를 제공하였다. 그랬더니 잠시 뒤에 한 아동이 이렇게 대답해 주었다.

"표를 그리고 x 대신에 1, 2, 3, 4 값을 넣어서 y값을 구하면 정비례 관계식이 아닌지 증명할 수 있습니다."

아주 정확한 답변이었다. 그 아동에게 어떻게 해야 하는지 설명을 해 주면 내가 칠판에 받아 적겠다고 하였다. 아래 내용은 그 아동이 불러 준 내용 그대로이다.

x	1	2	3	4
y	5	7	9	11

"이렇게 정리하고 보면 x값은 2배, 3배, 4배로 늘어나는데 y값은 2배, 3배, 4배로 늘어나지 않고 있다는 것을 알 수 있으니 정비례라고 말할 수 없습니다."

그러자 모든 아이들도 이제야 어떻게 증명하는 것이 맞는지를 제대로 알겠다고 고개를 끄덕였다.

도입 활동은 이렇게 정리하고 미리 만들어 둔 정비례 상황을 PPT로 제시한 후 각자 정비례 관계식을 써 보라고 하였다. 모두 6문항을 제시하였는데 뒤로 갈수록 아이들은 정비례 상황을 관계식으로 만들어 가는 데 익숙해졌다.

그런데 사례 5번에서 아이들은 소위 말해서 비례상수가 자연수로 만들어지지 않자 이렇게 질문을 하였다.

"선생님, 비례상수가 분수면 안 되나요? 소수도 되나요?"

어찌 보면 당연한 질문일지도 모른다는 생각이 들었다. 그

래서 예를 들어 다시 설명해 주었다.

x	1	2	3	4
y	3	6	9	12

"위와 같은 정비례 관계식에서 각각의 대응에서 y값은 x값의 3배라는 공통된 규칙이 있다는 것을 알 수 있다. 3배라는 값은 $\frac{y}{x}=\frac{3}{1}=\frac{6}{2}=\frac{9}{3}$라는 과정을 통해서 만들어졌다고 할 수 있지. 이런 경우 자연수로 딱 떨어져서 좋겠지만 그렇지 않은 경우도 분명히 있지. 바로 사례 5번처럼. 이런 경우에는 그냥 분수로 두어도 좋고 소수로 써도 좋단다. 결국 비례상수는 자연수든 소수든 분수든 다 가능하다는 것이지."

아이들은 이제야 충분히 이해를 하였다는 표정이었다. 그래서 그와 비슷한 문제를 하나 더 준비해 두었기 때문에 다음 문제를 바로 제시하여 이제는 막힘없이 해결해 나갔다. 여기까지 활동하는 데 약 20분 정도의 시간이 사용되었다.

남은 20분 동안은 교과서 문제를 각자 풀어 보고 모둠원 또는 주변의 친구들과 답도 맞추어 보며 도움 주고받기 활동을 하도록 안내하였다. 그렇게 남은 시간을 보내며 오늘 수업 시간을 잘 마무리하였다. 문제 해결 과정에서 수치가 좀 큰 문제들은 계산기를 사용하도록 안내하기도 하였다.

교과서 속 문제를 워크북으로 생각하여 함께 문제 해결 및 도움 주고받기를 실천하는 장면

수업을 정리하면서 정비례에 대한 정의를 한 번 더 강조하면서 그것을 꼭 기억해 둘 것을 부탁하였다. 경험상 아이들은 정비례를 별로 어렵게 생각하지 않는다. 하지만 반비례는 조금 힘들어한다. 그래서 다음 시간은 아이들이 보다 쉽게 이해할 수 있도록 수업 디자인을 잘 해 보아야겠다는 생각에 나의 마음이 조금은 무거워진다.

수업 흐름	교사의 발문
도입	**정비례 관계 이해 점검** • 정비례란 무엇인가? • 두 지점 A와 B 사이의 거리는 400km이다. 이 거리를 자전거로 1시간에 40km씩 달리려고 한다. • 위의 상황에서 2개의 대응 요소는 무엇과 무엇인가? • 두 대응 요소 사이의 관계를 표로 정리하면? • 두 대응 요소 사이의 관계를 말로 설명하면? • 두 대응 요소 사이의 관계를 식으로 정리하면? • 이 관계는 정비례라고 말할 수 있는가?
전개	**반비례 개념 이해 : 스스로 만들어 나가기 : 개별학습 ⇨ 협동학습** • 사례를 통해 정비례 개념 만들어 가기(활동지로 해결)
정리	• 교과서 142~145쪽 문제 해결 및 모둠원들과 함께 공유하기 • 6차시 활동은 교과서 문제를 함께 해결(142~147쪽)해 나가면서 반비례 개념을 좀 더 확실히 다져 나갈 수 있도록 한다.(시간이 남을 경우를 대비하여 반비례 상황, 반비례 상황이 아닌 것을 몇 개 준비하여 둔다.) • 둘레가 40cm인 직사각형의 가로 $x$cm와 세로 $y$cm(반비례 상황이 아님을 증명하기) • 구슬 50개를 여러 사람이 똑같이 나누어 가질 때 사람 수 x와 나누어 갖게 될 구슬의 개수 y(반비례 상황임을 증명하기) • 20L들이 물통에 물을 가득 채우려고 한다. ⇨ 반비례 상황이 되도록 이후의 문제를 완성시켜 보시오. (예) 수도꼭지에서 1분 동안 나오는 물의 양을 xL, 걸리는 시간을 y분이라고 할 때 두 대응 요소 사이의 관계를 식으로 나타내 보시오.

수학 6-2	**5. 정비례와 반비례** **반비례 이해하기(4~5차시)**	서울 초등학교 6학년 반 번 이름 :

정비례 개념 이해 : 스스로 만들어 나가기

(사례 1) 바다에서 두 지점 A와 B 사이의 거리는 12km이다. 1시간 동안 배로 이동하는 거리와 A지점에서 B지점까지 가는 데 걸리는 시간 사이의 관계를 알아보자.

⑴ 1시간에 가는 거리와 A지점에서 B지점까지 가는 데 걸리는 총시간과의 관계를 표로 정리해 봅시다.

1시간 동안 가는 거리	1km	2km	3km	4km	6km	12km	x
걸리는 시간							y

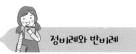

(사례 2) 한 사람이 공장에서 사탕을 포장하는데 1시간에 200개를 포장한다. 사탕 2,000개를 10명이 포장하는 데 걸리는 시간과 사람 수와의 관계를 알아보자.

(1) 사탕을 포장하는 사람의 수와 포장하는 데 걸리는 시간과의 관계를 표로 정리해 봅시다.

사람 수	1	2	4	5	10	x
걸리는 시간						y

(2) 두 대응 요소 사이의 관계를 말로 표현해 봅시다.

(사례 1)

(사례 2)

(3) 두 대응 요소 사이의 관계를 식으로 나타내 봅시다.

(사례 1)

(사례 2)

(4) 위의 사례에서 보는 바와 같이 각각의 대응 관계 속에서 발견되는 규칙 찾아 설명해 보기:아래와 같이 규칙을 찾아 설명하기(뒷장에 계속!!)

x의 변화	처음의 x값이 ~~~와 같이 변함에 따라
y의 변화	처음의 y값은 ~~~와 같이 변하는 관계가 만들어짐

(규칙 설명) _____

_____

_____

※ 위와 같은 관계에 있는 상황을 반비례 상황이라고 하고, 이때 x와 y는 반비례한다고 말한다.

▷ 반비례에 대한 개념 정의를 개인적으로 먼저 생각해 본 뒤에 모둠원들과 정보를 공유하며 최종 결론을 내림

(5) 위에서 알아본 관계식과 같이 반비례 상황에서 12, 10과 같이 변하지 않는 일정한 값을 (　　　)라고 말한다.

(사례 3) 공사장에 쓰레기 폐기물 30톤이 쌓여 있다. 이 폐기물을 트럭으로 운반하려고 한다.

※ 이 상황을 반비례 상황으로 만들어 보려고 할 때 아래 물음에 답하시오.

(1) 위의 사례 3은 아직 반비례 상황이라 말할 수 없다. 반비례 상황이 되도록 문제를 보완하여 완성시켜 보시오.

(문제의 완성) 공사장에 쓰레기 폐기물 30톤이 쌓여 있다. 이 폐기물을 트럭으로 운반하려고 한다.

_____

_____

_____

(2) 두 대응 요소는 무엇과 무엇을 두어야 할까?(　　　　　,　　　　　)

(3) 무엇을 x로, 무엇을 y로 두어야 할까? ($x=$　　　　, $y=$　　　　)
그 이유는 무엇일까?

_____

_____

_____

(4) 두 대응 요소 사이의 관계를 표로 정리해 봅시다.

						x
						y

(5) 두 대응 요소 사이의 관계를 말로 정리해 봅시다.

_____

_____

_____

(6) 두 대응 요소 사이의 관계를 식으로 정리해 봅시다.

_____

_____

4~5차시 수업 소감

오늘 수업은 2시간 블록 수업으로 설계하였다. 도입 활동은 정비례에 대한 개념을 세밀하게 돌아보는 활동으로 열었다. 약 10분 동안 진행되었다.

이어서 바로 활동지를 나누어 주고 약 15~20분 정도 시간 동안 혼자 해결해 나가도록 하였다. 활동지를 해결하기 전에 나는 이미 아이들이 정비례보다 반비례의 이해를 더 어려워하고 개념도 쉽게 잡아 나가지 못할 가능성이 크다는 예상을 하고 있었다. 그 예상은 빗나가지 않았다. 많은 아이들이 활동지 속 첫 번째 반비례 상황부터 문제 자체에 대한 이해를 제대로 하지 못하고 방황하고 있었다. 배의 속력을 시속 1km, 2km, 3km…로 올려 나감에 따라 걸리는 시간은 줄어든다는 것 자체에 대한 실제적인 이해와 감각이 부족한 탓일 가능성이 높았다. 일단 어찌 되었든 혼자서 충분히 해결할 수 있을 만큼 해결해 보게 하였다. 시간이 조금 지나자 깊이 고민하는 아이들 속에서 "이제 무슨 뜻인지 알겠다."는 말이 조금씩 흘러나왔다. 물론 적지 않은 아이들은 주어진 시간 동안 활동지를 끝까지 제대로 해결해 내지 못하였다. 약속된 20분이 지나서 모둠원들과 서로 협의하며 정보를 공유할 시간을 주었다. 아이들은 모둠 활동이 시작되자마자 "이제 알겠다."고 말한 모둠원들에게 질문 폭탄을 퍼부으며 도움을 요청하였다. 이 상황에서 나는 한마디 덧붙였다. "그냥 답만 알아 가지 말고 왜 그렇게 되는지 이해한 뒤에 도움을 받아 가기 바란다. 나중에 반드시 질문을 할 터이니까 말이다." 그렇게 아이들은 충분한 시간 동안 정보를 주고받으며 활동지를 잘 해결해 나갔다. 여기에도 약 20분이라는 긴 시간이 사용되었다. 생각보다 아이들이

반비례에 대한 개념을 잘 잡아 나가지 못하고 있는 것 같았다. 30분 정도를 남겨 두고 활동을 정리한 후에 전체 공유 활동으로 들어갔다.

활동지 속 사례를 차근차근 정리해 보면서 아이들의 이해를 도왔다. 어떤 문제는 아이들을 지목하여 탐구해 낸 내용을 발표하게 하면서 내용을 조금씩 수정해 나갔다. 특히 관계식을 만들어 내는 과정에서 아이들은 '$x \times y = 12$'라고 쓰기도 하였고 '$y = \frac{12}{x}$'라고 쓰기도 하였는데 이 두 식이 어떻게 서로 같은 관계식인지 잘 이해가 가지 않는다고 하였다. 그래서 등식의 성질을 이용하여 '$x \times y = 12$'가 '$y = \frac{12}{x}$'로 변환되는 과정을 간략히 증명해 주었다. 많은 아이들은 이것을 잘 이해하였으나 그 못지않은 많은 아이들은 아직도 잘 이해가 안 간다는 표정이었다. 물론 이것을 현재 교육과정 상황에서 꼭 이해할 필요는 없었기에 여기까지만 설명하고 '$x \times y = 12$'로 정리해 나가도록 정리를 해 주었다. 또한 여기에서 12가 비례상수라는 점도 강조하고 또 강조해 주었다.

활동지 마지막 질문인 반비례 상황을 만들어 보는 질문도 아이들은 모둠 협의를 통해 나름은 잘 만들어 갔다. 그러나 모든 아이들이 정보 교환을 통해 활동지를 해결한 것이 모두 이해하였다고 볼 수는 없는 일이라 생각된다. 그래서 다음 1시간 동안 반비례 상황에 대한 개념 이해를 한 걸음 더 깊이 들어갈 수 있도록 도와주는 수업 설계가 필요하다고 여겨졌다. 여기까지 정리하고 나니 시간이 약 10분 정도 남게 되었다. 그래서 남은 시간은 교과서 속 문제를 풀어 나갈 수 있게 하였다. 오늘 다 하지 못한 것은 집에서 해결해 오도록 과제로 대체하였다.

스스로 반비례 개념을 만들어 나가기 위한 개별활동 ⇨ 협동학습 ⇨ 교과서 문제 풀이 과정 활동

오늘 수업은 지난 시간에 스스로 해결해 보았던 교과서 속 문제를 함께 풀어 보는 것으로 열어 나갔다. 교과서 속 문제를 함께 해결해 보면서 중요한 점들을 다시 한 번 짚어 주었다. 이제 어느 정도 반비례 관계를 이해하고 관계식을 세우는 일은 할 수 있을 정도가 된 것 같다. 교과서 문제를 다 정리하고 나니 약 10분 정도가 남았다. 그래서 미리 준비해 둔 문제를 제시하면서 한 걸음 더 들어가 보려고 하였다.

우선 아래와 같이 문제를 제시하였다.

둘레가 40cm인 직사각형의 가로 $x$cm와 세로 $y$cm ⇨ 반비례 상황이 아님을 증명하기

아이들은 증명하기와 관련된 활동이 아직은 익숙하지 않은 것 같았다. 정비례를 공부할 때도 그랬는데 이번에도 대다수의 아이들은 많이 주춤거렸다. 몇몇의 아이들만 바로 표를 그리고 문제를 해결해 나갔다. 물론 그 아동 주변을 중심으로 문제 해결 방법 및 과정이 공유되어 나가기는 하였다. 이렇게 문제를 해결하고 난 뒤 두 번째 문제가 제시되었다.

20L들이 물통에 물을 가득 채우려고 한다. ⇨ 반비례 상황이 되도록 이후의 문제를 완성시켜 보시오.

여기에서도 마찬가지로 반비례에 대한 나름의 충분한 이해가 바탕이 된 아동들은 금방 문제를 완성시켜 나갔다. 하지만 아직 충분한 이해가 부족한 아이들은 문제를 만들면서 이런 말을 던졌다. "정비례는 잘 만들 수 있는데 반비례는 잘 못하겠어." 역시나 예상된 일이었다. 그래서 반비례에 1시간을 더 들여서 이해를 도왔던 것인데 이것만으로는 부족한 것이었다. 물론 아직 몇 시간이 더 남았기 때문에 시간은 있다고 생각하며 문제를 해결한 아이들을 중심으로 완성시킨 문제 사례를 공유하면서 이해를 도왔다. 다음 시간에는 정비례와 반비례를 동시에 놓고 비교해 가면서 한 걸음 더 깊이 들어가 보려고 한다.

🌱 7~10차시 정비례와 반비례 구별하기 및 관련 문제 해결하기

수업 흐름	교사의 발문
	정비례, 반비례 상황과 관련된 사례 되짚어 보기 **교과서 속 문제 해결하기:개별학습 ⇨ 협동학습 ⇨ 전체학습** ※ 정비례, 반비례, 정비례도 반비례도 아닌 것에 대한 증명은 직접 표를 이용하여 제시할 수 있도록 안내하기(148~151쪽)
	정비례, 반비례 상황 구별하기 아래 제시된 상황은 두 대응 요소를 무엇으로 정하느냐에 따라 정비례가 될 수도 있고 반비례가 될 수도 있다. 아래 질문을 읽어 보고 알맞은 답을 써 보시오. ※ 아래 질문을 활동지로 만들어 제시하기 **(상황 1)** 물이 10,000리터 들어가는 수영장에 1분에 일정한 양만큼씩 물을 채우고 있다. (1) 상황 속에서 정비례하는 두 대응 요소를 쓰시오. (2) 두 대응 요소를 바탕으로 정비례 문제를 만들어 보시오. (3) 상황 속에서 반비례하는 두 대응 요소를 쓰시오. (4) 두 대응 요소를 바탕으로 반비례 문제를 만들어 보시오. (정답 사례) (1) 정비례:물 넣는 시간 x와 그에 따라 채워질 물의 양 y 사이의 관계 (2) 반비례:1분에 채워지는 물의 양 x와 그에 따라 수영장을 전부 채우는 데 걸리는 시간 y 사이의 관계

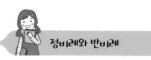
(**상황 2**) 거리가 800km인 두 지점 사이를 기차가 일정한 속도로 달리고 있다.

(1) 상황 속에서 정비례하는 두 대응 요소를 쓰시오.

(2) 두 대응 요소를 바탕으로 정비례 문제를 만들어 보시오.

(3) 상황 속에서 반비례하는 두 대응 요소를 쓰시오.

(4) 두 대응 요소를 바탕으로 반비례 문제를 만들어 보시오.

(정답 사례)

(1) 정비례: 속력 x와 그에 따라 도달할 수 있는 거리 y 사이의 관계

(2) 반비례: 속력 x와 그에 따라 정해진 거리를 도달하는 데 걸리는 시간 y 사이의 관계

(**상황 3**) 사탕 공장에서 사탕 1,000개를 비닐 포장지로 포장하려고 한다.

(1) 상황 속에서 정비례하는 두 대응 요소를 쓰시오.

(2) 두 대응 요소를 바탕으로 정비례 문제를 만들어 보시오.

(3) 상황 속에서 반비례하는 두 대응 요소를 쓰시오.

(4) 두 대응 요소를 바탕으로 반비례 문제를 만들어 보시오.

(정답 사례)

(1) 정비례: 사탕을 포장하는 데 걸리는 시간 x와 그에 따라 포장할 수 있는 사탕 개수 y 사이의 관계

(2) 반비례: 시간당 포장할 수 있는 사탕의 개수 x와 걸리는 시간 y 사이의 관계

(**상황 4**) 놀이 공원에서 학생 100명이 차례대로 놀이 기구를 타려고 한다.

(1) 상황 속에서 정비례하는 두 대응 요소를 쓰시오.

(2) 두 대응 요소를 바탕으로 정비례 문제를 만들어 보시오.

(3) 상황 속에서 반비례하는 두 대응 요소를 쓰시오.

(4) 두 대응 요소를 바탕으로 반비례 문제를 만들어 보시오.

(정답 사례)

(1) 정비례: 1회에 2명씩 탈 수 있다고 할 때, 운행 횟수 x와 탈 수 있는 학생 수 y 사이의 관계

(2) 반비례: 한 번에 탈 수 있는 학생의 수 x와 놀이 기구의 운행 횟수 y 사이의 관계

• 시간이 남을 경우 152~155쪽 '공부를 잘했는지 알아봅시다.' 해결하기

	수학 6-2	5. 정비례와 반비례 정비례와 반비례 구별하기	서울　　　　　　초등학교
			6학년　　반　　　번
			이름 :

※ 아래 제시된 상황은 두 대응 요소를 무엇으로 정하느냐에 따라 정비례가 될 수도 있고 반비례가 될 수도 있다. 아래 질문을 읽어 보고 알맞은 답을 써 보시오.

(상황 1) 물이 10,000리터 들어가는 수영장에 1분에 일정한 양만큼씩 물을 채우고 있다.

(1) 상황 속에서 정비례하는 두 대응 요소를 쓰시오.

(2) 두 대응 요소를 바탕으로 정비례 문제를 만들어 보시오.

(3) 상황 속에서 반비례하는 두 대응 요소를 쓰시오.

(4) 두 대응 요소를 바탕으로 반비례 문제를 만들어 보시오.

(상황 2) 거리가 800km인 두 지점 사이를 기차가 일정한 속도로 달리고 있다.

(1) 상황 속에서 정비례하는 두 대응 요소를 쓰시오.

(2) 두 대응 요소를 바탕으로 정비례 문제를 만들어 보시오.

(3) 상황 속에서 반비례하는 두 대응 요소를 쓰시오.

(4) 두 대응 요소를 바탕으로 반비례 문제를 만들어 보시오.

(상황 3) 사탕 공장에서 사탕 1,000개를 비닐 포장지로 포장하려고 한다.

(1) 상황 속에서 정비례하는 두 대응 요소를 쓰시오.

(2) 두 대응 요소를 바탕으로 정비례 문제를 만들어 보시오.

(3) 상황 속에서 반비례하는 두 대응 요소를 쓰시오.

(4) 두 대응 요소를 바탕으로 반비례 문제를 만들어 보시오.

(상황 4) 놀이 공원에서 학생 100명이 차례대로 놀이 기구를 타려고 한다.

(1) 상황 속에서 정비례하는 두 대응 요소를 쓰시오.

(2) 두 대응 요소를 바탕으로 정비례 문제를 만들어 보시오.

(3) 상황 속에서 반비례하는 두 대응 요소를 쓰시오.

(4) 두 대응 요소를 바탕으로 반비례 문제를 만들어 보시오.

7~8차시 수업 소감

오늘 2시간 수업은 교과서에 제시된 질문들을 있는 그대로 활용하되 정비례와 반비례 개념을 좀 더 확실히 다질 수 있는 시간이 되도록 최선을 다해 준비하였다.

우선 교과서 148쪽, 149쪽을 보면 6개의 상황이 제시되어 있다. 그 가운데 1개는 반비례도 정비례도 아닌 상황, 3개는 정비례 상황, 2개는 반비례 상황이었다. 교과서 질문은 각각의 상황을 정비례, 반비례 등으로 구별하고 관계식을 구한 뒤 어떤 특징(반비례의 정의, 정비례의 정의를 그대로 따르고 있는지의 여부)이 있는지 살펴보도록 되어 있다. 나는 이 사례를 그대로 활용하되 하나하나의 사례마다 대응하는 2개의 요소가 무엇인지 먼저 찾게 하고, 2개의 대응 요소 사이의 관계를 표로 정리해 본 뒤에 각각의 대응 관계 사이에 어떤 특징이 발견되는지 생각해 보도록 하여 정비례, 반비례 등을 판단할 수 있도록 바꾸어 보았다. 그 과정에서 대응 관계를 관계식으로 정리하도록 안내도 하였다. 대체로 아이들은 2개의 대응 요소를 찾고 관계식으로 정리하는 것까지는 잘하였으나 왜 반비례인지, 왜 정비례인지 설명하라고 하면 잘 설명하지 못하는 것 같았다. 의외로 간단한 것인데도 말이다. 그래서 하면 할수록 설명하는 요령을 터득해 나가고 있는 것만은 사실이었다. 3문항 정도 해결해 나가자 이제는 대부분의 아이들이 어느 정도는 잘 설명할 수 있을 정도는 되었다고 판단되었다. 그래서 제시된 상황 가운데 정비례도 반비례도 아닌 것을 놓고 왜 그런지 이유를 증명해 보라고 하였다. 그랬더니 또 다시 침묵이 흘렀다. 그래서 설명할 수 있는 사람은 손을 들어 보라고 하였다. 26명 가운데 절반 정도 아이들이 손을 들었다. 그것만으로도 다행이라는 생각이 들었지만 아쉬움도 남았다. 분명히 여러 번 설명을 했던 것인데도 아직 그것이 잘 안 된다면 그만큼 아이들은 수업 시간에 집중을 잘 하지 않았다는 증거이기도 하기 때문이다. 아쉬움을 뒤로하고 계속 진행을 해 나갔다. 설명할 수 있는 아이들을 지목하고 그 아이들의 설명을 통해 다른 아이들의 이해를 도왔고 부족한 것이 있다면 또 다른 아이들을 연결 지어 보완할 수 있도록 하였다.

이어서 150쪽(활동 2)을 통해 하나의 상황이 정비례가 될 수도 있고 반비례가 될 수도 있다는 것을 이해할 수 있도록 도왔다. 교과서 속 문제는 하나의 상황 속에서 2개의 대응 요소를 무엇으로 정하느냐에 따라 정비례가 될 수도 있고 반비례가 될 수도 있음을 이해할 수 있도록 제시된 질문이었다. 이런 질문은 매우 좋은 질문이라 여겨졌지만 제시하는 방법이 아쉬웠다. 왜냐하면 제시된 상황 속에서 정비례 관계 또는 반

비례 관계가 되려면 어떤 2개의 요소를 뽑아 각각 x, y로 놓아야 하는지 아이들이 생각하고 판단하도록 하였다면 더 좋았을 것인데 일일이 x는 어떤 요소이고 y는 어떤 요소인지를 지정해 준 뒤에 그 요소 아이의 관계를 관계식으로 정리해 보도록 질문이 제시되어 있어서 아쉬움이 남았다.

어찌 되었든 교과서 속 질문에서 상황은 같은데 대응하는 2개의 요소를 각각 무엇으로 놓느냐에 따라 정비례(위의 사례에서 물을 넣은 시간이 x, 채워지는 물의 양이 y) 또는 반비례(위의 사례에서 단위 시간 동안 넣는 물의 양이 x, 가득 채우는 데 걸리는 시간이 y)가 될 수 있음을 아이들은 처음 깨닫기 시작하였다. 이를 계기로 다시 앞의 사례로 돌아가 같은 상황에서 대응 요소를 바꾸어 정비례를 반비례로 또는 반비례를 정비례로 바꿀 수 있도록 시간을 주고 고민해 보도록 하였다. 어찌 보면 본 단원의 활동 가운데 가장 높은 수준의 활동이라 할 수 있을 것이며 이것을 잘 해낸다면 정비례, 반비례 단원 활동은 최상위 수준의 목표를 달성했다고 봐도 과언이 아닐 것이라 생각되었다. 아이들은 역시 매우 어려워하였다. 그래도 7~8명 아이들은 나름대로 고민한 끝에 대응 요소를 바꾸어 상황을 잘 변환시켜 주었다. 예를 들면 아래와 같다.

(1) 물 1,200리터를 우주인 x명이 똑같이 나누어 사용할 때 1명이 사용할 수 있는 물 y리터 : 이것은 반비례 상황에 해당된다. 상황은 같지만 조건을 바꾸어 정비례 상황으로 만들어 보게 하였던 것이 내 질문의 의도였다. 그것에 대하여 아이들은 이렇게 바꾸어 주었다.

⇨ '1명이 1일에 10리터씩 물을 마실 때 1,200리터로 며칠을 먹을 수 있겠는가?'와 같이 바꾸어 주었다.

날수(일) = x	1	2	3	...	120
물의 양(L) = y	10	20	30	...	1,200

(2) 1시간에 광석 1kg을 채집하는 기계 x대로 광석 360kg을 채집할 때 필요한 y시간 : 이것은 반비례 상황에 해당된다. 이를 아이들은 이렇게 바꾸어 주었다.

⇨ '기계 1대가 1시간에 광석 10kg을 채집한다고 할 때 360kg을 1시간에 채집하려면 기계 몇 대가 동시에 작업을 해야 하는가?'와 같이 바꾸어 주었다.

작업한 기계 수 = x	1	2	3	...	36
채집한 광석의 양 = y	10	20	30	...	360

여기까지 활동을 하는 데 약 70분 정도 시간이 사용되었다. 생각보다 많은 시간이 사용되었다는 생각이 들었다. 남은 10분 동안은 남은 151쪽 문제를 각자 해결하고 모둠원들과 답을 공유한 뒤 모두가 함께 확인해 보는 것으로 짧게 마무리해 보았다. 남은 2시간 동안 미리 내가 준비한 활동지로 정비례 및 반비례 개념을 확실히 잡아 나갈 수 있도록 해야겠다는 생각을 하며 오늘 시간을 마무리 지었다.

9~10차시 수업 소감

오늘 수업을 시작하면서 초반에 정비례, 반비례에 대한 정의를 한 번 더 되짚어 보고 아래와 같은 질문을 던지면서 본격적인 수학적 사고 활동에 돌입하였다.

[질문 : 다음은 어떤 상황에 해당되는가?]
물이 가득 들어 있는 수조에서 1분마다 10리터의 물을 퍼낸다고 하자. 시간이 1분, 2분, 3분…로 증가할 때마다 수조의 물은 10리터, 20리터, 30리터…의 양만큼 감소한다. 이때 시간과 수조에서 감소하는 물의 양의 관계는 어떤 관계일까?

이렇게 질문을 던지면서 "수조의 물이 감소하고 있다."는 사실을 반복하고 더 강조하였다. 물론 이렇게 한 것은 아이들에게 혼돈을 주기 위함이었다. 오개념이 형성되어 있는 아이들은 "시간의 증가에 따른 물 양의 감소"라는 점에 포커스를 맞추어 "반비례 상황"이라고 답변할 것이라고 나는 예상을 하였다. 나의 예상이 맞아떨어졌다. 참으로 많은 아이들이 이 상황을 반비례라고 말하였다. 그래서 차근차근 접근해 보자고 하면서 질문을 이어 갔다. 2개의 대응 요소는 무엇과 무엇인지, 표로 만들 때 무엇을 x로 놓고 무엇을 y로 놓을 것인지 등. 아이들은 시간에 따라 물의 양이 변하니까 시간을 x, 물의 양을 y로 놓아야 한다고 말해 주었다. 그에 따라 나는 칠판에 표를 그려 나갔다.

시간(x)	1	2	3	4	…
물의 양(y)	10	20	30	40	…

이렇게 표를 통해 시간의 흐름과 감소하는 물의 양의 관계는 정비례 관계에 있다는 것을 깨닫고 아이들은 자신의 생각이 어떤 부분에서 오류가 발생하였는지 궁금해하였다. 그러나 오류가 발생한 원인을 제대로 찾아내는 아이는 없었다. 그래서 내가 대답해 주었다.

"여러분은 '물의 양이 감소한다.'라는 말에서 반비례라고 생각했던 것이다. 수조에서 물은 감소하지만 감소하는 물의 양은 점점 늘어나고 있다는 것을 알 수 있지. 이 질문 속에는 여러분을 함정에 빠뜨릴 수 있는 문장이 들어 있었던 것이란다. 이런 질문은 얼마든지 만들 수 있지. 그러니 무조건 '감소한다, 줄어든다'라는 말이 들어 있다고 하여 반비례라고 착각해서는 안 된다."

몇몇 아이들은 오늘도 중요한 것 한 가지를 배웠다고 느꼈는지 바로 자신의 노트에 기록하고 정리하는 모습을 보여 주기도 하였다.

이어서 준비한 활동지를 나누어 주고 개별활동 및 협동학습 활동에 들어갔다. 이 활동지 속에 있는 질문들은 모두 하나의 상황에서 대응하는 두 요소를 무엇으로 정하느냐에 따라 정비례가 될 수도, 반비례가 될 수도 있는 것들이었다. 본 단원 활동의 최고 수준에 해당되는 질문이라 생각되는 것들이었다. 아이들은 역시나 받아 들고 굉장히 난해한 표정을 지으며 문제 해결에 들어갔다. 적지 않은 아이들은 손도 대지 못하였다. 얼마간 시간이 지나서 모둠 활동이 가능할 수 있게 해 주었더니 각 모둠에서 몇몇 아이들을 중심으로 도움 주고받기 활동이 매우 활발하게 이루어졌다. 30%가량의 아이들은 잘 해결하였다. 40%가량의 아이들은 겨우 도움을 받아 문제를 해결해 나가기는 하였으나 아직 충분한 이해를 하였다고 볼 수는 없는 수준에 있었다. 나머지 30% 아이들은 아직도 단순한 정비례, 반비례 관련 이해가 많이 부족해 보였다. 그래도 전혀 개념을 못 잡고 있는 것은 아니라 여겨졌다.

충분한 시간을 가진 뒤에 사례 한 가지씩 전체 공유를 통해 총정리하면서 본 단원 학습을 모두 마무리하였다. 아이들은 특히 반비례가 매우 어렵다고 하소연을 하였다. 일부 아이들은 단원이 끝났다고 하니까 평가는 언제 할 것인지, 문제는 어렵게 낼 것인지 궁금하다며 묻기도 하였다. 그래서 좀 더 열심히 복습 좀 하라고 미리 으름장을 놓았다.

"이번 평가는 정말 복습 안 하면 거의 절반도 못 맞힐 만큼 문제를 어렵게 낼 것이니 모두 열심히 공부하도록 한다."

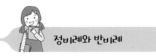

아이들은 제발 좀 봐 달라고 신신당부를 한다. 오늘 수업도 이렇게 마무리되었다. 이로써 중요한 단원 공부는 모두 마쳤다. '6단원 여러 가지 문제'는 지금까지와 같은 방식으로 분석을 하면서 수업을 펼쳐 나가지 않을 생각이다. 1년 동안의 긴 호흡으로 달려온 6학년 수학 수업도 이제 다 마무리되었다. 그동안 아이들은 나름대로 많이 성장하였다고 나는 분명히 확신한다. 물론 나의 수업은 부족한 점도 많았다. 그럼에도 불구하고 나의 방향성은 분명히 옳았다고 확신한다. 상담할 때마다 학부모님께서는 내게 감사의 말씀을 해 주셨다. 많은 아이들이 우리반 수학 수업 활동이 조금 어렵기는 했지만 정말 좋았고 수학에 흥미와 관심을 많이 갖게 되어 도움이 많이 되었다고 이야기를 해 주었다고 전해 주셨다. 그런 이야기들 덕분에 나는 이런 식의 수학 교육에 대하여 더욱더 자신감을 가지고 연구 및 실천을 해 오고 있고 앞으로도 그럴 생각이다.

🌱 11차시　단원 정리 – 단원 평가

수학 6-2	5. 정비례와 반비례 교과서 130~164쪽	서울은빛초등학교 6학년 해솔반 번 이름:

1. 다음은 세발자전거의 수와 바퀴 수 사이의 관계를 나타낸 표이다. 빈 칸에 알맞은 수를 쓰시오.

자전거 수	1	2	3	4	5
바퀴 수	3				

2. 위의 질문에서 두 대응 요소 사이의 관계를 말로 설명해 보시오.

3. 위의 질문에서 두 대응 요소 사이의 관계를 식으로 나타내려고 한다. 이 때 ( )를 x로 놓고 ( )를 y로 놓는다.
그 이유는 ( )

4. 위의 질문에서 두 대응 요소 사이의 관계를 식으로 나타내 보시오.(관계식 쓰기)

5. 위의 질문에서 비례상수는 얼마인가? ( )

6. 넓이가 18㎠인 직사각형을 여러 가지 모양으로 만들고자 한다. 직사각형의 가로가 변함에 따라 세로가 어떻게 달라지는지 아래 빈 칸에 알맞은 수를 쓰시오.

가로(x)	1	2	3	18
세로(y)				

7. 위의 두 대응 요소 사이에 관계를 말로 설명해 보시오.

8. 위의 질문에서 두 대응 요소 사이의 관계를 식으로 나타내 보시오.(관계식 쓰기)

9. 위의 질문에서 비례상수는 얼마인가? ( )

10. 아래는 영호와 동생의 나이 변화를 표로 정리해 본 것이다. 두 사람 사이의 관계를 식으로 써 보시오.

영호	12	13	14	15	x
동생	9	10	11	12	y

(관계식) _____

11. 위의 10번에서 두 대응 요소 사이에는 어떤 관계가 존재하는가?(알맞은 것에 ○표시)
(정비례, 반비례, 정비례도 반비례도 아님)

12. 위의 11번에서와 같이 생각하는 이유는 무엇인지 설명해 보시오.
_____
_____

13. 아래에 제시된 상황은 각각 어떤 상황인지 구별해 보고, 각각의 관계식을 써 보시오.
① 음료수 자판기에서 뽑은 콜라 한 캔의 가격이 800원 일 때, 콜라 캔의 수 x와 지불해야 할 가격 y원
⇨ ( )관계 상황이다.
⇨ 관계식 = ( )
② 학생 20명이 차례로 놀이 기구를 타고자 할 때, 한 번에 탈 수 있는 학생 수 x와 요구되는 기구 운행 횟수 y
⇨ ( )관계 상황이다.
⇨ 관계식 = ( )

14. 위 13번의 ①, ②번처럼 문제를 만들어 보시오.
[상황] 물이 1,000ℓ 들어가는 수영장에 1분에 일정한 양만큼씩 물을 채우고 있다.

(1) 상황 속에서 정비례하는 두 대응 요소를 정하여 문제를 만들고 관계식을 쓰시오.
[ ]
(관계식)

(2) 상황 속에서 반비례하는 두 대응 요소를 정하여 문제를 만들고 관계식을 쓰시오.
[ ]
(관계식)

지은이

이상우

서울교육대학교 윤리교육과를 졸업하고, 협동학습을 주제로 수업개선연구 교사 및 수업방법 혁신 연구팀으로 활동한 바 있다. 현재 서울은빛초등학교 교사로 재직 중이며, 서울초등협동학습연구회 '아해미래' 전문 연구위원으로 활동하고 있다.

2002년부터 전국 시도별 교육연수원 및 지역 교육청 주관 1정 자격 연수, 각종 직무연수, 초등복직임용예정교사 직무연수, 보건 교사 직무연수, 신규교사 추수연수, 학교별 맞춤식 연수, 자율연수 등에서 협동학습, 학급운영, 수업혁신과 협동학습, 혁신교육의 이해, 토의·토론 등을 주제로 강의를 해 오고 있다. 2011년부터 학교, 학년, 그룹 단위로 수업 컨설팅 및 수업 코칭 활동도 해 오고 있다. 2005년부터 현재까지 서울초등협동학습연구회 '아해미래' 주관 '협동학습 직무연수(30시간)'에서 주 강사로 활동 중이다. 2008년부터 '아이스크림 원격연수원'에서 온라인 직무 연수 '경이로운 수업의 시작, 협동학습(30시간)'을, 2013년부터 전국교직원노동조합 참교육원격연수원에서 온라인 직무연수 '협력과 배움을 실천하는 수업혁신(초등)-협동학습'을, 2016년부터 '한국교원연수원'에서 '생각을 움직이는 교실, 학생참여 수업-협동학습'을 강의 중이다.